Das Jahrhundert im Taunus

Das Jahrhundert im Taunus

Herausgegeben von

Angelika Baeumerth
Matthias Kliem
Alexander Wächtershäuser

SOCIETÄTS**VERLAG**

Redaktion: Angelika Baeumerth, Matthias Kliem,
Bernd Ochs, Alexander Wächtershäuser

Fotos auf dem Schutzumschlag: Feldbergturm, Gordon-Bennett-Rennen, Erdfunkstelle Usingen, Anton Burger, Attentat auf Alfred Herrhausen, Lia Wöhr, Hasselborner Tunnel

Zweite Auflage 2000

Satz und Lithographien Societäts-Druck
Schutzumschlag Jutta Schneider
Druck und buchbinderische Verarbeitung
freiburger graphische betriebe
Printed in Germany 2000
ISBN 3-7973-0731-4

Vorwort

Ein Jahrhundert lässt sich nicht in Zeilen pressen – und seien es noch so viele. Doch jedes Jahr hat seine Geschichten, und alle zusammen geben sie Zeugnis von einer Zeit, die uns zwei Weltkriege, viele Errungenschaften und so manches Spektakel bescherte. Und so vielfältig die Ereignisse aus 100 Jahren Taunus auch sind – eines ist ihnen gemein: Hinter jeder Geschichte steht ein Mensch. Von diesen Menschen, ihrem Streben, ihrer Freude, ihrer Trauer, ihrem Wahn und ihrer Leidenschaft erzählt dieses Buch. Es will und kann keinen Anspruch auf Vollständigkeit erheben, aber es ist eine Fundgrube für alle, die mehr über ihre Heimat erfahren wollen. Der interessierte Leser wird schnell feststellen: Der Taunus zeigt sich nicht nur an der Schwelle zum nächsten Jahrtausend als Schmuckkästchen der Republik, er war es eigentlich immer. Jedenfalls brachte die Region am Fuße des Feldbergs viele Talente hervor und zog andere nahezu magisch an. Wer sich auf eine literarische Reise durch die Taunus-Geschichte begibt, der wird Bekanntschaft machen mit gekrönten Häuptern, begnadeten Erfindern, mutigen Pionieren und erfolgreichen Unternehmern. Aber er wird auch die dunkleren Seiten der Vergangenheit aufschlagen und von Schurken und Scharlatanen lesen.

Dieses Buch würde es nicht geben, hätte sich nicht zu Beginn des Jahres die Taunus-Zeitung dazu entschlossen, das Jahrhundert an den letzten 100 (Erscheinungs-) Tagen des Jahres Revue passieren zu lassen. Auf der Suche nach einem Partner wurde die TZ im Kreisarchiv des Hochtaunuskreises fündig. Die dort geführte – und im übrigen von jedem Besucher einzusehende – Chronik reicht weit in die Vergangenheit hinein und machte den hier vorliegenden Rückblick auf das Geschehen im Taunus erst möglich.

In monatelanger akribischer Arbeit entwarf ein Redaktionsteam aus Mitarbeitern der Taunus-Zeitung und des Kreisarchivs ein Konzept, stöberte in alten Zeitungen, suchte und fand versierte Autoren. Was soll zum Hauptereignis erkoren werden? Welche Meldung steht für den damaligen Zeitgeist? Wo gibt es aussagekräftige Bilder? Diese und unzählige weitere Fragen wurden über Monate diskutiert. Und wenngleich viele Wünsche offen blieben, so fügte sich doch ein Mosaikstein zum anderen, und alle zusammen ergaben ein aussagekräftiges Bild über das 20. Jahrhundert im Hochtaunuskreis.

Es entstand eine Serie, die auf 100 Sonderseiten ihren täglichen Niederschlag in der TZ fand. Die Fülle der Informationen sollte freilich nicht der Flüchtigkeit des Zeitungslesens vorbehalten bleiben. Von Beginn an keimte die Hoffnung auf eine Buchveröffentlichung, und auch die Leser der Taunus-Zeitung fragten immer öfter nach einer „bleibenden“ Publikation. Dank des Societäts-Verlags konnte das hier vorliegende Werk schließlich verwirklicht werden.

Nicht unerwähnt bleiben darf der Einsatz vieler Helfer. Ingrid Berg gebührt als kritische Begleiterin und Korrektorin ebenso Dank wie zahlreichen Mitarbeitern der Taunus-Zeitung. Simone Hett hat in wochenlanger Arbeit die Zeitungsbände durchforstet, viele Redakteure opferten ein ums andere Mal ihren Feierabend für das Projekt. Last but not least haben sich rund 60 Autoren aus dem ganzen Hochtaunuskreis – allen voran Bad Homburgs Stadthistorikerin Gerta Walsh – um das Projekt verdient gemacht. Ihnen allen gilt es an dieser Stelle Dank zu sagen, dank für ein beispielhaftes Engagement, ohne das dieser Jahrhundert-Rückblick nicht hätte Wirklichkeit werden können.

Bad Homburg, im Dezember 1999

Die Herausgeber

Das Erbe der Römer

Die Grundsteinlegung zum Wiederaufbau der Saalburg/Gerta Walsh

Homburg. Zeitungen und Zeitschriften des In- und Auslandes stellten im Oktober des Jahres 1900 als „Bilder des Tages" ein Ereignis aus Homburg vor der Höhe in den Mittelpunkt der Berichterstattung: das Römerfest auf der Saalburg. Dieser Festakt zur Grundsteinlegung der Principia, des Stabsgebäudes, als Teil des im Wiederaufbau befindlichen Kastells, wurde am 11. Oktober zur verklärten Heraufbeschwörung römischer Vergangenheit und zur Selbstdarstellung Kaiser Wilhelms II.

Seit er drei Jahre zuvor die Rekonstruktion der Saalburg bekanntgegeben hatte, blieb die Region um Homburg nicht nur im Blickpunkt der Wissenschaftler, sondern zog immer wieder das Interesse der Öffentlichkeit auf sich. Man wusste, dass Baurat Louis Jacobi diese Aufbauarbeiten übertragen waren und dass die Feier zur Grundsteinlegung nach dessen Plan und den Ideen des Intendanten des Wiesbadener Theaters, Georg von Hülsen, verlaufen sollte. Bereits im Frühjahr 1900 begannen die Vorbereitungen.

210 Sänger der Homburger Gesangvereine und des Usinger Lehrer-Seminars studierten zwei Hymnen ein, während Handwerker mit der Errichtung der Dekorationen „im altrömischen Stil", einer Pracht-

Zur Grundsteinlegung der Principia kam Kaiser Wilhelm II. (mit Helm und Hammer) am 11. Oktober 1900 auf die Saalburg. Rechts neben ihm steht Baumeister Louis Jacobi, zu erkennen an seinem vollen, weißen Bart.

Kaiserpaar in der Straßenbahn

Homburg. Zwischen Juni und Oktober besuchten Mitglieder des Kaiserhauses zu sieben verschiedenen Terminen Homburg und sein Schloss. Politische Hintergründe hatte der Besuch des eben ernannten Reichskanzlers Bernhard Fürst von Bülow. Nach der Konfirmation seines Sohnes Adalbert am 19. Oktober in der Schlossbibliothek fuhr der Kaiser mit Familie und Gefolge vom Untertor über Dornholzhausen zur Saalburg. Diese Fahrt mit der „Saalburg-Bergbahn" war die erste und wohl auch einzige Straßenbahnfahrt des Kaiserpaares.

Silbernes Kreuz für die Erlöserkirche

Homburg. Im Juni vermeldeten die Zeitungen, dass die Kaiserin Auguste Victoria der Stadt Homburg ein wertvolles Kreuz für die geplante Erlöserkirche schenken wolle. Doch so ganz stimmte diese Meldung nicht, denn es scheint, als habe die Kaiserin nur die Nachricht einer Schenkung für die Kirche überbracht. Bei dem Spender handelte es sich vermutlich um den evangelischen Kirchenbauverein. Das jedenfalls legt eine Gravur auf dem Kreuz nahe. Ursprünglich war das Kreuz für die Erlöserkirche in Jerusalem gedacht, dort meinte man aber, eine Spende für den Altar sei vordringlicher. Aus Sicherheitsgründen wird das Kreuz seit den 30er Jahren in einem Tresor aufbewahrt.

Bilder und Sprüche an der Kirchenwand

Arnoldshain. Die Arnoldshainer Laurentiuskirche wurde im Sommer 1900 von Grund auf renoviert. Im Rahmen dieser Arbeiten wurden die Fußbodendielen ausgewechselt, die beschädigten Bänke und die Kanzel ausgebessert sowie die feuchten Wände getrocknet. Unter dem Wandanstrich fanden sich zwei Malereien, Fensterumrahmungen, Spuren weiterer Bildmotive und Sprüche, wovon besonders einer rätselhaft anmutete: „Hier ist des Herren Haus/Drum zieh die Schuhe aus." Bei der Restaurierung versuchte man möglichst, den Charakter der ursprünglichen Kirche einzufangen. Die Wand- und Deckenfarbe wurde im Ton angeglichen.

Keiner kommt ins Wahllokal

Cratzenbach. Am 27. Oktober sollte in Cratzenbach ein Wahlmann für die demnächst stattfindende Kreistagswahl gewählt werden. Da jedoch kein einziger Wahlberechtigter im Wahllokal erschien, war die Gemeinde bei der Kreistagswahl nicht vertreten.

Eine Schule für die höheren Töchter

Homburg. Am 23. April wurde mit der „Höheren Töchterschule" die dritte öffentliche Schule in Homburg eröffnet. Der erste Direktor war Karl Blümlein. Bereits im ersten Jahr besuchten 233 Mädchen die Lehranstalt. Das Schulgeld betrug je nach Klassenstufe zwischen 50 und 100 Mark; auswärtige Schülerinnen mussten jeweils 25 Mark mehr bezahlen. Die Schule war zunächst in der Castillostraße untergebracht, zog aber bereits im Jahre 1902 in das neue Domizil in der Gymnasiumstraße. 1903 genehmigte Kaiser Wilhelm II. den Namen „Auguste-Victoria-Schule". Mit der Neuordnung des höheren Mädchenschulwesens in Preußen wurde die Auguste-Victoria-Schule in eine zehnklassige Lehranstalt umgewandelt. 1910 verließen die ersten acht Abiturientinnen die Schule, die zwei Jahre später die amtliche Bezeichnung „Lyzeum" erhielt. Nach dem Zweiten Weltkrieg än-

straße sowie nachgebauten Opferaltären und Säulen beschäftigt waren. Auch die zahlreichen Girlanden aus Tannenreisig und die Eichenlaubdekoration für die Stühle des Kaiserpaares mussten pünktlich zur Verfügung stehen.

Die Inszenierung des historischen Spektakels sah zahlreiche Teilnehmer vor, doch auf Wunsch des Kaisers durften nur männliche Statisten teilnehmen. Dafür bestimmte er Mannschaften des in Homburg stationierten Füsilierregiments, die als römische Legionäre auftraten; ihre Ausrüstungen stammten aus den Hoftheatern Wiesbaden, Hannover und Berlin. Unter den allein von Wiesbaden gelieferten 285 Kostümen befanden sich Bärenfelle und Flügelhelme für eine Gruppe germanischer Fürsten, dargestellt von Mitgliedern der Homburger Turn-Gemeinde (HTG).

Nach vielen Proben lief am 11. Oktober das Programm wunschgemäß ab. Während berittene Polizisten und 300 Soldaten das Gelände rund um die Saalburg weiträumig absperrten, durften 500 ausgesuchte Zuschauer im Innern des Kastells Platz nehmen. Homburgs Bürgermeister Dr. Tettenborn empfing das Kaiserpaar und geleitete die Majestäten in den Innenhof, wo sie, musikalisch begleitet von Fanfarenklängen, von „Römern" und „Germanen" untertänigst begrüßt wurden. Nun begab sich die Festgesellschaft, allen voran zwölf weiß gekleidete und mit Rosenkränzen geschmückte Weihrauchgefäße schwingende Knaben, zum Grundstein. Eine in deutscher und lateinischer Sprache abgefasste Urkunde wurde von Baurat Jacobi in die Vertiefung des Steins gelegt und mit einer schweren Steinplatte abgedeckt. Danach hielt der Kaiser eine kurze Ansprache mit dem Hinweis auf seinen Vater Friedrich III. und vollführte mit dem von Saalburg-Ausgrabungen stammenden Hammer die üblichen drei Schläge.

Nachdem die Kaiserliche Familie das Kastell verlassen hatte, wurde die Saalburg für alle draußen wartenden Besucher freigegeben. Beim anschließenden Festbankett der Stadt Homburg verlieh der Kaiser Orden an die Herren, die für die Durchführung der Feier verantwortlich zeichneten, Dr. Tettenborn aber wurde zum Oberbürgermeister Homburgs ernannt.

Diese Grundsteinlegung ist in einer für den Beginn des 20. Jahrhunderts durchaus nicht üblichen Form ausführlich fotografisch dokumentiert und ist außerdem ein Beispiel für wirkungsvolle Öffentlichkeitsarbeit. Seit jenem Oktobertag im Jahre 1900 gehört die Saalburg zu den Sehenswürdigkeiten der Taunusregion und zieht gleichermaßen Archäologen zu wissenschaftlicher Arbeit sowie Abwechslung suchende Touristen an.

Kaiserlicher Handschlag für China-Kämpfer

Homburg. Anfang Juli 1900 hatte der Kaiser um Meldung von Freiwilligen für den Kriegseinsatz in China gebeten. Aus dem in Homburg stationierten Füsilierregiment von Gersdorff erklärten sich so viele bereit, dem Ruf des Kaisers zu folgen, dass nur wenige von ihnen angenommen werden konnten. Wieviele „Homburger" entsandt wurden, ist unklar. Unser Foto zeigt 20, die Regimentschronik spricht von 27 Soldaten. Verabschiedet wurden sie von der Kaiserin, die sich gerade in Homburg aufhielt. Die Hobbyfotografin ließ es sich nicht nehmen, die Soldaten vor der Zeder im Schlossgarten zu fotografieren und die Aufnahmen den Angehörigen zu übersenden. Anschließend verabschiedete sie sich von den Freiwilligen mit einem Handschlag. Vereinzelt wurden die Homburger Soldaten in Gefechte verwickelt. Dabei zeichnete sich der Gefreite Pauly aus, der für seine Tapferkeit das Militärehrenzeichen 1. Klasse und die Österreichische Tapferkeitsmedaille erhielt. Auch vier Usinger und ein Schönberger Soldat kämpften in China. Dabei wurde der Schönberger leicht verwundet.

Freiwillige vor: Zahlreiche Soldaten des in Homburg stationierten Füsilierregiments meldeten sich für den Krieg in China.

derte sich der Name in „Realgymnasium für Mädchen". Heute befindet sich die ehemalige Höhere Töchterschule in der Jacobistraße, wohin sie 1962 umgezogen war. Fünf Jahre später erhielt sie ihren heutigen Namen: Humboldtschule.

Kleinkinderschule aus der Taufe gehoben

Anspach. Am 4. November gründete sich in Anspach ein Kinderschulverein. Zweck dieses Vereins war die Errichtung einer „Kleinkinderschule", wie der Kindergarten damals bezeichnet wurde. Bereits am Gründungsabend traten 68 Familienväter dem Verein bei. Der zum Vorsitzenden gewählte Pfarrvikar Schupp teilte mit, die Vorarbeiten seien bereits soweit gediehen, dass Räumlichkeiten, eine Schwesternwohnung sowie Geldmittel zur Unterhaltung der Schule zur Verfügung ständen. Sowie die Genehmigung der Königlichen Behörde einträfe, könne sie ihre Tätigkeit aufnehmen. Am 2. Mai des nächsten Jahres wurde die im Rathaussaal untergebrachte Schule eröffnet. Sie bot Platz für 80 Kinder. Die Kinderschwester, die Diakonisse Emma, bekam Wohnung und Küche zur Verfügung gestellt, die der Kinderschulverein möbliert hatte.

Gemeinde kauft acht Straßenlaternen

Gemünden. Für Gemünden war das Jahr 1900 ein besonderes: Die Gemeinde war eine der ersten im Usinger Land, die auch abends in hellem Licht erstrahlte. Seit dem 22. Dezember beleuchteten nämlich acht von der Gemeinde angekaufte Straßenlaternen den Ortskern.

Direkter Draht vom Taunus nach Berlin

Taunus. Zu Beginn des Telefonzeitalters war es nicht möglich, zu einem beliebigen Telefonapparat im Deutschen Reich zu telefonieren. Man konnte nur mit anderen Orten sprechen, die durch eine direkte Leitung mit einer Zentrale an dem eigenen Standort verbunden waren. Ende des letzten Jahrhunderts standen die Taunusstädte bereits untereinander in telefonischem Kontakt. Von April 1901 an wurde das Telefonnetz so erweitert, dass Kronberg, Homburg, Königstein und Oberursel in das Fernsprechnetz mit Berlin aufgenommen werden konnten.

Ein Ort feiert die Wasseranlage

Merzhausen. Am Dienstag, dem 27. August, versammelten sich alle Schulkinder, Vereine und Bürger Merzhausens am Schullokal. Von dort zog man in einem feierlichen Zug zum Pfingstbrunnen, wo die neue Wasserversorgungsanlage an die Gemeinde übergeben werden sollte. Nachdem die Einweihungsrede gehalten war, der gemischte Chor gesungen hatte und die feierliche Schlüsselübergabe vollzogen war, fand sich noch die ganze Gemeinde auf dem Festplatz ein, wo dem Anlass entsprechend kräftig gefeiert wurde. Merzhausen hoffte, mit der neuen Wasserversorgungsanlage dem in den Sommermonaten herrschenden Wassermangel entgegenwirken zu können.

Aus der Kaisergrube wird Erz geholt

Pfaffenwiesbach / Altweilnau. Nach mehrjähriger Unterbrechung wurde 1901 der Betrieb in der „Kaisergrube" bei Pfaffenwiesbach wieder aufgenommen. Man hoffte, dass sich durch die Rohstoffverteuerung der Abbau von Bleierz wieder lohnen würde. Auch die Altweilnauer Grube

Abschied von Kaiserin Friedrich

Trauerfeier in Kronberg / Gerta Walsh

Kronberg. Kein einzelner Mensch hat Kronberg innerhalb weniger Jahre so stark verändert wie Kaiserin Friedrich, die Witwe des deutschen Kaisers Friedrich III., Mutter Wilhelms II. und älteste Tochter der britischen Königin Victoria. Ihr Tod bewegte 1901 die deutsche Öffentlichkeit wie kein anderes Ereignis dieses Jahres und führte zu einem Spendenstrom ohnegleichen zur Erforschung von Krebs, woran sie nach langem Leiden gestorben war.

Die 1840 in London geborene Prinzessin Victoria hatte 1858 den preußischen Thronfolger geheiratet, wollte mit ihm ein liberales Deutschland aufbauen, konnte aber wegen seines frühen Todes von 1888 keine ihrer Ideen verwirklichen. Das gespannte Verhältnis zum Sohn führte dazu, dass sie sich danach weit weg von Berlin niederließ. Die günstigen klimatischen Verhältnisse Kronbergs und die Nähe sowohl des Kurbades Homburg als auch der Messestadt Frankfurt veranlassten sie, hier auf einem durch Ankäufe vergrößerten Gelände das Schloss Friedrichshof mit einem weitläufigen Park zu erschaffen. Der Berliner Architekt Ernst Eberhard von Ihne entwarf mit diesem wahrhaft repräsentativen Anwesen im Tudorstil, gemischt mit hessisch-fränkischem Fachwerk, ein der Herkunft und hohen Stellung seiner Besitzerin würdiges Heim.

Mit ihrer Anwesenheit seit dem Frühjahr 1894 begann der Aufschwung Kronbergs vom kleinen Ort der Handwerker und Obstbauern zu einem Städtchen, das bald eine Reihe von herrschaftlichen Landhäusern wohlhabender Frankfurter Familien herzeigen konnte. Kaiserin Friedrich selbst trug durch Stiftungen und Anregungen zur Ver-

Die Kaiserin Friedrich (Mitte) mit ihren Kindern.

änderung ihrer Umgebung bei. Dazu gehörten die Erbauung und Einrichtung eines Kranken- und eines Armenhauses, der Volksbibliothek, der Viktoria-Schule in Schönberg, die Verbesserung der Kanalisation und einiger Straßen. Die Wiederherstellung der gotischen Stadtkirche, der Johanniskirche, ist ebenso ihr zu verdanken wie die Aufstellung des Denkmals Hartmuts XII. von Kronberg, das als ihr Geschenk an die Stadt ging. Die häufigen Besuche von hochgestellten Persönlichkeiten führten zum Bau eines neuen Bahnhofs mit einem Fürstenpavillon. Ihrem Wunsch, die damals vom Verfall bedrohte Burg Kronberg zwecks Restaurierung zu besitzen, entsprach der Kaiser 1891 durch sein nobles Weihnachtsgeschenk und leitete damit den Erhalt des Flügelstammhauses und die Absicherung des Kronenstammhauses ein. Nur sieben Jahre waren Kaiserin Friedrich in Kronberg vergönnt. Die geübte Reiterin erlitt am 5. September 1898 einen schweren Unfall, als ihr Pferd in der Nähe des Schafhofs vor einer Dreschmaschine scheute und sie abwarf. Die folgende Krebserkrankung ließ sich zuletzt nicht mehr verheimlichen, obwohl die Kranke sich vom öffentlichen Leben zurückzog.

Als am Abend des 5. August 1901 kurz nach 18.15 Uhr die Glocken von Kronberg und Homburg läuteten und die Hohenzollernstandarte auf Halbmast ging, wusste man, dass der Tod die erst 61 Jahre alte Frau erlöst hatte. Schon das Eintreffen Kaiser Wilhelms II. und weiterer Familienmitglieder in Kronberg am Vortage hatte auf das bevorstehende Ende hingewiesen. Einige Tage lang ruhte die Verstorbene in Rosen gebettet unter einem blauseidenen Baldachin, zu ihren Füßen die Flagge der britischen Kriegsmarine, in Schloss Friedrichshof.

Am Samstag, dem 10. August, verließ der Leichenzug um 21.30 Uhr das Schloss zur Aufbahrung der Toten in der Johanniskirche. Dicht hinter dem Sarg folgten Wilhelm II. mit der kaiserlichen Familie, Fürsten des In- und Auslandes, Minister, hohe Offiziere sowie Vertreter von Behörden und Gemeinden. Soldaten des Füsilier-Regiments von Gersdorff, deren Chef die Verstorbene gewesen war, umgaben teils mit brennenden Fackeln, teils mit aufgepflanztem Seitengewehr den Zug. Der mit einem Purpurmantel und einem Hermelin bedeckte Sarg trug die Kaiserkrone.

An den Straßen, die der Trauerzug passierte und die durch Masten und Obelisken im Trauerflor geschmückt waren, standen hinter den Truppen der Garnisonen von Homburg und Wiesbaden dicht gedrängt die Bewohner Kronbergs und anderer Taunusorte. Selbst aus Frankfurt waren viele Menschen gekommen, um an diesem Ereignis teilzunehmen. Dabei verhielten sie sich mustergültig: Nur das Geläute der Glocken und der dumpfe Trommelwirbel des Militärs unterbrachen die Stille.

Der in der Johanniskirche aufgebahrte Sarg gab der Bevölkerung am nächsten Tag die Möglichkeit des Abschiednehmens. Und sie kamen nicht nur aus Kronberg; ein steter Strom von Stadt- und Dorfbewohnern bewegte sich vom Morgen bis zum Abend durch die Kirche. Am

wirtschaftete wieder erfolgreicher. Im Sommer konnte dort ein Doppelwagen gewaschenes Erz abtransportiert werden.

Ein Bauplatz für die Erlöserkirche

Homburg. Am 1. April schlossen sich als letzte aller evangelischen Gemeinden Deutschlands die reformierte und die lutherische Kirche zu einer evangelischen Gemeinde zusammen. Die Union stand vermutlich in Zusammenhang mit dem Bau der Erlöserkirche in Homburg, denn noch am 1. April erfolgte die Übertragung des Kirchenbauplatzes an die vereinigte evangelische Gemeinde.

Stiftung kauft das Hofgut Hohenwald

Oberhöchstadt. Zum 1. Januar 1901 kaufte die Frankfurter Stiftung zum Heiligen Geist das in Oberhöchstadt gelegene Hofgut Hohenwald. Das Hofgut sollte zwei Funktionen erfüllen. Zum einen wollte das an die Stiftung angegliederte Frankfurter „Hospital zum Heiligen Geist" eine Nachfolge-Institution für die in Frankfurt-Fechenheim gelegene Rekonvaleszenten-Anstalt „Mainkur" einrichten, zum anderen sollte das Hofgut eine Versorgungsbasis für die anderen Güter der Stiftung in und um Frankfurt sein. In dem neu eingerichteten Erholungsheim konnten zunächst 30 Personen, alles Frauen und Kinder, betreut werden.

Teichmühle steht in Flammen

Köppern. Die Teichmühle in Köppern brannte am 25. November bis auf die Grundmauern nieder. Nur durch das rasche Eingreifen der Köpperner Feuerwehr konnte ein Übergreifen der Flammen auf das Wohnhaus und die Scheune verhindert werden. Dies war jedoch nicht der erste Brand auf einer der ältesten Köpperner

Mühlen. Bereits 1882 und 1896 war beträchtlicher Schaden entstanden. Nach dem neuerlichen Feuer wurde die Mühle wieder aufgebaut, jedoch wirtschaftete der neue Müller so schlecht, dass bereits 1905 der Mühlenbetrieb erlosch und die Anlage zu einem Erholungsheim für Justizbeamte umgebaut wurde. Später wurden für kurze Zeit noch ein flugtechnisches Institut, Restaurantbetriebe und ein Altenheim dort eingerichtet. Seit 1975 ist der Frankfurter Verein für soziale Heimstätten der Betreiber der inzwischen dort errichteten Wohnanlage, in der 54 Personen betreut werden.

Zwei Büsten für den Denkmal-Park

Kronberg. Am 9. September erfolgte im Kronberger Kaiser-Friedrich-Denkmal-Park die Übergabe von zwei Büsten, die von dem Kronberger Bürger Carl Kannengießer gestiftet worden waren. Die Büsten stellten Kaiser Wilhelm II. und den Schirmherrn des Parks, den Großherzog von Baden, dar. Am Geburtstag des Großherzogs fand die Einweihung der Büsten im kleinen Rahmen statt. Bereits 1918 mussten die Büsten aber wieder beseitigt werden.

Der lange Weg zur Eingemeindung

Kirdorf. Der Eingemeindung Kirdorfs nach Homburg war ein langwieriger Verhandlungsprozess vorausgegangen, bevor im Februar 1900 eine „Vereinbarung, die Vereinigung der Landgemeinde Kirdorf mit der Stadt Homburg v.d.H. betreffend", unterschrieben wurde. Nachdem der Kreistag der Eingemeindung zugestimmt hatte, dauerte es bis 29. Juni 1901, ehe „des Königs Majestät" den Vorgang genehmigte. Aber erst mit der Entscheidung des preußischen Oberverwaltungsgerichts vom 27. November 1903 wurden letzte

Montag, dem 12. August, traf die kaiserliche Familie, zu der sich auch der Bruder der Verstorbenen, König Edward VII. von Großbritannien, gesellt hatte, mit zahlreichen Ehrengästen in der Kirche ein, um am Abend nach 20 Uhr den Sarg bis zum Bahnhof zu begleiten, wo er in einen Sonderzug gebracht und nach Potsdam überführt wurde.

Dort fand die Beisetzung der Kaiserin Friedrich im Mausoleum bei der Friedenskirche neben dem Sarg ihres Mannes und von zwei im Kindesalter verstorbenen Söhnen statt. Im Erbgang gingen Schloss Friedrichshof und Burg Kronberg an das Haus Hessen-Kassel. Während sich die Burg seit 1992 im Besitz der Stadt Kronberg befindet, wurde der einstige Witwensitz 1954 das renommierte „Schlosshotel Kronberg" und ist Eigentum der Hessischen Hausstiftung.

Die Erinnerung an Kaiserin Friedrich erlosch nie. Kronberg hält ihren Namen durch die Viktoria-Schule in Schönberg, den Kaiser-Friedrich-Park und zwei Denkmäler wach. Noch von ihr angeregt, fand ein Denkmal für Friedrich III. 1902 seine Aufstellung. Ihr Denkmal aus dem Jahr 1904 an der Südseite der Johanniskirche hat die Form einer Grablegung Christi und ist mit ihrem Reliefbild geschmückt.

Am 11. August 1911 konnte die Bevölkerung Abschied von Kaiserin Friedrich nehmen. Sie war tags zuvor in der Kronberger Stadtkirche aufgebahrt worden.

Großer Umzug mit Metzger und Musik

Die zu diesem Ereignis herausgegebene Festpostkarte weist einen kleinen Fehler auf. Nicht der Nassauische Gewerbeverein sondern der Lokal-Gewerbeverein Oberursel feierte seinen 50. Geburtstag.

Oberursel. Vom 1. bis 4. Juni 1901 stand Oberursel ganz im Zeichen des 50-jährigen Jubiläums des lokalen Gewerbevereins. Damit verbunden war die Generalversammlung des Gewerbevereins Nassau. Höhepunkt war der große Festumzug, der am 2. Juni bei strahlendem Sonnenschein stattfand. Der Zug bestand aus vier Abteilungen mit ebenso vielen Musikkorps und 17 Festwagen, die die historische Entwicklung des Gewerbes und der Stadt Oberursel vorstellen sollten. Fußgruppen in historischen Kostümen, zum Beispiel als Beamte der Hohen Mark, rundeten das Bild ab. Den größten Beifall erhielt der Metzgerwagen, von dem Würste verteilt wurden. Andere Motivwagen stellten eine Mühle, eine Branntwein-Brennerei und eine Szene aus dem 30-jährigen Krieg dar. Mit einem Volksfest mit Tanzbühnen, Karussells und Losbuden endete die Feier. Unser Bild zeigt das Ereignis in einer Lithographie. Warum sich darauf auch die Aufschrift „50jähr. Jubiläum des Nassauischen Gewerbevereins" befindet, ist nicht geklärt, denn dieser Verein hatte sich bereits 1845 konstituiert.

Zweifel an der Rechtmäßigkeit der Eingemeindung ausgeräumt. Homburg eröffnete die Eingemeindung Kirdorfs den wirtschaftlichen Ausbau der Stadtentwicklung. Kirdorf erhielt durch die finanzstarke Stadt die Möglichkeit, schon lange geplante Bauprojekte zu verwirklichen: Straßenbau und die Verlegung von Wasser- und Gasleitungen, wodurch die einzelnen Grundstücke eine Wertsteigerung erfuhren. Widerstand gab es vor allem, als ein Passus des Eingemeindungsvertrages, der den Kirdorfern Steuervergünstigungen zusicherte, als unrechtmäßig festgestellt wurde. Die Empörung war so groß, dass 516 Kirdorfer eine Petition gegen die Eingemeindung unterschrieben. Erst als 1908 ein Kompromiss gefunden. wurde, waren die Kirdorfer bereit, sich mit der Eingemeindung abzufinden.

Fohlenhof hat sogar einen Operationsstall

Dornholzhausen. Am 15. August wurde in Dornholzhausen die „Homburger Fohlenweide" – auch „Fohlenhof" genannt – eröffnet. Die Anlage entstand auf Anregung des Vorsitzenden des Pferdezuchtvereins und des späteren Bürgermeisters und Landrats, Ritter von Marx, der auch die anfallenden Kosten von 250 000 Mark aus eigener Tasche bezahlte. Das 180 Morgen große Gelände zog sich entlang des Heuchelbachs von dem zur Saalburg führenden Lindenweg und der ehemaligen Steckel'schen Mühle. Auf dem Areal fanden sich neben Stallungen auch Räumlichkeiten zur Lagerung von Futtermitteln, Reitbahnen, Verwaltungsgebäude und ein Operationsstall. 1922 wurde der Name des Gestüts in „Erlenhof" geändert, unter dem es auch heute noch bekannt ist.

Baronin Agnes stirbt mit 67 Jahren

Kransberg. Eine Nachricht löste am 12. Oktober große Trauer in Kransberg aus: Baronin Agnes von Biegeleben starb nach längerer Krankheit im Alter von 67 Jahren. Sie wurde in der Kransberger Schlosskapelle neben ihrem 1892 verstorbenen Mann beigesetzt. Arnold von Biegeleben hatte das Schloss Kransberg 1874 vom Preußischen Staat gekauft und die Anlage im neugotischen Stil renovieren und erweitern lassen. Sie wurde von der Familie hauptsächlich im Sommer genutzt. Als Schlossherren waren die Biegeleben natürlich auch in das öffentliche Leben der Gemeinde Kransberg eingebunden. Es galt als eine soziale Verpflichtung, sich um örtliche Belange zu kümmern. So unterstützte die Baronin finanziell den Bau des Schwesternhauses und der Kransberger Kleinkinderschule.

Hochkonjunktur für Gewerbevereine

Schmitten. Im August gründete sich in Schmitten ein „Gewerbeverein Obertaunus". Dem Verein gehörten Gewerbetreibende aus Schmitten, Dorfweil, Arnoldshain, Brombach und Hundstall (heute: Hunoldstal) an. Gewerbevereine waren zu Beginn des 20. Jahrhunderts nichts Ungewöhnliches. Vor allem im Vordertaunus blickten sie zu diesem Zeitpunkt schon auf eine lange Tradition zurück. Händler, Handwerker und Gastwirte schlossen sich zusammen, um gemeinsam Projekte zu entwickeln, die die örtliche Wirtschaft stärken sollten. In dem strukturschwachen Hintertaunus knüpfte man große Hoffnungen an diese Vereinigungen. Eines der Hauptziele war die Förderung des Tourismus, der als eine vielversprechende Geldquelle für das Hochtaunusgebiet angesehen wurde.

Denkmal für das deutsche Vaterland

Aussichtsturm auf dem Feldberg eingeweiht/Alexander Wächtershäuser

Niederreifenberg. Am Morgen des 12. Oktober 1902 versammelten sich im Herbstnebel Tausende Menschen auf dem Feldberggipfel, um die Einweihung des Feldbergturms mitzuerleben. Ein Bauwerk, aus dem Zeitgeist des 19. Jahrhunderts geboren, zu dessen Verwirklichung sich zahlreiche Bürger verpflichtet gefühlt und mit einer Spende auch dazu beigetragen hatten.

Die Idee zum Bau eines Aussichtsturms auf dem höchsten Taunusgipfel war so alt wie der 1867 gegründete Taunusklub. Erste konkrete Pläne entwarf 1890 der Königsteiner Zweigverein. Der repräsentative Bau sollte sowohl Aussichtsturm für die Allgemeinheit und Vereins- und Wanderheim des Taunusklubs sein als auch – vom wilhelminischen Geist geprägt – ein Denkmal für das geeinte deutsche Vaterland. Für die Umsetzung dieses Planes fehlte jedoch das Geld, so dass das Projekt nur langsam vorangetrieben werden konnte.

Ende des vergangenen Jahrhunderts zeichnete sich die Realisierung des Vorhabens ab. Der Frankfurter Architekt Adolf Haenle, Chefarchitekt der Firma Philipp Holzmann, hatte bereits Baupläne entworfen, die Wilhelm II. unterbreitet wurden. Der Kaiser bekundete sein Interesse an der Verwirklichung des mit 60 000 Mark veranschlagten Projektes. Ein Fonds des Taunusklubs und des Bürgervereins Oberursel in Höhe von 1500 Mark sowie ein Legat von 5000 Mark dienten als Grundstock der Baufinanzierung. Im Frühjahr 1900 wurde unter der Leitung des Frankfurter Oberbürgermeisters Franz Adickes ein „Centralausschuß" gebildet, der einen Bau- und Finanzausschuss ins Leben rief, dem die Spendensammlung zur Sicherung der Finanzierung des Projektes oblag. Mitglieder dieses Ausschusses waren Louis Jacobi, Philipp Holzmann, der Vorsitzende des Taunusklubs Peter Kittel und andere honorige Bürger des gesamten Taunusgebietes. Die Arbeit des Ausschusses war so erfolgreich, dass innerhalb eines Jahres die Summe von 53 000 Mark aufgebracht wurde.

Die kaiserliche Rückendeckung sorgte für eine zügige Abwicklung der Bauformalitäten in den verschiedenen Behörden. Anfang Mai 1901 erteilte der Usinger Landrat August Beckmann die Baugenehmigung. Bereits am 21. Mai fand der erste Spatenstich, am 7. Juli die Grundsteinlegung statt. Es wurde noch einmal der programmatische Gedanke, der dem Turm zugrunde lag, hervorgehoben, als der „Grundsteinvers" verkündet wurde: „Strebe hoch empor mein Turm, stehe fest im Wetter und im Sturm! Halte Wacht für alle Zeit – für Deutschlands Macht und Herrlichkeit!" Der Turm sollte eine Höhe von 35 Metern, zwei Aussichtsplattformen auf 22 und 26 Metern sowie den „Lugaus" unter der Turmspitze besitzen. Die dazu benötigten 1200 Kubikmeter Steine wurden am Südhang des Feldbergs unweit der Straße zum Sandplacken gebrochen. Im Juli 1902 wurde die Spitze des Turmes, ein sitzender römischer Adler, aufgesetzt. Die Innenausbauten, die Wohnung des Turmwärters und ein Unterkunftsraum für 60 Personen gingen nicht so schnell wie erhofft voran. Daher konnte erst der 12. Oktober als Einweihungstermin

Mit wehenden Fahnen wurde am 12. Oktober 1902 der Feldbergturm eingeweiht. Viele tausend Besucher wollten sich das Großereignis nicht entgehen lassen und kamen zur Feier auf das Gipfelplateau.

Gottesdienst dauert fast fünf Stunden

Wehrheim. Am 26. August wurde die unter der Leitung von Pfarrer Gotthard renovierte katholische Kirche von Wehrheim mit einem Festgottesdienst wieder eingeweiht. Als besondere Auszeichnung für die Gemeinde wurde die Anwesenheit des Limburger Bischofs Willi verstanden. Der Bischof nahm die Firmung der Firmlinge aus Wehrheim, Pfaffenwiesbach, Kransberg, Wernborn und Usingen vor, so dass sich der Festgottesdienst über fast fünf Stunden hinzog.

Landrat von Meister macht Karriere

Obertaunus. Der Landrat des Obertaunuskreises Wilhelm von Meister wurde im Oktober an das Ministerium des Innern berufen. Er bekleidete das Amt des Landrats seit 1895. Als Nachfolger wurde Regierungsassessor Ebbinghaus aus Düsseldorf zum Kreischef bestimmt. Ebbinghaus trat sein Amt am 1. Januar 1903 an. Nach dem Ersten Weltkrieg schenkte von Meister, inzwischen Regierungspräsident in Wiesbaden, der Stadt Bad Homburg sein Anwesen in der Kaiser-Friedrich-Promenade 103. Die Villa stand seit dem Schenkungsvertrag vom 2. Dezember 1918 dem amtierenden Bürgermeister Homburgs zur Verfügung. Wilhelm von Meister starb am 14. Februar 1935 in Genf, wo er seit 1930 als Vertreter der deutschen Regierung im Völkerbund tätig war. Er war im übrigen am 4. November 1902 wegen seiner Verdienste um die Entwicklung der Stadt Kronberg zum Ehrenbürger ernannt worden.

Schlägerei in Frack und Zylinder

Schmitten. Der Streit um die Gültigkeit der Kirchenvorstandswahlen in der Pfarrei Reifenberg eskalierte am 16. Dezember in einem wilden Handgemenge in einer Schmittener Gastwirtschaft. Als sich dort zufällig Anhänger der streitenden Parteien trafen, entspann sich ein Wortwechsel, der bald in eine handfeste Schlägerei ausartete. Da die beiden Gruppen von einer Beerdigung zurückkehrten, waren sie entsprechend in Frack und Zylinder gekleidet. Bei der Keilerei wurden Hüte, Biergläser, Schrubber und andere Gegenstände als Waffen eingesetzt. Erst durch das Eingreifen des Schmittener Gendarmen, des Bürgermeisters und Teilen der Bevölkerung konnten die Kämpfenden voneinander getrennt werden.

Spinnerei ist nicht mehr zu retten

Oberursel. Am 18. Mai verbreitete sich die Nachricht in Oberursel und den angrenzenden Ortschaften, dass die „Aktiengesellschaft für Spinnerei und Weberei zur Hohen Mark“ binnen sechs Wochen ihren Betrieb einstellen müsse. Allen 400 Arbeitern sei bereits gekündigt worden. Die 1857 errichtete Fabrik war rasch zu dem bedeutendsten und modernsten Unternehmen Nassaus herangewachsen. Ihre 1865 gebaute, 700 Meter lange Drahtseil-Transmissionsanlage galt als einmalig in Europa.

Modern waren auch die Vorstellungen, wie die Belegschaft motiviert werden sollte: Es gab einen Gesang- und einen Turnverein, ein Schwimmbad sowie eine Bibliothek. Eine Schule unterrichtete bis zu 40 Kinder, deren Eltern in der Fabrik tätig waren.

Die Spinnerei besaß 30000 Spindeln. Angetrieben von einer 500 PS starken Dampfmaschine und je 270 PS starken Turbinen konnten drei Millionen Pfund rohe und gebleichte Garne im Jahr produziert werden. Durch die Rohstoffverteuerung geriet das Unternehmen jedoch in immer

Der Feldbergturm im Lichterglanz – ein Foto zum 25-jährigen Jubiläum im Oktober 1927.

festgelegt werden. An diesem Tag war der Turm mit Frankfurter und deutschen Fahnen geschmückt, Fanfaren verkündeten den Beginn der Einweihungszeremonie. Als erster Redner sprach der Frankfurter Oberbürgermeister Adickes. Er hob hervor, dass der Turm durch das große Engagement der Bevölkerung bei den Spendensammlungen bei seiner Fertigstellung bereits vollständig bezahlt sei. Nach der Übergabe an den Taunusklub würdigte Peter Kittel noch einmal den Bau als ein von genialem Geist erdachtes monumentales Bauwerk, das zugleich machtvoll und schön sei. Nach dem letzten Redner, dem Landtagsabgeordneten Dr. Göschen, wurde ein Hoch auf den Kaiser ausgebracht. Der folgende musikalische Vortrag wurde mit dem gemeinsamen Gesang des „Deutschlandliedes“ aller Festteilnehmer abgeschlossen. Anschließend fand die erste Turmbesteigung statt. Der dichte Nebel verhinderte jedoch die Fernsicht zu Eifel, Thüringer Wald, Rhön, Spessart, Vogesen und Hunsrück. Welche Attraktion der Feldbergturm für die Bevölkerung war, zeigen die Besucherzahlen in den ersten sechs Wochen nach der Eröffnung. Trotz schlechten Wetters und damals fehlender Verkehrsmittel kauften 1790 Erwachsene und 192 Kinder eine Eintrittskarte für die Turmbesteigung.

Den Ersten Weltkrieg überstand der Turm unbeschadet. Sein Ende schien am 4. Dezember 1943 gekommen, als ein deutsches Militärflugzeug sich im Nebel verirrte und den Turm rammte. Infolge der Kollision brannte der Turm vollständig aus. 1949 bot der Hessische Rundfunk dem Taunusklub an, den Turm auf eigene Kosten zu reparieren, wenn man das Dach als Antennenträger benutzen dürfe. Der Verein nahm an. So konnte am 1. Juni 1950 die zweite Einweihung des Feldbergturms gefeiert werden.

Durch die steigenden Kosten zur Turmunterhaltung sah sich der Stammverein des Taunusklubs Frankfurt genötigt, den Turm an den Hessischen Rundfunk zu verkaufen. Seit dem 1. September 1962 ist es nun Sache des Senders, das Versprechen einzulösen, das der Vorsitzende des Taunusklubs 1902 bei der Einweihung gab: „Unser Feldbergturm (wird) von uns allerzeit hoch in Ehren gehalten..., und dass wir einen Stolz darein setzen werden, den prächtigen Bau in seiner ursprünglichen Macht und Schöne zu erhalten.“

Eine Bronzestatue erinnert in Kronberg an Kaiser Friedrich

Kronberg. Die Einweihungsfeierlichkeiten für das Kaiser-Friedrich-Denkmal am 20. August in Kronberg waren typisch für die wilhelminische Epoche. Keine Kosten wurden für die Übergabe gescheut. Das eigens für Kaiser Wilhelm errichtete Zelt, die Tribünen, Flaggenmasten und Girlanden kosteten beinahe 8000 Mark. Musikalisch umrahmt wurde die Einweihung von 600 Sängern. Unmittelbar nach der Eröffnung nahm Bürgermeister Jamin die gesamte Parkanlage in die Obhut der Stadt. Den Abschluss der Feierlichkeiten bildete der Parademarsch des Gersdorffer Regiments. Das Parkgelände wurde von der Stadt und der Kaiserin Friedrich für dieses Projekt zur Verfügung gestellt. Geheimrat von Ihne hatte die mit Sockelplatte 3,20 Meter hohe Bronzestatue entworfen.

Zur Einweihung des Kaiser-Friedrich-Denkmals in Kronberg (unten) wurde eine pompöse Feier mit 600 Sängern veranstaltet (oben).

größere Schwierigkeiten und wurde schließlich geschlossen.

Prinzessin kümmert sich um Krankenhaus

Kronberg. Im Mai übernahm Margarethe von Hessen, die jüngste Tochter der Kaiserin Friedrich, die Schirmherrschaft über den Kronberger Krankenhausverein. Als Erbin der Besitzungen der Kaiserin übernahm sie auch deren Ehrenämter und Verpflichtungen. Die Kaiserin Friedrich hatte großen Anteil am Krankenhausbau genommen. Ihr zu Ehren erhielt die 1899 eröffnete Klinik den Namen Kaiserin-Friedrich-Krankenhaus. Das Interesse der Kaiserin an dem Krankenhaus übertrug sich auf die Prinzessin. Bis zu ihrem Tod 1954 behielt sie die Schirmherrschaft über den Krankenhausverein bei. Das Krankenhaus in Kronberg bestand noch bis 1968, dann wurde es in ein Alten- und Pflegeheim, das Kaiserin-Friedrich-Haus, umgewandelt.

Besucher gegen Hahnenbiss versichert

Homburg. Ein Großereignis in Homburg war die vom 14. bis 17. März stattfindende Vogel- und Geflügelausstellung in der Wandelhalle des Kurparks. Am 14. März vermeldete der „Taunusbote", dass in jedem Zug, der in den Homburger Bahnhof einlaufe, ein oder zwei Waggons mit Geflügel seien. Der erfolgreichste Aussteller war der Homburger Johann Theodor Kullmann. Er erhielt den Ehrenpreis der Stadt Homburg. Der veranstaltende Geflügelzuchtverein hatte für die Sicherheit von Mensch und Tier vorgesorgt: Alle Tiere standen unter tierärztlicher Aufsicht, und alle Besucher wurden gegen Hahnenbiss versichert.

Dernbacher Schwestern helfen im Taunus

Oberreifenberg. Am 7. Februar genehmigte der Minister der geistlichen Unterrichts- und Medizinal-Angelegenheiten die Niederlassung der Genossenschaft der armen Dienstmägde Christi aus Dernbach in Oberreifenberg. Der Schwerpunkt ihrer Tätigkeit lag in der ambulanten Krankenversorgung sowie der Unterhaltung einer Handarbeits- und Kleinkinderschule.

Im Ersten Weltkrieg nahmen die Schwestern Lehrerinnen auf und leisteten im Soldaten-Genesungsheim pflegerische Dienste. In der Zeit des Nationalsozialismus wurde vor allem die Frauenbildungsarbeit beschnitten. Ihre finanziellen Sorgen wurden durch Lebensmittel- und Holzspenden der Bevölkerung gemildert.

In den 60er Jahren begann man in Oberreifenberg mit der Renovierung des Schwesternhauses, so dass es fortan als Erholungsheim dienen konnte. Wie sehr die Dernbacher Schwestern auch im Ansehen der Bevölkerung verwurzelt sind, zeigte sich, als das 80-jährige Jubiläum der Schwestern in Oberreifenberg von der Gemeinde mit einem Festzug gefeiert wurde.

1992 verabschiedeten sich die Schwestern aus Oberreifenberg, doch es sollte ein kurzer Abschied werden: Bereits ein Jahr später kehrten sie wieder zurück. Zwar wurde die Krankenpflege aufgegeben, aber das Schwesternerholungsheim wird von ihnen weiter betrieben.

Kreis gibt Boden für den Bahnbau

Usinger Land. Mit der Genehmigung des Kreistages zur unentgeltlichen Bodenabgabe für den Bahnbau wurde 1903 ein wichtiger Schritt zur Erschließung des Kreises Usingen durch die Bahn

Grundstein für einen prächtigen Bau

Die Erlöserkirche in Homburg/Gerta Walsh

Homburg. Die Ankündigung der Grundsteinlegung zur Erlöserkirche für den 22. Juni 1903 wurde von den Homburger evangelischen Christen mit Erleichterung und Freude aufgenommen. Mit diesem Termin war die Verwirklichung jahrzehntelanger Bemühungen um ein eigenes, vom jeweiligen Schlossherrn unabhängiges Gotteshaus in die Nähe gerückt. Wenn auch die Schlosskirche den Bürgern ans Herz gewachsen war, so strebten sie doch schon lange diesen Kirchenbau an.

Bereits 1865 hatte man damit begonnen, Geld dafür zu sammeln, doch obwohl sich neben der Gemeinde die Stadt Homburg, die Spielbank und andere Gönner daran beteiligten, zog sich die Erreichung des Ziels in die Länge. Alle anderen in Homburg vertretenen Gläubigen kamen rascher voran: Zuerst die Israeliten 1866 mit der Synagoge, dann die englischen Kurgäste mit der Englischen Kirche, die Katholiken mit St. Marien und 1899 die russisch-orthodoxen Christen mit der Russischen Kirche. Hätte nicht Kaiser Wilhelm II. die Pläne für die evangelische Kirche vorangetrieben und die Durchführung dem Kammerherrn der Kaiserin und Mitglied des Evangelischen Kirchenbauvereins, dem Freiherrn Ernst von Mirbach, übertragen, so wären sicher noch einige Jahre ins Land gegangen. Das soll nicht heißen, dass die neue Kirche eine Stiftung des Kaisers war, doch ohne sein Interesse und die Stilbestimmung wäre sie mit Sicherheit noch später erbaut worden und dazu weniger prächtig ausgefallen.

Nachdem auf Vorschlag der in Kronberg lebenden Kaiserin Friedrich im Jahre 1900 der Platz an der Dorotheenstraße beim Schloss ausgesucht war und die dortige Oberförsterei einen neuen Standort an der Tannenwaldallee erhalten hatte, konnte der Bau beginnen. Der Tod des beauftragten Architekten Max Spitta im Dezember 1902 schien die geplante baldige Grundsteinlegung zu gefährden, doch der jetzt engagierte Professor Franz Schwechten, der die Gedächtniskirche in Berlin entworfen hatte, übernahm sofort die Arbeit seines Vorgängers. Nur bei der Ausstattung des Innenraumes schlug er Veränderungen vor: Statt der geplanten Bemalung der Kuppel setzte er sich für Mosaikarbeiten ein. Als der Evangelische Kirchenbauverein in Berlin die hierdurch entstehenden Mehrkosten bereitstellte, war auch dieses Problem gelöst. Die Grundsteinlegung fand 1903 in verhältnismäßig einfachem Rahmen statt. Das Kaiserpaar ließ sich durch die jüngste Schwester Wilhelms, Margarethe von Hessen, und ihren Mann vertreten. Bei der Feierstunde begab sich das Landgrafenpaar nach Abschreiten der Ehrenkompanie zum eigens dafür aufgestellten Fürstenzelt, wo Vertreter der Kirchen, der Stadt Homburg und Exzellenz von Mirbach sie erwarteten. Nach Chorälen, einer Weiherede und dem Verlesen der Urkunde legte Baurat Louis Jacobi diese in den Grundstein und schloss ihn mit den üblichen Hammerschlägen.

Der Bau verlief von nun an zügig, so dass 1907 die Arbeiten im Innern beginnen und die Kirche am 17. Mai 1908 von Wilhelm II. und seiner Frau Auguste Viktoria eingeweiht werden konnte. An ihrem früh gefassten Vorsatz, nicht mehr als 700 000 Mark für den Bau und die innere Einrichtung auszugeben, hielt die Gemeinde fest. Alles, was darüber hinaus ging, kam aus Berlin vom Evangelischen Kirchenbauverein, durch Vermittlung des Kaisers aus dem Dispositionsfonds (einem Posten des Staatshaushalts) und von zahlreichen Einzelspendern.

Der Kaiser selbst steuerte aus seiner Privatkasse 111 500 Mark bei, was bei den Gesamtkosten von 1 104 000 Mark rund zehn Prozent ausmachte. Die Erlöserkirche mit ihren 1000 Plätzen verdankt also ihre Entstehung und ihre auch noch heute bewunderte Form und Pracht vielen Institutionen und Privatpersonen.

„Die zu erbauende Erlöser-Kirche zu Homburg v.d.H.": Eine Zeichnung zeigte 1903 das Homburger Gotteshaus, wie es einmal aussehen sollte.

gemacht. Ohne diesen Verzicht wären die Bahnverbindungen im Taunus erst Jahre später zu Stande gekommen.

3000. Motor wird groß gefeiert

Oberursel. Ein besonderes Telegramm erhielt im November der Direktor der Motorenfabrik Oberursel, Blumenthal: „Seine Majestät der Kaiser und König haben den Huldigungsgruß... (der) zur Feier der Fertigstellung des 3000sten Motors versammelten Meister und Arbeiter der dortigen Motorenfabrik gern entgegengenommen und lassen für diesen Ausdruck treuer Gesinnung bestens danken. Seine Majestät freuen allerhöchst sich über bedeutsame Erfolge, an welchen die Meister und Arbeiter der Fabrik durch ihre treue und gewissenhafte Arbeit einen hervorragenden Anteil haben."

Schon früh hatte das im Jahre 1892 gegründete Unternehmen das Interesse des Kaisers geweckt. Die Firma stand an der Spitze der deutschen Motorenhersteller. Vor allem der in Oberursel gebaute Motor „Gnom" hatte zur Bekanntheit beigetragen. Heute gehört der Betrieb nach mehrmaligem Besitzwechsel den Bayerischen Motoren-Werken (BMW) und Rolls Royce.

Viele Bauten erinnern an Christian Holler

Homburg. Am 27. April starb der Homburger Baurat Christian Holler im Alter von 84 Jahren. Die Bauten, die nach seinen Plänen oder unter seiner Aufsicht entstanden, prägen noch heute das Homburger Stadtbild.

Das Finanzamt, die Landgraf-Ludwig-Schule, die Englische Kirche, das Denkmal auf dem Waisenhausplatz sowie zahlreiche Privatgebäude gehen auf ihn zurück. Auch die 1938 zerstörte Homburger Synagoge wurde von ihm errichtet. Seit 1874 war Holler als Kreisbauinspektor für alle öffentlichen Bauten im Obertaunuskreis zuständig.

Gewerbe und Maler präsentieren sich

Kronberg. Der Lokalgewerbeverein Kronberg veranstaltete von 31. Mai bis 2. Juni eine Kunst- und Gewerbeausstellung. Die Schirmherrschaft für das Ereignis hatten Prinz Friedrich Karl von Hessen und seine Frau übernommen. Die Schau fand in einer eigens errichteten Ausstellungshalle auf dem Platz hinter dem Frankfurter Hof an der Hainstraße statt.

Das größte Interesse bei den Besuchern erweckte die Ausstellung von 80 Gemälden, die von 16 Künstlern aus der bekannten Kronberger Malerkolonie präsentiert wurden. In den Seitenhallen fanden die Exponate des Kronberger Handwerks ihre Aufstellung. Zu sehen waren Schmiede- und Kupfertreibereien, Kunsttischlereien, Schlosserei, Steinmetz- und Klempnerarbeiten, Schuhwaren sowie Bildhauer- und Malerarbeiten. Große Beachtung fanden auch die von Julius Neubronner ausgestellte Brieftauben-Rezeptpost und seine stereoskopischen Fotoapparate. Für das leibliche Wohl sorgten die Kronberger Metzger und Bäcker. Der Apfelwein stammte von den einheimischen Gastwirten.

Landgrafenbrunnen sprudelt im Park

Homburg. Der Landgrafenbrunnen im Homburger Kurpark wurde am 10. Juni in Betrieb genommen – und das ohne besondere Feierlichkeiten. In punkto Wasserqualität war der Brunnen in etwa mit dem berühmten Elisabethenbrunnen – ebenfalls im Homburger Kurpark – vergleichbar, enthielt aber mehr Salz.

Ein Heim für alte Lehrerinnen

Oberursel. Am 5. Oktober konnte nach 15-monatiger Bauzeit das Frankfurter Lehrerinnenheim an der Hohen Mark eröffnet werden. Das Haus sollte als Ruhestandsheim beziehungsweise als Erholungsheim für Lehrerinnen genutzt werden. Träger war der 1901 gegründete „Verein Frankfurter Lehrerinnen". Das Gebäude umfasste 30 Wohnungen, die zum Teil ineinander übergingen. Mit der Gründung eines Sozialfonds für bedürftige Lehrerinnen im Jahre 1935 ging eine Entwicklung hin zum Altenheim einher.

In der NS-Zeit wurde der Verein aufgelöst und konnte erst 1945 wieder seine Tätigkeit aufnehmen. Die amerikanische Besatzung beschlagnahmte das Haus und brachte darin die Fliegerin Hanna Reitsch, Hitlers Zahnarzt Hugo Blaschke, den Chef der Präsidialkanzlei Otto Meißner und andere unter, die in Oberursel verhört und anschließend nach Nürnberg gebracht wurden. In dieser Zeit erhielt das Haus im Sprachgebrauch der Betreiber den Namen „Alaska". Erst 1956 konnte das Lehrerinnenheim wieder aus dem „Exil" in Königstein zurückkehren. 1969 wurde die Einrichtung nach der langjährigen Vorsitzenden des Vereins Frankfurter Lehrerinnen, Agnes Geering, umbenannt. Das Altenheim in der Hohemarkstraße 160 ist heute nicht alleine Lehrerinnen vorbehalten, sondern ist simultan und als gemeinnützig anerkannt.

Der „Verein Frankfurter Lehrerinnen" eröffnete 1903 an der Hohen Mark sein neues Heim. Nach dem Zweiten Weltkrieg war hier unter anderem die Fliegerin Hanna Reitsch untergebracht.

Mit Vollgas über den granitharten Boden

Das Gordon-Bennett-Rennen im Taunus/Alfred Biallas

Homburg. Ist heute in unserer Gegend vom Automobilsport die Rede, denken die meisten sicherlich an die Rallye Monte Carlo, die von 1977 an 20 Jahre auf deutschem Boden alljährlich von Bad Homburg aus gestartet wurde. Hier wurde aber schon in der Frühzeit des Automobils Geschichte geschrieben: durch die Austragung des Gordon-Bennett-Rennens 1904, damals das bedeutendste internationale Automobilsportereignis.

1894 hatte auf der Strecke Paris-Rouen-Paris die erste Wettfahrt, ein noch rein französisches Ereignis, stattgefunden. Zur ersten internationalen Rennserie gerieten aber erst die Gordon-Bennett-Rennen. 1899 nämlich beauftragt James Gordon Bennett, Verleger des „New York Herald" und darüber hinaus ein exzentrischer, allem Neuen aufgeschlossener Lebemann, den Automobilclub de France mit der Durchführung eines Wettbewerbs, der der „Erweckung und Ermunterung des Automobilrennsports" dienen soll. Bennett will darüber hinaus die Vorbehalte weiter Kreise gegen das Automobil, dieses, den Geruchssinn beleidigende,geräuschvolle Gefährt, abbauen. Die Rennkonkurrenzen sollen die Leistungsfähigkeit und Betriebstauglichkeit, aber auch Schönheit der Erfindung aufzeigen.

Die Rennformel bestimmt:

- das Rennen ist international,
- jede Nation kann bis zu drei Fahrzeuge melden,
- alle Fahrzeugteile müssen im Ursprungsland des Wagens hergestellt sein,
- der Wettbewerb wird in einer Etappe von 550-650 Kilometern ausgetragen,
- die Veranstaltung soll in dem Land, dem der letztjährige Sieg zugefallen ist, stattfinden.

1903 gewinnt in Irland der „rote Teufel" Jenatzy – mit 106 km/h Inhaber des Geschwindigkeitsweltre-

Auf einer riesigen Tribüne – erbaut von Louis Jacobi – konnten 2500 Zuschauer auf der Saalburgkuppe das Gordon-Bennett-Rennen verfolgen. Der Sitzplatz auf diesem Bauwerk, das auch eine Loge für den Kaiser hatte, kostete 50 Mark.

Erzieher des Prinzen, Hofrat und Dichter

Homburg. Im Jahre 1724 geboren, wurde Friedrich Kasimir von Creutz bereits im Alter von 22 Jahren zum Hofrat ernannt. Neben seiner Aufgabe als Prinzenerzieher vertrat der Jurist die hessen-homburgischen Interessen im Konflikt mit Hessen-Darmstadt, was ihm 1755 bei der Besetzung Homburgs durch darmstädtische Truppen eine Verhaftung einbrachte. Neben seiner juristischen Tätigkeit trat von Creutz auch noch als Dichter hervor.

Um zu verhindern, dass dieser Mann mit seinen Verdiensten um seine Vaterstadt in Vergessenheit gerät, brachte der Verein für Geschichte und Landeskunde eine Gedenktafel an seinem Geburtshaus in der Dorotheenstraße, Ecke Löwengasse, dem heutigen „Sinclair-Haus", an.

Die Inschrift lautete: „Hier wohnte der Staatsmann und Dichter Friedrich Kasimir von Creutz geboren am 24. November 1724 gestorben am 6. September 1770." Die Enthüllung fand am 24. November 1904 statt.

Der Kaiserin ein Denkmal gesetzt

Kronberg. Unmittelbar nach dem Tode der Kaiserin Friedrich gründete sich in Kronberg ein Denkmalkomitee, dem sofort 50 Personen beitraten. Man entschied sich bald für die Anbringung eines Epitaphs an der spätgotischen Johanniskirche. Als ausführender Künstler wurde der Bildhauer Adolf von Hildebrand gewonnen. Sein Entwurf eines Reliefs der Kaiserin, verbunden mit einer Grablegungsszene, wurde vom Kaiser genehmigt. Es ist eines der wenigen christlichen Motive Hildebrands, der von der Kaiserin sehr geschätzt wurde. Sie hatte ihn sogar einige Male in seinem Atelier besucht.

Bereits im November 1903 war mit der Anbringung des Denkmals begonnen worden – doch erst am 18. Juni 1904, einen Tag nach dem Gordon-Bennett-Rennen, sollte die Einweihung stattfinden, damit der Kaiser an der Zeremonie teilnehmen konnte. An diesem Tag war die ganze Stadt festlich geschmückt, Zuschauertribünen waren errichtet. Der Kaiser selbst gab den Befehl zur Enthüllung des zirka 4,50 Meter hohen und 2 Meter breiten Epitaphs aus Muschelkalk mit dem bronzenen Porträt-Relief der Kaiserin mit Witwenschleier und der Grablegungsszene.

Das neue Krankenhaus kostete 365 000 Mark

Homburg. Ernst Ritter von Marx, Oberbürgermeister von Homburg, übergab am 25. Oktober das Krankenhaus in der heutigen Urseler Straße, damals Taunusstraße, seiner Bestimmung. Die Klinik ersetzte ein kleineres Hospital in der Elisabethenstraße. Die Kosten für den Neubau betrugen 365000 Mark. Bald schon wurde

So sah es einst aus – das Allgemeine Krankenhaus zu Homburg. Im Oktober 1904 konnte es nach längerer Bauzeit seiner Bestimmung übergeben werden.

kords – auf Mercedes den Wettbewerb erstmalig für Deutschland, das damit als Veranstalter-Land feststeht. Offen ist aber noch die Rennstrecke. Mehrere Regionen zeigen Interesse an diesem spektakulären Großereignis, zu guter Letzt hat der Taunus gegenüber Gemeinden in Westfalen und Mecklenburg die Nase vorn. Den Ausschlag gibt eine Empfehlung Kaiser Wilhelms, der sich in Deutschland zum Protektor des Automobilsports aufgeschwungen hat und ohne dessen Placet nichts geht.

Ins Gewicht fällt sicher auch, dass die Saalburg, an deren Wiederaufbau der römisch-imperialen Ideen nacheifernde Kaiser besonderen Anteil nimmt, Start- und Zielort wird. Der Kurs ist 137,5 km lang und muss viermal – gegen den Uhrzeigersinn – durchfahren werden, so dass sich eine Gesamtlänge von 550 Kilometern ergibt. Er wird allgemein als schwierig eingeschätzt, denn die Höhenunterschiede bewegen sich zwischen 105 und 550 Metern. So resümiert der Berichterstatter der „Allgemeinen Automobil-Zeitung": „Vorigen Winter habe ich selbst die Taunusstrecke abgefahren und die Erinnerung daran bleibt mir unvergeßlich. Diese breite und schöne Strecke mit dem granitharten Boden, aber so erschrecklichen Steigungen und Gefällen von 12 bis 15 Prozent, mit ihren Kurven und Doppelkuren, die sich immer wiederholen. Eine echte Bergroute, den Felswänden abgerungen!"

Der Deutsche Automobilclub als Veranstalter entschärft – zum Beispiel bei Grävenwiesbach – die gefährlichsten Kurven, die Straßenoberfläche wird neu beschichtet und mit einer ölhaltigen Flüssigkeit, die den Staub bindet, besprüht. Zur Sicherheit der Zuschauer errichtet man innerhalb der Ortschaften 1,20 Meter hohe Drahtzäune, hölzerne Fußgängerbrücken ermöglichen das Überqueren der Strecke. An der Saalburg erbaut der Bad Homburger Architekt Louis Jacobi eine große Tribüne mit Kaiserloge; 20 amphitheatralisch aufsteigende Sitzreihen bieten 2500 Personen Platz, von denen jeder 50 Mark zu entrichten hat. Außerdem entstehen hier ein Post- und Telegraphenamt, die Restauration und verschiedene Verkaufsstände. In den Inseraten des „Taunusboten" kündigt sich das Ereignis Monate zuvor an: Für Fahnen, Girlanden, Festpostkarten, die „offizielle Gordon-Bennett-Medaille", das „Gordon-Bennett-Bräu" und manch andere Kuriosität wird geworben.

Die Fremdenliste verzeichnet wenige Tage vor dem Rennen 3113 Besucher allein in Homburg, darunter das Kaiserpaar und Prinz Heinrich; neben den Engländern, die bevorzugt in Ritters Park-Hotel logieren, sind auch die Franzosen als führende Automobilnation mit einem starken Kontingent vertreten. In der Frankfurter Zeitung kann man lesen:

In Bad Homburg pulsiert jetzt ein Leben, wie es die Kurstadt nicht alle Jahre kennenlernt. Die Hotels haben seit einigen Tagen geflaggt, nun beginnen auch Private ihre Häuser und Villen mit Flaggenschmuck zu versehen. Auch die Anlagen werden frisch herausgeputzt. Die Pforten an den Eingängen zur Stadt und am Bahnhof sind errichtet, schlichte und doch wirksame Pfeiler aus girlandenbehangenem, farbenfrohem Holzwerk. Ein Festprogramm mit Opernaufführungen, Bällen, Empfängen und Galadiners dokumentiert den Anspruch des Weltbads, geborener Gastgeber der „vornehmen Welt" zu sein. Schauplatz dieser Veranstaltungen ist der Kurpark; die Zeitschrift Motoring Illustrated hat uns davon das folgende Stimmungsbild überliefert:

„Das vorzüglichste Orchester spielt im Kurpark und nachts, wenn Myriaden elektrischer Lampen in den Bäumen angezündet worden und liebliche Quellen vielfarbig illuminiert sind, ist ein charmanterer Badeort schwerlich zu finden."

Am 16. 6. 1904 wird das bisher zulässige Höchstgewicht der Automobile von 1007 Kilogramm auf der Stadtwaage überprüft, das Rennen kann am nächsten Tag beginnen. 18 Wagen aus Deutschland, Frankreich, England, Italien, Belgien und Österreich haben dann an der Saalburg Aufstellung genommen. Nie zuvor waren so viele Länder beteiligt; von den bedeutenden Automobilnationen fehlten nur die USA, die in puncto Betriebssicherheit der Wagen hinter der allgemeinen Entwicklung zurückgeblieben sind. Um 7 Uhr geht unter den Augen des Kaiserpaares der Vorjahressieger Jenatzy für Deutschland als Erster an den Start, die anderen folgen in 7-Minuten-Abständen. Unter „Hoch Jenatzy"-Rufen kommt der Favorit des Publikums auch als Erster wieder, von einem Trompetenstoß angekündigt, zum Ausgangsort zurück. Als aber Théry, ein Zwei-Zentner-Mann aus Paris, der mit der Nummer 5 ins Rennen gegangen ist, dort vorbeirast, wird deutlich, dass er nur eine Sekunde auf diesen verloren hat. Ein Zweikampf zeichnet sich ab, die anderen Fahrer bleiben deutlich hinter den beiden zurück. In der dritten Runde erlebt Jenatzy allerdings einen Einbruch: Wohl durch Probleme bei der Benzinaufnahme verliert er gegenüber Théry 8 Minuten. Das ist die Entscheidung! Jenatzy kann den Vorsprung des gleichmäßig seine Runden drehenden Théry – der „Chronometer" wird sein Spitzname – nicht mehr einholen. Im Ziel sind es mehr als 11 Minuten. Der Sieger Théry benötigte für die Strecke von 508,96 km die Rekordzeit 5:50:1,4 Stunden. Fachleute sind sich einig, dass das Gordon-Bennett-Rennen von 1904 die bis dahin bedeutendste Wettfahrt war. Mehr Automobile denn je waren an den Start gegangen; es schieden zwar 6 von 18 wegen Defekt aus, zwei Drittel erreichten damit aber das Ziel, eine gerade auch für heutige Verhältnisse ansehnliche Quote. Etwa 1 Million Zuschauer säumten die Strecke. Diese Zahl blieb zumindest in Deutschland bis heute unerreicht.

Ein Markstein bleibt das Gordon-Bennett-Rennen auch in anderer Hinsicht: Bei einer mehr informellen Zusammenkunft schlossen sich am 20. 6. 1904 zwölf internationale Automobilclubs zur „Internationalen Vereinigung der anerkannten Automobilclubs" zusammen. Bad Homburg kann damit den Anspruch erheben, Gründungsort der „Automobil-UNO" zu sein! Schließlich muß noch erwähnt werden, dass diese Konkurrenz auch den Anstoß zum ersten Seifenkisten-Rennen Deutschlands gab. Es wurde am 31. Juli 1904 – also 6 Wochen danach – in Oberursel ausge-

die Klinik durch eine Innere und eine Chirurgisch-Gynäkologische Abteilung erweitert. 1913 übernahmen Schwestern des Deutschen Roten Kreuzes den Pflegedienst von den Diakonissen des Wiesbadener Paulinenstifts. Der Obertaunuskreis, der zuvor schon erhebliche Zuschüsse zur Verfügung gestellt hatte, übernahm 1928 die Trägerschaft. Als 1966 der Pflegenotstand eintrat, löste der damalige Leiter des Krankenhauses das Problem durch Anstellung von 70 philippinischen Krankenschwestern, die in Manila angeworben worden waren. 1991 feierten vier von ihnen ihr 25jähriges Dienstjubiläum. Zur Einweihung des operativen Zentrums besuchte der Hessische Minister für Arbeit, Umwelt und Soziales 1985 die Klinik. Heute besitzt das Kreiskrankenhaus eine Kapazität von 515 Betten, insgesamt sind dort etwa 1000 Personen beschäftigt.

Elektrisches Licht dank Wilhelm Ochs

Schmitten. Die Errichtung eines Elektrizitätswerkes, das die ganze Gemeinde Schmitten mit Strom versorgen sollte, war nicht das Ziel von Wilhelm Ochs, als er 1902 begonnen hatte, Strom herzustellen. Vielmehr erforderte die Feuergefahr in seinem Sägewerk und der daran angeschlossenen Holzwollverarbeitung „sicheres" mechanisches Licht. Aus einem an ein Wasserrad gekoppelten Generator wurde so viel Energie gewonnen, dass der eigene Haushalt und zwei Gastwirtschaften mit Strom beliefert werden konnten. Am 11. Juli 1904 kam es zu einem Konzessionsvertrag zwischen der Gemeinde Schmitten und Wilhelm Ochs. Der Ortskern Schmittens sollte mit Strom beliefert werden. Insgesamt gab es 23 Abnehmer. Durch eine Akkumulatorenbatterie gelang es, die Spannung gleichmäßig zu halten,

Reserven anzulegen und Nachtstrom zu liefern. Der Preis für die Kilowattstunde betrug 50 Pfennig. Arnoldshain und Dorfweil wurden später in das Schmittener Netz eingebunden. Am 30. Juni 1982 stellte das Elektrizitätswerk Wilhelm Ochs seinen Betrieb ein. Die Stromversorgung übernahmen die Mainkraftwerke.

Landrat geht nach nur 17 Monaten

Obertaunus. Genau 17 Monate dauerte die Amtszeit von Gustav Ebbinghaus als Landrat des Obertaunuskreises. 1904 wurde er auf eigenen Wunsch nach Düsseldorf versetzt. Für ihn übernahm der Homburger Oberbürgermeister Ernst Ritter von Marx kommissarisch die Amtsgeschäfte. Als sich seine Berufung zum neuen Landrat abzeichnete, legte er am 14. Mai 1905 sein Amt als Oberbürgermeister der Stadt Homburg nieder. Einen Tag später wurde er in seine neue Position berufen.

Fackelzug für die Weilquelle

Oberreifenberg. Am 28. August bewegte sich ein großer Fackelzug zur Bassenheimer Grabkapelle, um von dort dem von der Ruine Reifenberg aufsteigenden Feuerwerk zuzuschauen. Anlass der Feierlichkeiten war die Einweihung der vom Oberreifenberger Zweigverein des Taunusklubs gefassten Weilquelle. Dem Feuerwerk vorausgegangen waren ein Festessen mit Musikkapelle in der Gastwirtschaft Sauer und die eigentliche Einweihungszeremonie. Die Weihereden hielten der Vorsitzende des Zweigvereins des Taunusklubs, Löbell, und Bürgermeister Schmidt. Vorträge verschiedener Gesangvereine betonten den feierlichen Rahmen. Nach dem anschließenden Kommers im Klublokal begann dann der eingangs erwähnte Fackelzug.

Seifenkisten-Rennen in Oberursel 1904: die Gebrüder Willi (am Steuer) und Karl Mann im Hof der Gaststätte „Zur Krone“.

richtet und markierte den Beginn einer langen Tradition.

Hinter dem sportlichen blieb das wirtschaftliche Ergebnis deutlich zurück. Das Gordon-Bennett-Rennen endete mit einem Defizit, denn die Einnahmen von 140000 Mark deckten nur etwa die Hälfte der Unkosten – allein der Bau der Kaisertribüne hatte 95000 Mark verschlungen. Die Hoteliers machten ein schlechtes Geschäft, da wegen überhöhter Preise viele Betten leer blieben. Demgegenüber stellte die Bad Homburger Stadtverwaltung fest, dass die ausführliche Berichterstattung in der internationalen Presse eine „kolossale unbezahlbare Reklame“ gewesen sei und die Stadt „ihren Ruf als eleganter Badeort auf ewige Zeiten befestigt habe“.

So verwundert es nicht, dass 1907 und 1910 zwei weitere internationale Automobilrennen, das Kaiserpreisrennen, eine Zuverlässigkeitsfahrt für Tourenwagen, und die Prinz-Heinrich-Fahrt, mehr ein gesellschaftliches Ereignis für Herrenfahrer, hier stattfanden. Der Plan, eine spezielle Rennstrecke im Taunus zu bauen, scheiterte allerdings am Widerstand eines großen Teils der Bevölkerung und der Verantwortlichen. Immerhin blieb der Taunus bis zum heutigen Tag Schauplatz vieler Automobilveranstaltungen: der Bad Homburger Autotage, der Feldberg- und Taunusrennen sowie der Reichsfahrt (1936) zwischen den Weltkriegen; nach 1945 dann der Rallye Frankfurt-Bad Homburg-Dakar-Sydney und von 1977 an schließlich der Rallye Monte Carlo.

Dem Schönen und Guten geweiht

Anton Burger und die Malerkolonie Kronberg/Christine Jung

Kronberg. „Es war ein reiches Künstlerleben gewesen, das nun sein Ende gefunden, dem Schönen und Guten geweiht, anregend und befruchtend für viele", betonte Pfarrer Wilhelm Aßmann am Grabe des Künstlers, der „Cronbergs Stolz", „Gegenstand der Bewunderung, aber auch der Liebe und Verehrung" gewesen sei. Die Rede war von dem Mitbegründer der Kronberger Malerkolonie, dem Kunstmaler Anton Burger, der am 8. Juli 1905 auf dem Kronberger Friedhof an der Frankfurter Straße unter großer Anteilnahme der Bevölkerung zu Grabe getragen wurde. Sein Geist habe das Schöne der Natur und ihres Lebens so sinnig zu erfassen und in meisterhaften Bildern dazustellen gewusst, heißt es weiter in der zitierten Ansprache, dass er vielen die Augen geöffnet habe für die Wahrheit und Schönheit unserer Heimatnatur. Doch nicht nur als Künstler, sondern auch als Mensch stand er nach den Worten des Kronberger Pfarrers groß da: „Sein schlichter Biedersinn, seine einfache Genügsamkeit, seine treue Anhänglichkeit an die Freunde und sein Wohlwollen gegen alle machten ihn zum Liebling aller, zum populärsten Manne Cronbergs".

Wer aber war jener „populäre" Maler aus Frankfurt am Main, der sich um die Mitte des 19. Jahrhunderts in Kronberg im Taunus niederließ und eine der bedeutenden deutschen Malerkolonien mitbegründete? Anton Burger, der in Frankfurt am Main am 14. November des Jahres 1824 geboren und in den alten Gassen der Großstadt aufgewachsen war, hatte seine Lehrzeit am Frankfurter Städelschen Kunstin-

Der „populärste Mann Cronbergs" bei der Arbeit: Anton Burger, Mitbegründer der berühmten Kronberger Malerkolonie, in seinem Atelier.

Brückenschlag über die Altstadt

Homburg. Von einem Meilenstein in der Stadtentwicklung gab es Anfang September aus Homburg zu berichten: Die Altstadt-Überführung wurde eingeweiht. Der erste, der über die neue Brücke fuhr – die später den Namen des Initiators des Projekts, Ritter von Marx, bekommen sollte – war Wilhelm II., der sich wegen des Kaisermanövers in Homburg aufhielt. Im Jahr zuvor hatte die Stadtverordnetenversammlung dem Bau zugestimmt, bereits 1903 Wilhelm II. seine Zustimmung signalisiert. Der Homburger Baurat Jöhrens entwarf die Brücke. Sie reicht vom Untertor bis zur Schulgasse. Hexenturm und Wärterhäuschen wurden einem burgähnlichen Eingang nachempfunden. Die Gesamtkosten waren mit 377 875 Mark veranschlagt. Die Bogenbrücke wurde nach dem neuesten Stand der Technik konstruiert. In den größten Bogen wurden Gelenke eingebaut, die verhindern sollten, dass bei temperaturbedingtem Ausdehnen und Zusammenziehen des Materials Risse entstehen.

Ein hoher Sockel für den Herrscher

Homburg. Am 9. September fand die Einweihung des Kaiser-Wilhelm-Denkmals vor dem Kaiser-Wilhelms-Bad statt. Die Feier verlief in der damals üblichen Weise: Die Gersdorffer Füsiliere nahmen hinter dem verhüllten Denkmal Aufstellung, die Kriegervereine aus Homburg und Kirdorf standen mit den Schülern der sechs Homburger Schulen Spalier. Wilhelm II. nahm an der Zeremonie von seinem Kaiserzelt aus teil. Nach dem einleitenden Gesang hielt der Stadtverordnetenvorsteher Adolf Rüdiger die Festrede. Das Denkmal sei Ausdruck der Dankespflicht der Stadt Homburg gegenüber Wilhelm I., der das deutsche Vaterland durch seine Charakterstärke und Willenskraft geeint habe. Nach der Rede gab der Kaiser das Zeichen zur Enthüllung.

Das Denkmal zeigt Wilhelm I. in Generalsuniform und Hermelinmantel. Seine linke Hand stützt sich auf einen Degen. Die 3,50 Meter hohe Bronzefigur steht auf einem 3 Meter hohen Sockel. Nachdem das Denkmal in die Obhut der Stadt übergeben wurde, schloss die Feier mit dem Gesang der Nationalhymne. Berühmt geworden ist der Trinkspruch des Kaisers bei der Galatafel am selben Abend: „In dem mir so lieb gewordenen Homburg... versichere Ich, daß mich jede Stunde Meines Lebens freut, die Ich in diesem Teile der Provinz Hessen-Nassaus zubringen kann.“

Der für den nächsten Tag geplante Feldgottesdienst im Kurpark wurde wegen schlechten Wetters abgesagt. Noch am 10. September reiste der Kaiser von Homburg in Richtung Koblenz ab.

Ein Omnibus fährt zum Roten Kreuz

Königstein. Am 18. Juli wurde die Omnibusverbindung Königstein-Rotes Kreuz in Betrieb genommen.

Walrad beschert Usingen ein bengalisches Feuer

Usingen. Nach fast dreijähriger Bauzeit war es am Pfingstmontag, dem 12. Juni, endlich soweit. Das Walrad-Denkmal wurde im Schlossgarten eingeweiht. Das Festprogramm begann bereits um 5 Uhr morgens mit einem Weckruf. Die Usinger wurden aufgefordert, ihre Häuser zu beflaggen und zu schmücken. Der Schlossgarten erstrahlte in den nassauischen Farben Blau und Orange. Festgottesdienste, Promenadenkonzert und Festzug überbrückten die Zeit bis zur Einweihung.

stitut, unter anderem bei dem Genre- und Landschaftsmaler Jakob Becker, verbracht. Nach mehreren Studienaufenthalten, die ihn von Frankfurt nach München oder Paris, von Düsseldorf nach Amsterdam und Antwerpen führten, gelangte der Künstler schließlich Ende der 50er Jahre in den nahe gelegenen Taunusort Kronberg, den er mit Ausnahme weniger Reisen bis zu seinem Tode, am 6. Juli 1905, nicht mehr verlassen hatte.

Hier, inmitten der Kronberger Altstadt, unterhalb der mittelalterlichen Burg, begegnete er seinem langjährigen Freund, dem Frankfurter Maler Jakob Fürchtegott Dielmann. Und hier begründete er zusammen mit ihm und seinem Malerfreund Philipp Rumpf eine Künstlergemeinschaft, die weit über die Grenzen der Stadt hinaus eine überregionale Bedeutung erhalten sollte. Immer mehr Maler kamen im Laufe der Zeit in das kleine Bauern- und Handwerkerstädtchen, um weitab von allem Treiben der Großstadt in der freien Natur zu leben und zu studieren. Ferdinand Brütt, Peter Burnitz, Richard Fresenius, Wilhelm Friedenberg, Louis Eysen, Nelson Kinsley, Jakob Maurer, Adolf Schreyer, Norbert Schrödl und Fritz Wucherer sind nur einige von rund 60 Künstlern, die sich in den folgenden Jahrzehnten in dem kleinen Taunusort am Fuße des Altkönigs versammelten.

Zusammen bildeten sie die Kronberger Malerkolonie, die in Anton Burger ihr künstlerisches Zentrum besaß. Seine enge Verbundenheit mit der Natur teilte er mit vielen seiner Künstlerkollegen, seine atmosphärische Schilderung von Land und Leuten wirkte prägend auf zahlreiche seiner Schüler und Schülerinnen. Viele lernten bei ihm, andere arbeiteten mit ihm und wieder andere entwickelten sich durch ihn weiter. Er habe für die Erhaltung der Kolonie das meiste getan, stellte rückblickend Julius Neubronner fest, und ihm sei es zu verdanken gewesen, dass sich eine Reihe von

Die Stadt von Künstlerhand gemalt: „Kronberg von der Frankfurter Straße her“ heißt dieses Bild Anton Burgers.

Malern und Schülern in Kronberg niedergelassen hatten.

Rund um Anton Burger und seine Malschule war eine enge Gemeinschaft von Künstlern entstanden, die im gegenseitigen Austausch miteinander lebten, arbeiteten und mitunter sogar Gemeinschaftswerke anfertigten. Dabei präsentierten sie eine große Vielfalt an künstlerischen Talenten, die ein breites Spektrum an malerischen Sujets offenbarten: von idyllischen Landschaften und Kronberger Genreszenen bis hin zu repräsentativen Gesellschafts- oder Großstadtbildern. Die Künstler der Kolonie, die vorwiegend aus Frankfurt stammten und an der Städelschule studiert hatten, pflegten einen regen Kontakt zu in- und ausländischen Kunstschulen oder Kolonien, sie hatten zumeist eine enge Verbindung mit den Frankfurter Kollegen und der Künstlergesellschaft, sie waren oftmals auf dem Frankfurter Kunstmarkt, auf den Ausstellungen des Kunstvereins vertreten.

In dem kleinen Taunusort Kronberg selbst lebten und arbeiteten die Maler, deren gesellschaftlicher Mittelpunkt das Gasthaus „Zum Adler“ war, in engem Kontakt mit der Bevölkerung, aber auch mit den vermehrt sich ansiedelnden Frankfurter Familien, und später mit der Kaiserin Friedrich auf Schloss Friedrichshof, die sich ebenfalls der Malerei widmete und bei den Kronberger Künstlern Unterricht nahm. Doch spätestens mit dem beginnenden 20. Jahrhundert – und nicht zuletzt mit dem Tode von Anton Burger – zeichnete sich das Ende der Kolonie ab, einer in „weiten Kreisen bekannten“ Künstlergemeinschaft, die den Taunusort zu einem weithin bekannten Malernest gemacht hatte.

Fast 50 Jahre lang war Anton Burger das Haupt der Kronberger Malerkolonie und der Leiter der örtlichen Malschule gewesen. Er war der „König von Kronberg“, wie es heißt, ein vielseitiger Künstler und Lehrer, der für sein Werk und Wirken zahlreiche Auszeichnungen erhalten hat. Vor allem an seinem 70. Geburtstag, als ihm der Professorentitel verliehen, eine Ausstellung in München gewidmet, er zum Ehrenmitglied der Bayerischen Akademie erhoben und zum Ehrenbürger der Stadt Kronberg ernannt wurde. Eine der größten Ehrungen aber erfuhr der Maler drei Jahre nach seinem Tode. Am 14. November des Jahres 1908 wurde im Kronberger Stadtpark am Ufer des Schillerweihers ein Denkmalsbrunnen mit der bronzenen Porträtbüste des Künstlers eingeweiht: Als ein Erinnerungszeichen an eine bedeutende Künstlerpersönlichkeit, als ein Andenken an die Schaffenszeit Anton Burgers als Mitbegründer und Zentrum der Kronberger Malerkolonie.

Bei dem Denkmal handelt es sich um einen grauen Quarzitblock mit einem Bronzerelief Walrads. Zu beiden Seiten stehen zwei kleinere Quarzitblöcke, die kleinere Reliefs seiner vier Nachfolger tragen. Die drei Blöcke stehen auf einem Sockel, an dem an Vor- und Rückseite je eine Granittafel angebracht wurde. Darauf sind die Verdienste Walrads, des Ahnherren des Usinger Fürstenhauses, zu lesen.

Direkt nach der Enthüllung übernahm die Stadt das Denkmal vom Denkmalkomitee. Den Abschluss der Feierlichkeiten bildeten ein Tanzvergnügen, ein „Gemütliches Zusammensein“ und von 21 Uhr an die bengalische Beleuchtung der Südseite Usingens. Besondere Festgäste waren König Ferdinand von Bulgarien mit Teilen seines Gefolges und der japanische Prinz Takehito Arisugawa.

Das Walrad-Denkmal erinnert an den Ahnherren des Usinger Fürstenhauses. Am 12. Juni 1905 wurde es eingeweiht.

Telefon für vier Gemeinden

Usinger Land. Der Usinger Anzeiger vermeldete am 15. Februar, dass Dorfweil, Rod am Berg, Oberlauken und Niederlauken an das Telefonnetz angeschlossen werden. Das Datum, wann die einzelnen Telefonanstalten in Betrieb genommen wurden, ist nicht bekannt.

Große Zeremonie für neue Synagoge

Königstein. Zur Einweihung der neuen Synagoge am 13. September hatte die ganze Stadt Königstein Flaggenschmuck angelegt. Ein Festzug führte vom alten jüdischen Gotteshaus in Falkenstein zur neuen Synagoge im Seilerbahnweg. Vereine und Einwohner Falkensteins und Königsteins schlossen sich dem Festzug an. An der 90-minütigen Einweihungszeremonie nahmen Vertreter aller Konfessionen teil. Die von Sigismund Kohnspeyer entworfene Synagoge besaß einen Betraum für 72 Männer und 34 Frauen. Im Untergeschoss war eine Mikwe eingerichtet. 1908 schlossen sich die Juden von Kronberg, Königstein und Falkenstein zur „Israelitischen Gemeinde Königstein" zusammen. Das bekannteste Mitglied war der Soziologe und Philosoph Max Horkheimer.

Großfürst Wladimir als Überraschungsgast

Usingen. Einen Abstecher nach Usingen machte Großfürst Wladimir von Russland, ein Onkel des Zaren, Kommandant der Kaiserlichen Garde und Präsident der Akademie der Künste. Am 4. Juli besuchte er mit nur einem Begleiter die Stadt, besichtigte den Schlosspark und war überrascht von der „herrlichen gesunden Lage, der guten Erhaltung und dem prachtvollen Fernblick von der Terrasse aus". Dabei betätigte

Eine Kasse für die „kleineren Sparpfennige"

Die Geburtsstunde der Kreissparkasse/Barbara Dölemeyer

Obertaunus Am 27. Juni 1906 beschloss der Kreistag des Obertaunuskreises, eine Kreissparkasse zu gründen. Die Initiative dazu kam von dem damaligen Landrat Ernst Ritter von Marx, und seine Motive waren vielfältig: Die zunehmende Industrialisierung, die Ausdehnung des Handelsverkehrs und auch die Zunahme des Wohnungsbaus erforderten eine bessere Organisation von Geldverkehr und Kredit. Der größeren Nachfrage nach Kapital stand zudem eine größere Spartätigkeit der Bevölkerung gegenüber.

Die neue Sparkasse fiel aber nicht „vom Himmel". In Homburg gab es bereits seit der ersten Hälfte des 19. Jahrhunderts eine „Amtssparkasse": die am 6. Juli 1825 gegründete Sparkasse für das Amt Homburg. Wie ihr Vorbild, die Frankfurter Sparkasse von 1822, ging auch sie von philantropischen Ideen aus. Sie sollte den Homburgern und Meisenheimern, auch Ausländern mit Wohnsitz im Amt Homburg, die Möglichkeit einer sicheren „Verwahrung und Verzinsung" ihres Vermögens bieten. Volkspädagogisches Ziel war es zudem, den Sinn für Sparsamkeit zu wecken, insbesondere wollte man „der dienenden Klasse Gelegenheit darbieten, ihre kleineren Sparpfennige sicher und nutzbringend anzulegen".

Nach der Bildung des Obertaunuskreises 1867 erweiterte sich die Aktivität der Amtssparkasse auf das gesamte Kreisgebiet. Die Ende der 80er Jahre diskutierte Neustrukturierung und die Versuche, die Sparkasse als öffentlich-rechtliche Kasse des Kreises zu etablieren, schlugen fehl. Als aber mit dem Bürgerlichen Gesetzbuch für das Deutsche Reich am 1. Januar 1900 die neuen gesetzlichen Regelungen über mündelsichere Anlagen in Kraft traten, musste etwas geschehen, denn die Amtssparkasse erfüllte nicht die Voraussetzungen der Mündelsicherheit. Ein neues Institut wurde erforderlich.

Die Kreissparkasse hat eine wechselvolle Geschichte hinter sich: In den 50er Jahren wurde an der Ecke Louisenstraße/Ludwigstraße ein Lokal im Homburger Kurhaus eingerichtet.

In der Kreistagssitzung vom 29. Oktober 1906 wurde Landrat von Marx als Vorsitzender der neuen Kreissparkasse bestimmt; weitere Vorstandsmitglieder waren der ehemalige Friedrichsdorfer Bürgermeister Garnier, der Oberurseler Bürgermeister Füller, außerdem als Stellvertreter der Gonzenheimer Bürgermeister Hasselmann sowie der Oberurseler Fabrikbesitzer Dr. Pirath.

Ritter von Marx stammte aus einer Banker-Familie: Sein Vater Ludwig von Marx war Verwaltungsrat der Österreichischen Bodencreditanstalt in Wien, seine Mutter Mathilde stammte aus der Badischen Bankiersfamilie Haber von Linsberg, die an mehreren Bankgründungen beteiligt war.

Am 2. Januar 1907 nahm die Kreissparkasse des Obertaunuskreises ihre Tätigkeit auf. Zuerst befand sich die Geschäftsstelle im Seitenflügel des Landratsamts in der unteren Louisenstraße. Sie hatte einen eigenen Eingang – getrennt von den anderen Verwaltungstellen; darauf wurde Wert gelegt. Der „Rendant" Philipp Stumpff leitete über 29 Jahre lang die Sparkasse; sein Nachfolger war Heinrich Trüller. Die Geschäfte gingen gut: Bald konnten eine Zweigstelle in Oberursel und weitere sechs Nebenzweigstellen eröffnet werden.

Zusätzlich gab es ehrenamtlich geführte Annahmestellen für Spareinlagen in etlichen Gemeinden des Kreises. 1908 wurde der Giro- und Scheckverkehr eingeführt, geregelt im neuen deutschen Scheckgesetz von 1908, welches das bislang gewohnheitsrechtlich nach englischem Vorbild entwickelte Scheckrecht kodifizierte. Eine neue Idee wurde 1909 realisiert: Schulsparkassen wurden eingeführt, um auch die Jüngsten zum Sparen anzuhalten.

In der Inflation der 20er Jahre wurden die wichtigsten Vermögenswerte der Kreissparkasse vernichtet. Nach Einführung der Rentenmark 1923 und dann der Reichsmark 1924 war es schwierig, die alten Kunden wiederzugewinnen. Neue Marketing-Anstrengungen wurden unternommen: Man verteilte Heimsparbüchsen, gab Geschenksparbücher aus.

Ungewöhnlich mutet heute vielleicht die Institution eines Abholungssystems an: Beiträge ab einer Reichsmark konnte man wöchentlich durch Boten abholen lassen. 1933 übernahm die Kreissparkasse die noch bestehenden kleinen Spar- und Leihkassen in Oberursel, Oberstedten, Seulberg und anderen Orten.

Nach dem Krieg bezog die Kreissparkasse nach einigen Zwischenstationen 1952 das Lokal im neugebauten Kurhaus. An der gleichen Stelle – im 1985 eröffneten neuen Kurhaus – befindet sich auch heute die zentrale Bad Homburger Geschäftsstelle der nunmehrigen Taunus-Sparkasse. Die Gebietsreform von 1972 brachte der Sparkasse die Erweiterung des Geschäftsbereichs auf den früheren Kreis Usingen – von da an als „Kreissparkasse des Hochtaunuskreises" bezeichnet. Sie firmiert seit einigen Jahren – nach dem Zusammenschluss mit der Kreissparkasse des Main-Taunus-Kreises – als „Taunus-Sparkasse", nun die drittgrößte kommunale Sparkasse Hessens. Im Jahr 1999 hat sie neue Räume an der „Ludwig-Erhard-Anlage" bezogen.

sich ein zufällig vorbeikommender Usinger Bürger als Fremdenführer. Anschließend zeigte der inzwischen herbeigeholte Pfarrer Schneider dem Großfürsten die evangelische Laurentiuskirche mit ihrer Fürstengruft.

Größere Schule noch immer zu klein

Oberhöchstadt. Seit Beginn des Jahrhunderts war Oberhöchstadt eine ständig wachsende Gemeinde. Dementsprechend erhöhte sich auch die Schülerzahl. 1902 besuchten 237 Kinder in drei Klassen die Dorfschule. Es war offensichtlich, dass eine neue Schule errichtet werden musste. Zu diesem Zweck opferte man den Schulgarten, der einen Teil der Lehrerbesoldung darstellte. Als Entschädigung wurde dem Lehrer vertraglich zugesichert, dass die Gemeinde eine Scheune errichten müsse, wenn dieser wieder Landwirtschaft betreiben wolle. Am Dalles begann man mit den Arbeiten für den Schulneubau. Doch bereits bei der Einweihung am 6. August zeichnete sich ab, dass die Schule immer noch zu klein sein würde.

Feier in der „Wiege" des Homburg-Huts

Homburg. Bei der Philipp Möckel Hutfabrik handelt es sich um eines der ältesten Unternehmen Homburgs. Aus Anlass des 100. Geburtstages am 24. Juni fand eine Jubiläumsfeier statt. Der für die Fabrik bedeutendste Tag war der 29. August 1882, als der in Homburg zur Kur weilende Edward, Prince of Wales, die Fabrik besichtigte und sogleich einen Hut bestellte, der nach seinen Angaben gefertigt werden sollte. Das war die Geburtsstunde des Homburg-Huts. Er war eine Kreation aus weichem grauem Filz mit steifem, leicht angerollten Rand und einem schwarzen Band. Der echte „Homburg" war weltweit ein Erfolg. Er löste den Zylinder und den Bowler als den klassischen „Ausgehhut" ab. 1931 kam das Ende der traditionsreichen Firma. Geldknappheit und das wechselnde Modebewusstsein, das einen Hut nicht mehr als ein notwendiges Kleidungsutensil betrachtete, führte zu solchen Absatzschwierigkeiten, dass sich Wilhelm Möckel genötigt sah, den Betrieb zum 31. Dezember zu schließen.

Kurze Wege für die Michelbacher Schüler

Michelbach. Am 24. April wurde die neue Schule in Michelbach eingeweiht. Damit mussten die Michelbacher Schüler nicht mehr nach Eschbach zum Schulbesuch. Großes Lob fand der gefällige Baustil des Architekten Rohrbach, der das neue Gebäude in das Ortsbild integriert hatte. Neben den Klassenzimmern für 40 Schüler waren noch ein Ratszimmer für die Gemeinde und die Lehrerwohnung darin untergebracht. Zusätzlich sollte am Dachreiter noch eine Uhr und eine Glocke angebracht werden. Im Keller sollte die Gemeindewaage ihren Platz bekommen. Später wurde in dem Schulgebäude das Dorfgemeinschaftshaus untergebracht.

Neue Kirche für die Protestanten

Dorfweil. Am 26. August wurde in Dorfweil die neu erbaute evangelische Kirche eingeweiht. Mit einem Festzug zogen unter Musikbegleitung die Schulkinder, Geistlichkeit, Kirchenvorstand, Ehrengäste, Festjungfrauen und verschiedene Vereine zu der neuen Kirche auf einer Anhöhe. Die Kirche erhielt eine Altarbibel, eine Agende, einen Altar- und Kanzelbehang, einen Abendmahlkelch und ein Altartuch für Festtage gespendet. Besonders erfreut zeigte man sich über die Schenkung von 400 Mark von der Kaiserin.

Kaiser-Zeit und Dank an die „Helden" von Homburg

Der Kaiser auf dem Weg zur Saalburg: Wilhelm II. zeigte sich oft in Bad Homburg – sei es auf einem Spazierritt, sei es zu offiziellen Terminen wie der Einweihung des Landgrafendenkmals.

Homburg. Der Kaiser und Homburg – das war Anfang des Jahrhunderts eine innige Verbindung. Immer wieder zog es Wilhelm II. in den Taunus, sei es zur Muße, sei es zu offiziellen Terminen. Und so gibt es aus der damaligen Zeit unter anderem Fotos, auf denen man den Kaiser hoch zu Ross auf einem Spazierritt zur Saalburg sieht. Am 16. August 1906 führte ein besonderes Ereignis Wilhelm II. nach Homburg: die feierliche Enthüllung des vom ihm gestifteten Landgrafendenkmals. Das Denkmal steht in der Nähe des Elisabethenbrunnens im Kurpark. Der Platz war vom Kaiser persönlich ausgesucht worden. Das von Fritz Gerths geschaffene Obeliskendenkmal wurde allen Landgrafen des 1866 erloschenen Hauses Hessen-Homburg gewidmet. Auf dem Obelisken wurden zahlreiche Inschriften, Büsten sowie allegorische und szenische Reliefs angebracht, die das Homburger „Heldengeschlecht" verherrlichen. Am Tage der Denkmalsenthüllung ließ es sich der Kaiser nicht nehmen, die Einweihungsrede persönlich zu halten. Er betonte noch einmal die Verdienste jedes einzelnen Landgrafen für das deutsche Vaterland. Danach gab er das Zeichen zur Enthüllung. Es folgten noch ein Gesangsvortrag und die Übernahme des Denkmals in die Obhut der Stadt. Mit dem Singen der Nationalhymne und dem Parademarsch des Gersdorffer Regiments schlossen die Feierlichkeiten.

Die Bahn erobert den Taunus

Karl Heinz Arbogast

Taunus. Einen wahrhaft „kaiserlichen Bahnhof" leistete sich Homburg und setzte damit auch einen Markstein für die Entwicklung der Eisenbahnen im Taunusgebiet. Am 26. Oktober 1907 war das ganze, damals 14 000 Einwohner zählende Kurstädtchen auf den Beinen, um die feierliche Einweihung des auch für damalige Verhältnisse gewaltigen Bauwerkes draußen vor der Stadt mitzuerleben.

Den Anstoß zu dem Bahnhofsneubau, der zwischen 1905 und 1907 unter Leitung von Eisenbahn-Baurat Wegner für rund fünf Millionen Goldmark emporwuchs, gab Kaiser Wilhelm II. Für ihn, der mit seinem eigenen – bis zu zehn Wagen langen – Hofzug in seine „Sommer-Residenz der kaiserlichen Familie" reiste, waren die veralteten Anlagen des kleinen Kopfbahnhofes – in der Ortsbezeichnung „Alter Bahnhof" weiterlebend – „jeradezu unmöööglich".

Schließlich kamen in dem schon 1860 entstandenen Bahnhöfchen auch andere gekrönte Häupter mit eigenen Salonwagen oder Hofzügen an. Mit dem neuen Bahnhof in „wilhelminischem Barock" und einem eigenen Fürstenbahnhof nebst Kaiserbahnsteig konnte nicht nur der alte Bahnhof abgebrochen, sondern auch die Verbindung mit dem bisher 200 Meter die Louisenstraße hinunter gelegenen „Usinger Bahnhof" geschaffen werden, der somit dann auch überflüssig wurde.

Wer im neuen Homburger Bahnhof ankam, hatte die Wahl zwischen einem viertelstündigen Fußmarsch zur Innenstadt oder der Fahrt mit der Homburger städtischen Straßenbahn, die gerade noch rechtzeitig von der Louisenstraße ein Verbindungsgleis zum Anschluss an das bereits seit 1899 bestehende Liniennetz geschaffen hatte. Die damals gerade 10 000 Einwohner zählende Stadt hatte

Unser Bild zeigt, wie zu Beginn des Jahrhunderts bei Hundstadt der Bahnbau vorangetrieben wurde.

Hügelgräber mit Schmuck aus Bronze

Usingen. Dass archäologische Notgrabungen keine Notwendigkeit der heutigen Zeit sind, sondern bereits um die Jahrhundertwende in aller Eile durchgeführt werden mussten, zeigt das nachfolgende Beispiel. Durch den Walddistrikt „Oberflorroth" zwischen Wilhelmsdorf und Usingen sollte die neue Bahnlinie von Usingen nach Weilmünster geführt werden. Dabei hätte die Trasse die dort befindlichen Hügelgräber zerstört. Daher wurde 1907 unter Leitung von Heinrich Jacobi eine Notgrabung vorgenommen. Der größte Grabhügel hatte einen Durchmesser von 16 Metern und eine Höhe von einem Meter. In seinem Inneren fanden sich vier Bestattungen. Das Grab enthielt eine Urne sowie Schmuckreste aus Bronze und geringe Eisenreste. Heinrich Jacobi datierte die Funde in die Hallstattzeit, also etwa 500 vor Christus.

Die Faszination der Seifenkisten

Taunus. Das Rennfieber grassierte im Taunus. Das Gordon-Bennett-Rennen 1904 und das Kaiserpreis-Rennen 1907 faszinierten die Taunusbewohner. Vor allem Söhne und Väter waren von den Rennmaschinen so angetan, dass sie daran gingen, Kinderautomobil-Rennen mit selbstgebastelten Wagen auszutragen. Die Oberurseler waren die ersten, die bereits 1904 ihr Auto-Rennen „en miniature" austrugen. Es war das erste Rennen dieser Art in Deutschland. Höhepunkt der Seifenkistenrennen war aber 1907. Diesmal fanden Wettbewerbe in Oberursel, Weißkirchen, Usingen und Kronberg statt.

In Usingen wurde das erste Kinderauto-Rennen am 21. Juli ausgetragen. Insgesamt 40 Fahrzeuge bewarben sich um die Siegerprämie, die schließlich Heinrich Steinmetz gewann. Nur eine Woche später startete auch in Weißkirchen ein solcher Wettbewerb. Der Sieger musste aber disqualifiziert werden, da der Vater in das Auto Tretpedalen eingebaut hatte, was nicht erlaubt war. Das Kronberger „Prinzen-Rennen" fand am 18. August statt. Es wurde so genannt, weil die vier Söhne der Kronberger Schlossherrschaft daran teilnahmen. Julius Neubronner nahm dieses Rennen „kinematografisch" auf. Die noch heute erhaltene Aufnahme ist der wohl älteste Film, der von einem solchen Ereignis gedreht wurde. Lange Jahre ruhte der Kinder-Rennsport. Erst nach dem Zweiten Weltkrieg führten amerikanische Offiziere den inzwischen in Amerika als „Seifenkistenrennen" bekannt gewordenen Sport in Oberursel wieder ein. Am Vortaunusmuseum, in dem einige Seifenkisten gezeigt werden, wurde ein von Georg Hieronymi gestaltetes Bronzerelief angebracht, das an die Oberurseler Autorennen „en miniature" erinnert.

Ein „Nesthäkchen" feiert Geburtstag

Wilhelmsdorf. Wilhelmsdorf ist einer der jüngsten Orte im heutigen Hochtaunuskreis. Die Gründungsurkunde nennt als „Geburtstag" den 24. Juni 1707. Der Ort wurde auf Initiative des damaligen Landesvaters Wilhelm Heinrich von Nassau-Usingen gegründet. An der Siedlungsstelle befand sich zuvor ein 400 Morgen großes Gut Wilhelms. Dieses wurde in zehn Teile aufgeteilt und sollte an zehn Bewerber vergeben werden. Trotz zahlreicher Bewerbungen wurden auf Grund der scharfen Auswahlkriterien nur sieben Siedelstellen vergeben. Durch den Schutz des Landesherrn überstand Wilhelmsdorf die ersten kritischen Jahre und konnte daher vom 15. bis 17. Juni 1907 sein 200-jähriges Bestehen feiern.

Homburg hatte sich 1907 einen „kaiserlichen Bahnhof" geleistet. Es war die Zeit, als überall im Taunus die dampfenden Stahlrösser zunehmend das Bild der Städte prägten.

sich mit Rücksicht auf Kur- und Kaiserresidenz eine 4,7 Kilometer lange Tramlinie geleistet, die von der unteren Louisenstraße über Markt, Höhestraße und Untertor bis nach Dornholzhausen mit Endpunkt Gotisches Haus reichte. Von der Höhestraße gab es noch eine Zweiglinie nach Kirdorf.

1900 war schließlich auch die elektrische Straßenbahnlinie von der Innenstadt zur Saalburg eröffnet worden. Diese Ausflugsbahn, deren ehemalige Strecke von Wanderern in den Wäldern unterhalb der Saalburg noch gut zu verfolgen ist, wurde 1935 zu Gunsten einer billigeren und „moderneren" Buslinie aufgegeben. Auch die Linie nach Dornholzhausen verschwand mit ihr. Die städtische Straßenbahn von Homburg konnte bereits 1910 durch die Frankfurter Lokalbahn AG mit der Frankfurter Innenstadt verknüpft werden. Diese neue Strecke verband auch die Vororte Ober-Eschbach, Nieder-Eschbach und Bonames enger mit der Badestadt. Doch blättern wir in der Geschichte zurück. Die Landgrafen Philipp und Ferdinand von Hessen-Homburg hatten etwa 1850 Konzessionen für den Bahnbau erteilt, doch klappte es nicht so schnell. Erst am 10. Mai 1859 wurde Sir Samuel Morton Peto aus London eine Konzession gegeben. In nur 16 Monaten baute er die erste Eisenbahn des Vordertaunus nach Homburg.

Die Hoheitsverhältnisse waren delikat. Durchfuhren die Züge damals doch nicht nur die Freie Reichsstadt Frankfurt und Hessen-Homburg, sondern auch die Staaten Nassau, Großherzogtum Hessen und Kurfürstentum Hessen. Das führte dazu, dass der Bahnhof Weisskirchen auf dem Gebiet zweier Länder lag, und speiste die Anekdote, ein Dieb habe sich im Bahnhof nur in eine andere Ecke des Wartesaals begeben müssen, um vor den Häschern sicher zu sein.

Diese Homburger Privatbahn hatte zunächst keine direkte Verbindung zum übrigen deutschen Schie-

Auch in Grävenwiesbach war der Jubel groß, als dort 1909 der Bahnhof eingeweiht wurde.

nennetz. Sie endete in Frankfurt-Rödelheim, wurde 1884 in Bockenheim – heute Frankfurt-West – an die Main-Weser-Bahn und 1888 an den Frankfurter Hauptbahnhof angeschlossen. Das bis nach dem Zweiten Weltkrieg noch vorhandene Gebäude des Alten Bahnhofs in Homburg wurde von Edmund Heusinger von Waldegg geschaffen. Am 15. Oktober 1895 wurde die Bahnlinie von Bad Homburg nach Usingen eröffnet. 1909 wurde diese Strecke über Grävenwiesbach nach Weilmünster verlängert und damit Weilburg angeschlossen. 1912 kam die Strecke von Grävenwiesbach nach Wetzlar hinzu.

Ab 1901 war über Friedrichsdorf auch Friedberg auf der Schiene zu erreichen. In Oberursel war bereits 1899 die „Gebirgsbahn" vom Bahnhof der Staatsbahn nach der Hohemark entstanden. Sie bildete 1910 die Stammstrecke für die spätere Straßenbahnlinie nach Frankfurt, die heute als U3 weiterlebt. Am 14. August 1872 hatte im roten Zimmer des Saalbaues in Frankfurt die Gründung einer Gesellschaft „Cronberger Eisenbahn-Gesellschaft" stattgefunden. Die Kronberger Bahn schloss in Rödelheim an die Bahn von Frankfurt nach Homburg an und wurde 9,6 Kilometer lang. Auch der Kronberger Bahnhof erhielt einen „Fürstenpavillon", weil Kaiserin Friedrich hier ihr Schloss Friedrichshof erbauen ließ. Am 1. November 1874 rollten die ersten Züge. Heute ist die „Cronberger Eisenbahn" Teil des S-Bahnnetzes zwischen Frankfurt und dem Taunus.

Für eine Bahn von Höchst nach Königstein erteilte der Preußische Staat 1901 die Konzession. Die 15,6 Kilometer lange Strecke erlebte ihre Einweihung am 24. Februar 1902. Im Gegensatz zu den anderen Eisenbahnlinien des Hochtaunuskreises blieb die landschaftlich schön trassierte Gebirgsbahn nach Königstein immer eine, wenn auch heute als ein Teil der Hessischen Landesbahn GmbH de facto dem Staat gehörende Privatbahn.

Die Ausrichtung der Festivitäten hatte der Gesangverein „Eintracht" übernommen, der zugleich auch sein erstes Stiftungsfest beging. Auf dem Festplatz gab es einen Tanzboden, Bühne, Restaurationsbetriebe, Verkaufsstände, ein Karussell und eine Schießbude. Bei dem am Nachmittag stattfindenden Umzug trug einer der ältesten Einwohner Wilhelmsdorfs die Gründungsurkunde voran.

Tragischer Unfall bei Kaiserpreis-Rennen

Glashütten. Die Rennstrecke für das Kaiserpreis-Rennen vom 13. und 14. Juni war in der Zeit davor Übungsstrecke für die Rennfahrer und andere begeisterte Autofahrer. Leider gab es auch schwere Unfälle zu beklagen. Dabei kam das Kind des Küfers Franz Ochs aus Glashütten ums Leben. Die Gemeinde Glashütten erhielt als Entschädigung 350 Mark für die Sperrung der Straße, die für die innere Ausschmückung der Kirche verwendet werden sollten. Beim Kaiserpreis-Rennen selbst kam es erneut zu einem schweren Unfall. An seinem 20. Geburtstag verunglückte ein Teilnehmer, Ludwig Faber, tödlich auf der Strecke zwischen Glashütten und Esch bei Kilometerstein 19,5. Beim Überholen war er abgedrängt worden und in den Straßengraben gestürzt. Faber fuhr für die Frankfurter Adlerwerke und sollte für seinen Start 500 Mark erhalten. Mit dem Geld wollte er mit seiner Braut nach Brasilien auswandern. Heute steht an der Stelle zum Gedenken an den Unfall der „Faber-Stein".

Speisesaal wird eine Halle für die Turner

Kronberg. Kronbergs städtische Turnhalle wurde am 17. Oktober ihrer Bestimmung übergeben. Aber das Gebäude selbst ist älter, denn es diente zuvor als Speisesaal der Lungenheilanstalt von Peter Dettweiler in Falkenstein. Turner waren früher auf Gasthaussäle angewiesen, um auch im Winter ihren Sport ausüben zu können. Die Stadt Kronberg hatte den beiden örtlichen Turnvereinen im Falle einer Fusion eine eigene Sporthalle versprochen. 1906 schlossen sich die Vereine zusammen und beharrten von nun an auf ihrer zugesagten Sportstätte. Als daher ein „completter Saalbau" aus der Heilanstalt zum Verkauf stand, griff die Stadt zu. Das Gebäude wurde abgetragen und in Kronberg mit einigen architektonischen Veränderungen wieder aufgebaut. So wurden die Giebelseiten dem Wohnhaus auf der Burg nachempfunden. Die Kosten betrugen etwas über 63 000 Mark. Neben ihrer Funktion als Turnhalle sollte sie auch bei besonderen Anlässen als Festsaal dienen. Als Stadthalle ist sie heute ein kultureller Mittelpunkt Kronbergs.

Ritter von Marx denkt an die Zukunft

Obertaunus. 1908 wurde ein großformatiges Buch veröffentlicht mit dem programmatischen Titel „Auf zum Taunus". Herausgegeben wurde es von dem ein Jahr zuvor auf Anregung des Landrats Ritter von Marx gegründeten „Ansiedlungs- und Verkehrsverein Taunus".

Das Buch stellt ein Ansiedlungsprogramm für den gesamten Obertaunuskreis vor. Ritter von Marx hatte erkannt, dass die durch Industrialisierung hervorgerufene Siedlungskonzentration und Wohnungsnot in den Großstädten durch die Verbesserung der Verkehrsverhältnisse aufge-

Geigerkönig bringt Wagner nach England

August Wilhelmj aus Usingen / Annette Dopatka-Saltenberger

Usingen. Am 22. Januar 1908 stirbt der Violinist August Wilhelmj in seinem Haus „Rheinland", in der Priory Road des Londoner Stadtteils Hampstead. Nachrufe in vielen Zeitungen Europas erinnern noch einmal an den bedeutenden und wohl populärsten Virtuosen seiner Zeit.

Geboren wurde August Emil Daniel Friedrich Victor Wilhelmj am 21. September 1845 in Usingen. Er war das zweite Kind des im nassauischen Staatsdienst stehenden Juristen August Wilhelm Wilhelmj und dessen Frau Charlotte, einer Tochter des Usinger Realschullehrers Petry.

Ein die Musik liebendes Elternhaus prägte seine Kindheit und Erziehung: Vater Wilhelmj, der später ein bedeutendes Weingut im Rheingau führte, war ein leidenschaftlicher Geigenspieler. Mutter Charlotte, ausgebildete Pianistin und Sängerin, förderte früh die musikalische Begabung ihres Sohnes. Bereits als Siebenjähriger beeindruckte er durch die Reinheit seines Spiels, und mit neun Jahren feierte August Wilhelmj seine ersten öffentlichen Erfolge an der Seite seiner Mutter.

„Du wirst einmal der deutsche Paganini werden", prophezeite die seinerzeit berühmte Sängerin Henriette Sonntag, die ebenso wie viele andere damals bekannte Künstler öfters an den Gesellschaften und musikalischen Abendunterhaltungen der Familie Wilhelmj in Wiesbaden teilnahm. Sie sollte Recht behalten: Auf Empfehlung von Franz Liszt studierte August Wilhelmj von 1861 bis 1864 am Leipziger Konservatorium unter besonderer Fürsorge von Ferdinand David, dem Konzertmeister des Leipziger Gewandhauses. Lange Zeit lebte der junge Musiker im Haus seines Lehrers. „Seid unbesorgt für mich und mein Wohl. Nun ist die Zeit da, wo ich lerne, und ich ruhe nie, bis ich der erste Geiger bin. Bezahlt mir nur alles, ich will das Meinige tun. Euer alter treuer Lump Gustel", schreibt er seinen Eltern. Aus den Zeilen spricht allerdings auch sein schlechtes Gewissen. Denn der Entscheidung, eine berufliche Laufbahn als Musiker einzuschlagen, war ein wenig ruhmreiches Ende seiner schulischen Karriere vorausgegangen. Sein Lehrer hatte das so formuliert: „Lernt durchaus Nichts!" Noch als Schüler des Leipziger Konservatoriums unternahm August Wilhelmj erste kleinere Konzertreisen. Von 1865 an bereiste er ganz Europa: Er

Der virtuose Violinist August Wilhelmj wurde 1845 in Usingen geboren. Schon als Neunjähriger feierte er seine ersten öffentlichen Erfolge. Mit 27 war er weltberühmt.

debütierte in London in Anwesenheit Königin Victorias, begeisterte Königin Elisabeth von Rumänien, spielte in Frankreich, Italien und Russland. Bis 1873 konzertierte August Wilhelmj fast in ganz Europa. Dank seiner überragenden technischen Begabung und einer vollendeten Intonation feierte man ihn tatsächlich als den „nouveau Paganini". Mit 27 Jahren hatte August Wilhelmj den Gipfel seines Ruhms erreicht.

„Auf dem größten Bogen meines Briefpapiers..." bestätigte Richard Wagner im Juli 1872 Wilhelmjs Ernennung zum Konzertmeister der ersten Bayreuther Festspiele.

Wagner war nach Wiesbaden-Biebrich gekommen, wo er seit 1862 an den „Meistersingern" arbeitete. Die Familie Wilhelmj gehörte oft zu seinen Gästen in der Frickhöfer Villa am Rheinufer. August Wilhelmj war einer seiner leidenschaftlichsten Anhänger. Im Mai 1872 engagierte er sich in einem Festkonzert anlässlich der Grundsteinlegung des Bayreuther Festspielhauses und er brachte die Musik Richard Wagners nach England. Durch die Vermittlung des jungen Künstlers wurden im Mai 1877 erstmals Werke Wagners in der Londoner Royal-Albert-Hall aufgeführt.

Aber Richard Wagner war August Wilhelmj nicht nur durch die Liebe zur Musik verbunden, beide Männer waren auch große Hundefreunde.

Während seines Aufenthaltes in Bayreuth erfuhr August Wilhelmj, dass sich viele Hundebesitzer auf Grund einer drastischen Hundesteuer ihrer vierbeinigen Freunde entledigen wollten. Da kaufte er kurzerhand ein Dutzend Hunde und pries sie in bestem nassauischen Dialekt seinen Orchesterkollegen an. Beim ersten „piano" während der Proben hörte man die im Festspielhaus versammelte Hundegesellschaft laut heulen. Der Höhepunkt des Ulks war der so genannte „Hundebrief" Richard Wagners. Der Komponist ernennt darin seinen Konzertmeister zum Beauftragten eines „Vereins zur Verhütung der durch die Hundesteuer veranlassten Scheußlichkeiten" und empfiehlt, dass alle Hunde August Wilhelmj vorzuführen seien. Das Original des Briefes befindet sich im Wilhelmj-Archiv in Usingen.

Im Sommer 1878 schiffte sich August Wilhelmj in Genua nach Amerika ein. Die bedeutendsten Städte der Neuen Welt feierten den „Held der Geige". Zweieinhalb Jahre lang durchquerte er fast alle nördlichen Staaten und konzertierte in nahezu hundert Städten. Über Neuseeland, Australien, Japan, China, Indien, Persien und Ägypten führte ihn sein Weg zurück nach Europa. Auf seinem Anwesen in Wiesbaden-Biebrich gründete er zusammen mit Rudolph Niemann, der zu den besten Pianisten seiner Zeit zählte und Wilhelmj auf vielen Konzertreisen begleitet hat, ein Konservatorium für Musik. Doch das Unternehmen zeigte nicht den erwarteten Erfolg.

1894 folgte er einem Ruf an die Londoner Guildhall School of Music, wo er eine Professur annahm. Von da an betrat er nur noch selten das Konzertpodium. Zusammen mit seiner zweiten Frau Marcella und seinen Lieblingshunden Timmy und Caspar lebte er zurückgezogen und

brochen werden konnte. Ihm schwebte das englische Prinzip der „Gartenstadt" vor, bei dem ein Gürtel aus Villen und Landhäusern in reizvoller Lage die Großstadt umgab. Zielgruppe des Programms sollte der Mittelstand sein. In „Auf zum Taunus" wurden sämtliche 30 Orte des damaligen Obertaunuskreises ausführlich in Wort und Bild vorgestellt. Auf eigens angefertigten Karten wurden für jeden einzelnen Ort die Wohn-, Industrie- und Grüngebiete ausgewiesen. Schwierigkeiten beim Grunderwerb oder bei der Versorgung mit Wasser, Strom und Gas sollten durch Vermittlung des Landratsamtes für Gemeinden und Siedlungswillige gering gehalten werden. Nach anfänglichen Erfolgen wurde dem Projekt durch den Ausbruch des Ersten Weltkrieges ein Ende gesetzt.

Unterirdisches Kabel für den Feldberg

Schmitten. Vom 23. November an soll mit den Arbeiten zur Verlegung eines Telefonkabels auf den Feldberg begonnen werden, vermeldet das Kreisblatt für den Kreis Usingen am 21. November des Jahres 1908. Es sollte die erste unterirdische Telefonleitung sein, die im Deutschen Reich auf einen Berg führt. Die bisher bestehende oberirdische Leitung sei durch Raureif und Schnee häufig reparaturbedürftig. Man hoffte daher, mit der unterirdischen Verlegung des Telefonkabels einige Kosten einsparen zu können.

Glocken zu schwer für den Kirchturm

Glashütten. Am 15. September wurde der Hahn auf den neuen Kirchturm in Glashütten gesetzt. Der Bau des Turms war notwendig geworden, weil der Dachreiter des alten Bauwerks ins Wanken geraten war. Grund: Als in Kirdorf und Kronberg die dortigen

Kirchen gebaut wurden, tauschte man dort je eine größere Glocke ein. Diese neuen Glocken waren aber zu groß für den alten Turm und mussten daher übereinander gehängt werden, was der Turm nicht aushielt. Am 28. Juli hatte man mit dem Ausheben der Fundamente für den neuen Turm begonnen, der vor die Kirche gesetzt wurde. Damit stand der Kirchturm auf gemeindeeigenem Boden. Der Bau wurde daher von der Zivilgemeinde finanziert.

Ein Denkmal für Landgräfin Elisabeth

Homburg. Die Enthüllung des Denkmals für Landgräfin Elisabeth am 12. August vor der Englischen Kirche fand trotz der Anwesenheit des Kaisers und des Königs Edward VII. von England im kleinen Rahmen statt. Die Kaiserin Friedrich selbst hatte die Aufstellung eines Ehrenmals für die einstige Landesmutter angeregt. Auf Befehl Wilhelms II. und nach seinen Angaben wurde schließlich das Denkmal entworfen. Professor Fritz Gerths hatte die Büste aus Navacone-Marmor geschaffen. Der Piedestal trägt die schlichte Inschrift „Elisabeth". Die 1770 geborene Elisabeth war die Ehefrau des Landgrafen Friedrich VI. von Hessen-Homburg.

Olympische Spiele im Kleinformat

Homburg. Am 2. August fanden die „ersten nationalen Athletik-Wettkämpfe und Olympischen Spiele" in Homburg statt. Darunter verstanden die Organisatoren Leichtathletik-Wettbewerbe. Die Veranstaltung wurde in den nächsten Jahren wiederholt. Auch in den umliegenden Orten – unter anderem in Mammolshain 1911 – gab es vergleichbare Wettbewerbe. Disziplinen waren 100- und 200-Meter-Lauf, Diskus- und Speerwerfen, 25-kg- und 50-kg-Stemmen sowie Kugelstoßen.

beschränkte sich auf seine Lehrtätigkeit. Ein Schüler Wilhelmjs erinnerte sich an die Besuche im Hause Wilhelmj: „Man wurde in diesen Tagen empfangen durch die freundlichen oder feindlichen Bezeugungen eines launischen Bull-Terriers mit dem Namen Caspar. Nach einer vorbereitenden Untersuchung durch die Nase dieses Postens, empfing der Professor den Besuch im Musik-Zimmer, das eher einem veritablen Museum glich." Viele musikhistorische Pretiosen sind nach dem Tode Wilhelmjs durch das Engagement des Usinger Bürgers Albert Franke in die Geburtsstadt des einst weltberühmten Violinisten zurückgekehrt und bilden den Grundstock des heutigen Wilhelmj-Archivs.

Luft, Sonne und Sport für gesunde Körper

Dornholzhausen. Ein Schwimmbad der etwas anderen Art war das Luft- und Sonnenbad bei Dornholzhausen an der Victor-Achard-Straße. Um die Jahrhundertwende hatte sich eine Bewegung entwickelt, die in ihrem Streben nach einer ganzheitlichen Lebensform im Gegensatz zu der wilhelminischen Geisteshaltung stand. Licht und Luft sowie sportliche Betätigung sollten den Körper gesund halten. So kam es zur Errichtung von Nacktbadeanstalten. Das am 1. August 1908 von dem Pächter Guido Sauerbrei eröffnete Luft- und Sonnenbad war vermutlich eine solche Einrichtung. Ob das Schwimmbad von Anfang an eine Nacktbadeanstalt war oder später erst geworden ist, muss offen bleiben. Dafür spricht die Finanzierung durch das Reformhaus Freya in Frankfurt und den Bund Orplid, die hermetische Abriegelung gegen Blicke von außen und das Schweigen der Zeitungen über die Eröffnung des Bades, obwohl es doch mit 15 000 Quadratmetern eines der größten Bäder im Reich war. Dagegen spricht, dass 1910 für die Anstalt als Frauenschwimmbad geworben wurde. Badegelegenheit in dem ausgedehnten Wiesengelände bot ein kleiner Naturteich. Die ganze Anlage war gegen neugierige Blicke durch einen 1,75 Meter hohen Drahtzaun mit Thuja-Hecke und einen in einigem Abstand davon errichteten 2,10 Meter hohen Bretterzaun abgeschirmt. Die Nacktbadeanstalt wurde spätestens im Dritten Reich geschlossen.

Eine der größten Badeanstalten im Reich: In Dornholzhausen wurde 1908 ein Luft- und Sonnenbad eröffnet. Im Hintergrund ist die Straßenbahn zur Saalburg zu sehen

Segen für des Kaisers Armee

Ein Genesungsheim für Offiziere in Falkenstein/Beate Großmann-Hofmann

Falkenstein. Am 20. August 1909 fand in Falkenstein ein Ereignis statt, das alles andere in den Schatten stellte. Kam doch Kaiser Wilhelm II. persönlich in den Taunusort, um hier ein Genesungsheim für kranke Offiziere einzuweihen. Das Offizierheim Taunus war in nur 24-monatiger Bauzeit an der Stelle errichtet worden, an der sich seit über 30 Jahren eine weltberühmte Heilanstalt befunden hatte. 1872 wurde hier eine Lungenheilanstalt in Form einer Aktiengesellschaft durch Frankfurter Ärzte und Bürger gegründet. Sie stand seit 1876 unter der Leitung von Dr. Peter Dettweiler, der wegen seiner auf den einzelnen Kranken ausgerichteten Behandlungsmethoden – Liegekuren im Freien, reichhaltige Ernährung, Körperbewegung – Tuberkulosekranke sogar aus Russland und den USA anzog. Die Lungenheilanstalt bewirkte darüber hinaus auch den wirtschaftlichen Aufschwung des bis dahin armen Dörfchens Falkenstein.

Zu Beginn des 20. Jahrhunderts verlor sie jedoch ihre Sonderstellung: Dr. Dettweiler hatte sich zurückgezogen, und neue, modernere Sanatorien waren in der Zwischenzeit entstanden. Die Stadt Frankfurt bekundete ihr Interesse, den Gebäudekomplex als „Städtische Volkslungenheilstätte" zu erwerben. Dies rief in Falkenstein, Königstein und Kronberg einen Sturm der Entrüstung hervor, wurde doch befürchtet, dass eine Volksheilstätte dem Aufstreben der genannten Orte durch die Ansiedlung hinderlich sei. Auf einmal sprach man über die „Bazillenfurcht", von der während der drei Jahrzehnte des Bestehens der Heilanstalt für begüterte Tuberkulosekranke niemals die Rede gewesen war.

Imposanter Anblick: das Offizierheim Taunus im Jahre 1909. Zuvor war an gleicher Stelle eine Tuberkulose-Heilanstalt.

Usingen geht ein elektrisches Licht auf

Usingen. Es war ein langer Weg, bis die Usinger endlich ihr eigenes Elektrizitätswerk besaßen. Dem Bedürfnis nach elektrischem Strom hatten die Bürger in vielen Briefen an die Kreis-Zeitung Ausdruck verliehen. Am 11. März 1907 beschloss die Stadt, elektrisches Licht einzuführen. Die Verhandlungen zogen sich aber in die Länge, da man sich in der Standortfrage nicht einigen konnte. 1908 wurde ein Konzessionsvertrag mit der Firma Elektrizitätswerke GmbH aus Düsseldorf unterzeichnet, der die Errichtung eines E-Werks in Usingen vorsah. Der Strompreis wurde ebenfalls bereits festgelegt: Man unterschied zwischen Strom für Licht und Strom für Kraft, der 40 Pfennig beziehungsweise 25 Pfennig je Kilowattstunde kosten sollte. Am 23. Januar 1909 schließlich konnten zum ersten Mal die Straßenlampen mit elektrischem Strom aus dem E-Werk betrieben werden, obwohl der Bau immer noch nicht völlig abgeschlossen war. Im Laufe des Jahres wurden nach und nach die Usinger Haushalte an das Stromnetz angeschlossen. Im Februar 1918 ging das Elektrizitätswerk in den Besitz der Stadt Usingen über. 1971 wurde es an Lahmeyer verkauft.

Die Ortsschelle verstummt

Usingen. Seit 1. September findet die ortsübliche Bekanntmachung durch Ausrufen und Schelle in Usingen nicht mehr statt. Die amtlichen Bekanntmachungen werden wie bisher im Kreisblatt veröffentlicht. Darüber hinaus werden sie in der Stadt an sieben Tafeln angeschlagen, so dass für eine ausreichende Verbreitung gesorgt ist. Die Ortsschelle darf auch in Privatangelegenheiten nicht mehr benutzt werden.

Relief zum Gedenken August Ravensteins

Schmitten. Zum 100. Geburtstag August Ravensteins, des Mitbegründers des Taunusklubs, des Turnwesens in Frankfurt und des Feldberg-Turnfestes, wurde am 5. Dezember am Feldbergturm eine Gedenktafel enthüllt. Das Relief aus Muschelkalk stammt von dem Frankfurter Georg Bäumler. Einige hundert Personen nahmen an der Ehrung teil. Heute ist die Ravenstein-Tafel am Aussichtsturm nur noch schwer zu entdecken, denn die obere Hälfte des Reliefs ist durch ein Regendach, das den Kunden des angrenzenden Kiosks Schutz bieten soll, verdeckt.

Grundstein für das Genesungsheim

Oberstedten. Im Beisein der Familie Kann und Vertretern der Israelitischen Gemeinde Frankfurt wurde im September der Grundstein für das Genesungsheim der Eduard-und-Adelheid-Kann-Stiftung gelegt. Die Stiftung war 1907 von Flora Geisenheimer, geborene Kann, ins Leben gerufen worden, um ärmeren jüdischen Frauen und Männern die Möglichkeit zu einem Erholungsaufenthalt zu geben. Das Grundstück Gotenstraße 15 wurde wegen seiner schönen Lage, der gesunden Luft und der guten Verkehrsanbindungen ausgewählt. Die Eröffnung fand am 14. September 1911 in Anwesenheit des Homburger Bürgermeisters Lübke, des Oberstedter Bürgermeisters Friedrich Wilhelm Kleemann und von Vertretern der israelischen Gemeinden von Homburg und Frankfurt statt. Das Haus war zunächst für 14 Personen konzipiert, eine Unterbringung von 24 Personen aber möglich. Im ersten Jahr wurden insgesamt 56 Personen in das Heim aufgenommen. Ein Jahr später waren es bereits 80 Personen mit insgesamt 2130 Verpflegungstagen. 1300 Tage wurden ohne Be-

Zur Einweihung des Offizierheims war sogar die kaiserliche Familie nach Falkenstein gekommen. Vorn rechts ist Kaiserin Auguste Viktoria zu sehen.

Dem Landrat des Hochtaunuskreises, Ritter von Marx, kam dann die Idee der Errichtung eines Genesungsheimes für Offiziere. Kaiser Wilhelm II., der sich regelmäßig in Homburg aufhielt, konnte für diesen Plan gewonnen werden. Mit Hilfe eines großen vom Kaiser zur Verfügung gestellten Betrages wurde die Heilanstalt erworben. Am 15. Februar 1907 fand hier eine kleine Abschiedsfeier statt.

Die Taunus-Zeitung lobte das neue Vorhaben und schrieb am 25. Dezember 1906: „Dem Landrat von Marx ist es gelungen, nicht nur von einem der schönsten und aufblühendsten Teile seines Kreises, ja der ganzen Monarchie, eine schwere Gefahr abzuwenden, die seiner Entwicklung drohte, sondern gleichzeitig ein Unternehmen zu schaffen, das ein dringendes Bedürfnis für unsere Armee ist und das zweifellos für diese von großem Nutzen und Segen sein wird."

Im Frühjahr 1907 wurden die Gebäude der alten Heilanstalt restlos abgerissen, lediglich das an der Straße kurz zuvor errichtete Postgebäude blieb – bis heute – stehen. Im Juni 1907 inspizierte der Kaiser das Baugelände. Er war begeistert über die schöne Lage Falkensteins.

Nach Entwürfen des Militärbauinspektors Albert Weiss konnte am 26. August 1907 mit den Bauarbeiten begonnen werden. Der Debusweg teilte die Gesamtanlage. Südlich davon wurden zunächst fünf villenartige Gebäude errichtet, die als Mittelpunkt das Hauptgebäude einschlossen. Im Erdgeschoss enthielt es die Badeeinrichtungen und eine orthopädische Anstalt; im ersten Stockwerk befanden sich Kasino, Bibliothek, Speisesaal, Salon und Billardzimmer. Die fünf Nebengebäude östlich und westlich des Hauptbaus waren für die Kurgäste beziehungsweise Beamten bestimmt. Nördlich des Debuswegs befanden sich Wirtschaftsgebäude, Elektrizitätswerk und Personalwohnungen. Die Gebäude zu beiden Seiten des Debuswegs wurden durch unterirdische Tunnels verbunden.

Nach nur zwei Jahren Bauzeit konnte das Offizierheim am Freitag, 20. August 1909, in Gegenwart Kaiser Wilhelms II. und seiner Gemahlin bei herrlichem Sommerwetter eingeweiht werden. Falkenstein hatte sich mit Girlanden und frischem Grün geschmückt, denn außer dem Kaiser erschienen noch viele Angehörige der kaiserlichen Familie, wie zum Beispiel Prinz Friedrich Karl von Hessen mit Frau sowie die Kronprinzessin von Griechenland. Der Generalarzt der Armee, Vertreter des Militärs, Landrat von Marx und der Falkensteiner Bürgermeister Hasselbach gehörten zu dem Kreis der geladenen Gäste. Militärbauinspektor Weiss überreichte dem Kaiser die Schlüssel. Die Gebäude wurden ausgiebig besichtigt. Anschließend gab es für 100 geladene Gäste ein Frühstück, im Verlaufe dessen der Kaiser als Bauherr eine kurze Ansprache hielt. Auch wurde die von den Gebrüdern Siesmayer geschaffene Parkanlage bewundert. Es war ein großer Tag für Falkenstein mit Volksfestcharakter. Nachmittags bot die Königsteiner Kurkapelle in der Gaststätte „Zum Taunus" ein großes Konzert – nicht nur für die Ehrengäste, sondern für alle.

Im Offizierheim Taunus wurden bis Ende 1912 insgesamt 1101 Patienten behandelt. Im Ersten Weltkrieg (1914-1918) wurde es als Reserve-Lazarett benutzt. Das Kriegsende verhinderte die Fertigstellung der im Bau befindlichen Gebäude (ein sechstes Kurgebäude, eine Kegelbahn, ein Schwimmbad).

Am 15. Dezember 1918 wurde das Heim von den französischen Besatzungstruppen requiriert. Nach der Räumung wurde es 1919 mit französischen Offizieren belegt. Seit 1921 diente das Heim unter dem Namen „Obertaunusheim" als Heilanstalt für Erholungssuchende und Kriegsbeschädigte. Der vormalige Kaiser Wilhelm II. war immer noch Eigentümer, bis 1936 das Obertaunusheim von der Wehrmacht übernommen wurde.

Lazarett während des Zweiten Weltkrieges, Lungenheilanstalt nach 1945, lange Jahre Taunusklinik des Landeswohlfahrtsverbandes Hessen mit Spezialabteilungen sind weitere Kapitel in der Geschichte des vormaligen Offizierheims. Im Jahre 1999 wurden die Gebäude renoviert, um künftig als Nobelhotel und Appartmentwohnungen genutzt zu werden.

zahlung gewährt. Für sie kam die Stiftung auf. Im Zuge der nationalsozialistischen Judenverfolgung musste das Genesungsheim geschlossen werden. Seit 1956 ist in dem ehemaligen Genesungsheim die Reformhaus-Fachschule untergebracht, aus der 1974 die Fach-Akademie für gesundes Leben hervorging.

Feuerwehr löscht Haus-Kulisse zum Jubiläum

Homburg. Einer der ersten Freiwilligen Feuerwehren im heutigen Hochtaunuskreis ist die von Homburg. Sie konnte bereits vom 11. bis 13. September 1909 ihr 50. Stiftungsfest feiern. Höhepunkt der Festivitäten war eine abendliche Schauübung am 12. September im Kurpark. Eine mehrgeschossige Hauskulisse war errichtet worden, die nach einer heftigen Detonation in Flammen stand. Noch während weitere Explosionen folgten, erkletterten Feuerwehrmänner die Fassade und „retteten" die Bewohner. Den Abschluss der Übung bildete ein Bild der Feuerwehrleute, wie sie auf Balken und Leitern, in Fenstern und Türen stehen.

Die Wehrleute stellten sich bei der Generalprobe in ungewöhnlicher Pose zum Gruppenbild auf.

Neueinweihung des Kriegerdenkmals

Usingen. Das Kreiskriegerdenkmal war am 11. Mai 1873 eingeweiht worden. Es sollte an den siegreichen Krieg 1870/71 gegen Frankreich erinnern. Es erwies sich aber Anfang des Jahrhunderts renovierungsbedürftig. Aus einem Ideenwettbewerb ging das Baubüro Schweighöfer aus Usingen als Sieger hervor. Das Denkmal blieb dabei in seiner jetzigen Form erhalten, lediglich der Säulenaufbau sollte erhöht werden, um Platz für die Feldzugteilnehmer der neu zum Kreis gekommenen Orte zu schaffen, die darauf eingetragen wurden. Der Blick in das Denkmalinnere auf die Platten mit den Namen der Gefallenen sollte frei gemacht und fünf statt drei Stufen zum Denkmal-Inneren führen. Im Rahmen der Sedan-Feier vom 3. bis 5. September wurde das renovierte Denkmal eingeweiht. Die Feier am 4. September litt so sehr unter dem strömenden Regen, dass die vorgesehene Ehrung der Kriegsveteranen ausfallen musste.

Luftschiffparade in Homburg

Gerta Walsh

Homburg. Das neue Jahrhundert mit seinem Glauben an die Technik lenkte den Blick nicht nur auf die rasante Entwicklung im Verkehrswesen auf neue Eisenbahnen, Automobile und den Schiffbau, auch die Eroberung der Luft wurde bedeutsam. Dabei spielte das lenkbare Luftschiff eine immer größere Rolle. In Frankreich, Russland, Österreich und Nordamerika arbeiteten Erfinder und Wissenschaftler an diesem für den Verkehr und das Kriegswesen bestimmten Fahrzeug. Der jeglichen Fortschritt fördernde Kaiser Wilhelm II. verfolgte die Entwicklung der deutschen Luftschifffahrt in ihren verschiedenen Formen und beschloss 1910, die drei am meisten Erfolg versprechenden Systeme einem Vergleich zu unterziehen. Dies betraf das starre Luftschiff Z II des Grafen Zeppelin, das halbstarre P II des Major Parseval und das unstarre Militärluftschiff M I des Major Gross.

Für Homburg war es ein Glücksfall, dass der Kaiser gerade hier die ungewöhnliche Parade abnahm. Am 22. April 1910 fuhren die drei Luftschiffe von ihrem Stützpunkt Köln am Rhein entlang bis Mainz und dann am Taunus vorbei nach Homburg und steuerten hier den Landeplatz, einen südlich der Stadt in Richtung Bommersheim gelegenen Acker, an. Der Start war auf 11 Uhr festgesetzt, das große Spektakel der dreifachen Landung fand also am Nachmittag statt.

Für Homburg wurde jener 22. April zu einem Festtag. Alle Schulen blieben geschlossen, kaum jemand dachte am Nachmittag an Geschäfte, denn keiner wollte sich das einmalige Schauspiel entgehen

Der Kaiser hatte zum Wettstreit gebeten – drei verschiedene Luftschiffe waren am Start.

lassen. Doch nicht nur die halbe Stadt, auch Tausende von Zuschauern aus der gesamten Region zwischen Wetterau und Wiesbaden, die immer neugierigen Frankfurter eingeschlossen, strömten herbei. Alle Züge aus Frankfurt waren dicht besetzt, aber die Menschen kamen auch in Automobilen, auf Fahrrädern und zu Fuß.

Das die Landestelle absperrende Militär, die Feuerwehr und die Polizei hatten Mühe, den Platz freizuhalten. Reporter und Fotografen aus ganz Deutschland waren zur Berichterstattung angereist. Das Frankfurter Union-Theater entsandte sogar einen Operateur mit einem kinematografischen Apparat, um das historische Geschehen in laufenden Bildern einzufangen. Händler machten gute Geschäfte mit dem Verkauf von Postkarten und Getränken.

Das Kaiserpaar erwartete das Ereignis im Homburger Schloss, wo sowohl Kaiserin Auguste Viktoria als auch ihre 18-jährige Tochter Viktoria Luise die Fotoapparate bereithielten, um die Sensation für das Familienalbum festzuhalten. Um 3 Uhr nachmittags begab sich die gesamte kaiserliche Gesellschaft in Automobilen zum Landeplatz am Rande des heutigen Industriegebietes, wo Fanfarenklänge den Wartenden ihr Eintreffen ankündigte.

Als sich der P II eine halbe Stunde später näherte, jubelte die Menge, doch das Luftschiff wurde abgetrieben und ging in einem nahe gelegenen Saatfeld nieder. Das Luftschiff des Major Gross landete hinter Kalbach und musste von Soldaten nach Homburg gezogen werden. Der Zeppelin kreuzte über der Stadt, bevor er problemlos niederging. Die Fahrt von Köln nach Homburg hatte knapp fünf Stunden gedauert, was einer Stundengeschwindigkeit von 50 Kilometern entsprach. Majestät zeigte sich sehr zufrieden mit dem Ergebnis, sprach ausführlich mit der Besatzung und ließ sich vom ebenfalls in Homburg anwesenden Inspekteur der Verkehrstruppen Bericht erstatten. Entgegen dem ursprünglichen Plan, die drei Luftschiffe gleich nach der Gas- und Wassernachfüllung nach Köln zurückzubeordern, mussten sie wegen des aufkommenden starken Windes die Nacht auf freiem Feld verbringen, wobei die Bewachungsmannschaften alle Mühe hatten, sie festzuhalten.

Ihre Rückkehr verlief nicht planmäßig. Das M I wurde zerlegt und per Bahn nach Köln befördert, P II startete einen Tag später und erreichte sein Ziel pünktlich. Der Zeppelin aber geriet auf seiner Rückfahrt in einen Sturm, musste bei Limburg notlanden, wurde am 25. April aus seiner Verankerung gerissen und zerschellte führerlos am Felsen des Webersberges bei Weilburg; dort erinnert eine Tafel an das Unglück. In Bad Homburg befindet sich in der Nähe des damaligen Schauplatzes der „Zeppelinstein“ mit einer Metalltafel. Die Bezeichnung dieses Denkmals ist nicht ganz korrekt, denn an jenem 22. April 1910 waren ja drei verschiedene Systeme in edlen Wettstreit getreten.

Haase hat ein Herz für die Armen

Homburg. In der seit 1885 bestehenden Privatheilanstalt für Hals-, Nasen- und Augenkrankheiten in der Friedrichstraße eröffnete der Arzt Wilhelm Haase 1910 eine Poliklinik. Unter dieser Bezeichnung verstand man zu dieser Zeit eine kostenlose oder billigere Behandlung ärmerer Bevölkerungsschichten. Gegen Vorlage einer Bescheinigung vom Ortsarmenverband konnten Kinder unentgeltlich untersucht und behandelt werden. Auch sonst war Haase gegenüber sozialen Belangen aufgeschlossen. 1912 veröffentlichte er einen Bericht über Augenuntersuchungen, die er an 1149 Kindern der Allgemeinen Bürgerschule vorgenommen hatte. Damit wollte er die Notwendigkeit von Schuluntersuchungen zeigen und zugleich Ängste der Eltern vor solchen Untersuchungen abbauen.

Turnhalle, Bibliothek und zehn Klassenräume

Kirdorf. Der Bau der heutigen Ketteler-Francke-Schule löste 1910 das zu klein gewordene Schulgebäude in der Kirdorfer Bachstraße ab. Eigentlich waren es zunächst zwei Schulen, nämlich die katholische Bürgerschule III und die evangelische Bürgerschule IV, die sich die am 9. Mai eingeweihten Räumlichkeiten teilten. Der Neubau besaß zehn Klassenzimmer, eine Bibliothek, eine Pedellwohnung und einen Turnsaal. 509 Schüler besuchten die katholische, 58 Schüler die evangelische Schule. 1927 wurde die Bürgerschule III nach dem Mainzer Bischof Wilhelm Emanuel von Ketteler benannt, 1934 folgte die Umbenennung der evangelischen Schule nach dem Theologen und Erzieher August Hermann Francke. Nach Umwandlung der Konfessionsschulen in eine Simultanschule in den 30er Jahren bekam sie den Namen Kleist-Schule. Jedoch war diese Bezeichnung nur von kurzer Dauer. Bereits 1945 erhielt sie ihren heutigen Namen Ketteler-Francke-Schule. Bis zum Jahr 1968 war sie Grund- und Hauptschule, seit 1972 ist sie eine reine Grundschule.

Protest gegen das „Drei-Klassen-Wahlrecht"

Oberursel. Etwa 1500 bis 2000 Menschen folgten am 10. März dem Aufruf des sozialdemokratischen Vereins und der Freisinnigen Partei zu einer Wahlrechtskundgebung auf der Bleiche in Oberursel. Den damals üblichen musikalischen Rahmen bildeten die Arbeitergesangvereine aus Oberursel und Oberstedten. Nachdem die Reden gehalten waren, wurde eine Resolution verlesen, die von den Anwesenden durch Zuruf angenommen wurde. In ihr wurde gegen das preußische Dreiklassen-Wahlrecht und die Wahlkreiseinteilung protestiert. Sie sei Ausdruck der Diktatur des platten Landes über die Städte. Die Versammlung schloss mit einem Umzug durch die Oberurseler Straßen. Trotz aller Bemühungen blieb die Wahlrechtskundgebung wie die in anderen Städten des Deutschen Reiches ohne Erfolg. Erst mit dem Ende des Kaiserreichs fand eine Reform des Wahlrechts statt.

Merzhausen kauft die Orgel der Schlosskirche

Merzhausen. Eine der ältesten Orgeln Nassaus stand bis zu diesem Jahr in Merzhausen. Aus Reparatur-Zeichen geht hervor, dass sie bereits 1755 reparaturbedürftig war. Jetzt war die Orgel nicht mehr zu retten. Da ein neues Instrument kaum zu finanzieren war, beschloss man in Merzhausen den Ankauf einer gebrauchten Orgel. Schließlich wurde man in Homburg in der Schlosskirche fündig. Durch Spenden gelang es,

Louis Jacobi – Baurat und Feuerwehrmann

Gerta Walsh

Homburg. Zu den bekanntesten Fotos aus Homburgs Vergangenheit gehört die Aufnahme des Hof-Fotografen Voigt von 1910, die den langen Trauerzug des verstorbenen Ehrenbürgers, des Geheimen Baurats und Professors Louis Jacobi auf der Altstadtbrücke zeigt. Der am 24. September 1910 in seinem Haus Dorotheenstraße 12 Gestorbene wurde von dort aus über die Louisenstraße zum Friedhof am Untertor geleitet und in einem bis heute von der Stadt betreuten Ehrengrab beerdigt. Die Feuerwehrkapelle und Feuerwehrleute mit brennenden Fackeln eskortierten den letzten Weg ihres langjährigen Hauptmanns und Ehrenbranddirektors; seine Angehörigen, Vertreter von Institutionen und viele andere Trauergäste folgten dem Sarg zu Fuß oder in Equipagen, während Bürger Homburgs dicht gedrängt zu beiden Seiten der Straßen standen. Aus den zahlreichen Kränzen hob sich der Riesenkranz von Angestellten und Arbeitern der Saalburgverwaltung hervor, der aus Taunusblumen und -gesträuch gewunden war.

Louis Jacobi wurde am 21. April 1836 in Homburg geboren, besuchte hier die Schule und lebte 1850-56 in Nordamerika, wo er vor seiner Rückkehr die US-Staatsbürgerschaft erwarb. Nach dem Studium am Polytechnikum in Karlsruhe erreichte er in seiner Heimatstadt eine Karriere

Das letzte Geleit für Louis Jacobi: Der berühmte Homburger Baurat (kl. Foto) starb 1910.

und Ehrungen ohnegleichen. Als Architekt oder Bauleiter hinterließ er neben zahlreichen Privathäusern bei folgenden Bauten seine Handschrift: Kurhaus, Ritters' Park Hotel, Kaiser-Wilhelms-Bad, Engel-Apotheke und Marktlauben. Jacobi war Stadtrat, Vorstandsmitglied der evangelischen Kirchengemeinde, Mitbegründer der Handwerkerschule und des Geschichtsvereins. Seinen Ruhm über Homburg hinaus begründete das Wirken in der Reichs-Limes-Kommission und seine Verdienste um den Wiederaufbau der Saalburg, deren erster Direktor er wurde. Mitgliedern des Kaiserhauses, voran Wilhelm II. und seiner Mutter, war er freundschaftlich, dabei voller Respekt, verbunden. Archäologische und lokalhistorische Schriften zeugen noch heute vom hohen Wissensstand Jacobis; Beispiele seiner heimattreuen Gesinnung sind der Herzbergturm, das Hölderlin-Denkmal im Kurpark und das Landgrafendenkmal im Englischen Garten. In der Innenstadt Homburgs ist eine Straße nach ihm benannt.

Traum vom Fliegen wird in Köppern wahr

Köppern. Der 20. Juli war ein großer Tag für das im Jahr zuvor gegründete Deutsche Flugtechnische Institut in der ehemaligen Teichmühle. An diesem Tag fanden die ersten Flüge von zwei in Köppern gebauten Flugzeugen statt. Als Erster flog der Sohn der Besitzerin des Instituts, der 17-jährige Bruno Werntgen, in einer von ihm entwickelten Maschine eine 400 Meter lange Strecke. Allerdings verletzte er sich bei der Landung leicht. Es war der erste Flug Werntgens überhaupt gewesen. Noch am selben Tag folgte ihm Ingenieur Geiling, der auch ein im Institut konstruiertes Flugzeug steuerte. Er kam auf 200 Meter. Am 30. August gelang Werntgen der erste längere Flug. Mit seiner Maschine blieb er eine Viertelstunde in der Luft. Das Institut verstand sich als eine „Lehranstalt, Werkstatt und Versuchsstelle" für die in der Entwicklung begriffene deutsche Fliegerei. Doch bereits im Dezember 1910 musste das Institut Konkurs anmelden. Bruno Werntgen und seine Mutter blieben jedoch der Fliegerei verbunden. Bei Flugversuchen mit einer von ihm für militärische Zwecke entwickelten Maschine stürzte Bruno Werntgen am 25. Februar 1913 im Alter von 20 Jahren tödlich ab.

Eine Lithographie erinnert an das Flugtechnische Institut in Köppern.

den geforderten Kaufpreis von 1000 Mark für die Walker-Orgel aufzubringen. Der Prospekt wurde in Merzhausen beibehalten. Mit dem Aufbau der Orgel wurde am 24. Januar begonnen, die Einweihung fand am 13. Februar statt.

Halley'scher Komet zieht die Pilger an

Schloßborn. Am Abend des 18. Mai zogen viele Fremde durch Schloßborn, um – wie die dortige Schulchronik berichtet – vom Feldberg aus den in der Nacht erscheinenden Halley'schen Kometen zu beobachten. Die zahlreichen Gewitter in den Tagen zuvor hatten bei vielen Menschen die Angst vor einem bevorstehenden Weltuntergang geschürt. Doch der gefürchtete Tag ging ohne Katastrophen vorüber. Die vielen Besucher des Feldbergs waren übrigens umsonst gekommen. Wegen des bewölkten Himmels war nichts vom Kometen zu sehen...

Ein Denkmal für Großherzog Adolph

Königstein. Auf der ehemaligen städtischen Bleiche ließ die Stadt Königstein dem letzten nassauischen Fürsten, Großherzog Adolph, zu Ehren ein Standbild errichten. Bei der Einweihung am 12. September konnte der Schöpfer des Denkmals, Gustav Eberlein, nicht dabei sein: Er hielt sich in Buenos Aires auf, um an der Enthüllung des von ihm geschaffenen argentinischen Nationaldenkmals teilzunehmen. Die Kosten für das Denkmal in Höhe von 10000 Mark wurden aus Spendengeldern finanziert. Das Standbild zeigt den Herzog in Generalsuniform und Mantel. Der Unterbau besteht aus silbergrauem bayerischen Granit. Auf dem Sockel findet sich unter dem nassauischen Wappen die Inschrift „Adolph Herzog von Nassau 1817-1905" und: „Gewidmet von der dankbaren Stadt Königstein 1910" auf der Rückseite.

Graf von Zeppelin neuer Kurdirektor

Homburg. Der Magistrat der Stadt Homburg wählte am 9. Februar einen Mann mit einem bekannten Namen zum neuen Kurdirektor der Stadt. Graf Eberhard von Zeppelin war der älteste Neffe des berühmten Luftschiffbauers. Wie fast alle Kurdirektoren Homburgs um die Jahrhundertwende hatte Zeppelin das Problem, mit reichen Kurgästen auf einem gesellschaftlichen Niveau verkehren zu müssen, ohne aber die dazu erforderlichen finanziellen Mittel zu besitzen. Seine Amtszeit war überschattet von dem Skandal um den „Internationalen Klub", dem die Kurverwaltung im Kurhaus leer stehende Räume vermietet hatte. Der Klub beabsichtigte dort in einem geschlossenen Kreis Glücksspiele vorzunehmen. Das war am Rande der Legalität, da offenes Glücksspiel verboten war. Bereits 1915 wurde Zeppelin von Richard Feldsieper abgelöst.

70 Herren rauchen um die Wette

Oberreifenberg. Aus Anlass seines 20-jährigen Bestehens veranstaltete der Rauchklub „Edelweiß" in Oberreifenberg ein Preis-Dauerrauchen. An dem zwei Stunden dauernden Wettbewerb nahmen 70 Herren teil. Sieger wurde der Oberreifenberger Josef Knippler. Leider ist nichts über seine Siegesleistung bekannt.

Tapferer Schneider stirbt in Philadelphia

Naunstadt. In Philadelphia verstarb am 4. Juli der in Naunstadt geborene Johann Peter Schneider im Alter von 65 Jahren. Schneider war 1873 mit seiner aus Heinzenberg stammenden Frau Elisabeth, geborene Moses, in die Vereinigten Staaten ausgewandert. Zuvor hatte er im Rahmen seines Militärdienstes an der Schlacht bei

Dem Klub zur Ehre, der Stadt zur Zierde

Steinerner Turm auf dem Herzberg/Gerta Walsh

Homburg. Ende gut, alles gut – so dachte man 1911 in Homburg bei der Einweihung des Aussichtsturms auf dem Herzberg, denn lange genug hatte es gedauert, bis das Projekt abgeschlossen war. Es begann bereits am 13. Juni 1875, als 13 Männer anlässlich einer Wanderung auf dem 591 Meter hohen Herzberg einen Zweigverein des „Frankfurter Taunus-Klubs" gründeten. Im folgenden Jahr wurden die ersten Wegweisertafeln zum Herzberg angebracht und eine alte Eiche auf dem Gipfel mit einem Gerüst versehen, von dem aus der Blick in die Umgebung frei war.

Ein 1877 erfolgter Spendenaufruf für einen regelrechten Aussichtsturm hatte wenig Erfolg gehabt: Die 1726 Mark reichten nur zu einem 18 Meter hohen, begehbaren Holzgerüst. Schon bei der Einweihung am 9. April 1878 stand fest, dass dieses nur eine Lebensdauer von ungefähr 15 Jahren haben wird. Daher setzte sich Georg Schudt, Gründer und Herausgeber des „Taunusboten", das Ziel, einen selbständigen „Homburger Taunus-Klub" ins Leben zu rufen und auf dem Herzberg einen steinernen Aussichtsturm zu erstellen.

Des Kaisers Unterschrift unter dem Wort „Genehmigt" hatte den Weg zum Bau des Herzbergturms frei gemacht.

Das Jahr 1885 war die Geburtsstunde des nun eigenständigen Vereins, 1891 begann die Planung des Turms, doch die Ausführung dauerte noch 20 Jahre. So lange brauchte man, um die veranschlagten 25 000 Mark der Bausumme aufzubringen. 1902 einigte sich der Vorstand auf einen „Kaiser-Wilhelm-Turm", doch fand der im folgenden Jahr vom Geheimen Baurat Louis Jacobi vorgeschlagene „Bismarck-Turm" noch mehr Beifall. Niemand fand es voreilig, eine offizielle Ansichtskarte mit der Erklärung „Bismarckturm auf dem Herzberg bei der Saalburg" zu drucken und zu verbreiten.

Am 26. April 1906 brachte Louis Jacobi Kaiser Wilhelm II. das Modell zur Ansicht und Genehmigung ins Schloss, doch dieser lehnte es ab. Dabei verwies er auf die Nachbarschaft zur Saalburg und zum Limes und schlug vor, bei dem geplanten Bau die Form eines römischen Wachtturmes zu wählen. Nach dem von Heinrich Foeller, einem Architekten im Büro des Herrn Jacobi, entworfenen Plan entstand ein neues Modell, das am 12. April 1910 die Zustimmung der kaiserlichen Majestät fand. Bei der feierlichen Grundsteinlegung „am 20. Tage des Heumonats" (es war im Juli) 1910 wurde die 70x30 Zentimeter große Urkunde mit der Abbildung des Turmes und der eigenhändigen Unterschrift des Kaisers unter dem Wort „Genehmigt" in die östliche Turmecke eingemauert.

Die Einweihung fand am Nachmittag des 30. Juli 1911 mit Fanfaren vom Turm, Liedern eines Männerchores sowie Ansprachen statt und war mit der ausklingenden Feier zum 25-jährigen Bestehen des jetzt 250 Mitglieder zählenden „Homburger Taunus-Klubs" verbunden. 28000 Mark hatte der insgesamt 24,5 Meter hohe Turm gekostet. Dabei wurde das untere Drittel der Turmhöhe durch eine massive Schutzhalle mit Erdanschüttung bedacht. Das Baumaterial des Turms sind Taunusquarzit-Findlinge, die Holzkonstruktion des Daches besteht vorwiegend aus Eichenholz aus dem Taunus. Das Bauwerk ist in verschiedene Stockwerke aufgeteilt und enthält neben dem Keller und einem Turmwärterzimmer noch Klubzimmer.

Zum Aussichtsrondell führen 110 Stufen. Beim Hinaufsteigen kann der Besucher am letzten Treppenabsatz auf einer Schrifttafel die Namen aller am Bau beschäftigten Handwerker ablesen. Die 6.60x 6.60 Meter große Plattform ermöglicht eine weite Fernsicht über die Mainebene hinaus bis zum Odenwald. In der Klub-Chronik aus dem Jahre 1911 heißt es: „Möge dieses größte und schwierigste, zugleich aber auch schönste und vornehmste Werk dem Klub zur Ehre, der Umgegend unserer Vaterstadt zur Zierde und der Touristik zur Förderung gereichen!"

Der Herzberg wurde durch seinen Aussichtsturm noch beliebter und hat seither nichts von seiner Anziehungskraft eingebüßt. Dies zeigte sich besonders ausgeprägt im Jahr 1998 beim monatelangen Schlagabtausch zwischen Befürwortern und Gegnern der neuen Gasthauspächter, der kurz vor Weihnachten sogar in eine Demonstration durch die Bad Homburger Innenstadt gipfelte.

Gut behütet: Zahlreiche Bürger kamen am 20. Juli 1910 zur Grundsteinlegung für den Herzbergturm, gut ein Jahr später war die feierliche Einweihung.

Sedan teilgenommen. Wegen großer Tapferkeit erhielt er vom damaligen Kronprinz Friedrich das Eiserne Kreuz überreicht. In Amerika angekommen, gründete er das Wholesale Liquor-Geschäft, das in Philadelphia einen hohen Bekanntheitsgrad erlangte. Trotz seiner Übersiedlung blieb Schneider durch die dortigen Vereine der deutschen Auswanderer und Logen mit Deutschland verbunden. Von seinem Tod berichteten die amerikanischen Zeitungen in langen Berichten: Tausende nahmen an seiner Beerdigung teil. Der Leichenzug konnte sich wegen der großen Anzahl der Trauernden erst mit zweistündiger Verspätung zum Friedhof begeben, wo Johann Peter Schneider unter Salutschüssen des Deutschen Veteranenbundes und mit Trompetensignal beigesetzt wurde.

Großherzogin schenkt Bauplatz für Diakonie

Königstein. Anfang September verschenkte die Großherzogin-Witwe Adelheid von Luxemburg einen Bauplatz an die evangelische Kirchengemeinde in Königstein. Auf dem Gelände sollte ein Schwesternheim mit einer Diakonissenstation entstehen. Der Bau war möglich geworden, weil ein kürzlich in Königstein verstorbenes Dienstmädchen der Gemeinde 10000 Mark zu diesem Zweck hinterlassen hatte. Die Bauarbeiten am Herzogin-Adelheid-Stift, wie das Gebäude zum Dank für die Bauplatzschenkung genannt wurde, begannen am 11. August 1912. Der Bau kostete insgesamt 31000 Mark und war zum Großteil aus Spenden finanziert worden. Zur Eröffnung erhielt das Stift zahlreiche Geschenke. Die Herzogin stiftete ein Bild für die Bibliothek, der Jungfrauenverein ein Standbild Luthers und der Jünglingsverein eine Fahne. Später wurde in dem Gebäude ein Kindergarten untergebracht. Im ersten Stock war eine Krankenpflegestation eingerichtet, im zweiten Stock befand sich die Küsterwohnung.

Eine Sammelstelle für die Morgenmilch

Eschbach. Am 22. Februar eröffnete der Walsdorfer Molkereibesitzer Lechler in Eschbach eine Milchsammelstelle. Nach nur zwei Wochen lieferten bereits 40 bäuerliche Betriebe ihre Morgenmilch dort ab. Damit betrug die Milchleistung 260 Liter täglich. Mit dem 7. März schlossen sich auch die Gemeinden Pfaffenwiesbach, Kransberg und Wernborn der Sammelstelle an. Sobald das Tagesquantum von 500 bis 600 Liter erreicht war, wurde die Milch zur Weiterverarbeitung nach Offenbach gebracht. Der erste Wagen der neu hinzugekommenen Gemeinden, der die Sammelstelle belieferte, war mit Kränzen geschmückt und trug die Inschrift „Fortschritt".

Thronfolger kommt zum Truppenmanöver

Heinzenberg. Fast jedes Jahr fanden im Spätsommer im Taunusgebiet Truppenmanöver statt. Nicht selten besuchten hohe Gäste die Übungen. So auch in diesem Jahr, als der türkische Thronfolger Prinz Jussuf Izzedin die Manöver beobachtete. Am 6. September traf der Prinz beim Brigadestab im Manövergelände bei Heinzenberg ein. Im Rahmen der „Gefechte" wurden ihm mehrere Kavallerieangriffe vorgeführt. Im Zuge seines Besuches besichtigte der Thronfolger auch das Offiziersgenesungsheim in Falkenstein.

28 Goldmark für eine Nacht in der Klinik

Stattliches Gebäude: Am Homburger Hardtwald wurde 1911 die Klinik Dr. Baumstark eröffnet. Das Sanatorium bot den Patienten einen besonderen Komfort.

Homburg. Im Sommer 1911 öffnete am Hardtwald die Klinik Dr. Baumstark. Der Gründer, Arzt Robert Baumstark, besaß im Schwedenpfad eine gut gehende Praxis. Er vertrat die Auffassung, dass Kurgäste auch in einem Sanatorium wohnen würden, wenn ihnen dort der gewohnte Komfort eines Hotels oder einer Pension geboten wird. Nach dieser Idee konzipierte er seine „Klinik für Leichtkranke und Genesende". Vom ersten Tag an war das Sanatorium ein großer Erfolg. Trotz des hohen Preises von 28 Goldmark täglich plus Arzthonorar und Medikamentenkosten war es fast ständig belegt. Nach dem Zweiten Weltkrieg wurde die Klinik von der Kur übernommen. Aus dem Sanatorium entwickelte sich eine Rehabilitations- und Vorsorgeklinik für Innere Medizin, Orthopädie und rheumatische Erkrankungen. Das denkmalgeschützte Gebäude wurde 1977 erweitert.

Stilvolle Lehranstalt für Oberursel

Eröffnung der Städtischen Realschule/Karl Heinz Arbogast

Oberursel. Sie war schon eine Attraktion, lange bevor sie ihren neuen Zweck erfüllte: Die Schule an der Liebfrauenstraße entwickelte sich 1912 zunehmend zu einer Pilgerstätte der Oberurseler. Der Gebäudekomplex wurde in diesem Jahr für 260 000 Goldmark neu errichtet, war das größte städtische Bauwerk vor dem Ersten Weltkrieg und lockte zahlreiche Neugierige und Spaziergänger an. Und dennoch sollte sie für Generationen weit mehr sein als eine imposante Anlage. Die Schule, von fast 90 Schülerjahrgängen gehasst und meist zugleich auch heiß geliebt, erlebte viele Namen, krasse Unterschiede in gelehrten Stoffen und Weltanschauungen und blieb doch immer das Oberurseler Gymnasium – immer am gleichen Ort in der Liebfrauenstraße. Das macht die Schule so unverwechselbar.

Im Jahre 1912 wuchs das heute in seiner Bausubstanz gut erhaltene Gebäude stetig an und wurde schließlich am 25. Februar 1913 feierlich eingeweiht. Schon am nächsten Tag bezogen Professor Hermann Wallenfels als Direktor, sieben Lehrer und 78 Schüler die „Städtische Realschule", die für eine Zahl von 290 Schülern errichtet worden war.

Das eigentliche Gründungsjahr der Schule war allerdings schon im Jahr 1910. Bis dahin bestand im Gebäude der heutigen Grundschule Mitte eine „Nassauer Realschule" mit vier bis fünf Klassen. Mit Beginn des Winterhalbjahres 1910/11 wurde, vor allem durch die Initiative des damaligen Bürgermeisters Füller, nach langwierigen Verhandlungen eine „selbstständige Realschule nach preußischem Muster" gegründet. Sie umfasste zunächst die drei Klassen Sexta bis Quarta mit 68 Schülern, wurde von der Volksschule getrennt und dem Provinzialschulkolleg in Kassel unterstellt. Die Leitung erhielt Oberlehrer Wallenfels. Den ersten Unterricht erteilten Oberlehrer Schreiner und Dr. Messerschmidt, die beide Jahrzehnte an der Schule blieben.

Bis zum heutigen „Gymnasium" war allerdings noch ein weiter Weg. Das nächste Ziel nach der Gründung war der Ausbau zur „berechtigten sechsstufigen Realschule", einer Anstalt, deren Abschlusszeugnis die Berechtigung zum einjährigen freiwilligen Militärdienst hatte. Früher sagte man zu diesem Abschluss das „Einjährige", später „Mittlere Reife". Schon damals wurde als endgültiges Ziel die „Oberrealschule" mit der Möglichkeit des Abiturs angepeilt.

Aus der „Städtischen Realschule" wurde im Lauf des Ersten Weltkrieges die „Städtische Oberrealschule". 1917 fand die erste Reifeprüfung statt. Endlich konnte die Stadt ihren jungen Bürgern einen Schulabschluss bieten, der zum Hochschulstudium berechtigte. Allerdings galt das zunächst nur für „Knaben".

In Oberursel bestand damals neben der „höheren Jungenschule" auch eine sechsstufige höhere Mädchenschule, das Lyceum, das in einem Gebäude an der Oberhöch-

Grundsteinlegung für drei Kirchen

Taunus. Für gleich drei Kirchen im heutigen Hochtaunuskreis wurden in diesem Jahr die Grundsteine gelegt. Die Gedächtniskirche in Kirdorf machte am 19. Mai den Anfang. Der ehemalige Kaufmann Johann Georg Dippel hatte mit einer Spende von 80 000 Mark rund 75 Prozent der Kosten finanziert. Schon nach 15-monatiger Bauzeit wurde die Kirche am 17. August 1913 eingeweiht. Der Kirchenname geht auf einen Wunsch Dippels zurück.

Die Grundsteinlegung für die Herz-Jesu-Kirche in Friedrichsdorf erfolgte am 10. Oktober, die Einweihung am 24. August 1913. Die neue Kirche sollte den Katholiken der Kirdorfer Filialgemeinden Friedrichsdorf, Seulberg, Köppern und Dillingen eine geistliche Heimat sein. Das nach Plänen des Frankfurter Architekten Hans Rummel errichtete Bauwerk war durch Spenden möglich geworden.

In Falkenstein war die Grundsteinlegung für die neue evangelische Kirche am 27. Oktober. Der Kaiser hatte seinen Wunsch nach einer neuen Kapelle in der Nähe des Offizierheims bekundet und den Bau mit einer Spende in Höhe von 12 500 Mark unterstützt. Die Jugendstilkirche wurde am 24. Mai 1914 eingeweiht.

Aus Homburg wird Bad Homburg

Bad Homburg. Bereits 1895 hatte es Bestrebungen in Homburg gegeben, den Charakter der Stadt als Badeort durch den Zusatz „Bad" im Ortsnamen hervorzuheben. Trotz Ablehnung der Behörden erschien immer wieder der Name „Bad Homburg" in Werbebroschüren. 1912 unternahm die Stadt einen neuerlichen Versuch. Der Kaiser befürwortete schließlich die Namenserweiterung, und damit war der Weg frei. Seit dem

22. November lautet der offizielle Name der Stadt „Bad Homburg vor der Höhe".

Im Taunus brennt elektrisches Licht

Taunus. Im Laufe des Jahres wurde die Gemeinde Oberems von den Main-Kraft-Werken Höchst an das Stromnetz angeschlossen. Die Gemeindeverwaltung stiftete der Schule aus diesem Anlass zehn Lampen. Glashütten und Schloßborn erhielten in diesem Jahr ebenfalls elektrisches Licht. Im Obertaunuskreis wurde Anfang Oktober auch Seulberg an das Netz der Main-Kraft-Werke Höchst angeschlossen.

Freie Sicht bis zum Westerwald

Hundstadt. Am 28. Juli wurde der „Aussichtstempel" des Verschönerungsvereins Hundstadt auf dem Hoheberg eingeweiht. Der hölzerne Turm bot eine Fernsicht bis zum Westerwald, und zugleich öffnete er den Blick auf das Taunus-Panorama. In seiner Begrüßungsansprache wies Landrat Beckmann darauf hin, wie wichtig es sei, dass die Landbevölkerung sich bemühe, Heimatschutz und Heimatpflege zu betreiben, denn nur so könne die Schönheit des Usinger Landes gewahrt bleiben und für den Tourismus genutzt werden. Heute ist der Turm nicht mehr erhalten. Wann er abgerissen wurde, ließ sich nicht feststellen.

Gottesdienst auf dem Feldberg-Plateau

Schmitten. Der am 7. Juli von der Frankfurter Katharinenkirche abgehaltene Berggottesdienst auf dem Feldberg-Plateau lockte knapp 600 Besucher an. Die Predigt hielt Pfarrer Willi Veit von der Katharinengemeinde. Begleitet wurde der Gottesdienst von dem Arnoldshainer Posaunenchor. Wegen des regen Zuspruchs

städter Straße untergebracht war. Viele Oberurseler kennen es heute als einen Teil des Rathauskomplexes, in dessen Erdgeschoss mehrere Jahrzehnte auch die Volkshochschule residierte. In den Jahren nach 1918 wurden auch Mädchen nach Absolvieren des Lyceums in die Oberstufe der „Jungenschule" aufgenommen, um hier ihr Abitur abzulegen.

Ein zeitgenössischer Chronist meinte damals: „Anläßlich von Theateraufführungen des Jungengymnasiums, wie etwa der ‚Minna von Barnhelm' oder ‚Schneider Wibbel', vermag dies auch die Bürgerschaft von Oberursel zu schätzen." Im Jahr 1931 gab es eine einschneidende Änderung: Die wirtschaftliche Entwicklung in Oberursel mit einer großen Zahl an Arbeitslosen erzwang die Auflösung des Lyceums, dessen Gebäude von der Stadtverwaltung übernommen wurde. Ein Großteil der Mädchen des städtischen Lyceums besuchte von da an die Städtische Oberrealschule, und zugleich wurden auch einige der Lehrerinnen übernommen.

Als die Nationalsozialisten 1933 an die Macht kamen, änderten sie zunächst nicht viel. 1934 übernahm Oberstudiendirektor Dr. Franz Liesau die Leitung und behielt sie bis 1945. 1936 wurde die Anstalt in „Städtische Oberschule für Jungen" umbenannt, obwohl ein Drittel der Schüler Mädchen waren. 1938 wird bei der „Reichsschulreform" die Oberprima gestrichen, Englisch zur ersten Fremdsprache, und Latein bleibt wahlfrei für die beiden letzten Jahre.

1923 hatte die Inflation den Schulfinanzen arg zugesetzt. Man behalf sich mit Festsetzung des Schulgeldes auf sechs Mark je Monat. Im Lauf der Jahre stieg es auf 20 Mark. Nicht-Oberurseler hatten 25 Prozent mehr zu zahlen. Für Bedürftige gab es jedoch Ermäßigungen oder Freistellungen. 1945 wurde das Schulgeld wieder abgeschafft.

Der Zweite Weltkrieg wirkte sich einschneidend auch in anderer Hinsicht auf die Penne aus. Lehrer mussten in den Krieg ziehen. Die Schüler der Primen werden schließlich ohne Abitur eingezogen. Von 1944 an müssen bereits 15-Jährige „Flakhelfer" werden, und der Schulbetrieb leidet immer mehr unter Hunderten von Fliegeralarmen.

Generationen von Oberurselern haben in der Städtischen Realschule gelernt. 1912 wurde das Gebäude gebaut, das Bild zeigt die Schule nach der Einweihung.

1945 wird die Schule für 15 Monate besetzt und all ihrer Sammlungen für Bio, Physik und Chemie beraubt. Mühsam läuft der Unterricht wieder an, fast ganz ohne Lern- und Lehrmittel. Selbst Schulhefte waren Mangelware und leere nur gegen Abgabe eines vollen Heftes zu bekommen. Schulspeisung half gegen den Hunger, und als der Betrieb wieder in geordneten Bahnen lief, gab es eine neue Umtaufe in „Realgymnasium Oberursel". Das Land Hessen übernahm die Personalkosten.

In den 70ern wird aus dem Realgymnasium eine Additive Gesamtschule mit einem Neubau an der Bleibiskopfstraße. Die „Studienstufe" bleibt im „Altbau Liebfrauenstraße". Der Landkreis wird Schulträger an Stelle der Stadt. Und wieder ändert sich die Schulpolitik. In den 90ern entsteht ein ergänzender Neubau auf dem Gelände der Liebfrauenstraße. Jetzt heißt die Anstalt „Gymnasium Oberursel", und durch den Eingang des betagten Bauwerks strömen die Schülerscharen wie zu Beginn des Jahrhunderts, zwar cooler und welterfahrener, aber mit ähnlichen Gefühlen wie ihre Vorgänger, wenn Klausuren angesagt sind.

Neues Krankenhaus offiziell eingeweiht

Usingen. Am 29. Oktober wurde das Krankenhaus in Usingen seiner Bestimmung übergeben. Träger der Klinik war die Friederike-Walter-Stiftung, der durch preußische Verordnung der jeweilige Bürgermeister der Stadt Usingen vorstand. Die Kosten teilten sich die Stiftung und alle an ihr beteiligten Orte. Erste Pläne eines Neubaus für das zu klein gewordene Hospital in der Wirthstraße gab es bereits um die Jahrhundertwende. Doch erst 1912 konnte das Krankenhaus eröffnet werden, obwohl zu diesem Zeitpunkt die Innenausbauten noch nicht vollständig abgeschlossen waren. Das Stiftskrankenhaus ging zum 1. Januar 1969 in die Verwaltung des Kreises Usingen über, um den Weg für ein neues Kreiskrankenhaus frei zu machen.

Um die Jahrhundertwende schon geplant, aber erst 1912 seiner Bestimmung übergeben: das neue Usinger Krankenhaus.

wurde der Gottesdienst in den nächsten Jahren wiederholt. 1928 wurde die Idee der Feldberg-Gottesdienste, die durch die Auswirkungen des Ersten Weltkriegs zum Erliegen gekommen war, wieder aufgenommen: Am 19. August 1928 kamen mehr als 1000 Personen auf den Gipfel.

Ein Mechaniker unter Spionageverdacht

Falkenstein. Am 17. März sollte der Mechaniker Kugelstadt in Falkenstein ein notgelandetes Flugzeug bergen. Er bot einem Knaben drei Mark an, wenn er ihn zur Landestelle führte. Unaufgefordert schlossen sich drei weitere Jungen an. Am Ziel angelangt, forderten die vier 12 Mark Führerlohn. Der Mechaniker hatte aber nur zehn Mark dabei, was dem zufällig anwesenden Polizeidiener – einer der Jungen war sein Sohn – sonderbar vorkam. Er nahm Kugelstadt wegen Spionageverdachts fest. Nach einer Nacht im Spritzenhaus und der Ausstellung eines Schuldscheins über 12 Mark wurde Kugelstadt schließlich wieder freigelassen.

Juppitersäule – ein Geschenk des Kaisers

Homburg. Die Stadtverordnetenversammlung von Homburg beschloss im Februar die Aufstellung einer Juppitersäule unterhalb der Saalburg an der Kreuzung Lindenweg/König-Wilhelm-Weg. Es handelte sich dabei um ein Geschenk von Kaiser Wilhelm II. Die Säule war eine Nachbildung der 1904 bei Mainz gefundenen Juppitersäule, die im dortigen Altertumsmuseum ausgestellt wurde. Die Arbeiten wurden im März 1911 begonnen und im Mai 1912 abgeschlossen.

Sturm reißt Menschen nieder und Bäume aus

Taunus. Im Taunus ging am 1. Juni ein schweres Unwetter nieder. Besonders schlimm tobte es am Feldberg, wo gerade das Feldbergfest stattfand. Die Besucher, die sich in die Gasthäuser retten wollten, wurden von den Böen niedergeworfen. Einem Kind, das mit seinem Vater nach Reifenberg flüchten wollte, wurde von einem Ast eines umstürzenden Baumes ein Auge ausgeschlagen. Entwurzelte Bäume blockierten die Busverbindung von Königstein nach Reifenberg. Durch einen Blitzeinschlag in das elektrische Leitungsnetz waren viele Taunusdörfer ohne Strom. In Anspach und Arnoldshain wurden zahlreiche Dächer abgedeckt. Im Königsteiner Walddistrikt fielen etwa 4000 Bäume dem Sturm zum Opfer.

Soldaten auf den Spuren der Römer

Bad Homburg. Auf Befehl Kaiser Wilhelms II. errichtete in der Zeit vom 14. bis 19. April ein Mainzer Pionier-Bataillon zwei Verteidigungsanlagen, sogenannte Erdschanzen, unterhalb der Saalburg. Aufgabe der Soldaten war die kriegsmäßige Herstellung römischer Schanzen mit antiken technischen Methoden. So durften die arbeitenden Pioniere ihre Schwerter nicht abnehmen, da jederzeit mit einem „germanischen" Überfall zu rechnen sei. Insgesamt waren 120 Soldaten bei den Arbeiten beschäftigt, was der Stärke einer römischen Truppeneinheit, des „Manipels", entsprach. Vorbild der Modellschanzen waren zwei Erdschanzen, die in der Nähe der Saalburg gefunden wurden.

Denkmal für den „Vater" der Wasserkur

Königstein. Am 10. Juni beschloss die Stadt Königstein, einen Brunnen mit einer „Medaillonbüste"

Von der Bretterbude zum Observatorium

Die Erdbebenwarte auf dem Kleinen Feldberg/Ingrid Berg

Glashütten. Am 20. August 1913 eröffnete Wilhelm II. mit seiner Unterschrift ein neues Gästebuch – das des „Taunus-Observatoriums des Frankfurter Physikalischen Vereins auf dem Kleinen Feldberg". Der Kaiser war mit großem Gefolge gekommen und besichtigte unter der Führung des Direktors Dr. Franz Linke das Gelände und die einzelnen schon bestehenden oder sich im Aufbau befindenden Anlagen. Wie der „Taunusbote" vom 21. August 1913 schrieb, zeigte der Kaiser großes Interesse nicht nur für die Erdbebenwarte, sondern besonders für die aerologische Station. Er versprach, „sich gelegentlich wieder von den Fortschritten des Observatoriums persönlich zu überzeugen".

Dazu sollte es aber in der Folgezeit wegen der bekannten geschichtlichen Ereignisse nicht mehr kommen. Schon den Termin der eigentlichen offiziellen Einweihung am Sonntag, dem 24. August 1913, mit 300 geladenen Gästen aus Wissenschaft, Politik und Verwaltung hatte der Kaiser nicht wahrnehmen können. Er war inzwischen nach Kehlheim, die Kaiserin nach Posen abgereist. So blieb es bei dem wohl einzigen offiziellen Besuch Kaiser Wilhelms auf Glashüttener Gebiet.

Was nicht allgemein bekannt ist: Der Kleine Feldberg (825 Meter hoch) gehört seit mindestens 1891, als die Gemarkungsgrenzen festge-

In diesem Haus auf dem Kleinen Feldberg befand sich die Erdbebenwarte, die 1913 eingeweiht wurde.

legt wurden, zu Glashütten. Bereits 1909 hatte der Physikalische Verein das 11 ha große, jetzt eingezäunte und normalerweise der Allgemeinheit nicht zugängliche Gelände der Kuppe für 30 Jahre vom Forstfiskus gepachtet, da schon länger die Idee bestanden hatte, auf dem Großen oder dem Kleinen Feldberg ein Observatorium zu errichten. Vorläufer war eine Bretterhütte auf dem Großen Feldberg gewesen, die allerdings vom Sturm zerstört worden war. Das lange geplante Observatorium sollte verschiedene, damals unter dem Namen „Geophysik" zusammengefasste Disziplinen vereinen und der Forschung dienen.

Im Herbst 1910 konnte durch eine großzügige Stiftung der Baronin Antonie von Reinach-Bolongaro mit den Planungen für die erste Abteilung, die Erdbebenwarte, begonnen werden. Diese dann sogenannte Reinach'sche Erdbebenwarte ist noch in ihrer ursprünglichen Form erhalten. Sie arbeitete bis 1957 und dient jetzt als kleines Museum; die alten Instrumente sind aber zum größten Teil noch voll einsatzfähig. Um sie vor Temperaturschwankungen und Störungen zu schützen, wurden sie damals in ein „Haus im Haus" eingebaut. Der Seismograph ist im inneren Gebäude stationiert und direkt mit dem darunter liegenden Quarzitfelsen verbunden.

Diese Erdbebenwarte und ein weiteres Labor- und Wohngebäude wurden nach den Plänen des Architekten Georg Harth, Frankfurt, durch die Anspacher Baufirma Joseph Bargon erbaut, nachdem das Gelände zum größten Teil abgeholzt worden war. Die Grundsteinlegung fand am 20. Juli 1911, der Bezug der Gebäude am 1. Juli 1912 statt. Bald danach (am 14. September 1912) wurde das erste größere Beben registriert, das sich 1900 Kilometer weit entfernt an den Ufern des Marmara-Meeres ereignete. Heute sind die modernen Instrumente in einem fünf Meter unter der Erdoberfläche liegenden Bunker installiert, der nicht zugänglich ist, sondern die Messergebnisse direkt per Funk nach Frankfurt überträgt.

Die großzügige private Stiftung der Baronin von Reinach hatte in der Zeit vor dem Ersten Weltkrieg eine Erweiterung der naturwissenschaftlichen Forschung von großer, auch internationaler Bedeutung ermöglicht. Auch die der Erdbebenwarte folgenden Anlagen wurden zunächst allein durch private Mittel errichtet und betrieben, zum Teil durch die Ausgabe vieler kleiner Anteilscheine à 20 Mark, zum Teil durch weitere größere Spenden. So gab Graf von Zeppelin einen großen Betrag aus seiner Nationalspende für den Aufbau der aerologischen Station, und durch die Gründung des „Vereins der Freunde des Taunus-Observatoriums" durch Dr. Leo Gans konnte die Inflationszeit überwunden werden. Erst später wurden die Einrichtungen von der Frankfurter Universität übernommen, kamen also in staatliche Hand. Wenn wir heute das Taunus-Observatorium auf dem Kleinen Feldberg innerhalb der Gemeinde Glashütten besichtigen, so ist immer die alte Erdbebenwarte Mittelpunkt des Interesses. Sie ist Vorbild für privates, uneigennütziges Engagement zu Gunsten der Wissenschaft und Forschung und damit Ausdruck echten Mäzenatentums.

Georg Pinglers in Auftrag zu geben. Bereits am 21. September fand die Einweihung des Brunnens im kleinen Rahmen statt. Mit dem Brunnen an der Ecke Herzog-Adolph-Straße und Limburger Straße setzte die Stadt dem Schöpfer der Königsteiner Wasserkur ein Denkmal. Pingler prägte das Königsteiner Kurwesen, indem er die Wasserheilmethode mit der Klimatherapie verband.

Schwestern mit einem großen Fest begrüßt

Usinger Land. Am 19. Januar wurde die erste Schwester aus dem Diakonissenhaus der Paulinenstiftung in Wiesbaden in ihr Amt als Diakonissenschwester für Rod an der Weil, Oberlauken, Niederlauken und Gemünden mit einem Festgottesdienst eingeführt. Hauptaufgabe der Schwester war die Krankenpflege. Als am 14. Juni drei weitere Schwestern nach Niederlauken kamen, wurde das Einsatzgebiet um Altweilnau, Neuweilnau und Riedelbach erweitert. Die Ankunft der Schwestern war ein großes Ereignis für die Orte.

Jubiläumspark zu Ehren des Kaisers

Bad Homburg. Anlässlich des 25-jährigen Regierungsjubiläums von Kaiser Wilhelm II. im Jahr 1913 legte die Stadt in den Audenwiesen eine Parklandschaft an, die den Namen „Kaiser-Wilhelm-Jubiläumspark" erhielt. Die Frankfurter Gartenbaufirma Gebrüder Siesmayer, der auch die Pflege des Kurparks oblag, begann im Herbst 1913 mit den Arbeiten und im April 1914 beendete sie diese. Erstmals besuchte Wilhelm II. den ihm gewidmeten Park am 18. Mai 1914.

Mit der Stopp-Uhr gegen Raser

Wehrheim. Die Gemeindevertretung Wehrheim beschloss am

23. Mai den Kauf einer Stopp-Uhr, um die den Ort durchfahrenden Automobile besser kontrollieren zu können.

Einweihung der Nervenheilanstalt

Köppern. Am 20. November konnte nach zweijähriger Bauzeit die neue Nervenheilanstalt eingeweiht werden, aus der später das Waldkrankenhaus Köppern hervorgehen sollte. Die Stadt Frankfurt hatte 1901 in der Köpperner Hüttenmühle eine Trinkerheilanstalt für 24 Patienten eingerichtet. Nach und nach erweiterte die Stadt das Gelände und plante dort eine Filiale der „Anstalt für Irre und Epileptische" zu errichten, die auch als Genesungsheim für Nervenkranke genutzt werden sollte.

Barchentmünze für den besten Schützen

Kronberg. Alfred Becker war der erste Schütze, der am 27. Juli die Barchentmünze verliehen bekam. Bei dem heute noch stattfindenden Barchentschießen handelt es sich um das älteste Traditionsschießen der „Cronberger Schützengesellschaft". Bereits 1505/06 wurde das Schießen auf Barchentstoff erwähnt. Nach alter Sitte zahlte die Stadt dem Sieger einen Bar- oder Sachpreis aus, der als Barchentgeld bezeichnet wurde. 1912 stiftete sie die Barchentmünze, die das Barchentgeld ablöste.

Kupfer und Blei aus Gemündener Grube

Gemünden. Mitte Juni wurde die seit 40 Jahren stillgelegte Grube „Goldhecke" wieder in Betrieb genommen. In der bereits 1755 genutzten Grube wurden Kupfer- und Bleierze abgebaut. Auch nördlich Gemündens wurde nach Erzen gesucht. Beide Gruben sollten zur „Kaiser Wilhelms Jubiläumszeche" zusammengeschlossen werden.

Hohenzollern und Hannoveraner versöhnen sich nach hartem Ringen

Begrüßung auf dem Bahnsteig: Kaiser Wilhelm II. (vorne links) traf in Bad Homburg den Herzog von Cumberland (vorne rechts).

Bad Homburg. Die seit 1866 verfeindeten Familien der Hohenzollern und der Hannoveraner, die den englischen Adelstitel Herzog von Cumberland trugen, versöhnten sich im April 1913 in Homburg angesichts des Wunsches der Kaisertochter Viktoria Luise, Prinz Ernst August von Hannover zu heiraten. An den Verhandlungen um einen Ehekontrakt nahmen Fürst Philipp von Eulenberg und Reichskanzler von Bethmann Hollweg teil. Die Verhandlungen dauerten vom 6. bis 12. April. Sobald eine kritische Situation eintrat, lenkte sich die Kaiserliche und die Hannoveraner-Familie durch Besichtigung der Saalburg ab. Die Versöhnung der beiden Familien wurde als „ein Akt von weltgeschichtlicher Bedeutung" gefeiert. Die Hochzeit Ernst Augusts mit Viktoria Luise fand am 24. Mai in Berlin statt.

Ein Geschenk des Königs Chulalongkorn

Der Siamesische Tempel in Bad Homburg/Gerta Walsh

Bad Homburg. Ohne Vorahnung auf den bald ausbrechenden Ersten Weltkrieg konnte Bad Homburg am 22. Mai 1914 die Einweihung des Siamesischen Tempels im Kurpark begehen. Dieses Ereignis weckte in der Bevölkerung die Erinnerung an den sieben Jahre zuvor erfolgten Kuraufenthalt König Chulalongkorns von Siam und seinen mit der ganzen Stadt gefeierten 54. Geburtstag am 21. September 1907.

Am 23. August war der König mit großem Gefolge in die zum Grand-Hotel gehörende „Villa Fürstenruhe" in der Schönen Aussicht 6 eingezogen, um sein Nierenleiden, die Schädigung des Herzens und die chronische Nasenschleimhaut-Entzündung mit Homburger Brunnenwasser und den damals neuen Tonschlamm-Packungen zu kurieren. Das Geburtstagsgeschenk der Kurverwaltung bestand aus der Benennung eines neuen, am Weinbergsweg gelegenen Brunnens, nach dem noblen Gast. Für diese Chulalongkorn-Quelle versprach der König, der sich hier sehr wohl fühlte und die Zuwendung der Bürger spürte, eine Überdachung im Stil seiner Heimat.

Als 1910 sein Tod infolge Nierenversagens und Herzschwäche bekannt wurde, lag bereits die Nachricht aus Bangkok vor, dass der Tempel erbaut, wieder zerlegt und zum Transport nach Homburg bereit sei. Der „Siamesische Pavillon" kam tatsächlich im November, in 60 Kisten verpackt, beim Hauptzollamt in Frankfurt am Main an und rief beim Auspacken in Homburg Staunen hervor, denn man hatte hier nicht mit einem derartigen Kleinod gerechnet.

Sorgen machte es, einen Fachmann für die Aufstellung zu finden, außerdem waren die meisten Ziegel auf dem Transport zerbrochen, Ersatz konnte erst nach langwierigem Suchen in einer Gießener Fabrik ge-

Feierlicher Augenblick: Im Mai 1914 wurde im Kurpark die Thai Sala eingeweiht.

Tuberkulose-Tipps im Wandermuseum

Usingen. Das Deutsche Zentralkomitee zur Bekämpfung der Tuberkulose stellte auf Veranlassung der Kreisverwaltung vom 11. bis 21. Juni im Gasthaus „Zum Adler" ein „Tuberkulose-Wandermuseum" auf. Ziel der Ausstellung war es, die Usinger Bürger über diese weit verbreitete Volkskrankheit zu informieren. Ursache und Verlauf der Krankheit wurden ebenso beschrieben wie Heilungsmethoden und Vorsorgemaßnahmen. Die Kosten für die Ausstellung wurden vom Kreis übernommen. Der Eintritt war frei.

Ein Bauverein gegen die Wohnungsnot

Usingen. Am 23. Juni unterbreitete Seminarlehrer Weider im Gasthaus „Sonne" bei einer Bürgerversammlung den Vorschlag, einen gemeinnützigen Bauverein auf genossenschaftlicher Grundlage zu gründen. Nur so könne die bestehende Wohnungsnot beseitigt werden. Nachdem auch andere Redner sich dafür ausgesprochen hatten, erklärten sich 60 Anwesende sofort bereit, dem zu gründenden Verein beizutreten. Ein Ausschuss von sieben Personen wurde bestimmt, der eine entsprechende Satzung ausarbeiten sollte. Anfang Juli wurde der „Gemeinnützige Bauverein Usingen" endgültig aus der Taufe gehoben.

Wasser und Strom für die Wehrheimer

Wehrheim. Nachdem die Gemeinde Wehrheim 1913 einen Vertrag mit der Frankfurter Lokalbahn-Aktiengesellschaft geschlossen hatte, erstrahlte der Ort am 3. März 1914 erstmals in elektrischem Licht. Im Mai wurde zudem der Bau der Wehrheimer Wasserleitung aus dem Bizzenbachtal abgeschlossen. Die dortige

Schürfung lieferte täglich 230 Kubikmeter Wasser aus 11 Metern Tiefe.

Trauer um den Königlichen Landrat

Kreis Usingen. Am 14. März verstarb der Königliche Landrat des Kreises Usingen, Rittmeister der Reserve und Geheimrat Dr. August P. F. Beckmann im Alter von 61 Jahren. Seit dem 1. April 1886 hatte Beckmann dem Landkreis vorgestanden. Er versuchte, in dem landwirtschaftlich geprägten Kreis Usingen durch eine Verbesserung der Infrastruktur neue Einnahmequellen zu erschließen. Vor allem das Eisenbahnwesen wurde von ihm gefördert, da er darin eine neue Lebensader für den Kreis sah. Früh erkannte Beckmann den Nutzen des Tourismus für das Usinger Land und versuchte daher, die örtlichen Verschönerungsvereine in ihrem Wirken nach besten Kräften zu unterstützen. Beigesetzt wurde der gebürtige Schleswig-Holsteiner in Eckernförde in einem Familiengrab.

Käthchen Paulus landet in Mönstadt

Mönstadt. Gleich zwei Ballone landeten am 21. Juni in Mönstadt. Der erste ging von Frankfurt kommend auf einer Wiese nieder. Dabei richtete er auf der noch nicht abgemähten Wiese großen Schaden an. Nach halbstündiger Pause stieg der mit sechs Personen besetzte Ballon wieder auf. Gegen 19 Uhr landete ein weiterer Ballon. Diesmal war es die berühmte Ballonfahrerin und Fallschirmspringerin Käthchen Paulus, ebenfalls aus Frankfurt kommend. Ihr Ballon wurde zusammengepackt und nach Heinzenberg zur Bahnstation gebracht, von wo aus er nach Frankfurt zurück transportiert wurde. Käthchen Paulus hatte auch mehrfach im Homburger Kurpark gastiert.

funden werden. Die Wahl des Aufstellungsplatzes bereitete weiteres Kopfzerbrechen. Als Überdachung der Chulalongkorn-Quelle würde der Tempel am Rande des Kurparks ungünstig stehen, daher entschloss man sich für den uns bekannten Standort in der Blickachse zum Landgrafendenkmal am Ende der Brunnenallee. 1913 stand der Siamesische Tempel bereits, doch seine Vollendung erfuhr er erst im fol-

Hatte den Tempel gestiftet: Chulalongkorn, der einstige König von Siam.

genden Jahr durch die blendendweiße Brüstung mit dem Porträtrelief des Königs, einem Geschenk des aus Bad Homburg stammenden Ferdinand Lotz, der als Konsul Siams in München lebte.

Zur Einweihungsfeier am 22. Mai 1914 waren der Bruder des gegenwärtigen Königs, Mitglieder der Botschaft in Berlin und Bad Homburger Honoratioren erschienen. Der Abend klang mit der Beleuchtung des Kurparks, mit einem Konzert des Kurorchesters und Liedern des Männergesangvereins aus. Seit jenem Tag erfreut sich der Siamesische Tempel nicht nachlassender Beliebtheit und ist auf unzähligen Erinnerungsfotos von Kurgästen und Touristen verewigt.

Das Königshaus (Siam heißt seit 1949 Thailand) bewies seine Fürsorge an dem Bauwerk durch immer wiederkehrende finanzielle Zuwendungen und durch persönliche Besuche in Bad Homburg, von denen das jetzt regierende Herrscherpaar Bhumibol und Sirikit im Jahr 1960 einen besonders starken Eindruck hinterließ. In den vergangenen Jahren zeigte ihre älteste Tochter Sirindhorn andauerndes Interesse an dem Tempel. Sie machte darauf aufmerksam, dass seine korrekte Bezeichnung „Thai Sala" sei, wobei Sala so viel wie Ort der Ruhe und Sammlung bedeute. Der Botschafter Thailands, seine Mitarbeiter und in Deutschland lebende Landsleute reisen zum Todestag des wegen seiner fortschrittlichen Gesinnung immer noch beliebten Königs Chulalongkorn jeweils im Oktober nach Bad Homburg, um im Kurpark seiner zu gedenken.

Die Soldaten werden mit Musik zum Bahnhof gebracht

Alexander Wächtershäuser

Taunus. Der Kriegsausbruch am 1. August machte sich auch im Taunus sofort im öffentlichen Leben bemerkbar. Der Eisenbahnverkehr war stark eingeschränkt, die Schulen schlossen, damit die Schüler bei der Ernte helfen konnten, und alle Männer zwischen 17 und 65 wurden zum Feuerlöschdienst verpflichtet. In Königstein gab es lange Schlangen vor den Lebensmittelläden. Die Kriegsbegeisterung war wie im gesamten Deutschen Reich groß. Überall in den Städten wurden die ausrückenden Soldaten mit Musikkapellen zu den Bahnhöfen geleitet. Der Kronberger Chronist August Wiederspahn beschrieb die vorherrschende Stimmung treffend: Der Krieg sei ein großes Unglück, man sei aber daran unschuldig und handele in Notwehr. Man ging davon aus, dass der Krieg nur einige Monate dauern würde.

In den Rathäusern eingerichtete Zentralstellen koordinierten alle anfallenden Aufgaben wie Spendensammlungen, Kranken- und Verwundetenfürsorge, Familienunterstützung und Einquartierungen von Flüchtlingen. Die örtlichen Vaterländischen Frauenvereine forderten Frauen und Mädchen auf, an Krankenpflegekursen teilzunehmen. In Homburg wurden Kinderkrippen und eine Soldaten-Verpflegungsstation am Bahnhof eingerichtet, denn „wenn alles zu den Fahnen strömt, müssen auch die Frauen ihren Beitrag für Freiheit und Recht leisten."

In Bad Homburg mussten sich alle französischen und russischen Kurgäste im Hotel Augusta oder im Sanatorium Pariser einfinden, wo sie bis zu ihrer Abschiebung verblieben. In Oberursel richtete die Stadt Appelle an die Hausbesitzer, dass sie Familien von Kriegsteilnehmern die Miete stunden sollten. Die Bürger wurden aufgefordert, sich verstärkt der Kleintierzucht zu widmen, da sie einen Beitrag zur Sicherung der Volksernährung darstellte. In Kronberg hielten Turn- und Schützenvereine Kurse ab, um Reservisten auf den Kriegsdienst vorzubereiten. Der Anspacher Turnverein stiftete wie viele andere Vereine auch sein Vermögen einem Hilfsausschuss zur Versorgung der Angehörigen von Kriegsteilnehmern. In allen Orten gab es Abschiedsgottesdienste in Kirchen und Synagogen für die Einberufenen. Der im öffentlichen Leben gezeigte Militarismus der wilhelminischen Epoche und der Sieg im Jahre 1871 gegen Frankreich führten zu einem Gefühl der Zuversicht und Unbesiegbarkeit. Die Vorstellung, der Krieg könnte sich über vier Jahre erstrecken und mit einer Niederlage enden, war undenkbar.

Großfeuer wütet bei Boston Blacking

Oberursel. Ein Großfeuer wütete am 5. Mai im Pechhaus der Fabrik Boston Blacking & Co. Die dort gelagerten leicht brennbaren Harze und Wachse führten zu einer schnellen Ausbreitung des Feuers. Nur mit Mühe konnte ein Übergreifen der Flammen auf benachbarte Anwesen verhindert werden. Alle Rohstoffe und fertig gestellten Waren verbrannten. Bei dem 1903 angesiedelten Unternehmen handelte es sich um die erste amerikanische Zweigniederlassung in Oberursel. 1935 gelang es, Industrieklebstoffe zu entwickeln, die Gummi mit Metall und Glas oder Filz dauerhaft verbanden. Seit 1965 nannte sich das Unternehmen Bostik, nach einem seiner erfolgreichsten Produkte, 1993 wurde die Oberurseler Niederlassung geschlossen.

Nägel für den hölzernen St. Michael

Kriegswahrzeichen in Bad Homburg und in Schmitten/ Angelika Baeumerth

Taunus. In dem Maß, in dem die Bevölkerung sich des Kriegsausmaßes bewusst wurde, wuchsen ihre Anstrengungen zur Hilfeleistung. Mit Aktionen wie dem vom Vaterländischen Frauenverein am 21. August 1915 in Bad Homburg veranstalteten Wohlfahrtsfest versuchten auch die Frauen ihr Möglichstes zur Linderung der Not an der Front und in der Heimat beizutragen.

Künstler spendeten grafische Blätter, die man als „Kriegsausgaben" publizierte, um einen Erlös zu erzielen. In Bad Homburg wurde am 8. August 1915 im Kurhaus eine „Kriegsausstellung" eröffnet. Im gleichen Monat des Jahres 1915 entschloss sich sogar die als Künstlerin publikumsscheue Großherzoginwitwe Adelheid von Luxemburg, eigene Werke in einer Kunstausstellung in Königstein zu zeigen und zu verkaufen. Der Erlös war für die Kriegsfürsorge bestimmt.

Die populärsten Maßnahmen waren echte Gedankenkinder dieser Zeit: hölzerne Figuren, die mit möglichst vielen Nägeln beschlagen werden sollten, so dass sie die Gestalt eines „eisernen Denkmals" annahmen. In der Regel bediente man sich der Figur des biblischen Satanbekämpfers St. Michael. So

Feierlich wurde St. Michael am 1. August 1915 vor dem Kurhaus enthüllt. Die hölzerne Figur sollte mit Nägeln gespickt und in ein eisernes Denkmal verwandelt werden.

Eine Ansichtskarte erinnerte an die Aufstellung der St.-Michaels-Figur vor dem Bad Homburger Kurhaus und forderte zum Kauf von Nägeln auf.

auch in Bad Homburg, wo man Mitte Juni 1915 zur Tat schritt und einen Frankfurter Bildhauer mit der Herstellung der hölzernen Figur beauftragte. „Als Kriegserinnerung für Homburg ist nach dem Muster anderer Städte die Errichtung eines eisernen Denkmals geplant. Die Figur soll in der Hauptsache aus Holz bestehen und mit Nägeln beschlagen werden, so dass sie nach und nach einen eisernen Überzug erhält. Bei einer Höhe von drei Metern wird sie für etwa 30 000 Nägel Platz bieten, die voraussichtlich mit einer Mark das Stück bezahlt werden sollen."

Wer durch den Erwerb von Nägeln dazu beitrug, die Figur in die eines geharnischten Ritters zu verwandeln, trug einerseits zur Panzerung des Satansbekämpfers und andererseits zur praktischen Unterstützung der Kriegsfürsorge bei. Der Symbolgehalt des Aktes war nicht zu übersehen. Um einen Anreiz zum Erwerb zu schaffen, wurden die Nägel mit Buchstaben versehen, „so dass jeder in der Lage ist, seinen Namen einzuschlagen". Damit nicht genug. Der Kauf der Nägel wurde quittiert und die Quittungen wiederum zu Gunsten des

Kartoffelausfuhrverbot soll Versorgung sichern

Usinger Land. Die Gemeinden des Kreises Usingen verpflichteten sich zu gemeinsamen Hilfeleistungen bei der Ernteeinbringung. Bei Arbeitermangel vermittelte das Landratsamt Arbeitskräfte. Gleichzeitig wurde ein Kartoffelausfuhrverbot aus dem Kreis Usingen erlassen, um die Ernährung der Bevölkerung gewährleisten zu können. Die kleineren Händler des Kreises schlossen sich zu einer Liefervereinigung zusammen. Die Auslieferung aller Produkte durch einen einzigen Händler sollte Kosten, Rohstoffe und Arbeitskräfte einsparen helfen.

Landrat Bacmeister geht nach Ostpreußen

Usinger Land. Gerade 15 Monate war Landrat Georg Albert Bacmeister der oberste Beamte im Kreis Usingen, dann wurde er nach Labiau in Ostpreußen versetzt. Wie auch der Landrat des Obertaunuskreises Ritter von Marx war Bacmeister zum Kriegsdienst eingezogen worden.

Eine Verwundung führte aber dazu, dass Bacmeister schon bald wieder die Amtsgeschäfte im Landratsamt Usingen aufnehmen konnte. Mit besonderem Interesse kümmerte er sich um die Jugendarbeit. Auf seine Initiative ging die Gründung des Kreisausschusses für Jugendpflege zurück. Am 8. Juli legte Bacmeister sein Amt nieder. Eine Woche später übernahm Oskar von Bezold die kommissarische Verwaltung des Kreises. Am 17. März 1916 wurde er von Wilhelm II. im Amt bestätigt.

Nobelpreisträger Paul Ehrlich erliegt einem Herzanfall

Bad Homburg. Prof. Paul Ehrlich, Forscher, Mediziner und Nobelpreisträger, erlag am 20. August 1915 im Bad Homburger Kursanatorium „Dr. Pariser", der heutigen Paul-Ehrlich-Klinik, einem Herzanfall. Der 1854 geborene Geheime Medizinalrat lebte seit 1899 in Frankfurt, wo er das Königliche Institut für experimentelle Therapie leitete. Zu seinen größten wissenschaftlichen Erfolgen gehörten die Diphtherie-Serum- und die Krebsforschung sowie die Einführung der Chemotherapie. Die Entwicklung des Salvarsans zur Bekämpfung der bis dahin unheilbaren Syphilis machte ihn weltberühmt. In Frankfurt, wo er auf dem jüdischen Friedhof begraben ist, und in Bad Homburg wurden Straßen nach ihm benannt.

Riesige Stapel aus Akten und mittendrin Paul Ehrlich: Unser Bild zeigt den Nobelpreisträger in seinem Arbeitszimmer. Der weltberühmte Wissenschaftler starb 1915 in Bad Homburg.

St. Michael und seiner hehren Ziele verlost.

In den Dienst der Sache gestellt wurde auch eine aus Anlass der Aufstellung der Figur vor dem Kurhaus herausgebrachte Ansichtskarte. Vor tiefblauem Grund zeigte sie den in einer schwarzen Rüstung steckenden „eisernen Mann", über dessen symbolische Bedeutung ein von Joseph von Lauff verfasster Vers Aufschluss gab, während die Beischrift „Stiftet einen Nagel zum Besten der Kriegsfürsorge" an die Kaufmoral der Bad Homburger appellierte.

Auch in Schmitten fasste man Anfang Dezember 1915 den Beschluss, ein „vaterländisches Wahrzeichen" zu schaffen, das an der Kanonenstraße aufgestellt und von den Einwohnern Schmittens mit Nägeln gespickt werden sollte. Doch war nicht die geläufige Form eines Michaels vorgesehen, sondern sinnigerweise die eines aus Eichenholz zu fertigenden eisernen Ambosses. Damit wollte man auf die Geschichte des Ortes, der als Hammerschmiede gegründet worden war und in dem die Nagelschmiederei Tradition hatte, Bezug nehmen. Selbstbewusst verkündete man, dass dies „gewiss ein einzigartiges Denkmal" sein werde.

Ergänzend dazu wurden auch in Schmitten die Herstellung und der Verkauf einer als „Festkarte" bezeichneten Ansichtskarte angeordnet, deren Erlös zum Teil einem wohltätigen Zweck zufließen sollte. Diese „Ereigniskarte" blieb allerdings ohne Datierung, so dass die Bürger sie auch später noch verwenden konnte. In bescheidenem Maß künstlerisch gestaltet, zeigte

Der eiserne Amboss von Schmitten auf der Ansichtskarte zur Erinnerung an dieses „Kriegswahrzeichen".

die gezeichnete Karte linksseitig einen vor die Kulisse des Feldbergs in den Wald gestellten Amboss mit der Inschrift „Schmitten", über der Hammer und Zange sowie ein Eisernes Kreuz zu sehen waren.

Das auf der rechten Seite abgedruckte Gedicht war von vaterländischem Geist beseelt und stellte die Fabrikation von Stiefelnägeln für die Soldaten als eine „kriegswichtige" Leistung dar: „Hämmre und singe denn Schlag auf Schlag, Bleibe der Arbeit treu und dem Liede, Heil meinem Dörfchen im Tannenhag. Heil sei dem Schmittener Schmiede!"

Die erste Nagelung des Ambosses fand an einem Sonntagnachmittag, dem 23. Januar 1916, im Rahmen einer „denkwürdigen, ernsten Feier" statt, bei der betont wurde, dass Schmitten die erste Gemeinde im Kreis Usingen sei, die ein „Kriegswahrzeichen" errichtet habe. Es war, als begehe man eine Denkmalweihe. Tatsächlich sollte man später an diesem Ort, unterhalb der Kirche, mit einem Ehrenmal der Toten dieses Krieges gedenken.

Eine Stadt trauert um eine große Wohltäterin

Großherzogin Adelheid stirbt in Königstein/Beate Großmann-Hofmann

Königstein. Mitten im Ersten Weltkrieg (1914-1918) verdrängten im Jahr 1916 an zwei aufeinander folgenden Tagen Todesmeldungen zweier Persönlichkeiten die Kriegsmeldungen von der ersten Seite der Taunus-Zeitung. Am 23. November 1916 wurde ganzseitig der Tod von Kaiser Franz Josef von Österreich, der das Ende eines mehr als 50-jährigen Zeitalters markierte, bekannt gegeben. Einen Tag später, am Freitag, dem 24. November 1916, war es der Tod der Großherzogin Adelheid Marie, der die Titelseite beanspruchte. Der Tod der letzten Herzogin von Nassau erschütterte die Kleinstadt Königstein.

Die im Jahr 1833 geborene Prinzessin von Anhalt kam nach ihrer Hochzeit mit Herzog Adolph von Nassau bereits auf der Hochzeitsreise 1851 nach Königstein. Offensichtlich gefiel es den beiden hier so gut, dass der Herzog 1858 für seine Gemahlin das ehemalige kurmainzische Amtshaus kaufte, das einige Jahre später modernisiert und um-

Ihr haben die Königsteiner viel zu verdanken: Großherzogin Adelheid Marie.

Gefallener Prinz wird beigesetzt

Kronberg. Am 16. September vermeldete der Kronberger Anzeiger, dass der älteste Sohn der Kronberger Schlossherrschaft, Prinz Friedrich Wilhelm von Hessen, in der Schlacht bei Dobrudscha in Rumänien gefallen sei. Am 25. September traf der Sonderzug mit der Leiche des Prinzen in Kronberg ein. In einem vierspännigen offenen Wagen wurde der Verstorbene zur Johanniskirche gebracht, wo der Trauergottesdienst stattfand. Anschließend trugen zwölf Ulanen den Sarg zur Burgkapelle. Dort wurde Prinz Friedrich Wilhelm beigesetzt.

Vorräte werden ein Raub der Flammen

Wehrheim. Am 14. Oktober brannten die Vorrats- und Speichergebäude der Brückenmühle in Wehrheim nieder. Die dort gelagerten und nicht versicherten Vorräte an Getreide und Dörrfutter im Wert von 20000 Mark wurden vollständig vernichtet. Die Feuerwehr musste sich darauf beschränken, ein Übergreifen der Flammen auf das Wohnhaus zu verhindern. Zur Versorgung der geretteten Viehbestände erließ die Kreisbauernschaft im Kreisblatt einen Aufruf zur Spende von Futtermitteln. Unterzeichnende des Aufrufs waren unter anderem Landrat von Bezold und der Wehrheimer Bürgermeister Velte.

Turm erinnert an Wohltäter Wissloch

Arnoldshain. Auf dem Großen Eichwaldkopf errichtete der Taunusklub Frankfurt einen Aussichtsturm, der nach dem Vorsitzenden der Wohltätigkeitsabteilung des Vereins Josef Wissloch benannt wurde. Die Einweihung des Holzturmes fand am 13. August statt. Auf die Initiative Wisslochs gingen unter anderem die finanziellen Unterstützungen zahlreicher Diakonissenstationen im Taunus und die Förderung der Korbflechtschule in Grävenwiesbach zurück. Sichtlich bewegt dankte Wissloch für diese Ehrung. Nach 1933 wurde der Turm zerstört.

Trauer um Dichter Strack

Oberursel. Am 22. Juli starb nach längerer Krankheit der Dichter und Schriftsteller Heinrich Strack. Der am 6. Dezember 1840 in Weilburg geborene Strack lebte vor seiner Übersiedlung nach Oberursel 40 Jahre in Usingen. Bekannt wurde er durch sein 1910 publiziertes Bändchen „Der Taunus in Liedern". Auch im Kreis-Blatt für den Kreis Usingen veröffentlichte er in unregelmäßigen Abständen Lieder und Gedichte.

Geburtsstunde des Historischen Museums

Bad Homburg. Drei Schwestern gründeten nach jahrzehntelanger Sammlertätigkeit am 19. August in der Englischen Kirche zu Bad Homburg das „Städtische Historische Museum", nachdem ein Frankfurter Mäzen den Bestand aufgekauft und der Stadt übergeben hatte. Elisabeth, Sophie und Luise Balmer waren zwischen

gebaut wurde. Als Preußen im Jahr 1866 das Herzogtum Nassau annektierte, kam die herzogliche Familie nicht mehr in ihr altes Land zurück. Lediglich Königstein war die Ausnahme: Es war der einzige Ort in Nassau, an den insbesondere die Herzogin regelmäßig zurückkehrte.

Auf Grund gewisser Erbfolgebestimmungen wurde der 76-Jährige, vormalige Herzog Adolph von Nassau 1890 Großherzog von Luxemburg. Die nunmehrige Großherzogin verlebte viele Sommeraufenthalte in Königstein. Oftmals empfing sie Besuch ihrer sechs Enkelinnen, der Prinzessinnen von Luxemburg. Auch adelige Verwandte und andere Besucher aus den Kreisen des Hochadels weilten gerne bei ihr in dem kleinen Schloss am Burgberg.

Für Königstein hatten die Aufenthalte der Großherzogin Adelheid Marie große Bedeutung. Die hiesigen Gewerbetreibenden, ob Handwerker, Lieferanten oder Fotografen, bekamen so manchen Auftrag und wurden dann mit Titeln ausgezeichnet, wie zum Beispiel der „großherzogliche Hoffotograf" Schilling. Das war auch in früheren Zeiten sehr werbewirksam. Die Anwesenheit der Großherzogin wurde stets in der amtlichen Kurliste vermerkt, was indirekt sicherlich auch zu dem guten Ruf Königsteins als Kurort beitrug.

Von großer Bedeutung war allerdings das wohltätige Wirken der Großherzogin gegenüber der Zivilgemeinde. Vor allem die evangelische Kirchengemeinde erhielt reichliche Gaben und „Platzgeschenke", also Grundstücke. Damit wurde der Kirchengemeinde der Bau von Kirche, Pfarrhaus und Gemeindehaus („Herzogin Adelheid-Stift") ermöglicht. Ebenso erhielt das katholische Krankenhaus große Spenden aus großherzoglicher Hand. Großherzogin Adelheid übernahm zudem das Protektorat über zahlreiche Wohltätigkeitsveranstaltungen wie auch, seit Ausbruch des Weltkriegs 1914, über die Kriegsfürsorge. Ihre Werke als Künstlerin wurden 1915 im Marstallgebäude ausgestellt.

Ein liebenswürdiges Wesen, verbunden mit großer Freundlichkeit wurden der Großherzogin nachgesagt, die noch im Alter von 80 Jahren durch den Kurpark ritt. Und als sie dann mit 83 Jahren im November 1916 starb, formulierte die Zeitung prägnant: „Unser Königstein selbst dürfte die Fürstin am meisten vermissen." In den Tagen nach dem Tod wurde die Leiche öffentlich aufgebahrt. Hunderte von Menschen zogen an ihr in der evangelischen Kirche (heute Immanuelkirche) vorbei.

Die Stadt Königstein wurde vom Schloss bis zum Bahnhof schwarz dekoriert. Am vierten Tag nach dem Tod fand in der Kirche die von Hofprediger Bender durchgeführte Trauerfeier statt, an der zahlreiche Angehörige des Hochadels, darunter auch ein Sohn des Kaisers, teilnahmen. Im Anschluss daran wurde der Sarg zum Bahnhof geleitet; während des ganzen Weges läuteten die Glocken der evangelischen und der katholischen Kirche. Von Königstein aus erfolgte die Überführung der toten Großherzogin über Höchst nach Weilburg, wo sie noch am gleichen Tag in der dortigen Fürstengruft der Nassauer beigesetzt wurde. „

Vom Burgberg unter den Ruinen der alten Veste grüßte das jetzt vereinsamte Schloss, an dem die nassauischen Farben niedergeholt wurden, seit des Landes letzte Herzogin die Augen zum ewigen Schlummer schloss", schrieb die Zeitung, die mit diesen Worten auch das Ende einer Epoche umschrieb.

Die Großherzogin hatte die Stadt Königstein in ihrem Testament reich bedacht: Unter anderem vermachte sie die Burgruine der Stadt und setzte ein Legat für die Unterhaltung der Ruine aus. Im Juli 1917 bedankte sich Bürgermeister Jacobs anlässlich eines Empfangs im Schloss bei der Tochter der Verstorbenen, Großherzogin Hilda von Baden, für die Schenkung der Burgruine, die von den städtischen Körperschaften einstimmig angenommen worden war. Das größere erhaltene Kapital überwies die Stadt der „Herzogin Adelheid-Stiftung", die davon Bedürftige unterstützte.

Prominenter Flieger in den Motorenwerken

Oswald Boelcke (Mitte) bei seiner Visite in Oberursel. Das Foto entstand vor den Motorenwerken.

Oberursel. Prominenter Besuch in Oberursel: Der Kampfflieger Oswald Boelcke kam am 26. April zu einer Stippvisite in die Motorenwerke. Boelcke gehörte zu dem bekannten deutschen Jagdflieger-Dreigestirn Immelmann/ Boelcke/ von Richthofen. Alle drei flogen mit Flugzeugmotoren, die in Oberursel entwickelt wurden. Boelcke war an der Entwicklung des taktischen Luftkampfes und der Erstellung von Jagdstaffeln beteiligt. Im Oktober 1916 stürzte er nach über 40 Luftsiegen ab. Nach ihm und Immelmann wurden in Oberursel zwei Straßen benannt. Bis 1946 hieß die heutige Heinestraße Boelckestraße. Zur gleichen Zeit wurde die Immelmannstraße in Pestalozzistraße umbenannt.

1853 und 1859 geboren und stammten aus einer alten Homburger Familie. Den Umzug des rasch beliebten Museums in einen Seitenflügel des Schlosses nahmen sie 1925 noch gemeinsam vor, doch sein weiteres Schicksal erlebten sie nicht mehr. Das seit 1985 im Gotischen Haus eingerichtete Museum kann zwar noch auf die Balmersche Sammlung zurückgreifen, hat sich aber weit darüber hinaus entwickelt.

Drei Bürgermeister sterben in einem Jahr

Taunus. Gleich drei amtierende Bürgermeister starben in diesem Jahr. Der Wilhelmsdorfer Bürgermeister Johann Konrad Maurer, der seit 1896 der Gemeinde vorstand, verschied am 9. Januar im Alter von 67 Jahren. Herausragendes Ereignis seiner Amtszeit war der Anschluss des Dorfes an das Eisenbahnnetz im Jahre 1909.

21 Jahre lang war Fritz Hasselmann Bürgermeister von Gonzenheim. Er starb am 12. Februar im Alter von 73 Jahren. In der Amtszeit des gebürtigen Hannoveraners verdoppelte sich die Einwohnerzahl des Ortes. Alle Grundstücke wurden konsolidiert und an das Licht- und Wasserleitungsnetz angeschlossen.

Am 5. März schließlich fiel der Friedrichsdorfer Bürgermeister Hugo Schneider vor Verdun. Schneider hatte das Amt seit dem Jahr1911 inne.

Stadtkinder werden aufs Land geschickt

Usingen. 1917 sollten erneut, wie bereits ein Jahr zuvor, Großstadtkinder auf dem Land untergebracht werden, da eine ausreichende Versorgung der Kinder mit Nahrungsmitteln auf Grund der schwierigen Verhältnisse in den Großstädten nicht gewährleistet schien. In Usingen wurden aus diesem Grund etwa 100 Jugendliche aus Frankfurt untergebracht.

Bürgermeister Lißmann betonte in seiner Ankündigung der Unterbringung am 6. März, dass die Aufnahme solcher Kinder nicht nur ein Gebot der Nächstenliebe, sondern auch ein Dienst am Vaterland sei. Daher sei die Aufnahme eines Kindes aus der Stadt eine Selbstverständlichkeit für jede Usinger Familie.

Landgrafenschloss wird zum Hauptquartier

Bad Homburg. Neben dem Militärischen Großen Hauptquartier in Bad Kreuznach befand sich seit 13. März das Kaiserliche Hauptquartier im Schloss Homburg, da sich Wilhelm II. wochenlang hier aufhielt. Das Schloss erhielt in allen Haupt- und Nebengebäuden elektrisches Licht, Blitzableiter und zwei bombensichere Unterstände mit Telefon, Strom und einem „Ozonapparat".

Eine aus sieben Mann bestehende Flugwache bezog das Wachlokal und wurde durch einen Beobachtungsposten auf dem Umweg des Weißen Turms ergänzt. Der Kaiser fuhr von Bad Homburg aus zwei Mal wöchentlich in seinem am Fürstenbahnhof wartenden Sonderzug zu Besprechungen mit den Generälen Hindenburg und Ludendorff nach Kreuznach. Am 11. März 1918 wurde das Kaiserliche Hauptquartier dann nach Spa in Belgien verlegt, wo sich jetzt auch die militärische Führung befand. Die wich-

Glocken für den Krieg

Alexander Wächtershäuser

Taunus. „In diesen Tagen wird in Hunderten von Gemeinden unseres Bezirks die Stimme der Glocken verstummen und wir werden mit Wehmut den Ruf vom Kirchturm entbehren, der unsern Vätern und Urgroßvätern bei Freud und Leid erklungen ist, ein Pflichtopfer, das wir dem teuren Vaterland bringen ..." – das vermeldete das Usinger Kreisblatt am 17. Juli 1917.

Aber nicht nur im Kreis Usingen, auch im Obertaunuskreis und im ganzen Deutschen Reich wurden in diesem Jahr die bronzenen Kirchenglocken abtransportiert, eingeschmolzen und das so gewonnene Metall Kriegszwecken zugeführt. Nach über zwei Jahren Krieg war die deutsche Wirtschaft schwer angeschlagen. Das von den Kriegsgegnern verhängte Wirtschaftsembargo führte zu einer merklichen Verknappung an Rohstoffen, die für die Weiterführung des Krieges benötigt wurden. Daher sah sich das Königliche Kriegsministerium veranlasst, das seit 1915 bestehende Gesetz über die „Sicherstellung von Kriegsbedarf" nach und nach zu erweitern.

Im März 1917 war der Bedarf an Metall so sehr gestiegen, dass sich das Ministerium genötigt sah, alle Bronzeglocken im Reich zu beschlagnahmen. Ausgenommen waren lediglich kleinere Glocken mit einem Gewicht unter 20 Kilogramm, Signalglocken und Glocken, bei denen ein wissenschaftlicher, geschichtlicher oder künstlerischer Wert vorlag.

Außerdem wurden die Behörden angewiesen, jene Glocken vorläufig

Die katholische Kirche in Kronberg musste ebenso wie zahlreiche andere Gemeinden im Hochtaunuskreis ihre Glocken abgeben – der Krieg forderte seinen Tribut.

zurückzustellen, die lediglich eine mäßige kulturhistorische Bedeutung besaßen. Jede Kirche durfte zudem eine Glocke für ihre Belange behalten. Als Entschädigung für die abgelieferten Glocken sollten die Kirchengemeinden einen Betrag von 3,50 Mark je Kilogramm für Glocken bis 665 Kilogramm sowie zwei Mark pro Kilogramm und eine feste Grundgebühr in Höhe von 1000 Mark für Glocken über 665 Kilogramm erhalten.

Unmittelbar nach der Bekanntmachung dieser Verordnung wurden an alle Kirchengemeinden Meldeformulare verschickt, in welche die Anzahl, das Gewicht und die Anträge auf Zurückstellung einzelner Glocken eingetragen werden mussten. Die Kreisbauinspektion Friedberg, die für die Durchführung der Beschlagnahmung der Glocken in Ober-Eschbach und Ober-Erlenbach zuständig war, fügte dem Formblatt noch einen zusätzlichen Fragebogen bei. Der ausgefüllte Bogen sollte einem Sachverständigen-Ausschuss vorgelegt werden, der dann die endgültige Einstufung der Glocken in drei Kategorien – „ohne besonderen", „mäßigen" und „besonderen Wert" – vornahm.

Um einen Anreiz zu schaffen, dass der ohnehin nicht zu verhindernde Abtransport der Glocken möglichst zügig vonstatten ging, sollte jeder Gemeinde, die ihre Glocke bis zu einem bestimmten Termin ablieferte, eine Prämie von einer Mark je Kilo zugesprochen werden. So erhielt die evangelische Kirchengemeinde Ober-Eschbach am 31. Juli 1917 eine Bescheinigung über 866,25 Mark für die Lieferung einer 192,5 Kilogramm schweren Glocke und eine Prämie in Höhe von 192,50 Mark.

Die Kosten für den Ausbau der Glocke und den Transport nach Friedberg mußte die Gemeinde selbst übernehmen. Vermutlich war das Vorgehen in allen Gemeinden ähnlich. So erhielten die Kirchengemeinden in Mammolshain 254,25 Mark, Oberhöchstadt 693 Mark, Schönberg 3940 Mark und die katholische und evangelische Kirchengemeinde Kronberg 5095 beziehungsweise 6748 Mark für ihre abgelieferten Glocken.

Der Bevölkerung versetzte der Verlust der Glocken einen großen emotionalen Schlag. Besonders nachhaltig war die Wirkung, wenn die Kirchenglocken aufgrund ihrer Größe im Glockenstuhl selbst zerschlagen werden mussten, wie es in Schönberg und Dornholzhausen geschah. Der Dornholzhäuser Ortschronist berichtete, dass einige Personen bei dem Anblick der zerstörten Glocken in Tränen ausbrachen. Letztendlich blieb dieses „Opfer für das Vaterland" jedoch vergeblich. Schon bald nach dem verlorenen Krieg versuchten die Gemeinden, durch Spendensammlungen Ersatz für ihre verlorenen Glocken zu erlangen. So kam es in den 20er Jahren zu einer Flut von Glockenweihen im ganzen Gebiet des heutigen Hochtaunuskreises: 1920 in Usingen und Wehrheim, 1921 in Riedelbach, 1924 in Wernborn und 1925 in Kirdorf, um nur einige zu nennen. Den meisten dieser neuen Glocken war jedoch kein langes Leben vergönnt. Bereits 1942 wiederholte sich die Geschichte: Die Symbole des Friedens wurden erneut in Kriegswaffen umgewandelt.

tigsten Gäste des Jahres 1917 waren am 3. April der österreichische Kaiser Karl und seine Frau Zita, die hier mit Wilhelm II., Hindenburg, Ludendorff und Reichskanzler Bethmann-Hollweg konferierten und einen Sonderfrieden mit den Alliierten anstrebten.

Krieg verhindert Fest zum Schuljubiläum

Usingen. Normalerweise ist ein 100-jähriges Jubiläum ein Anlass zu einem großen Fest. Von einer solchen Feier nahm die Usinger Realschule im Jahre 1917 wegen des Krieges allerdings Abstand. Man beschränkte sich auf eine kleine Jubiläumsschrift über die Geschichte der Schule.

Gewerbetreibende gründen Kreisverband

Usinger Land. Auf Einladung des Zentralvorstandes des Gewerbevereins Wiesbaden versammelten sich am 18. März Vertreter aller im Kreis Usingen ansässigen Gewerbevereine zwecks Gründung eines Kreis-Gewerbeverbandes. Die Gründung eines solchen Verbandes wurde von allen Delegierten gut geheißen, da man sich von einem Zusammenschluss der lokalen Gewerbevereine eine verstärkte Förderung des Handwerks und des Kleingewerbes versprach, die durch den Krieg in Existenznöte geraten waren.

Einstimmig wurde die Gründung des Kreis-Gewerbeverbandes beschlossen. Er leistete Hilfsdienste bei der Beschaffung von Rohstoffen und Beratungen bei technischen und steuerlichen Fragen.

Bulgarischer König im Taunus unterwegs

Taunus. Am 11. Juni traf König Ferdinand von Bulgarien in Begleitung seiner beiden Söhne Boris und Kyrill in Bad Homburg ein. Nach einem Treffen mit dem Kaiser im Schloss besuchte man noch die Erlöserkirche und die Saalburg, bevor man bereits am selben Tage nach Kreuznach weiterreiste.

Nach der Rückkehr besuchte Ferdinand am 15. Juni Usingen. Bürgermeister Lißmann und Dekan Bohris führten den hohen Gast durch den Schlossgarten und zeigten ihm die renovierte Fürstengruft, deren neue Einrichtung man Ferdinand verdankte. Bei seiner Abreise brachte Ferdinand seine Freude zum Ausdruck, wieder einmal in dem „lieben Usingen" geweilt zu haben. Der König, auch als Zar tituliert, war ein gebürtiger Prinz von Sachsen-Coburg-Gotha.

Waisenhaus bleibt nur ein Wunsch

Bad Homburg. Auf seiner Sitzung am 6. Dezember gab der Bad Homburger Magistrat bekannt, dass Jean Emil Leonhardt und seine Frau der Stadt ihr Haus Ferdinandstraße 20 schenkten, um dort ein interkonfessionelles Kriegswaisenhaus zu errichten. Diese Einrichtung sollte die erste ihrer Art in ganz Deutschland sein, kam aber später nicht zu Stande. Jean Emil Leonhardt war Gründer und Besitzer der Rex-Conservenglas-Gesellschaft und darüber hinaus Gründer der Freikirchlichen Gemeinde Bad Homburgs.

Eine griechische Göttin schmückt den Elisabethenbrunnen

Bad Homburg. Trotz der schlechten Kriegslage befasste sich Kaiser Wilhelm II. 1917 lieber mit dem von ihm angeregten Projekt einer neuen Brunnenanlage für den Elisabethenbrunnen im Bad Homburger Kurpark als mit militärischen Problemen. Während die Gesamtgestaltung ein persönlicher Entwurf des Monarchen sein soll, gewann er für den Tempel mit der griechischen Göttin Hygieia den Berliner Künstler Hans Dammann: Die Göttin sitzt im Mittelpunkt eines von zehn Säulen getragenen Rundtempels, dessen Boden teilweise mit Mosaiken geschmückt ist. Geldgeber war Wilhelm Becker aus Krefeld, der dafür 100 000 Mark stiftete. Als sich im Laufe der Arbeiten herausstellte, dass diese Summe für die im Plan enthaltene Marmorfigur nicht ausreichte, sprang der Bruder des inzwischen verstorbenen Stifters ein. Bei der Einweihung des Brunnens am 3. Oktober 1919 lebte der Kaiser bereits im Exil.

Die Fertigstellung des Elisabethenbrunnens im Bad Homburger Kurpark lockte zahlreiche Kurgäste an. Der Kaiser selbst soll den Entwurf gemacht haben.

Aus Rex wird Horex, die Wiege der Regina

Gerta Walsh

Bad Homburg. Der 24. August 1918 war der Todestag des 1853 geborenen Jean Emil Leonhardt, des Gründers der weit über Homburgs Grenzen bekannten Rex-Conservenglas-Gesellschaft. „Einrexen" nannten die Hausfrauen die Haltbarmachung von Lebensmitteln in Einmachgläsern, und dieses Wort hat sich bis in unsere Tage hinein erhalten. Der Tod dieses Unternehmers im letzten Jahr des Ersten Weltkrieges wirkte sich auf den Verlauf des Gewerbes in der Kurstadt in einer nicht vorhersehbaren Weise aus.

Leonhardt hatte zwei Jahre nach der Firmengründung 1907 einen Teilhaber aufgenommen, den er durch die „Christliche Gemeinde", die heutige freikirchliche Gemeinde, kannte: Friedrich Kleemann. Dieser führte die Firma Rex einige Jahre alleine weiter, ließ sich aber dann von seinem 1901 geborenen Sohn Fritz dazu überreden, im Schuppen hinter dem Güterbahnhof mit der Anschrift Industriestraße 1 statt Einmachgläser zu lagern, lieber Motore an Fahrräder zu montieren. Am 10. November 1923 gründete Vater Kleemann die Fahrzeugbau-Aktiengesellschaft zum Bau von Motorrädern, gab aber die Firma Rex vorerst nicht auf. Am 1. Januar 1926 verkaufte er die Nutzungsrechte für den Namen Rex und die Patente der Conservenglas-Gesellschaft an die Konkurrenz Weck im badischen Öflingen, wo noch bis 1984 Rex-Gläser vertrieben wurden.

Mit dem Verkaufserlös erwarb er die Aktienmehrheit der Columbus-Motorenbau AG Oberursel und vereinigte sie am 28. Mai 1926 mit der Fahrzeugbau-AG. Den Namen der neuen Firma setzten Vater und Sohn Kleemann aus den beiden Anfangsbuchstaben ihrer Vaterstadt Homburg und dem von Leonhardt übernommenen Unternehmen Rex zu-

„Einrexen" – dieses Wort ist noch heute ein fester Begriff. In den Hallen der Homburger Firma Rex waren Anfang des Jahrhunderts Frauen damit beschäftigt, Gläser mit Gemüse zu füllen.

Der letzte Besuch von Kaiser Wilhelm II.

Bad Homburg. Vom Balkon des Schlosses aus verkündete Kaiser Wilhelm II. am 10. Februar den im Schlosshof versammelten Homburger Bürgern den am Vortage mit der Ukraine abgeschlossenen Sonderfrieden. Mit dieser an alle Deutschen gerichteten Rede wuchs die Hoffnung auf ein baldiges Ende des Krieges. Seinen letzten Homburger Besuch stattete der Kaiser am 19. August ab. Von der Saalburg kommend traf er mit König Ferdinand II. von Bulgarien im Schloss zum Tee ein und nahm dann seinem Verbündeten am Altar der Erlöserkirche das Versprechen ab, weiterhin in treuer Waffenbrüderschaft zu Deutschland zu stehen. Dies versprach der König, zog aber eine Woche später seine Truppen vom Kriegsschauplatz zurück.

Fabrikant Ochs stirbt mit 63 Jahren

Schmitten. Am 25. Januar verstarb im Alter von 63 Jahren der Schmittener Fabrikant Wilhelm Ochs. Wilhelms Ochs war einer der Mitbegründer und Vorsitzender des „Kur- und Zweigvereins des Taunusklubs Schmitten", der den Ausbau Schmittens zu einem Luftkurort ermöglichte. Die örtliche Wirtschaft war zuvor ganz auf handwerkliche und bäuerliche Betätigungen beschränkt.

St.-Anna-Schule darf ausgebaut werden

Königstein. Am 26. Februar traf die Nachricht von der Genehmigung des Ausbaus der Königsteiner St.-Anna-Schule ein, die gleichzeitig zu einem Lyzeum erhoben wurde. Die Lehranstalt war 1881 von dem geistlichen Rat Münzenberger gegründet worden. 1891 übernahmen die Ursulinen die Leitung der inzwischen zu einer Höheren Mädchenschule gewordenen Institution.

sammen und schufen einen Namen, der sich bis 1960 in ganz Europa verbreitete: Horex.

Mit dem Modell „Regina" brachte Kleemann 1950 durch seinen Konstrukteur Hermann Reeb einen Verkaufsschlager ersten Ranges auf den Markt. Um 1954 erreichten die 500 Mitarbeiter eine monatliche Kapazität von 2000 Motorrädern. Alle sieben Minuten ging eine Maschine vom Fließband. Dieses Aushängeschild der Horex-Werke hatte eine Leistung von 22 PS und erreichte eine Geschwindigkeit von 130 Kilometern pro Stunde bei einem Benzinverbrauch von 3,7 Litern. Sein Käufer zahlte 2185 Mark für die Maschine und 30 Mark Steuern, doch auch das Gespann komplett mit Seitenwagen war mit 2695 Mark erschwinglich.

Die Modelle „Imperator" und „Resident" erreichten später nie den Erfolg der „Regina". Der „Rebell" geriet bereits in die Endphase des Betriebes und blieb weitgehend unbekannt. Das veränderte Verhalten der Käufer und ihr Drang zum Auto führten zur Schließung von Horex Ende 1959. Im Jahr danach übernahm Mercedes die Werksanlagen und alle Arbeitskräfte, heute nutzt die Euroval die Fabrikhallen. Immer noch aktive Horex-Motorradclubs sorgen dafür, dass diese Motorradmarke nicht in Vergessenheit gerät. Der Enkel des Jean Emil Leonhardt hält die Erinnerung an seinen 1918 verstorbenen Großvater und an dessen Lebenswerk in den Räumen seines Geschäftshauses wach und trägt dort alles zusammen, was mit Rex-Conservengläsern zu tun hat.

Juniorchef Fritz Kleemann überredete seinen Vater, auf die Produktion von Motorrädern zu setzen – es entstand die Marke „Horex".

Im Jahre 1952 wurde alle sieben Minuten eine „Regina" gebaut.

Heimkehrende „Helden", Hunger und Hoffnung

Alexander Wächtershäuser

Taunus. Sprachloses Entsetzen über die harten und scheinbar willkürlichen Friedensbedingungen verbreitete sich nach der Veröffentlichung der Konditionen für den Waffenstillstand unter den versammelten Bürgern vor der Geschäftsstelle der Königsteiner Taunus-Zeitung. So berichten es die Chronisten aus dem Jahre 1918, und auch in anderen Orten des heutigen Hochtaunuskreises waren die Reaktionen ähnlich. Gleichzeitig bildeten sich überall Arbeiter-, Bauern- und Soldatenräte, um alle Bevölkerungsschichten am Aufbau des neuen Deutschlands zu beteiligen. Arbeiterdemonstrationen wie in Oberursel oder Kronberg blieben die Ausnahme.˙ Fast alle Bürgermeister und Magistrate blieben zunächst im Amt und versprachen, mit den Räten zusammenzuarbeiten. Lediglich in Steinbach wurde der amtierenden Verwaltung das Misstrauen ausgesprochen. Die Räte kümmerten sich um eine gerechte Verteilung der Nahrungs- und Heizmittel. Die Exekutive war auf die Soldatenräte übergegangen.

Am 13. November trafen sich Delegierte aus den Gemeinden des Kreises Usingen in Anspach und am 17. November Vertreter des Obertaunuskreises in Bad Homburg, um über die anstehenden Probleme und das weitere Vorgehen zu beraten. Beide Kreise hatten ähnliche Sorgen: die Versorgung zurückkehrender Soldaten, Wohnungsnot und besonders im Obertaunuskreis auch Nahrungsmittel-Knappheit. Vor allem in Kronberg war der Nahrungsmangel spürbar. Man bedauerte nun, dass man in den vergangenen Jahren fast ausschließlich Erdbeeranbau betrieben hatte. Kartoffeln wurden nun schmerzlich vermisst. In Appellen wurden die Soldaten aufgefordert, sich geordnet zurückzuziehen, um der Verwaltung die Möglichkeit zu geben, entsprechend aktiv zu werden.

Begrüßungsfeier
der heimgekehrten Krieger
am 14. März 1920

Vortragsfolge

1. „Militärmarsch" von Schubert . . . Musikverein
2. Vorspruch . . . Fräulein Hildegard Achard

Erster Teil

Dem Gedächtnis der Gefallenen

3. „Mag auch die Liebe weinen" . . . Kirchenchor
4. Ansprache . . . Herr Pfarrer Ostermeyer
5. „Dem Vaterland" . . . Gesangverein Concordia
6. Gedichtvortrag: „Die Liebe höret nimmer auf" . . . Herr P. Lotz (Christlicher Jünglingsverein)
7. „Serenate" v. E. Jocelli . . . Violinsolo Herr K. Kurländer
8. Gedichtvortrag: „Schmerz, Glaube, Liebe, Hoffnung" . . . Schule Friedrichsdorf
9. „Reiters Morgengesang" . . . Schulchor

Pause

Zweiter Teil

Begrüßung der Zurückgekehrten

10. „Menuett" v. Mozart . . . Musikverein
11. „Der 103. Psalm" . . . Gesangverein Eintracht
12. Begrüßung . . . Herr Bürgermeister Foucar
13. Gedichtvortrag: „Deutschland" v. Walter Bloem . . . Fräulein Elise Dufour (Evang. Jungfrauenverein)
14. „Lied der Treue" . . . Schulchor
15. „Berceuse" v. B. Godard . . . Violinsolo Herr K. Kurländer
16. Gedichtvortrag: „Das Vaterhaus" v. J. Wiedermann . . . Schule Dillingen
17. „Der Negersklave" v. M. Peuschel . . . Männerchor Harmonie
18. a) Menuetto b) Allegro v. Mozart . . . Trio f. Violine, Bratsche u. Cello Herren K. Kurländer, E. u. W. Proescheid
19. a) „Hans und Liese" . . . Gemischter Chor
b) „Die 5 Hühnerchen" . . . Frauenchor und Orchester
20. „Lieder zur Laute" . . . Institut von Puttkamer
21. a) Pyramiden b) Lebendes Bild . . . Turn- und Sportverein
22. „Niederländisches Dankgebet" . . . Gemeinsamer Gesang mit Orchesterbegleitung

Als Ordner haben sich Mitglieder der Freiwilligen Feuerwehr bereitwilligst zur Verfügung gestellt

Feierlich empfangen wurden die heimgekehrten Kriegsteilnehmer auch noch im Jahre 1920 in Friedrichdorf.

Die heimkehrenden Soldaten wurden als Helden empfangen, die vier Jahre lang der ganzen Welt widerstanden hatten. Über den Straßen waren Ehrenpforten errichtet worden, alle Häuser hatten Flaggenschmuck angelegt. Trotz der Enttäuschung über den verlorenen Krieg begriff man auch die Chancen, die sich dem neuen Deutschland boten. Hatte man doch den Obrigkeitsstaat abgeworfen und den Weg zu einer Demokratie frei gemacht. Immer wieder betonten die Vertreter der Räte, dass die neu gefundene Freiheit durch Pflichterfüllung und Disziplin verteidigt werden müsse, um dem Feind keine Gelegenheit zu bieten, das Volk weiter zu demütigen. Von einem friedlichen Ausgleich oder gar einer Versöhnung mit dem Kriegsgegner war nichts zu spüren. Man fühlte sich als Opfer, das in einem gerechten Krieg von einem übermächtigen Feind besiegt worden war. Das waren nicht die besten Voraussetzungen für ein Zusammenleben zwischen der Bevölkerung und den französischen Truppen, die im Dezember viele Orte besetzten.

Begrüßungsfeiern für die Kriegsheimkehrer

Usinger Land. Am 5. Januar feierten die beiden Gemeinden Pfaffenwiesbach und Wernborn die glückliche Heimkehr ihrer Soldaten. In Pfaffenwiesbach begrüßte Pfarrer Baldus die Zurückgekehrten. Von Kindern vorgetragene Gedichte und ein Lustspiel umrahmten die Feier. In Wernborn entsprang die Feier dem Gefühl der Dankbarkeit gegenüber den Soldaten, „die mit eiserner Faust unser Land vor den Verwüstungen des Krieges bewahrt" hätten. Es wurde beschlossen, Haussammlungen durchzuführen, deren Ertrag für eine Ehrung der Gefallenen verwendet werden sollte. Begrüßungsfeiern fanden fast in jedem Ort statt, und fast immer verliefen sie so wie in Pfaffenwiesbach oder Wernborn.

Feuerwehr-Einsatz mit Hindernissen

Oberursel. Die Hartpapierwaren-Fabrik Hohemark, die sich in den Räumlichkeiten der ehemaligen Spinnerei niedergelassen hatte, brannte am 21. März vollständig nieder. Die Löscharbeiten gestalteten sich schwierig, weil die Hohemark – im Gegensatz zu Oberursel – zur französisch besetzten Zone gehörte. Bürgermeister Füller musste die Schaulustigen darauf hinweisen, die Grenze nicht zu überschreiten, da die französischen Grenzposten Schießbefehl hätten. Es kam aber zu keinen Zwischenfällen – im Gegenteil: Die Posten halfen sogar bei den Löscharbeiten. Der bei dem Brand entstandene Schaden wurde von der Nassauischen Brandversicherung auf 900 000 Mark geschätzt.

Vier Tote bei einem Bus-Unglück

Königstein. Am 21. Mai geriet bei Königstein ein Omnibus ins Rutschen und prallte gegen zwei

Die Franzosen geben im Taunus den Ton an

Besatzungszeit und Hilfskreis Königstein / Beate Großmann-Hofmann

Königstein. Der 9. Januar 1919 hat einen festen Platz in der Königsteiner Geschichte. An diesem Tag fand im Kavaliersbau des Schlosses in der damaligen Schulstraße (heute Burgweg 5) eine Versammlung der Bürgermeister des gerade ins Leben gerufenen „Hilfskreises Königstein" statt. Alle Gemeinden dieses neuen Verwaltungsbezirks, zu dem mehrere Orte des Obertaunuskreises und des Kreises Usingen zusammengefasst wurden, waren vertreten. Monsieur Clouet des Pesruches wohnte als Vertreter der französischen Militärverwaltung ebenso der Konferenz bei.

Der am Tag zuvor zum Landrat ernannte Anton Jacobs hielt eine Eröffnungsansprache. Als Begründung der Bildung des neuen Kreises gab er an: „Da die Verwaltung der besetzten Teile der beiden Kreise durch die bisherigen Landräte nicht mehr möglich war, wurden diese Gebiete zu einem neuen Kreis vereinigt und als Sitz des neuen Landratsamtes Königstein bestimmt, dieselbe Stadt, die bekanntlich schon zu früheren Zeiten einmal Mittelpunkt des Amtes Königstein gewesen ist."

Danach begann die erste Bürgermeisterversammlung im Landratsamt, dessen Amtsräume in besagtem Kavaliersbau untergebracht waren. Im Vordergrund der zu behandelnden Themen standen die Lebensmittelversorgung, die Post- und Telefonverbindung und die Zuständigkeit einzelner Behörden. Am gleichen Tag fand die erste Sitzung der Kreistagsabgeordneten statt. Die Tagesordnung bestand hauptsächlich aus Organisationsfragen und aus der Wahl des Kreisausschusses.

Um die Gründung des Hilfskreises zu verstehen, muss man einen Blick auf die Vorgeschichte werfen. Einen Monat nach Ende des Ersten Weltkrieges im November 1918 zog am 14. Dezember 1918 die französische

Mit Ross und Reiter haben die französischen Besatzungstruppen nach dem Ersten Weltkrieg Königstein in Beschlag genommen.

Die französischen Soldaten standen Spalier, als Marschall Ferdinand Foch, Oberbefehlshaber der alliierten Armeen, im Jahre 1919 nach Königstein kam.

Besatzung in Königstein, das Teil des Mainzer Brückenkopfes war, ein. Für die kleine, kaum 3000 Einwohner zählende Stadt stellte die Stärkung der Besatzung eine große Belastung dar. Das dort stationierte 287. Infanterie-Regiment bestand aus einem Oberst, zwei Majoren, 15 Hauptleuten, 32 Leutnants, 1900 Mann (davon wurden 700 in Falkenstein untergebracht) und 250 Pferden. Die Unterbringung erfolgte in Massenquartieren. Zu diesen Quartieren gehörten das vormalige Hotel Pfaff, das vormalige Hotel „Taunusblick" (es befand sich auf dem heutigen Kurbad-Gelände) und das Offiziersheim in Falkenstein. Im Übrigen mussten alle Waffen, die sich im Besitz der Einwohnerschaft befanden, auf dem Bürgermeisteramt abgegeben werden, Briefe sollten künftig nur noch mit französischen Marken frankiert werden.

Am 27. Dezember 1918 wurde bekannt, dass die französischen Behörden eine Neuordnung in der Verwaltung des Obertaunuskreises anordneten. Die besetzten Orte dieses Kreises sollten mit den ebenfalls besetzten sechs Orten des Kreises Usingen zu einem eigenen Verwaltungsbezirk mit Sitz in Königstein zusammengefasst werden. Zur Vertretung des Landrats wurde der seit 1908 amtierende Königsteiner Bürgermeister Anton Jacobs bestimmt.

Dem neu gebildeten Kreis gehörten folgende 28 Städte und Dörfer an: Königstein, Kronberg, Altenhain, Ehlhalten, Eppenhain, Eppstein, Falkenstein, Fischbach, Glashütten, Hornau, Kelkheim, Mammolshain, Neuenhain, Niederems, Niederhöchstadt, Niederreifenberg, Oberems, Oberreifenberg, Oberhöchstadt, Ruppertshain, Seelenberg, Schloßborn, Schneidhain, Schönberg, Schwalbach, Stierstadt, Weißkirchen und Wüstems.

Im Jahre 1919 fanden mehrere Wechsel der Besatzungstruppen statt. Ein besonderes Ereignis war der Besuch des Marschalls Ferdinand Foch (1851-1929), der der Oberbefehlshaber der alliierten Ar-

Bäume. Der nur für 20 Personen zugelassene Bus war mit etwa 40 Personen besetzt. Zwei Frauen gerieten bei dem Versuch, von dem schlingernden Bus abzuspringen, unter die Räder des Wagens und starben noch am Unfallort. Zwei Männer erlagen später ihren Verletzungen.

Wormstein wird unter Schutz gestellt

Usingen. An der Straße zwischen Pfaffenwiesbach und Usingen liegt der Wormstein, eine Quarzitstufe, die dort offen zu Tage tritt. Im Jahre 1919 wurde der Wormstein unter Denkmalschutz gestellt. Dennoch durfte der benachbarte städtische Steinbruch weiter Quarzit abbauen. Der Naturdenkmalschutz für die Quarzitstufe wurde von der Usinger Stadtverwaltung am 11. September ausdrücklich begrüßt.

Die erste Frau im Stadtparlament

Bad Homburg. In der Lokalpolitik machte 1919 die seit 1908 in Homburg lebende Jenny Baumstark (1869-1962) von sich reden. Die Kandidatin der Deutschen Demokratischen Partei konnte als erste Frau ins Stadtparlament einziehen und gehörte ihm für eine Legislaturperiode an. Nach dem Tode ihres Mannes verkaufte sie

1935 das gemeinsam aufgebaute Sanatorium am Viktoriaweg und lebte zurückgezogen, doch am kulturellen Geschehen immer interessiert, in der Stadt.

Er prägte das Bild der Kurstadt

Bad Homburg. In ihrer Sitzung vom 13. Mai stellten die Stadtverordneten Bad Homburgs mit der Wahl von Dr. Ing. Ludwig Lipp die Weichen für die erfolgreiche Stadtentwicklung der 20er Jahre. Bis 1933 prägte er als Stadtbaurat und Stellvertreter des Oberbürgermeisters das Bild der Kurstadt. Mit seinem Namen verbunden sind neue Siedlungsgebiete mit Kleinwohnungen (Urseler und Kronberger Straße, Hessenring) und der Bau von Seedammbad, Waldfriedhof, Marktlauben und der Kläranlage.

Der Eingang zur Unterkunft des französichen Dienstältesten in Königstein (1925).

meen war. Er kam von Wiesbaden und schritt eine Front der in Königstein anwesenden Truppen in der Limburger Straße ab, unterhielt sich mit den Offizieren und hatte, wie die Zeitung schrieb, „auch manches Wort für einzelne Soldaten".

Zu dieser Zeit residierte General Mangin, Oberbefehlshaber der 10. Armee, in der Villa Rothschild. Am 24. Juli 1919 empfing General Mangin Landrat Jacobs sowie die Magistratsmitglieder und Stadtverordneten. In einer kleinen Ansprache wies der Landrat auf die klimatischen Vorzüge Königsteins hin, die vielen Gesunden und Erholungsbedürftigen viel Lebenskraft gegeben habe. Diese Wirkung der frischen Taunusluft wünsche er auch dem General. Jacobs dankte dem General für die tatkräftige Hilfe „in den Wochen unserer größten Ernährungsschwierigkeiten".

Bis 1928 blieb Anton Jacobs Landrat des Hilfskreises Königstein. Es war eine harte Zeit: In Deutschland herrschten wirtschaftliche Schwierigkeiten und Inflation, in Königstein folgte auf die französische Besatzung 1925 die englische Besatzung. 1923 hatte es zudem kurzfristig Unruhen durch die sogenannten Separatisten gegeben, die auch in Königstein für einige Stunden die Verwaltungsgebäude erstürmten.

Der Hilfskreis Königstein wurde zum 1. Oktober 1928 wieder aufgelöst. Bereits 1927 fand eine Neueinteilung von Landkreisen im Regierungsbezirk Wiesbaden statt. Die Königsteiner selber hatten sich gegen eine Auflösung gewehrt. So lautete der Beschluss der Stadtverordnetenversammlung vom 16. August 1927: „In Frage der Neueinteilung der Kreise ersucht die Versammlung den Magistrat, dahin zu wirken, dass Königstein als Kreisstadt bestehen bleibt. Sollte dies jedoch nicht zu erreichen sein, so soll der Anschluss an den Obertaunuskreis unter allen Umständen angestrebt werden."

Im Mai 1928 wurde zunächst das Weiterbestehen des Hilfskreises Königstein in stark „abgespeckter" Form (mit nur noch zwölf Orten) verfügt. Nicht für lange allerdings, denn – so die Taunus-Zeitung vom 28. September 1928 – die „Sterbestunde des Kreises Königstein im Taunus" sollte am 30. September 1928 schlagen. Fortan gehörte Königstein wieder zum Obertaunuskreis mit der Kreisstadt Bad Homburg.

Dr. Ludwig Fuchs – ein Arzt für die Armen

Unvergessen als Wohltäter in Friedrichsdorf/Peter Schiebel

Friedrichsdorf. Es gibt mehrere Gründe, warum sich nachfolgende Generationen an bestimmte Menschen erinnern. Sei's, dass sie etwas entdeckt oder erfunden, dass sie eine ganz besondere Fähigkeit besessen oder dass sie ihr Leben in den Dienst der Gesellschaft gestellt haben. Zu letzter Gruppe gehört der Mann, der am 5. Februar 1920 in Friedrichsdorf starb: Ludwig Fuchs, Doktor der Medizin, Geheimer Sanitätsrat, Wohltäter, Stifter.

Geboren wurde Ludwig Fuchs am 21. Januar 1834 in Meisenheim am Glan – in jenem Amt nahe Bad Kreuznach, das seit dem Wiener Kongress 1815 zu Hessen-Homburg gehörte. 14 Tage vor Fuchs hatte in Gelnhausen ein anderer Bub das Licht der Welt erblickt, der ebenfalls in Friedrichsdorf für Furore sorgen sollte: Philipp Reis. Ob sie sich jemals kennenlernten, ist nicht überliefert, aber wahrscheinlich. Denn 16 Jahre lang lebten beide in dieser Stadt.

Dass Ludwig Fuchs nicht in die Fußstapfen seines Vaters, eines Bäckermeisters, treten würde, war relativ früh klar. Er verließ Meisenheim und studierte Medizin. 19jährig promovierte er an der Universität in Würzburg und zog anschließend nach Homburg. Ehe sich der Doktor hier jedoch als Arzt niederlassen durfte, musste er noch eine weitere Prüfung ablegen. Fuchs bestand sie – und erhielt am 12. April 1855 die Erlaubnis zur Ausübung der „Medicin, Chirurgie und Geburtshilfe im Landgrafenthum Homburg".

Nach Friedrichsdorf kam er zwei Jahre später. Den Weg bereitete diese am 9. Januar 1857 im Homburger Schloss unterzeichnete Urkunde: „Wir Ferdinand, von Gottes Gnaden souveräner Landgraf zu Hessen, haben uns gnädigst bewogen befunden, den praktischen Arzt Dr. med. Ludwig Fuchs zum physikalischen Assistenten für unser Amt Homburg mit dem amtlichen Wohnsitz in der Stadt Friedrichsdorf zu ernennen."

Der „amtliche Wohnsitz" war ein Haus in der Hauptstraße 84, dort, wo sich heute die Salus-Klinik befindet. Sein Gehalt betrug 150 Gulden pro Jahr, hinzu kamen

Um 1895 ist diese Aufnahme von Dr. Ludwig Fuchs entstanden – Bowler, Mantel, Spazierstock und Bart waren Markenzeichen des Armenarztes.

Bauern wollen sich neu organisieren

Oberursel. Am 14. Februar fand im Frankfurter Hof eine große Bauernversammlung statt, die von der Ortsgruppe Oberursel der Deutschnationalen Volkspartei organisiert wurde. Aus allen Teilen des Obertaunuskreises nahmen Bauern daran teil. Reichstagskandidat Lind legte dar, wie sich der Bauernstand zukünftig organisieren müsse, um den ihm zukommenden Rang in dem neuen Deutschland zu erlangen. Vergleichbare Veranstaltungen für die verschiedenen Interessen- und Berufsgruppen fanden in dieser Zeit in allen Städten statt.

Eine Schule für die Landwirte

Usingen. Am 1. Mai wurde die Landwirtschaftliche Schule Usingen eröffnet. Bei dieser Einrichtung handelte es sich um eine „Berufsschule" für Landwirte. Während des Sommers hielt Direktor Wilhelm Roeming Vorträge und Kurse über landwirtschaftliche Fragen ab. Der eigentliche Unterricht fand vom 3. November an in den Räumlichkeiten des Lehrerseminars statt. Hier wurden die Kursteilnehmer mit agrarwissenschaftlichen Themen, Forschungen und Methoden vertraut gemacht, die bei der Bewältigung der bestehenden Probleme im Agrarwesen helfen sollten.

Abschied von der Konfessionsschule

Kronberg. Der Minister für Wissenschaft, Kunst und Volksbildung verfügte am 1. Juli die Umwandlung der konfessionellen Volksschule in eine Simultanschule. In seinem Erlass betonte er, dass die konfessionelle Volksschule seit der Entscheidung des Oberverwaltungsgerichts aus dem Jahre 1908 nur geduldet wurde. In Orten mit gemischter

Konfession seien Simultanschulen vorgeschrieben, hatte das Gericht seinerzeit festgestellt. Die Kronberger Stadtverordneten bestätigten im August die ministerielle Entscheidung. Mit dem Ende der Sommerferien verschwand damit die vermutlich letzte Konfessionsschule Nassaus.

In Treisberg geht das elektrische Licht an

Treisberg/Pfaffenwiesbach. Am 3. Dezember wird die Gemeinde Treisberg an die elektrische Überlandleitung der Main-Kraftwerke angeschlossen. Bereits am 28. April hatten die Pfaffenwiesbacher in einer Gemeindeversammlung einstimmig beschlossen, elektrisches Licht legen zu lassen zu dem Preis, „den es zu gegebener Zeit kostet". Die Gemeindevertretung hatte wegen der hohen Kosten auf einem Beschluss der Gemeindeversammlung bestanden.

„Eine Runde für den Wahlvorstand!"

Niederreifenberg. Einige Kuriositäten wies in Niederreifenberg die Auszählung der Stimmen für die Reichstagswahl auf. So lag in der Wahlurne ein 20-Mark-Schein, an den ein Zettel angeheftet war. Darauf stand: „Eine Runde für den Wahlvorstand!" Außerdem fand sich noch ein Gedicht eines desillusionierten Wählers in der Urne: „Ob Zentrum oder Sozial/das ist uns ganz egal,/die großen Herren machen die Zech'/und wir liefern's Blech." Überlegener Wahlsieger in Niederreifenberg wurde das Zentrum mit 279 Stimmen, zweitstärkste Partei die USPD mit 80 Stimmen.

nochmal 150 Gulden für ein Dienstpferd.

Alsbald lernte Fuchs Marie Friderique Elisabeth Rousselet kennen. Die Dame entstammte einer angesehenen Hugenottenfamilie, die bereits im Gründungsjahr 1687 nach Friedrichsdorf gekommen war. Mehrere Rousselets dienten dem Ort als Schultheißen oder Bürgermeister. Am 21. Juli 1859 heiratete das Paar. In der Folge kamen Karl (1860) und Elise (1862) auf die Welt.

Fuchs erwarb sich durch seine Art und seine Fachkenntnis schnell große Reputation. Das dürfte die Verantwortlichen in Preußen – wozu Friedrichsdorf seit Gründung des Deutschen Reiches gehörte – dazu bewogen haben, den Mediziner im Jahr 1874 zum Kreiswundarzt des Obertaunuskreises zu bestellen. Fortan muss Fuchs, wie sich Chronisten erinnern, „rein physisch Ungeheures" geleistet haben. Denn etliche Gemeinden im Usinger Land hatte er nun zu betreuen; zu seinen Pflichten gehörte auch die unentgeltliche Behandlung der Armen.

Gerade letzterer Aufgabe widmete er sich die folgenden Jahrzehnte mit besonderer Hingabe. Selbst als der Regierungs-Präsident in Wiesbaden dem mittlerweile 67 Jahre alten Doktor im März 1901 mitteilte, dass er „vom 1. April nicht mehr verwendet" wird und lediglich noch „fünf Jahre zur Verfügung stehen muß", konnte sich der arme Teil der Friedrichsdorfer Bevölkerung seiner Zuneigung sicher sein.

Auch anderweitig engagierte er sich für die Benachteiligten. Er spendete für die „Ortsarmen" und war Mitglied im „Verein zur Bekämpfung der Schwindsuchtgefahr und zur Förderung des Baues gesunder billiger Wohnungen im Regierungsbezirk Wiesbaden".

Sein Wirken machte Fuchs weit über die Grenzen Friedrichsdorfs hinaus bekannt – was sich in zahlreichen Auszeichnungen, Ehrungen und Einladungen widerspiegelte (eine Auswahl): Anfang 1898 bekam er die „Erinnerungsmedaille aus erbeuteter Kanonen-Bronze" zum Andenken an den 100. Geburtstag Wilhelms I., 1900 war er Ehrengast bei der Grundsteinlegung der Principia auf der Saalburg, 1903 erhielt der „Viro Illustrissimo Et Doctissimo Ludovico Fuchs" (der hochberühmte und hochgelehrte Doktor Ludwig Fuchs) eine Ehrenurkunde der Universität Würzburg aus Anlass seines 50jährigen Dienstjubiläums, 1907 ernannte ihn Kaiser Wilhelm II. zum Geheimen Sanitätsrat.

Bis 1916 wirkte Fuchs als Armenarzt. Erst dann – 82jährig – beantragte er die Niederlegung seines Amtes. Als er am 5. Februar 1920, knapp ein Jahr nach seiner Frau, starb, hatte Friedrichsdorf zweifelsohne eine seiner herausragenden Persönlichkeiten verloren. Doch in der Erinnerung und auch im täglichen Leben ist Ludwig Fuchs weiter präsent. Eine Straße in der Innenstadt trägt seinen Namen – und seit 6. Oktober 1930 gibt es die „Sanitätsrat-Dr.-Fuchs-Stiftung".

Elise Fuchs hatte zuvor das Vermächtnis des Vaters erfüllt und das Vermögen in die Stiftung eingebracht. Allein in den 90er Jahren hat sie rund eine halbe Million Mark ausgeschüttet, den größten Teil davon für den evangelischen Kindergarten in der Taunusstraße.

In der Bad Homburger Dorotheenstraße wird Kamillosan produziert

Gerta Walsh

Bad Homburg. Der Frankfurter Apotheker Arthur Abelmann gründete am 15. November 1920 mit einem Grundkapital von einer Million Mark in der Dorotheenstraße 45 die „Chemisch-Pharmazeutischen Werke Bad Homburg, Aktiengesellschaft". Die Herstellung von Medikamenten und Präparaten, darunter als bekannteste Kamillosan und Treupel'sche Tabletten, geschah in den hinteren Gebäuden der Häuser Dorotheenstraße 45 und 39 sowie am Mühlweg – jenem Weg, der unterhalb der später erbauten Thomasbrücke vorbeiführt.

Aus der 1921 übernommenen Tochterfirma „Bad Homburger Heilquellen GmbH" im Brunnenversandhaus Proworoffstraße 2 (heutiger Name Am Elisabethenbrunnen) kamen Produkte wie Bad Homburger Mineralpastillen, Pfefferminzkügelchen, Malzextrakt-Bonbons und Homburger Salz. Alle enthielten Extrakte aus örtlichen Quellen, auch das Brunnenwasser selbst wurde in Flaschen abgefüllt und versandt. Weitere Gesellschaften entstanden zwischen 1923 und 1926, von denen die „Sanaplanta-Pflanzen-Kulturen GmbH" mit ihrem Hauptartikel Teenova besonders hervortrat, da sie den Anbau und Vertrieb von Kamillen als wichtigen Rohstoff für die Firmenprodukte übernahm.

Wenn auch die Chemisch-Pharmazeutischen Werke Ende 1927 wegen fehlender Expansionsmöglichkeiten ihre Produktion und Verwaltung nach Frankfurt in die Daimlerstraße 25 verlegten und 1933 von der Degussa (Deutsche Gold- und Silberscheideanstalt) übernommen wurden, so erhielten sie doch noch die Bezeichnung ihres ersten Sitzes: von 1941 bis 1985 war der Name „Chemiewerk Homburg" ein Begriff. Erst die Zusammenlegung mit den ebenfalls von der Degussa erworbenen ASTA-Werken Bielefeld tilgten ihn.

Was blieb, ist die Tatsache, dass die beiden auch heute noch hergestellten Mittel Kamillosan und Treupel'sche Tabletten oder Zäpfchen seinerzeit aus Bad Homburg kamen.

Blick auf eine bedeutende Firma: In diesen Gebäuden in der Bad Homburger Dorotheenstraße waren die „Chemisch-Pharmazeutischen Werke" untergebracht. 1927 wurde der Unternehmenssitz nach Frankfurt verlegt.

Füsilier-Regiment feiert Wiedersehen

Bad Homburg. Zum ersten Mal nach Kriegsende fand am 14. Mai ein Treffen von Angehörigen des 3. Bataillons Füsilier-Regiment von Gersdorff Nr. 80 statt. Diese von 1871 bis 1914 in der Homburger Kaserne auf der Kaiser-Friedrich-Promenade 10, dem heutigen Finanzamt, stationierte Einheit gehörte in jenen Jahren zum Stadtbild und zu allen Veranstaltungen von Bedeutung. Musik der Feuerwehrkapelle, eine Feier auf dem Waldfriedhof, die Predigt des ehemaligen Garnisonsgeistlichen Pfarrer Füllkrug und das abendliche gesellige Beisammensein auf der Kurhausterrasse standen auf dem Programm. Die bleibende Verbundenheit mit Bad Homburg zeigte sich in der erfolgreichen Sammlung für ein Denkmal an die 80er, das am 22. August 1926 im Kurpark eingeweiht wurde und einen die Fahne verteidigenden waidwunden Löwen zeigt.

Strom für Heinzenberg und Grävenwiesbach

Usinger Land. Am 4. November hatten die Einwohner von Heinzenberg allen Grund zur Freude. Durch den Anschluss an die elektrische Überlandzentrale erstrahlten zum ersten Mal die elektrischen Lampen in den Häusern. Rund einen Monat später, am 21. Dezember, hielt das elektrische Licht auch in Grävenwiesbach Einzug. Für die Einwohner war es ein schönes vorzeitiges Weihnachtsgeschenk.

Leistungsschau der Obstbauer

Usingen. Die Tage vom 1. bis 3. Oktober standen in Usingen ganz im Zeichen der Kreis-Obst- und Gartenbauausstellung. Anlass der Schau war die Generalversammlung des nassauischen Obst- und Gartenbauvereins. Vorträge,

Massenansturm auf ein „göttliches" Spektakel

Der Nassauische Bauerntag in Usingen/Frank-Michael Saltenberger

Usingen. Die Menschen kamen mit dem Pferdegespann, dem Auto, zu Fuß oder mit der Autopost, schon eine Woche vor dem Großereignis war in der ganzen Stadt kein freies Quartier mehr zu finden – der II. Nassauische Bauerntag am 13. und 14. Juni 1921 zog die Besucher in Scharen nach Usingen. Allein am zweiten Tag kamen 15- bis 20 000 Menschen in die Kreisstadt. Eingeladen hatte die Kreisbauernschaft zusammen mit der Stadt Usingen, die sich mächtig anzustrengen hatten, die Massen organisatorisch und gastronomisch zu versorgen. Gefordert war vor allem die Kreisbauernschaft, und hierbei insbesondere die Ortsbauernschaft Usingen, beide Tage sowohl zu einem geselligen als auch informativen Ereignis zu gestalten.

Die Stadt war herausgeputzt und geschmückt. Auf dem „Saufacker", dem Gelände um die heutige Fritz-Born-Straße, lag der Festplatz mit unzähligen Buden, Karussells und Ständen. Hier wurden Gegenstände des landwirtschaftlichen Bedarfs und bäuerliche Erzeugnisse angeboten. Eine Landmaschinenausstellung informierte über die neuesten Entwicklungen auf technischem Gebiet.

Eröffnet wurde das Fest am Montag Vormittag durch den Vorsitzenden der Bezirksbauernschaft, den Reichstagsabgeordneten Hepp-Seebach, und den Direktor der Landwirtschaftlichen Schule Usingen, Dr. Röming. Es schloss sich eine Stuten- und Fohlenschau an, die zum Leidwesen von Mensch und Tier in teilweise strömendem Regen stattfinden musste.

Im trockenen Saal des Gasthauses Adler tagte anschließend die Vertreterversammlung der 17 nassauischen Kreisbauernschaften unter der Leitung ihres Vorsitzenden. Diskutiert wurde unter anderem über Düngemittel und Steuerfragen.

Die Besucher waren in Scharen nach Usingen gekommen: Bis zu 20 000 Menschen sollen es am zweiten Festtag, als sich der große Umzug durch die Stadt schlängelte, gewesen sein.

Am Pavillon der Firma Rosenberg wurde ein selbstgebrannter Tropfen ausgeschänkt.

Auch mit den politischen Rahmenbedingungen des bäuerlichen Gewerbes setzten sich die Bauern auseinander. So forderten die Vertreter eine freie Brotgetreide- und Milchwirtschaft. Demnach fühlte sich die Branche auch damals durch staatliche Regelungen eingeschränkt, doch die Quoten-, Stilllegungs- und Subventionspolitik der heutigen Europäischen Gemeinschaft lag sicherlich außerhalb der Vorstellungskraft unserer Groß- und Urgroßväter.

Am Abend kamen mehrere tausend Gäste zum Kommers im Festzelt zusammen. Die Veranstaltung, geleitet vom Vorsitzenden der Kreisbauernschaft, Bürgermeister Wirth aus Eschbach, stellte besonders die Leistungen der Landfrauen und Töchter in den Vordergrund. Für die musikalische Unterhaltung sorgten die Kapelle Hübner aus Usingen und der Gesangverein Liederzweig aus Anspach. Gegen 11 Uhr schloss Pfarrer Gottwald als Schriftführer des Kreisverbandes den offiziellen Teil.

Im Mittelpunkt des zweiten Tages standen der Festzug und die Kundgebungen der Bauernschaften. Auch hier wurden – nur wenige Jahre nach dem Ende des Ersten Weltkriegs – politische Themen nicht ausgespart und in der Berichterstattung des Kreisblattes herausgestellt. So forderte der Bezirksvorsitzende Hepp-Seelbach, der Wiederaufbau des deutschen Vaterlandes müsse im Geiste der Versöhnung und unter Verbannung jeglichen Radikalismus in der Politik geschehen, und der Direktor des Reichs-Landbundes rief im Interesse der deutschen Zukunft zur Besei-

Filmvorführungen über Schädlingsbekämpfung und Düngung sowie musikalische Darbietungen ergänzten die Ausstellung. Firmen nutzten die Möglichkeit, ihre Maschinen einem breiten Publikum vorzustellen. Insgesamt beteiligten sich 130 Obstzüchter an dem Ausstellungswettbewerb. Am besten schnitt der Obstbauverein Grävenwiesbach ab, der sich mit seinen Erzeugnissen gegen die Konkurrenz aus Hausen, Hundstadt, Oberlauken und Anspach durchsetzte.

Fahrbarer Schlag für Brieftauben

Kronberg. Im März wurde der erste fahrbare Brieftaubenschlag der Welt in Kronberg abgebaut. Die Kammer des Schlags wurde als Telefonzelle, der Wagen als Transportmittel wiederverwendet. Das Gefährt war von Julius Neubronner ersonnen und vom Wagenbaumeister Johann Kunz gebaut worden, um im Kriegsfalle fotografierenden Brieftauben als Stützpunkt zu dienen. Versuche hatten gezeigt, dass die an ihren Schlag gewöhnten Brieftauben ihn auch bei verändertem Standort wiederfanden. Das Kriegsministerium lehnte den Erwerb der Brieftaubenfotografie ab, nutzte aber den patentrechtlich ungeschützten Teil der Neubronner-Erfindung. Fahrbare Brieftaubenschläge wurden unter anderem vor Verdun zur Nachrichtenübermittlung eingesetzt.

Die Geburtsstunde von Milupa

Friedrichsdorf. In der Bahnstraße in Friedrichsdorf gründete Emil Pauly 1921 eine Zwieback- und Nährmittelfabrik. Neben Zwieback wurden auch Kekse und Schokolade hergestellt. 1927 führte Pauly für sein Unternehmen den Namen Milupa ein. In diesem Jahr nahm er Babynahrung in seine Produktpalette auf und die Schokoladenherstellung wurde eingestellt. Drei Jahre später firmierte er unter dem Namen Milupa-Pauly GmbH. 1933 verkaufte Emil Pauly das von ihm gegründete Unternehmen, der Name Milupa wurde aber beibehalten. Zum 1. Oktober 1995 übernahm der niederländische Nutricia-Konzern das Friedrichsdorfer Unternehmen.

Zwei neue Landräte in einem Jahr

Taunus. In den Kreisen Usingen und Obertaunus gab es im gleichen Jahr Wechsel an der Verwaltungsspitze.

Zum 1. Februar 1921 schied zunächst Landrat Oskar von Bezolds aus seinem Amt als Landrat des Kreises Usingen aus. Kommissarischer Nachfolger wurde Regierungsrat Siegfried von Campe. Das Preußische Staatsministerium ernannte ihn am 16. Januar 1922 zum Landrat. In seiner bis 1928 dauernden Amtszeit in Usingen wurden alle Gemeinden mit Elektrizität versorgt, fast alle erhielten Wasserleitungen.

Zum 1. Oktober 1921 legte Ernst Ritter von Marx aus gesundheitlichen Gründen sein Amt als Landrat des Obertaunuskreises nieder. Ritter von Marx übte das Amt seit dem Jahre 1904 aus. Sein kommissarischer Nachfolger Egon van Erckelenz wurde am 23. März zum neuen Landrat bestimmt.

Bus-Passagiere zahlen für jeden Kilometer

Taunus. Am 28. April wurde die neue Buslinie Kronberg-Königstein-Oberreifenberg eröffnet. Die Linie fuhr zwei Mal täglich. Der Fahrpreis wurde kilometerweise abgerechnet. Pro Kilometer musste der Fahrgast 50 Pfennig bezahlen.

tigung allen Parteihaders auf. Wie wenig sich diese Forderungen erfüllten, hat die Geschichte der folgenden zwölf Jahre gezeigt.

Zum Festzug, nun bei strahlendem Sommerwetter, drängten sich Tausende in den Straßen der Kreisstadt, um das Spektakel mitzuerleben. 89 Gruppen, zahlreiche Kapellen und Musikzüge zogen an den jubelnden Menschen vorbei zum Festplatz. Den Anfang machten Herolde in prächtigen Kostümen, gefolgt von den Festdamen mit schmuckvoll gestalteten Arrangements aus Garten- und Feldfrüchten. Der Wagen der Landwirtschaftlichen Winterschule versinnbildlichte die Wissenschaft, die zahlreichen Vereine und Gruppen der Orts- und Kreisbauernschaften wählten historische oder allegorische Motive. Die vier Jahreszeiten fehlten ebenso wenig wie germanische oder römische Gottheiten. Flora war von prächtigen Blumengebinden umgeben, Thor schleuderte Blitze, und Odin erlegte einen Bären. Dazwischen führten Germanenkinder Schäflein vorbei, und Trachtengruppen bereicherten das farbenprächtige Bild. Auch das Handwerk beteiligte sich durch die Darstellung seiner Zünfte. Darüber hinaus wurden bäuerliche Fertigkeiten wie das Bereiten von Flachs und Wolle, das Spinnen und Dreschen gezeigt.

Auf dem Festplatz ging es dann ebenso turbulent und unterhaltsam zu. Karussells luden zu vergnüglichen Runden ein, Ringkämpfer demonstrierten ihre Stärke, und auch der Passant konnte beim Lukas-Hauen seine Kräfte messen. Die Verköstigung lag in den Händen der Metzgerei Jack und die Firma Rosenberg schenkte einen selbst gebrannten Tropfen aus.

Der Nassauische Bauerntag 1921 stellt für Usingen und die Bauernschaft des Usinger Landes ein herausragendes historisches Ereignis dar. Selten kam man in dieser Größenordnung in der Kreisstadt zusammen.

Höhepunkt des Nassauischen Bauerntages war ein großer Umzug, bei dem zahlreiche prächtig geschmückte Wagen zu sehen waren.

Vom Sommersitz zum Rathaus

Die Villa des Bankiers Bonn in Kronberg/Christine Jung

Kronberg. Am Anfang diente sie als sommerliche Residenz einer Frankfurter Familie im Taunus, dann wurde sie zu einer Stätte des öffentlichen Lebens, zu einem Zentrum des kommunalen Geschehens: Die Villa der jüdischen Bankiersfamilie Bonn in Kronberg wechselte im Januar des Jahres 1922 nicht nur ihren Besitzer, sondern auch ihre Bestimmung. Sie wurde von Sir Max Julius Bonn aus London, einem Sohn des verstorbenen Bauherrn Wilhelm Bernhard Bonn, an die Stadt Kronberg verkauft und kurze Zeit später als Rathaus genutzt.

Nur wenige Monate nach Vertragsunterzeichnung waren vergangen, da erfolgte bereits der Umzug der Ämter in das Parterre des ehemaligen Hauses Bonn. „Als erste Amtshandlung im neuen Rathaus", so berichtet der „Cronberger Anzeiger" vom 20. Juni 1922, „wurde der Antrag eines 18-jährigen Mädchens zum standesamtlichen Aufgebot verbucht". Die erste Stadtverordnetensitzung fand am 8. Juli in der Diele an einem grünen Tisch mit großem Rosenbouquet statt und wurde mit dem Wunsche des Stadtverordnetenvorstehers eingeleitet, dass „sämtliche Sitzungen zum Besten der Mitbürger und der Stadt Cronberg" dienen sollten.

Wilhelm Bernhard Bonn, wie ihn die Bildhauerin Hedwig Ostertag in einer Büste verewigte.

Mit dem Verkauf der Besitzungen endete ein bedeutendes Kapitel in der Geschichte der Stadt Kronberg, in der die Familie Bonn rund 60 Jahre lang gelebt und wohltätig gewirkt hat. Schon um die Mitte des 19. Jahrhunderts, als sich Kronberg im Taunus zu einem beliebten Villenvorort von Frankfurt entwickelte, hatte die Familie ein Grundstück am Südhang des Altkönigs erworben. Baruch Bonn, der Gründer des gleichnamigen Frankfurter Bankhauses, und seine Ehefrau Betty ließen sich in der Katharinenstraße nahe der später erbauten katholischen Kirche St. Peter und Paul ihren zweiten Wohnsitz errichten. Hier, in diesem ersten Landhaus Bonn, verbrachten sie die Sommermonate im Kreise der Familie und in engem Kontakt mit der Kronberger Bevölkerung, um deren soziale Belange sie sich in vielfältiger Weise kümmerten.

Zur Erinnerung an die verstorbenen Eltern stifteten später der Sohn Wilhelm Bernhard Bonn und seine Brüder ein Versorgungshaus für Arme und Kranke, das so genannte Baruch und Betty Bonn'sche Versorgungshaus in der heutigen Wilhelm-

Wunderdoktor mit Herz für Kinder

Bad Homburg. Eine widersprüchliche Figur war der am 28. April im Bad Homburger Kreiskrankenhaus verstorbene Wunderdoktor Gustav Adolf Roderich Egmont Müller-Czerny. Zwei Jahre zuvor war der frühere Kaufmann und Redakteur in der Kurstadt aufgetaucht und hatte sich in einer Villa „Im Rosengarten" niedergelassen. Seine angeblichen Heilerfolge stellten sich oft als Selbstbetrug der Kranken heraus und hielten einer Überprüfung nicht stand. Trotzdem suchten Tausende bei ihm Hilfe und standen oft Schlange vor seinem Haus. Der aktive soziale Einsatz dieses Mannes bescherte täglich zehn bis zwölf armen Jungen und Mädchen ein warmes Mittagessen, das er in seinem Haus von zwei Frauen kochen und dort an die Kinder ausgeben ließ. Nach seinem Tode stellte die Behörde in seiner Wohnung eine halbe Million Mark sicher; im Krankenhaus hatte er eine Tasche mit 120 000 Mark Inhalt bei sich.

Startschuss für die Aufbauschule

Usingen. Am 19. April wurde in Usingen die Deutsche Oberschule in Aufbauform i. E. mit elf Schülern eröffnet. Die Abkürzung bedeutete „in Entwicklung", da die Schule jedes Jahr neue Klassen einführen musste. Im Sprachgebrauch hieß sie lediglich „Aufbauschule". Darunter verstand man weiterführende Schulen, deren Absolventen die Zugangsberechtigung zu Universitäten besaßen. Um in einer solchen Schule aufgenommen zu werden, mussten die Schüler sieben Jahre die Volksschule besucht und eine Aufnahmeprüfung absolviert haben. Wie bei allen höheren staatlichen Schulen betrug das Schulgeld 500 Mark. Seminardirektor Ludwig Bruns war zugleich Direktor der Aufbauschule. 1925 erhielt die Einrichtung den Namen Christian-Wirth-Schule.

Einbruch in das Schloss Friedrichshof

Kronberg. In das Marstallgebäude des Schlosses Friedrichshof in Kronberg wurde am 11. März eingebrochen. Da dort die Schlossherrschaft im Winter zu wohnen pflegte, war die Beute reichhaltig. Das entwendete Tafelgeschirr besaß einen Schätzwert von 100 000 Mark. Noch am selben Tag gelang es, einen Verdächtigen, einen 21-jährigen Kronberger, festzunehmen.

Stadt stiftet das Heizmaterial

Usingen. Am 10. Mai wurde in Usingen mit den Arbeiten zum Bau der Landwirtschaftlichen Schule begonnen. Bisher war die Schule im Lehrerseminar untergebracht, aber die Raumnot machte einen Neubau unumgänglich. Finanziert wurde der Bau durch die Landwirtschaftskammer. Die Stadt Usingen gab einen einmaligen Zuschuss in Höhe von 20 000 Mark und sicherte Heizmaterial für den Winter zu. Am 19. November 1923 konnte das neue Gebäude eröffnet werden. Sittliches Bewusstsein, körperliches Wollen und geistige Bildung sollten in den neuen Räumlichkeiten gepflegt und gelehrt werden, so Landrat von Campe in seiner Einweihungsrede.

Heimatmuseum zieht ins Rathaus

Usingen. Im Juni bezogen das Heimatmuseum und das Wilhelmj-Archiv ihr neues Heim im zweiten Stock des Usinger Rathauses, wo ihnen der Magistrat einen großen und hellen Raum zur Verfügung stellte. Interessierte wurden von Polizeiwachtmeister Bäppler durch die neu gestalteten Räumlichkeiten geführt. Ur-

Die Stadt Kronberg kaufte im Januar 1922 die Villa der jüdischen Bankiersfamilie Bonn. Wilhelm Bernhard Bonn hatte sie nach Plänen des Architekten Alfred Löwengard bauen lassen.

Bonn-Straße 26, das im Jahre 1891 eingeweiht wurde. Daneben engagierte sich Wilhelm Bernhard Bonn, der nach seinem langjährigen Amerikaaufenthalt als Frankfurter Bankier tätig war, auch für andere wohltätige Zwecke in Kronberg, unter anderem für die Kinderspeisung, die jährliche Weihnachtsbescherung und die Errichtung eines Erholungsheimes in Schönberg für den von ihm gegründeten Verein für Ferienkolonien armer und kränklicher Schulkinder. „Seine weitgehende, stille Wohltätigkeit wird ihm nie vergessen werden", hieß es in einem Nachruf auf den 1910 verstorbenen Kronberger Ehrenbürger, nach dem im Jahre 1908 eine Straße, die ehemalige Cronthaler Straße, benannt worden war.

Wilhelm Bernhard Bonn, der im Frankfurter Westend eine repräsentative Villa im neoklassizistischen Stil besaß, plante auch in Kronberg den Bau eines neuen, weitaus größer angelegten Sommersitzes an der Stelle des alten Landhauses Bonn. Nach der Erweiterung seines Grundbesitzes, der nunmehr drei Hektar umfasste und von der Katharinenstraße bis ins Rentbachtal reichte, ließ er hier ein Wohnhaus mit Wirtschaftsbetrieben, umgeben von einer weiträumigen Parkanlage, errichten. Das Haupthaus selbst wurde nach den Plänen des Hamburger Architekten Alfred Löwengard aus dem Jahre 1901 erbaut und bis 1905 mit einigen Änderungen fertig gestellt.

Es war ein Landhaus im Stil der Zeit und des Ortes: ein mehrgeschossiges Gebäude aus grünlichem Taunusquarzit, rotem Sandstein und Fachwerk, das eine variationsreiche Fassadengestaltung mit Erkern, Loggien und Balkonen, mit Terrasse, Portal und Treppenturm aufweist. Sowohl an der Außenfassade als auch in der Innenausstattung finden sich zahlreiche Motive des Jugendstils, angefangen von floralen Ornamenten und ge-

Schon in den Plänen des Architekten Alfred Löwengard war genau zu erkennen, wie die Villa Bonn einmal aussehen sollte.

schwungenen Formen bis hin zu linearen Dekoren. Sie zieren nicht nur die Balustraden und Balkone, sondern schmücken auch die Türen und Fenster, Treppen und Wandvertäfelungen sowie das integrierte Mobiliar. Im Innern des modern eingerichteten Wohnhauses sind auf mehreren Ebenen die Wohn- und Schlafräume, Bäder, Speise-, Küchen- und Dienstzimmer angeordnet, die über ein weiträumiges Treppenhaus zugänglich sind. Das repräsentative Zentrum bildet der im Erdgeschoss gelegene Festsaal, der auch heute noch für Sitzungen, Empfänge und Veranstaltungen genutzt wird. Dort, wo früher einmal die Familienfeierlichkeiten und Gesellschaften vor einem ornamental gestalteten Kamin stattfanden, tagten fortan die Stadtverordneten vor dem Sgraffito eines Julius Hembus und den Ölgemälden eines Adolf Schreyer und Heinrich Winter. Und dort, wo einst das Billardzimmer der Familie Bonn gewesen ist, beraten die Mitglieder des Magistrats. Das ehemalige Speisezimmer, das im Jahre 1909 nach Plänen des Architekten Otto Bäppler umgestaltet wurde, dient seit Jahrzehnten als Arbeitszimmer des amtierenden Bürgermeisters. An diesem Ort und in anderen Räumen der Villa wurde im Laufe der Jahrzehnte eine wechselvolle Familien- und Stadtgeschichte geschrieben: vom privaten Sommersitz der Familie Bonn über die Nutzung als Hilfslazarett im Ersten Weltkrieg bis hin zum öffentlichen Betrieb eines Rathauses.

Auch wenn bereits Jahrzehnte seit dem Weggang der Frankfurter Bankiersfamilie vergangen sind, erinnert heute noch vieles an ihre Anwesenheit. Insbesondere an die Gegenwart des Kronberger Ehrenbürgers Wilhelm Bernhard Bonn, an dessen schöpferische Tätigkeit – wie es Dr. Harro Trenkler in seinem 1998 erschienenen Buch über die Familie Bonn schreibt – nicht nur bestehende Gebäude in Frankfurt und Kronberg erinnern, „sondern auch mehrere von ihm geförderte Stiftungen und Institutionen, die nach wie vor in vorbildlicher Weise dem Gemeinwohl dienen“.

sprünglich war das von Seminaroberlehrer Franke gegründete Heimatmuseum in einem Aussichtsturm im Usinger Schlossgarten untergebracht.

„Götterdämmerung“ für beliebten Dirigenten

Bad Homburg. Am 3. August verstarb Iwan Schulz, der langjährige und beliebte Dirigent der Bad Homburger Kurkapelle. Er war 1860 geboren und 1894 in die Kurstadt gekommen, wo das Orchester unter seiner Leitung großen Aufschwung nahm und zu allen wichtigen Ereignissen gerufen wurde, seien es Empfänge, Einweihungen, Kaiserbesuche oder Kirchenkonzerte.

Die Kurverwaltung konnte sich dieses 60-Mann-Orchester nach dem Ersten Weltkrieg nicht mehr leisten und schickte seinen Dirigenten im Jahr 1918 in Pension, holte ihn aber danach, unter schlechteren Bedingungen, wieder zurück. Als sein Tod am 3. August beim Abendkonzert bekannt gegeben wurde, verabschiedete sich die Kapelle mit Richard Wagners Trauermarsch aus der „Götterdämmerung“. Die Musiker spielten stehend, und auch die Zuhörer erhoben sich von ihren Plätzen.

Heilsamer Schock

Wehrheim. Der 12. März sollte für einen Wehrheimer zu einem besonderen Tag werden. Der 41-jährige Mann war 1916 in der Schlacht bei Arras verschüttet worden und hatte einen Nervenschock erlitten, der das Sprachzentrum lähmte. Als sich der Mann nun sechs Jahre später im Wald aufhielt, fiel in unmittelbarer Nähe ein Schuss. Der Wehrheimer erschrak – und das Sprachvermögen kehrte zurück.

Separatisten stürmen Rathaus und Post

Kronberg/Königstein. Am 24. Oktober scheiterte der geplante Versuch einer separatistischen Bewegung, das Kronberger Rathaus zu stürmen. Hintergrund der Aktion, die es in ähnlicher Form auch in anderen Orten gab: Die Separatisten wollten eine „Rheinische Republik", losgelöst von Deutschland, errichten.
Anfang November traf eine Gruppe dieser Bewegung auf Lastwagen, angeblich von den französischen Besatzungstruppen mit Nahrungsmitteln und Waffen ausgerüstet, in Königstein ein, stürmte Rathaus, Landratsamt und Post und rief die Rheinische Republik aus. Auf dem Landratsamt wehte die Flagge der Bewegung. Bereits nach vier Tagen zogen sich die Separatisten wieder aus Königstein zurück. In Trier, Rüsselsheim, Krefeld und Mainz gab es ähnliche Versuche, einen eigenen Staat zu gründen. Sie alle scheiterten am passiven Widerstand der Bevölkerung.

Eine Kiste mit 30 Milliarden Mark

Oberursel. Es war die Zeit der Inflation, und so erhielt ein Oberurseler Werkmeister seinen Lohn in Höhe von 30 Milliarden Mark in Ein- und Zwei-Millionen-Scheinen ausgezahlt. Für den Heimtransport packte er das stattliche Geldbündel in eine Kiste. Für die Kiste sollte er in der Bahn den doppelten Fahrpreis zahlen. Nachdem sich aber der Schaffner von dem „zeitgemäßen Portemonnaie" überzeugt hatte, wurde von dem doppelten Fahrpreis abgesehen.

Notstandsküche hilft den Armen

Kronberg. Am 3. Dezember wurde in Kronberg eine Notstandsküche eröffnet. Sie sollte den ärmeren Bevölkerungsschichten

„Gedenket derer, die ihr Leben hingaben"

Ehrenmäler für die Kriegsgefallenen im Taunus/Angelika Baeumerth

Taunus. Der Erste Weltkrieg hatte auch zahlreiche Soldaten aus dem Taunus das Leben gekostet. Und so verband sich überall mit der Freude über die Heimkehr der Überlebenden die Trauer über die Toten. Der Wunsch, den „für das Vaterland" gefallenen Soldaten ein bleibendes Gedächtnis in Form von Ehrenmalen zu schaffen, zog sich durch das gesamte dritte Jahrzehnt des 20. Jahrhunderts. Sieht man von dem in Gemünden im Taunus bereits 1921 enthüllten Gedenkstein ab, ist die Einweihung der ersten Denkmäler im Gebiet des heutigen Hochtaunuskreises für das Jahr 1923 und für die Gemeinden Steinbach und Schönberg zu verzeichnen.

Als ein in seiner Art typisches Denkmal kann das Kriegerehrenmal in Schmitten angesehen werden. Das von dem Frankfurter Bildhauer W. O. Prack geschaffene Werk zeigt einen sterbenden Soldaten in den Armen seines Kameraden, der ihm im Todeskampf Beistand leistet. Vom Anblick des Einzelschicksals betroffen, liest der Betrachter im Denkmalsockel die auf das ganze Kriegsgeschehen gerichtete, mahnende Botschaft des Denkmals: „Gedenket derer, die für Volk und Vaterland das Leben im Weltkrieg hingaben. Seid ihrer würdig."

Die Ehrfurcht vor den Toten des Krieges drückte sich in Schmitten, wie an vielen anderen Orten, auch darin aus, dass man nach einem würdigen Standort für das Denkmal suchte. Man fand ihn in der unmittelbaren Umgebung der Kirche. Zu Füßen der auf einem hohen Schieferfelsen thronenden Kirche erfuhr das am 25. Oktober 1925 eingeweihte Denkmal eine Überhöhung, die einer religiösen Weihe glich.

Dass die Standortfrage Diskussionen auszulösen vermochte, in denen sich die Verhältnisse der Zeit schlaglichtartig spiegelten, zeigt das Beispiel des für Friedrichsdorf geplanten Kriegerdenkmals. 1925 kam ein in seiner Art wohl einzigartiger Vorschlag zur Sprache, nämlich der, „die Errichtung des Ehrenmals mit einem der Jugend- und Volkswohlfahrt dienenden Zwecke" zu verbinden. Dabei war an eine Verknüpfung dieses Projektes mit dem Bau eines Frei- und Brausebades gedacht. Dem Vorschlag lag der Gedanke zu Grunde, „die Namen unserer gefallenen Mitbürger den kommenden Geschlechtern, insbesondere der Jugend, als Beispiel der Vaterlandsliebe und des Opfers des einzelnen für die Gemeinschaft ständig ins Gedächtnis zu rufen".

Gestalterisch gingen die Vorstellungen dahin, die Gefallenenehrung auf das Portal oder die Vorhalle des Bades sowie auf einen Ehrenhof im Inneren zu konzentrieren. Im März 1926 lehnten der Kriegerverein und der Denkmalausschuss die Kombination von Ehrenmal und Freibad ab, da dieser Plan die den Gefallenen geschuldete Pietät vermissen lasse. Vertreter der Sozialdemokraten befürworteten das Kombinationsprojekt dagegen als „weitaus praktischere Krieger-Ehrung". Im übrigen sei „in Anbetracht der heutigen schweren Zeit tiefster wirtschaftlicher Not" für den Bau des

Ehrenmals keine Eile geboten, man könne damit genauso lange warten wie auf das Bad. Dies, zumal „verschiedene weitaus größere Nachbargemeinden ebenfalls noch keine Krieger-Ehrung" hätten.

In der Tat gab es 1926 auch in Bad Homburg zu diesem Zeitpunkt noch kein Ehrenmal für die Gefallenen. Allerdings beging man im dortigen Kurpark, hinter dem Elisabethenbrunnen, gerade in jenem Jahr, vom 21. bis 23. August, in großem Stil die Enthüllung eines Ehrenmals, das jedoch nicht den Homburger Kriegsgefallenen im Allgemeinen, sondern ausschließlich den Gefallenen des Füsilier-Regimentes von Gersdorff Nr. 80 gewidmet war. Das unterschied dieses Denkmal in Form und Aussage von anderen. Ein Löwe war dargestellt, „waidwund, die Hinterhand zerfetzt, aber das Haupt trotzig emporgerichtet: die Vorderpranken hiebbereit, harrt er mutig des Angriffs auf die zerschossene Fahne (...) ein Sinnbild unseres festen Willens, trotz aller Verluste wieder groß und stark zu werden".

Im folgenden Jahr kam dann in Bad Homburg die Planung für ein Ehrenmal der Homburger Gefallenen in Gang. Ende 1927 erhielt der Frankfurter Bildhauer Carl Stork den Auftrag, die Figur eines liegenden Soldaten zu schaffen, zu der sich „ein alteingesessener Bad Homburger bereitgefunden hat, als Modell zu dienen".

Um der Figur einen angemessenen Rahmen zu geben, entwarf der Bad Homburger Stadtbaurat Dr. Ludwig Lipp ein kleines Bauwerk über quadratischem Grundriss und an drei Seiten spitzbogig geöffnet. Mit Sorgfalt hatte man den Standort dieses architektonischen Ehrenmales ausgesucht, und die Entscheidung war auf die felsige Anhöhe des Rabensteines bei Kirdorf gefallen. Aus dem Fels herauszuwachsen schien das aus Schiefer- und Basaltlavasteinen errichtete Bauwerk, von dem der „Taunusbote" schrieb, es füge sich der Landschaft harmo-

Ein sterbender Soldat in den Armen seines Kameraden: Das eindrucksvolle Kriegerdenkmal in Schmitten hat nicht nur eine mahnende Botschaft, sondern auch einen würdigen Standort – direkt neben der Kirche.

mit einer ausreichenden Nahrungsmittelversorgung über den Winter helfen. Die Küche wurde durch Spenden aus der Bevölkerung finanziert. Unter anderem veranstaltete der Kappenklub veranstaltete Wohltätigkeitsabende. Fritz Wucherer, ein Mitglied der Kronberger Malerkolonie, stiftete ein Ölgemälde, das an einem dieser Abende verlost wurde.

Polizei verhindert Plünderungen

Anspach. Nachdem die ortsansässigen Bäcker ihre Ware nur noch im Tausch gegen Getreide herausgeben wollten, kam es in Anspach zu Unruhen. Obwohl der Bürgermeister den Brotverkauf durchsetzte, ließ sich die angespannte Situation nicht beruhigen: Vor einem Laden kam es zu einem Auflauf, da man glaubte, der abwesende Händler würde Waren zurückhalten. Plünderungen konnten nur durch einen Polizeieinsatz verhindert werden. Als der Händler zurückkehrte, stellte er eine an dem Auflauf beteiligte Frau zur Rede. Dabei bedrohte er sie mit einem Messer. Nachdem er überwältigt worden war, musste er in Schutzhaft genommen werden, da ihn die aufgebrachte Menge ynchen wollte.

Gebäude passend zum Stadtbild

Usingen. In der zweiten Aprilhälfte wurde mit den Bauarbeiten für das neue Amtsgerichtsgebäude begonnen. Doch erst von 30. November 1925 an begann man mit dem Umzug in das neue Domizil. Die offizielle Einweihung fand am 7. Dezember statt. Der Bad Homburger Baurat Hornemann, der das Gebäude entworfen hatte, betonte in seiner Ansprache, dass das Amtsgericht an die bauliche Vergangenheit Usingens angepasst worden sei. Man habe versucht, mit großem Aufwand, unter Verzicht auf neuzeitliche

Modeformen, das Gebäude in das Stadtbild zu integrieren.

Diebe in der Kirche und im Spritzenhaus

Usinger Land. Bei einem Einbruch in das Merzhäuser Spritzenhaus am 28. Januar wurden von den Feuerspritzen sämtliche Messing- und Kupferteile entwendet. Nach einigen Tagen konnten die Diebe in Frankfurt festgenommen werden. Weniger Glück hatten die Kirchengemeinden von Wernborn und Pfaffenwiesbach. In den dortigen Kirchen wurden am 6. Juli die Zinnpfeifen der Orgeln gestohlen. Die Diebe entkamen unentdeckt.

Schafe nach 17 Tagen am Ziel

Kronberg. Die erste angekaufte Schafherde der 1922 gegründeten Cronberger Schäfereigenossenschaft ging noch im selben Jahr an der Räude ein. Im Dezember 1922 beschloss man den Ankauf einer neuen Herde. Für drei Millionen Mark wurden 140 Schafe gekauft. Nach 17-tägigem Marsch trafen die Tiere aus Württemberg kommend am 12. Januar 1923 in Kronberg ein. Drei Tage später kam das erste Lamm der Kronberger Herde zur Welt. Nach dem Ankauf von weiteren 55 Mutterschafen und zwei Lämmern wurde die ganze Herde am 29. Januar versteigert.

Unterstützung für das Ruhrgebiet

Taunus. Überall im Taunus fanden 1923 Aktionen zur Unterstützung der notleidenden Bevölkerung in dem von französischen und belgischen Truppen besetzten Ruhrgebiet statt. Dabei wurden wie in Eschbach oder Usingen Konzertabende veranstaltet oder wie in Grävenwiesbach Haussammlungen durchgeführt.

Das Ehrenmal in Dorfweil zeigt eine sinnende Frau, die man sich als trauernde Ehefrau oder Mutter eines Soldaten vorstellen kann. Die Skulptur hat einen Ehrenplatz in der Ortsmitte.

nisch ein und nehme sich unterhalb der mächtigen Felsen wie ein kleiner Tempel aus.

Ein Bericht von der Einweihung des Denkmals am 11. März 1928 hielt die Stimmung fest: „Es waren stille Stunden der Erinnerung an unsere teueren Gefallenen, an die schweren Tage des Weltkrieges, an die unsägliche Trauer, die die Unglücksbotschaft in manches Homburger Haus brachte, wenn wieder einmal ein Kamerad von der tödlichen Kugel getroffen war. Es herrschte in Homburg gestern die Stille des Volkstrauertages, die Ruhe eines Totensonntags".

Je größer der zeitliche Abstand zum Kriegsgeschehen geworden war, desto mehr künstlerische Sorgfalt verwendete man auf die Ehrenmäler. Dies traf sogar auf dem Lande zu. In Dorfweil wurde im Juni 1929 ein Denkmal enthüllt, das erkennen lässt, dass sein Schöpfer mit den Tendenzen der Bildhauerei seiner Zeit vertraut war. Insbesondere erinnert die schmale Gestalt einer Sitzenden in ihrer Beschränkung auf das formale Minimum an das Werk von Wilhelm Lehmbruck. Die auf einem steinernen Podest aufgestellte Skulptur zeigt eine mit gesenktem Kopf und in den Schoß gelegten Händen vor sich hin sinnende Frau, die man sich als Ehefrau oder auch als Mutter eines im Krieg gefallenen Mannes vorstellen kann. Während sich die Schauseite des Denkmals auf diese scheinbar „zweckfrei" gestaltete Figur beschränkte, fand sich auf seiner Rückseite ein direkter Verweis auf seine Funktion: unter dem Reliefkopf eines leidend aufblickenden Soldaten die namentliche Aufzählung der Kriegsgefallenen aus Dorfweil.

Dass der damals wie heute kleine Ort 16 Gefallene zu verzeichnen hatte, erklärt die große emotionale Bedeutung der Errichtung dieses Ehrenmals. Dass ihm ein Ehrenplatz in der Ortsmitte zuteil wurde, erschien selbstverständlich, auch wenn das Denkmal, die erste und einzige Skulptur in diesem Dorf, dort ein wenig fremd und mit seiner Umzäunung weniger einladend wirkte als die Dorflinde, die bisher da gestanden hatte.

Der in Dorfweil nur von fern anklingende religiöse Bezug kommt deutlicher zum Ausdruck auf dem Relief „Unseren Kriegsopfern", das die Bildhauerin Hedwig Ostertag für die Kirche St. Peter und Paul in Kronberg schuf. Es zeigt die Gottesmutter mit dem toten Christus in den Armen, eine Szene aus der Grablegung Christi, die eine gedankliche Verbindung zu dem Opfertod der Kriegsgefallenen herstellt.

Die Bad Homburger Kur auf neuen Wegen

Barbara Dölemeyer

Bad Homburg. Am 20. Januar 1924 wurden die Unterschriften unter den Vertrag zur Gründung einer „Kur-Aktiengesellschaft Bad Homburg v. d. H." gesetzt. Es war ein wiederholter Versuch, die Finanzierung des Heilbades Homburg auf sichere Füße zu stellen, was sich als nicht so einfach erwies, denn diese Jahre waren für den Bad Homburger Kurbetrieb wahrlich keine „Goldenen 20er". Bis zum Ersten Weltkrieg konnte die Stadt dank des guten Besuchs, dessen sich das mondäne „Weltbad", das „Fürstenbad", erfreute, die Kureinrichtungen unterhalten. Dann ging die Besucherzahl sehr stark zurück: 1913 waren es 16 157 Kurgäste, 1918 nurmehr 8056. Zudem wurden die Mittel für die Kureinrichtungen durch die Inflation nahezu aufgezehrt.

Von der früheren Unterstützung durch die Spielbank konnte man nur noch träumen. Bis 1872 hatte die Spielbankgesellschaft die Hauptkosten getragen. Die Stadt hatte nun zwar die Verantwortung, aber nicht mehr das Geld, den Kurbetrieb angemessen weiterzuführen. Die Zeit seit dem Ersten Weltkrieg war für die Kur in Bad Homburg nicht nur in finanzieller Hinsicht eine Epoche des Umbruchs. Die ganze Ausrichtung des Badebetriebs stand in Frage. Die Zeit des „Spielbads" war längst vorbei, nun musste man sich auch vom „Fürstenbad" und „Weltbad" verabschieden und an ein anderes Badepublikum wenden. Bis zum Ende der Kaiserzeit hatten vielfach die gesellschaftlichen Vergnügungen im Vordergrund gestanden. Zwar hatten sich die bekannten Badeärzte wie Dr. Goldschmidt, Dr. Werner von Noorden, Dr. Curt Pariser und Dr. Robert Baumstark schon seit

Der „Diät-Pavillon" auf der Terrasse des Bad Homburger Kurhauses: Hier wurden in den 20er Jahren Produkte für Diabetes-Patienten verkauft. Die Leitung dieser Einrichtung, die einen neuen Trend im damaligen Kurwesen markierte, hatte Dr. Fresenius übernommen.

Waisenhaus-Glocke alarmiert die Wehr

Bad Homburg. Am 5. Juni um 0.30 Uhr zerriss die Glocke des Bad Homburger Waisenhauses die Stille der Nacht und ließ die Hornisten wie früher zu ihren Signalhörnern greifen, um die Feuerwehrleute zur Brandstelle in der Kaiser-Friedrich-Promenade 82 zu rufen. Dort stand das „Haus Imperial" in Flammen. Aus nicht geklärter Ursache hatte die übliche Alarmierung nicht geklappt. Gegen drei Uhr erlosch das Feuer, zerstörte aber das ganze dreistöckige Hotel. Die finanziell schlechte Lage der Wehr mit einem Vermögen von drei Goldpfennigen verhinderte auch nach diesem Unglück die Modernisierung der Alarmeinrichtung, nur eine zusätzliche Sirene konnte auf dem Postgebäude an der Louisenstraße, dem Kurhaus gegenüber, installiert werden. Das bald wieder aufgebaute „Haus Imperial" wurde später abgerissen und durch das heutige Gebäude ersetzt.

Stadt Höchst eröffnet Heim für Kinder

Schneidhain. Am 2. Dezember wurde das Kinderheim der Stadt Höchst in Schneidhain seiner Bestimmung übergeben. Die Einrichtung lag auf einer Anhöhe an der Straße nach Fischbach. Das Haus konnte insgesamt 18 Jungen und Mädchen – auch Säuglinge – aufnehmen. Es bestand die Möglichkeit, in dem Heim bei Bedarf zwölf weitere Plätze zu schaffen. Die Leitung des Hauses übernahm der Höchster Stadtarzt Dr. Hagen.

Kreismedizinalrat als Auslaufmodell

Usingen. Auf völliges Unverständnis stieß die Nachricht, dass im Zuge der preußischen Personalabbauverordnung die Stelle des Kreismedizinalrats in Usingen abgebaut werde. Die Amtsgeschäfte für den Kreis Usingen sollten von Bad Homburg aus übernommen werden. Das rief Befürchtungen einer unzulänglichen medizinische Betreuung des Kreises Usingen hervor. Bad Homburg – so die Bedenken – läge am südlichen Rand des Obertaunuskreises und sei von Usingen, Grävenwiesbach oder den kleinen Taunusdörfern nur mit sehr großem Zeitaufwand zu erreichen. Man forderte daher eine ärztliche Versorgungsstelle in Usingen, da die Stadt wesentlich zentraler gelegen sei.

Abschied von der Ehrenbürgerin

Königstein. Am 8. März verstarb die Baronin Hannah Mathilde von Rothschild in Frankfurt im Alter von 92 Jahren. Die Baronin hatte in einer schlossartigen Villa am Falkensteiner Hain gelebt. Seit ihrem Zuzug ließen sich auch verstärkt andere reiche Familien in Königstein nieder. Anlässlich ihres 90. Geburtstages am 5. März 1922 war sie zur Königsteiner Ehrenbürgerin ernannt worden. Die begabte Künstlerin galt als eine der reichsten Frauen Europas. Sie wurde auf dem jüdischen Friedhof in Frankfurt beigesetzt. Bürgermeister Beyer nahm als Vertreter der Stadt Königstein daran teil.

Philipp Scheidemann gibt sich die Ehre

Anspach. Schon Wochen vorher verkünden Anzeigen, dass Philipp Scheidemann, der Mann, der am 9. November 1918 die Republik ausgerufen hatte und erster Ministerpräsident der Weimarer Republik geworden war, nach Anspach kommen würde. Im Rahmen einer Wahlkundgebung für die Reichstagswahl sprach der SPD-Kandidat dann am 27. April im Saalbau „Ernst" vor rund 1000 Wählern. Kommunistische Störer

Mit diesem herrlich geschmückten Auto wurde in Bad Homburg für den „Diät-Pavillon" geworben.

längerem um stärkere Beachtung der medizinischen und balneologischen Bedürfnisse bemüht. Doch nun erst besann man sich stärker auf den Ausbau der Heilfaktoren: Die Indikationen der Homburger Brunnen wurden genauer definiert; neue Heilmittel wie die „Homburger Tonschlamm-Packungen" wurden propagiert; eine Wassertretstelle am Louisenbrunnen eingerichtet. „Homburger Diäten" stellte man dem Publikum vor. Dafür richtete man zwei spezielle Verkaufsstellen für Diabetes-Diät unter den Kolonnaden im Brunnenbezirk und als „Diät-Pavillon" auf der Kurhausterrasse ein. Homburg sollte sich als Bad für Magen-, Darm- und Stoffwechselerkrankungen profilieren.

Die wichtigste Sorge war aber in den 20er Jahren die Finanzierung: Eine Ende 1917 gegründete „Aktiengesellschaft Bad Homburg", die 1918 den Badebetrieb übernahm, musste bereits 1920 Konkurs anmelden. Die „Privatisierung" der Kur kam nicht zu Stande. Schließlich übernahm ab 1. Februar 1924 die neue „Kur-AG Bad Homburg v. d. H." den Badebetrieb. Aktionäre waren unter anderen der Bad Homburger Hotelier Karl („Charlie") Ritter, der Lederwarenfabrikant Johann Heinrich Kofler sowie die Chemisch-Pharmazeutischen Werke Bad Homburg AG und die Frankfurter Lokalbahn-AG.

Und damit kam Frankfurt ins Spiel: Homburg war auf auswärtige Unterstützung angewiesen. Der Frankfurter Oberbürgermeister Ludwig Landmann sah die Chancen einer solchen Beteiligung, und der große Nachbar engagierte sich in der Finanzierung des Bad Homburger Kurbetriebs. Es sei „von größter Bedeutung für Frankfurt, einen ausschlaggebenden Einfluss auf die Homburger Kurmittel zu haben ..." Und weiter hieß es: „Ein Weltbad, wie es Bad Homburg war und durch geschickte Leitung wieder werden kann, unmittelbar vor den Toren zu haben, bedeutet für Frankfurt selbst unzweifelhaft einen großen Anziehungspunkt ..." Im März 1925 beschloss der Frankfurter Magistrat den Erwerb der Aktienmehrheit an der Homburger Kur-AG.

Aber nicht nur der Kurbetrieb war wichtig; hier kam erstmals der Gedanke der Regionalstadt Groß-Frankfurt aufs Tapet. „Eine Entwicklung, die Bad Homburg zur Vorstadt von Frankfurt...macht, ist fast sicher, und schon aus diesen Gründen sollte sich Frankfurt die Möglichkeit eines bestimmenden Einflusses auf die Entwicklung Bad Homburgs nicht entgehen lassen..." Das Gesamtkonzept des Frankfurter Oberbürgermeisters Ludwig Landmann für die Regionalstruktur ist in demselben Jahr 1925 in der Schrift „Der Rhein-Mainische Städtekranz und seine Zentrale Frankfurt a. Main im südwestdeutschen Wirtschaftsgebiet" auf einen knappen Nenner gebracht. „Frankfurt als Zentrum der Bäder- und Luftkurorte im Rhein-Mainischen Städtekranz" sollte die Taunusbäder in die Erholungslandschaft für Frankfurt einordnen.

Die Kur-AG von 1924 war besonders bestrebt, die „Umwandlung des Bades vom Luxusbad zum Krankenbad" zu fördern. Man bemühte sich um die Erbohrung neuer Quellen, die Suche nach einer Thermalquelle wurde intensiviert. Außerdem suchte die Kur-AG, neue Besucherkreise anzuziehen: „Passanten", Tagesausflügler, Erholungssuchende außerhalb des strengen Kurbetriebs. 1925/26 wurden so genannte „Minderbemitteltenkuren" oder „Mittelstandskuren" eingerichtet; eine ermäßigte Karte für die elektrische Straßenbahn und den Eintritt ins Kurhaus wurde eingeführt. Genesungsheime oder Sanatorien in öffentlicher Trägerschaft entstanden.

Die Kurverwaltung wollte zwar die alte Tradition des Gesellschaftsbades nicht ganz aufgeben und mehr Privatgäste umwerben. Doch letztlich konnte man sich dem Zeitgeist nicht entziehen. Die Änderung des Besucherkreises vom privaten zum sozialversicherten Kurgast war nicht aufzuhalten. Allerdings blieben die Besucherzahlen trotzdem hinter den Erwartungen zurück. Stadt und Kur-AG wandten sich mehrfach an den preußischen Staat, um ihn zur Übernahme der finanziellen Verantwortung für den Kurbetrieb zu bewegen. Schließlich konnte 1931 eine grundlegende Sanierung herbeigeführt werden. Ein langsamer Anstieg der Gästezahlen folgte. Die Jahre nach 1933 brachten für die jüdischen Ärzte und die von ihnen geführten Sanatorien zunächst Berufsbehinderungen, dann die komplette Ausgrenzung und die Schließung ihrer Anstalten. 1934 war die Liste der Kurärzte erstmals in arische und nichtarische Ärzte unterteilt. Dr. Goldschmidt musste sein Sanatorium verkaufen; die jüdischen Ärzte – wie Dr. Cahn-Bronner, Dr. Kottek, Dr. Weiß – wurden diskriminiert und vertrieben. Der Ausbruch des Zweiten Weltkrieges stürzte den Kurbetrieb erneut in die Krise; der absolute Tiefpunkt wurde symbolisiert durch die Zerstörung des Kurhauses in einem Bombenangriff am 8. März 1945. Frankfurt hatte noch über den Zweiten Weltkrieg hinaus einen erheblichen Aktienanteil behalten und verkaufte erst 1969 alle seine Anteile an die Stadt Bad Homburg; die Übernahme erfolgte am 20. März 1970. Damit war Bad Homburg „Herr im eigenen Hause".

versuchten die Veranstaltung zu verhindern, was ihnen jedoch misslang. Die Kundgebung war nach drei Stunden beendet.

Rechte und Linke formieren sich

Bad Homburg. Der politische Rechtsdruck manifestierte sich in Bad Homburg in der Gründung einer Ortsgruppe des „Stahlhelm, Bund der Frontsoldaten" am 22. März im Gasthaus Schützenhof, Audenstraße 4. Damit bestand auch hier ein Organ der Opposition gegen die Weimarer Republik. Das „Reichsbanner Schwarz-Rot-Gold", der linke Kampfverband, stand indes den Sozialdemokraten nahe. Die Gründung der Homburger Ortsgruppe fand am 31. Juli mit 200 Anhängern auch im Schützenhof statt.

Der älteste Mann Deutschlands ist tot

Hausen-Arnsbach. Adam Buhlmann, der damals älteste Mann Deutschlands, starb am 25. Oktober. Der Hausen-Arnsbacher wurde 101 Jahre und acht Monate alt. Bis kurz vor seinem Tode war er bei bester Gesundheit. Sein 100. Geburtstag am 24. Februar 1924 war ein Festtag für die ganze Gemeinde. Rund 1000 Gäste feierten den Jubilar, der mit Hörrohr am offenen Fenster stand.

Pilot muss für einen Tag zwischenlanden

Obernhain. Am 31. Oktober musste ein Postflugzeug in Obernhain notlanden. Der Pilot hatte wegen Nebels die Orientierung verloren. Nachdem sich der Dunst gelegt hatte, konnte das Flugzeug tags darauf seinen Flug nach Frankfurt fortsetzen.

Feuer in Mühle und Papierfabrik

Obertaunus. Gleich zwei spektakuläre Brände gab es 1925 im Obertaunuskreis. In der Oberurseler Hohemarkstraße stand am 4. Oktober eine Papierfabrik in Flammen. Der Pächter, das Unternehmen Industrie Papier GmbH, setzte zwar die Gebäude wieder in Stand, aber die Wiederaufnahme der Fabrikation scheiterte. Bereits im Januar des Jahres war in Dornholzhausen die Deisel'sche Mühle ausgebrannt. Nur mit Mühe gelang es, das Wohnhaus zu retten.

Glocken werden mit Strom in Gang gesetzt

Usingen. Die vollständige Elektrifizierung in Usingen machte sich nicht nur durch den abendlichen Lichterschein bemerkbar, sondern auch durch das elektrische Uhrwerk auf dem Turm der Stadtkirche, das seit November jede angefangene Viertelstunde mit einem Glockenschlag begrüßte.

Im Kronthal beginnt eine neue Ära

Gründung der Brunnen-Gesellschaft / Hanna Feldmann

Kronberg. Der 25. Juli 1925 hat einen festen Platz in der Kronberger Geschichte. An diesem Tag wurde die Kronthaler Brunnen-Gesellschaft mit einem Stammkapital von 450 000 RM aus der Taufe gehoben. Hatte es lange Zeit nach einem traurigen Ende für die Mineralquellen im Kronthal ausgesehen, so wurde mit Gründung der neuen Institution der Fortbestand des Kleinods am Rande der Taunusstadt gesichert. Die Stadt Kronberg, die damals finanziell nicht im Stande war, selbst das Gelände zu erwerben, trat der Gesellschaft mit 25 000 RM für ihre in dieser Höhe bewertete Wilhelmsquelle bei. Erst 1924 hatte sich nach Jahren des Niedergangs ein Käufer für das Gelände gefunden. Kein Geringerer als die Stadt Frankfurt zeigte Interesse, am 1. Juli wurde der Kauf perfekt gemacht. Ein Jahr später waren die neuen Pläne für das Kronthal fertig. Der Wasservertrieb sollte weitergeführt werden.

Nach Gründung der Kronthaler Brunnen-Gesellschaft im Jahre 1925 begann der Wiederaufbau mit Hilfe eines Bankkredits. Die Quellen wurden neu gefasst. Hier war die Kronberger Firma Wilhelm Küchler Söhne maßgeblich beteiligt. Eine neue Anlage rund um die Quellen entstand, einige Stufen führten hinunter zu dem Wasser, das nun auch wieder der Bevölkerung zur Verfügung stand. Ein neues Füllhaus wurde erbaut. Viele Kronberger und Mammolshainer fanden beim Bau und später in der Firma Lohn und Brot.

Wenige Jahre zuvor hatte es noch trostlos ausgesehen. Die schweren Jahre nach dem Ersten Weltkrieg haben erheblich dazu beigetragen, dass die Anlage ihre einstige Blüte

Das Füll- und Direktionsgebäude der Brunnengesellschaft.

einbüßte. Zunächst kamen in das alte Kurhaus 200 Mann der französischen Besatzungsmacht, vorwiegend waren es Marokkaner. Als sie das Haus wieder verließen, war es unbewohnbar geworden. Wie sollte es weitergehen? Wer wollte dort weiterwirtschaften? Der Wasservertrieb erlebte 1921 zwar noch einmal einen Aufschwung durch die außergewöhnlich lange Hitzeperiode dieses Sommers. Dann aber ging auch der Wasserhandel in die Pleite.

Im November 1922 schreckte eine Zeitungsmeldung nicht nur die Kronberger auf: „Die bekannte Kronthaler Mineralquellen-Vertriebsgesellschaft hat aufgehört zu existieren. Die ganze Besitzung ist an zwei Oberurseler Fabrikanten verkauft worden, die das gesamte Material, die Maschinen und die Grundstücke veräußern."

Die Firma, die dann alles erwarb, hatte an der Erhaltung und Nutzung Kronthals kein Interesse. Was zu demontieren war, was zu Geld gemacht werden konnte, verschwand. Zurück blieben Trümmer und eine Wüstenei. Auch das schöne Kurhaus, einst von dem Frankfurter Johann Adam Osterrieth erbaut, wurde ein Opfer der Spitzhacke. Die „zerstörungswütige" Firma ging trotzdem Pleite.

Wieder stand man vor dem Problem, wie es im Kronthal weiterge-

Auch in dem Türmchen der Realschule wurde in den folgenden Wochen ein elektrisches Uhr- und Läutewerk eingebaut. Am 1. Februar 1926 erhielt zudem die Laurentiuskirche ein elektrisches Uhr- und Läutewerk.

Gutes Klima für Seidenraupenzucht

Taunus. Im Herbst des Jahres sollte in Kronberg, Bad Homburg und Oberursel mit der Kultivierung von Maulbeerbäumen begonnen werden, um eine Seidenraupenzucht ins Leben zu rufen. Die klimatischen Verhältnisse im Taunus schienen für dieses Vorhaben zwar günstig, jedoch scheiterte das private Unternehmen schon bald.

Dank der Gründung einer neuen Gesellschaft konnten die Quellen im Kronthal neu gefasst und auch wieder von der Bevölkerung genutzt werden.

hen sollte, und hatte Glück, dass sich Frankfurt engagierte. Am 9. Juni 1926 konnte das neue Kronthal eingeweiht werden. Es gab zwar nicht mehr den alten Glanz des Kurbades, doch war die schöne Anlage zu einem Schmuckstück geworden. 200 Gäste waren zur Einweihungsfeier geladen, doch war halb Kronberg und ganz Mammolshain auf den Beinen und wurde Zeuge der Feierlichkeiten.

Nun sprudelten sechs Quellen und erhielten ihre Namen: Kronthalbrunnen, Küsterquelle, Fürstenbergquelle, Wilhelmsquelle, Hartmuthquelle und Nymphenquelle. Der Urenkel des Kronthal-Wiederentdecker, Dr. E. Küster aus Oberursel, taufte die Küsterquelle. Sein Taufspruch enthielt die Wünsche, die Quelle möge Kraft ausströmen, um Kranke gesunden zu lassen. In das Mauerwerk der Brunnenanlage wurde eine Urkunde eingefügt. Deren Schlusssatz lautete: „Möge der heutige Tag der Beginn einer neuen Aera sein für den Aufstieg Kronthals und den Gemeinden Frankfurt am Main und Cronberg zum Segen gereichen". Das Schriftstück wurde von dem Frankfurter Stadtrat Schlotter in die Mauernische gelegt. Die Kronthaler Brunnen-Gesellschaft entwickelte sich ordentlich. Das Jahr 1926 schloss mit einer guten Bilanz. Danach sind 653 282 Flaschen „Kronthaler" abgefüllt und verkauft worden. Die Bevölkerung von Kronberg und der näheren Umgebung war froh, ihren Haustrunk wieder direkt an den Quellen holen zu können. Besonders an den Sommersonntagen war im Kronthal Hochbetrieb. In der Nachkriegszeit sollte das Wasser gar zu einer Kostbarkeit werden.

Neue Busse, damit der Bürger zum Amt kommt

Obertaunus. Die steigende Notwendigkeit der Bürger, ihre Kreisverwaltung aufzusuchen, führte am 1. Oktober zur Eröffnung einer Buslinie Bad Homburg (hier Alter Bahnhof, Kurhaus, Untertor), Oberursel, Oberhöchstadt, Kronberg, Königstein (Gasthaus Post). Sie wurde vom Obertaunuskreis selbst betrieben und setzte zwei Busse ein, die drei Mal täglich verkehrten. Der günstige Geschäftsverlauf veranlasste 1929 die Anschaffung eines dritten Busses mit 48 Plätzen und zu sechs Fahrten in jeder Richtung. 1938 übernahm die Deutsche Reichsbahn den kreiseigenen Omnibusbetrieb.

Eine Buslinie verkehrte von 1925 an zwischen Bad Homburg und Königstein. Mit Stolz präsentierten die Verantwortlichen damals ihr stattliches Vehikel.

Verwaiste Schulbänke

Einschnitte im Usinger und Friedrichsdorfer Schulwesen/ Joachim Bierwirth

Taunus. Zwar lag das Ende des Ersten Weltkrieges bereits acht Jahre zurück, aber erst 1926 wirkten sich gewisse gesellschaftliche und politische Veränderungen in Friedrichsdorf und in Usingen aus: In beiden Gemeinden, damals zwei verschiedenen Landkreisen zugehörig, wurden Ausbildungsanstalten geschlossen, die über Jahrzehnte hinweg eine große Bedeutung für die Orte hatten.

In Usingen war es das Lehrerseminar, das nach genau 75 Jahren seine Pforten schloss. Die 75-Jahr-Feier war gleichzeitig die Abschiedsfeier. 1851 war das evangelische Lehrerseminar von Idstein nach Usingen verlegt worden. Dies war im Grunde eine Strafaktion gegen Idstein gewesen, denn Herzog Adolph von Nassau wollte nach den Ereignissen des Jahres 1848 nicht, dass seine Lehrer weiterhin in dem „Demokratennest" Idstein ausgebildet würden. Die alte fürstliche Residenzstadt Usingen dagegen war für ihre Loyalität gegenüber den Landesfürsten bekannt.

Die seminaristische Ausbildung sollte die Volksschullehrer zu ihrem schwierigen Amt auf den Dörfern des Herzogtums Nassau vorbereiten, war aber keine universitäre Ausbildung. Vielmehr wurden geeignete Anwärter für den Lehrerberuf von den Schulinspektoren vorgeschlagen, nach genauer Überprüfung ihrer Eignung ausgewählt und

Louis Frédéric Garnier gründete 1836 in Friedrichsdorf eine Lehr- und Erziehungsanstalt. 1926 musste die Einrichtung (unser Bild zeigt die Häuserfront in der damaligen Hauptstraße) geschlossen werden.

Holex-Direktor stirbt im Rathaus

Bad Homburg. Einen plötzlichen Tod erlitt der Direktor der Holex-Schokoladenwerke AG, Paul Jungblut, am 11. Januar. Der erst 48 Jahre aktive Mann erlitt im Bad Homburger Rathaus auf dem Wege zur Stadtverordneten-Sitzung einen Schlaganfall und wurde drei Tage später auf dem katholischen Friedhof beigesetzt. Jungblut hatte 1914 die in Konkurs geratene Schokoladenfabrik am Gluckensteinweg 5 übernommen, ihr den Namen „Holex" gegeben und sie als erfolgreiche Aktiengesellschaft geführt. Er war seit 1919 Stadtverordneter der Zentrumspartei, die ihn 1923 in den Reichstag entsandte, außerdem Mitglied des Verbandes Mitteldeutscher Industrieller. Im Zuge der Weltwirtschaftskrise ging die Firma 1929 in Konkurs, wurde danach in verkleinertem Umfang vom technischen Betriebsleiter Philipp Born weiter geführt, der den Namen „Holex" als Markenzeichen seiner Produkte übernahm. Seit dem 1. Juli 1972 befindet sich die „Philipp Born Schokoladenfabrik" in Seulberg.

Ein Programm gegen die Arbeitslosigkeit

Usinger Land. Ein Mittel, die enorme Anzahl Arbeitsloser in Lohn und Brot zu setzen, waren die Notstandsarbeiten. Der Staat bezuschusste volkswirtschaftlich sinnvolle Arbeiten, die zur Schaffung von Dauerarbeitsplätzen beitrugen. Im Rahmen solcher Notstandsarbeiten erhielten viele Gemeinden des heutigen Hochtaunuskreises Hochdruckwasserleitungen und Kanalisation. Auch der Straßenbau wurde intensiviert. Im Januar beschloss die Stadt Usingen solche Notstandsarbeiten zur Erschließung des Baugeländes am Schlagweg. Gegen das Versprechen, Arbeitslose aus Kransberg, Eschbach und

Wernborn einzusetzen, erhielt die Stadt staatliche Zuschüsse. Ebenfalls im Januar nahm die Gemeinde Anspach im Rahmen der Notstandsarbeiten das seit 1912 geplante Projekt einer Wasserleitung in Angriff. 170 Arbeitslose wurden beim Bau beschäftigt.

Gefallener Prinz kommt im Sonderzug

Kronberg. Prinz Max von Hessen, der zweite Sohn Friedrich Carls von Hessen, wurde am 6. November in der Kronberger Schlosskirche beigesetzt. Der Prinz war im Ersten Weltkrieg gefallen und in Belgien beerdigt worden. Seine Leiche wurde jedoch am 5. November exhumiert und mit einem Sonderzug nach Kronberg gebracht. Nach einer kurzen Andacht in der Johanniskirche wurde er neben seinem ebenfalls gefallenen Bruder, Prinz Friedrich, beigesetzt.

Gute Aussichten in 16 Meter Höhe

Friedrichsdorf. Auf dem heute zu Friedrichsdorf gehörenden Gaulskopf wurde am 19. September ein dreigeschossiger, 16 Meter hoher Aussichtsturm eingeweiht. Der Turm wurde auf dem Fundament eines römischen Wachtturmes errichtet. Stifter des Turms war der Deutsch-Amerikaner Gustav Oberländer. Der Entwurf stammte von dem Gießener Denkmalpfleger Professor Helmke.

Kaiser will lieber im Exil bleiben

Bad Homburg. Unter zum Teil tumultartigen Szenen wurden im preußischen Landtag im Oktober die vermögensrechtlichen Auseinandersetzungen mit den abgesetzten Fürsten geregelt. Paragraf 7 des Vergleichs mit den Hohenzollern sah das Wohnrecht für den vormaligen Kaiser Wilhelm II. vor und genehmigte ihm den Aufenthalt im Schloss Homburg. Am

Das evangelische Lehrerseminar in Usingen, das 1851 von Idstein in die Hintertaunus-Stadt verlegt worden war. Im Alter von 14 Jahren begannen Jugendliche hier ihre Ausbildung zum Volksschullehrer.

dann im Alter von 14 Jahren in die „Präparandenanstalt" aufgenommen. Als Unterkunft und Schule diente das alte fürstliche Schloss, zeitweise auch das Rathaus. Nach zwei bis drei Jahren Vorbereitungszeit wurden die geeigneten Kandidaten zur Lehrerausbildung im Seminar zugelassen, die weitere drei Jahre dauerte und mit der Ersten Lehrerprüfung, damals auch „Abiturientenexamen" genannt, abgeschlossen wurde. Insgesamt wurden in 75 Jahren über 2000 Volksschullehrer in Usingen ausgebildet, unter ihnen der bekannte Heimat- und Mundartdichter Rudolf Dietz, der spätere Bundesvorsitzende der Gewerkschaft Erziehung und Wissenschaft Bernhard Plewe und der Englisch-Methodiker Richard Bornemann. Bei den deutschen Pädagogen genoss das Usinger Seminar einen hervorragenden Ruf.

Das bemerkenswerteste Datum in der Geschichte des Seminars war der 5. Januar 1873, als das Schloss abbrannte. Die Ursache des Brandes ist bis heute unbekannt, es wird jedoch vermutet, dass ein unbesonnener Seminarist beim Orgelspiel eine Öllampe umwarf, die dann das Gebäude in kürzester Zeit in Brand setzte. Sechs Jahre lang fand die Ausbildung im Usinger Rathaus statt, die Seminaristen aller Jahrgänge kamen in Usinger Familien unter. Erst 1879 konnte in einem Neubau die Ausbildung fortgesetzt werden.

Nach dem Ersten Weltkrieg wurde die Lehrerausbildung durch die Gründung pädagogischer Hochschulen reformiert. Die alten Seminare mussten geschlossen werden, im Falle Usingens zunächst ein herber Schlag für die Stadt, die durch das Seminar mehr als sieben Jahrzehnte lang wirtschaftliche und kulturelle Impulse erhalten hatte. Daher wurde, allerdings erst nach einer intensiven schulpolitischen Auseinandersetzung, 1922 eine „Aufbauschule" ins Leben gerufen, an der begabte Kinder das Abitur erreichen konnten. Bis 1926 bestanden Seminar und Aufbauschule parallel, die Aufbauschule erhielt bereits 1925 den Namen „Christian-Wirth-Schule" und ist heute ein Gymnasium.

Die Situation in Friedrichsdorf war anders gelagert. War es in Usingen eine obrigkeitliche Entscheidung, das Seminar zu eröffnen, so beruhte in der Hugenottenstadt die Entscheidung zur Gründung des „Instituts Garnier" auf der Privatinitiative von Louis Frédéric Garnier. Der Sohn des Flanellfabrikanten Jean Jérémie Garnier, der den Betrieb seines Vaters wegen asthmatischer Beschwerden nicht übernehmen konnte, folgte dem Rat seines Onkels, „eine förmliche Schule zu gründen", um junge Leute in der französischen Sprache zu unterweisen und diese damit für den Handel auszubilden.

Mit dieser Zielgruppe waren dann auch für die damalige Zeit hohe Schulgebühren verbunden, die zwischen 250 und 300 Gulden für ein Trimester lagen. Dennoch war die Nachfrage nach Ausbildungsplätzen von Beginn an so groß, dass noch im Gründungsjahr 1836 von der Neugasse 6 (heute Bahnhofstraße 6) in die Hauptstraße 107 umgezogen wurde.

Im Laufe der folgenden Jahre konnte das Unterrichtsangebot so weit ausgeweitet werden, dass ab 1853 die Voraussetzung zur Anerkennung als prüfungsberechtigte Schule erreicht war, vergleichbar mit den nassauischen Realschulen. Ab den 60er Jahren konnte zudem das „Einjährige" abgelegt werden, das „Zeugnis der Reife für den einjährigen freiwilligen Militärdienst".

Die Resonanz auf Garniers „Lehr- und Erziehungsanstalt" war enorm. Dafür war sicherlich die pädagogische Qualität der Ausbildung verantwortlich, die gewährleistet wurde durch engagierte Direktoren – nach Garnier selbst müssen die Namen Schenk, Proescholdt und Marmier genannt werden – sowie durch besonders qualifizierte Lehrer, unter denen der spätere Erfinder des Telefons Philipp Reis hervorragt. Der Ruf des „Instituts Garnier" strahlte weit ins Ausland: In den 90 Jahren seiner Existenz besuchten 395 Schüler aus aller Welt den Unterricht, darunter Engländer, Österreicher und Amerikaner. Wegen der großen Nachfrage wurde die Schule im Laufe der Jahre durch Gebäudekäufe stark erweitert. Vor allem die wirtschaftlichen Veränderungen nach dem Ersten Weltkrieg führten dazu, dass die „höhere Privatschule" ihren Ausbildungsbetrieb einstellen musste. Sie wurde aber als städtische Mittelschule fortgeführt und bildete damit den Kern der heutigen Philipp-Reis-Schule.

Heute steht der Name „Institut Garnier" für ein kulturelles Zentrum, das seit Beginn der 80er Jahre einen hervorragenden Ruf in der ganzen Region hat. So bedeutete das Jahr 1926 zwar in Friedrichsdorf und in Usingen das Ende jahrzehntelanger pädagogischer Arbeit, wie Phönix aus der Asche erwuchsen aber aus beiden Lehranstalten neue Schulen, die bis heute wertvolle Arbeit leisten.

12. Oktober ließ dieser aus seinem holländischen Exil bekannt machen, er wolle davon keinen Gebrauch machen, wohl aber seine Frau Hermine. Sie stellte tatsächlich im April des folgenden Jahres einen entsprechenden Antrag, erhielt aber den Bescheid, das Homburger Schloss sei nicht dafür eingerichtet.

Stromlose Zeit mit Fackeln verabschiedet

Seelenberg. Als höchstgelegener Ort des Versorgungsgebietes der Mainkraftwerke wurde Seelenberg Ende Juli an das Stromnetz angeschlossen. Die Gemeinde feierte das Ereignis mit einem kleinen Fest. Mit einem Fackelzug am 23. Juli verabschiedete man die stromlose Zeit.

Blitz schlägt in die Kapelle ein

Oberreifenberg. In die 1711 errichtete St.-Gertrudis-Kapelle oder, wie sie auch genannt wird, Bassenheimer Grabkapelle, schlug am 15. Juli der Blitz ein. Dabei wurden das Dach abgedeckt, Fenster zerbrochen und der Innenraum beschädigt. Glück hatten einige Spaziergänger, die in der Kapelle Schutz vor dem Unwetter suchen wollten, das Gotteshaus aber noch nicht erreicht hatten. Der Einschlag gab den letzten Anstoß zu einer grundlegenden Renovierung der Kapelle zwischen 1933 und 1936.

Feuer in Hasselbach und Kransberg

Usinger Land. Am 17. April brannten in Hasselbach fünf Wohnhäuser nieder. Dabei verloren sieben Familien fast ihr gesamtes Hab und Gut. Ein Ausbreiten des Feuers konnte nur dank der Hilfe der Feuerwehren aus Gemünden, Emmershausen, Haintchen und Rod an der Weil verhindert werden. Knapp einen Monat später, am 14. Mai, brannte die

Otto Jung gehörende Herrenmühle in Kransberg bis auf die Grundmauern nieder. Das Vieh konnte im letzten Moment gerettet werden.

Erst Jugendherberge, dann „Kennedy-Heim"

Schloßborn. Am 20. Juni wurde in Schloßborn die Jugendherberge des Jugendherbergsverbandes des Gaues Rhein-Main-Lahn-Fulda eingeweiht. Nach dem Zweiten Weltkrieg kaufte der Main-Taunus-Kreis das Gebäude. Unter dem Namen „Kennedy-Heim" wurde es bis in die 70er Jahre als Kreisjugendheim genutzt.

Feldbergfest kehrt auf den Gipfel zurück

Schmitten. 1926 ist für die Turner im Taunus ein besonderes Jahr. Zum ersten Mal nach dem Ersten Weltkrieg konnte in diesem Jahr auf dem Feldberg-Plateau wieder das Feldbergfest stattfinden – das wohl größte und bedeutendste Berg-Turnfest in Deutschland. Ludwig Ravenstein hatte das Fest 1844 ins Leben gerufen. Seitdem trafen sich die Sportler einmal jährlich, wenn auch mit gelegentlichen Unterbrechungen, auf dem Gipfel, um sportlich ihre Kräfte zu messen. Seit 1911 kämpften die Sportler um das Völsungenhorn, das von Ernst Lauterer gestiftet wurde. Nach dem Ersten Weltkrieg gehörte der Feldberg zum französisch besetzten Gebiet. Noch vor einer Entscheidung der Franzosen, ob das Fest auf dem Gipfel stattfinden könnte, beschlossen die Turner, das Feldbergfest vorübergehend in Bad Homburg auf dem ehemaligen Exerzierplatz auszutragen, um Provokationen zu vermeiden. Am 1. August 1926 folgte dann die Rückkehr auf den Gipfel. 2000 Sportler und tausende Zuschauer kamen.

Das Feldbergfest lockte tausende Sportler und Zuschauer auf den Taunusgipfel.

Schwimmbäder für die Volksgesundheit

Gerta Walsh

Obertaunus. Die durch den Verlauf des Ersten Weltkrieges ausgelösten Umwälzungen auf politischem, sozialem und kulturellem Gebiet weckten die Sorge um die Volksgesundheit und führten in den 20er Jahren trotz wirtschaftlich schwieriger Lage zum Bau von kommunalen Schwimmbädern. Dieser Entwicklung verdanken einige Orte des heutigen Hochtaunuskreises ihre Freibäder. Im Jahre 1927 eröffneten mit Bad Homburg und Friedrichsdorf gleich zwei Städte ihre Einrichtungen.

Den Anfang hatte Königstein gemacht, das sein Schwimmbad am Ausgang des Woogtals bereits 1924 angelegt hatte. 1928 folgte Schmitten mit dem ersten Freibad im Usinger Land. Hier sollte der Fremdenverkehr gefördert werden, um den bis dahin armen Ort wirtschaftlich anzuheben. 1929 war Kronberg soweit, während das Waldschwimmbad Anspach 1932 im Rahmen von Notstandsarbeiten während der Weltwirtschaftskrise entstand. Oberursel erhielt sein „Schwimm-, Licht- und Luftbad" nach zweijähriger Bauzeit im Rahmen des Einsatzes von Arbeitslosen. Der Eröffnung vom Juni 1937 folgte bald der weitere Ausbau dieser landschaftlich reizvollen Einrichtung. Drei der am besten dokumentierten Projekte sollen hier detailliert vorgestellt werden.

Möglichkeiten zum Baden im Freien hatte es in Bad Homburg schon vorher gegeben, weil Kurgäste danach verlangten. Das Forellenteichbad in Dornholzhausen und Ottos Badeanstalt an der späteren Wiesbadener Straße genügten aber

Das Bad Homburger „Sommerbad am Seedamm" wurde am 28. Mai 1927 feierlich eröffnet. Das Wasser kam aus der Leitung und von der Viktoria-Luise-Quelle.

Röderlinie startet mit einem Bus

Obertaunus. Zwar erschloss eine Eisenbahnlinie seit 1895 den nördlichen Teil des Obertaunuskreises einschließlich Friedrichsdorf und Köppern, doch die seit 2. Oktober 1927 betriebene Omnibuslinie von Bad Homburg (Waisenhausplatz) bis Köppern über Kirdorf und Friedrichsdorf war dringend notwendig. Johann Röder aus Köppern betrieb diese Linie mit einem 16 Sitzplätze fassenden Bus und setzte täglich acht Fahrten nach Köppern und zwei nach Friedrichsdorf an. Zum Erfolg trugen die Besucher des 1920 in Bad Homburg eröffneten kommunalen Waldfriedhofs bei, außerdem nutzten die Kurstädter den Röder-Bus zu Fahrten nach Kirdorf, daher standen bald drei Omnibusse zur Verfügung. Mit Kriegsbeginn musste die Linie am 1. September 1939 eingestellt werden, denn die Kraftfahrzeuge wurden von der Wehrmacht beschlagnahmt. Erst 1949 war die Wiederaufnahme dieser Verkehrsbindung geregelt.

Aussichtsturm auf der Ellerhöhe übergeben

Bad Homburg. Die Übergabe des Aussichtsturms auf der Ellerhöhe vom Verschönerungsverein an die Stadt Bad Homburg am 23. August 1927 bedeutete nur eine verwaltungsmäßige Änderung. Der 16 Meter hohe Turm war 1890 für 1717 Mark an der Stelle eines 20 Jahre zuvor erstellten hölzernen Vorgängers vom Verschönerungsverein erbaut worden. Spätere Umbauten gaben ihm die Form eines Leuchtturms mit einem aufgesetzten eisernen Stockwerk. Dicht an der Straße Am Baumgarten gelegen, bot der Turm einen Blick über die Stadt in westlicher Richtung; zuvor mussten die Besucher über eine enge eiserne Wendeltreppe die beiden Plattformen ersteigen.

Feuerwehr bekommt neues Gerätehaus

Oberhöchstadt. Das neue Feuerwehrgerätehaus wurde am 22. Mai eröffnet. Außer der Feuerwehr waren in dem Gebäude noch das Gemeindebad, zwei Schwesternwohnungen und die Garage für den Leichenwagen des Ortes untergebracht. Übrigens kostete das Brausebad damals 20 Pfennige, das Wannenbad 40 Pfennige. Das Gebäude wurde noch bis 1979 von der Feuerwehr genutzt.

Tuberkulose-Klinik wird eröffnet

Mammolshain. Die Häufigkeit des Auftretens von Tuberkulose bei Kindern und die beschränkten Aufnahmekapazitäten in den Kliniken in Davos oder Scheidegg machten ein rasches Handeln unumgänglich. Der Bezirksverband des Regierungsbezirks Wiesbaden entschied schließlich, in Mammolshain ein Heim für 80 erkrankte Kinder zu errichten. Am 12. Juli konnte die 520 000 Reichsmark teure Mammolshöhe eröffnet werden. Röntgen-, Untersuchungszimmer, Bestrahlungsräume und vor allem die Liegehallen galten als vorbildlich. Nicht alle Mammolshainer befürworteten offenbar das Genesungsheim. Bei der Eröffnung wurde noch einmal ausdrücklich darauf hingewiesen, dass von Tuberkulose keine Ansteckungsgefahr ausgehe.

Landwirte schließen sich zusammen

Usingen. Am 31. Mai wurde die Usinger Weidegenossenschaft ins Leben gerufen. 27 Landwirte beteiligten sich zunächst an ihr. Ziel der Genossenschaft war es, die kleinen Viehbestände der einzelnen landwirtschaftlichen Betriebe gemeinsam auf einer Weide zu halten. Es gelang schon bald ein geeignetes Weidegelände zu kaufen.

Sogar der Schularzt hatte sich für das Projekt stark gemacht – am 1. Juni 1927 ging das Friedrichsdorfer „Luft- und Schwimmbad" in Betrieb.

nicht mehr, befand der 1919 zum Stadtbaurat der Kurstadt gewählte Dr. Ing. Ludwig Lipp. 1926 stellte er sein Projekt vor, das in der ganzen Stadt zum Diskussionsstoff wurde und überall auf Zustimmung stieß. Lebhafte Debatten löste die Frage des Standortes aus: Entweder sollte das Bad im Kleinen Tannenwald inmitten eines Volksparks entstehen oder auf dem Gelände der ehemaligen und inzwischen nach Ober-Eschbach verlegten Kläranlage am Seedamm. Da sich der Kleine Tannenwald nicht im Besitz der Stadt befand, fiel die Entscheidung zugunsten des Seedamms.

Gemeinsam mit der Frankfurter Lokalbahn AG wurde eine Seedammbad GmbH gegründet, die in kurzer Zeit zum Preis von 270 000 Mark das „Sommerbad am Seedamm" auf dem von der Stadt zur Verfügung gestellten Gelände anlegte. Während der ganzen Bauzeit führte das nicht erlahmende Interesse der Bevölkerung zu wahren Besucherströmen an die Baustelle. Das 1750 Quadratmeter große Schwimmbecken bestand aus drei Teilen (für Schwimmer, Nichtschwimmer und Sportler) und war von einem 25 Meter breiten, mit Mainsand belegten Strandgürtel umgeben. Ein Sprungturm, Liegewiesen, ein Turn- und Spielplatz, 100 Umkleidekabinen und ein Restaurationsgebäude gehörten zur Anlage. Da kein verwendbarer Bachlauf zur Verfügung stand, wurde das Bad von Leitungswasser und der in der Nähe erbohrten Viktoria-Luise-Quelle mit ihrer Temperatur von 22 Grad gespeist, wobei das Wasser laufend abfloss und erneuert wurde und die Temperatur 18 Grad erreichte. Der Bau gab drei Monate lang 60 Arbeitslosen im Rahmen der „werteschaffenden Erwerbslosenfürsorge" Beschäftigung.

Zugleich mit der Einweihung vom 28. Mai 1927 wurde der „Homburger

Schwimm-Club" gegründet, der auf dem Badegelände ein eigenes Clubhaus erhielt. Bis 1932 existierte die private Seebammbad GmbH, dann übernahm die Stadt das Bad von der vor dem Konkurs stehenden Gesellschaft und führt es seither in eigener Regie. 1949 standen zweckgebundene Mittel aus den Spielbankabgaben für eine Gesamterneuerung bereit. 1963 wurde das Seedammbad durch den Bau eines Hallenbades ergänzt. Das steigende Anspruchsdenken der Benutzer führte 1988 zum Ausbau eines Erlebnisbades, dessen Kosten von 35 Millionen seinerzeit zu erregten kommunalpolitischen Kontroversen führte.

Wie Dr. Angelika Baeumerth in ihrem Buch „300 Jahre Friedrichsdorf" darstellte, hatte hier der Bau eines Freibades ähnliche Hintergründe wie in Bad Homburg. Wie dort, so wurde auch in Friedrichsdorf die bisherige Bademöglichkeit als unzulänglich empfunden; anstelle des verschlammten Teiches der Teichmühle in Köppern wollte man anfangs den Bau eines Brausebades mit einer geplanten Kriegergedenkstätte kombinieren, nahm dann jedoch Abstand von dieser vielen Bürgern unsinnig erscheinenden Lösung. Nachdem der Schularzt im Juni 1926 ein Schwimmbad als notwendig für die Volksgesundheit darstellte, gingen Planung und Bau zügig voran. Wie in Bad Homburg, so verhalf auch dieses Projekt Erwerbslosen zu vorübergehender Arbeit. Die oberhalb der Bleiche gelegene Anlage war 50 x 20 Meter groß, hatte zehn Badekabinen und kostete rund 15 000 Mark. Am 1. Juni 1927 konnte das „Luft- und Schwimmbad" eröffnet werden.

In der 3400 Einwohner zählenden Stadt Kronberg beschloss der Magistrat am 24. September 1927, im Rahmen der produktiven Erwerbslosenfürsorge auf der Hasenwiese ein „Wasser-, Licht-, Luft- und Sonnenbad" zu errichten. Erschwerend bei den Bauarbeiten war nicht nur der extrem kalte Winter 1928/29, sondern auch die in Handarbeit durchgeführten Erdarbeiten der hier eingesetzten Arbeitslosen, die aus verschiedenen Berufen kamen. Die Eröffnung am 23. Juni 1929 verlief originell, da der Stadtverordneten-Vorsteher Mayer auf das Sprungbrett stieg und mit Kopfsturz ins Wasser sprang. Im Badeanzug natürlich. Die in den Wald am Südhang des Altkönigs eingebettete Anlage ist längst unter dem Namen „Waldschwimmbad Kronberg" bekannt.

Beschlossen im September 1927, eröffnet im Juni 1929: das „Wasser-, Licht-, Luft- und Sonnenbad" in Kronberg.

Lichtspiel-Palast öffnet die Türen

Bad Homburg. Am 30. August konnte Adam Henrich sein zweites Kino in Bad Homburg, Louisenstraße 26, eröffnen, das alle anderen Kinos bald in den Schatten stellte: das Helipa. Der Name war das Ergebnis eines Wettbewerbs und die Abkürzung von „Henrichs Lichtspiel-Palast", für den der Preisträger ein Jahr lang kostenlos Filme ansehen durfte. Dieses Kino fasste 720 Sitzplätze und war bis 11. Oktober 1971 in Betrieb; heute befindet sich hier ein Supermarkt.

P.I.V. lässt sich neben Horex nieder

Bad Homburg. Als zweiter Betrieb zog am 14. Mai die „P.I.V. Ketten und Getriebe GmbH" mit Geschäftsführer Werner Reimers an der Spitze und 16 Mitarbeitern in das bis dahin kaum genutzte Bad Homburger Industriegebiet. Neben den dort befindlichen Horex-Werken hatte die Firma P.I.V. die Anschrift Industriestraße 2.

Eschbacher Klippen werden Naturdenkmal

Eschbach. Der Buchsteinfelsen oder – wie er im Volksmund genannt wird – die Eschbacher Klippen wurden am 1. April des Jahres zum Naturdenkmal erklärt. Das ausgewiesene Gebiet um den Quarzitfelsen hatte eine Größe von nur 3000 Quadratmetern.

MTV enthüllt Jahn-Gedenkstein

Kronberg. Aus Anlass des 150. Geburtstags von Friedrich Ludwig Jahn enthüllte der MTV Kronberg am 11. August einen Gedenkstein. Damit war der Turnverein einem Aufruf der deutschen Turnerschaft gefolgt, Jahn besonders zu ehren. In großer Zahl wohnten die Kronberger dem Ereignis bei. Die Turner zogen im Sportdress in den Kaiser-Friedrich-Park, wo nach

Ein sonnengereiftes Markenzeichen

Erdbeermarkt in Kronberg/Hanna Feldmann

Kronberg. Der 7. Juni 1928 ging in die Kronberger Geschichte ein. Zum ersten Mal seit langer Zeit wurde ein Markt abgehalten, ein Markt eigens für die „süße Kronbergerin", die Erdbeere. Schnell wurde er weit über die Grenzen der Stadt hinaus berühmt und beliebt. Vor allem an den Sonntagen herrschte auf dem Platz hinter der Turnhalle (heute Berliner Platz) Hochbetrieb. Wenn die Frankfurter aus dem Taunus zurückkehrten und zum Kronberger Bahnhof zogen, dann hatten sie fast alle wenigstens ein Körbchen Erdbeeren dabei. Frischer als auf dem Markt konnten sie die roten Früchte kaum erwerben.

Kronberg machte seinem Ruf als „Erdbeerstadt" alle Ehre. Man muss aber in der Geschichte weiter zurückgehen, wenn man alles über die Erdbeeren erfahren will. Schon zu Pfarrer Johann Ludwig Christs Zeiten (1786-1813) zog man hier und da Erdbeeren heran, doch waren diese Früchte vor allem für den Eigengebrauch bestimmt. Es lag hauptsächlich an den Transportschwierigkeiten, dass man nicht an einen gewerbsmäßigen Anbau dachte. Die Voraussetzungen änderten sich, als 1874 die Eisenbahnverbindung geschaffen wurde. Um 1882 kam ein Kronberger Gärtner auf die Idee, Erdbeeren auf größerer Fläche anzubauen. Er hatte recht gute Erfolge, anfangs allerdings das Problem, nicht schnell genug Abnehmer zu finden. Doch aufgeben kam für ihn und einige seiner Kollegen nicht in Frage. Schon bald erzielten sie gute Ernteergebnisse, und auch beim Absatz stellte sich der gewünschte Erfolg ein.

Die Voraussetzungen für den Erdbeeranbau waren in Kronberg äußerst günstig. Am Südhang gab es den Faulfelsboden, der kaum geeignet war, Gemüse heranzuziehen, die Erdbeere aber liebte den Boden, der die Wärme des Tages für die Nacht speicherte. Schon wenige Jahre nach den ersten Anpflanzungen begann der Siegeszug der „süßen Kronbergerin". Die Gärtner und Landwirte von Neuenhain, Mammolshain, Schönberg und von Ober- und Niederhöchstadt zogen nach. Bereits 1900 war die „Kronberger Erdbeere" ein Markenzeichen, das geschützt wurde.

Es blieb nicht nur beim Freilandanbau. Die Methode, unter Mistbeetfenstern Erdbeeren für die frühe Ernte heranzuziehen, hatte ebenso Erfolg wie der Feldanbau. Viele Züchter verlegten sich auf den Anbau von Kastenerdbeeren. Sie erreichten damit, dass es bereits in den ersten Maitagen reife Früchte gab. Die aber hatten natürlich ihren Preis und gingen fast ausnahmslos an die großen vornehmen Hotels in Frankfurt und Wiesbaden. Schon um 1914 wurden täglich dem Frankfurter Markt bis zu 300 Zentner Kronberger Erdbeeren geliefert. Sie waren frisch gepflückt verladen worden, und die so genannten Rollen, die großen Pferdefuhrwerke, brachten sie zum frühen Verkauf nach Frankfurt.

Im Krieg ging der Erdbeeranbau zurück, die Gärtner und Landwirte mussten Gemüse und vor allem

Kartoffeln anpflanzen. Nach Kriegsende gab es dann wieder zunehmend Erdbeeren. War die Ernte nicht so gut, konnte es passieren, dass die Obsthändler, die nicht nur aus Frankfurt kamen, bis auf die Felder fuhren, um gleich dort mit den Anbauern zu handeln. Diesem Missstand sollte ein Ende gemacht werden.

Der Zusammenschluss zu einer Genossenschaft sollte vor allem den kleinen Erdbeeranbauern Vorteile bringen. Doch nicht alle schlossen sich der Genossenschaft an. Hier sollte der Erdbeermarkt eine Lücke schließen. Eine strenge Marktordnung und der Marktmeister sorgten für einen reibungslosen Ablauf. Schnell wurde der Markt beliebt. Wer in Kronberg nicht selbst die Frucht anbaute, versorgte sich täglich an den Ständen. Die Markttage wurden festgelegt. Von Sonntag bis Freitag war täglich in den Spätnachmittagsstunden Betrieb.

Samstags hatten die Händler ihren Ruhetag. Regnete es, so wurde der Markt in die Turnhalle verlegt.

Nach Beendigung der Erdbeerernte wurde der Markt nur noch an drei Tagen abgehalten, dann wurden Johannis- und Himbeeren, vor allem aber Kirschen jeglicher Sorte angeboten. Hier waren es dann die Neuen- und Mammolshainer, die den Markt beschickten. Der Verkauf von Birnen bildete jedes Jahr den Abschluss des Marktes.

Wie streng auf faires Verhalten geachtet wurde, mussten einige Anbieter erfahren. Kam heraus, dass nach dem Motto: „Obbe sin die große, die klaane unne“, gehandelt wurde, so war ein Marktverweis die Folge. Da kannte der Marktmeister kein Pardon. Gehandelt wurden die Erdbeeren nach Sorten und Größen. Doch bestimmten immer noch die Händler das Marktgeschehen. Im Gasthaus „Zur Post“ fanden sie sich zusammen und beobachteten die Anbieter. War das Angebot groß, so hielten sie sich zunächst zurück, bis dann gegen Ende des Marktes die Preise purzelten. Die Erdbeerzüchter mussten um den Absatz fürchten.

Von Sonntag bis Freitag wurden auf dem Kronberger Erdbeermarkt die süßen Früchte gehandelt. Um einen reibungslosen Ablauf kümmerte sich der Marktmeister.

Gesang und Vorträgen über das Leben Jahns der Stein enthüllt und und in die Obhut der Stadt übergeben wurde. Am nächsten Tag pflanzte man hinter dem Gedenkstein noch eine Jahn-Eiche.

Neuer Besitzer für den Feldberg

Niederreifenberg. Nein, es war kein Aprilscherz, als die Zeitungen verkündeten, dass ab 1. April der Feldberg nicht mehr der höchste Berg des Kreises Usingen sei, denn an diesem Tag konstituierte sich der Main-Taunus-Kreis. Niederreifenberg als Besitzer des höchsten Punktes des Feldbergs trat auf eigenen Wunsch dem neuen Kreis bei, und so wurde der jüngste Kreis zugleich auch der höchstgelegene Kreis Nassaus.

Hardertsmühle: Decke stürzt ein

Oberstedten. Am Ostersonntag, dem 8. April, stürzte im neuen Restaurantsaal der Hardertsmühle die Gipsdecke herab. Dabei wurden 20 der im Saal anwesenden Personen leicht verletzt. Die Sanitätskolonnen vom Deutschen Roten Kreuz und des Arbeiter-Samariter-Bundes mussten einige Verletzte aus den Trümmern bergen, da sich viele nicht selbst von den schweren Deckenteilen befreien konnten.

Grätenbach speist neues Schwimmbad

Arnoldshain. Am 24. Juli wurde das Schwimmbad eröffnet. Das Wasser wurde durch einen Abzweig des Grätenbachs gewonnen. Die Anregung zum Bau war vom Kur- und Verkehrsverein Arnoldshain erfolgt. Mit dem in der Nähe gelegenen und im vergangenen Jahr eingeweihten Sportplatz besaß Arnoldshain ein erstes kleines „Sportzentrum“.

Ihre Ware wurden sie zwar stets los, nur nicht immer zu zufrieden stellenden Preisen.

Die Kronberger deckten sich ebenfalls auf dem Markt ein. War es doch in vielen Haushalten Tradition, zum Abendessen Erdbeeren mit Milch auf den Tisch zu bringen. Immerhin boten an den Ständen bis zu 150 Anbauer aus der ganzen Umgebung ihre Früchte an. Schon 1928 wurden allein in Kronberg 130 Morgen Land für die Erdbeere genutzt. Etwa 150000 Quadratmeter lagen „unter Glas", um die frühe Ernte zu sichern.

Kronberg und seine Umgebung lebte zum großen Teil von der Erdbeere. Ein Verdienst, der in mühevoller Arbeit erworben sein wollte. Bei den Züchtern florierte das Wort: „Wir ernte drei Mal im Jahr! Zwaamal Unkraut, und wenn mer Glick habbe, aamal Erdbeern!" Diese mühevolle Arbeit brachte es mit sich, dass der Erdbeeranbau stark zurückging. Um 1936 wurde der Markt abgeschafft, die Obst- und Gemüseverwertungsgenossenschaft erbaute an der Turnhalle eine kleine Markthalle. Hier wurden die Erdbeeren und die vielen anderen Obstsorten abgeliefert. Man war „Genosse" und als solcher vor der Willkür der Händler geschützt. Obwohl die Bedingungen bei der Annahme streng waren, funktionierte diese Art des Obstabsatzes so gut, dass nach dem Krieg eine große Markthalle nötig wurde. Dem Erdbeermarkt als eine Kronberger Besonderheit trauerte man noch lange nach.

Flüssiges Obst macht Ober-Erlenbach bekannt

Gerta Walsh

Ober-Erlenbach. Die gärungslose Früchteverwertung nahm ihren Weg von der Schweiz über Südwestdeutschland nach Norden und fand nach dem Ersten Weltkrieg weitere Verbreitung. Dabei fiel die Wahl zur Errichtung einer Lehr- und Versuchsanstalt zur Herstellung von Süßmost auf Ober-Erlenbach und führte zu deren Einweihung am 2. Juli 1928. Professor Dr. Gonser, der Vorsitzende des „Deutschen Vereins gegen Mißbrauch geistiger Getränke". Zugleich begann an diesem Tage der erste Lehrgang zur Herstellung von Süßmost mit 41 Teilnehmern.

Vorausgegangen waren die Suche des Vereins nach einem geeigneten Gelände und 1927 die Entscheidung, das verlassene und daher verwahrloste Lerner'sche Anwesen in Ober-Erlenbach zu erwerben und mit einem Betriebskapital von 1000 Reichsmark die Versuchsanstalt aufzubauen.

Dabei nahm Josef Baumann (1876-1963) eine zentrale Stellung ein, denn die Früchteverwertung wurde sein Lebenswerk. Seine praktische Ader zeigte sich beim Anbau verschiedener für den Süßmost geeigneter Obst- und Beerensorten – an der Spitze Äpfel und schwarze Johannisbeeren – auf dem ausgedehnten Gelände. Baumanns Erfindung der Entkeimungsglocke zur Herstellung und Haltbarmachung großer Mengen von Fruchtsäften blieb bis zur Ablösung durch moderne Methoden in den 60er Jahren von Bedeutung. Innerhalb von 30 Jahren nahmen 15 000 Süßmostler aus dem In- und Ausland an Lehrgängen teil und sorgten für die Verbreitung dieser Ober-Erlenbacher Adresse im Fruchtsaftgewerbe. 1986 wurde die Lehr- und Versuchsanstalt für Früchteverwertung geschlossen und die Gebäude abgerissen. Auf dem Grundstück entstand die 1996 eingeweihte „Erlenbach-Halle" mit der Anschrift Josef-Baumann-Straße 15.

Die Früchteverwertung war sein Lebenswerk: Unser Bild zeigt Josef Baumann bei einer Fortbildung in der Ober-Erlenbacher Lehr- und Versuchsanstalt.

Die letzte Fahrt des Postillions

Erinnerungen an die Post in Oberursel / Paul Dinges

Oberursel. Das Jahr 1929 markierte das Ende einer Postkutschen-Ära. Die örtlichen Zeitungen berichteten groß über das Ereignis. Im Oberurseler Lokalanzeiger vom 1. Mai 1929 heißt es:

„Morgen muß ich fort von hier!" Unter den Hornklängen dieses Liedes nahm gestern der Paketwagen der Reichspost Abschied von uns, um heute seinem modernen Bruder „Schnauferl" Platz zu machen. Festlich bekränzt, mit Schildern behängt, die „Seine letzte Fahrt" verkündeten, und unter munteren Klängen zog ihn der bekannte, so ernste und würdige „Amtsschimmel" in gemessenem Schritt durch die Straßen. Überall standen die Leute und sahen sich das Fuhrwerk, mit dem wieder ein Stück gute alte Zeit verschwindet, an. Auch vergaß man nicht, den Lenker und Bläser zu bewirten, um ihnen den Abschied nicht allzu schwer zu machen. Die Zeiten des Postillions sind nun auch hier endgültig vorbei; die hastende und drängende Zeit hat keinen Platz mehr für die Romantik der Vorväter. Schnell, schnell, das ist heute die Losung und töff, töff der Posthornersatz. Der Oberpostschaffner Pauly, der seinerzeit den Wagen zum ersten Male begleitete, hat auch gestern die letzte Fahrt mit ihm gemacht.

So weit die Zeitungsmeldung. Nun, es ist immer noch nicht klar, ob diese und die anderen Berichte in den verschiedenen Zeitungen geschichtlich abgesichert sind. Denn ein eigenständiger Fuhrunternehmer konnte eigentlich niemals ein Beamter, überhaupt nicht ein Reichspostbeamter sein. Das Beamtenverhältnis ließ dies nicht zu. Hier muss die Forschung noch vieles klären.

Der Paketwagen geht 1929 festlich geschmückt auf seine letzte Fahrt. Davor ist Oberpostschaffner Wilhelm Pauly zu sehen.

Landesbischof weiht Gemeindehaus ein

Köppern. Das nach den Plänen des Köpperner Architekten Heinrich Foeller errichtete Gemeindehaus wurde am 29. September vom Landesbischof von Wiesbaden eingeweiht. Die Baukosten betrugen 33 000 Mark. Garderobe, Konferenzraum, Küche und ein großer Saal, der durch bewegliche Wände unterteilt werden konnte, waren im Inneren untergebracht. Wenige Tage später, am 16. Oktober, zog die neue Kleinkinderschule unter Leitung von Martha Petzinger in das Gemeindehaus ein.

Posthilfsstelle wieder eingerichtet

Oberems. Anfang November wurde die aufgehobene Posthilfsstelle in Oberems wieder eingerichtet. Wie die Schulchronik vermeldet, geschah die „Postzustellung jetzt nicht mehr von Idstein aus, sondern von Königstein. Zwei Mal, morgens und abends, bringt der Postkraftwagen die Sendungen mit."

Launhard gründet Taxi-Unternehmen

Rod an der Weil. Der Unternehmer Karl Launhard gründete am 18. Juli in Rod an der Weil ein Taxi- und Mietwagenunternehmen. Karl Launhard stand der Firma bis zum 1. Januar 1979 vor, dann übergab er die Leitung an seinen Sohn.

Im Hof des Postamts in der Oberhöchstädter Straße wurde einst die Post abgeholt.

Wie auch immer – fortan wurden Pakete und andere schwere Sachen von einem Auto im Hof des Postamtes in der Oberhöchstädter Straße abgeholt. Und das gefiel beileibe nicht jedem. In einem Gedicht zu eben diesem Tag heißt es:

Ihr jubelt, weil im Auto jetzt
Die Post euch bringt die Gaben,
Kein Mensch, der fragt, wer uns ersetzt,
Was w i r verloren haben.

Ja, „puffte" mal der Schimmel aus;
Das waren Del'katessen.
Beim Auto kommt nur Stank heraus –
wer kann denn sowas fressen.
(Das Spatzenvolk)

Bevor Pakete und Briefe verteilt werden konnten, mussten sie erst einmal nach Oberursel gebracht werden. Das geschah mit der Deutschen Reichsbahn. In Frankfurt am Main, im Hauptbahnhof, wurden die Postwagen bestückt, getrennt nach den einzelnen Abgabeorten. Es gab bestimmte Züge, die einen Postwagen nach Fahrplan führten. Die Post musste am Bahnhof, auf dem Bahnsteig, abgeholt werden, kam dann zum Postamt und wurde hier entsprechend verteilt. Da sich auf der kurzen Strecke zwischen Frankfurt am Main und Bad Homburg beziehungsweise Usingen ein Postwagen am Anfang nicht lohnte, behalf man sich, indem man einen Kreidestrich in die Mitte des Packwagens machte. So war die eine Seite für die Reichsbahn und die andere Seite für die Reichspost eingeteilt.

Zu dieser Zeit war es auch möglich, Briefe direkt an der Bahn aufzugeben. Einmal am Bahnhofs-Briefpostkasten und zum anderen an dem Postwagen selbst, der einen eigenen Briefkasten hatte. Jene Postsachen bekamen dann einen besonderen Stempel, da sie im Postwagen weiter bearbeitet wurden. Diese Postorganisation unterstand dem Bahnpostamt 19 in Frankfurt am Main. Überhaupt waren die 20er Jahre für die Post eine wechselhafte Zeit. Ende November 1923 ging die Inflation zu Ende. Dies wirkte sich auch auf die Post und besonders auf deren Gebühren aus. Hatte noch am 30. November 1923 eine Postkarte 30 Milliarden Mark im Ortsbereich gekostet, ein Brief nach einem anderen Ort 100 Milliarden Mark, so kostete die Postkarte am nächsten Tag im Ortsbereich nur noch 3 Rentenpfennige und der Brief nach außerhalb 10 Rentenpfennige. Dies hatte zur Folge, dass auch neue Briefmarken mit den entsprechenden Werten ausgegeben wurden.

Damals gehörte Oberursel postalisch zum Oberpostamtsbezirk von Frankfurt am Main, dessen Sitz in der Friedrich-Ebert-Anlage gegenüber dem Messegelände war. Der Chef des Postamtes hier am Ort war der Oberpostmeister und Rechnungsrat Heinrich Hellbach. Er war bereits im Jahre 1913 vom holländischen Königshaus mit einem hohen Orden dekoriert worden. Ein großes Hindernis im Postamtsbereich von Oberursel vermochte aber auch er lange Zeit nicht aus dem Weg zu räumen: Als Nachwehe des letzten Weltkrieges war der Postamtsbezirk geteilt. Die Rheinland-Besetzung hatte 1923 Stierstadt, Oberhöchstadt und das dahinter liegende Gebiet durch die Okkupationsgrenze von dem östlichen Teil Deutschlands abgeschnitten. Das ist heute noch zu bemerken durch das „Zollhaus" am oberen Ende von Stierstadt – hier war die Grenze.

Eine Post von Königstein nach Oberursel musste über Wiesbaden geleitet werden. Dort wurden die Briefe und Pakete geprüft und kontrolliert; dann wurde die Post über Höchst nach Oberursel transportiert. Erst im Januar 1926 wurde die 1. Zone der Rheinlandbesetzung aufgehoben, und somit war der Postbezirk von Oberursel wieder vollständig hergestellt.

Für 1927 ist übrigens eine „Übersicht über die Belastung der Briefzustellung" erhalten geblieben. Daraus lässt sich ablesen, wie die Post in den 20er Jahren zu ihren Adressaten kam. In der Auflistung heißt es: „Briefsendungen: 2128; Zeitungen: 852; davon werden im Durchschnitt abgetragen bei der 1. Zustellung: 1524 Briefe, Zeitungen 516; 2. Zustellung 605 Briefe, 335 Zeitungen."

Gemeinde gibt ihre Selbstständigkeit auf

Bommersheim. Nur zähneknirschend gab die idyllische Gemeinde Bommersheim (Foto) zum 1. Oktober ihre Selbstständigkeit auf und wurde ein Stadtteil Oberursels. Ein über 15 Jahre dauernder Verhandlungsmarathon ging damit zu Ende. Schließlich siegte die Erkenntnis, dass nur durch eine Eingemeindung bestehende Probleme gelöst werden können. Oberursel plante eine bauliche Ausdehnung nach Süden, Bommersheim wurde mit den von Oberursel in Aussicht gestellten Steuervergünstigungen für Bauvorhaben überzeugt. Dadurch konnten der Bau von Wasserleitungen, die Erweiterung der Volksschule sowie der Bau einer neuen Straße realisiert werden. Dennoch fiel es den Bürgern schwer, sich mit den Gegebenheiten abzufinden, als der Eingemeindungsvertrag am 18. Mai in Kraft trat.

Finanz-Dilemma in der Kurstadt

Bad Homburg. Ein Etat-Dilemma erlebte die Stadt Bad Homburg 1930. Zur Lösung der prekären finanziellen Lage und Verhütung eines drohenden Zwangsetats durch die Regierung wurde eine gemeinschaftliche Kommission von Magistrat und Stadtverordneten eingesetzt, um innerhalb von drei Monaten Abhilfe zu schaffen.

Johannes Nehring stürzt in den Tod

Bad Homburg. Beim Absturz seines Flugzeuges im Dienste der Wetterflugstelle Darmstadt fand am 16. April der junge Bad Homburger Johannes Nehring den Tod. Am 18. August 1903 geboren, studierte er nach dem Abitur Maschinenbau in Darmstadt und befasste sich mit dem Segelflug. 1925 stellte er einen Rekord im Streckenflug in der Rhön auf und trat 1927 in das Forschungsinstitut der Rhön-Rositten-Gesellschaft ein; danach konzentrierte er sich auf meteorologische Motorflüge. Auf seinem Grab auf dem katholischen Friedhof am Gluckensteinweg steht noch ein Teil des hölzernen Propellers seines letzten Flugzeugs, eine Straße im Industriegebiet ist seit 1959 nach ihm benannt.

Eine Stadt feiert ihr 600-jähriges Bestehen

Kronberg. Am 28. September fand in der städtischen Turnhalle eine Feierstunde statt, die auch im Rundfunk übertragen wurde. Anlass war die Verleihung der Stadtrechte vor 600 Jahren. Bürgermeister Wilhelm Schwinn und Fritz Eckert, der eine Festschrift zu diesem Anlass verfasst hatte, hielten die Festreden. Lautsprecher übertrugen die Feier auf den Platz hinter der Turnhalle und den Marktplatz, wo sich Hunderte versammelt hatten, die in der Turnhalle keinen Platz gefunden hatten.

40 Pfennige für eine Nacht im Schlafsaal

Eine Jugendherberge für Bad Homburg/Gerta Walsh

Bad Homburg. Seit 1930 gehört eine Jugendherberge zu den Angeboten für junge Gäste Bad Homburgs. Zwar bestand seit dem 16. August 1922 eine provisorische Einrichtung in der Hölderlinschule, die im ersten Jahr sogar 80 Übernachtungen vorwies, doch die Verantwortlichen waren schon lange auf der Suche nach einer besseren Unterkunft. Endlich konnte am 1. April 1930 das „Haus Saalburg" am Meiereiberg 1 in zwei Gebäuden 120 Betten bereitstellen. Die feierliche Einweihung am 29. Juni nahm der Landrat des Obertaunuskreises, Egon van Erckelenz, vor. Damals kostete eine Übernachtung für Jugendliche 40 Pfennige, Erwachsene zahlten 60 Pfennige und nahmen die Unterbringung in Schlafsälen in Kauf.

Die Jugendherberge war nicht eigens für diesen Zweck erbaut worden, es war vielmehr ein im 17. Jahrhundert als landgräfliche Meierei erstelltes Gebäude und verdankte seine Existenz der Bewirtschaftung der am Mühlberg liegenden Wiesen. Neben Stallungen für Pferde und Kühe sowie Wirtschaftsräumen gehörte im Obergeschoss ein Saal für Konzerte und kleinere Feste des Hofes dazu. Die „englische Landgräfin" Elizabeth von Hessen-Homburg erwarb das gesamte Anwesen als ihr Eigentum und vererbte es an ihre Nichte Caroline Fürstin von Reuß-Greiz.

1841 entstand in einem Teil des Schlossgartens, gegenüber der Meierei, die Lederfabrik der Gebrüder Hausmann, die bald 120 Menschen Arbeit gab. Vier Gebäude in einer Front von 60 Metern mit Werkräumen, Ställen und Remisen, Kessel- und Farbhaus, Loh- und Mistgruben gehörten zum Areal. Für Büros, Lagerräume und eine Wohnung mietete Hausmann von der Fürstin Reuß die Meierei auf der anderen Straßenseite und kaufte sie nach ihrem Tode. Die schlechte Wirt-

Von der landgräflichen Meierei zur Jugendherberge: So sah das „Haus Saalburg" in den 30er Jahren aus. 120 Gäste konnten damals dort übernachten.

schaftslage führte Ende 1928 zur Schließung der Lederfabrik.

Noch vor ihrem Abbruch, der am 8. Oktober 1931 begann, erwarb der Verband Deutscher Jugendherbergen 1929 das Direktionsgebäude, die alte Meierei, und richtete es seinen Bedürfnissen entsprechend ein. Umbauten in den Jahren 1958, 1967 und 1974 schufen hier 22 Räume mit 96 Betten, drei Aufenthaltsräumen und einer Großküche. Auf dem zwischen dem Haus und dem Hessenring liegenden Gelände legte die Stadt 1957 einen Spielplatz mit Namen „Hausmannpark" an.

Beinahe wäre 1930 das ehemalige Fabrikgelände bis zum Schlossteich bebaut worden, denn der neue Eigentümer Gustav Plate wollte hier 40 zweigeschossige Häuser verschiedener Größe errichten. Das „wundervolle Bauland mit der einzigartig schönen Aussicht auf den Schlossgarten", wie es in der Werbung hieß, konnte zum Quadratmeterpreis von vier Mark erworben werden. Die weitere Planung gedieh glücklicherweise nicht über ein Modell hinaus, sonst wäre die Jugendherberge ringsum zugebaut. Die Preußische Schlösserverwaltung entschloss sich endlich, durch einen mit Frau Klara Plate am 8. November 1932 abgeschlossenen Vertrag, das Areal zwischen Teich und Straße im Tausch gegen den Kleinen Tannenwald zu erwerben und damit dem Schlossgarten seine einstige Größe wiederzugeben.

Inzwischen erfuhr die Jugendherberge ihre völlige Erneuerung. 1994 einigten sich die verschiedenen Partner über die Modernisierung und Erweiterung der bisherigen Anlage zu einem „Jugendgästehaus". Bauherr war das Deutsche Jugendherbergswerk (DJH), das sein Grundstück kostenlos auf die Stadt übertrug. Zusammen mit dem für drei Millionen Mark zuvor gekauften Nachbargrundstück der früheren Fabrik Lang war die Stadt nun Eigentümerin einer größeren Fläche. Dem DJH wurde das Nutzungsrecht für 99 Jahre übertragen. Die reinen Baukosten von 12 Millionen Mark teilten sich die Stadt Bad Homburg (4 Millionen), DJH (3,2 Millionen), Land Hessen (0,8 Millionen) und Bund (4 Millionen). Die Abrissarbeiten des Nebengebäudes und der ehemaligen Fabrik Lang begannen 1997, die alte Meierei aber, die unter Denkmalschutz steht, blieb erhalten und in die Anlage einbezogen. Im März 1999 konnte das Jugendgästehaus mit einer Kapazität von 206 Betten, Tagungs- und Seminarräumen und einem großen Speisesaal den Bauherren übergeben werden. Die Stadt sicherte sich ein Belegungsrecht, um preisgünstige Möglichkeiten zur Unterbringung von Gästen aus den Partnerstädten zu haben.

Rechnete man die 607 Rundfunkteilnehmer der Stadt Kronberg hinzu, die der Feier von zu Hause aus folgten, konnte man davon ausgehen, dass fast die ganze Stadt an der Feier teilnahm.

Frauenhilfe wird gegründet

Oberems. Um die monotonen Winterwochen besser zu überstehen, wurde am 10. Dezember die evangelische Frauenhilfe gegründet. Abwechselnd mussten die Frauen für die Beheizung ihres Versammlungsraumes im Oberemser Rathaus sorgen. Standen zunächst Kaffeekränzchen, die Organisation von Ausflügen und das Theaterspielen im Mittelpunkt, rückten später mehr und mehr soziale Aufgaben in den Vordergrund.

Ein Zeppelin sorgt für neugierige Blicke

Taunus. Das Luftschiff „Graf Zeppelin" überquerte am 4. August von Hanau kommend Kronberg, Königstein, Oberreifenberg, Oberems und Bad Homburg. In allen Orten war die Reaktion der Einwohner gleich: Man stürzte aus dem Haus auf die Straße oder kletterte auf die Dächer, um den Zeppelin besser beobachten zu können, der in relativ niedriger Flughöhe vorüberglitt. Ob der Zeppelin tatsächlich anlässlich der Befreiungsfeiern und dem Ende der Besatzung über den Hilfskreis Königstein flog, wie man vermutete, soll dahingestellt bleiben.

Alte Lagerhalle zur Turnhalle umgebaut

Steinbach. Mit der Inbetriebnahme der Turnhalle erfüllte sich in diesem Jahr ein lang gehegter Wunsch der Steinbacher Turnerschaft. In Rödelheim gelang es dem Vorsitzenden des TuS Steinbach, Philipp Windecker, für 1300 Mark eine alte Lagerhalle zu erstehen. Die Halle wurde abgeschlagen, mit einem Pferdefuhrwerk nach Steinbach gebracht und in der Obergasse von den Turnern wieder aufgebaut. Anfangs hatte die Halle noch keinen Boden, aber wenigstens waren die Sportler vor Wind und Regen geschützt.

Klein-Oberammergau im Usinger Land

Altweilnau. Bereits die ersten Burgspiele waren alles andere als ein lokales Ereignis. Die in Frankfurt erscheinende Zeitung „Frankfurter Nachrichten" sprach sogar von einem kleinen Oberammergau im Usinger Land. Von Usingen aus konnten verbilligte Fahrkarten zum Spielort gekauft werden. Am Himmelfahrtstag, dem 14. Mai, fand die Eröffnungsveranstaltung statt. Altweilnauer Bürger führten das Stück „Heimat" von Fritz Debus vor der Burgkulisse auf. Er und der Regisseur Dr. Rumpf wurden noch im selben Jahr zu Ehrenbürgern ernannt. Wegen des großen Erfolges führten die Altweilnauer zwei Jahre später das ebenfalls von Fritz Debus verfasste Schauspiel „Der Graf von Ditze" auf.

Überraschender Besuch

Laubach. Der berühmte Segelflieger Günther Groenhoff landete am 2. August auf dem Sportgelände von Laubach. Groenhoff hatte von der Wasserkuppe kommend einen Verwandten in Niederlauken besuchen wollen, mußte aber auf Grund ungünstiger Witterungsverhältnisse in Laubach niedergehen.

Der Taunus als Wintersport-Dorado

Gerhard Strohmann

Taunus. Auf der höchsten Erhebung im Taunus, wo sich seit 1844 im Sommer Turnerinnen und Turner beim traditionsreichen Feldbergfest um sportlichen Lorbeer streiten, wurde am Sonntag, dem 29. November 1931, ein ganz besonderes Ereignis gefeiert: die Eröffnung der Brunhildis-Eisbahn!

Was in einer Ankündigung des Taunus-Anzeigers in der Ausgabe vom 13. Juni 1931 im Hinblick auf jenes Ereignis zu lesen war, hätte auch in die heutige Zeit gepasst: „Bei unseren klimatischen Verhältnissen ist die Zahl der Eislauftage leider sehr begrenzt und immer ein Rätselraten."

Immerhin kalkulierte der Betreiber mit 90 Tagen, an denen die Brunhildis-Eisbahn im Winter-Halbjahr 1931/32 genutzt werden könne. Träger und Veranstalter der Anlage auf dem Feldberggipfel war der Südwestdeutsche Eissportverband mit dem Vorsitzenden Max Engelhard und Kunstlaufwart Carl Neubronner an der Spitze.

Neben dem Eiskunstlaufen und dem Eisstock-Schießen wurde in jenem Winter in 881 Meter Höhe auf der Brunhildis-Anlage angesichts der optimalen Windverhältnisse auch das heute kaum noch bekannte Schlittschuhsegeln betrieben, an dem sich auch zahlreiche Mitglieder des Tennis- und Eislaufvereins Cronberg-Schönberg (TEVC) beteiligten.

Der TEVC war am 23. Juni 1928 mit einem Tennis-Schaukampf aus der Taufe gehoben worden und wurde als Folge einer groß angelegten Postwurf-Aktion im Januar gegründet – zur „Pflege und Förderung des Tennis- und Eislaufsports", wie es im Paragraf 1 der ersten Statuten nachzulesen ist.

Beide Sportarten wurden übrigens auf der selben Anlage im Kai-

Schlittschuh laufen auf dem Feldberg – das konnten Freunde des Wintersports von 1931 an. In jenem Jahr wurde auf dem Taunusgipfel die Brunhildis-Eisbahn eröffnet.

ser-Friedrich-Park in Kronberg betrieben, nachdem die Frankfurter Firma Jean Bratengeier im Mai 1928 mit dem Bau von drei Tennisplätzen beauftragt worden war. 70 000 Mark kostete damals die komplette Ausstattung, inklusive Klubhaus und Zuschauertribüne, die im Winterhalbjahr für die Eisläufer umfunktioniert wurde. 1930 fanden im Kaiser-Friedrich-Park die ersten „Eisschießmeisterschaften" von Cronberg (damals noch mit „C" geschrieben) statt.

Bereits wesentlich früher wurde auf dem Großen Feldberg Wintersport betrieben. In den Zeitungs-Archiven ist nachzulesen, dass die deutsche Kaiserin am 3. Februar 1901 „in einem prachtvollen Schlitten" ins Weiltal hinunter rodelte.

Die Frankfurter Sektion des Ski-Klubs „Schwarzwald" veranstaltete zu Beginn des Jahrhunderts regelmäßig Ski-Wettläufe über zwölf Kilometer Länge vom Gasthaus „Walküre" auf dem Feldberg über Fuchstanz und Rotes Kreuz zurück zum Startplatz. Gerodelt wurde auf der 1350 Meter langen Nordbahn des Feldbergs, wobei sich im Februar 1925 eine Frau Dr. von Osterrothe aus Frankfurt mit ihrem Sieg im Damen-Einsitzer das begehrte „Silberne Schild von Oberreifenberg" sicherte.

Die Gründung des Ski-Clubs Reifenberg (SCR) erfolgte am 28. Juni 1947 zunächst als Sektion des Ski-Clubs Taunus, wobei Ludwig Hammeran am 18. Oktober auf der von 26 Personen besuchten Mitgliederversammlung im Café Waldschmidt in Oberreifenberg zum Vorsitzenden gewählt wurde. Der SCR verfügte in seiner Glanzzeit über mehr als 300 Mitglieder in den Abteilungen Skilauf, Schwimmen, Eisstockschießen und Drachenflug.

Die Weilsberg-Schanze am Feldberg eröffnete den Ski-Springern neue Möglichkeiten. 1963 wurden hier sogar die Hessischen Meisterschaften veranstaltet.

In jenen Jahren, als noch genügend Schnee zur Ausübung des Wintersports vorhanden war, fanden zahlreiche hochkarätige Veranstaltungen in der Feldberg-Region statt. Zum Beispiel die Internationalen Deutschen Meisterschaften im Viererbob-Fahren im Februar 1956 auf der Brunhildis-Bahn mit sechs Meter hohen Kurven, die mit Unterstützung des „Frankfurter Bobclubs Taunus" von November 1954 an errichtet wurde. Oder die Hessenmeisterschaften im Skispringen 1963 auf der Schanze am Weilsberg, die 1953 auf dem Taunusgipfel mit einem erheblichen Aufwand an Eigenleistungen zusammen mit einer zweiten Abfahrtstrecke am Feldberg gebaut worden war.

Nach der Eröffnung einer Asphalt-Anlage im Sport- und Freizeitzentrum Oberreifenberg (1977) erlebte die 1971 gegründete Eisstock-Abteilung des SCR einen enormen Aufschwung. Diese Sparte ist angesichts der immer geringer werdenden Schneetage inzwischen das sportliche Aushängeschild des Vereins.

Die Schleppliftanlage am Nordhang des Großen Feldbergs, die im Dezember 1969 eingeweiht und bis zu einem Brand der Lift-Halle im Jahr 1988 betrieben wurde, oder die 1972 gebaute und vom Land Hessen und dem Hochtaunuskreis mit 320 000 Mark finanzierte Kunststoffpiste sind inzwischen nicht mehr als Randnotizen der Geschichte des Wintersports im Taunus.

1931

Land unter nach heftigen Wolkenbrüchen

Taunus. Unverhofft gingen am frühen Nachmittag des 7. Mai starke Wolkenbrüche nieder, die am Nord- und Ostrand des Taunus Flutwellen auslösten. Unter mächtigem Tosen stürzten diese talabwärts und rissen Schlamm, Zäune sowie Mauerstücke mit sich. Das Land war weithin überschwemmt, alle tiefer gelegenen Häuser standen unter Wasser. Eine Welle bewegte sich entlang des stark angeschwollenen Kirdorfer Baches durch Kirdorf, den Jubiläums- und den Kurpark nach Gonzenheim; die andere ging längs des ebenfalls ungewöhnlich breiten Erlenbaches über Köppern und Seulberg nach Ober-Erlenbach. Dort stand der halbe Ort unter Wasser, nachdem die Fluten innerhalb von 15 Minuten um 1,70 Meter anstiegen; in der Nähe der Steinmühle stürzte eine Straßenbrücke ein.

Die Zerstörungen im Kurpark waren beträchtlich: Alle Wege, die Brunnenpromenade, Tennisplätze und Quellen verschwanden unter einer Schlammschicht. Der Stahlbrunnen beim Brunnensälchen blieb völlig von Wasser bedeckt, während man vom Elisabethenbrunnen nur noch den oberen Teil der Überdachung sehen konnte. Das Wasser lief rasch wieder ab, doch der Schlamm musste mühsam entfernt werden. Der durch das Unwetter angerichtete Schaden belief sich nach ersten Berechnungen auf 50 000 Mark, doch die Massenwanderung der Schaulustigen zerstörte anschließend noch mehr als die Flutwellen.

Bis zu den Knien standen die Menschen im Jahre 1931 am Bad Homburger Elisabethenbrunnen im Wasser. Die Flutwellen hatten zudem große Mengen an Schlamm in den Kurpark gespült.

Sparzwang setzt dem Landkreis ein Ende

Die Auflösung des Kreises Usingen/Frank-Michael Saltenberger

Usinger Land. Das Jahr 1932 stand ganz im Zeichen der Weltwirtschaftskrise. Die Preußische Verwaltung verordnete dem Land umfassende Rationalisierungsmaßnahmen – und hätte damit um ein Haar das Ende des Kreises Usingen besiegelt. Auf der Grundlage der Preußischen Sparverordnung wurde durch Verordnung des Staatsministeriums vom 27. Juni 1932 neben weiteren 58 Kreisen der Provinz Hessen-Nassau auch der Kreis Usingen zum 1. August 1932 aufgelöst. Die Orte fielen zum Teil den benachbarten Kreisen Wetzlar, Oberlahn und Untertaunus zu, der Hauptanteil ging jedoch an den Obertaunuskreis.

Die Maßnahme stieß auf erheblichen Widerstand in der Bevölkerung, die der „Schreibtisch-Entscheidung" vorwarf, sie berücksichtige in keiner Weise die besonderen Verhältnisse im Usinger Land. Man befürchtete einen wirtschaftlichen und kulturellen Einbruch, eine allgemeine Verödung und eine Beschleunigung der Landflucht. Angst hatten die Menschen auch vor einer Vernachlässigung durch die neue Verwaltung in Bad Homburg und einer Erhöhung der kommunalen Abgaben. Insbesondere in Usingen sah man durch den Abzug der Beamten und das Ausbleiben der Besucher der Amtsstellen wirtschaftliche Einbußen voraus.

NSDAP marschiert durch die Ortschaften

Usinger Land. Die politische Landschaft geriet Anfang der 30er Jahre auch im Taunus zunehmend in Bewegung. Im Rahmen des Wahlkampfs für die Reichstagswahl am 31. Juli 1932 fand am 17. Juli ein Propaganda-Marsch der NSDAP statt.

Der Marsch führte von Obernhain über Wehrheim, Westerfeld und Hausen nach Usingen. Anspacher Gemarkungsgebiet wurde nicht berührt, da wegen fehlender Polizeikräfte keine Genehmigung erteilt werden konnte. In Usingen fand die Abschlusskundgebung statt. Redner war der Präsident des Preußischen Landtages Kerrl. 800 SA-Männer nahmen an dem Umzug teil. Etwa 3000 Menschen besuchten die Abschlusskundgebung.

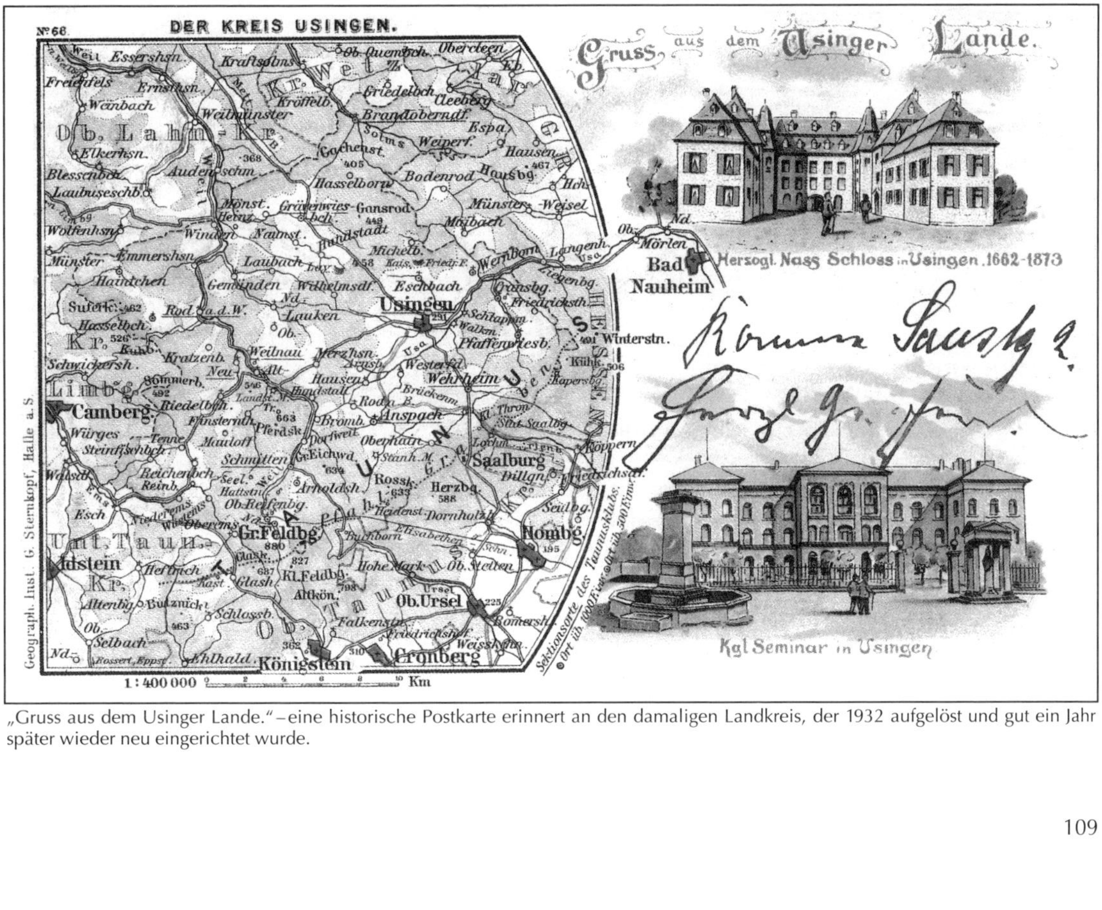

„Gruss aus dem Usinger Lande." – eine historische Postkarte erinnert an den damaligen Landkreis, der 1932 aufgelöst und gut ein Jahr später wieder neu eingerichtet wurde.

Landrat Glahn geht nach Eschwege

Usinger Land. Am 15. Februar verließ Landrat Hans Glahn den Kreis Usingen. Er wurde an das Landratsamt nach Eschwege versetzt. Glahn war seit Sommer 1928 oberster Verwaltungsbeamter des Kreises gewesen. Seine Amtszeit war von einer regen Bautätigkeit geprägt. Zahlreiche Wohnungen, Schulen und sanitäre Einrichtungen entstanden. Da der Kreis aufgelöst werden sollte, wurde kein neuer Landrat ernannt. Dr. Wonschick aus Aachen übernahm vertretungsweise die Amtsgeschäfte bis zum 1. Oktober.

Teil des Gipfels wird versteigert

Niederreifenberg. Das Gipfelplateau des Feldbergs war bisher zwischen der Gemeinde Niederreifenberg und dem Kronberger Hotelier Carl August Hahn aufgeteilt. Im Frühsommer musste Hahn sein Gasthaus, das „Alte Feldberghaus", mit allem dazugehörigen Grund und Boden versteigern lassen. Der Hauptgläubiger Hahns, die Kronberger Vereinsbank, erwarb das Gebäude und verkaufte es an die Gemeinde Niederreifenberg. Seit dem 1. Juli war die Gemeinde daher alleiniger Besitzer des höchsten Taunusgipfels.

Wünschelrutengänger finden Goldadern

Taunus. In den ersten Aprilwochen fanden zwei Dornholzhäuser Wünschelrutengänger nicht weniger als zwölf starke Goldadern im Taunus. Die Adern verliefen von Köppern über den Saalburgstollen, Hirschgarten und Hohemark bis nach Oberhöchstadt. Angeblich wurden sogar an einigen Stellen Schürfversuche unternommen. Wie man heute weiß, waren die „starken" Goldadern doch nicht besonders ergiebig.

Die NSDAP machte sich zum Wortführer der Proteste. Bei den Reichstagswahlen am 31. Juli 1932, dem Tag vor der offiziellen Kreisauflösung, erhielt sie in Usingen von 1519 stimmberechtigten Bürgern 822 Stimmen. In den übrigen Kreisgemeinden sahen die Ergebnisse ähnlich aus. Die intensiven Bemühungen des Kreisleiters der NSDAP, Hans Lommel aus Rod an der Weil, führten nach der Machtübernahme durch die Nationalsozialisten am 1. Oktober 1933 zur Neueinrichtung des Kreises Usingen. Landrat wurde Lommel.

Das Kreisblatt, das die Auflösung des Kreises ein Jahr zuvor in Form einer Traueranzeige bekannt gegeben hatte, berichtete am Montag, 2. Oktober 1933, vom „Tag der Zehntausend". Durch ein Meer von Fahnen und prächtig geschmückte Straßen marschierte man bei „Hitlerwetter" vor der Turnhalle im Schlossgarten auf und gelobte dem neuen Landrat treue Gefolgschaft. Nach der Eröffnung einer Gewerbeschau in der Turnhalle fand anschließend im Rathaus eine Festsitzung statt, auf der dem neuen Landrat das Ehrenbürgerrecht der Stadt Usingen verliehen wurde. Nach einem Fackelzug bildete ein Massenaufmarsch auf den Schlossgartenterrassen – unter Beteiligung von SA, SS, dem Stahlhelm, der HJ und den Usinger Vereinen – den Abschluss der Feierlichkeiten.

Die Bürger des Usinger Landes hatten nun ihren Kreis wieder – aber als nationalsozialistisches Vehikel, das erst nach dem Zusammenbruch und durch die hessische Kreisordnung von 1946 zu einem demokratischen Baustein der kommunalen Selbstverwaltung wurde. Der neue „alte Kreis" hatte nach dem Krieg Gewaltiges zu leisten. Insbesondere durch die Vertriebenen aus den Ostgebieten nahm die Bevölkerung bis in die 50er Jahre um fast die Hälfte zu. Mit dem Wohnungsbauprogramm des Kreises sind die Namen der Landräte Dr. Roesener und Heinrich Müller untrennbar verbunden. Obwohl Heinrich Müller zum 75-jährigen Jubiläum des Kreises 1961 eine in viele Belangen positive Bilanz des Erreichten ziehen konnte, war der flächenkleinste Kreis Hessens als selbstständige Verwaltungseinheit auf Dauer nicht zu halten.

Die Eigenständigkeit sollte bis zum 1. August 1971 dauern. An diesem Tag wurden die beiden Landkreise Obertaunus und Usingen zum Hochtaunuskreis zusammengefasst. Usingen verlor seine Stellung als regionaler Verwaltungsort, die es seit dem 14. Jahrhundert inne hatte. Die erste Einrichtung des Kreises geht auf die Bedeutung Usingens als Verwaltungsmittelpunkt des nassauischen Amtes Usingen zurück. Mit Graf Gerlach von Nassau-Weilburg begann 1326 die nassauische Geschichte Usingens. Unter ihm und seinem Sohn Johann I. entwickelte sich das Dorf zur Amtsstadt und unter Graf Walrad schließlich zu einer nassauischen Residenzstadt.

Der Aufstieg des Herrschaftsvorortes Usingen ging zu Lasten der älteren Ämter Alt- und Neuweilnau und des Stockheimer Gerichts, das erst im 17. Jahrhundert vollständig im Fürstentum Nassau-Usingen aufging. Mit der Teilung unter den Brüdern Wilhelm und Karl, letzterer erhielt Usingen, und der Verlegung der Residenz und Regierung nach

Biebrich und Wiesbaden, kam die Entwicklung 1744 zum Erliegen.

Seine Bedeutung als Amtsstadt konnte Usingen innerhalb des Herzogtums Nassau noch einmal ausbauen. Der erste Herzog des 1806 neugebildeten Herzogtums Nassau war Friedrich August von Nassau-Usingen. Das Herzogtum vereinigte eine Vielzahl fremder Besitzteile, die in die Amtsorganisation des neuen Flächenstaats eingegliedert werden mussten. Die herzogliche Amtsordnung von 1816 hatte im wesentlichen bis 1866 Bestand. Der preußische Regierungsbezirk Wiesbaden wurde in zwölf Landkreise gegliedert. Der Obertaunuskreis mit der Kreisstadt entstand aus dem hessischen Amt Homburg und den nassauischen Ämtern Usingen und Königstein.

Durch die neue preußische Kreisordnung vom 7. Juni 1885 wurden die Ämter endgültig durch Landkreise ersetzt. Am 1. April 1886 entstand so der Kreis Usingen. Der erste von der preußischen Verwaltung eingesetzte Landrat war Dr. August Beckmann.

In seine 28jährige Amtszeit fallen bedeutende infrastrukturelle Neuerungen. So wurde das Straßennetz erheblich ausgebaut, die Eisenbahnlinien eingerichtet, eine allgemeine Strom- und Wasserversorgung aufgebaut und eine Flurbereinigung durchgeführt. Der Autorität und Leistung Beckmanns ist es auch zu verdanken, dass erste Pläne einer Kreisauflösung 1911 nicht zur Ausführung gelangten.

Nach über einem Vierteljahrhundert der Zugehörigkeit zum Hochtaunuskreis ist diese heute weitgehend verinnerlicht, und dennoch hat das ehemalige Kreisgebiet kraft seiner Geschichte und Geographie seine Identität als Usinger und Nassauer Land oder, wie es der Volksmund ausdrückt, als Buchfinkenland, erhalten.

Jugendliche ziehen in die Pfarrscheune

Pfaffenwiesbach. In der Pfarrscheune wurde am 7. August ein Heim für die Pfaffenwiesbacher Jugend eröffnet. Pfarrer Weis nahm die Einsegnung der Räumlichkeiten vor. Das Heim erhielt nach dem Schutzpatron der katholischen Gemeindekirche den Namen Georgshof. Das Haus sollte von den Jugendvereinen genutzt werden.

Buchhalter unterschlägt 15 000 Mark

Bad Homburg. Bei den Abschlussarbeiten der Stadtkassenrechnung des Vorjahres wurden am 29. April Unregelmäßigkeiten in der Geschäftsführung des Stadtkassenbuchhalters und die Unterschlagung von 15 000 Mark aufgedeckt. Mit der sofortigen Suspendierung erging gegen ihn ein Strafantrag beim Oberstaatsanwalt. Diese Angelegenheit sprach sich in der Stadt schnell herum und führte zu einer Hochspannung unter der Bürgerschaft.

Kunden-Streik für niedrigere Strompreise

Taunus. Um eine Senkung der Strompreise durchzusetzen, traten die Verbraucher in Oberursel am 1. Januar in einen Stromstreik. Wenige Tage später schlossen sich auch Friedrichsdorf und Bad Homburg, seit dem 20. Januar auch Teile des Kreises Usingen der Bewegung an. Auf einer Versammlung hatten Anspacher Bürger beschlossen, ebenfalls in den Streik einzutreten. Die Gemeinden Hausen und Rod am Berg erklärten sich solidarisch. So flackerten im Winter 1932 in vielen Häusern wieder Petroleumlampen.

Anfang März erging eine Streikandrohung für den Regierungsbezirk Wiesbaden. Nachdem der von Berlin eingesetzte Preiskommissar die Rechtmäßigkeit der Strompreise am 31. Mai anerkannt hatte, brach die Bewegung zusammen.

1932

Neubronners Tauben knipsen aus der Luft

Erfinder der Brieftauben-Fotografie stirbt in Kronberg/Hanna Feldmann

Kronberg. Die Nachricht vom Tode des 80-jährigen Apothekers Dr. Julius Neubronner am 19. April 1932 löste in Kronberg große Trauer aus. Der Verstorbene hatte sich für seine Heimatstadt stets engagiert. Viele Jahre gehörte er der Stadtverordnetenversammlung an. Sein Wort hatte Gewicht. Geboren wurde Neubronner 1852 in der „Alten Apotheke" in der Doppesstraße. Hier verbrachte er seine Kindheit und Jugend. Oft beschäftigte er sich mit den Brieftauben seines Vaters. Sie wurden eingesetzt, wenn in der Umgebung (Kronbergs Apotheke war die einzige im weiten Umkreis) ein Arzt ein Rezept ausstellen musste. Das Papier wurde einer Taube an einen Fuß gebunden, damit flog sie in den heimischen Schlag. Der Apotheker konnte nun sofort an die Herstellung der erforderlichen Medizin gehen. Wenn dann der Bote kam, um die Arznei abzuholen, brauchte er nicht mehr zu warten.

Apotheker, Erfinder und Malerfreund: Dr. Julius Neubronner. Der Kronberger starb im April 1932.

Der junge Neubronner war schon in der Schule als „Erfindergenie" bekannt. Früh interessierte er sich für die Fotografie. Geduldig experimentierte er so lange, bis es ihm gelang, einen kleinen Fotoapparat, 40 Gramm leicht, zu konstruieren. Dieses Gewicht konnte eine Taube noch tragen. Damit war die Brieftaubenfotografie erfunden. Neubronner erzielte damit erstaunliche Erfolge. Sein dafür notwendiger fahrbarer Taubenschlag erregte Aufsehen, vor allem beim Militär.

Auch seine Filme sorgten für Beachtung. Man bezeichnet Neubronner heute als Pionier des Amateurfilmens. Fast alle seine Filme, die kurz nach der Jahrhundertwende entstanden, befinden sich heute im Deutschen Filmmuseum in Frankfurt am Main. Sie wurden schon öfter auch im Fernsehen gezeigt. Für seine Verdienste um die Fotografie erhielt Julius Neubronner die Ehrenplakette des Deutschen Museums in München.

Doch sein Erfindergeist zeigte sich auch auf anderen Gebieten. Schon sein Vater hatte einen Klebstreifen für die Wundversorgung erfunden, der Sohn entwickelte das Verfahren weiter. Aus diesen Anfängen entstand dann die weltweit bekannte Fabrik für „Trocken- und feuchtklebende Papiere" in Oberursel.

Zudem war Neubronner ein Künstler und vor allem ein Freund der Kronberger Maler. Die Streitkirche, die 1890 in seinen Besitz kam, war für die Kronberger Maler eine zweite Heimat. Die Stadt Kronberg nannte eine Straße nach ihm. Einst hatte er sich entschieden dagegen gewehrt, dass das „C" aus dem Namen der Stadt verschwinden sollte. Ihm war, wie er selbst sagte, das „K" unsympathisch. Dass es schließlich doch zur Änderung kam, das erlebte Neubronner nicht mehr.

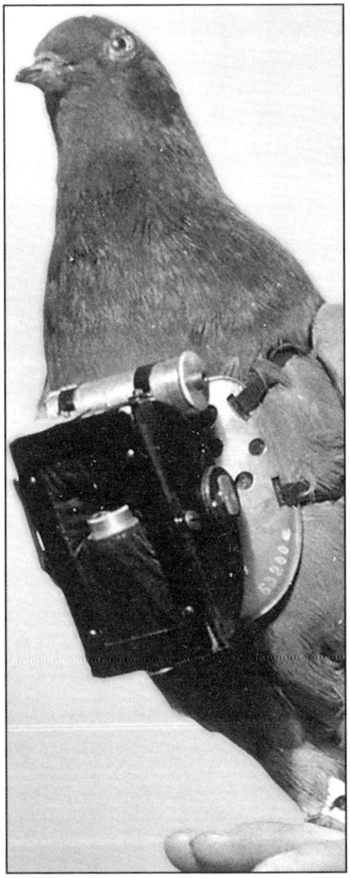

Mit einer Kamera vor der Brust gingen die Brieftauben des Julius Neubronner auf die Strecke – und brachten Luftaufnahmen von Kronberg mit zurück.

Die Nationalsozialisten erobern den Taunus

Angelika Baeumerth

Taunus. Wie überall in Deutschland markierte das Jahr 1933 im Taunus den Beginn einer schlimmen Zeit. Veränderungen machten sich überall und sehr rasch bemerkbar – Beispiele gibt es unzählige. Am 1. Februar 1933 berichtete das Usinger Kreisblatt: „Die Ernennung Adolf Hitlers zum Reichskanzler wurde auch von den Usinger Nationalsozialisten feierlich begangen." Sie hätten einen Zug durch die Innenstadt und eine „Freudenkundgebung" veranstaltet.

Ähnlich wie hier dürfte das auch unter dem Namen „Machtübernahme" oder „Machtergreifung" geführte Ereignis vom 30. Januar 1933 bei den Anhängern der „braunen" Partei überall aufgenommen worden sein. In Friedrichsdorf hatte die NSDAP zu diesem Zeitpunkt 85 Mitglieder bei etwa 1750 Einwohnern. In Bad Homburg lag die NSDAP bei der Reichstagswahl in sieben von neun Stimmbezirken auf dem ersten Platz. Nur in neun der 53 Gemeinden des damaligen Obertaunuskreises landete die NSDAP nicht an erster Stelle.

Nichts blieb, wie es war. Die neuen Machthaber begannen sofort Zeichen zu setzen. In den meisten Städten und Gemeinden wurden nicht der Partei angehörende Bürgermeister ihrer Ämter enthoben. Am 6. April wurde der Bad Homburger Bürgermeister Dr. Georg Eberlein als „politisch nicht tragbar" aus dem Amt entfernt. Dem parteilosen Bürgermeister von Oberursel, Karl Horn, wurde angekreidet, dass er bei der Machtübernahme-Feier nicht erschien. Als er am 5. März die Hakenkreuzfahne aus dem Wahllokal entfernen ließ, wurde er in einen „mehrwöchigen Erholungsurlaub" geschickt, dann „bis auf weiteres beurlaubt".

Karl Horn, der Bad Homburgs erster Nachkriegs-Bürgermeister werden sollte, wurde ebenso von einem der NSDAP angehörenden Bürgermeister abgelöst wie am 14. März Karl Jüngst, der sozialdemokratische Bürgermeister von Oberhöchstadt. Nicht immer hatte dies schlimme Folgen. So galt etwa der von den Nationalsozialisten eingesetzte Bürgermeister von Anspach, Rudolf Henrici, als „gemäßigt". Der in Usingen seines Amtes enthobene Bürgermeister Lißmann führte später einen jahrelangen Prozess, in dem er eine Entschädigung forderte.

In Friedrichsdorf gelang es dem amtierenden Bürgermeister Otto Foucar, den Rücktritt, zu dem man ihn zwingen wollte, abzuwehren und erst am 31. März 1934 in den regulären Ruhestand zu treten. In den „einstweiligen Ruhestand" versetzt wurde am 26. September 1933 indes der Landrat des Obertaunuskreises, Egon van Erckelenz. Doch nicht nur Führungspersonen wurden aus dem Amt gejagt, sondern auch Bedienstete. In Oberursel mussten der Stadtbote Happel und der in der Kämmerei beschäftigte Emil Leutloff ihren Dienst quittieren. In Usingen wurde der Leiter der örtlichen Polizeibehörde,Mayer, entlassen.

Auch an der Lehrerschaft gingen die Geschehnisse nicht vorüber. Besonders Trauriges geschah

Stadt bietet Kaiser Schloss als Residenz an

Bad Homburg. Bald nach der Regierungsübernahme durch „Kanzler Hitler" wurde in der Öffentlichkeit die Frage diskutiert, ob Kaiser Wilhelm II. aus seinem holländischen Exil nach Deutschland zurückkehren werde. Am 25. März richtete die Stadt Bad Homburg denn auch eine Adresse an den früheren Regenten und schlug vor, er möge das landgräfliche Schloss als Residenz wählen, falls eine Übersiedlung der kaiserlichen Hofhaltung nach Deutschland in Frage käme. Bereits am 28. März wurde jedoch aus Berlin bekannt, der Kaiser beabsichtige nicht, Holland zu verlassen.

Geburtstagsfeiern für Hitler

Taunus. Am 20. April, dem Geburtstag Adolf Hitlers, fanden im Taunus – wie im ganzen Deutschen Reich – zahlreiche Festveranstaltungen statt. Feierstunden mit Gesang und kleinen, kindgerechten Ansprachen gab es in fast allen Schulen. Viele Gemeinden wie Michelbach oder Finsternthal pflanzten Hitler-Bäume. In den Städten gab es abends offizielle Geburtstagsfeiern. In ihnen wurde Hitler als „Heilsbringer" frenetisch gefeiert. In Usingen wurden außerdem 130 von der NSDAP gestiftete Lebensmittelpakete, die sogenenannte „Hitlerspende", an Bedürftige verteilt. Von kritischen Stimmen zu diesem Personenkult ist nichts bekannt.

Sportplatz und Bad zum Jubiläum eröffnet

Schmitten. Die Eröffnung des Schwimmbads und des Sportplatzes war mit der Jubiläumsveranstaltung zum 50-jährigen Bestehen des Schmittener Kurvereins am 17. und 18. Juni gekoppelt. Am Sonntag hielten Gottesdienste, Feuerwehrübungen, ein Festumzug und Vorträge die Schmittener auf den Beinen.

Staat kontrolliert den Milchverkauf

Taunus. In einer Versammlung des Landbundes in Königstein wurde 1933 auf Anregung des landwirtschaftlichen Kreisfachleiters der NSDAP Schumacher eine Milchabsatzgenossenschaft für den gesamten Bezirk Königstein gegründet. In örtlichen Sammelstellen sollte die Milch gesammelt, filtriert und gekühlt werden. Konzessionierte Händler verkauften die Waren zu einem einheitlichen Preis, so dass der Milchverkauf staatlich kontrolliert wurde. Im Oktober gründete sich in Michelbach ebenfalls eine Milchabsatzgenossenschaft. Ziele und Aufgaben waren mit den in Königstein gefassten Beschlüssen identisch.

Gemeinde kauft Wasserwerk

Niederreifenberg. Die Gemeinde Niederreifenberg kaufte im März das vom Taunusklub im Jahr 1904 errichtete Feldbergwasserwerk. Das an der Weilquelle errichtete Pumpwerk versorgte die drei Feldberghäuser, Feldbergturm und das Turnerheim auf dem Großen Feldberg, die Wetterwarte auf dem Kleinen Feldberg und die Gemeinde Seelenberg mit Wasser.

Fliegerhorst soll neue Wege weisen

Taunus. Am 10. Oktober wurde in Gemünden ein Fliegerhorst für Segelflieger gegründet. Ziel war es, die Luftsportbegeisterten im Kreis Usingen zu erreichen und der Jugend „neue Wege zum Wiederaufbau Deutschlands zu weisen". Aber der militärische Charakter der Segelflugförderung war offensichtlich. Organisatorisch gehörte der Fliegerhorst zur Ortsgruppe Bad Homburg des Deutschen Luftsport-Verbands. Höhepunkt der Ortsgruppe war am 4. November die Taufe von sechs Segelfliegern durch Gauleiter Sprenger im Stützpunkt Oberursel.

am 2. Mai 1933 an der Christian-Wirth-Schule in Usingen: Der Schulleiter, Dr. Heinrich Walther, wurde von Schülern, die der HJ und der SA angehörten, aus der Schule gewiesen und amtlicherseits beurlaubt. Kurz darauf erschien sein Name zusammen mit sechs anderen unter der Rubrik „Beurlaubungen im Kreis Usingen in Verbindung mit der zweiten nationalsozialistischen Revolution" in der Zeitung.

Auf ein ganz schlimmes Kapitel jener zwölf Jahre verweist eine lapidare Eintragung im Protokollbuch der Schule in Friedrichsdorf: „Am 10. Oktober nach den Herbstferien kam Frau Stephan nicht wieder, sie wurde als nicht arisch entlassen." Aus der Schule „entfernt" wurden auch jüdische Schüler, so schon am 1. April 1933 durch einen SA-Mann in der Christian-Wirth-Schule.

Unliebsam geworden waren zudem die Vertreter der „linken" Parteien SPD und der KPD, die zum Beispiel in Steinbach am 23. Mai 1933 „auf Dauer" aus dem Parlament verwiesen wurden. In Oberursel wurde der SPD-Abgeordnete Leonhard Schwinn aller Ämter enthoben und offiziell aus dem Stadtparlament verabschiedet. Am 7. Februar 1933 fand in Bad Homburg, am 28. Dezember 1933 in Oberursel die letzte demokratische Stadtverordnetenversammlung statt.

Verbände und Vereine wurden aufgelöst oder „gleichgeschaltet", das heißt auf die Linie der NSDAP gebracht. So ging am 12. Mai 1933 der Reichsbund in der Nationalsozialistischen Kriegsopferversorgung auf. In Anspach wurden der Gesangverein „Frohsinn" und der Reiterverein aufgelöst. Die Aufzählung ließe sich beliebig fortsetzen.

Schließlich wollten die Nationalsozialisten auch mit der Umbenennung von Straßen Zeichen setzen. Es gab Horst-Wessel-Straßen zum Beispiel in Usingen und in Kronberg, Schlageterstraßen in Bad Homburg und in Oberursel, eine

Von den neuen Machthabern wurden sogar Postkarten als Propagandamittel eingesetzt.

Mit Hakenkreuz-Fahnen marschierten die Nationalsozialisten 1933 in Bad Homburg auf.

Hermann-Göring-Straße in Usingen. Für „den Führer" reservierte man besonders wichtige oder auf irgend eine Weise ausgezeichnete Plätze und Straßen. So wurden in Usingen der Marktplatz, in Homburg die Tannenwaldallee und in Oberursel die heutige Adenauer-Allee nach Adolf Hitler benannt.

In Eschbach ging die Umbenennung nicht stillschweigend vor sich, sondern wurde „würdig begangen". Am „Tag der Arbeit", dem 1. Mai 1933, „nachmittags um drei Uhr fand die Einweihung der Hitlerlinde, des Hitlerplatzes und der Hindenburgstraße statt". Der Ortspfarrer sprach die „Weiheworte" und hielt alles in der Pfarrchronik fest.

Dass angesichts solcher Euphorie Widerstand nutzlos war, zeigt das Beispiel, das der Usinger Stadtarchivar Ernst Georg Steinmetz lieferte. Er schrieb im Juni 1933 einen Brief an die Stadtverwaltung, in dem er die Rücknahme der Umbenennungen vorschlug und darauf verwies, dass die alten Namen mit der Stadtgeschichte Usingens verbunden seien. Sein Vorschlag wurde lediglich zur Kenntnis genommen. Seit dem 31. März 1933 war Adolf Hitler Ehrenbürger von Usingen. Noch viele andere Städte ließen ihm diese Würdigung angedeihen.

Im Oktober 1933 ordnete der Reichsminister des Innern an, dass Cronberg künftig mit einem „K" zu schreiben sei. Der seit Jahrhunderten angewandte Buchstabe „C" im Namen der Stadt galt jetzt als „undeutsch".

Bauern geraten ins politische Fahrwasser

Bad Homburg. Zu einer politischen Kundgebung der Bauern des Obertaunuskreises wurde die Versammlung vom 24. Januar im Bad Homburger Schützenhof in der Audenstraße 4. 600 Bauern hatten sich versammelt, um den Landesbauernführer Dr. Wagner und den Landrat, Prinz Wolfgang von Hessen, zu hören. Anlass des Treffens war die Ausrichtung der Bauernschaft auf die seit einem Jahr regierenden Nationalsozialisten. Mancher Teilnehmer mag noch lange an die kernigen Sätze gedacht haben, die er hier zu hören bekam: „Eine Auflehnung gegen die Anordnungen unseres Landesbauernführers gibt es nicht, und wer dies dennoch tut, über den geht das Rad der Zeit hinweg."

Freilichtbühne vor den Klippen errichtet

Eschbach. Mit einem enormen Arbeitsaufwand gelang es den Eschbachern, vor der Naturkulisse der Eschbacher Klippen eine Freilichtbühne zu errichten. Am 9. Mai fand die Uraufführung des von Norbert Bruchhäuser geschriebenen Stücks „Bauernsöhne" statt. Die ganze Dorfgemeinschaft war in das Spiel oder den zuvor stattfindenden Festzug integriert. Der Reichsnährstand unterstützte die Spiele, passte doch die Bauernaufführung zur Ideologie des Dritten Reiches. Wegen des großen Erfolgs der Freilichtspiele beschloss man eine Wiederholung in den kommenden Jahren. 1938 war das erfolgreichste Jahr der Bauernspielschar. Zur zweiten Aufführung des „Schinderhannes" an Pfingsten erschienen 3000 Zuschauer. Während des Krieges fielen die Bauernspiele aus, wurden aber danach wieder aufgegriffen. „Das Hundsrecker Mädche" wurde 1952 aufgeführt. Es sollte die letzte Vorstellung der Eschbacher Bauernspielschar werden.

Der Motorenbau kommt wieder auf Touren

Die „MO" in Oberursel/Karl Heinz Arbogast

Oberursel. Eines der bedeutendsten Ereignisse der heimischen Wirtschaftsgeschichte vor dem Zweiten Weltkrieg fällt in den März 1934: Die Motorenfabrik Oberursel, von den Oberurselern meist nur kurz MO genannt, beginnt wieder zu arbeiten. Damit enden zwei für die ganze Stadt fürchterliche Jahre mit über 1200 Arbeitslosen unter rund 10 6000 Einwohnern.

Was war geschehen? Die MO, 1891 gegründet und durch Jahrzehnte der größte einheimische Arbeitgeber mit bereits zwischen 1914 und 1918 bis zu 2000 Beschäftigten, hatte im Frühjahr 1932 dicht gemacht. Ähnlich wie heute gab es in den 20er Jahren in Westeuropa erhebliche Firmenkonzentrationen. In Deutschland kommt es zu Fusionen, und diesem Prozess fällt auch die Oberurseler Motorenfabrik 1930 zum Opfer.

Seit November 1921 hatte das Werk eine Arbeitsgemeinschaft mit der Gasmotorenfabrik Deutz AG gebildet, der bisherigen Konkurrenz im Motorenbau. Deutz war das leitende Organ der neuen Interessengemeinschaft. Das Werk Oberursel fertigte in den 20er Jahren unter anderem Zweitakt-Dieselmotoren für Schiffe und entwickelte erfolgreich schnell laufende Dieselmotoren für den Automobil- und später auch für den Flugzeugbau.

1930 wird die MO vollständig in die Humboldt-Deutz-Motoren-AG eingegliedert. Der Oberurseler Pädagoge und Heimatforscher Dr. Helmut Petran, der die Geschichte des Unternehmens in seinem Buch „Ursella II" gründlich durchleuchtet

Die Oberurseler Motorenfabrik durchlebte im 20. Jahrhundert eine wechselvolle Geschichte, wurde zwischenzeitlich geschlossen und 1934 wieder in Betrieb genommen.

hat, meint zu dieser Eingliederung: „Dagegen half auch das Argument nichts, dass die MO noch im Rechnungsjahr 1929/30 einen Umsatz von rund 17 Millionen Reichsmark erzielt hatte."

Infolge der Weltwirtschaftskrise ging 1931/32 im Gesamtkonzern der Umsatz um fast zwei Drittel zurück. Es entstand ein Verlust von 2,7 Millionen Mark, nur noch 9950 Motoren – weniger als die Hälfte des Vorjahres – konnten gebaut werden. Im Frühjahr 1932 entschied die Geschäftsleitung in Deutz: „Werk Oberursel wird sofort geschlossen." Obwohl ein Teil der Belegschaft nach Deutz übernommen werden konnte, wurden doch etwa 600 Arbeiter, Angestellte und deren Familien unmittelbar betroffen. Petran: „Nur fünf Mann blieben als Wache im Werk auf unbestimmte Zeit zurück."

Über die Stadt und ihre Menschen brach eine Katastrophe herein. Den hohen Gewerbesteuerausfall bekamen alle Oberurseler zu spüren. Für das Städtische Lyceum war kein Geld mehr da; es musste geschlossen werden. Die Schülerinnen und ein Großteil des Lehrerkollegiums wurden in das Gymnasium für Jungen übernommen. Die Stadtverwaltung bezog das Gebäude und ersparte sich so den anstehenden Rathausneubau. Das Geld in der Stadtkasse wurde so knapp, dass sogar die Straßenbeleuchtung stark eingeschränkt werden musste.

Die Arbeitlosigkeit hatte beängstigende Ausmaße angenommen. Die Stadt richtete daher für die Arbeitslosen eine Gemeinschaftsküche ein, für die sie einen Teil der Arbeitslosenunterstützung einbehielt, und überwies Geld direkt an die Wohnungsvermieter, damit die Arbeitslosen nicht mit ihren Familien auf der Straße standen. Die so unverschuldet in Not geratenen Familien hatten damals kaum mehr als 20 Reichsmark „freies Geld" im Monat. Sie waren auf die Hilfe von Nachbarn, Kirchen und die erst spärlich sich entwickelnden karitativen Organisationen sowie auf Gelegenheitsarbeiten angewiesen, die zum Teil auch von der Stadt Oberursel organisiert wurden.

Das ganze Jahr 1933 hielten diese Verhältnisse an. Das Werk blieb geschlossen. Erst im Mai 1934 ging es wie ein Jubelruf durch die Stadt: „Die MO macht wieder auf!" Aus dem Stammwerk Deutz kam Wilhelm Blumschein als kaufmännischer Leiter, und Obermeister Zölle begann mit 23 Arbeitern Kleinteile als Zulieferer für die Motorenfabrikation in Deutz anzufertigen. Immerhin konnte am 1. Mai 1934 der erste wieder in Oberursel gebaute Dieselmotor vorgestellt werden.

1936 entstanden bereits einige Tausend langsam laufende Dieselmotoren für Traktoren und Fischtrawler, und im September 1937 zählte die MO 274 Mitarbeiter und konnte im Laufe dieses Jahres den 10 000. Motor abschicken. 1938 stellte die MO auf schnell laufende Dieselmotoren für Lastwagen um, und die Belegschaft wuchs damit bis 1939 auf über 900 Mitarbeiter.

Das Werk, obwohl kriegswichtig, konnte den ganzen Krieg über bis zum März 1945 in großen Stückzahlen Motoren produzieren und wurde nie bombardiert. Die Oberurseler führten das auf die Nachbarschaft des „Dulag" – das Kriegsgefangenenlager für abgeschossene ameri-

Schäferei wagt einen Neuanfang

Wernborn. Die vor einigen Jahren aufgegebene alte Wernborner Schäferei wurde 1934 wieder aufgenommen. Durch Spenden gelang es, eine Herde von 100 Muttertieren aufzukaufen, die im Dezember in Wernborn eintrafen und die Agrarwirtschaft des Ortes bereicherten.

Von der Molkerei zur Großhandlung

Taunus. Am 17. November konnte die „Molkereigenossenschaft Taunusmilch" in ihrem Gebäude am Heuchelbach, auf dem heutigen Festplatz an der Dietigheimer Straße, eröffnet werden. In dieser Absatzgemeinschaft für Milchverwertung hatten sich die Orte Bad Homburg, Oberstedten, Gonzenheim, Ober-Eschbach, Seulberg, Köppern und die Domäne Kloster Thron zusammengeschlossen. Nach den 1938 erfolgten Erweiterungsbauten gehörten auch die Sammelstellen von Oberursel, Bommersheim und Königstein dazu, später noch Friedrichsdorf, Kronberg und Glashütten. Aus der einfachen Molkerei wurde 1949 eine Großhandlung für Molkereiprodukte wie Trinkmilch, Joghurt, Butter und Frischkäse, die zehn Jahre später 40 Beschäftigte zählte und von 548 Mitgliedern getragen wurde. Zugleich erforderte der Rückgang landwirtschaftlicher Betriebe den Milchtransport aus der Wetterau und dem Vogelsberg. Beliefert wurden fast der gesamte damalige Obertaunuskreis sowie Teile des Kreises Friedberg.

Im Jahr 1934 gründete sich am 12. Mai auch in Usingen eine Molkereigenossenschaft. Ihr traten sofort alle bisher bestehenden Absatzgenossenschaften bei. Der Geschäftsanteil betrug 20 Reichsmark je Kuh.

Das Foto zeigt das 100. im Werk Oberursel hergestellte Hubschrauber-Triebwerk.

kanische und britische Luftwaffenangehörige – zurück, was wahrscheinlich richtig war.

Der Name der MO hatte 1938 wieder gewechselt in „Klöckner-Humboldt-Deutz-AG, Werk Oberursel". Nachdem bereits in Ersten Weltkrieg die MO vielbeachtete Motoren für Jagdflugzeuge gebaut hatte, bekam sie im Verlauf des Zweiten Weltkriegs den Auftrag, die bereits begonnene Entwicklung von „höhenflugtauglichen Zweitakt-Diesel-Motoren als Flugmotoren" energisch weiterzuführen. Der Leiter der Forschungsabteilung, Dr. Ing. Schnürle, verfügte seit 1930 über entsprechende Patente. Es gelang, in Oberursel einen ausgezeichneten Flugmotor zu entwickeln und serienreif zu machen. Er hätte 700 Kilometer pro Stunde erlaubt, kam aber nicht mehr in den Kriegseinsatz, weil das propellerlose Strahltriebwerk ihn „überholte". Den hohen Qualitätsansprüchen der Produktion verdanken es auch viele Oberurseler Facharbeiter, dass sie vom Kriegseinsatz verschont blieben. Unter der Belegschaft von rund 1000 Beschäftigten waren darum auch nur etwa 70 „Zwangsarbeiter" zu finden, wie Petran ermittelte. Mit dem Kriegsende 1945 besetzten amerikanische Truppen das Werk. Die 230 hochwertigen Werkzeugmaschinen wurden von den Siegern demontiert und bis 1956 die Fabrikanlagen als militärische Reparaturwerkstatt genutzt.

Das weitere Schicksal der MO ist bekannt. Die Klöckner-Humboldt-Deutz AG (KHD) baute nach Rückgabe der leeren Bauten Gasturbinen, Abgasturbolader und vor allem Schubtriebwerke für Flugzeuge des zivilen und militärischen Bereiches. Die Bundeswehr sorgte für Arbeit. Triebwerke wurden neu gebaut und später wieder revidiert. Es kam zur Zusammenarbeit mit anderen europäischen Produzenten. Die MO machte sich einen Namen im Flugmotorenbau und überschritt 1979 die Mitarbeiterzahl 1400.

Heute gehört das Werk nicht mehr zur KHD, sondern ist Bestandteil von BMW-Luftfahrttechnik und Rolls-Royce. Zwar sind es heute wieder erheblich weniger als tausend Mitarbeiter, aber die MO ist immer noch der personell größte Betrieb des produzierenden Gewerbes in Oberursel und damit auch für das Leben in der Stadt von großer Bedeutung.

Abschließend noch ein kurzer Blick in die Firmengeschichte des Werkes, auf dessen Gelände bereits von etwa 1850 bis 1870 der Urselbach die Wiemersmühle trieb. Später entstanden hier eine Kalbsleder-Gerberei und eine nur wenige Jahre existierende Geflügelzucht. Eine kleine Eisengießerei und eine Dachpappenfabrik belegen, wie beliebt das Urselbachtal bereits im vergangenen Jahrhundert für Gewerbeansiedlungen war. Als Gründungsjahr der MO gilt 1891. Willy Seck, einem jungen Maschinenbau-Studenten, gelang in der väterlichen Werkstatt die Konstruktion eines robusten Petroleummotors, der mit dem Markennamen „Gnom" einen gewaltigen Siegeszug antrat.

1898 wird die „Motorenfabrik Oberursel AG" gegründet, die um 1900 bereits 250 Arbeiter beschäftigte. Motoren für Benzin, Benzol, Spiritus, Sauggas und Rohöl wurden für Gewerbe und Landwirtschaft in immer größeren Stückzahlen gebaut. Von 1910 bis 1922 entstanden auch Feldbahn- und Grubenlokomotiven. Flugmotoren kamen im Ersten Weltkrieg hinzu, und die Belegschaft wuchs bis 1918, dem letzten Kriegsjahr, auf 2000 Mitarbeiter an.

Das erste Laternenfest in Bad Homburg

Reinhold Brückl

Bad Homburg. Im Jahre 1935 wurde das heute aus Bad Homburg nicht mehr wegzudenkende Laternenfest aus der Taufe gehoben. Die Zeiten waren schlecht, denn bereits nach dem Kriegsausbruch im Jahre 1914 verlor die Stadt, einst zu den „Lieblingen der Schöpfung" gehörend, ihren bis dahin in die ganze Welt hinausstrahlenden Glanz.

Jahrelang suchte man nach einem Ausweg, was schließlich dazu führte, dass sich der Kur- und Verkehrsverein auf Anregung seines Geschäftsführers Stadtinspektor Heinrich Pens entschloss, ein Volksfest, eben das Laternenfest, ins Leben zu rufen. Der Taunusbote berichtete ausführlich über die am 9. September 1935 stattgefundene Sitzung des Vereins und dessen Pläne. Vorgesehen waren die drei Tage vom 28. bis 30. September, man wollte es „Homburger Laternenfest" nennen, und gleichzeitig brachte man einen Wettbewerb auf den Weg, demzufolge die Homburger Bürger sich ein Laternenlied ausdenken sollten. Es verging nunmehr kein Tag, an dem der Taunusbote nicht etwas über das zu erwartende Laternenfest berichtete. Sehr erstaunt war man über den so zahlreichen Eingang von Laternenlied-Texten, von denen die Lokalzeitung täglich eine große Anzahl abdruckte. Wenn man auch bei einigen Einsendern Vokabeln der „neuen Zeit" hervorklingen hörte, konnte die Mehrzahl der Texte von der Absicht eines unpolitischen Volksfestes überzeugen. Den Zuschlag bekam dann auch der Bad Homburger Musikalienhändler Paul Grützner mit seinem Lied „Das Laternche", das mittlerweile so populär

Nöldner hinterlässt Spuren in der Stadt

Bad Homburg. Seit 1. April hat Bad Homburg in Johannes Nöldner einen neuen Ersten Beigeordneten und Stadtkämmerer. Nöldner kam aus Bad Wildungen, wo er 1933 aus politischen Gründen sein Amt verloren hatte. Bereits im folgenden Jahr war seine Arbeit in der Kurstadt sichtbar, als im Rahmen von „werteschaffender Erwerbslosenfürsorge" die Heinrich-von-Kleist-Straße und der Hölderlinring ausgebaut und zur Bebauung erschlossen wurden. Nachdem Bürgermeister Erich Meusel bei Kriegsbeginn 1939 zur Wehrmacht einberufen wurde, übernahm Nöldner 1942 seine Position, wurde dann aber seines Amtes enthoben und nach Wiesbaden an eine untergeordnete Stelle versetzt.

Armen-Kommission wird aufgelöst

Bad Homburg. Die Auflösung der Amts-Armen-Kommission am 1. April ließ einen Namen ver-

Der 1. Preis im Wettbewerb um die schönste Dekoration zum Laternenfest: Für die Konstruktion am Hoftor des Malers und Weißbinders Emil Förder in der Dorotheenstraße 14 gab es eine Siegprämie von 30 Mark.

schwinden, der seit 1824 für das öffentliche Fürsorgewesen zuständig war. Von Landgraf Friedrich VI. von Hessen-Homburg ins Leben gerufen, gehörten ihr neben dem Bürgermeister je zwei Regierungsbeamte, Ärzte, Direktoren wohltätiger Einrichtungen und Bürger an; seit 1872 hatte der Landrat den Vorsitz. Steuern und Bürgerspenden standen zur Finanzierung zur Verfügung. Die Einrichtungen übernahm jetzt der Obertaunuskreis.

Schäferbrunnen wird eingeweiht

Oberursel. Am 8. Juli wurde das Oberurseler Heimatfest groß gefeiert. Einer der Höhepunkte war die Einweihung des Schäferbrunnens. Der vom Bürger- und Verkehrsverein gestiftete Brunnen wurde vom Oberurseler Holzbildhauer Kurt Winter geschnitzt. Am Einweihungstag sprudelte aus dem Brunnen Apfelwein. Bürgermeister August Weß ließ es sich nicht nehmen, das erste Glas persönlich zu leeren. In den 60er Jahren wurde der Brunnen in die Korfstraße verlegt. Die Oberurseler hatten aus Anlass des Festes auch Besuch vom Rundfunk. Der Sprecher berichtete aus dem Alten Rathaus über das Treiben auf dem überfüllten Marktplatz. Auf Wachsplatten aufgezeichnet wurde der Bericht am 13. Juli im Rahmen eines aus dem Homburger Kurhaus übertragenen „bunten Abends" gesendet.

Bogoljubow dominiert bei Schach-Partien

Kronberg. Der Internationale Schachgroßmeister Jewfim Bogoljubow, der im Jahr 1934 noch um die Schachweltmeisterschaft spielte, trat am 21. Mai im Kronberger „Schützenhof" zu einer Simultanpartie gegen 47 Spieler an. Nach über vier Stunden stand das Ergebnis fest: 42:5 für Bogoljubow, der nur fünf Partien verloren hatte. Bereits nach einer Stunde waren die ersten Gegner schachmatt.

ist, dass man annehmen darf, es wird bis in alle Zeiten erklingen.

Die ganze Stadt stand nunmehr im Zeichen des Laternenfestes. Einige Tage zuvor findet man eine Notiz im Taunusboten, dass auf einen Erlass des Gauleiters hin keine nationalen Embleme verwendet werden dürfen, auch keine Hakenkreuzlaternen. Ob dies dem Parteimann und Bürgermeister Meusel bei der Eröffnung in sein Programm passte, mag dahingestellt bleiben. Das Fest fand also, wie angekündigt, an den besagten Tagen statt. Am Samstag, dem 28. September, marschierte gegen 18 Uhr eine Musikkapelle durch die Stadt. Meusel hielt gegen 19.30 Uhr vor dem Kurhaus die Festrede, danach gaben 18 Böllerschüsse das Signal zum Auftakt des Festes und zum Anbrennen der Laternen-Lichter.

Der Zug setzte sich vom Aufstellungsort Brendel-/Castillostraße gegen 19.45 Uhr in Bewegung und zog seinen vorgegebenen Weg über Kirdorfer Straße, Höhestraße, Obergasse, Neue Mauerstraße, Alte Mauerstraße, Untertor, Am Schlossgarten, Hindenburgring (Hessenring), Thomasstraße, Schöne Aussicht, Kisseleffstraße, Promenade, Wilhelm-Meister-Straße und schließlich über den Kreisel zur Louisenstraße zurück, an der Einfahrt zum Kurhaus und der Freitreppe vorbei (wo die Preisrichter standen), weiter durch die Louisenstraße bis zur Auflösung am Untertor.

Anschließend fanden auf allen Festplätzen und in den Gaststätten der Stadt volkstümliche Feiern statt. Am Sonntag morgen standen ein Frühschoppen-Konzert vor dem Kurhaus und verschiedene Volkstänze auf dem Programm. Nach den Nachmittags-

Der Musikalienhändler Paul Grützner ging als „Vater des Laternenfestlieds" in die Geschichte ein.

konzerten des Handharmonikarings und des Mandolinenvereins setzte sich gegen 19 Uhr wiederum der große Festzug in Bewegung, und im Kurhaus feierte man abschließend den ersten Laternenfest-Ball. Am Montag erlebte man weiterhin buntes Treiben und Leben auf allen Rummelplätzen und in den Lokalen der Stadt. Ein Kinderfestzug setzte sich gegen 18 Uhr von der Kaiser-Wilhelm-Straße aus in Bewegung und zog durch die Louisenstraße.

Das erste Laternenfest übertraf all die Erwartungen seiner Veranstalter. Solche Tage, wie die verflossenen, hatte Homburg bis dahin nicht erlebt, die ganze Stadt war auf die Beine gekommen, alles hatte sich in einem Taumel der Freude befunden, im Übermut hatte man das Volksfest genossen. An vielen Fenstern der Stadt, insbesondere aber in den Straßen, wo der Festzug durchgezogen war, leuchteten Laternen, Lampions und andere Lichter in einer Vielfalt auf, wie man es sich kaum vorgestellt hatte. Jeder Fußgänger war mit seiner eigenen Beleuchtung dem Wunsch der Veranstalter nachgekommen, und hatte seinen Spaß an all den anderen so zahlreichen Lichtern, wodurch die Nacht und die Stadt in eine trauliche Stimmung versetzt worden waren. Die Festwagen waren so schön herausstaffiert worden, dass es dem Preiskollegium schwer fiel, eine gerechte Auswahl zu treffen. So entschloss sich die Stadt, die ausgesetzten Preise auf 23 zu vermehren. Der 1. Preis ging an den „Fliegenden Homburger".

Das erste Homburger Laternenfest hatte seinen Sinn erfüllt. Die Kassen des Gaststättengewerbes und natürlich auch viele andere klingelten, und so konnten die Bürger das Jahr darauf mit der Wiederholung des so glücklich verlaufenen Volksfestes rechnen. Dass die Homburger auch im Übermut gemütlich blieben, bezeugt der Polizeibericht, nach welchem an beiden Festtagen nur einmal ein Schausteller von auswärts, der sich den Polizeibeamten widersetzte, festgenommen werden musste. Er wurde tags darauf wieder auf freien Fuß gesetzt.

1938 musste das Laternenfest allerdings wegen aufgetretener Kinderlähmung abgesagt werden, ebenso fiel es ab 1939 wegen des Zweiten Weltkriegs aus. Erst im Jahre 1949 fand das Fest seinen Fortgang. Die erste Laternen-Königin kürte man erst 1953.

Ehepaar Vogt eröffnet Kino

Usingen. Am 1. November eröffneten Margarethe und Wilhelm Vogt in Usingen die „Tauunuslichtspiele". Damit lösten sie die Kinovorführungen eines Wanderspielers aus Gladenbach ab. Das Kino befand sich zunächst in den Räumen der Gastwirtschaft „Schöne Aussicht" in der Weilstraße, 1952 erfolgte der Umzug in den Neubau am Schlagweg. 1987 mussten die Kinobetreiber das Haus schließen. In das Gebäude zog eine Tanzschule ein.

Höchstes Prädikat für Klima-Kurort

Königstein. Die Ernennung zum heilklimatischen Kurort im Jahr 1935 verdankte Königstein vor allem den Forschungen von Hans Lincke und Walther Amelung, die durch ihre bioklimatischen Untersuchungen die besondere Eignung der Stadt als Kurort feststellten. Königstein verdiente den Titel auf Grund seiner Höhenlage, bewaldeter Berghänge und des Schnittpunktes luftführender Täler. Die Bezeichnung „Heilklimatischer Kurort" ist das höchste amtliche Prädikat für einen Klima-Kurort. In regelmäßigen Intervallen muss überprüft werden, ob Königstein die amtlichen Richtlinien erfüllt, sonst wird der Titel entzogen.

Prinz Philipp genehmigt Wappen

Usingen. Am 19. November genehmigte der Oberpräsident der Provinz Hessen-Nassau, Prinz Philipp von Hessen, das neue Usinger Wappen. Das Wappenschild ist geviertelt. Im zweiten und dritten Feld findet sich ein rotbewehrter goldener Löwe, im ersten und vierten Feld ein rotbewehrter silberner Löwe. Im Herzschild ist ein stilisiertes grünes dreiblättriges Kleeblatt zu sehen. Das Kleeblatt ist zugleich Wappenzeichen der Stadt Usingen.

Pianist Höhn zieht in die Jaminstraße

Kronberg. Als der Pianist Alfred Höhn 1935 nach Kronberg in die Jaminstraße zog, war er schon weltberühmt. Er galt als einer der besten Klavierspieler seiner Generation. Höhn war Professor und Leiter der Meisterklasse für Klavier an den Musikschulen in Frankfurt und Weimar. Sein künstlerischer Durchbruch gelang Höhn bereits 1910, als er im Alter von 23 Jahren in St. Petersburg den berühmten „Rubinsteinpreis" gewann. Höhn starb am 2. August 1945 an den Folgen eines Schlaganfalls.

Villa Gans als Reichsschulungsburg

Oberursel. Das 1911 errichtete Landhaus „Villa Gans" in Oberursel war 1934 an die deutsche Arbeitsfront übergegangen. Nachdem der Plan, dort eine Reichsschule für Wirtschaft und Arbeit unterzubringen, sich zerschlagen hatte, wurde in dem Gebäude eine so genannte Reichsschulungsburg eingerichtet. Außer dieser Institution gab es noch zwölf weitere derartige Schulungsburgen. Am 20. Oktober 1935 wurde in der Villa die „Reichsschulungsburg Kestenhöhe" eingeweiht. In der Schule wurden Kurse in nationalsozialistischer Weltanschauung, Soziallehre, Betriebsrecht, Handelslehre und Sport abgehalten. Fünf Lehrkräfte unterrichteten unter Leitung von Dr. Frauendorfer die 55 bis 60 Kursteilnehmer. Die Schulungsburg Kestenhöhe bestand bis zum Ende des Dritten Reiches. Im Jahr 1945 erhielt das Gebäude seinen ursprünglichen Namen „Villa Gans" zurück; seit 1953 gehört das Anwesen in Oberursel der Deutschen Gewerkschaftsjugend.

In der 1911 erbauten Villa Gans wurden von 20. Oktober 1935 an Kurse in nationalsozialistischer Weltanschauung, Soziallehre, Betriebsrecht, Handelslehre und Sport gehalten.

Zittern mit dem Fackelträger

Fritz Schilgen aus Kronberg entzündet das olympische Feuer/Hanna Feldmann

Kronberg. Die Olympischen Spiele 1936 in Berlin bedeuteten damals für ganz Deutschland etwas Besonderes. 1920 und 1924 durften die Deutschen nicht teilnehmen. Erst 1928 in Amsterdam waren wieder deutsche Sportler dabei. Als dann die Spiele in Deutschland selbst stattfanden, war man begeistert. Fernsehen gab es noch nicht in Privathaushalten. Wer Ergebnisse wissen wollte, war auf Zeitungs- und Radioberichte angewiesen. Jede Nachricht wurde gierig aufgenommen. Man drückte Daumen, zitterte mit den deutschen Athleten und bangte mit ihnen um jeden Sieg. Wen wunderte es da noch, dass das kleine Kronberg Kopf stand, als man erfuhr, dass ein junger Mann bei der Eröffnungsfeier eine große Rolle spielen sollte. Ein Kronberger wurde ausersehen, das Olympische Feuer im Berliner Stadion anzuzünden.

Eine Autogrammkarte von damals zeigt den 30-jährigen Fritz Schilgen beim Entzünden des olympischen Feuers.

Die deutschen „Spielemacher" hatten sich etwas Spezielles für Berlin ausgedacht. Aus Olympia in Griechenland sollte eine lodernde Fackel durch sechs europäische Staaten getragen werden. Die Idee fand weltweit Anklang. Bei allen nachfolgenden Spielen wurde sie umgesetzt. Seit 1936 spielt das Olympische Feuer eine große Rolle.

Insgesamt 3000 Läufer – jeder hatte eine Strecke von 1000 Metern zurückzulegen – waren beteiligt. In allen Städten wurden sie jubelnd begrüßt. Lange hatte man daran gearbeitet, um eine Fackel zu fertigen, die auch bei Regen und Sturm nicht erlöschen konnte.

Die beiden Läufer, die für die erste und letzte Distanz ausgewählt waren, standen natürlich besonders im Mittelpunkt des Interesses. Warum aber fiel die Wahl ausgerechnet auf einen Kronberger? Was war so wichtig an ihm? Was gab den Ausschlag?

Ein kleiner blonder Junge, der zweite Sohn des Rektors der Kronberger höheren Schule, war schon früh mit Elan und Begeisterung in den Reihen des MTV. Er machte alles mit: Fritz Schilgen, Jahrgang 1906, durchlief viele Sparten des Sports, so weit es bei einem kleinen Verein möglich war. Nach dem Ersten Weltkrieg begann seine eigentliche Laufbahn in der Leichtathletik. Mit Gleichgesinnten des Vereins versuchte er sich im Mittel- und Langstreckenlauf. Das hieß in Kronberg „mehrere Male ums Schloss herum". Diese Disziplin der Leichtathletik wurde damals in Kronberg kaum ausgeübt, doch wozu gab es denn Laufbahnen in Frankfurt, auf

Verwirrter ersticht Wachtmeister Homm

Oberursel. Ein Mordfall erschütterte am Abend des 26. Januar die Stadt Oberursel. Polizeiwachtmeister Heinrich Homm wurde von einem offenbar geistesverwirrten Mann aus Bommersheim in seiner Dienststelle im Rathaus durch 35 Messerstiche getötet. Homm hinterließ eine Frau und fünf Kinder. Das Motiv für die Bluttat konnte nicht geklärt werden. Ein Großteil der Bevölkerung Oberursels folgte dem Trauerzug. Auf dem von der Stadt Oberursel unterhaltenen Ehrengrab wurde 1986, am 50. Todestag Homms, ein Kranz niedergelegt.

Anschluss an die Autobahn eröffnet

Bad Homburg. Der 27. September markierte für Bad Homburg einen wichtigen Abschnitt in der außerstädtischen Verkehrsführung: die Eröffnung des Zubringers zur Autobahnstrecke Frankfurt-Kassel. Kurz danach, ab 15. November, verkehrte der planmäßige Linien-Schnellbus der Reichsbahndirektion Frankfurt-Bad Nauheim über Bad Homburg auf dieser Strecke.

Verwaltung zieht in neues Rathaus

Anspach. Im Juli erwarb die Gemeinde Anspach für 13 750 Mark ein 1906 errichtetes Gebäude in der Bahnhofstraße zu Rathauszwecken. Nach einigen wenigen Schönheitsreparaturen konnte die Gemeindeverwaltung Ende September in das neue Rathaus einziehen. Die alten Räumlichkeiten erhielten die Ortsgruppe der NSDAP, die Ortsverwaltung der Deutschen Arbeits-Front, HJ, BDM und die NS-Frauenschaft.

Buchfinkenfest wird erstmals gefeiert

Usingen. Das erste „Heimatfest der Buchfinken", wie das Fest offiziell hieß, fand vom 22. bis

24. August in Usingen statt. Damit sollte ein traditionelles Fest für das gesamte Usinger Land als Ausdruck der Heimatverbundenheit und der Zusammengehörigkeit der Bevölkerung geschaffen werden. Die Organisation des Festes übernahm der Usinger Heimat- und Verkehrsverein sowie die NS-Gemeinschaft „Kraft durch Freude".

Arbeitsdienstlager trägt den Namen „Bemelburg"

Hundstadt. Am 26. Juli erhielt das Arbeitsdienstlager der Abteilung 252/4 den Namen „Bemelburg". Pläne zur Errichtung eines solchen Lagers waren bereits 1932 entworfen worden. Nach der Machtübernahme der Nazis wurde die Idee konsequent weitergeführt. Die interessierten Gemeinden schlossen sich zu einem Zweckverband zusammen, der das Lager finanziell absicherte. Im Juli 1933 konnte das Lager Falkenhorst bei Laubach bereits eingeweiht werden. Die im Lager stationierte Abteilung 252/4 sollte den Gemeinden bei der Kultivierung von Ödlandflächen, Feldwegebau und Entwässerung helfen. 1934 musste es aber wieder aufgegeben werden.

Nach einjährigem Aufenthalt in Königstein kehrte die Einheit 252/4 in das Usinger Land zurück. Da eine grundsätzliche Verbesserung der Lagerverhältnisse in Laubach nicht möglich war, begann man mit dem Bau eines neuen Lagers in Hundstadt.

Führer und Amtswarte feierlich verpflichtet

Usingen. An Hitlers 47. Geburtstag, dem 20. April 1936, fand in Usingen eine feierliche Verpflichtung von 300 politischen Leitern, Führern der HJ, Amtsverwaltern und Amtswarten der verschiedenen NS-Abteilungen und parteinahen Verbände statt.

denen Fritz Schilgen trainieren konnte. Schon bald kamen erste Erfolge.

Ernst wurde es dann, als er die Technische Hochschule in Darmstadt besuchte, um dort sein Studium als Ingenieur zu beginnen. Sein Professor, selbst ein ausgezeichneter Sportler, brachte ihn dazu, sich auf eine Disziplin, die Mittelstrecke, zu konzentrieren. Das war der Ausgangspunkt einer großen sportlichen Karriere.

Schilgen wurde schnell bekannt, an nicht weniger als elf Leichtathletik-Länderkämpfen nahm er teil. 1928 kam der erste große internationale Erfolg. Er wurde Silbermedaillen-Mitgewinner in der 4 x 400-Meter-Staffel bei den Studenten-Weltmeisterschaften in Paris. Inzwischen hatte es den Kronberger nach Berlin verschlagen, Studium und spätere Berufsausübung machten es nötig. Seiner sportlichen Weiterentwicklung kam das zugute. 1930 fanden die Studenten-Weltmeisterschaften in Darmstadt statt, hier errang er über 5000 Meter die Bronzemedaille. 1931 lief er mit der Staffel über 4 x 1500 Meter in Köln Weltrekord. 1932 – wieder bei einem Länderkampf, diesmal gegen Frankreich – errang er einen Sieg im 1500-Meter-Lauf gegen die beiden Olympia-Teilnehmer Séra Martin (Frankreich) und Dr. Otto Peltzer (Deutschland) – die Höhepunkte einer Mittelstreckler-Karriere.

Kronberg hatte bisher noch keinen so erfolgreichen Sportler in seinen Reihen. Man bedauerte, dass Schilgen nicht mehr in Kronberg wohnte, nur ab und zu auf Besuch zu seinen Eltern kam. Doch ließ er die Verbindung zum MTV nie abreißen.

Als die Nachricht von der hohen Ehre für Fritz Schilgen in Kronberg durchsickerte, war die Freude groß. Denn es war wirklich eine Auszeichnung für den – immerhin schon 30-jährigen – Läufer, die Fackel ins Stadion tragen zu dürfen. Doch ehe Fritz Schilgen endgültig zum letzten Fackelträger bestimmt wurde, musste er sich mit zwei Mitkandidaten einer strengen Prüfung unterziehen. Noch einmal sollte er bestätigen, dass es sein hervorragender Laufstil war, der ihn in die engere Auswahl brachte. Im noch nicht ganz fertigen Berliner Olympiastadion mussten die drei Läufer zeigen, was sie konnten: Man ließ sie Runden drehen und Treppen hinauflaufen. Erst nach die-

Brausender Beifall empfing den Kronberger Athleten, als er als letzter Fackelträger der Olympischen Spiele 1936 in das Berliner Stadion einlief.

sem abschließenden Test stand fest: Fritz Schilgen darf die Fackel tragen.

Nun begann für ihn die Zeit des Übens, die er ebenso erfolgreich durchstand oder besser – durchlief. Am 1. August kam seine große Stunde. Brausender Jubel empfing den Kronberger, als er im Stadion eintraf und eine Runde lief, während langsam die Olympiafahne hochgezogen wurde. Souverän meisterte er die vielen Stufen am Marathontor bis hinauf zur Schale, an der er mit der Fackel das olympische Feuer entzündete. Wenn diese Szene in Wochenschauen und später im großen Olympiafilm im Kronberger Kino gezeigt wurde, dann ließen es sich die Bürger unserer Stadt nicht nehmen, sie mit herzlichem Beifall zu begleiten. Die Idee der olympischen Fackelstafette wurde nach dem Krieg von allen ausrichtenden Ländern aufgegriffen. Das Feuer dient weltweit als Symbol für die Verkörperung der olympischen Idee. Im heiligen Hain von Olympia wird es durch Spiegel entzündet und dann von vielen Fackelläufern durch die Welt getragen. Fritz Schilgen wurde nach dem Kriege als beratendes Mitglied in das Olympische Komitee geholt. Vor allem, als es galt, 1972 das Feuer nach München zu tragen. Er ist stets Ehrengast bei den Spielen und setzt sich auch im hohen Alter noch für den Sport ein.

Einige Jahre nach dem Krieg kehrte er mit seiner Familie in die alte Heimat zurück. Hier verbringt er seinen Lebensabend. Man nimmt ihm seine 93 Jahre nicht ab, strahlt er doch noch so viel Elan aus. Und Fritz Schilgen kann sich sicher sein: Der Auftritt als „erster letzter Fackelträger" ist Bestandteil der Geschichte des Hochtaunus-Jahrhunderts.

August Korf – Heimatforscher aus Leidenschaft

Angelika Baeumerth

Oberursel. Als August Korf am 6. März 1936 in Oberursel starb, hinterließ er eine Fülle von lokalgeschichtlichen Publikationen: Mit rund 70 Arbeiten, geschaffen in 35 Jahren, hat sich August Korf den Rang eines Nestors und noch heute sehr geschätzten Autors der Oberurseler Heimatgeschichte erworben. Die nachhaltige Wirkung seiner Arbeiten lag im genauen, oft erstmaligen Quellenstudium begründet.

August Korf war Kaufmann von Beruf, Heimatforscher aus Leidenschaft. In seiner Freizeit beschäftigte er sich mit der Geschichte seiner Wahlheimat Oberursel und legte 1901 seine erste heimatkundliche Arbeit vor, eine gründlich recherchierte, ausführliche Geschichte Oberursels als Gewerbestadt. Von nun an publizierte Korf unentwegt, allein im Jahr 1902 erschienen fünf Arbeiten, darunter die inhaltsreiche grundlegende Geschichte der evangelischen Gemeinde in Oberursel. Allzu oft erschienen sie an entlegenen Stellen, vorzugsweise in Festschriften für Vereine und zu Jubiläen. So wurde lange übersehen, dass dieser Oberurseler Heimatforscher ein seiner Zeit weit voraus eilendes Geschichtsbild überlieferte, das sich nicht an Herrschafts-, sondern an Alltagsgeschichte orientierte und darum auf uns Heutige so modern wirkt.

Das Bild vom geruhsam im stillen Kämmerlein studierenden Forscher trifft auf Korf kaum zu. Vielmehr sah er sich bemüßigt, durch eigenes Handeln die Grundlagen für Bildung und Forschung zu schaffen. 1903 gründete er die Stadt- und Volksbibliothek und übernahm deren Leitung. Noch wichtiger war ihm wohl die Ordnung des historischen Schriftgutes der Stadt und dessen Bereitstellung in einem städtischen Archiv im Jahr 1904. Nun saß Korf „an der Quelle", aus der er reichlich schöpfte.

Hat sich große Verdienste um die Erforschung der Oberurseler Geschichte erworben: August Korf.

Aus dem Sanatorium wird eine Schule

Bad Homburg. Die Deutsche Reichsbahn übernahm im August das 1911 als „Taunus-Sanatorium" erbaute und geführte Haus des Dr. Goldschmidt an der Unteren Terrassenstraße in Bad Homburg und erweiterte das Gelände. Bis 1936 war es eine Erholungsstätte mit eigener Synagoge gewesen, nun wurde es Zentralschule der Reichsbahn. Nach der Beschlagnahmung durch die Amerikaner und Entschädigung der ehemaligen Besitzer stieg das Haus im Herbst 1946 zum Sitz des „Deutschen Finanzrats für die amerikanische und britische Zone" auf, aus dem sich das Bundesfinanzministerium entwickelte, und blieb bis 1998 die Adresse des Bundesausgleichsamtes.

Ein Funkmärchen aus der Wirklichkeit

Eschbach. Am 18. Januar sendete der Reichssender Frankfurt eine Reportage mit dem Titel „Das winterliche Dorf". Schauplatz des „Funkmärchens aus der Wirklichkeit" war Eschbach. Viele Dorfbewohner wirkten an der Sendung mit, die ein Bild vom Leben im Taunusdorf bot. Der Gesang der Schulkinder wurde ebenso übertragen wie die Bekanntmachungen des Gemeindedieners und Unterhaltungen der Bauern und Waldarbeiter.

Bad Homburgerin überlebt Inferno

Bad Homburg. Als der Welt größter Zeppelin, das Luftschiff LZ 129 „Hindenburg", am 6. Mai 1937 auf dem US-Marineflughafen Lakehurst im Bundesstaat New Jersey explodierte, war auch eine Frau aus Bad Homburg an Bord. Die Industriellengattin Marie Kleemann - Ehefrau des Chefs der legendären Motorradfabrik Horex, Friedrich Kleemann - hatte die Reise von Friedrichshafen

Zwei Wilderer und ein brutaler Mord am Jagdaufseher

Der Fall Mieger/Johanna Koppenhöfer

Köppern. Im April 1937, als Friedrichsdorf vollauf mit den Vorbereitungen zur 250-Jahr-Feier im Juni beschäftigt war, schlug die Nachricht von der Ermordung des Jagdaufsehers Ernst Hofmann wie eine Bombe ein. Hofmann war von einem Kontrollgang am 16. April nicht zurückgekehrt, nach langer Suche fand schließlich eine Schülergruppe der Landjahrjugend im Dillinger Wald seine Leiche, verborgen unter Fichtenreisig. Durch Schüsse, Messerstiche und Würgemale am Hals war der Waidmann grässlich zugerichtet.

Die Mordkommission der Kriminalpolizei Frankfurt rückte mit einem großen Aufgebot an, um den Mord aufzuklären und bei dieser Gelegenheit gleich die gesamte „Wilderermafia" der Taunusdörfer vor Gericht zu bringen. Nur ein Wilderer, so die Vermutung, konnte das brutale Verbrechen verübt haben. Zahlreiche Personen aus der Umgegend wurden festgenommen und ihre Häuser nach Waffen durchsucht, der Sitzungssaal des Friedrichsdorfer Rathauses glich bald einem Waffenlager mit über 50 Gewehren aller Kaliber. Die Friedrichsdorfer Bevölkerung und auch die Einwohner der umliegenden Dörfer zeigten sich wenig hilfsbereit, trotz der ausgesetzten Belohnung von 1000 Mark und trotz aller Appelle an die Moral, klagte die Polizei. Jeder befürchtete, sich als Zeuge Unannehmlichkeiten auszusetzen, und die am besten informierten Leute hatten meist selber etwas zu verbergen.

Sehr schnell konzentrierte sich der Verdacht auf den Weißbinder Johann Wilhelm Mieger und seinen Sohn Wilhelm. Beide waren seit

Begleitete seinen Vater auf der Pirsch: Wilhelm Mieger.

„Gewerbsmäßiger Wilderer": Johann Wilhelm Mieger.

langem als Wilderer bekannt und hatten schon mehrfach Gefängnisstrafen verbüßt.

Mieger hatte im Mai 1906 nach Köppern eingeheiratet. Nach dem frühen Tod seiner Frau, mit der er zwei Söhne hatte, heiratete er ein zweites Mal und wurde Vater einer Tochter. Im Jahre 1933 erbaute er sich ein Haus mit einer Gartenhütte in Friedrichsdorf in unmittelbarer Nähe zum Dillinger Wald. Zu diesem Zeitpunkt war er längst ein „gewerbsmäßiger" Wilderer, der mit dem erlegten Wildbret einen schwunghaften und lohnenden Handel betrieb. Sein Sohn Wilhelm war bei den Waldgängen sein ständiger Begleiter. Die Ehefrau Katharina und die Schwiegertochter waren beim Räuchern und Konservieren des Fleisches behilflich.

Bereits am 28. April erreichte die Kriminalpolizei ein Teilgeständnis von Katharina Mieger. Sie gab zu, dass ihr Mann und ihr Stiefsohn manchmal gewildert hätten. Wilhelm Mieger junior zeigte der Polizei sogar die Verstecke für das erlegte Wildbret in einer unterirdischen Räucherkammer. Bei der Durchsuchung des Hauses fanden die Beamten vier Schusswaffen, das Dolchmesser, mit dem Hofmann erstochen worden war, und Stücke von eingemachtem, geräuchertem und gesalzenem Wildbret. Am gleichen Abend legte Sohn Wilhelm Mieger ein Geständnis ab. Er nahm den Mord an Ernst Hofmann auf sich. Vater und Sohn wurden ins Untersuchungsgefängnis Frankfurt eingeliefert, ihr Prozess begann am 7. Juni 1937.

Bei der Schilderung des Mordes an Ernst Hofmann verwickelte sich der junge Mieger aber in Widersprüche. Er behauptete, Hofmann habe ihn angegriffen und er habe nur in Notwehr gehandelt. Im gleichen Monat wird er – obwohl ihm das Gericht nie ganz geglaubt hat – zum Tode verurteilt. Dieser Schock – Mieger hatte geglaubt, er käme wegen Totschlags mit einigen Jahren Zuchthaus davon – brachte eine dramatische Wende im Prozess. Denn nun klagte er seinen Vater an, ihn zum falschen Geständnis überredet zu haben. Dieser sei der wahre Mörder.

Am 8. November 1937 begann dann der Doppelprozess gegen Vater und Sohn, in welchem auch ein bisher ungeklärter Mord an dem Usinger Forstmeister Wilhelm Birckenauer aus dem Jahre 1917 neu verhandelt wurde. Damals war Johann Wilhelm Mieger verdächtigt worden, konnte aber trotz drückender Beweise nicht angeklagt werden, weil zwei Köpperner Einwohner unter Eid ausgesagt hatten, dass Mieger kein Kleinkalibergewehr – die Mordwaffe – besessen habe. Diese beiden widerriefen nun ihre damalige Aussage, so dass Mieger auf jeden Fall wegen dieses verjährten Mordes verurteilt werden sollte. Zahlreiche Zusammenstöße mit Forstbeamten und Jägern in den Wäldern bis Kransberg und Obernhain kommen zur Sprache, wobei die Situation recht undurchsichtig ist, denn es stellt sich heraus, dass viele Jagdpächter ihre Rechte wieder weitervermietet hatten, und diese Unterpächter hatten ihrerseits ihren Bekannten Jagdberechtigungen verschafft, so dass kaum noch einer wusste, wer Wilderer und wer Jagdberechtigter war. Einige Zeugen der Anklage waren selbst Wilderer gewesen, und Mieger hatte ihnen einst Draht und Schlingen abgenommen. Parallel zu

nach Nordamerika angetreten, um ihre Tochter Käti und deren Mann Hans Bolten zu besuchen, die sechs Jahre zuvor in die USA ausgewandert waren. Sie lebten in Massachusetts in der Nähe von Boston, wo sie eine Firma für Kämme gegründet hatten.

61 Stunden war das luxuriös ausgestattete Luftschiff unterwegs, die Reise war bis Lakehurst ohne nennenswerte Zwischenfälle verlaufen. Dann auf einmal das Inferno: Beim Landeanflug in Lakehurst explodierte das Gas, der Zeppelin fing Feuer.

Marie Kleemann hatte Glück: Sie überlebte die Katastrophe – so wie (für viele überraschend) die meisten Passagiere und Besatzungsmitglieder. In dem flammenden Inferno kamen 35 der 96 Fahrteilnehmer ums Leben. Das Unglück von Lakehurst bedeutete das Ende der zivilen Luftschifffahrt.

Zwei bedeutende Verleger sterben

Königstein / Kronberg. Am 14. Februar starben zwei für den Taunus bedeutende Zeitungsverleger. In Königstein verstarb der Verleger der Taunus-Zeitung Philipp Kleinböhl im Alter von 75 Jahren. Seit dem 1. Oktober 1887 stand Kleinböhl der Taunus-Zeitung vor. Am selben Tag verschied der Verleger des Cronberger Anzeigers Adam Andree. Der gelernte Buchdrucker gründete 1888 den Verlag, den er trotz eines Schlaganfalls bis zu seinem Tode leitete.

Gauleiter Sprenger eröffnet Schwimmbad

Oberursel. Mit einem Festakt wurde das Schwimm-, Licht- und Luftbad in Oberursel durch Gauleiter Sprenger eröffnet. Die vom Reichsarbeitsdienst geschaffene Sportstätte galt als vorbildlichstes Schwimmbad Hessens. Sprenger betonte in seiner Rede, dass die Anlage in erster Linie der Ertüchtigung der Jugend dienen solle.

Körperliche Ertüchtigung sei mindestens genau so wichtig wie Wissen.

Gemeinde pflanzt 100 Lindenbäume

Wehrheim. 1937 stand Wehrheim im Zeichen von Verschönerungs- und Aufbauarbeiten. Zunächst pflanzte die Gemeinde über hundert Lindenbäume entlang der größeren Straßen, und vor dem Friedhof wurde mit der Anpflanzung einer Grünanlage begonnen. Gleichzeitig wurden Straßenausbesserungen vorgenommen und Hausnummern neu vergeben. Die Entwässerung von Wiesen- und Ackerland sowie die Erlenbachregulierung waren weitere Arbeiten, die in Angriff genommen wurden.

Ortsname in neuer Schreibweise

Kransberg. Der Oberpräsident der Provinz Hessen-Nassau änderte die Schreibweise der Gemeinde Cransberg in Kransberg ab. Damit wurde die Tendenz der Ortsnamenänderungen von C nach K fortgesetzt.

Eine Steintreppe führt zur Gruft

Bad Homburg. Mit der Beendigung der Arbeiten in der Bad Homburger Schlosskirche am 27. Juni konnte die Bevölkerung die Veränderungen am Gruftzugang besichtigen. Eine an beiden Seiten durch eine Mauerbrüstung eingefasste Steintreppe führte nun zur Gruft, sie wurde ab 1989 im Zuge umfassender Renovierungen beseitigt. Obwohl eine bisher (seit 1908) fehlende Kanzel neu angefertigt und eingebaut war, fanden in der Kirche keine Gottesdienste mehr statt.

Die zeitgenössische Presse berichtete ausführlich und mit Bildern über den Fall Mieger.

dem Mieger-Prozess führte die Frankfurter Kriminalpolizei eine groß angelegte Wilderer-Razzia im Taunus durch. In Friedrichsthal, Kransberg, Pfaffenwiesbach und in Nieder-Mörlen wurden zahlreiche Personen festgenommen. So konnte der grausame Mordanschlag auf den Förster Nothnagel aus Nieder-Mörlen, der im Jahre 1919 in der Nähe von Friedrichsthal auf hessischem Gebiet verübt worden war, aufgeklärt werden. Im Fall des ermordeten Ortsvorstehers Odenweller aus Friedrichsthal richtete sich jetzt der Tatverdacht gegen verschiedene Einwohner aus Friedrichsthal und Kransberg. Johann Wilhelm Mieger war in diesen Fällen aber nicht schuldig. Am 19.11.1937 war die Beweisaufnahme schließlich abgeschlossen, einen Tag später wurde das Urteil verkündet: Der Sohn Wilhelm erhielt 15 Jahre Zuchthaus und lebenslänglich Ehrverlust, der Vater Johann Wilhelm Mieger wurde wegen Mordes in zwei Fällen zum Tode verurteilt.

Johann Wilhelm Mieger wurde am 15. Juli 1938 im Strafgefängnis Frankfurt-Preungesheim durch das Fallbeil hingerichtet. Sein Sohn Wilhelm wurde zunächst ins Zuchthaus Kassel eingeliefert, 1942 ins Konzentrationslager Oranienburg überstellt und im Januar 1943 zur berüchtigten SS-Brigade Dirlewanger versetzt. Die Einheit Dirlewanger wurde unter der Bezeichnung „Wilddiebkommando Oranienburg" in den Listen der 5. SS-Totenkopfstandarte geführt und für besonders gefährliche und grausame Vorhaben eingesetzt, zum Beispiel im Warschauer Aufstand 1944. Wilhelm Mieger hat den Krieg überlebt. Nach seiner Rückkehr aus der Gefangenschaft kam er zwar zunächst wieder ins Zuchthaus Butzbach, wurde aber 1949 begnadigt. Seine Frau hatte sich von ihm scheiden lassen und samt ihrem Sohn ihren Mädchennamen wieder angenommen. So ist der Name der unglückseligen Familie in Köppern zwar ausgelöscht, aber nicht vergessen.

250 000 Backsteine für das Fernsehen via Feldberg

Alexander Wächtershäuser

Niederreifenberg. Nach umfangreichen Feldstärkemessungen fiel der Entschluss: Die beiden ersten stationären Fernsehsender Deutschlands sollten auf dem Brocken im Harz und auf dem Großen Feldberg im Taunus errichtet werden. Im Februar 1937 begann man auf dem Feldberggipfel mit den Bauarbeiten für den 53 Meter hohen Turm, der 16 Stockwerke haben sollte. Am 29. Oktober konnte das Richtfest gefeiert werden.

Insgesamt wurden 350 Kubikmeter Holz, 900 Tonnen Zement, 300 Tonnen Eisen, 440 Tonnen Kies, 250 000 Backsteine und 350 Kubikmeter Bruchstein verwendet. Die als reiner Fernsehsender konzipierte Anlage wurde wegen des Kriegsausbruchs nicht fertig gestellt. Die Nutzung des Turms während des Krieges ist nicht bekannt. Die Alliierten vermuteten in dem Turm einen Störsender, der den Funkverkehr der alliierten Flugzeuge unterbinden sollte. Am 2. März 1945 wurde deshalb der Turm von englischen Maschinen angegriffen. Eine der Bomben traf, so dass vom Turm nur noch fünf Etagen standen. Der Störsender arbeitete aber weiter – er stand 50 Meter entfernt auf dem Sportplatz.

Nach dem Krieg wurde der Rumpf des Turms von den amerikanischen Streitkräften zu Richtfunkzwecken genutzt. Erste Gespräche über den Wiederaufbau des Turmes gab es schon 1948, so dass er bereits 1951 vollständig fertig gestellt werden konnte.

Imposantes Gebäude: Neben dem Fernmeldeturm wirkt der Aussichtsturm des Taunusklubs geradezu schmächtig. Das Richtfest für das 16 Stockwerke hohe Bauwerk war am 29. Oktober 1937.

Faudi gründet die Feinbau GmbH

Oberursel. 1938 gründete der Ingenieur und Fabrikant Fritz Faudi in Oberursel die Faudi Feinbau GmbH. In dem Werk sollten Erzeugnisse gefertigt und erprobt werden, die er in seinen Ingenieurbüros in Kronberg und ab 1936 in Falkenstein entwickelt hatte. Erste Faudi-Produkte waren Stoßdämpfer für Segelflieger und Kraftstofffilter. Nach 1950 wurde die Fabrikationspalette erweitert: Magnetseparatoren und spezielle Filteranlagen zur Betankung von Flugzeugen. Ende 1995 verlagerte Faudi seine Produktion nach Stadtallendorf.

Filmleute drehen für Königin Wilhelmina

Usingen. Am 24. Mai trafen in Usingen die Herren aus den Niederlanden ein. Sie beabsichtigten, eine Filmdokumentation über die ehemaligen Residenzen des Hauses Nassau-Oranien zu drehen. Am 6. September sollte der Film Königin Wilhelmina anlässlich ihres 40-jährigen Regierungsjubiläums zum Geschenk gemacht werden. Die Filmleute interessierten sich vor allem für das Walrad-Denkmal und die Fürstengruft in der Laurentiuskirche. Weitere Aufnahmen konnten wegen des schlechten Wetters nicht gemacht werden. Die Stadt erhoffte sich von den Filmaufnahmen, niederländische Reisegesellschaften nach Usingen zu locken.

Schulen schließen wegen Kinderlähmung

Taunus. Nachdem seit Mitte August in Oberursel vier Fälle von spinaler Kinderlähmung aufgetreten waren, schloss die Stadt alle Schulen und Kindergärten. Am 2. September ließ das Kreisgesundheitsamt auch den Unterricht an den Schulen in Kronberg, Königstein, Schönberg und Falkenstein ausfallen. Außerdem wurde ein

Als die Synagogen brannten

Die Reichspogromnacht im Taunus/Wolfgang S. Zink

Taunus. „Juden alle gleich mit ins Feuer." So rufen einige Homburger vor der brennenden Synagoge. Viele Schaulustige, helllichter Tag, Donnerstag, der 10. November 1938, 11 Uhr. Alte Thorarollen, Wort des Ewigen, krümmen sich im Feuer der staatlich mobilisierten Brandstifter. Wer etwas retten will, wird bedroht. Nach 12 Uhr kommt die Feuerwehr. Sie soll vor allem Nachbarhäuser schützen. Mehr ist amtlich unerwünscht.

Der Brand ist das Fanal für Gewalt gegen jüdische Mitbürger und Zerstörung ihres Eigentums. Gauleiter und SA sind meist die Anführer in Uniform oder empfohlenem Räuberzivil. In Kronberg, wo es keine jüdische Gemeinde mehr gibt, bildet honorige Lokalprominenz die Speerspitze. In Königstein und Usingen werden dazu eigens 20 beziehungsweise 50 Hitlerjungen begeistert. Fenstereinwerfen, Judenverprügeln und so. Die Betroffenen schützen weder Titel noch Rang noch EK I im Ersten Weltkrieg noch nationale Gesinnung.

Gegen Abend tobt die Menschenhatz zum Beispiel in Usingen. K. Rosenthal wird durch die Stadt gejagt und systematisch vor einer johlenden Menge zusammengeschlagen, auf einem Handwagen weggekarrt und wie Müll halbtot in den Usbach gekippt. Die Berliner Schnauze nannte dies später schnodderig „Kristallnacht". Seit 18 Uhr brennt die erst 1906 geweihte Synagoge Königsteins nieder – wie anderswo mit Benzin oder Petroleum angefackelt. In Oberursel und Wehrheim werden die Synagogen im Gegensatz zu den Menschen verschont. Mutige Bürger hatten dort bereits die religiösen

Die vom Nazi-Regime mobilisierten Brandstifter haben die Synagoge in Bad Homburg in Brand gesetzt. Der 10. November 1938 markierte auch im Taunus einen Höhepunkt der Judenverfolgung. In zahlreichen Städten tobte die Menschenhatz.

Geräte versteckt. Dies hindert die Behörden Oberursels jedoch nicht, an diesem Tag eine 1913 entmündigte jüdische Person in „Schutzhaft" zu nehmen und ins KZ deportieren zu lassen. Sie „kommt" dort am 8. Dezember „um".

Quasi zur Eröffnung der Karnevalsaison verhafteten Gestapo und SA/SS in Bad Homburg und Königstein wie anderswo tags zuvor prominente Juden. Fahrt zum und „Unterbringung" im KZ Buchenwald haben deren Familien oder jüdische Gemeinden zu bezahlen, gegen amtliche Rechnung natürlich.

Der organisierte „Volkszorn" jener Tage entweiht auch die Heiligkeit jüdischer Friedhöfe. Gräber werden geschändet, Grabsteine mit Hämmern zerschlagen, Totenhallen zerstört. Es gilt, jede Erinnerung an Juden auf ewig zu tilgen. So geschehen - soweit bekannt – in Usingen, Seulberg, Oberursel und Königstein. In Kronberg aber nicht. Den dortigen „guten Ort" ließ der Magistrat bereits 1933 als „Verschandelung des Waldes" bis auf zwölf Steine platt machen, bewahrt vom zuständigen Hausmeister.

Der Überfall auf die Synagogen war die offene Kriegserklärung gegen den inneren Feind, die Juden. Nach dem selben Muster der arrangierten Provokation wurde zehn Monate später der Krieg gegen den äußeren Feind inszeniert, wie wir heute wissen: mit dem Überfall auf Polen.

Für den in „Mein Kampf" verkündeten Krieg gegen „die" Juden genügten zwei Anlässe: der Mordanschlag Herschel Grünspans in Paris auf den deutschen Botschaftssekretär (7. November) und die Erinnerung an die Historie des 9. November 1918, Berlin: Ausrufung der verhassten SPD-Republik. 1923, München: Scheitern des Nazimarschs auf die Feldherrnhalle.

Bis heute wird leicht übersehen, dass 1938 22 Verordnungen den Weltanschauungskrieg gegen Juden systematisch vorbereiteten. Jüdische Gemeinden aufgelöst (März), Zwangsmeldung des Vermögens (April), Registrierungszwang für Juden (Mai), Verhaftung der Vorbestraften (Juni), judenfreie Kurorte und Straßenumbenennungen (Juli), „Zentralstelle für jüdische Auswanderung" (Eichmann) und Kollektiv-Vornamen „Israel"/„Sara" (August), Ende der Approbation jüdischer Ärzte (September). Pässe von Juden sind mit „J" abzustempeln, Zwangsabschiebung von 17 000 immigrierten Juden als „Schmarotzer" und Verbot jüdischer Anwälte (Oktober) – um wichtige Beispiele zu nennen.

Keine Lüge der Nazis war der sogenannte „Volkszorn". 9. Juni: Zerstörung der Synagoge Münchens, 10. August: Zerstörung der Synagoge Nürnbergs. Sommer 1938: Spontane „Aktion" gegen die und Vertreibung der Heimbewohner des jüdischen Altersheims in Oberstedten. Dafür gibt es klare Belege. Wir sehen: 1938 war das staatlich erkorene jüdische Schicksalsjahr. Seine Ereignisse sollten eine Moral enthalten, vor der mutige Christen angesichts brennender Synagogen warnten.

Verbot für Menschenansammlungen erlassen, wovon auch die Erntedankfeiern betroffen waren. Der Dienst in HJ und BDM musste ebenso ausfallen wie der Kirchenbesuch. Am 18. September schlossen auch die Schulen in Bad Homburg, nachdem dort ein Krankheitsfall aufgetreten war.

Hymne für das Buchfinkenland

Usingen. Am 1. Mai ertönte zum ersten Mal die neue Hymne des „Buchfinkenlandes", wie das Usinger Land im Volksmund genannt wurde. „Wenn der Buchfink flötet im Taunusland" hieß das von Studienrat Geisel und seiner Frau komponierte Lied. Gesungen wurde es im Rahmen der Usinger Maifeiern von HJ, BDM und der Jugendgruppe der NS-Frauenschaft. Zum Buchfinkenfest 1937 hatte man sich noch mit dem vom Wehrheimer Pfarrer Thomae komponierten „Buchfinkenlied" behelfen müssen, was aber nicht überall Anklang gefunden hatte.

Ein Dorf als Quell der „Bluterneuerung"

Treisberg. Die Fachgruppe Medizin der Universität Frankfurt veröffentlichte 1938 eine Forschungsarbeit mit dem Titel „Das Taunusdorf Treisberg". In ihr wurden die Bewohner Treisbergs einzeln untersucht und ihre Lebensumstände geprüft. Die so gewonnenen Erkenntnisse wurden unter Hinzuziehung der nationalsozialistischen Rassenideologie ausgewertet. Man kam zu dem Ergebnis, dass das Bauerndorf seiner Aufgabe als „Lebensmotor für das ganze Volk" nachkam. Auch seine Funktion als „des Volkes Bluterneuerungsquell" erfüllte der Ort wegen seiner überdurchschnittlich hohen Geburtenziffer. Als mangelhaft wurde hingegen die geringe Beteiligung an den Parteiaktivitäten eingestuft.

Pfarrer leisten Widerstand

Taunus. Als Reaktion auf die Versuche der NSDAP-nahen Organisation „Deutsche Christen", Einfluss auf die evangelische Kirche zu gewinnen, hatte sich die „Bekennende Kirche" um Martin Niemöller gebildet. Stellvertretend sei hier auf drei Pfarrer des kirchlichen Widerstands hingewiesen.

In Burgholzhausen wurde Pfarrer Ferdinand Eichen wegen seines vehementen Einsatzes gegen die Nationalsozialisten am 15. Mai 1939 in den Vorruhestand versetzt. Im Dezember 1938 hatte er bereits unter Polizeischutz das Dorf verlassen müssen.

In Eschbach verließ Emil Weber im Oktober 1939 die Kirchengemeinde. Weber war zunächst ein begeisterter Anhänger des Nationalsozialismus, trat aber dann der Bekennenden Kirche bei, was ihm zahlreiche Repressalien einbrachte. Er ermöglichte dem später – am 18. August 1937 – im KZ Buchenwald verstorbenen Pfarrer Paul Schneider in Eschbach zu predigen. Sein Nachfolger Rudolf Weckerling gehörte ebenfalls der Bekennenden Kirche an.

Der Kirchenkampf wurde vor allem von den Pfarrern geführt. Nur wenige Gemeindemitglieder beteiligten sich aktiv auf der einen oder anderen Seite. Dennoch war die Wirkung des Kirchenkampfes auf die Gläubigen beachtlich.

Aus Holzhausen wird Burgholzhausen

Burgholzhausen. Am 19. Juli 1939 erhielt die Gemeinde Holzhausen ihren heutigen Ortsnamen „Burgholzhausen". Dieser Name erscheint bereits in Urkunden aus dem frühen 15. Jahrhundert, konnte sich aber nicht durchsetzen und geriet in Vergessenheit. Zur besseren Unterscheidung des Dorfes von anderen Orten gleichen Namens wurde die alte Siedlungsbezeichnung wieder aufgegriffen.

Eine Schule in den Wirren des Weltkriegs

Die CWS in Usingen/Joachim Bierwirth

Usingen. Am 1. September 1939 begann der Zweite Weltkrieg mit dem deutschen Überfall auf Polen. Dieses Ereignis hatte auch auf das Leben im Taunus erhebliche Auswirkungen. Stark betroffen war die Christian-Wirth-Schule (CWS) in Usingen. Die Kriegsjahre stellten die Schule vor besondere Probleme: Räume wurden von Militär belegt, Schüler und Lehrer zu Wehrdienst, zum Reichsarbeitsdienst (RAD) und als Flakhelfer einberufen, Gefallene waren zu beklagen, Evakuierte mussten integriert werden – und dennoch sollte weiterhin Unterricht stattfinden.

Zunächst einmal muss festgestellt werden, dass der Kriegsbeginn für die Schule nicht überraschend gekommen sein kann. Seit Jahren stand der nationalsozialistische Sportunterricht im Zeichen allgemeiner Wehrerziehung, seit Jahren hatte ein Lehrer das Kollegium und die Schülerschaft als „Beauftragter für Luftschutz" mit Luftalarmübungen auf den Ernstfall vorbereitet.

Zudem wirkte sich die angespannte politische Lage in den Wochen und Tagen vor dem 1. September in Usingen so aus, dass eigentlich jedem klar sein musste, dass eine kriegerische Auseinandersetzung unmittelbar bevorstand. Bereits am 26. August wurde in alle Räume der CWS ein Infanterie-Ersatz-Bataillon einquartiert, so dass der gesamte Unterricht bis zum 12. September ausfallen musste. Ab dem 5. September wurde die Schule bis zum 22. Oktober als Ersatzlazarett benutzt. Weitere Unterrichtsbeeinträchtigungen brachte dann ab dem 26. Oktober das Bauunternehmen „Mühle", das beide Schulhöfe als Parkplätze belegte. Es ist bislang nicht zu ermitteln gewesen, worum es sich bei diesem Unternehmen handelte, es kann aber vermutet werden, dass es mit der Organisation Todt in Verbindung stand, die den Ausbau des Führerhauptquartiers im nahen Langenhain/Ziegenberg leitete.

Bereits in den ersten Kriegstagen hatten Usingen und die CWS ihre ersten Toten zu beklagen. Am Ende des Krieges standen drei Lehrer der Schule und 130 Schüler auf der Liste der Gefallenen.

Nach den ersten Umstellungen auf das Kriegsleben scheinen sich die Verhältnisse an der CWS normalisiert zu haben. In den nächsten Jahren blieb der Krieg weitgehend vor den Schultoren – allerdings nicht für viele Schüler, die noch vor Abschluss ihrer Schullaufbahn zum Kriegsdienst herangezogen wurden. Ganze Jahrgänge wurden noch vor ihrer Reifeprüfung gemustert und eingezogen. Sie erhielten in ihren Abgangszeugnissen einen „Vorreifevermerk", der ihnen nach dem Krieg gestatten sollte, sofort ein Studium aufnehmen zu können. Die meisten dieser Schüler sind jedoch in der Gefallenenliste der CWS zu finden, nur wenige, etwa der 1941 eingezogene spätere Musikprofessor Gerhard Rebscher, überlebten und konnten auf Grund des „Vorreifevermerks" studieren.

Zwischen 1940 und 1943 fand ein weitgehend normaler Unterricht statt. Beeinträchtigungen gab es aber zum einen auf Grund der hohen Fluktuation in der Lehrerschaft. Viele Stammlehrer wurden eingezogen und mussten durch Referendare, Assessoren, kriegsuntaugliche Lehrer, teilweise sogar durch sogenannte „Laien-Lehrkräfte“, die allesamt häufig nur kurze Zeit an der Schule blieben, ersetzt werden. Zum anderen mussten die Schüler, wie schon in der Vorkriegszeit, den Landwirten des Usinger Landes bei ihrer Ernte helfen. Ein Bericht von Direktor Dr. Höhne vom 27. Oktober 1944 dokumentiert die Zustände an der Schule ein knappes halbes Jahr vor Kriegsende. Einige Zitate:

- „Es stehen zur Zeit fünf Lehrkräfte an der Front. Eine Lehrkraft ist im Westwalleinsatz (StR Heuser). Studienrat Neuweger ist gefallen... Als Laienlehrkraft erteilt Kunstmaler Kaltwasser den Zeichenunterricht. Die Erfahrungen sind gut...“
- „Die Frankfurter Schüler, die seit Januar dieses Jahres in größerer Anzahl in unsere Schule eintraten, sind unseren Schülern gegenüber stark zurück. So mußten wir im Unterricht auf sie Rücksicht nehmen, was sich natürlich auch ungünstig auf die Gesamtleistung auswirkte.“
- „Es waren fast 40 Schüler der Jahrgänge 1927-1929 aus den Klassen vier bis sieben vom 9. 9. bis 18. 10. am Westwall tätig und sind bis Ende Oktober noch beurlaubt, da die meisten Jungen im Schülerheim wohnen und dort zur Zeit nicht unterkommen können wegen Belegung der Räume durch die Wehrmacht... Es kommt hinzu, daß unsere Turnhalle von der Wehrmacht belegt wurde. Anfang September wurden dann alle Klassen und ein Teil des Schülerheims beschlagnahmt. Der Unterricht wird im Speisesaal des Schülerheims, im Physik- und Chemie-Lehrsaal, im chemischen Laboratorium und im Lehrerzimmer erteilt...“
- „Ich habe den Eindruck, daß die Angehörigen der Wehrmacht teilweise auch mit weniger Raum auskommen und etwas mehr Rücksicht auf die Zivilbevölkerung nehmen könnten. Sie vergessen leider oft, daß sie nicht mehr in Frankreich sind.“
- „Für unsere Schüler im Heim ist es besonders hart, da viele unter ihnen sind, die zur Zeit gar nicht nach Hause können, da sie aus dem Rhein-Ruhrgebiet stammen und kein Heim mehr haben...“
- „Das obere Stockwerk ist seit August 1943 Lazarett...“

Im Januar 1945 wurde die CWS offiziell zum „Teillazarett“ erklärt. Da alle Räume belegt waren, blieben zum Unterricht nur noch der Speicher und der Keller. Wie Schüler nun einmal sind, so nutzten sie auch noch diese im Grunde ernste Lage aus, um Unfug zu treiben und Unterricht ausfallen zu lassen.

Albert Pfuhl berichtet, dass man auf dem Speicher Unterricht hatte. Die Schüler fanden bald heraus, dass man mit rollenden, sechseckigen Bleistiften auf dem Holzfußboden ein Geräusch erzeugen konnte, das wie anfliegende Bomberpulks klang. Ihr Lehrer „Poldi“ soll dann jeweils „Alarm“ gegeben haben; alle „flüchteten“ in den Keller, und der Unterricht war beendet.

Andere Zeitzeugen bezweifeln diese Darstellung, denn ihrer Erinnerung nach wurde erst Alarm ausgelöst, wenn ein „Ausguck“ aus einem der Dachfenster feindliche Flieger ausgemacht hatte. Andere, etwa Eugen Ernst, der im Keller Unterricht hatte, erinnern sich allerdings auch, dass sich einige Schüler bei Alarm

Bilder der Christian-Wirth-Schüler aus den Kriegsjahren gibt es nur wenige. Unsere Aufnahme zeigt Jugendliche, die im Schülerheim der CWS untergebracht waren und sich 1942 zu einem Erinnerungsfoto aufgestellt hatten.

nicht in den Luftschutzkeller flüchteten, sondern das Gebäude durch ein Fenster verließen und sich für den Rest des Tages „frei nahmen".

Am 17. März fand letztmalig Unterricht statt, dann war die Schule geschlossen. Auch nach Kriegsende waren die turbulenten Tage an der CWS noch lange nicht vorbei. Die Amerikaner setzten die Nutzung als Lazarett bis zum 14. April 1945 fort, dann verlegten sie das Lazarett nach Bad Nauheim. Am 3. Dezember durfte der Unterricht mit Genehmigung der amerikanischen Besatzungsmacht wieder aufgenommen werden.

Um 6 Uhr meldet das Radio den Kriegsbeginn

Alexander Wächtershäuser

Taunus. Die Nachricht vom Kriegsausbruch drang am 1. September 1939 mit den ersten Tagesnachrichten um 6 Uhr morgens in den Taunus. Die Meldung kam nicht überraschend, denn seit August erschienen in allen Zeitungen täglich Berichte über angebliche polnische Grenzverstöße gegenüber dem ostpreußischen und Danziger Gebiet. Als Hitlers Reichstagsrede um 10 Uhr begann, waren alle Straßen menschenleer.

Vorbote des Krieges war die am 28. August eingeführte Bezugsscheinpflicht für alle lebenswichtigen Güter. Entgegen der allgemeinen Propaganda – „Kein Anstellen mehr beim Einkauf" – kam es in Bad Homburg zu tumultartigen Szenen. Für die „Vordrucke auf Ausstellung solcher Bezugsscheine" mussten im Rathaus und in den Büros der NSDAP-Ortsgruppen Kirdorf und Gonzenheim zusätzliche Ausgabestellen eingerichtet werden. Im Gegensatz zu 1914 herrschte keinerlei Kriegsbegeisterung. Zu frisch waren bei vielen die Erinnerungen an das Leid, das der Krieg vor 25 Jahren in die Häuser gebracht hatte. Nur wenige in der Bevölkerung waren mit dem Gang der Dinge zufrieden. Der Eschbacher Pfarrer Emil Weber berichtete von Angst und Tränen bei der Bevölkerung, die aber nicht den Schutz der Kirche suchte. Auch in dieser Hinsicht wirkte der Kirchenkampf der letzten Jahre fort.

Überall lief die seit Monaten trainierte Kriegsmaschinerie an. Der Reichsluftschutzbund kontrollierte die abendlichen Verdunkelungen. Dabei beanstandete er, dass die Oberurseler und Kronberger schlecht ihren Pflichten nachkämen, denn oftmals seien die Fenster der Nebenräume oder Dachluken überhaupt nicht verdunkelt. Entlang des offenen Urselbachs wurde in Oberursel eine weiße Linie gezogen, um zu verhindern, dass bei Verdunkelung jemand ins Wasser fiel. Im ganzen Kreis wurden offizielle Schutzräume ausgewiesen. Gleichzeitig wurde der Mieterschutz für die Familien der im Krieg stehenden Soldaten ausgedehnt.

Wie bereits 1914 schlossen die Schulen, damit die Schüler, oftmals aus Frankfurt herbeigeholt, beim Ernteeinsatz helfen konnten. Die Jugendlichen erhielten eine vormilitärische Ausbildung im Geländedienst und Kleinkaliberschießen. Das Deutsche Rote Kreuz hielt Krankenpflegekurse ab. In den Rathäusern wurden Auskunftsstellen eingerichtet, an denen Angehörige Auskunft über Ergehen und Verbleib der Soldaten bekamen.

Die NSDAP war bemüht, nach dem anfänglichen Durcheinander und dem Schockzustand der Bevölkerung wieder Alltagsverhältnisse herzustellen. Die Sportvereine führten ihren Spielbetrieb weiter, der Kurbetrieb in den Kurorten ging mit Kurkonzerten und Kurtheater seinen gewohnten Gang. Vor allem in den Kinos lief die Propaganda auf vollen Touren. In jedem Ort mit einem Kinosaal wurde die Dokumentation „Westwall" über die deutschen Verteidigungsanlagen an der französischen Grenze gezeigt, ergänzt durch die pathetischen Siegesmeldungen der Wochenschauen. Ansonsten wurden Lustspiele aufgeführt. Noch in anderer Hinsicht zog der Krieg in den Taunus: Schulen und Sanatorien wurden zu Lazaretten, und Mitte September trafen die ersten polnischen Kriegsgefangenen ein.

Ein sicherer Ort für Hitlers Sonderzug

Der Eisenbahntunnel zwischen Grävenwiesbach und Hasselborn/
Bernd Vorlaeufer-Germer

Hasselborn. Es war 1940: Am 10. Mai griff Hitlers Wehrmacht die Benelux-Länder und danach auch Frankreich an. Die für den Westfeldzug ausersehene Befehlszentrale war das Führerhauptquartier „Adlerhorst" in Ziegenberg/Wiesental, das dort mit einem Riesenaufwand von Sommer 1939 an gebaut wurde. Diese militärischen Planungen sollten auch einschneidende Auswirkungen auf den „Hasselborner Tunnel" zwischen Grävenwiesbach und Hasselborn und seine nähere Umgebung haben.

Dieser Eisenbahntunnel war bis dahin eine lokal bedeutende Verkehrsverbindung. Bereits Ende 1939 wurde er zum „Führertunnel" erklärt – in ihm sollte Hitlers Sonderzug bombensicher untergestellt werden können. Im Frühjahr 1940 untersuchten Generalstabsoffiziere die Umgebung des im Bau befindlichen Führerhauptquartiers „Adlerhorst", um einen möglichen Standort für ein beigeordnetes Hauptquartier des Oberbefehlshabers der Luftwaffe, Hermann Göring, zu finden. Ihre Wahl fiel auf Hasselborn, ein Dorf mit damals nur etwa 120 Einwohnern, das wegen seiner Nähe zu Ziegenberg, seiner relativen Abgeschiedenheit und wegen seines Eisenbahntunnels ideal war.

Das dafür passende Gelände wurde umgehend beschlagnahmt. Zuerst verlegten Soldaten der Luftnachrichtentruppe ihre Fernsprech- und Fernschreibwagen nach Hasselborn. Telefonleitungen wurden nach Ziegenberg, zum Führerhauptquartier „Adlerhorst", verlegt, aber auch nach Usingen, wo die zentrale Nachrichtenknoten-Vermittlungsstelle für das Führerhauptquartier unter der Erde lag.

Im Juni kamen fünf- bis zehntausend Mann der Organisation Todt (einer paramilitärischen Bautruppe) und von Luftwaffenbaueinheiten, um das Luftwaffenhauptquartier in Hasselborn innerhalb von nur vier Wochen aufzubauen. Es wurden 23 Holzbaracken errichtet, 14 davon an der Eisenbahnstrecke vom Bahnübergang bis zum Tunnel. Der Bahnhof Hasselborn erhielt erhöhte Holzbahnsteige und zwei Empfangspavillons. Für Göring war ein großes, getarntes Blockhaus vorgesehen. Weiterhin wurden zwei Schwimmbäder und eine große Kantine gebaut.

Die Straßen wurden überall befestigt; auf einer Wiese wurde sogar ein kurzes Flugfeld für kleinere Kurierflugzeuge vom Typ „Fieseler Storch" angelegt. An der Stelle des heutigen Dorfgemeinschaftshauses stand damals ein großes Zelt für den umfangreichen Fuhrpark. Im Gasthaus „Onkel Max" wurde die Ortskommandantur und in einem Anbau das Offizierskasino eingerichtet.

Der Ort Hasselborn, der „Hasselborner Tunnel" und sein Grävenwiesbacher Tunnelausgang wurden zum militärischen Sperrgebiet erklärt. Das gesamte Gelände wurde von einer Kompanie des „Wachregiments Hermann Göring" und einem Zug der Feldgendarmerie gesichert. Die Zufahrtsstraßen wurden mit Schran-

Bombenabwurf fordert erstes Todesopfer

Bad Hoburg/Oberhöchstadt. Im Mai 1940 fielen die ersten Bomben im Taunus. In der Nacht vom 5. auf den 6. Mai wurde das Haus Kisseleffstraße 23 in Bad Homburg völlig zerstört. Ein Mensch kam in den Trümmern ums Leben.

Glimpflicher verlief der Bombenabwurf in der Nacht vom 3. auf den 4. Juni auf Oberhöchstadt. Dabei wurde ein Anwesen schwer in Mitleidenschaft gezogen. Der Luftdruck beschädigte die Kirchenfenster. Menschen wurden zum Glück nicht verletzt.

Marktbeschicker müssen umziehen

Usingen. Auf Grund des stark angewachsenen Durchgangsverkehrs musste der Usinger Markt auf den neuen Marktplatz an der Bahnhofstraße verlegt werden. Bis zum Juni fand der Markt auf dem Adolf-Hitler-Platz statt, wie der Marktplatz seit 1933 hieß.

Prähistorische Fußringe gefunden

Schloßborn. Bei einer Metallsammlung wurden zwei zerbrochene hallstattzeitliche Fußringe aus Bronze abgeliefert. Bürgermeister Marx ließ diese besonderen Metallspenden in Wiesbaden beim Landesamt für kulturgeschichtliche Bodenaltertümer abgeben, wo sie untersucht und zwischen das 7. und 5. Jahrhundert vor Christus datiert wurden. Die Ringe gehörten zu einem Depotfund von sechs weiteren Bruchstücken, die bei Wegearbeiten zwischen 1921 und 1923 gefunden worden waren.

Die Fußringe waren lange Zeit die einzigen Funde aus der Hallstattzeit im Schloßborner Gemarkungsgebiet.

ken abgesperrt. Die Bewohner erhielten besondere Ausweise, damit sie den Ort betreten konnten. Insgesamt sieben Flakstellungen wurden in der Nähe errichtet.

Das Luftwaffenhauptquartier erhielt zur Tarnung die Bezeichnung „R.A.B.-Ausladestelle Hasselborn/Ts." (R.A.B. = Reichsautobahn). Doch die damals rege Bautätigkeit dürfte bei den Alliierten nicht ganz unbemerkt geblieben sein, denn es wurden in der Umgebung auch Flugblätter gefunden mit dem Text: „Hasselborn im Loch – wir finden dich doch!"

Mit dem Baubeginn wurde der Eisenbahnverkehr zwischen Grävenwiesbach und Hasselborn unterbrochen und durch Autobusse von Grävenwiesbach bis nach Brandoberndorf ersetzt.
Nach dem „Blitzkrieg" im Westen stand Hitler auf dem Höhepunkt seiner Macht. Er plante jetzt die Invasion Englands durch die deutsche Wehrmacht, die sogenannte Operation „Seelöwe". Dazu gab er am 16. Juli 1940 seine Weisung „Über die Vorbereitungen einer Landungsoperation gegen England" heraus. Als Befehlszentrale war sein inzwischen fertig gestelltes Führerhauptquartier „Adlerhorst" in Ziegenberg vorgesehen.

Die beigeordneten Hauptquartiere der Oberbefehlshaber von Heer, Marine und Luftwaffe sollten im Umkreis von höchstens 50 Kilometern von Ziegenberg aus liegen. Das traf für die Hauptquartiere der Luftwaffe in Hasselborn, aber auch für die von Heer und Marine in Gießen zu.

Doch zuerst musste Großbritannien von der deutschen Luftwaffe invasionsreif gebombt werden. Die Schlacht um England begann am 10. Juli 1940 und wurde in mehreren Etappen verstärkt und ausgeweitet. Doch die Luftwaffe sollte im Herbst am unterschätzten englischen Widerstandswillen scheitern. Das Unternehmen „Seelöwe" musste aufgegeben werden.

So erlangte das Luftwaffenhauptquartier Hasselborn auch nie seine vorgesehene Bedeutung. Bis zum Herbst 1941 wurde die anfangs sehr zahlreiche Bewachung immer weiter verringert und dann ganz abgezogen. Lediglich ein kleineres Polizeikommando blieb zurück. Die Anlagen verfielen in einen Dornröschenschlaf, ebenso wie große Teile des Führerhauptquartiers „Adlerhorst" und von Schloss Kransberg.

Ab Oktober 1941 wurde der „Hasselborner Tunnel" für den zivilen Eisenbahnverkehr wieder freigegeben – doch, wie sich später zeigen sollte, nur bis zum Frühjahr 1944.

Wache stehen vor dem „Führertunnel" in Hasselborn: Hier sollte der Sonderzug Hitlers vor den Bomben der Kriegsgegner sicher sein. Das gesamte Gelände wurde zu diesem Zweck beschlagnahmt.

„Auf Wiedersehen im Dulag Luft“

Das Durchgangslager für abgeschossene Flieger in Oberursel / Karl Heinz Arbogast

Oberursel. Es war Mitte Juli 1941. Aus dem streng bewachten Lager im Norden von Oberursel waren über Nacht 17 gefangene Offiziere verschwunden – ein spektakuläres Ereignis, mit dem die Verantwortlichen nicht gerechnet hatten. „Der Ausbruch kam für uns völlig überraschend, eines Morgens waren alle verschwunden. Sie hatten in Oberursel die Kunst des Stollenbaues entwickelt“, berichtete Ludwig Elberskirch, einer der Auswerter in besagtem Lager. Die Gefangenen waren auf diese Weise unter dem Zaun durchgekrochen. Sie wurden aber alle wieder gefasst. Später erinnerten sich Lagerbewacher, dass unerklärlicherweise die Zahl der Stühle immer kleiner geworden war. Die Gefangenen hatten sie zum Abstützen des Ganges benötigt.

Der Vorfall aus dem Jahre 1941 wurde damals nicht bekannt, doch was sich in ihrer Heimatstadt abspielte – das wussten die Oberurseler. Zumindest kannten sie alle die Institution, die teilweise auf Oberstedter Gemarkung lag, und nannten sie „Die Dulag“. Das Durchgangslager der Luftwaffe (Dulag Luft) war für alle ab Kriegsbeginn in deutsche Kriegsgefangenschaft geratenen französischen, englischen und später auch amerikanischen Flieger zuständig. Und obwohl diese Schleuse für alle Abgeschossenen auf dem Gelände des späteren Camp King buchstäblich zu einer bedeutenden „Geheimwaffe“ der deutschen Luftwaffe im letzten Krieg wurde, umgab keine Geheimnistuerei diese wichtige Stabsstelle. Oft genug erlebten die Oberurseler, wie am Bahnhof Gruppen von abgeschossenen Fliegern, teilweise noch in angesengten Monturen unter Bewachung ankamen und von dort auf den Plattformen der Wagen ihrer Straßenbahnlinie 24 zur Haltestelle Kupferhammer gefahren wurden. Vor allem in den letzten Kriegsjahren gab es nicht mehr genug Benzin, um die Kriegsgefangenen mit Autos aus ganz Deutschland nach Oberursel zu kutschieren.

Den Menschen in der Stadt war es gut bekannt, dass in „der Dulag“ die Abgeschossenen verhört und dann in andere Lager gebracht wurden. Sie hofften, dass die Einrichtung mit den bei Nacht hell erleuchteten Baracken die Stadt vor Fliegerangriffen schützen würde. Immerhin gab es außer versehentlichen Bombenangriffen nie ein gezieltes Bombardement. Und obwohl die Nazi-Hysterie gegen die „Terrorflieger“ andernorts zur Lynchjustiz bei abgeschossenen Fliegern führte, gab es in Oberursel auch keine Übergriffe auf die über 30 000 hier durchgeschleusten Kriegsgefangenen.

Das Durchgangslager war vielen englischen und amerikanischen Piloten als „erste Station“ bekannt, wenn sie beim Abschuss ihrer Flugzeuge überleben würden. Die Oberstedterin Margarete Schaller, wegen ihrer ausgezeichneten Sprachkenntnisse fast den ganzen Krieg über im Dulag als Sachbearbeiterin dienstverpflichtet, erinnerte sich vor Jahren: „Manche haben ihre Fliegerkameraden

Der Ackerboden als Lebensquell

Usinger Land. Die Landjahrlager im Usinger Land wurden Mitte April neu belegt. In Riedelbach wurden 40, in Rod an der Weil 60 Mädchen untergebracht. Die Landjahrlager waren ein Teil der „Blut und Boden“-Ideologie der nationalsozialistischen Machthaber. 1934 eingeführt sollten die nach rassischen, körperlichen und geistigen Gesichtspunkten ausgewählten Schulabgänger acht Monate in einem Lager in einem anderen Teil Deutschlands leben und durch Feldarbeit mit der deutschen Erde „verwachsen“. Vor allem die städtische Jugend sollte den Ackerboden als „Lebensquell des Volkes“ zu würdigen lernen. Allen Teilnehmern wurde außerdem Unterricht in Geschichte, Siedlungsgeschichte und Rassenkunde erteilt. Musik und Theaterspiel sollten den Gemeinschaftssinn fördern.

In dem ländlichen Kreis Usingen gab es insgesamt vier Landjahrlager. Neben Riedelbach und Rod an der Weil wurden sie in Usingen und in Neuweilnau eingerichtet.

Luftangriff fordert ein Menschenleben

Bad Homburg. Der erste Luftangriff auf Bad Homburg in der Nacht vom 5. zum 6. Mai zerstörte ein Haus und tötete einen Menschen. Zum Schutz der Bevölkerung richtete die Stadt öffentliche Luftschutzräume in den Schulen und in einigen Gebäuden der Innenstadt ein.

Kein Papier für die Zeitungen

Taunus. Am 31. Mai mussten die Zeitungen Taunusbote in Bad Homburg und Usinger Anzeiger wegen kriegsbedingten Papiermangels ihr Erscheinen einstellen.

auf den Flugplätzen in England mit dem Satz verabschiedet: Auf Wiedersehen in Oberursel im Dulag Luft."

Jedem Mann der Flugzeugbesatzungen war eingeschärft worden, nach Absturz und Gefangennahme nur Rang, Name und Kennnummer auszusagen, wie es auch in der Genfer Konvention vorgesehen ist. Das Können der Vernehmungsoffiziere in Oberursel stützte sich nun weniger auf die Kunst, durch ein intensives Verhör den Abgeschossenen Interessantes zu entlocken. Vielmehr fußten die außerordentlichen Erfolge in der Nachrichtengewinnung auf den Ermittlungen der streng geheimen Abteilung „Buna" (Beute- und Nachrichtenermittlung). Die Gefangenen hatten keine Ahnung von dieser mit Spezialisten besetzten kleinen Truppe. Sie wurden nur von ihren Verhörspezialisten mit deren Erkenntnissen aus einem gewaltigen Archiv konfrontiert. Die Buna wertete buchstäblich jeden Fetzen Papier, dessen sie in den Wracks der abgeschossenen Flugzeuge und in der Kleidung der Flieger habhaft werden konnte, aus. In einem großen Puzzlespiel lieferten Bombenlieferscheine der Flugplätze, Bezugskarten für Marketenderwaren, persönliche Briefe, vergessene Unterlagen des „Papierkrieges" vor und während der Einsätze oder kleine Andenken der Besatzung mit der Zeit derart viele Hinweise, dass in Oberursel über jede feindliche Flugzeuggruppierung, Flugplätze und die Besatzungen in den Geschwadern genau Buch geführt werden konnte. Genaue Informationen über das Tun und Lassen in seiner heimatlichen Einheit konnten die abgeschossenen, oftmals noch unter dem Eindruck des Gerettetseins aus Todesnot stehenden Soldaten derart verblüffen, dass ihnen die Zunge leicht gelöst wurde. „Kürzlich hatten wir ihren Staffelkameraden Pilot McBean auf diesem Stuhl hier sitzen, und er glaubt, der Kantinenwirt Ihrer Einheit wirtschaftet böse in seine eigene Tasche", schmunzelte der Verhöroffizier und konnte damit eine ganze Lawine von Informationen über das Leben in einem Geschwader lostreten.

Zu wenig Benzin für die Abwehrjäger, zu viele tote deutsche Piloten und das Fehlen von großen Mengen Granaten für die Luftabwehrgeschütze – das waren die Gründe, warum die Zahl der abgeschossenen Feindmaschinen gegen Ende des

Baracken für die Flieger: In diesen Hütten wurden während des Zweiten Weltkriegs abgeschossene Piloten aus England, Frankreich und Amerika verhört.

Bewacher und Bewachte: Die Gefangenen im „Dulag Luft" wurden vergleichsweise freundlich behandelt, weil man auch das Los der in England inhaftierten deutschen Piloten erleichtern wollte.

Krieges zurückging. Immer weniger gefangene Engländer und Amerikaner trafen in Oberursel ein, um nach einigen Wochen Verhör in Luftwaffen-Stammlager weiter geleitet zu werden.

Im Frühjahr 1945 näherte sich Mitte März die Front auch Oberursel. Das Lager wurde aufgelöst, das Archiv vernichtet. Die Offiziere und Sachbearbeiter setzten sich nach Süddeutschland ab und die Oberurseler plünderten ihrerseits die kleine Barackenstadt. Überall tauchten damals die hauchdünnen, mit Landkarten bedruckten Tücher auf, die abgesprungenen Fliegern in Feindesland die Fluchtwege weisen sollten. Ebenso gab es massenweise Uniformknöpfe, in denen Kompasse versteckt waren. Bei Leibesvisitationen waren sie den Abgeschossenen abgenommen worden.

Dulag war ein „unblutiges Lager". Angebliche Folterungen durch große Hitze bei Einzelhaft wurden nach dem Krieg bei einem Prozess untersucht, bestätigten sich aber nicht. Typisch für Dulag war hingegen die besondere Freundlichkeit den Gefangenen gegenüber. Nicht nur der Wunsch nach lockeren Zungen beim Erzählen von Informationen war der Grund. Hunderte von deutschen Fliegern waren bereits im Sommer 1940 bei der „Luftschlacht um England" in britische Gefangenschaft geraten, deren Los man durch gute Behandlung der Gefangenen in Deutschland erleichtern wollte. Das Gelände für das Lager hatte der Siedlungsförderungsverein Hessen e.V. hergeben müssen, der heute noch besteht. Ziel des Vereins war es, das Leben im Einfamilienhaus für Familien und die Bewirtschaftung von Geländeflächen verbunden mit Kleintierhaltung zu fördern.

Um „politische Leiter und Amtswalter" mit der Schulung von Siedlern zu betrauen, entstand im Norden von Oberursel auf Oberstedter Gebiet der Gau-Siedlungshof, der 1936 zum „Reichssiedlungshof" erklärt wurde. Gebaut wurden Mustersiedlungshäuser, das große Gemeinschaftshaus und weitere landwirtschaftliche Einrichtungen. Bei Kriegsbeginn übernahm die Luftwaffe das Gelände, das nach dem Krieg zum amerikanischen Camp King wurde, und baute darauf das Gefangenenlager.

„Volksfeind“ wurde hingerichtet

Anspach. Mit unerbittlicher Härte gingen die nationalsozialistischen Machthaber gegen so genannte „Volksfeinde“ vor. Dennoch formierten sich vielerorts Gruppen, die Aufklärungsarbeit leisten wollten. Stellvertretend für andere Regimegegner im Taunus seien hier zwei Männer aus Anspach erwähnt: Heinrich Maas und Heinrich Nöll. Wegen „Vorbereitung eines hochverräterischen Unternehmens“ wurde Heinrich Maas 1942 in Preungesheim hingerichtet. Sein „Verbrechen“: Er hatte einen so genannten „Feindsender“ gehört.

Mehr Glück hatte der gebürtige Anspacher Heinrich Nöll. Er war SPD-Mitglied und koordinierte bis 1933 alle antifaschistischen Aktionen im Usinger Land. Nöll war Direktor der Löwen-Brauerei in Frankfurt. Im Felsenkeller der Brauerei versteckte er politisch Verfolgte. Ernst Mulanski und Wilhelm Leuschner, die ins Umfeld des 20. Juli gehörten, fanden sich im Keller zu konspirativen Sitzungen ein. Im Mai 1976 starb Heinrich Nöll mit 76 Jahren.

Zwei Schüler kommen ums Leben

Steinbach. Schwere Spreng- und Phosphor-Bomben fielen bei einem Fliegerangriff in der Nacht zum 25. August auf Steinbach. Die Sprengbomben schlugen am Dorfrand ein, so dass nur wenige Häuser beschädigt wurden. Sechs Phosphor-Bomben trafen aber die Schule, die völlig ausbrannte. Der Phosphor konnte nicht ganz gelöscht werden. So flammten in dem Schulgebäude nach einer Woche immer noch Brandherde auf.

Beim Blindgänger-Einsammeln kamen zwei Schüler ums Leben. Sie hatten eine scharfe Magnesia-Leuchtbombe gezündet. Obwohl sie gleich in das Homburger Kran-

Der Krieg fordert von der Jugend seinen Tribut

Rudolf Möller

Taunus. Der Kriegswinter 1941/42 mit seinen verheerenden Versorgungslücken an der Ostfront brachte nach Regierungsaufrufen einen erstaunlichen Mobilisierungseffekt in der Bevölkerung. Warme Bekleidungsstücke und Winterausrüstungen wie Ski und Schlittschuhe in gutem Zustand wurden zu den diversen Sammelstellen gebracht – und die Schuljugend musste beim Einsammeln helfen.

Durch den Kriegseintritt der USA im Dezember 1941 kam es zu neuen Rohstoff-Engpässen in der Kriegswirtschaft. Alles Erdenkliche musste fortan gesammelt werden. Im amtlichen Schulblatt aus dem Jahre 1941 ist nachzulesen, welche Materialien von der Schuljugend zu sammeln waren. Dazu gehörten Aluminiumdosen, Altpapier, Felle, Knochen, Textilien, Schrott, Reifen, Asbest (!) und

Mädchen bei der Feldarbeit – das war im Jahre 1942 keine Seltenheit. Schüler wurden ebenso zur Ernte herangezogen wie zum Sammeln von Metall und Heilpflanzen.

alle Edelmetalle. Die ganze Aktion stand unter dem Motto „Materialsicherung".

Auch die Sammlung aller möglichen Heilpflanzen wie Teekräuter, Lindenblüten, Bucheckern, Edel- und Rosskastanien, Pilze, Waldbeeren und vieles mehr gehörte zum Pflichtprogramm. Und die Sammelliste wurde gegen Ende des Kriegs immer umfangreicher.

Mit besonderem Erlass wurden die Schüler über 13 Jahre zu Ernteeinsätzen in der Landwirtschaft – hauptsächlich in den Ferien – abgestellt. Darunter verstand man „Ernährungssicherung", und dazu zählten auch die vielfältigen Aktionen der Kartoffelkäfer-Bekämpfung.

In Kronberg gab es noch eine Besonderheit, die den Schülern ab Klasse vier aufgetragen wurde. Es war dies die Seidenraupenzucht als „kriegswichtige Produktion von feinster Seide". Warum gerade in Kronberg? Weil es hier viele Maulbeerbäume gab und die Raupen diese Blätter besonders mochten. Die Schüler, deren Eltern über einen Stall oder eine Scheune verfügten, bekamen einen kleinen Karton Raupen, die dann in Käfigen gehalten werden mussten.

Die kleinen Tierchen waren außerordentlich gefräßig, und die Schüler entlaubten daher die Maulbeerbäume in der Stadt – sehr zum Ärger von deren Besitzern. Diese konnten aber nichts gegen den Baumfrevel tun, denn es gab einen Erlass, dass die Blätter der Maulbeerbäume für die kriegswichtige Raupenfütterung gepflückt werden durften. Die Stadt Kronberg hatte eilends einen Maulbeerhain in der Wilhelm-Bonn-Straße 26 (dem damaligen „Braunen Haus") angelegt, um die Futterbasis zu sichern. Im Winter wurden getrocknete Brombeer-, Himbeer- und Lindenblätter gefüttert. Die Kokons mussten dann von den Schülern abgeliefert werden, und eifrige Raupenzüchter bekamen eine Belobigung durch die Luftwaffe, denn die gewonnene Seide wurde für die Fallschirmherstellung verwendet.

Mit immer wieder neuen Aktionen wurde die Schuljugend ab 14 Jahren beschäftigt. So gab es den Dienst bei der Feuerwehr mit wöchentlich mehrmaligen Übungen. Es wurden auch Großsammeltage zum Entrümpeln von Dachböden und Scheunen angesetzt, alle verfügbaren, nicht genutzten Baumaterialien wie Steine, Holz, Farben wurden gesammelt und auf die Bauhöfe gebracht. Darüber hinaus wurde jede intakte Glasscheibe abgeliefert.

Bei diesen vielfältigen Einsätzen hat sich der Autor dieser Zeilen mehrfach Verdienste erworben, die in seinen Zeugnissen zu Belobigungen führten. Da stand zum Beispiel geschrieben: „Beteiligung an der Altmaterialsammlung sehr eifrig!" Stark vom Ehrgeiz angetrieben, ließ das nächste Lob nicht lange auf sich warten. Schon im nächsten Zeugnis war zu lesen: „Er hat sich als Bester von der Schule mit 953 Punkten an der Altmaterialsammlung beteiligt." Darüber hinaus gab es ein Buchgeschenk des Landrates des Obertaunuskreises mit Widmung. Wie man viel später erfuhr, war eine solche Belobigung für „besondere Leistung" durch Reichserlass vom 23. Juli 1942 festgelegt.

kenhaus gebracht wurden, erlagen sie ihren schweren Brandverletzungen.

Was die Steinbacher von den Fremden hielten, die am folgenden Wochenende kamen, um sich die Schäden anzusehen, kann man sich vorstellen.

Kirchenglocken für den Krieg

Taunus. Manchmal wiederholt sich die Geschichte. Wie schon im Jahr 1917 mussten auch 1942 wieder alle Gemeinden ihre Kirchenglocken abgeben, damit sie zu Kriegszwecken eingeschmolzen werden konnten. Viele der Glocken hatten die Gemeinden nur wenige Jahre zuvor in der Wirtschaftskrise unter größten Mühen und Entbehrungen herstellen lassen.

Verfolgung der Juden im Taunus

Menschen „nach dem Osten" deportiert/Angelika Rieber

Taunus. 1942 erreichte die Verfolgung der jüdischen Bevölkerung in Deutschland ihren Höhepunkt. Tausende von Menschen wurden gettoisiert, deportiert und ermordet. Vor dem Machtantritt der Nazis gab es in Bad Homburg, Usingen und in Königstein lebendige jüdische Gemeinden, auch in Oberursel, Kronberg und anderen Orten lebten viele Menschen jüdischen Glaubens oder jüdischer Herkunft. Zu Beginn des „Dritten Reiches" flüchteten viele von ihnen in die größeren Städte, wo sie sich einen gewissen Schutz erhofften. Andere entschlossen sich auf Grund der wachsenden Diskriminierung zur Emigration. Während beispielsweise 1933 noch etwa 300 Juden in Bad Homburg lebten, waren es 1939 nur noch 74. Das als „Kristallnacht" bekannte Novemberpogrom 1938 machte alle Hoffnungen auf ein Leben in Deutschland zunichte. Synagogen brannten, Wohnungen und Geschäfte wurden zerstört, Männer verhaftet und in Konzentrationslager deportiert. Den tätlichen Ausschreitungen folgten behördliche Maßnahmen, die der jüdischen Bevölkerung jegliche Lebensgrundlagen entzogen.

Viele Familien versuchten zunächst, die Kinder in Sicherheit zu bringen. Jüngeren Menschen im arbeitsfähigen Alter gelang es meist leichter, Visa für die Emigration in andere Länder zu erhalten. Doch während des Zweiten Weltkrieges wurde die Flucht aus Deutschland zunehmend erschwert. Schließlich wurde nach dem Beginn der Deportationen, der erste Transport aus Frankfurt erfolgte am 19. Oktober 1941, ein generelles Auswanderungsverbot erlassen.

Der Großteil der während des Zweiten Weltkrieges noch in Deutschland lebenden jüdischen Bevölkerung wurde in den Jahren 1941 und 1942 in Konzentrations- und Vernichtungslager deportiert. Von Frankfurt aus wurden 1941 etwa 3 000 Menschen und von Mai bis September 1942 mehr als 7 000 Menschen verschleppt. Damit erreichte die Verfolgung einen traurigen Höhepunkt.

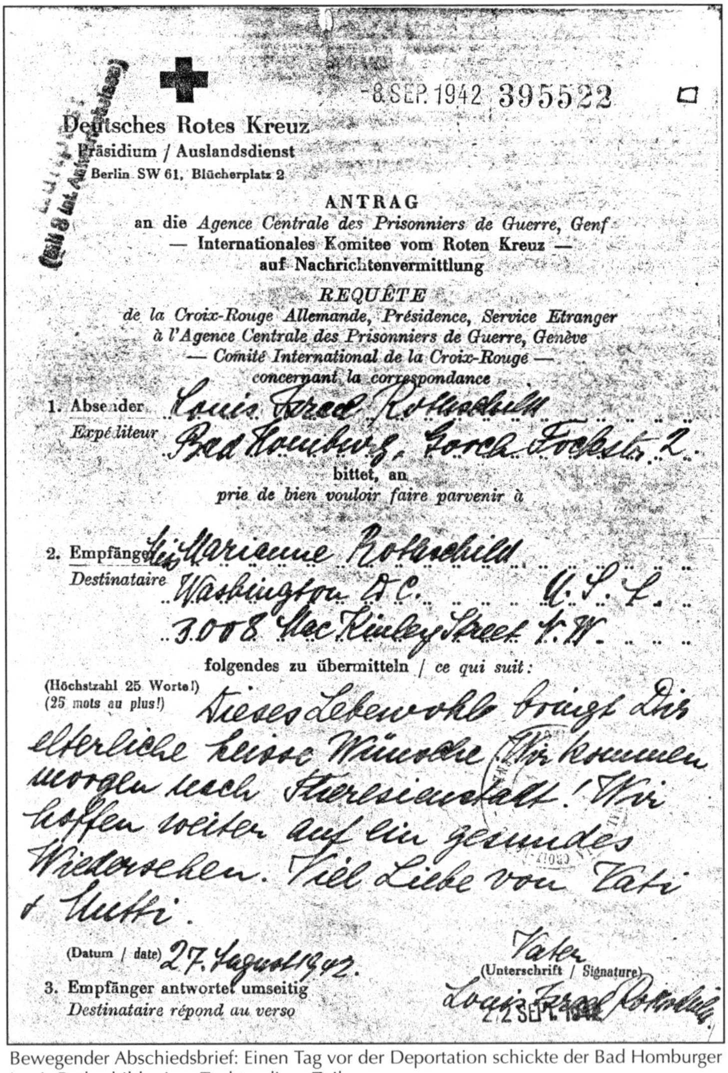

-8.SEP.1942 395522

Deutsches Rotes Kreuz
Präsidium / Auslandsdienst
Berlin SW 61, Blücherplatz 2

ANTRAG
an die *Agence Centrale des Prisonniers de Guerre, Genf*
— Internationales Komitee vom Roten Kreuz —
auf Nachrichtenvermittlung

REQUÊTE
de la Croix-Rouge Allemande, Présidence, Service Etranger
à l'Agence Centrale des Prisonniers de Guerre, Genève
— Comité International de la Croix-Rouge —
concernant la correspondance

1. Absender / *Expéditeur*: Louis Israel Rothschild, Bad Homburg, Gorch Fockstr. 2

bittet, an / *prie de bien vouloir faire parvenir à*

2. Empfänger / *Destinataire*: Miss Marianne Rothschild, Washington D.C. U.S.A., 3008 Mac Kinley Street N.W.

folgendes zu übermitteln / *ce qui suit:*

(Höchstzahl 25 Worte!) (*25 mots au plus!*)

Dieses Lebewohl bringt Dir elterliche heisse Wünsche. Wir kommen morgen nach Theresienstadt! Wir hoffen weiter auf ein gesundes Wiedersehen. Viel Liebe von Vati & Mutti.

(Datum / *date*) 27. August 1942.

Vater
(Unterschrift / *Signature*)
Louis Israel Rothschild

3. Empfänger antwortet umseitig
Destinataire répond au verso

22 SEP. 1942

Bewegender Abschiedsbrief: Einen Tag vor der Deportation schickte der Bad Homburger Louis Rothschild seiner Tochter diese Zeilen.

Von Bad Homburg und anderen Taunusorten aus gab es zwei größere Transporte im Jahre 1942. Am 10. Juni 1942 wurden 26 Bad Homburger Juden „nach dem Osten" deportiert. Der letzte größere Transport von Bad Homburg aus erfolgte am 28. August 1942. 18 Menschen wurden über Frankfurt nach Theresienstadt gebracht. Auch aus anderen Taunusstädten wurden Menschen verhaftet und deportiert. So wurden beispielsweise Therese Heilbronn und Rosa Feinberg aus Oberursel im August 1942 in das Getto Theresienstadt verschleppt. Bekannt ist auch die Deportation von sieben Personen aus Königstein.

Angeblich waren die genannten Orte damit „judenfrei". Tatsächlich jedoch lebten noch verschiedene Menschen jüdischer Herkunft in so genannter „Mischehe". Für sie gab es keine reichseinheitliche Regelung, weshalb sie oft durch ihre nichtjüdischen Partner geschützt waren. Der Gau Frankfurt fiel jedoch durch eine besonders radikale und eigenmächtige Handhabung dieser Frage auf. Zwei Frauen aus Oberursel, Berta Röder und Meta Schnitzlein, wurden nach Vorladung durch die Gestapo im Jahr 1943 nach Auschwitz deportiert. Zerline Rohrbach starb – vermutlich nach Erhalt der Vorladung – durch Freitod wie auch andere Menschen, die wohl ahnten, welches Schicksal ihnen bevorstand. In Bad Homburg wurden vier Frauen, die in so genannter „Mischehe" lebten, verhaftet, von denen einzig Adelheid Jacobi das Lager überlebte. Die noch verbliebenen „Halbjuden" wurden Ende 1944/Anfang 1945 noch zum „Arbeitseinsatz" eingezogen bzw. vorgeladen. Aus Oberursel sind bisher 12 Namen von Betroffenen bekannt. Fast alle der in den Jahren 1941 bis 1943 deportierten Menschen wurden Opfer des Völkermordes.

Unter welchen Bedingungen die Menschen bis zu ihrer Deportation leben mussten und was ihr Schicksal für die überlebenden Angehörigen bedeutet, zeigt ein Beispiel:
Marianne Schwab, geborene Rothschild, wuchs in Bad Homburg auf, wo sie erleben musste, wie die Wohnung der Eltern am 9. November 1938 zerstört wurde. Am 17. März 1939 verließ sie mit ihrer Großmutter Deutschland. Mit ihren Eltern blieb sie durch einen regen Briefwechsel in Verbindung. Die Eltern mussten ihr Haus in der Louisenstraße verlassen und in die Kisseleffstraße zu einer Verwandten ziehen. Der erzwungene Umzug war Teil einer Gettoisierungspolitik, bei welcher die jüdische Bevölkerung in so genannten „Judenhäusern" isoliert wurde. Später mussten Melanie und Louis Rothschild erneut in ein Haus in der Gorch-Fock-Straße wechseln. Nachdem bereits seit dem 19. September 1941 die jüdische Bevölkerung gezwungen war, einen „Judenstern" zu tragen, mussten seit dem 26. März 1942 zusätzlich alle Wohnungen der in Deutschland lebenden Juden mit einem gelben Stern gekennzeichnet werden. Marianne Schwab gelang es nicht mehr, ihre Eltern aus Deutschland heraus zu holen – sie wurden am 28. August 1942 nach Theresienstadt deportiert.

Einen Tag vor der Deportation sendete Louis Rothschild seiner Tochter über das Rote Kreuz noch eine Mitteilung. Höchstzahl: 25 Worte! „Dieses Lebewohl bringt Dir elterliche heisse Wünsche. Wir kommen morgen nach Theresienstadt! Viel Liebe von Vati und Mutti. 27. August 1942 Vater". Fünf Wochen nach der Deportation, von den Behörden „Evakuierung" genannt, wurde das Vermögen der Eltern „zugunsten des Reiches" eingezogen. Der letzte Satz des im Oberfinanzpräsidium am 3. Oktober 1942 bearbeiteten Formblattes lautet: „Die Sicherungsanordnung ist erledigt. Akte weglegen". Hinter derartigen bürokratischen Formulierungen steht die massenhafte Ermordung jüdischer Menschen.

Marianne Schwab ist die einzige ihrer Familie, die überlebt hat. Ihr Vater, Louis Rothschild, starb am 19. September 1942, die Mutter Melanie am 15. August 1944.

Bomben zerstören die Burgkapelle

Kronberg. Am 18. November brannte die Kronberger Burgkapelle nach einem Bombenangriff vollständig aus. Dabei wurde ein kunsthistorisch wertvolles Fresko von 1355 vernichtet. Die Burgkapelle dient noch heute als Begräbnisstätte für die Familie der Landgrafen von Hessen. In der Kapelle befinden sich noch sieben Gräber derer von Cronberg, die dort zwischen dem 14. und 16. Jahrhundert beigesetzt wurden.

Flieger rammt den Feldbergturm

Niederreifenberg. Im dichten Nebel rammte am 4. Dezember ein deutscher Bomber den Aussichtsturm auf dem Großen Feldberg. Als der Benzintank explodierte, brannte der Turm vollständig aus.

Sportplatz als Weide missbraucht

Schloßborn. Die Schulchronik vermeldete am 5. Mai, dass ein Schäfer vom Landrat mit einer Buße in Höhe von 30 Reichsmark belegt wurde. Grund dafür war die Beweidung des Sportplatzes durch dessen Herde. Dadurch konnte die Schloßborner Schule keinen Sportunterricht mehr abhalten. Nachdem zahlreiche Proteste bei dem Schäfer ungehört verhallten, wandte man sich an den Landrat. Im Glauben, dass die Sache damit geklärt sei, bestand die Schule nicht auf der Geldstrafe, aber im Januar 1944 wiederholte sich der Vorfall.

Ein Dorf will sich nicht schlucken lassen

Steinbachs wechselvolle Geschichte/Ruth Rahmel

Steinbach. Die Frankfurter Zeitung brachte es 1943 auf den Punkt. „Das Dorf im Ausland. Die hessische Enklave Steinbach", titelte das Blatt. In dem Artikel werden Steinbacher Ungereimtheiten aufgezählt. So hätten die Steinbacher beispielsweise bislang zum Gericht nach Offenbach und zum Oberlandesgericht nach Darmstadt gehen müssen. Aber das sei seit dem 1. Juli 1943 vorbei: Steinbach gehöre jetzt zum Amtsgericht Frankfurt. Der jahrzehntelange Kampf um den kleinen Taunusort hatte eine neue Wendung bekommen – es war nicht die erste und sollte nicht die letzte gewesen sein.

Schon im Jahre 1936 hatte sich der Generalanzeiger unter der Überschrift „Steinbach, das merkwürdige Dorf" mit den Sonderheiten beschäftigt: „Es gehört parteipolitisch zum Obertaunuskreis, kommunalpolitisch ist es von Offenbach abhängig." Offenbach war die Kreisstadt, Homburg die Zentrale der zuständigen NSDAP. Der historische Anachronismus, dass ein hessischer Ort mitten in Preußen lag, muss die Gleichschaltungsideologie der Nationalsozialisten konterkariert haben. Aufgehoben haben sie ihn nur teilweise.

Wie kam es zu diesen Komplikationen, die erst durch die Amerikaner 1945 und durch das Gesetz 1947 abgestellt wurden, als Steinbach zum Obertaunuskreis kam? Angefangen hatte es, als die Grafschaft Hanau das Dorf 1595 in der Nach-Reformationszeit kaufte, während die umliegenden ehemals Königsteinischen Gebiete dem Kurfürstentum Mainz als Lehen übertragen wurden. Steinbach war erstmals eine Enklave evangelischer Fürsten

Blick in die Ortsmitte: In den 40er Jahren ging es in Steinbach noch beschaulich zu. Allerdings wehrten sich die Bürger schon damals nach Kräften und mit Erfolg gegen den Verlust ihrer Selbstständigkeit.

im Gebiet von Kurmainz und seit der napoleonischen Zeit als Neuerwerbung des Großherzogtums Hessen vom Herzogtum Nassau umgeben. 1866 – nach dem österreichisch-preußischen Krieg – blieb es hessische Enklave in einem preußischen Umfeld.

Das kleine Dorf sollte immer geschluckt werden, aber seine Widerborstigkeit, gepaart mit zum Teil konfessionellen Interessen seiner Fürsten, sicherten seine Selbstständigkeit. Das ging den Kronberger Rittern so, die ein altes Privileg über die Steinbacher Kirche hatten, ebenso dem Mainzer Kurfürsten, der mehrmals versuchte, mit seinen „lieben Vettern" aus Hanau und später aus Hessen zu einem Tauschgeschäft zu kommen – vergeblich, denn Steinbach war durch seinen Anteil an zwei Waldmarken ein zu kostbares Objekt. Auch Preußens Versuch, sein Territorium nördlich von Frankfurt 1866 zu arrondieren, scheiterte: Die Steinbacher schickten ihrem Großherzog eine Ergebenheitsadresse und blieben Hessen.

1928, Steinbach gehörte jetzt zum Volksstaat Hessen, gab es einen neuen Versuch, die Sonderstellung Steinbachs zwischen den preußischen Kreisen Main-Taunus und Obertaunus aufzuheben, aber die Weltwirtschaftskrise verhinderte einen verwaltungsmäßigen Ausgleich. Wie die Nationalsozialisten versuchten, die Kuriosität aufzuheben, darüber wurde bereits zu Anfang berichtet.

Von 1947 an gehörte Steinbach zwar zum Obertaunuskreis, aber die einzelnen Gemeinden waren nach dem Krieg stark mit sich selbst beschäftigt. Seit 1962 gab es einen starken Siedlungsdruck durch Frankfurter Wohnungsbaugesellschaften; das 2 000-Mann-Dorf entwickelte sich stürmisch, und seine Einwohnerzahl hatte sich bis 1978 verfünffacht.

Seit 1970 gab es eine große Bewegung in der gesamten Region durch die geplante und 1972 vollzogene Gebietsreform. Verstreute Dörfer und Klein-Gemeinden sollten um einen Siedlungsschwerpunkt herum zusammengefasst werden. Zur Disposition standen für Steinbach und einige Nachbargemeinden eine Eingemeindung nach Oberursel oder Frankfurt. In dieser Diskussionsphase präsentierte Steinbach plötzlich ein neues Konzept. Getragen von der stürmischen Vermehrung seiner Einwohnerzahl, schlug der Steinbacher Bürgermeister vor: Stierstadt, Weißkirchen und Steinbach, alle drei stark expandierend, bilden einen neuen Siedlungsschwerpunkt um den gemeinsamen Bahnhof herum.

Stierstadt war mit einem Teil seines Gemeinderates nicht abgeneigt; Weißkirchen hatte sich schon mit Oberursel durch einen geplanten Nachbarschaftsvertrag arrangiert. Nach heftigen Polemiken, ausgetragen auch in den regionalen Zeitungen, siegte Oberursel als gewachsener Siedlungsschwerpunkt. Stierstadt schloss sich den Nachbarschaftsverträgen an; Steinbach stand außen vor. „Die verlassene Braut" titelte die Frankfurter Rundschau vom 24. November 1970.

Frankfurt sah seine Chance, Steinbach als nördlichen Vorposten in sein Konzept einer Regionalstadt einzubeziehen. Das war im Frühjahr 1971. Ein Aufschrei ging durch den Ort. Nicht nur die Gemeindevertreter unter der Wortführung der SPD wandten sich heftig dagegen, in den Sog Frankfurts zu geraten. Alt- und Neubürger von Steinbach wollten für sich bleiben, wie in einer Bürgerversammlung mit über 400 Steinbachern beschlossen wurde.

Emotionen kochten im Sommer 1971 hoch, vor allem, als auch Weißkirchen und Kalbach in die Fusionspläne Frankfurts einbezogen wurden. Weißkirchen schuf durch abschließende Verhandlungen mit Oberursel Fakten; Stierstadt schloss sich an. Steinbach dagegen lehnte, getragen vom Willen seiner Bürger, eine Eingemeindung zwangsweise nach Frankfurt ab. Die Chancen, sich als selbstständige Gemeinde behaupten zu können, waren bei dem anhaltendem Wachstum des Ortes und dem großzügig angelegten Freizeitangebot recht gut. Der damalige Landrat Herr unterstützte Steinbachs Streben nach Selbstständigkeit, die nach harter Redeschlacht im Juli 1972 vom Landtag angekündigt wurde. Am 22. September 1972 verlieh der Hessische Ministerpräsident im Saal des Bürgerhauses der ehemaligen Gemeinde Steinbach die Stadtrechte. Bürgermeister Walter Herbst stellte seinen Bürgern und allen Hessen die neue kleine Stadt als „Junge Stadt der offenen Herzen" vor. Steinbach hatte wieder einmal, wie so oft in seiner langen Geschichte, die Selbstständigkeit des kleinen Gemeinwesens am südlichen Taunusrand verteidigt.

An Heiligabend hagelt es Bomben – „ein Inferno"

Luftangriff auf das Dorf Merzhausen/Joachim Bierwirth

Merzhausen. Heiligabend 1944 in Merzhausen: Die Einwohner des heutigen Usinger Ortsteils bereiten sich auf Weihnachten vor. Ein friedliches Fest kann es nicht sein, denn die Kämpfe des Zweiten Weltkrieges finden inzwischen schon lange auch auf deutschem Boden statt, und die Merzhäuser haben mit einem Feldflughafen ein Angriffsziel der alliierten Luftstreitkräfte direkt vor der Haustür.

Die Hoffnung auf ruhige Feiertage erfüllte sich nicht. Die Soldaten auf dem Flughafen hatten gerade die eingetroffenen Weihnachtspäckchen geöffnet und viele Merzhäuser wollten gemütlich Kaffee trinken, als gegen 15 Uhr starke Luftverbände den Platz anflogen. Ein aus Weilburg stammender Flakhelfer schilderte seine Eindrücke so: „Die Pulks fliegen genau den Platz an, nichts Aufregendes; denn wie oft haben wir solche Überflüge schon erlebt. Tiefangriffe waren viel wahrscheinlicher. An einen Bombenangriff dachten wir eigentlich weniger. Plötzlich ein Rauchzeichen, in dem wir zunächst eine abstürzende feindliche Maschine vermuteten. Dann aber war da ein eigenartiges Rauschen und Scheppern in der Luft, und kaum hatten wir Zeit gefunden, uns eine notdürftige Deckung zu suchen, als die Bombenteppiche über uns hinwegrauschten und den Platz in eine Hölle verwandelten. Wir krallten uns in die Erde, so weit das bei dem hart gefrorenen Boden möglich war, zwängten die Schultern auch in die kleinste Rasenfurche, sprangen in die mit Wasser voll gelaufenen und mit einer Eisschicht bedeckten sogenannten ‚Einmann-Löcher'. Da war nur noch der Druck und das Knallen der zerberstenden Bomben. Rauch, Feuer, Pulverdampf, ein einziges Inferno. Der Flugplatz glich einer Mondlandschaft. Krater an Krater, ein wirklich gespenstisches Bild in mondheller Nacht! Ein lebloses, ödes Trichterfeld, nur hier und da noch ein Büschel Gras . . ."

Dem Dorf Merzhausen ging es nicht besser. In einem Brief berichtete ein Merzhäuser seine Erlebnisse an den Sohn, der im Feld stand:

„25 Bomben gingen auf das Dorf nieder. Großer Schaden wurde verursacht. Menschen kamen nicht um. Drei Scheunen mit Stallungen und den Schuppen, die angebaut waren, brannten nieder. 19 Stück Großvieh verbrannten. Emil Höser sein Pferd wurde von einer Bombe durch das Dach des Stalles geschleudert und war tot. Etliche Schweine sind auch noch mit verbrannt. Anbei eine Skizze über den Sitz der einzelnen Bomben. Es ist wie ein Wunder, dass keine Menschen tot blieben, nur vier Stück wurden verletzt... Noch mehr Bomben als im Dorf liegen aber im Felde. Auf unserem Acker im Grundstück sind 16 Bombentrichter. Auch der Platz (=Flugplatz) wurde schwer versaut,... Keine Maschine wurde beschädigt, aber fast alle Gebäude zerstört. Hier gab es fünf Tote, zwei Schwer- und elf Leichtverletzte, insgesamt sind zirka 1000 Bomben hier abgeworfen worden."

Eigentlich waren die Merzhäuser stolz gewesen auf „ihren" Flugplatz. Mit ihm hatten sie Fortschritt und Wandel verbunden. Seine Anlage hatte einen tiefen Einschnitt in die Struktur Merzhausens bedeutet, innerhalb kürzester Zeit erlebten die Einwohner des Ortes den Übergang von einem bäuerlich bestimmten Dorf zu einem Industriedorf.

Unter dem Decknamen „Schafweide" hatten am 15. März 1937 die Rodungsarbeiten auf Gebieten der damals selbstständigen Gemeinden Hausen-Arnsbach, Westerfeld, Merzhausen sowie einem Teil des Staatsforstes Usingen („Wolfsgarten") begonnen. Eingegrenzt wurde das Gelände durch die vorhandene Reichsstraße 275 (heute B 275) sowie die neugebaute „Ostrandstraße", die heutige L 3063 von der B 275 bis zum Wilhelmsdorfer Kreuz, und die „Westrandstraße", die von der B 275 über den alten Wilhelmsdorfer Weg in Richtung auf die Gaststätte „Berghof" lief. Auf dem Merzhäuser Gelände lag noch die Gemeindeviehweide sowie die „Russenkaut" der Familie Bank aus Merzhausen.

Die erste Belegung des Feldflughafens erfolgte im August 1939 durch die Fliegerhorst-Kompanie 23/VII, zuständig unter anderem für die Einsatzbereitschaft des Flughafens, das Rollfeld, die Wetterstation, die Versorgung. Einige Wochen später kam die erste fliegende Einheit, ausgerüstet mit der DO 17, einem Aufklärungsflugzeug, das leichte Bomben mitführen konnte. Zum Flugbetrieb gehörte eine Feuerwehr, zu der auch etliche Männer aus Merzhausen dienstverpflichtet wurden.

Zur Flugabsicherung gegen feindliche Flieger wurden etliche Flaktürme aus Holz erstellt, verteilt im Wald rund um das Flugplatzgelände, bestückt jeweils mit einer Vierlingsflak.

Im zeitigen Frühjahr 1940 folgten einige Staffeln H 111, zweimotorige Kurzstreckenbomber, die beim Westfeldzug Einsätze nach Frankreich flogen. Vom 10. Juni bis 11. Juli 1940 war eine Einheit, und zwar die KG (=Kampfgruppe), ausgerüstet mit der JU 52, auf dem Flughafen, der in den Planungen für eine eventuelle Invasion Englands – „Operation Seelöwe“ genannt – eine wesentliche Rolle spielte. Am 12. August 1940 gab es um 1 Uhr Fliegeralarm, und es fielen Phosphorbrandsätze auf den Flughafen. Nachdem sich der Führer für den Russlandfeldzug und gegen die Invasion Englands entschieden hatte, verlor der Flugplatz seine Funktion, und die Betriebskompanie wurde am 11. November 1940 aufgelöst. Letzte Einheiten verließen im Juni 1941 nach dem Beginn des Russlandfeldzuges das Gelände, das dann vorübergehend als Segelflugplatz und als Wehrertüchtigungslager genutzt und von einem Hausener Bauern als „Platzlandwirt“ teilweise bewirtschaftet wurde.

Nachdem 1943 und 1944 amerikanische Bomberverbände verstärkt deutsche Städte und Dörfer bombardierten, wurde eine „Transporteinheit Reichsminister Speer“ sowie eine Abteilung der „Organisation

Auf dem Feldflughafen reiht sich ein Bomben-Trichter an den nächsten. Fünf Menschen wurden getötet.

Im Keller sterben 13 Menschen

Steinbach. In Steinbach hatte man sich schon an die großen Flugzeugverbände gewöhnt, die mit ihrer todbringenden Last in Richtung Frankfurt flogen. Völlig unerwartet schwenkten am 30. November um die Mittagszeit 37 Flugzeuge aus einem solchen Konvoi aus und näherten sich Steinbach, um ihre Bomben abzuwerfen. Die Steinbacher flüchteten in ihre Keller, wohl wissend, dass diese nur geringen Schutz bieten konnten. Eine Bombe durchschlug das Scheunendach, Strohlager und Balken im Anwesen der Familie Kirchner und explodierte im Keller des Hauses, wo sich 13 Personen aufhielten. Alle kamen bei der Detonation ums Leben.

Eine weitere Person wurde im Freien von den Flugzeugen überrascht und starb, als neben ihr eine Bombe detonierte.

Flieger greifen den Zug an – 8 Tote

Köppern. Am 4. Oktober beschossen amerikanische Jagdflieger den 18-Uhr-Zug, der aus dem Spießwald kommend in den Köpperner Bahnhof einlaufen wollte. Die Folgen des Angriffs waren verheerend: Es gab insgesamt 18 Tote zu beklagen. Die Wucht der eingesetzen Waffen war so stark gewesen, dass die zum Teil völlig verstümmelten Leichen aus Bäumen geborgen werden mussten.

Den Schaden, den die ebenfalls abgeworfenen Bomben anrichteten, war vergleichsweise harmlos. In Köppern wurden lediglich die Dächer von einigen Häusern abgedeckt.

Bilder der Verwüstung: Bei dem Angriff auf Merzhausen wurden im Ort zahlreiche Häuser zerstört.

Todt" auf dem Flughafengelände untergebracht. Sie sollten nach Bombenangriffen im Großraum Frankfurt eingesetzt werden. Zwischen Juni und August 1944 wurde der Flughafen Merzhausen mit Hilfe von 30 luxemburgischen Häftlingen – er bildete ein Außenkommando des SS-Sonderlagers Hinzert – erneut ausgebaut und von September 1944 an mit der 1.-4. Staffel des „Jagdgeschwaders Richthofen" belegt, ausgerüstet mit der FW (Focke-Wulf) 190, die als Jagdflugzeug zur Bekämpfung von amerikanischen Bomberverbänden und bei der Ardennen-Offensive im Dezember eingesetzt wurden. Nach dem Krieg zählte man auf den 140 Hektar des Feldflughafens 850 Bombentrichter, dazu kamen zahlreiche Blindgänger. Ein Sprengmeister mit sechs Gehilfen entsorgte von 1947 bis 1954 nicht nur diese Erbschaft des Dritten Reichs – hier wurde auch aus dem ganzen Land angelieferte Alt-Munition entsorgt. Mitte der 50-er Jahre errichtete die Deutsche Bundespost auf dem Gelände eine Sendefunkstelle, seit 1979 wandelte sich die Nutzung zur „Erdfunkstelle Usingen-Merzhausen", die für die bundesweite Satellitenkommunikation zuständig ist.

Nicht nur die Altstadtbrücke und der Bahnhof erinnern an Ritter von Marx

Gerta Walsh

Bad Homburg. Da Dr. jur. Ernst Ritter von Marx am 1. Juni 1944 in Oxford/England verstarb, wurde sein Tod erst einige Jahre nach Kriegsende in Bad Homburg bekannt. Dabei war der einstige Oberbürgermeister und Landrat des Obertaunuskreises in seinen Geltungsbereichen zwischen 1901 und 1921 eine populäre Gestalt. Am 12. März 1869 in Wien geboren, doch in Frankfurt am Main aufgewachsen, kam er nach dem Studium in die Kurstadt und machte hier rasch Karriere. Seine Bewerbung um die Stelle des OB hatte Erfolg, und obwohl seine Amtszeit 12 Jahre dauern sollte, übernahm er auf Wunsch Kaiser Wilhelms II. 1904 den Posten des Landrats. Die Termine überschnitten sich, doch der aufgeschlossene und wendige junge Mann brachte es fertig, neun Monate lang beide Stellen gleichzeitig auszufüllen. Von Hause aus vermögend, griff er auch in die eigene Tasche, wenn es galt, öffentliche Bauten voranzutreiben. Im Ersten Weltkrieg stellte er sich als Major der Heeresleitung zur Verfügung und legte am 1. Oktober 1921 sein Amt als Landrat aus gesundheitlichen Gründen nieder. Danach lebte er mit seiner Familie in der Schweiz, seit 1935 in England. Dort verstarb er – wie eingangs erwähnt – im Jahre 1944, nur einen Tag vor seiner Goldenen Hochzeit.

Der Name Ritter von Marx ist in erster Linie mit den Sparten Siedlungswesen und Fremdenverkehr verbunden. Weitere Interessen galten neben der beginnenden Motorisierung den Pferden: Das heutige Gestüt Erlenhof war anfangs eine von ihm gegründete Fohlenzucht. In seine Amtszeit fielen in Homburg die Überbrückung der Altstadt (die Brücke erhielt 1955 seinen Namen), der Bau des Bahnhofs, der Marktlauben, des Kreiskrankenhauses und die Anlage des Industriegebietes.

Starb 1944 in Oxford: Ernst Ritter von Marx, der einst Oberbürgermeister und Landrat zugleich war.

Die Amerikaner marschieren ein

Kriegsende im Taunus / Gerta Walsh

Taunus. Das Jahr 1945 war für den damaligen Obertaunuskreis und den Kreis Usingen eine Zeit der Unruhe und Entbehrungen. Königstein erlebte am 2. Februar einen Bombenangriff, dem 15 Menschen zum Opfer fielen, beim gleichzeitigen Angriff auf Niederreifenberg gab es drei Tote, auf dem Bahnhof von Grävenwiesbach einen Toten und zahlreiche Verletzte. Der schwerste Luftangriff auf Bad Homburg zerstörte am 8. März neben dem Kurhaus das Rathaus und andere öffentliche Einrichtungen sowie 200 Wohnungen; 33 Menschenleben waren zu beklagen. Zur gleichen Zeit trafen Bomben den Fernmeldeturm auf dem Großen Feldberg.

Nach dem Zusammenbruch der Westfront zogen sich deutsche Truppeneinheiten zurück und versuchten, im Taunus eine neue Verteidigungslinie zu schaffen. Augenzeugen erwähnten Einheiten der Waffen-SS, die Städte und Dörfer verteidigen wollten und damit die Überlebenschancen der Bewohner aufs Spiel setzten. Ihrer geographischen Lage und Ausdehnung entsprechend ging die Besetzung der Taunusregion durch amerikanische Kampftruppen nicht gleichzeitig vor sich, bewegte sich aber im engen Zeitraum zwischen dem 28. und 31. März, den Tagen vor Ostern. In den meisten Orten waren es Panzer, in anderen Infanterie-Verbände, die hier einrückten.

Da beim Eintreffen der Amerikaner mit Panzern und Jeeps am Karfreitag, dem 30. März, die Bad Homburger Bevölkerung weder aus dem Hinterhalt schoss noch heißes Wasser in die Panzer goss, wie dies der „Werwolf" als letzte Verteidigung befohlen hatte, verlief die Besetzung der Kurstadt ohne Verluste. Schon am Gründonnerstag waren Kronberg, Oberhöchstadt und Steinbach besetzt worden. Der Karfreitag brachte die Amerikaner kampflos in den Besitz von Oberursel, Grävenwiesbach und Treisberg, einen Tag danach waren sie in Usingen. In den meisten Orten verliefen diese letzten Kriegsstunden glimpflich, doch es gab auch dramatische und tragische Geschehnisse.

Aus Richtung Saalburg kommend, erreichten Panzer am Morgen des Karfreitags Wehrheim. Da sich die Waffen-SS auf Verteidigung einstellte, schoss U.S. Artillerie den ganzen Tag über, erst gegen Mittag des Ostersonntags übernahm sie den Ort. Auch um Usingen kam es zu Gefechten, nachdem sich eine Einheit der Waffen-SS halbkreisförmig um die Ortschaft aufgebaut hatte. Hier waren die Kampfhandlungen am 31. März beendet.

Besonders heftig wurde um Schmitten gekämpft. Obwohl der Bürgermeister den Kommandeur der dort stationierten deutschen Einheit bat, den Ort kampflos zu übergeben, ließ dieser die vordringenden Panzer angreifen und beschwor einen Kampf herauf, der 89 Amerikaner und 18 Deutsche das Leben kostete. In der Nacht zum 31. März zogen die Sieger ein.

Neben der Erleichterung, den Krieg nun überstanden zu haben, machte sich in allen Städten und

Eisenhower zieht in die Reimers-Villa

Bad Homburg. Ende Mai bezog der Oberbefehlshaber der amerikanischen Truppen, General Dwight D. Eisenhower, das „Haus Hohenbuchen" in Bad Homburg, Herder-Straße, und wohnte hier, bis er Deutschland im November dieses Jahres verließ. In die dafür beschlagnahmte komfortable Villa des Industriellen Werner Reimers (P.I.V. Ketten und Getriebe) zog er mit einigen Haustieren und genoss die abgelegene Lage am Hardtwald. Im Teich setzte er Forellen aus, den Garten legten deutsche Kriegsgefangene zur Pflanzung von Obst und Gemüse an. Von diesem Wohnsitz aus fuhr der General täglich nach Frankfurt ins Hauptquartier im IG-Farben-Hochhaus.

Als Oberbefehlshaber der Nato-Truppen besuchte Eisenhower im Januar 1951 den jetzt im Hause residierenden Hochkommissar für Deutschland, John J. McCloy, und konferierte mit ihm und Bundeskanzler Konrad Adenauer. General Eisenhower war von 1952 bis 1961 Präsident der Vereinigten Staaten.

Schule bis unter das Dach belegt

Bad Homburg. Bei Kriegsende war die Landgraf-Ludwig-Schule eines der wenigen völlig intakten Schulgebäude der Innenstadt Bad Homburgs. Am ersten Schultag, dem 19. September, war das Haus in der Rathausstraße vom Keller bis zum Dach belegt. Zu den 778 eigenen Schülern kamen die 550 der Hölderlinschule aus dem Hessenring, wo bis Ostern 1947 ein Flüchtlingslager eingerichtet war. Als am 12. Dezember die weiterführenden Schulen ihren Unterricht aufnehmen konnten, musste die Kaiserin-Friedrich-Schule in der Gymnasiumstraße 1 bis Februar 1946 Klassen in die Landgraf-Ludwig-Schule auslagern und konnte erst 1955 eine moderne, genügend große Anlage auf der Steinkaut beziehen. Die benachbarte Auguste-Viktoria-Schule, deren Gebäude in der Gymnasiumstraße 3 zu 55 Prozent durch Bomben zerstört war, begann unter dem neuen Namen „Städtisches Realgymnasium für Mädchen" in der Kirdorfer Ketteler-Francke-Schule, Weberstraße 18, wurde 1946 bis 1948 ins Haus der Kaiserin-Friedrich-Schule ausgelagert und konnte erst 1949 in ihr altes Gebäude zurückkehren. (1962 zog sie als „Gymnasium für Mädchen" in das neue Haus in der Jacobistraße 37, seit 1967 heißt sie Humboldtschule.) Die Städtische Berufs- und Berufsfachschule öffnete am 13. Dezember ihre Türen in der Elisabethenstraße und lagerte einige Klassen bis 1948 in die Landgraf-Ludwig-Schule aus. 1957 konnte diese Schule in einen Neubau an der Urseler Straße ziehen und nahm den Namen Georg-Kerschensteiner-Schule an.

Das leidende Volk plündert den Wald

Oberursel/Steinbach. Die Wälder in der Umgebung Oberursels wurden in den ersten Nachkriegsmonaten zu Tummelplätzen für Plünderer und Vandalen. Rücksichtslos fällte die Not leidende Bevölkerung mit Axt und Säge die Bestände. Eine geordnete Bewirtschaftung war nicht mehr möglich. Herbei eilende Forstbeamte wurden von den Dieben mit Beilen bedroht. Gleichzeitig plünderten freigesetzte russische und polnische Kriegsgefangene die umliegenden Stallungen.

In Steinbach versuchte eine aus zwei Personen bestehende Waldwache vergeblich, dem Treiben Einhalt zu gebieten. Der Gemeinderat beschloss daraufhin am 1. Mai, an jeden Haushalt einen Raummeter Brennholz zu vergeben.

Auch das Usinger Land blieb von Bomben nicht verschont. Unser Bild zeigt die Reste eines Hauses in Niederreifenberg nach dem Luftangriff vom 22. Februar 1945.

Dörfern die Sorge breit, wie das Leben unter der Besatzung weitergehen solle. Größtenteils ohne Strom und daher ohne Rundfunkmeldungen, überall ohne Zeitungen, wussten die Menschen oft nicht, wie es außerhalb ihres eigenen engen Lebensraumes aussah. Noch war kein Waffenstillstand erreicht, noch wurde in einigen Teilen Deutschlands gekämpft, doch exakte Nachrichten gab es kaum. In den ersten Tagen der Besetzung kam es zu Hausdurchsuchungen nach Waffen und versteckten deutschen Soldaten. Der Telefon- und Postverkehr war unterbrochen, öffentliche Verkehrsmittel stillgelegt, Lebensmitteltransporte blieben aus. Die anfänglich angeordneten Sperrstunden, in denen niemand seine Wohnung verlassen durfte, wurden nach einigen Tagen gelockert. In Städten wie Bad Homburg, Kronberg und Königstein mussten viele Bewohner die kurzfristig ausgesprochene Beschlagnahme ihrer Häuser oder Wohnungen hinnehmen und dabei den gesamten Hausrat zurück lassen.

Alle Bürgermeisterstellen wurden auf Geheiß der Amerikaner neu besetzt. Am 20. April setzte die Militärregierung Dr. Hermann Usinger zum Landrat für den Obertaunuskreis ein. Seine erste ihm gestellte Aufgabe war die politische Bereinigung: 39 Beamte der Kreisverwaltung und 180 Beamte, Angestellte und Arbeiter der Gemeindeverwaltungen wurden entlassen. Am 18. April übernahm Dr. Georg Eberlein das Amt des Bürgermeisters von Bad Homburg, das er bis 1933 innegehabt, aus politischen Gründen aber verloren hatte. Die Dienst-Stempel hatten plötzlich eine leere Stelle, denn der Reichsadler mit dem Hakenkreuz war sorgfältig heraus geschnitten worden.

Die Unterzeichnung der bedingungslosen Kapitulation vom 8. Mai brachte das Ende des Krieges. Danach normalisierte sich das tägliche Leben nur langsam. Im September begann der Schulunterricht, allerdings bei fehlenden Klassenräumen, Lehrermangel und ohne Schulbücher. Bibliotheken blieben weiterhin geschlossen, denn der gesamte Bücherbestand und das Personal mussten durch die Militärregierung überprüft werden. Die Wiederaufnahme des Briefverkehrs innerhalb der Westzonen ab 28. Oktober gab getrennten Familien die Möglichkeit, Angehörige zu suchen. Da nicht genügend neue Briefmarken zur Verfügung standen, konnte man das Porto am Postschalter bar bezahlen und erhielt den handschriftlichen Vermerk „Gebühr bezahlt".

Im Übrigen waren die Möglichkeiten, sich zu informieren, auch für die Bewohner der Taunusstädte lange unbefriedigend, da es natürlich keine Zeitungen gab. In Oberursel, wie wohl auch in anderen Städten, ließ die Besatzungsbehörde regelmäßig am Rathaus „Bekanntmachungen" anbringen, aus denen die Bürger ersehen konnten, was zu tun erlaubt war und was nicht. Allein für das Jahr 1945 wurden 83 gezählt, die das Leben in dieser Zeit des Umbruchs schlaglichtartig beleuten. So war der Bekanntmachung Nr. 1 vom 30. März 1945 unter anderem zu entnehmen, dass alle Waffen ab sofort abzuliefern seien, dass nicht mehr als drei Personen zusammenstehen dürften und dass niemand Oberursel verlassen dürfe. Zur Sicherstellung der Ernährung müsse die Zwangswirtschaft bei den Lebensmitteln bestehen bleiben.

Bekanntmachung Nr. 2 legte die Tageszeiten fest, in denen Ausgehverbot galt: morgens von 7 bis 9 Uhr und nachmittags von 15 bis 18 Uhr. Wohl aus gegebenem Anlass präzierte die Bekanntmachung vom 3. April 1945, das Ausgehverbot gelte auch für Ausländer. Und: „Wer das Ausgehverbot nicht beachtet, muss damit rechnen, dass auf ihn geschossen wird." Waffen durften nur Vertreter der Militärregierung besitzen. Die Bevölkerung wurde am 6. April „letztmals" aufgefordert, alle noch vorhandenen Waffen abzuliefern. Sogar Ferngläser, „einschließlich Operngläser", mussten auf dem Rathaus abgeliefert werden.

Echte Sorgen kreisten um die Beschaffung von Lebensmitteln, um Brennholz für den Winter und die Unterbringung von Flüchtlingen. Das Jahr 1945 endete mit der gedämpften Hoffnung auf eine Verbesserung der Lage.

Der schwere Luftangriff auf Bad Homburg legte am 8. März 1945 nicht nur das Kurhaus in Trümmer, er forderte auch 33 Menschenleben.

US-Geheimdienst im Camp King

In Oberursel werden Nazi-Größen verhört/Karl Heinz Arbogast

Oberursel. Am 29. März besetzten amerikanische Truppen, durch den Wald an der Kuranstalt Hohemark vorbei kommend, das Durchgangslager („Dulag") an der Hohemarkstraße. Das Barackendorf war bereits am 15. März von den Vernehmungsoffizieren der deutschen Luftwaffe geräumt worden, die hier seit 1939 abgeschossene amerikanische und englische Flieger verhört hatten.

Die amerikanische Armee war hocherfreut über das unzerstörte Lager und sammelte hier in den nächsten Wochen Tausende kriegsgefangener deutscher Soldaten. Sie wurden von Spezialisten vernommen, nach bestimmten Kategorien „ausgesiebt" und nach einigen Tagen in die riesigen Sammellager am Rhein bei Remagen und an der Nahe bei Bad Kreuznach transportiert. Der Krieg war in diesen Apriltagen noch nicht zu Ende. Die Amerikaner rechneten immer noch mit Partisanen des „Wehrwolfs" und fischten bei den Vernehmungen vor allem nach möglichen Kriegsverbrechern, höheren Nazis und SS-Offizieren, die in größerer Zahl versuchten, in den abgeschabten Uniformen einfacher Soldaten sozusagen „durch die feinlichen Linien" zu schlüpfen.

Die amerikanischen Streitkräfte unterhielten damals besondere Verhörstäbe, um die Schicksale vermisster amerikanischer Soldaten und verschollener Flugzeugbesatzungen aufzuklären. In dem Lager, das damals noch nicht Camp King hieß, sammelten sich daher auch festgesetzte höhere Offiziere, Generäle und einige Nazigrößen, die man als Angeklagte oder Zeugen für die im April 1945 bereits geplanten Kriegsverbrecherprozesse für wichtig hielt. In Oberursel kursierten Gerüchte, selbst Göring, Keitel und andere Größen der ehemaligen Reichsregierung habe man auf dem Hof des ebenfalls mit Stacheldraht umgebenen ehemaligen Lehrerinnenheimes an der Hohemarkstraße Luft schnappen sehen. Erwiesen ist das nicht.

Nachdem der Krieg im Mai 1945 beendet war und die amerikanische Armee in Frankfurt für ihr Hauptquartier im ehemaligen „IG-Hochhaus" ein ganzes Stadtviertel eingezäunt hatte, richtete im Lager – das 1946 in Erinnerung an den Offizier des 7. US Corps Charles B. King den Namen Camp King erhielt – der Nachrichtendienst CIC ein Verhörzentrum ein. Fachleute aus dem zerbrochenen Dritten Reich wurden hier auf dem Weg in die Vereinigten Staaten durchgeschleust. Der nach dem Krieg neu entstandene deutsche Nachrichtendienst „Organisation Gehlen" soll im Camp King 1946 aus der Taufe gehoben worden sein.

Der beginnende „Kalte Krieg" und das Niederfallen des Eisernen Vorhangs ließen in Oberursel ein bedeutendes amerikanisches Zent-.....rum für die Ausspähung der Verhältnisse im Osten entstehen. 1953 zog dann die 513th Military Intelligence Group, zuständig für nachrichtendienstliche Abschirmung der amerikanischen Truppen gegen Spionage, in den Lagerkomplex ein.

Weniger geheim ging es von 1968 an in dem Lager zu, als die Nachrichtenleute auszogen und einem Stab für die Steuerung der Transportbewegungen des Armeenachschubs Platz machten. Die kleine Garnison von etwa 250 Soldaten und Angestellten war beispielsweise in der Lage, auf einen Schlag tausend Sattelschlepper mit Verpflegung oder Munition in Marsch zu setzen. Sie steuerten Militärtransportzüge und die Benutzung der Häfen durch Nachschubschiffe. 1989 kam als letzte Einheit eine Fernmeldebrigade mit ihrem Stab in das Lager, die im Juli 1993 abzog. Seitdem entwickelt sich das Gelände, auch heute von den Oberurselern noch Camp King genannt, zu einem neuen Wohngebiet der Stadt Oberursel.

Von Haus und Hof vertrieben

Flüchtlinge im Taunus/Ingrid Berg

Glashütten. „Das neue Jahr liegt im Dunkel; es soll für unser Volk den Anfang des Neuaufbaus bringen. Noch sind keine klaren Linien zu erkennen" – mit diesen Sätzen beginnen in der Schloßborner Pfarrchronik die Eintragungen für das Jahr 1946. Und Dr. Joseph Wagenbach, Landrat des Main-Taunus-Kreises, zu dem damals die drei Dörfer Glashütten, Oberems und Schloßborn gehörten, schrieb 1947, auf das Vorjahr zurückblickend: „Wie ist unsere Lage? (...) Millionen vertriebener Ostflüchtlinge wurden in den Restraum zusammengepfercht, durch Zonenspaltung der innere Zusammenhang dieses Restraums zerrissen. Das sind zweifellos erschütternde Startbedingungen für den Wiederaufbau der Wirtschaft..."

Das war die Situation im Großen, wie aber stellte sie sich im Kleinen dar? Das soll hier am Beispiel Glashüttens aufgezeigt werden. Bevor an den allgemeinen wirtschaftlichen Wiederaufbau gedacht werden konnte, mussten zunächst einmal die Flüchtlinge untergebracht und ernährt, mussten Betten und Kleidungsstücke besorgt werden. Da auch die genannten drei Dörfer durch Evakuierte aus den zerbombten Großstädten nahezu überbelegt waren, erwies sich die Unterbringung der vielen zusätzlichen Menschen als äußerst schwierig. Im Juni 1946 waren in Schloßborn 165, in Oberems 57 und in Glashütten 42 Ostflüchtlinge neben den Evakuierten gemeldet.

In Oberems erinnert man sich noch an die zehnköpfige Familie P. – eine Mutter mit neun Kindern, der Vater war „im Krieg geblieben" –, die über mehrere Jahre lang im Sitzungssaal des Rathauses untergebracht werden musste. Es gab im Ort kein Privathaus, das zehn Personen zusätzlich hätte aufnehmen können; schon zwei bis drei Menschen mehr waren auf engem Raum schwierig genug.

In Schloßborn kamen die ersten Flüchtlinge, meist Katholiken aus

Der Feldberggipfel als Arbeitsplatz: Der Invalide Helmut Lichtnecker eröffnete hier nach dem Krieg einen Kiosk. Viele andere Kriegsheimkehrer und Heimatvertriebene hatten größere Schwierigkeiten, in jenen Jahren eine Beschäftigung zu finden.

Wärmestuben für alte Menschen

Bad Homburg. Ab Mittwoch, dem 16. Januar, stand alten Leuten, die zu Hause keinen Raum heizen konnten, im „Straßburger Hof" in der Thomasstraße 5 eine Wärmestube zur Verfügung, die täglich von 10 bis 17 Uhr geöffnet war. Im Dezember dieses Jahres folgte eine zweite derartige Einrichtung im Gasthaus „Bayrischer Hof", Dorotheenstraße 24.

Kreisblatt erscheint „nach Bedarf"

Obertaunus. Das erste Nachrichtenblatt für die Zivilbevölkerung erschien am 28. Januar als „Amtliches Kreisblatt für den Obertaunuskreis" und war vom Landrat mit Genehmigung der Militärregierung herausgegeben. Sein Zweck war, Verordnungen und Bekanntmachungen der Behörden weiter zu leiten und die Zeit bis zum Erscheinen lokaler Tageszeitungen zu überbrücken. Der Vermerk auf der ersten Nummer „Erscheint nach Bedarf, vorläufig zwei Mal monatlich" zeigt, dass es hier nicht auf die Übermittlung aktueller Ereignisse ankam. Zuteilungen an Lebensmitteln, Wahlergebnisse, Mitteilungen aus den Gemeinden des Obertaunuskreises und standesamtliche Nachrichten füllten die wenigen Seiten. Das Kreisblatt stellte mit Nr. 52/53 am 1. März 1947 sein Erscheinen „aus verwaltungstechnischen Hindernissen" vorübergehend ein, konnte aber doch bis 31. 12. 1949 gedruckt und verbreitet werden.

Schlösserverwaltung bezieht Quartier

Bad Homburg. Das nach dem Kriege entstandene Bundesland Hessen gelangte in den Besitz zahlreicher ehemalig preußischer Schlösser, Burgen und Gartenanlagen. Am 1. April nahm die jetzt gegründete „Verwaltung der Staatlichen Schlösser und Gärten" ihren Sitz in Schloss Homburg. Zu diesem Zeitpunkt unterstand sie dem hessischen Landeskonservator, erst 1949 wurde sie eine selbstständige, dem Kultusminister direkt unterstellte Behörde.

Seife für fleißige Knochen-Sammler

Obertaunus. Am 4. Februar gab „der Herr Landrat" bekannt, dass jeder Sammler von Knochen von der Sammelstelle Gutscheine zum Kauf von Kernseife erhalte. Wer über fünf Kilogramm ablieferte, erhielt ein Stück Seife zu 60 Gramm.

Juwelen aus dem Schloss geraubt

Kronberg. Der Sitz der Landgräflichen Familie von Hessen, Schloss Friedrichshof, war nach 1945 in einen Country Club umgewandelt worden. Die Leiterin des Hauses, Kathleen Nash, entdeckte im Keller die versteckten Familienjuwelen. Gemeinsam mit dem amerikanischen Offizier Jack Durant und dessen Untergebenem David Watson beschlossen die Drei, die Juwelen außer Landes zu schmuggeln. Im Januar 1946 kam der Diebstahl ans Licht. Nachdem zwei der Täter in den USA am 2. Juni festgenommen wurden, gelang es, ein Drittel des geraubten Schmuckes sicher zu stellen. Die drei Hauptangeklagten wurden zu mehrjährigen Haftstrafen verurteilt. Vom Rest der Beute tauchte nie wieder etwas aus.

Kinos teilen sich die wenigen Filme

Bad Homburg. Not macht erfinderisch, auch auf dem Unterhaltungssektor. Da im März in Bad Homburg zwar zwei Kinos in Betrieb, Spielfilme jedoch knapp waren, half man sich auf diese Weise: Das Helipa in der Louisenstraße 26, das abends für die

dem Sudetenland, in der Karwoche 1946 an. „Ein Bild des Jammers. Mit wenigen Habseligkeiten, von Haus und Hof vertrieben", so die Pfarrchronik. Überall in den schon überfüllten Dörfern mussten die Bürgermeister bei der Unterbringung sehr große Anstrengungen und Überzeugungsarbeit leisten. Aber am Kirchweihfest in Schloßborn „wurden dann die Flüchtlinge in den Familien als Gäste zu Tisch geladen", und manches Eis wird dabei gebrochen sein.

Von Mitte 1946 an flossen Lebensmittel aus den USA, denn der Hunger war groß. Der Diözesanverband Limburg verteilte an Ostflüchtlinge amerikanische Liebesgabensendungen, wie es damals hieß. Im Juni desselben Jahres sammelten die Schulkinder in Glashütten zu Gunsten des Großhessischen Hilfswerkes 908 Reichsmark und verschiedene Gebrauchsgegenstände und Bekleidungsstücke, die an die Flüchtlinge verteilt wurden. Vor allem aber wurden Weckgläser und Weckringe gesammelt, damit auch Flüchtlinge die unbedingt notwendigen Obst- und Gemüsevorräte für den Winter einkochen konnten. Die Militärregierung stellte Zelte und Zeltbahnstoffe zur Verfügung, aus denen vor allem Matratzen gefertigt wurden.

Große Probleme bereitete das Fehlen von männlichen Arbeitskräften; aber auch die Einweisung von Flüchtlingen in Gebiete, wo sie in der Regel ihren erlernten Beruf nicht ausüben konnten, führte zu neuen Umsiedlungsnotwendigkeiten.
Schon 1946 suchten viele Betriebe über die Landräte oder auch die Kreishandwerkerschaft „Arbeitskräfte aus Flüchtlingskreisen" oder riefen zu einem „Arbeitseinsatz von Neubürgern" auf. In Oberems waren drei Schuhmacherfamilien untergekommen, jedoch hatte der Ort schon einen Schuhmacher, so dass kein weiterer Bedarf bestand. Anders war es in Hofheim, wo vor dem Winter noch dringend Schuhmacher gebraucht wurden.

Im November 1946 erhielt der Bürgermeister in Oberems den Auftrag, die drei Schuhmacherfamilien mit insgesamt neun Personen nach Hofheim umzusiedeln. Ähnlich wie in Oberems erging es vielen Flüchtlingen, die nur für eine kurze Zeit in ihrer Erstunterkunft bleiben konnten. Nach Auffanglagerzeiten, Einweisungen in Massenquartiere und endlich in Privathäuser wurde der oft zögerliche Beginn einer Eingliederung in die neue Heimat deswegen bald unterbrochen, weil die Menschen nur an einem anderen Ort eine Arbeit fanden. Diese Umsiedlungs- und Verteilungsprozesse dauerten noch viele Jahre und prägten die mühsame Aufbauphase der Nachkriegszeit, zumal der Zustrom heimatvertriebener Deutscher weiterhin anhielt.

Noch 1948 bittet die Glashütter Firma Dörfler Uhren-KG., selber ein Evakuiertenbetrieb, den Landrat des Main-Taunus-Kreises, bei der Einweisung von Flüchtlingen nach Glashütten oder in die Nachbarorte „Menschen zu berücksichtigen, die auf Grund ihres Berufes bei mir Arbeit finden können. In Frage kommen die Berufe Uhrmacher, Vergolder, Bildhauer, Lackierer, Kunstmalerinnen, Kunstmaler, ebenso auch Feinmechaniker". Diese vorgetragene Bitte hatte allerdings kaum Erfolg, denn die Währungsreform lockte bald die arbeitswilligen und fleißigen Handwerker aus den Kreisen der Heimatvertriebenen in größere Städte, wo sich schnell verlässliche Arbeits-, Wohn- und Ausbildungsplätze fanden. Wie könnte man die heute kaum mehr vorstellbaren Schwierigkeiten des Jahres 1946 beschreiben, ohne den unbezähmbaren Mut zum Neuanfang zu vergessen? Das hat damals Landrat Dr. Wagenbach getan, indem er schrieb: „Unsere erschütternde Lage zwingt zur Solidarität aller, die guten Willens sind."

Heinrich Jacobi – Homburger Chronist

Gerta Walsh

Bad Homburg. Bei seinem Tod am 3. März 1946 gab es in Bad Homburg keine Tageszeitungen, daher konnte die Öffentlichkeit nicht in der sonst üblichen Weise durch einen Nachruf auf die Verdienste des Baurats Dr. Ing. h.c. Heinrich Jacobi aufmerksam gemacht werden. Der am 2. Juli 1866 Geborene war der Sohn des berühmten Baurats und Ehrenbürgers Louis Jacobi.

Nach fünfjährigem Studium der Architektur an der Technischen Hochschule Berlin-Charlottenburg und dem Erwerb des Titels Baumeister im Jahr 1896 trat er mit archäologischen Ausgrabungen römischer Stätten in die beruflichen Fußstapfen seines Vaters. Bei den Vorbereitungen zum Wiederaufbau des Römerkastells konnte er ihm assistieren, da er 1899 an die Saalburg berufen wurde. Im Jahre 1910 übernahm Heinrich Jacobi nach dem Tode seines Vaters dessen Stelle als Direktor des Saalburg-Museums. Die Würde eines Ehrendoktors verlieh ihm die Technischen Hochschule Charlottenburg 1926 anlässlich seines 60. Geburtstages.

Aus Heinrich Jacobis Feder stammen zahlreiche Aufsätze aus der Geschichte Bad Homburgs; seine wissenschaftlichen Arbeiten über römische Ausgrabungen wurden in den Saalburg-Jahrbüchern gedruckt.

In zweiter Ehe war er mit Johanna Trapp, einer Enkelin des Medizinalrats Dr. Eduard Christian Trapp und Gründer des Heilbades Homburg, verheiratet. Bis zu seinem Tode lebte er im Elternhaus Dorotheenstraße 12, dem Haus mit der auffallenden Fassade aus Kieselsteinen.

Dank seiner exakten Forschungsarbeiten gilt Heinrich Jacobi noch immer als zuverlässiger Chronist und wird seit Jahrzehnten oft und gerne zitiert.

Starb im März 1946: Heinrich Jacobi.

amerikanische Besatzung beschlagnahmt war, begann sein Programm um 15.30 Uhr, das Thalia in der Audenstraße um 16 Uhr. Das erste Kino startete mit dem Hauptfilm und brachte nach dem Abspulen jeder der sechs Rollen diese in die Audenstraße, wo man mit der Wochenschau (den Ereignissen aus aller Welt) begonnen hatte. So war es möglich, mit nur einem Film auszukommen. Voll besetzt waren beide Kinos.

Landratsamt zieht in die Louisenstraße

Obertaunus. Vom 17. bis 24. Mai dauerte der Umzug des Landratsamts von der Ferdinandstraße 2 bis 4 in das eigene Gebäude, Louisenstraße 86 bis 90 in Bad Homburg, das seit Kriegsende von den Amerikanern beschlagnahmt war. In diesen Umzug hinein platzte die Nachricht, dass alle Betriebe, auch der öffentliche Dienst, ab sofort 48 Stunden pro Woche zu arbeiten habe.

Ein Bund kümmert sich um Volksbildung

Oberursel. Am 7. Mai wurde in Wiesbaden die Genehmigung zur Gründung des Bundes für Volksbildung erteilt. Anlässlich der feierlichen Eröffnung in der Turnhalle Gartenstraße referierte der Politologe und Historiker Dr. Eugen Kogon über „Die geschichtlichen Ursachen unserer gegenwärtigen Lage". Musikalisch wurde die Feier vom Ewald-Kind-Quartett und der Pianistin Ilse Köpf begleitet. Heute hat der Träger der Volkshochschulen im Hochtaunuskreis 800 Mitglieder und tritt auch als Veranstalter von Theateraufführungen auf.

Flüchtlinge kommen im Güterwagen

Bad Homburg. Aus dem Sudetenland ausgewiesene Flüchtlinge trafen am 1. April in Güterwagen in Bad Homburg ein und wurden im Massenlager Hölderlinschule notdürftig untergebracht. 30 Personen lebten in einem Klassenraum, eine Großküche übernahm die Versorgung. Anderen war die Kantine der P.I.V. im Industriegebiet zugewiesen. Da immer mehr Heimatvertriebene in die Stadt kamen, mussten sie nach kurzem Lageraufenthalt in Privatwohnungen zu Einheimischen eingewiesen werden. 1953 entstand im Rahmen ihrer Betreuung auf der Steinkaut die Marienbader Siedlung.

Lüdge löst Usinger als Landrat ab

Obertaunus. Bei den Kreistagswahlen am 28. April gewann die CDU mit 40,8 Prozent der Stimmen die relative Mehrheit. Dennoch wurde am 19. Juni der Bad Homburger Sozialdemokrat August Lüdge mit den Stimmen von SPD und LDP zum neuen Landrat gewählt. Lüdge löste den am 20. April 1945 von den Amerikanern eingesetzten parteilosen Landrat Dr. Hermann Usinger ab. Lüdge selbst wurde am 3. Juni 1948 vom langjährigen Bad Homburger Bürgermeister Dr. Georg Eberlein (FDP) abgelöst.

Eine Schule für die Flüchtlings-Kinder

Grävenwiesbach. Als am 21. Mai mehr als 300 Kriegsflüchtlinge aus dem Sudetenland im Lager Hundstadt bei Grävenwiesbach einquartiert wurden, entschloss sich der Kreis Usingen, für die große Zahl schulpflichtiger Kinder eine Volksschule, die sogenannte Muna-Schule, einzurichten. Auf dem an der heutigen Bundesstraße 456 gelegenen Gelände der Munitionslager wurde dafür ein Backsteingebäude gebaut. Am 15. Juni feierte die Schule Eröffnung. Erster Lehrer war Otto Klaub.

Alois Muench – aus der Prärie in den Taunus

Herbert Alsheimer

Kronberg. Der durch die bedingungslose Kapitulation der Wehrmacht eingetretene Machtverlust der deutschen Behörden war total. An ihre Stelle traten die Oberkommandierenden der vier Besatzungszonen und der Alliierte Kontrollrat. Ist mit der militärischen Niederlage auch das Völkerrechtssubjekt Deutsches Reich untergegangen? Das im Elend versinkende Land geriet jedenfalls zum Rechtsproblem.

Der Apostolische Nuntius war aus dem umzingelten Berlin nach Eichstätt ausgewichen. Papst Pius XII., der am rechtlichen Fortbestand Deutschlands festhielt, wusste, dass seine offizielle diplomatische Vertretung bis auf weiteres zur Bedeutungslosigkeit verurteilt sein musste. Deshalb ließ er sie in der oberfränkischen Bischofsstadt auch juristisch ruhen. Wie aber konnte der Papst den Deutschen helfen? Nachdem er den hoch begabten Jesuitenpater Ivo Zeiger auf eine Erkundungsreise durch Deutschland gesandt hatte, errichtete er eine Apostolische Mission in Kronberg, also im Rhein-Main-Gebiet, dem Kraftzentrum der westlichen Besatzungspolitik. Nach einer Übergangszeit besetzte er sie im Sommer 1946 mit Alois Muench, dem deutschstämmigen Bischof der Diözese Fargo in North Dakota, in der nördlichen Prärie der Vereinigten Staaten. Pius XII. ernannte Muench zum Apostolischen Visitator mit einem Seelsorge-Auftrag für die „Displaced Persons" aus Osteuropa. Der Schachzug erwies sich als genial. Gegen einen Amerikaner als Vertreter des Papstes konnte zumindest in den westlichen Besatzungszonen niemand etwas haben, zumal die US-Regierung ihm mit der Ernennung zum Militärbischof zusätzliche Autorität verlieh. So konnte Muench von der kleinen Villa unterhalb der Kronberger Burg aus (Gartenstr. 1) zusammen mit Pater Ivo Zeiger und wenigen Mitarbeitern vielfältige Aufgaben erfüllen.

Die Caritas war einer der Schwerpunkte seiner Arbeit. Bis zum Sommer 1949 organisierte er den Transport von 950 Güterwaggons päpstlicher Hilfslieferungen mit je 17 Tonnen Lebensmitteln, Kleidung und Hausrat nach Deutschland. Hinzu kamen von ihm angeregte Lieferungen der amerikanischen Katholiken sowie ungezählte persönliche Hilfen. Die Theologen aus dem Sudetenland, dem Ermland und Schlesien, die in den ehemaligen Königsteiner Kasernen eine Bleibe und einen Studienort gefunden hatten, verdanken ihm vieles.

Nach der Gründung der Bundesrepublik Deutschland wurde im Jahre 1951 die Vatikanische Mission in Kronberg aufgelöst. Alois Muench wurde der erste päpstliche Nuntius bei der Bundesregierung mit Sitz in Bad Godesberg und Doyen des diplomatischen Korps in der neuen Hauptstadt. Papst Johannes XXIII. ernannte ihn 1959 zum Kardinal und berief ihn nach Rom. Dort schrieb Muench Kirchengeschichte: Er war der erste US-Amerikaner mit Sitz und Stimme in der römischen Kurie. Am 15. Februar 1962 ist er – kurz vor Vollendung seines 73. Lebensjahres – in der Stadt des Papstes gestorben.

Gabriele Strecker: Eine starke Frau an der Spitze des Aufbruchs

Gerta Walsh

Bad Homburg. Die Menschen unserer Region hatten trotz der relativen Unzerstörtheit der Häuser 1947 mit täglichen Widrigkeiten zu kämpfen: Wohnungsnot, knappe Lebensmittel, wenig Heizmaterial, fehlende Kleidung... Zugleich war es jedoch eine Zeit des geistigen Aufbruchs, an der die Frauen einen großen Anteil hatten.

Eine weit über ihre Heimatstadt Bad Homburg hinaus agierende „Frau der ersten Stunde" war Dr. Gabriele Strecker. Zwar gab es damals noch keine Tageszeitung, doch die im „Kreisblatt für den Obertaunuskreis" vom April 1947 erschienene Notiz, Frau Strecker halte einen Vortrag über Eindrücke und Erfahrungen ihrer Amerika-Reise,

Dr. Gabriele Strecker, später Mitglied des Hessischen Landtages und des CDU-Bundesvorstandes, ergriff 1947 die Initiative zur Gründung des Ortsringes Bad Homburg im Hessischen Frauenverband.

Eine Gesellschaft gegen Wohnungsnot

Obertaunus. Die Gründung der „Gemeinnützigen Bau- und Siedlungsgenossenschaft Selbsthilfe GmbH" am 25. Juli trug zur Beseitigung der großen Wohnungsnot in Bad Homburg bei. Die Grundidee war, dass sich Mitglieder untereinander Beistand gaben und ihre eigene Arbeitskraft einbrachten. Die ersten Häuser sollten in Lehmbauweise am Güldensöllerweg in Dornholzhausen entstehen, doch nach einjähriger harter Arbeit wurde das Projekt abgebrochen. Der seit dem 1. Juli 1948 amtierende Oberbürgermeister Karl Horn vertrat die letzten Endes weitsichtigere Baupolitik in der Förderung der Selbsthilfe mittels Landesbaudarlehen und Spielbankabgaben. 1950 entstanden an Stelle der Lehmbauten 20 Mietwohnungen in der Gonzenheimer Feldstraße. Nach der Fusion mit der „Frankfurter Baugenossenschaft für Lehrer" und der „Gemeinnützigen Baugenossenschaft Kronberg-Schönberg e.G." änderte die Selbsthilfe ihren Namen 1980 zu „Gemeinnützige Baugenossenschaft Hochtaunus e.G." und engagierte sich in eigenen Bauprojekten in Bad Homburg, Königstein und Falkenstein; daneben übernahm sie die Fremdverwaltung von 150 Wohnungen in Bad Homburg und in Königstein für die jeweiligen Stadtverwaltungen.

Rasierklingen für alle über 18

Obertaunus. In der Nachkriegszeit herrschte Mangel an vielen Dingen – auch an Rasierklingen. Das Wirtschaftsamt veröffentlichte am 21. Juni daher folgende Bekanntmachung im Amtlichen Kreisblatt für den Obertaunuskreis: „Im Laufe dieses Monats sollen an die männliche Bevölkerung über 18 Jahren 10 Rasierklingen pro Kopf verausgabt werden. Die Ausgabe erfolgt gegen Abtrennung des N-Abschnittes in der linken oberen Ecke der Raucherkarte."

Am Nachmittag gibt es keinen Strom

Bad Homburg. Am 9. Januar beschloss das E-Werk in Bad Homburg, das gesamte Versorgungsnetz täglich zwischen 12.30 und 17 Uhr abzuschalten. Auch die Wasser- und Gasversorgung musste rationiert werden. Hintergrund: Die Leitungssysteme waren durch Kriegsschäden in Mitleidenschaft gezogen worden. So kündigte der Magistrat im selben Monat an, dass die Gaszufuhr ohne Vorwarnung unterbrochen werden könnte. Die Bevölkerung wurde angewiesen, äußerst sparsam mit dem Wasser umzugehen.

Der Anfang der Tennis-Bar

Bad Homburg. Das ein halbes Jahr nach Kriegsende von Peter Braum im Kurpark Bad Homburgs eröffnete Tennis-Café entwickelte sich 1947 trotz der schwierigen Wirtschaftslage zu einem beliebten Treffpunkt. Im Winter nach der Währungsreform ging es rapide aufwärts, auch veränderte sich der Charakter der ursprünglichen Gaststätte. Unter dem 1955 eingeführten Namen „Tennis-Bar" wurde sie in der gesamten Rhein-Main-Region als Luxusrestaurant und Tanzlokal bekannt und zog finanzkräftige Gäste an. In ganz Deutschland berühmt wurden in den 50er Jahren die Pyjama-Partys, die allerdings einer im damals modischen Baby-Doll-Schlafanzug auf der Tanzfläche erschienenen Fernseh-Ansagerin die Stellung kostete.

Schüler haben im Winter kältefrei

Usingen. Wegen zu großer Kälte musste die Christian-Wirth-Schule in Usingen von 30. Januar bis

führte zu einem überfüllten Lokal, dem Saalbau. (Heute befindet sich an dieser Stelle Hertie)

Im Oktober 1946 war sie als erste Deutsche zu einer in der Nähe New Yorks stattfindenden Tagung von 200 Frauen aus 54 Nationen eingeladen, zu der Eleanor Roosevelt die Schirmherrschaft übernommen hatte. Im August 1947 nahm Gabriele Strecker an einem Pariser Frauenkongress teil und erlebte auch hier – wie in den USA – die Bedeutung des Zusammenschlusses der Frauen zu einem gemeinsamen Ziel.

Gabriele Schneider, am 27. Dezember 1904 in Trier geboren, studierte in Frankfurt am Main romanische Sprachen und Geschichte, war zwei Jahre lang als Privatlehrerin in Ägypten tätig, heiratete dann den in Bad Homburg beliebten Frauenarzt Dr. Josef Strecker und brachte zwei Söhne zur Welt.

Anschließend an ihr Medizinstudium arbeitete sie von 1943 bis 1946 als Ärztin im Kreiskrankenhaus. Nach Kriegsende leitete sie seit Ende 1945 den Frauenfunk von „Radio Frankfurt", den Vorläufer des Hessischen Rundfunks. Dann führte ihr Weg in die Politik: Seit 1948 Mitglied der CDU, kandidierte sie für den Hessischen Landtag und gehörte dem Parlament von 1954 bis 1962 an. Von 1958 bis 1966 war sie Mitglied des CDU-Bundesvorstandes in Bonn.

Ihr Interesse für Frauenfragen erlahmte nie, was sich durch ihre Mitarbeit in der 1955 in Rom gegründeten Europäischen Frauen-Union niederschlug. Mitarbeiterin im Fernsehrat des Zweiten Deutschen Fernsehens, Vortragsreisen ins Ausland für das Goethe-Institut und eine Reihe von Veröffentlichungen gehörten zu ihren Arbeitsbereichen. Dr. Gabriele Strecker starb am 6. August 1983 in Bad Homburg.

Hier ist ihr Name mit der Gründung eines Vorläufers des Deutschen Frauenrings verbunden. Ein Monate zuvor in Frankfurt erschienener Aufruf zur Gründung von Frauenorganisationen hatte 1947 in vielen Orten Hessens Aufbruchstimmung hervorgerufen. In Bad Homburg kam es am 17. September auf Initiative Frau Streckers zum Bestehen des Ortsrings Bad Homburg im Frauenverband Hessen.

Die fünf Gründungsmitglieder gehörten den vier Parteien an (Liberal-Demokratische Partei, Sozialdemokratische Partei, Kommunistische Partei, Christlich-Demokratische Union); die geschäftsführende Vorsitzende Ellen von Wangenheim war parteilos.

Dieser engere Vorstand traf sich jede Woche, der erweiterte einmal im Monat, meist in der Wohnung der Frau von Wangenheim im Schwedenpfad, manchmal in der Hinterstube des Cafés Drescher in der Louisenstraße 64.

Die Themen der von dieser Gruppe organisierten Vorträge reichten von der Schulkinderspeisung bis zur „Frauenverschwörung gegen Brutalität und Krieg" und befassten sich mit den kaum lösbar scheinenden Problemen jener Zeit: Flüchtlingshilfe, Beschaffung von Wohnraum, Ernährungsfragen, Erziehungsaufgaben. Ziel war es, die Frauen der Nachkriegszeit auf demokratischem Wege dahin zu bringen, sich politisch und sozial zu engagieren. Der Ortsring wuchs rasch an und wies im Mai 1948 bereits 60 Mitglieder auf. Einen starken Impuls erfuhr er durch die seit 1. Juli 1949 mit ihrer Familie in Bad Homburg lebende Ellen McCloy, der Frau des bis 1952 hier amtierenden Hochkommissars für Deutschland. Sie wies auf die Bedeutung der Arbeit auf internationaler Ebene und auf stärkere Flüchtlingsbetreuung hin und führte eine seit der Gründung von 1949 nicht mehr wegzudenkende Veranstaltung ein: den Weihnachtsbasar. Zwanzig Jahre nach seiner Gründung, am 27. Oktober 1967, wandelte sich der bisherige Ortsring zum „Deutschen Frauenring Bad Homburg".

Ricarda Huch – Gelehrte und Dichterin

Gerta Walsh

Schönberg. Die in weiten Kreisen durch ihre Prosa und Lyrik bekannte und viel gelesene Dichterin und Historikerin Dr. Ricarda Huch, die als eine der gelehrtesten Frauen Deutschlands galt, verstarb am 17. November 1947 im Alter von 83 Jahren im damals selbstständigen Schönberg, einem heutigen Stadtteil Kronbergs. Kurz zuvor war sie aus der Ostzone, der späteren DDR, in den Westen verzogen und hatte im Gästehaus der Stadt Frankfurt in der Schönberger Parkstraße ein neues Zuhause gefunden.

Ricarda Huch wurde am 18. Juli 1864 in Braunschweig geboren, studierte und promovierte 1892 als eine der ersten Frauen in Zürich und lebte später in Bremen, Wien, Triest und München. Neben den Werken „Die Blütezeit der Romantik", „Der große Krieg in Deutschland" (hier behandelte sie den 30-jährigen Krieg unter den Aspekten Religion, Politik, Kunst und Wissenschaften) verfasste sie verschiedene Biografien, zum Beispiel von Wallenstein, Luther und Gottfried Keller. Ihr vor 60 Jahren verfilmter Kriminalroman „Der Fall Deruga" wurde ein großer Publikumserfolg. Weniger bekannt ist ihre 1927 verfasste Skizze „Graf Mark und die Prinzessin von Nassau-Usingen", in der sie die Liebesgeschichte jener Frau und ihr Verhältnis zum Ehemann Landgraf Ludwig von Hessen-Homburg darstellte. Ihre politische Meinung offenbarte sie 1933 durch ihren Austritt aus der Preußischen Akademie der Künste.

In Kronberg und in Bad Homburg sind Straßen nach Ricarda Huch benannt, eine Gedenktafel an der Toreinfahrt zum inzwischen abgebrochenen Sterbehaus in der Schönberger Parkstraße erinnert ebenfalls an sie. Im „Jahr der Frau" gab die Bundespost 1975 ihr zu Ehren eine Sonderbriefmarke mit ihrem Bild heraus.

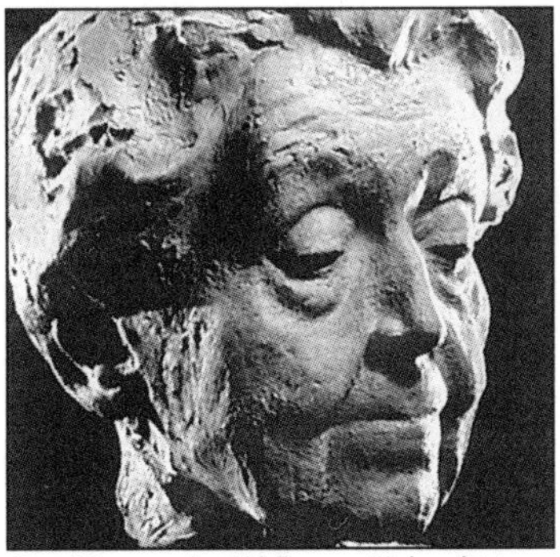

Der Oberurseler Bildhauer Richard Martin Werner fertigte diese Büste von Ricarda Huch.

1. Februar den Unterricht ausfallen lassen. Von 3. Februar bis 15. März konnten nur fünf Räume beheizt werden. Der Klassen wurden deshalb nur abwechselnd an drei Tagen pro Woche unterrichtet. Das 25-jährige Schuljubiläum wurde stillschweigend übergangen.

Junge Union wird im Taunus gegründet

Königstein. Mitte Januar trafen sich im Königsteiner Kurhaus etwa 60 Personen aus allen Teilen des besetzten Deutschlands, darunter Richard Stücklen, Bruno Six und Peter Lorenz. Nach fünftägigen Gesprächen wurde schließlich am 21. Januar die Junge Union Deutschland gegründet. Aufgabe der CDU-nahen Jugendorganisation sollte das Wecken des Interesses an Politik und das Lernen von Politik sein.

1997, anlässlich des 50-jährigen Jubiläums der Jungen Union, besuchte der damalige Bundeskanzler Helmut Kohl die Jubiläumsveranstaltung.

Grundstein für eine neue Kirche gelegt

Schneidhain. Die 80 Personen fassende Schneidhainer Simultankirche war nach dem Eintreffen von rund 200, meist katholischen Kriegsflüchtlingen zu klein geworden. Auf Initiative des Kaplans Arthur Thorisch beschloss man daher, mit einfachsten Mitteln einen katholischen Kirchenbau zu wagen. Nach großen Mühen konnte am 29. Juni die feierliche Grundsteinlegung begangen werden. Die zum Weiterbau benötigten Bruchsteine wurden mit der Eisenbahn geliefert. Der Zug hielt nachts auf offener Strecke und wurde von den Gemeindemitgliedern sogleich abgeladen. Schließlich konnte die Kirche am 21. August 1949 eingeweiht werden.

Gerda Jo Werner ziert die 50-Pfennig-Münze

Oberursel. Sie empfand es als nicht ganz gerecht, berühmt geworden zu sein, und zwar als „die Frau auf der 50-Pfennig-Münze". Gerda Jo Werner meint, sie sei doch nur ein „passives Modell" gewesen, während ihr Mann, der Bildhauer Richard Martin Werner, damals im Jahr 1948 den Entwurf für das Geldstück geschaffen habe. Für diesen Auftrag der jungen Bundesregierung an den Oberurseler Künstler saß oder besser kniete die damals 24-Jährige ihrem Mann als Modell für eine Frau, die einen Eichbaumschössling pflanzt. Mit dieser Symbolfigur hatte Richard Werner nach Meinung der Juroren die Aufgabe gelöst, den hoffnungsvollen Neubeginn nach dem Krieg darzustellen. Die Eichbaumpflanzerin war seine letzte Arbeit, er starb 1949. Gerda Jo Werner, die heute 85-jährig in Oberursel lebt, war selbst auch Künstlerin. Sie hatte 1936-1940 die Städelschule in Frankfurt besucht, dann noch Kunstpädagogik und Psychologie studiert und danach als Künstlerin und Pädagogin gearbeitet. In ihren frühen Jahren hielt sie in naturalistischer Manier die Oberurseler Kastanienhaine fest. Nach dem Krieg schuf sie vor allem Ölbilder und Aquarelle in leuchtenden Farben.

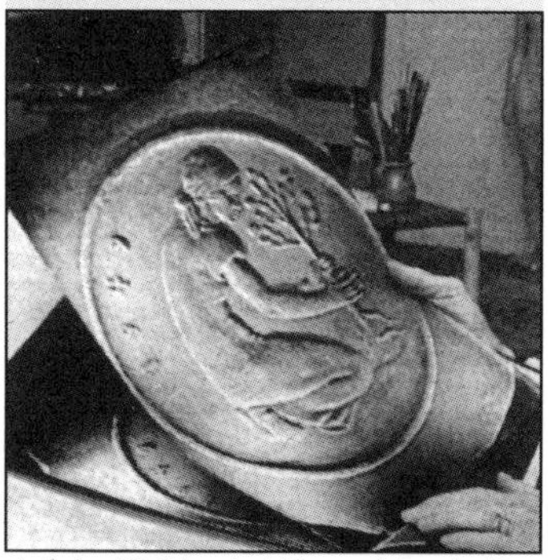

Auf der 50-Pfennig-Münze – hier ein Entwurf – ist die Oberurselerin Gerda Jo Werner zu sehen.

In einer Villa wird die D-Mark geschmiedet

Die Sonderstelle Geld und Kredit in Bad Homburg/Herbert Alsheimer

Bad Homburg. 1948 wird als das Jahr der Währungsreformen in die Geschichtsbücher der Deutschen eingehen: Am 21. Juni dieses Jahres wurde die Deutsche Mark durch westalliierte Gesetze in der amerikanischen, der britischen und in der französischen Besatzungszone als neue Währung eingeführt. Zwei Tage später befahl die sowjetische Militäradministration Deutschlands, dass in der sowjetischen Besatzungszone und in „Groß-Berlin" nur diejenigen der umlaufenden Reichs- und Rentenmarkscheine Gültigkeit behalten sollten, die durch Aufkleben eines Spezialcoupons gekennzeichnet waren. Die Berliner nannten sie „Klebemark".

Die DM-West entwickelte sich alsbald zu einem Glanzstück unter den modernen Währungen. Der populär gewordene Satz „Die D-Mark ist ein Besatzungskind" markiert die rechtliche Zuständigkeit. Währungsgesetzgeber waren die Alliierten. Die beratende Hilfe der Deutschen, die Arbeit der Sonderstelle Geld und Kredit in Bad Homburg, darf durch diese Kurzformel nicht verdeckt werden. Ihr Einfluss war erheblich.

Das dornige wirtschaftliche Umfeld der Währungsreform soll hier nur mit wenigen Strichen gezeichnet werden. Zerstörte Wohnungen, Verkehrswege und Fabriken sowie hungernde Menschen prägten das Bild. Die deutschen Zahlungsmittel waren praktisch wertlos geworden. Naturaltausch und Zigarettenwährung beherrschten den Schwarzen Markt. Es bedurfte größter Mühe der deutschen Nachkriegsbehörden, die Bauern zur Hergabe von Getreide, Kartoffeln und Fleisch gegen Geld zu bewegen, dessen Kaufkraft gering war und dem niemand vertraute.

Um einer weiteren Verelendung ihrer Besatzungszonen entgegenzuwirken, hatten Amerikaner und Briten bereits im Herbst 1946 die Bildung gemeinsamer (bizonaler) Wirtschaftsverwaltungen für ihre Besatzungszonen verfügt. Im Juni 1947 konzentrierten sie diese Behörden im Raum Frankfurt am Main, die oberste bizonale Finanzbehörde erhielt ihren Sitz in der Bad Homburger Terrassenstraße 1. Daneben errichteten sie den Wirtschaftsrat in Frankfurt.

Das Währungswesen betrachteten Amerikaner und Briten weiterhin als ihre ureigenste Angelegenheit, und wenn sie dem Frankfurter Wirtschaftsrat gestatteten, eine „Sonderstelle Geld und Kredit" am Sitz der bizonalen Finanzverwaltung, also in Bad Homburg einzurichten, so geschah dies aus einem einzigen Grund: Sie wollten sich die Sachkunde und die Erfahrung der Deutschen für ihre Entscheidungen zu Nutze machen. Zum Vorsitzenden der Sonderstelle wurde der damals parteilose Diplom-Kaufmann Dr. Ludwig Erhard ernannt. Politisch unbelastet arbeitete er nach dem Einmarsch der Amerikaner in seiner Heimatstadt Fürth als Wirtschaftsberater der lokalen Besatzungsbehörden. Die Amerikaner waren es auch, die ihm im September 1945 das Amt des Wirtschaftsministers in der bayerischen Staatsregierung verschafften, aus dem er - welch eine List der Geschichte - im Dezember 1946 nach dem Sieg der CSU bei den bayerischen Landtagswahlen ausscheiden musste. Im Herbst 1947 war Erhard deshalb für überregionale Aufgaben frei.

Die Sonderstelle Geld und Kredit war ein Beratergremium. Neben Erhard, der durch seine im Jahr 1944 verfasste – mutige – Denkschrift „Kriegsfinanzierung und Schuldenkonsolidierung" mit dem Thema vertraut war, gehörten ihr neun weitere Sachverständige und daneben wissenschaftliche Mitarbeiter an.

Der Funktionswandel der ehemaligen Reichsbahnschule auf der Ellerhöhe zum Sitz der bizonalen Finanzverwaltung war den Bad Homburger Bürgern wohl bewusst. Von der in der Villa Hansa (Kisseleffstraße 21) untergebrachten Sonderstelle Geld und Kredit wussten die Kurstädter so gut wie nichts. Es gab wohl auch kein Türschild, das auf diese Dienststelle hinwies. „Wir sind emsig darauf bedacht, dass man von uns überhaupt keine Notiz nimmt", versicherte Erhard amerikanischen Besuchern der Sonderstelle am 20. November 1947. Die Geheimniskrämerei entsprach den Wünschen der Besatzungsmächte.

Im Winter 1947/48 entwickelte sich die Villa Hansa zu einem Wallfahrtsort für Wirtschaftsführer. Vertreter der Bankengruppen, der Wirtschaftsverbände, der Landeszentralbanken, der Gewerkschaften, der Heimatvertriebenen und der nationalökonomischen Wissenschaft diskutierten hier mit den Sachverständigen der Sonderstelle.

Am 20. November 1947 erhielten sie Besuch von den eigentlichen Entscheidungsträgern. Es waren die zuständigen Mitarbeiter der amerikanischen und der britischen Militärregierung. Unter ihnen war Edward A. Tenenbaum, ein damals 26-jähriger Yale-Absolvent, der unstreitig maßgebliche Architekt der deutschen Währungsreform auf alliierter Seite. Für uns, die informationsüberfluteten Bürger des Medienzeitalters, mag es unverständlich sein; aber auch diese Besuchstätigkeit blieb von der Presse weitgehend unbeachtet.

Am 18. April 1948 war es dann so weit. Die deutschen Sachverständigen der Sonderstelle Geld und Kredit legten den Alliierten die Ergebnisse ihrer Arbeit vor. Mit großem Fleiß hatten sie vier umfangreiche Regelwerke erarbeitet, den Entwurf eines Gesetzes zur Neuordnung des Geldwesens, das von Anfang an die Bezeichnung Homburger Plan trug, einer Durchführungsverordnung und zweier Gesetzentwürfe zu einem Lastenausgleich.

In der Nähe von Kassel erhielten die alliierten Währungsreformpläne ihren Feinschliff. Dorthin, in die Gebäude des amerikanischen Militärstützpunktes Rothwesten hatten sich die alliierten Währungsexperten am 21. April 1948 zurückgezogen. Dort wurde auch die Mehrzahl der Bad Homburger Sachverständigen kaserniert. Hermetisch von der Außenwelt abgeschlossen gelang es den Deutschen, in diese Konklave wichtige Elemente ihres Währungsplanes in die am 20. Juni 1948 in Kraft getretenen alliierten Währungsgesetze einzuschleusen.

Am 2. März 1948 musste Ludwig Erhard aus der Sonderstelle aus-

Erster Vorhang für die Laienspielschar

Burgholzhausen. Nach einer Aufführung des Stücks „Genoveva" durch die Arbeiterwohlfahrt auf der „Alten Burg" an der Weinstraße in Burgholzhausen gründeten am 19. Juli sieben Darsteller die Burgholzhäuser Laienspielschar. Am 29. Juli wurde die erste Vereinssatzung aufgestellt. Am 10. und 11. Dezember wurde in der Gaststätte Schröder mit „Der Meineidbauer" die erste Saal-Inszenierung aufgeführt.

Während die „Alte Burg" weiterhin als Freilichtbühne dient, finden die Saal-Aufführungen mittlerweile in der Turnhalle des TV Burgholzhausen statt.

Sanatorium-Gründer Hugo Amelung stirbt

Königstein. Am 4. Februar starb der bekannte Sanitätsrat Hugo Amelung. Amelung wurde 1857 in Altena geboren. 1891 kam er nach Königstein, wo er schon bald sein erstes Sanatorium gründete. Seine Behandlungen erfolgten im Rahmen der Schulmedizin unter Berücksichtigung von Luft, Wasser und Klima als Therapiemittel. 1910 kaufte Amelung die Villa Herber, die heute noch zum Sanatorium gehört. Sein Sohn Walther führte seine Arbeit fort. Er baute das Sanatorium zu einer Klinik um.

Befreiung vom Nationalsozialismus

Obertaunus. Dem „Gesetz zur Befreiung vom Nationalsozialismus und Militarismus" folgend, hatte die Spruchkammer Obertaunus am 25. Mai 1946 ihre Tätigkeit aufgenommen und in Bad Homburg, Königstein, Oberursel und Kronberg getagt. Die letzte Verhandlung zur Entnazifizierung war am 30. Juli 1948 abgeschlossen.

scheiden. Vom Frankfurter Wirtschaftsrat war er zum bizonalen Wirtschaftsdirektor gewählt worden. Eine zweite List der Geschichte – sein Amtsvorgänger hatte die Amerikaner durch eine Rede provoziert – hatte ihm in entscheidenden Tagen den Weg an die Schalthebel der westdeutschen Wirtschaftspolitik geebnet. Und er bediente die Hebel im Sinne seiner marktwirtschaftlichen Überzeugung. Ohne die Alliierten zu fragen, sprengte er für zahlreiche Produkte die Fesseln der Bewirtschaftung. Der Aufbauwille der Deutschen wurde nicht länger in den Schwarzen Markt abgedrängt. Er konnte sich frei entfalten. Das neue Geld fand seine wirtschaftliche Basis. Die Arbeit der Bad Homburger Währungsexperten hatte sich gelohnt. Die DM wurde zum Kürzel und Symbol für den deutschen Wiederaufstieg.

Der „Speckpater" und die „Kolonnen der Nächstenliebe"

Ingeborg Riedel

Königstein. Er fühlte sich nicht beleidigt, als ihn der Kölner Kardinal Frings einst mit Dschingis-Khan verglich: „Wo er gewirkt hat, ist alles radikal abgeerntet!" Geradezu ein Faible aber hat der Prämonstratenser-Pater Werenfried van Straaten für eine andere Namensgebung: „Speckpater". Erinnert sie ihn doch an die Hunderte von Tonnen Speck, die er nach dem Krieg für die hungernden Deutschen zusammengebettelt hat. Und dieser Speckpater ist aus den Königsteiner Nachkriegsjahren nicht wegzudenken.

1948 hat er die Stadt erstmals besucht. Da sei sie eine „Oase in der Wüstenei" gewesen - vom Krieg verschont. Doch habe in jenen Tagen der „Schimmer der Urkirche" über ihr gelegen: „Theologen in Uniform - die geflickten Soldatenkleider von drei oder vier Armeen bildeten ihr Gewand." Die Heldenhaftigkeit, die er da gefunden habe, „übte den größten Einfluss auf die Entwicklung der Ostpriesterhilfe aus – jahrelang war dort der geistige Mittelpunkt unserer Aktivität."

An dieser Stelle ist es wohl notwendig, kurz zu erläutern, warum das „Vaterhaus der Vertriebenen" gerade in Königstein entstand: Der Plan, ein eigenes Priesterseminar für die Vertriebenen einzurichten (damals noch mit der Hoffnung, dass die jungen Priester später wieder in ihre Heimatdiözesen zurückkehren sollten), entwickelte sich immer stärker. Gesucht wurde ein geeignetes Projekt. Ende 1945 setzte der damalige Königsteiner Bürgermeister Faßbender den Frankfurter Prälaten Albert Büttner, Direktor der Deutschen Auslandsseelsorge und Gründer der „Kirchlichen Hilfsstelle für seelsorgerliche Sonderaufgaben", davon in Kenntnis, dass in der Taunusstadt die ehemaligen, 1926 von der französischen Besatzung erbauten Kasernen zum Verkauf stünden. Gegen Kriegsende waren sie als Lazarett genutzt worden. Büttner setzte sich daraufhin mit dem damals in Kronberg ansässigen Apostolischen Visitator und späteren Nuntius, Bischof Dr. Alois Muench, in Verbindung, wo seine Idee große Zustimmung fand. Auch der aus Prag gekommene Professor und spätere Weihbischof Kindermann stimmte dem Vorhaben begeistert zu. Im Juli 1946 erteilte das Land Hessen die Besitzeinweisung. Am 15. November gleichen Jahres wurde das neue Werk eröffnet: Schule und „Königsteiner Anstalten" wurden nach dem großen deutschen Heiligen Albertus Magnus benannt.

Auch der Bischof von Ermland, Maximilian Kaller, war als Päpstlicher Sonderbeauftragter für die Heimatvertriebenen im Komplex des Albertus-Magnus-Kollegs tätig. Er starb schon 1947. Sein Grab befindet sich auf dem Friedhof neben der katholischen Pfarrkirche St. Marien in Königstein.

Nun aber wieder zurück zum „Speckpater". Begonnen hatte alles mit einer Rundfunkansprache, die der damals 34-Jährige im Advent 1947 in seiner Abtei im flämischen Tongerlo über das Elend der Millionen Heimatvertriebenen und Flüchtlinge hörte. Daraufhin rief er in der Abteizeitung zur Hilfe auf - und: „Der Erfolg übertraf alle Erwartungen. Die Ostpriesterhilfe war geboren, ohne dass ich es wusste! Von Flandern aus begannen die Kolonnen der Nächstenliebe ihren Zug nach Osten", erinnert er sich. Als kurz darauf der spätere Weihbischof Kindermann von Königstein aus in Rom um Hilfe bat, wurde die Verbindung zu Tongerlo und Pater Werenfried geknüpft, der mit der Hilfsaktion betraut wurde. So entstand die Beziehung zu Königstein, die bis heute andauert. Zurück von seiner ersten Begegnung mit der Not in Deutschland, hatte er bei flämischen Bauern die erste „Speckschlacht" geschlagen und erinnert sich: „Abend für Abend kamen wir heim mit vier- oder fünfhundert Kilo Speck und meinem berühmten ‚Millionenhut' voll Geld." Zur großen Entrüstung seiner Mutter und zum Entsetzen vieler frommer Seelen habe ihm dies den Namen „Speckpater" beschert.

Die Ostpriesterhilfe sei groß geworden in Königstein, und Königstein sei groß geworden durch sie, hat Pater Werenfried einmal formuliert: „Tonnen theologischer Bücher, Decken, Kleider, Lebensmittel, Hunderttausende Gulden und Millionen Franken hat die Ostpriesterhilfe jahrelang nach Königstein geschickt."

1949 rollten die ersten holländischen Kapellenwagen an und wurden von hier aus in die Diaspora-Gebiete entsandt – „Heimathafen" blieb Königstein. Ihnen folgte eine in die Hunderte gehende Zahl von VW-Käfern, die den Priestern aus den Ostgebieten die Arbeit bei ihren weit verstreut lebenden Landsleuten erleichterten. Die Ostpriesterhilfe war es auch, die den Kongress „Kirche in Not" nach Königstein holte, wo er bis heute alljährlich stattfindet.

Nachdem in Deutschland das ärgste Kriegselend gelindert war, konnte das „Vaterhaus der Vertriebenen"

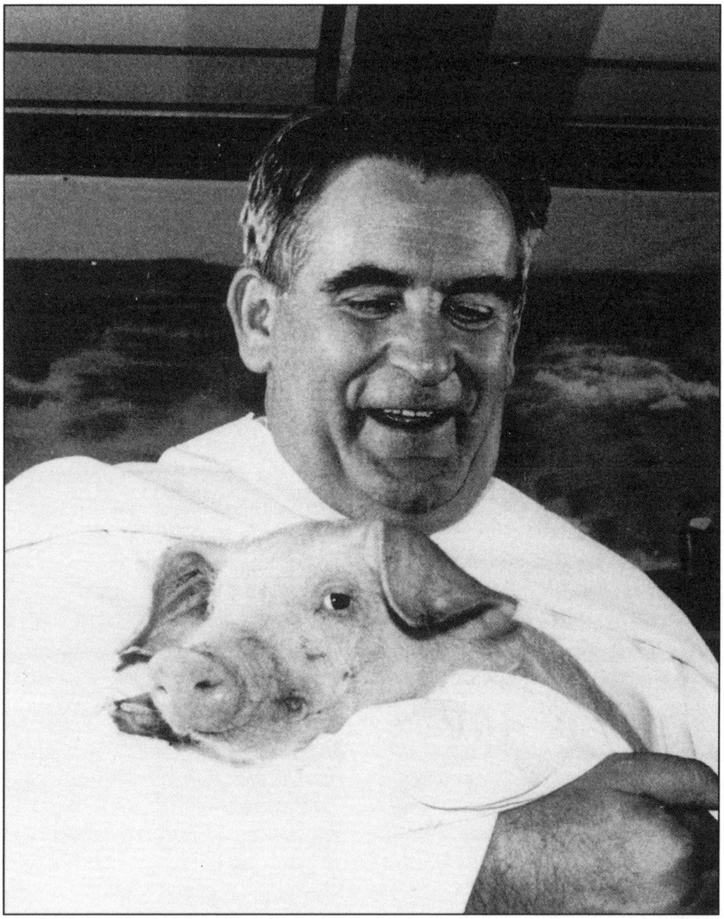

Ein Bild mit Symbolcharakter: Pater Werenfried van Straaten mit einem lebendigen Schwein. Den Namen „Speckpater" verdiente er sich nach dem Krieg allerdings durch seine Betteltouren für die hungernde deutsche Bevölkerung.

nicht länger die Bedeutung behalten, die es ursprünglich hatte. Dennoch haben das Internationale Sekretariat und die Zentrale Finanzverwaltung von „Kirche in Not/Ostpriesterhilfe e. V." nach wie vor ihren Sitz in Königstein, in ihrem eigenen Haus im Bereich Albertus-Magnus-Kolleg/Haus der Begegnung. Die Nichte Pater Werenfrieds, Antonia Willemsen, ist hier mit 75 Mitarbeitern aus 20 Ländern tätig. Der „Speckpater" selbst wohnt in Königsteins Nachbarschaft und nimmt nach wie vor regen Anteil an allem, was sein Lebenswerk betrifft.

Katholiken haben eine neue Kirche

Köppern. Bischof Wilhelm Kempf weihte am 21. August den ersten Kirchenbau einer katholischen Gemeinde in Köppern ein. Der erste katholische Gottesdienst seit der Reformation hatte im Dezember 1948 stattgefunden. Damals besuchten rund 200 Personen den Gottesdienst, der in einem 49 Quadratmeter großen Raum gehalten wurde. Lange konnten sich die Köpperner Katholiken ihrer neuen Kirche nicht erfreuen, denn in den frühen Morgenstunden des 7. Juni 1971 wurde die Kirche durch ein Feuer zerstört. Vier Jahre später, am 28. September 1975 beging man die Einweihung des neuen Gemeindezentrums St. Bonifatius.

Adolf Friedländer, Gründer der Klinik „Hohemark“

Oberursel. Mit Adolf Friedländer verstarb am 12. Januar 1949 in Bad Aussee eine Persönlichkeit, die das Leben in Oberursel nach der Jahrhundertwende prägte. Im März 1904 eröffnete er eine Privatklinik für Nervenkranke „der besseren und höheren Stände“. Die Klinik „Hohemark“ erwies sich sofort nach als ein Erfolg. Russische Großfürsten zählten ebenso zu ihren Gästen wie Prinz Heinrich von den Niederlanden. Friedländers Philosophie, dass ein Mensch mit seelischen Störungen nur behandelt werden könne, wenn er sich in einer Atmosphäre der Geborgenheit unter Beibehaltung seines gewohnten Lebenskomforts befindet, bestätigte sich. Als ein wichtiges Therapiemittel galt Ablenkung. Es gab daher Musikvorführungen, Golf- und Tennismöglichkeiten, eine Reitbahn und einen kleinen Tiergarten. Für das Wohl und die Bequemlichkeit der Gäste sorgte ein Heer von Angestellten. Die Anzahl des Pflegepersonals übertraf die der Patienten um ein Viel-

Roulette wird zum Millionen-Spiel

Bad Homburg hat wieder eine Spielbank/Gerta Walsh

Bad Homburg. Wer in der Eröffnung der Bad Homburger Spielbank von 1949 nur die Inbetriebnahme einer Unterhaltungsform mit ungewissem Ausgang sieht, verkennt die wirtschaftliche Bedeutung dieser Einrichtung. Ihre positiven Auswirkungen gerade in der Nachkriegszeit trugen zur Normalisierung des Lebens bei. An Versuchen, die immer reichlich für die Stadt sprudelnde Geldquelle seit des Verbots von 1872 wiederzubeleben, hatte es nicht gefehlt. Die Bemühungen waren aber immer an rechtliche Grenzen gestoßen.

Kaum war der Zweite Weltkrieg beendet, da konkretisierte sich der Gedanke, in Bad Homburg wieder eine Spielbank zu betreiben und damit den Wiederaufbau teilweise zu finanzieren. Die von der Landesregierung aufgestellten Bedingungen erfüllte neben Wiesbaden auch Bad Homburg, was hier anfangs ein unbehagliches Gefühl der Unterlegenheit hervorrief, das sich aber später als unnötig erwies.

Zwar hatten Bomben drei Wochen vor Kriegsende, am 8. März 1945, das prachtvolle Kurhaus mit

Glücksritter in verrauchter Atmosphäre - so war es in der Nachkriegszeit. 1949 durfte das Homburger Casino seinen Betrieb wieder aufnehmen.

den einstigen Spielsälen zerstört, doch man erinnerte sich an den Vertrag, den seinerzeit der Landgraf von Hessen-Homburg mit den Brüdern Blanc geschlossen hatte und der diese Konzessionäre zum Bau eines Kurhauses auf eigene Kosten verpflichtete. Was damals erfolgreich war, wollte man nun wiederholen.

Unter Oberbürgermeister Dr. Eberlein begannen die Bestrebungen und kamen unter seinem Nachfolger Karl Horn zum Abschluss: Der Hessische Innenminister erteilte am 7. Februar 1949 einem Gesetz vom 14. Juli 1933 zufolge der Stadt Bad Homburg die Genehmigung für die Glücksspiele Roulette und Baccarat. Die Stadt wiederum vergab die Konzession an Hermann Heidtmann, der die Spieltische im historischen Brunnensälchen ab 7. April 1949 bereithielt. Zugleich verpflichtete er sich, auf seine Kosten ein neues Kurhaus zu erstellen.

Während der Bauzeit sollte die Spielbank im Kurpark verbleiben und dann an die Louisenstraße verlegt werden. Doch schon einige Monate nach der Eröffnung zeigte sich, dass der Standort im Park von den Spielern gut angenommen wurde und ein Umzug Nachteile bringen könnte. Eine Vertragsänderung zementierte diesen Zustand, an dem sich bis heute nichts geändert hat.

Die Stadt profitierte von ihrer Spielbank in einem Maße, wie es wohl niemand vorausgesehen hatte. Die Zahl der Besucher stieg immer mehr, ebenso die Spieleinsätze. Anfangs gingen 50 Prozent des Bruttospielgewinns an das Land Hessen und 20 Prozent an Bad Homburg, doch diese Relation änderte sich später zu Ungunsten der Spielbank.

Während der bis Ende 1975, also 26 Jahre dauernden Ära Heidtmann erhielt die Stadt 58,5 Millionen Mark, die sie wie folgt anlegte: Drei Viertel gingen an die Kur-AG, die damit in der Lage war, in der Nachkriegszeit dringend notwendige Investitionen zu tätigen und die für ein Heilbad vorgeschriebenen Aufwendungen wie Zuschüsse für Theateraufführungen und Konzerte sowie die Pflege des Kurparks zu leisten. Das der Stadt verbleibende Viertel bildete in den ersten Jahren den Grundstock für den sozialen Wohnungsbau, danach konnte Baugelände erschlossen werden.

Von 1949 bis 1951 waren Mittel vorhanden, Ansparkapital für Großabschlüsse von Bausparverträgen zur Verfügung zu stellen und damit einen besonderen Weg im sozialen Wohnungsbau zu beschreiten. Auch das Seedammbad wurde 1949/50 durch zweckgebundene Mittel der Spielbankabgabe saniert.

Am 1. Januar 1976 übernahm die Werner Wicker & Co. KG das Casino und betreibt es noch heute. Trotz wachsender Konkurrenz, inzwischen gibt es in Deutschland 48 Spielbanken, konnten die Besucherzahlen und Einnahmen gesteigert werden. Von 1976 bis Ende 1998 gingen 375,5 Millionen an die Stadt sowie die Kur- und Kongress-GmbH. Außerdem bildet die von der Gesellschaft erbaute Taunus-Therme mit ihren Baukosten von 8 Millionen eine Bereicherung für Bad Homburg und Umgebung.

In den 50 Jahren, die seit der Wiedereröffnung der Spielbank von 1949 vergangen sind, nahmen allein die Stadt Bad Homburg und die Kur- und Kongress-GmbH 434 Mio. Mark ein.

faches. 1919 verkaufte Adolf Friedländer seine Klinik an die Stadt Frankfurt. 1921 wurde sie an Doktor Friedrich Kalberlah verpachtet, der dort bis 1930 eine Kuranstalt unterhielt. Seit 1933 ist der Deutsche Diakonieverband Träger des Hauses. Unter Leitung von Alfred Lechler und Kurt Spangenberg wurde die psychosomatische Behandlung mit christlicher Seelsorge verbunden.

Verhandlung wegen Juden-Verfolgung

Kronberg. Vom 1. bis 3. August befasste sich im Kronberger Rathaus die Strafkammer des Landgerichts Wiesbaden mit den Vorfällen in Kronberg während der Reichspogromnacht. Ein Kronberger wurde dabei zu 18 Monaten Haft verurteilt, die anderen Angeklagten mussten aus Mangel an Beweisen freigesprochen werden, da es keine aussagewilligen Zeugen gab. In der Urteilsverkündung fand der Richter harsche Worte für dieses Verhalten: Es sei nicht zu verstehen, dass Menschen „in einem freien, demokratischen Staat noch nicht den Mut aufbrächten, vor dem Richtertisch zu erscheinen, um der Wahrheit die Ehre zu geben und dadurch belastende Aussagen zu machen."

Millionen für den Wohnungsbau

Bad Homburg. Die Kriegsschäden der Stadt Bad Homburg und die Flüchtlingsströme machten besondere Anstrengungen auf dem Gebiet des Wohnungsbaus nötig. Mit einer Einrichtung eines Siedlungsamtes am 1. April schuf der Magistrat eine Stelle für alle zum Wohnungsbau gehörenden Fragen. Neben der Kur- und Wirtschaftsförderung wurde es dem Leiter Friedrich Hofmann zu einer wichtigen Aufgabe, Sondermittel für das Aufbauprogramm zu beschaffen. Die Stadt stellte von 1949 bis 1960 über sieben Millionen

Mark für Wohnbauzwecke wie Landerwerb, Straßenbau, Zuschüsse und Bausparverträge zur Verfügung und ging damit weit über die gesetzlich vorgeschriebene Verpflichtung zum sozialen Wohnungsbau hinaus.

Volksbildungskreis auf den Weg gebracht

Bad Homburg. Im Sommer gründeten Bernhard Beling und Dr. Justus Franz Wittkop gemeinsam mit dem bereits bestehenden Kulturausschuss den „Volksbildungskreis des Kulturausschusses Bad Homburg". Zugleich bereiteten sie für das kommende Frühjahr die ersten 16 Kurse vor, die im ehemaligen jüdischen Gemeindehaus mit der Anschrift Elisabethenstraße 6–8 veranstaltet wurden. Im November 1950 trennten sich die beiden Institutionen und führten zum neuen Verein „Volksbildungskreis Bad Homburg e.V.", deren erster Vorsitzender Oberbürgermeister Karl Horn wurde, während Beling und Dr. Wittkop die Leitung übernahmen. 1955 erwarb die Stadt das Gebäude, das bis zum Erweiterungsbau von 1988 der Kern der Volkshochschule blieb.

Taunusbote darf wieder erscheinen

Bad Homburg. Nachdem schon im Januar 1946 das „Amtliche Kreisblatt für den Obertaunus" publiziert werden durfte, erschien der Bad Homburger Taunusbote am 30. Juli erstmals nach achtjähriger Pause. Der Usinger Anzeiger hatte schon vier Tage vorher, am 26. Juli, die erste Nachkriegsausgabe publiziert. Während letzterer weiterhin erscheint, ging der Taunusbote am 1. Januar 1970 in der Taunus-Zeitung auf.

Ein Haus Typ Amsel für 70 Kinder

Gonzenheim. Einen neuen Kindergarten baute die Stadt Bad Hom-

Die Bundesrepublik aus der Taufe gehoben

Königstein als Wiege des Grundgesetzes/Beate Großmann-Hofmann

Königstein. Am 23. Mai 1949 wurde in der letzten Sitzung des Parlamentarischen Rates in Anwesenheit der Ministerpräsidenten und Militärgouverneure das Grundgesetz feierlich verabschiedet, das mit Erscheinen im ersten Bundesgesetzblatt am 24. Mai 1949 in Kraft trat. Was aber hat das Grundgesetz mit Königstein zu tun?

1945 wurde Deutschland im Potsdamer Abkommen viergeteilt. Die folgenden Jahre brachten eine Auseinanderentwicklung der amerikanischen, englischen und französischen Zonen einerseits und der sowjetischen Besatzungszone andererseits. 1947 schlossen sich die amerikanische und britische Zone zum vereinigten Wirtschaftsgebiet („Bizone") zusammen, am 18. Juni 1948 wurde in den Westzonen eine Währungsreform durchgeführt, die das Ende der gemeinsamen Besatzungspolitik der vier Siegermächte bedeutete.

Auf der Londoner Konferenz im Frühjahr 1948 wurde die Wahl einer verfassungsgebenden Versammlung in den Westzonen gestattet. Die Ministerpräsidenten der Länder und Bürgermeister der Stadtstaaten Bremen und Hamburg erhielten am 1. Juli 1948 aus den Händen der drei Militärgouverneure die so genannten „Frankfurter Dokumente". Das erste Dokument ermächtigte die Ministerpräsidenten, eine Versammlung einzuberufen, die eine demokratische Verfassung föderalistischen Typs ausarbeiten sollte, das zweite Dokument empfahl die Neugliederung der Länder. Die Grundrisse eines Besatzungsstatuts waren im dritten Dokument festgelegt.

In unserem Zusammenhang ist das erste Dokument wichtig. Im Juli 1948 fand eine Ministerpräsidentenkonferenz bei Koblenz statt, die sich darüber einig war, das Provisorische der Staatsgründung zu betonen. Man wollte deshalb den Begriff „Verfassung" vermeiden und einigte sich auf „Grundgesetz". Es wurde der Parlamentarische Rat einberufen, der sich aus 65 Abgeordneten der elf Landtage im Verhältnis zur Bevölkerungszahl zusammensetzte und der in Bonn seinen Sitz hatte. Gleich zu Anfang wurde dem Parlamentarischen Rat ein von den Vertretern aller elf Länder auf der Insel Herrenchiemsee (10. August bis 23. August 1948) erarbeiteter Bericht vorgelegt, der den Entwurf eines Grundgesetzes enthielt. Unterschiedliche Auffassungen zum Grundgesetz konnten überwunden werden, so dass es Anfang Februar 1949 den Allierten vorgelegt wurde. Diese erhoben Einwände und äußerten Änderungswünsche (Memorandum vom 2. März 1949). Innerhalb des Parlamentarischen Rates herrschte Uneinigkeit darüber, in wie weit man den Vorstellungen der Allierten entgegenkommen sollte. Alles war auf einmal wieder offen, eine neue Konferenz der Ministerpräsidenten wurde erforderlich. Da die Organisation von Tagungsorten und Unterbringungsmöglichkeiten in Frankfurt als Verwaltungssitz der Bizone in jenen Nachkriegsjahren große Schwierigkeiten mit sich brachte, musste öfters auf das Umland ausgewichen werden. Und somit rückte Königstein in den Blickpunkt: Hier bekam die ehemalige Villa Rothschild eine besondere Bedeutung. Das Gebäude stand seit 1945 unter der Verwaltung des Landes Hessen und wurde nun in die Verwaltung und Bewirtschaftung der Länder des Vereinigten Wirtschaftsgebietes (Bizone) überführt. Das bedeutete auch die Herrichtung als Tagungsstätte und Gästehaus in den Jahren 1947 und 1948. In der ehemaligen Villa Rothschild, nunmehr „Haus der Länder", fanden in der Folgezeit wichtige Konferenzen der Finanz- und Wirtschaftsminister der Länder, Tagungen verschiedener Ausschüsse von Wirtschaftswissenschaftlern und Wirtschaftsjuristen statt. In Königstein entstand auch die so genannte „Königsteiner Erklärung" vom 1. April 1948, die wesentliche Empfehlungen zur Einführung der Marktwirtschaft enthält.

Als bedeutendste und folgenreichste Konferenz in Königstein kann jedoch die Ministerpräsidentenkonferenz vom 24. März 1949 betrachtet werden. Unter Vorsitz des hessischen Ministerpräsidenten Stock trafen sich die westdeutschen Ministerpräsidenten im Haus der Länder.

Die Ergebnisse der wegen der Einwände der Militärgouverneure einberufenen außerordentlichen Konferenz bestanden in drei einmütigen Resolutionen. Die ersten beiden Resolutionen betrafen die Abgrenzung der Länder und die Schaffung eines einheitlichen Wahlgesetzes. Das dritte, aber wohl auch wichtigste Ergebnis der Konferenz war die einmütige Empfehlung der Ministerpräsidenten an den Parlamentarischen Rat in Bonn, die stockenden Verhandlungen zum Grundgesetz zu einem schnellen Abschluss zu bringen.

Und so kam es am 25. April 1949 zu einem Treffen einer Abordnung des Parlamentarischen Rates mit den Militärgouverneuren in Frankfurt, auf dem alle noch offenen Fragen, die durch das Memorandum der Gouverneure entstanden waren, geklärt wurden. Am 8. Mai 1949 konnte das Grundgesetz in der dritten Lesung des Plenums des Parlamentarischen Rates endgültig angenommen wer-

Im Königsteiner Haus der Länder tagten am 24. März 1949 die Ministerpräsidenten.

burg im Ortsteil Gonzenheim, Am Seeberg 2, und weihte ihn am 26. Juni ein. Kurz vor der Währungsreform hatte die Stadt das „Fertighaus aus Holz Typ Amsel" für fast wertloses Geld erworben und bot nun damit im Erdgeschoss 70 Kindern und drei Betreuerinnen (für damalige Verhältnisse) genügend Raum; im Dachgeschoss fand noch eine kleine Wohnung Platz. Das Haus diente 50 Jahre lang seinem Zweck.

„Heime zu bauen, ist höchstes Gebot"

Kronberg. Mit einer schlichten Feier wurde der Grundstein für den ersten Wohnblock der Kronberg-Schönberger Baugenossenschaft nach dem Krieg gelegt. Dieses zwölf Wohnungen umfassende Projekt in der Schreyerstraße war nur ein Tropfen auf den heißen Stein. Um die größte Wohnungsnot in Kronberg zu lindern, benötigte man 260 Wohnungen. So mussten auch weiterhin bis zu sechs Personen sich ein Zimmer teilen. Wohnungsnot war das größte Problem der Zeit, was auch der Grundsteinvers verdeutlichte: „Heime zu bauen, ist höchstes Gebot. Gott und Menschen zwingen die Not...."

den. Von den 65 Abgeordneten des Parlamentarischen Rates stimmten 53 mit Ja und 12 mit Nein. Am 12. Mai 1949 genehmigten die Militärgouverneure das Grundgesetz ohne Textänderung. „Hier wurde die Bundesrepublik geboren", schrieb eine Zeitung 1955 in einem Rückblick und umriss damit die Bedeutung der Ministerpräsidentenkonferenz in Königstein. Und wie ging es weiter? Am 14. August 1949 fand die erste Bundestagswahl statt. Am 15. September 1949 wurde Konrad Adenauer zum Bundeskanzler gewählt, drei Tage vorher, am 12. September war Theodor Heuss zum Bundespräsidenten gewählt worden. Im November 1949 fiel die Entscheidung für die Bundeshauptstadt Bonn. Regierungs- und Verwaltungsstellen wurden von Frankfurt nach Bonn verlegt. Der Hauch der großen Politik, der Königstein für kurze Zeit streifte, verflüchtigte sich wieder. Königstein blieb jedoch bis heute ein beliebter Tagungsort.

McCloy bezieht Quartier in der Reimers-Villa

Bad Homburg. Nach seiner Berufung zum Hochkommissar für die US-Zone Deutschlands vom 19. Mai bereitete sich Mr. John J. McCloy, zu dieser Zeit noch in verantwortlicher Stelle bei der Weltbank in New York tätig, auf seine Übersiedlung nach Europa vor.

Anfang August traf er mit seiner Frau Ellen und den beiden Kindern John jr. und Ellen in Bad Homburg ein, wo die Familie eine der drei ihnen zustehenden Residenzen bezog (Die anderen lagen in Berlin und Bonn). Zum Mittelpunkt wurde die vier Jahre zuvor für General Eisenhower beschlagnahmte Villa des P.I.V.-Besitzers Werner Reimers in der Herderstraße. Mrs. McCloy gab ihr den deutschen Namen „Haus im Walde". Hier trafen sich bis zu 2000 offizielle und persönliche Gäste des Hochkommissars und seiner engagierten Frau, unter ihnen Diplomaten, Regierungsvertreter, Delegationen aus dem Bildungs-, Gewerkschafts- und Flüchtlingswesen, aber auch Filmstars aus Hollywood. Das Hauptbüro McCloys im Frankfurter IG Farbengebäude war nach amerikanischen Verhältnissen „gleich um die Ecke". Für McCloy, seine Familie und Gäste standen am Bad Homburger Fürstenbahnhof immer zwei Sonderzüge (der größere hatte Hitler gehört) mit Büros, Schlaf- und Speisewagen bereit; diese Züge hatten unterwegs immer Vorfahrt.

Die Unterzeichnung der Bonner Verträge von 1952 und die Erreichung der deutschen Souveränität nahm John McCloy zum Anlass, sein Amt zur Verfügung zu stellen. Im Juli 1952 trat die Familie gemeinsam von Bremerhaven aus auf dem Schiff „America" die Heimreise an. McCloy war nie mehr in Deutschland, blieb dem Land aber immer verbunden. 1957 erhielt er das Große Verdienstkreuz der Bundesrepublik, 1985 wurde er im Weißen Haus in Washington mit der Ehrenbürgerschaft der Stadt Berlin ausgezeichnet.

Kamen 1949 nach Bad Homburg: John McCloy und seine Frau Ellen.

Ein kleiner Ring zieht große Kreise

Die Firma Seeger-Orbis kommt nach Schneidhain/Thomas Wanhoff

Schneidhain. Fast jedes Auto hat das kleine metallene Teil aus Schneidhain in sich. Kaum ein Motor, in dem nicht die unscheinbar wirkenden Ringe ihren Dienst tun. Der Seeger-Spannring ist weltbekannt – und damit auch sein Firmensitz in Schneidhain. Dort schreibt die Seeger-Orbis GmbH seit 1950 auch Stadtgeschichte, schließlich ist der Betrieb einer der größten Gewerbesteuerzahler der Stadt und größter Arbeitgeber.

Begonnen hatte die Erfolgsgeschichte bereits 1917. Damals gründete Willy Seeger, ein Falkensteiner Bürger, in Frankfurt das Technische Büro Seeger, das bald zur Präzisionswerkstätte umfirmierte. Mit der zunehmenden Motorisierung schuf Seeger die Betriebsform der Zylinderschleiferei, in der die Motorteile ausgeschliffen und mit neuen Kolben versehen wurden. Schon bald entstand der noch heute bekannte Name Kolben-Seeger.

Zu einem Kolben gehören auch spezielle Sicherungen. Halten diese nicht, kann der gesamte Motor zerstört werden. Das Unternehmen suchte deshalb nach einer Möglichkeit, die Sicherung der Kolbenbolzen zu verbessern. Es war Hugo Heiermann, der als Vater des Seeger-Rings gilt. Otto Katzer, Schneidhainer aus Passion und lange Mitarbeiter bei Seeger, beschrieb in einer Firmenchronik die Entstehung wie folgt: „Weil die als Kolbenbolzen-Sicherungen verwendeten gleichschenkligen Sprengringe oft in der Mitte, an der den offenen Enden gegenüberliegenden Stelle, brachen, sagte Seeger zu Heiermann: ‚Mach' sie da dicker!' Das ging aber nicht. ‚Dann mach' sie da

Diese Aufnahme zeigt die ersten Produktionsstätten von Seeger 1950 in Schneidhain. Ein Jahr zuvor hatte das Unternehmen das Gelände gekauft. Vom Taunus aus startete der Seeger-Ring seinen Siegeszug um die Welt. Heute sind die Metallteile in fast jedem Auto zu finden.

Adenauer trifft sich mit John J. McCloy

Bad Homburg. Bundeskanzler Dr. Konrad Adenauer konferierte am 19. Januar mit dem amerikanischen Hochkommissar John J. McCloy in dessen Privathaus am Hardtwald über wichtige politische Probleme. Dabei ging es um die Frage des Beitritts Deutschlands zum Europarat. Adenauer informierte McCloy eingehend über das vertrauliche Gespräch mit dem französischen Außenminister Schumann, wie er später in Bonn bekannt gab.

Evangelischer Pfarrer wird katholisch

Burgholzhausen. Der Pfarrer der evangelischen Kirchengemeinde Burgholzhausen, Otto Melchers, konvertiert am 18. September mit seiner Familie zum katholischen Glauben. Mit Dispens des Heiligen Stuhles in Rom wird er katholischer Geistlicher.

115 Jahre zuvor, am 24. Mai 1835, hatte der damalige katholische Pfarrer, Franz Joseph Helferich, zusammen mit 46 Gemeindemitgliedern den anderen Weg beschritten. Er konvertierte zum protestantischen Glauben.

Neue Buslinien nach Frankfurt

Taunus. Ein Zeichen der Konsolidierung der Verhältnisse und des Wiederaufbaus nach dem Krieg war die verstärkte Wiederaufnahme des Omnibusverkehrs, der in den Jahren zuvor fast vollständig zum Erliegen gekommen war. Am 1. Mai wurde eine Autobuslinie von Weilburg über Rod an der Weil, Schmitten und Oberursel nach Frankfurt eröffnet.

Am 1. Juli startete die Betriebsgemeinschaft Frankfurter Lokalbahn AG eine Buslinie zwischen Bad Homburg und Frankfurt.

Eine zweite Linie von Weilburg nach Frankfurt nahm im Frühjahr 1951 ihren Betrieb auf.

Diese Verbindung führte über Grävenwiesbach, Usingen und Bad Homburg.

Feldbergrennen für Wagen und Motorräder

Taunus. Der Motorsport Club Feldberg griff mit dem Feldbergrennen am 1. Oktober die große Tradition des Motorsports im Taunus wieder auf. Im Gegensatz zu den Rennen gleichen Namens in früheren Jahren, als man von der Hohemark zum Sandplacken und später zum Feldberggipfel fuhr, wurde diesmal ein Rundstreckenrennen angelegt, mit Start und Ziel in Oberreifenberg. Von Oberreifenberg ging es zunächst zum Roten Kreuz und über den Sandplacken zurück. Damit war die elf Kilometer lange Rennstrecke die höchstgelegene Gebirgsrundstrecke in Deutschland. Motorräder, Rennwagen und Seitenwagen starteten in ihre jeweiligen Klassen unterteilt.

Auch das Rennfahreridol Huschke von Hanstein nahm an dem Rennen teil. Er konnte sich jedoch nicht in die Siegerliste eintragen.

Reifenberg besteht seit 1000 Jahren

Oberreifenberg. Vom 5. bis zum 13. August feierte die Gemeinde Oberreifenberg ihr 1000-jähriges Bestehen. Die Entstehung ging auf die schon 932 erbaute Burg Reifenberg zurück. Hier hatten Stammvater Ritter Wilhelm von Reifenberg und die nachfolgenden Generationen residiert. Die 1000-Jahr-Feier begann mit der Übernahme der Ortsgewalt durch den Ritter Cuno von Reifenberg und endete am 13. August mit einem festlichen Treiben auf dem Markt und in allen Gaststätten.

breiter!'" Heiermann entwickelte mit vielen Versuchen die typische Form des Rings. Die breitere Stelle bewirkt, dass der Ring unter Spannung die Form eines Kreises (lateinisch: Orbis) annimmt.

Im Jahre 1926 gab Seeger die Erfindung als Sicherheit für langfristige Darlehen einer Tochtergesellschaft der Firma Vulkanwerk in Ilmenau, die sie 1927 zum Patent anmeldete, aber Seeger überlässt, da deren Fabrik nicht geeignet war, die Ringe zu produzieren. 1928 wurde das Patent für eine Bolzensicherung, insbesondere für Kolbenbolzen erteilt.

Am Schwarzen Freitag (25. Oktober 1929), als das weltweite Währungs- und Zinsgefüge zerfiel und die Weltwirtschaft in eine dramatische Krise stürzte, brach der Darlehensgeber zusammen und zog Seeger mit in den Strudel. Es gelang aber, das Unternehmen Vulkanwerk zu kaufen und die Patente wieder in eigenen Besitz zu bekommen. Weil nun auch Außenringe für Wellen hergestellt wurden, ergaben sich neue Anwendungsbereiche und Märkte.

Im Jahre 1942 musste auf Befehl der Rüstungsbehörde neben dem Frankfurter ein zweiter Betrieb in Ensheim im Saargebiet gegründet werden. Im gleichen Jahr feierte das Unternehmen sein 25-jähriges Bestehen. Detaillierte Unterlagen der Gründungsjahre gibt es nicht – sie sind Opfer des Krieges geworden. Im Jubiläumsjahr hob Seeger einen Verein zur Hilfe in Notfällen aus der Taufe, der auch heute noch als Unterstützungsverein für Beschäftigte der Seeger-Betriebe existiert.

Bei einem Luftangriff am 22. März 1944 wurde der Frankfurter Betrieb schwer beschädigt. Seeger suchte nach einer neuen Bleibe und wurde zunächst im Schneidhainer Johanniswald fündig. Auf einem dortigen Grundstück baute er Wehrmachtsbaracken auf. Die Härterei entstand am Ortsrand, dort wo die Gasleitung endete. Im November 1944 geriet der Betrieb in Ensheim unter Beschuss, per Eisenbahn sollten die Maschinen in den Taunus gebracht werden. Von 31 kamen sechs nicht an, die übrigen Maschinen wurden auf Standorte in Schneidhain, Schmitten und Reifenberg verteilt.

1945 erschienen dann amerikanische Soldaten im Johanniswald, um die Produktionsanlagen zu inspizieren. Am 3. Mai bestätigte Town Commander William Sikorski, dass Seeger-Orbis mit 10 bis 15 Beschäftigten „on a small scale" (in kleinem Umfang) produzieren dürfe, weil die US-Army Erzeugnisse dieser Firma benötige.

Die für den Vertrieb der Ringe gegründete Gesellschaft Orbis GmbH baute in Falkenstein eine Arbeitsdienstbaracke mit Büroräumen und eine Wohnung für die Familie Seeger. 1949 kaufte das Unternehmen ein 13 728 Quadratmeter großes Gelände in Schneidhain. Seeger baute dort einen neuen Produktionsbetrieb, der im Jahre 1950 bereits feierlich und unter Anteilnahme der Politik und Bevölkerung eingeweiht wurde.

Mit den neuen Fertigungshallen und Verwaltungsgebäuden begann die weltweite Erfolgsgeschichte des Unternehmens. Parallel zum Fabrikbau wurden für die Mitarbeiter Parzellen im Gebiet „Hainchen" erworben und zinsgünstig an sie veräußert. Die Firma begann einen Expansionskurs. Nach dem Tod des Firmengründers 1956 ordnete dessen Sohn Alfred das Unternehmen neu: Der Schneidhainer Produktionsbetrieb Seeger & Co. wurde in die Orbis-GmbH eingebracht. 1970 erwarben die SKF Kugellagerfabriken aus Schweden die Firma, die aber rechtlich eigenständig blieb. Bis zum heutigen Tage folgten weitere Aufkäufe und Zusammenschlüsse mit Firmen aus Mexiko, Brasilien, USA und Sachsen. Im Juli 1999 übernahm Seeger-Orbis den Mitbewerber Ellison Krefeld. Heute arbeiten in dem Schneidhainer Betrieb 210 Mitarbeiter. Die Firma heißt offiziell Seeger-Orbis GmbH und Co. OHG und gehört inzwischen zum amerikanischen TTC-Konzern.

Aus Hundstall wird Hunoldstal

Hunoldstal. Am 21. November wurde die Taunus-Gemeinde Hundstall auf Betreiben des hier wohnhaften Frankfurter Kaufmannes Theodor Lieb umbenannt. Der Name Hundstall hatte den Bewohnern der Gemeinde viel Spott und Häme eingetragen. Lieb glaubte, dass der Ortsname Hundstall auf den Namen des ersten Siedlers Hundin, Hundi oder Hunold des Ortes zurückzuführen und später zu Hundstall verballhornt worden sei. Das Hessische Staatsministerium genehmigte die von Lieb vorgeschlagene neue Bezeichnung und so lautete der neue Ortsname fortan Hunoldstal. Theodor Lieb wurde 1962 für seine Verdienste zum Ehrenbürger der Taunusgemeinde ernannt.

Die etymologische Herleitung von Hundstall aus einem Personennamen Hunold ist umstritten. Die schriftlichen Quellen legen eher Hundstall als ursprünglichen Namen nahe.

1398/1400 wird der Ort als Hundstal bezeichnet. Weitere Benennungen im 15 Jahrhundert sind unter anderem Hundestall, Hündestall und Hoinstall.

Ein Namenwechsel allein aus historischen Gründen lässt sich daraus nur schwer rechtfertigen und wäre auch von der landesgeschichtlichen Gutachterstelle abgelehnt worden. Doch die hatten die Hunoldstaler erst gar nicht gefragt.

Eine Postkarte von einst erinnert noch an den alten Namen Hundstall. Von 1950 an hieß die Gemeinde Hunoldstal. Ein Kaufmann hatte sich für eine Namensänderung stark gemacht.

Besatzungspolitik hat ein Ende

Bad Homburg. Mit der Auflösung des Resident Office zum 31. Dezember kam im Obertaunuskreis das Ende der amerikanischen Besatzungspolitik. Dieses Büro, das sich aus der Militärregierung entwickelt hatte, war ein Verbindungsglied zu deutschen Stellen wie Stadtverwaltungen, Landratsamt, Elternbeiräten, Bibliotheken. Zum neuen Jahr wurde die Funktion der bisherigen Dienststelle geteilt: Das Kulturprogramm führte das Frankfurter Amerika-Haus weiter, während Belange wie Hausbeschlagnahmungen und Interzonenpässe vorerst noch bestehen, doch bald aufgehoben werden sollten. In Bad Homburg verblieb ein kleines Büro, das in der Übergangszeit vom bisherigen Chef zusammen mit den Kreisen Obertaunus und Usingen von Friedberg aus verwaltet wurde.

Kardinal weiht Missionswagen

Königstein. Der Kölner Erzbischof Kardinal Frings eröffnete im April die 8. Konferenz der Diözesanflüchtlingsseelsorger im Königsteiner Albertus-Magnus-Kolleg. Abschluss und Höhepunkt der Konferenz waren die Weihe und Aussendung von neun Kapellenwagen für die Missionsarbeit. Bei den Kapellenwagen handelte es sich um Eisenbahnwagen, die für den Straßenverkehr umgebaut wurden. Die Wagen enthielten Schlafräume, eine Lautsprecheranlage und einen nach außen hin sich öffnenden Altarraum. Drei Jahre später schickte Kardinal Frings 30 VW-Käfer für die Missionarsarbeit von Königstein aus in die Diasporagebiete.

Erste Schule in der alten Kreisabdeckerei

Wilhelmsdorf. Durch die dem Ort zugewiesenen Vertriebenen aus den Ostgebieten war die Zahl der

Licht und Luft statt „kalter Pracht"

Ein neues Kurhaus für Bad Homburg/Gerta Walsh

Bad Homburg. Bei Kriegsende hätte beim Anblick der Trümmerruine Kurhaus niemand gedacht, dass man schon 1951 zum Richtfest für ein neues Gebäude einladen könne. Die wirtschaftlich desolate Situation, der fehlende Wohnraum für Flüchtlinge und ausbleibende Gäste schienen einem solch raschen Ersatz des beim Fliegerangriff vom 8. März 1945 durch Bomben zerstörten Hauses zu widersprechen. Die Bad Homburger verdanken das dritte Kurhaus ihrer Geschichte, wie die beiden Vorgänger, dem Spielbankbetreiber.

Dabei war ein neues Kurhaus bereits 1946 ein Thema für Bürger und Politiker der Stadt. Im März 1948, in den letzten Wochen seiner Amtszeit, gab Oberbürgermeister Dr. Georg Eberlein den Auftrag zur Planung bekannt und berichtete zugleich, er denke nicht an ein Kurhaus im eigentlichen Sinne, sondern an „ein Versammlungshaus mit Restauration" und Baukosten von maximal 2,5 Millionen Reichsmark (Das war vor der Währungsreform). Sein Nachfolger Karl Horn führte die Arbeit weiter. Nachdem die Erlaubnis zum

Versammlungshaus mit Restauration: Das nach dem Zweiten Weltkrieg erbaute Kurhaus sollte sich ganz bewusst von der „kalten Pracht" des Vorgängerbaus unterscheiden. In dieser Zeit konnte noch vor dem Gebäude geparkt werden.

Betreiben einer Spielbank durch das Innenministerium am 7. Februar 1949 erteilt war, wurde der Wiederaufbau des Kurhauses konkret. Am 2. Juni sprachen sich die Stadtverordneten für einen Neubau an der alten Stelle aus. Im Vertrag vom 28. Juni 1949 verpflichtete sich der neue Konzessionär, die Hermann Heidtmann KG, für eine Million Mark ein Gebäude auf einem von der Stadt zur Verfügung gestellten Grundstück zu erstellen. Seinen Spielbankbetrieb begann Heidtmann am 9. April 1949 im alten Brunnensälchen im Kurpark, ein Provisorium, das von den Besuchern so gut angenommen wurde, dass er beschloss, dort zu bleiben und nicht in das neue Haus an der Louisenstraße zu ziehen.

Der veränderten Situation Rechnung tragend, verpflichtete sich die Stadt, einen Zuschuss in Höhe bis zu 400 000 Mark entsprechend der ihr zusätzlich zur Verfügung stehenden Räume zu leisten. Diese Summe sollte aus den der Stadt zufließenden Spielbank-Abgaben finanziert werden. Die nachträgliche Überlegung, statt des zuerst geplanten großen Saales ein Theater einzurichten, kostete die Stadt nochmals 130 000 Mark. Die Endsumme der von ihr geleisteten Aufwendungen belief sich schließlich auf 875 000 Mark.

Von den Bürgern wurde das Entstehen ihres Kurhauses als Höhepunkt der Bautätigkeit in der Stadtmitte empfunden und mit reger Anteilnahme verfolgt. Die Architekten Bartel und Schweizer hatten bewusst ein dem Stil der Zeit angepasstes Gebäude geschaffen, das in keiner Weise an die „kalte Pracht" des Vorgängerbaues erinnerte, aber nicht überall auf Zustimmung stieß. Auch die Zerstörung der noch brauchbaren Fassadensteine und -ornamente brachte später Kritik.

Nach der Beseitigung der Trümmer begannen im Frühjahr 1949 die Arbeiten mit dem Ausbaggern der Baugrube, wobei die Urkunde zur Grundsteinlegung vom 23. Mai 1841 gefunden und am 2. September 1950 zusammen mit der aktuellen Urkunde in den Grundstein des Neubaus eingelassen wurde. Dem Richtfest vom 12. September 1951 folgte am 23. April 1952 die feierliche Einweihung. Die Kosten des Hauses beliefen sich auf 2,5 Millionen Mark, eine Summe, die direkt von der Spielbank sowie von der Stadt durch die vorher an sie ergangenen Spielbank-Abgaben aufgebracht wurde. Laut Vertrag ging das Kurhaus später entschädigungslos in das Eigentum der Stadt Bad Homburg über, die es dank eines alten Nießbrauchvertrages der Kur-AG überließ.

Im Bauplan war der Kurhausvorplatz zwar nicht als Parkplatz ausgewiesen, entwickelte sich jedoch rasch dazu. Bürger, Magistrat und Stadtbaurat waren der Meinung, die Bedeutung des Kurhauses als lebendiges Zentrum der Stadt werde durch die vor dem Eingang parkenden Autos unterstrichen; die Alternative würde „ein toter Platz" sein.

Dieses Kurhaus, das den Bad Homburgern mit der Zeit ans Herz wuchs, wurde 30 Jahre nach seiner Entstehung als zu klein und zu wenig repräsentativ empfunden und 1981 abgerissen, um dem heutigen vierten Kurhaus Platz zu machen.

Kinder so sehr gestiegen, dass eine dorfeigene Schule errichtet werden musste. Ein geeignetes Gebäude hatte man in der ehemaligen Kreisabdeckerei bald gefunden, die in Eigeninitiative für Schulzwecke hergerichtet wurde. Anfang März konnte die neue Schule in Anwesenheit des hessischen Kultusministers Metzger eingeweiht werden.

Usingen erhält Wehrheimer Wasser

Usingen / Wehrheim. Wassermangel war eines der größten Probleme aller Gemeinden im Hintertaunus. Vor allem die nach dem Krieg wachsenden Gemeinden hatten damit zu kämpfen. So war es für die Stadt Usingen eine große Erleichterung, dass mit dem Anschluss an das Wehrheimer Wassernetz Ende Februar die Gefahr von Wassermangel in heißen Sommern gebannt wurde.

Aus dem Handwerkersohn wird ein Maler

Bad Homburg. Im Alter von 86 Jahren starb der in Bad Homburg lebende Maler Eberhard Quirin am 6. Januar. Er war am 24. Dezember 1864 in Oberursel als Sohn eines Handwerkers geboren. Der freischaffende Künstler verdiente seinen Lebensunterhalt auch durch Postkartenserien mit Bildern vom Taunus, Frankfurt, Kassel, Nürnberg und der Schweiz.

1928 heiratete Quirin und ließ sich in der damals noch selbstständigen Gemeinde Gonzenheim im eigenen, sehr bescheidenen Haus nieder. Jetzt schuf er Radierungen mit Motiven seiner neuen Taunusheimat, von denen jene des Gotischen Hauses, der Saalburg und Gonzenheims am bekanntesten wurden. Nach dem Tode ihres Mannes musste sich Frau Quirin aus Geldmangel nach und nach von diesen Bildern trennen.

MS-Gesellschaft will der Forschung helfen

Königstein. Am 17. September wurde in Königstein die Deutsche Multiple Sklerose Gesellschaft gegründet. Ziel der Gesellschaft war eine Verbesserung der Krankenbetreuung und der Behandlungsmethoden sowie die Unterstützung der Forschung.

„Ostkreuz" erinnert an Vertriebene

Schloßborn. Im Gemeindewald wurde am Erntedankfest, dem 19. Oktober, eine neue Waldkapelle aufgebaut. In der Nähe der Kirche errichteten die Heimatvertriebenen auf einer Felsklippe das so genannte „Ostkreuz". Es trägt das Motto des Berliner Kirchentages „Gott lebt!" In ihm sind die Namen aller Ortschaften eingeschnitzt, aus denen Deutsche vertrieben wurden, die in Schloßborn eine neue Heimat fanden.

Holzschrauben für ungestörtes TV

Niederreifenberg. Am 25. Dezember nahm das Deutsche Fernsehen seinen Betrieb auf. Erstmals wurde der Sender auf dem Großen Feldberg zu dem Zweck genutzt, für den er bereits lange vorgesehen war. Der 1937 begonnene Bau war aber wegen des Kriegs nicht fertig gestellt und 1945 weitgehend zerstört worden. Mit dem Wiederaufbau war 1949 begonnen worden, der Innenausbau schritt zügig voran, so dass der Sendebetrieb bereits im August 1952 möglich gewesen wäre. Die Spitze des Fernsehturms ist ein zehn Stockwerke hoher Holzturm, in dem die Antennen untergebracht sind. Um die Strahlungskeulen der Antennen nicht zu beeinflussen, wurden für das Balkengerüst Verbindungsschrauben aus Holz verwendet.

Das erste Burgfräulein heißt Else I.

Ein „wahres Heimatfest" in Königstein/Beate Großmann-Hoffman

Königstein. Seit 1952 wird in Königstein alljährlich das Burgfest gefeiert, das eine Attraktion für Jung und Alt darstellt und zahlreiche Gäste auch von auswärts anzieht. Doch bereits im Jahr zuvor, 1951, wurde auf der Burg ein Fest gefeiert, das den Anstoß für die regelmäßige Organisation eines größeren Festes – des Burgfestes – gab.

Im Rahmen der „100-Jahr-Feier der Königsteiner Kur" stattfindenden Feierlichkeiten hatte die Segelfliegergruppe, bestehend aus 47 Mitgliedern, auf der Burg ein Fest mit Unterstützung der Stadtverwaltung sowie des Kur- und Verkehrsvereins organisiert. Es gab eine Ausstellung von Segel- und Motorflugzeugen sowie Tanz und Feuerwerk. Trotz einiger organisatorischer Probleme war die Resonanz sehr groß.

Josy Müller, Inhaber der Hotel-Pension Augusta, hatte nun die Idee, den Kur- und Verkehrsverein für die Realisierung eines großen Burgfestes zu gewinnen. Und so wurde innerhalb des Vereins ein Festausschuss, zunächst unter dem Vorsitz von Müller, gebildet, der die Festvorbereitung in Angriff nehmen sollte. Maßgeblich Beteiligte waren außerdem Dr. Fritz Becker als Vorsitzender des Kur- und Verkehrsvereins und Dr. Heinz Roth, der für Organisation, Presse und Propagandawesen zuständig und stets um enge Zusammenarbeit mit den städtischen Institutionen und den Vereinen bemüht war. Man entschloss sich nun, dass ein Burgfräulein die Leitfigur des Festes sein sollte. Ebenso wurde der Entschluss gefasst, einen großen und bunten Festzug zu veranstalten, der nach einigen Jahren dann immer unter ein historisches Motto gestellt wurde. Die Vorbereitungen liefen gut, und zum

Zunächst waren es noch die Kronberger und Königsteiner Ritter, die das Burgfräulein begleiteten. Beim ersten Umzug 1952 ritt Else I. (Mitte) hoch zu Ross durch die Straßen der Kurstadt.

ersten Burgfest im Jahre 1952, das vom 16. August bis 18. August stattfinden sollte, waren pünktlich die Häuser Königsteins liebevoll mit Fähnchen und Tannengrün geschmückt. Und wie war der Ablauf des ersten Burgfestes?

Am Samstag, 16. August 1952, verkündeten um 17.40 Uhr laute Böllerschüsse von der Burg den Beginn des „Großfestes“, wie das Ereignis in der Presse zuvor bezeichnet worden war.

Der Vorsitzende des Kur- und Verkehrsvereins, Dr. Becker, eröffnete mit einigen Worten das Treiben, anschließend sprach Bürgermeister Hubert Faßbender. Die Eröffnung fand, wie heute noch, auf dem idyllischen Platz vor dem Alten Rathaus statt. Der Schlüssel der Burg – und damit die Herrschaft über die Stadt – wurde symbolisch dem Burgfräulein übergeben. Else Alter war das erste Königsteiner Burgfräulein. Nach einer Darbietung des Männergesangvereins Concordia formierte sich ein kleiner Festzug durch die Stadt zur Burg – begleitet hauptsächlich von den damals schon mit prächtigen Rüstungen ausgestatteten Kronberger Rittern. Lediglich zwei Ritter waren aus Königstein.

Im Burghof fand wenig später auch das Ansingen des Festes durch den Gesangverein Concordia statt. Mittlerweile strömten immer mehr Gäste auf die Burg, denn niemand wollte sich das angekündigte Feuerwerk entgehen lassen, das einer der Höhepunkte des Festes war. Der Berichterstatter der Taunuszeitung („Burgfest - ein wahres Heimatfest“, Taunuszeitung 19. 8. 1952) beschreibt das viertelstündige Feuerwerk als so glanzvoll, „wie es Königstein seit den Jahren vor dem Ersten Weltkrieg nicht mehr zu sehen bekommen hat“. Auf der Burg waren ein Tanzzelt sowie Sekt-, Bar- und Weinstuben aufgebaut, die – so heißt es – überfüllt waren.

Am Sonntag, 17. August 1952, also am Tag der in Königstein mittlerweile bedeutungslos gewordenen Kirchweih, gab es Konzert und Frühschoppen im Festzelt am Wahrzeichen der Stadt. Eine Burgenzielfahrt, vom Motorsportclub Königstein organisiert, traf nachmittags in der Adelheidstraße ein. Die Teilnehmer der Fahrt bekamen, wenn sie mindestens vier von acht ausgeschriebenen Burgen in Hessen angefahren hatten, eine Auszeichnung. Mit weit über 200 Fahrzeugen kamen somit auch noch viele weitere Besucher zum Fest. Auf der Burg herrschte derweil großer Andrang, man zählte insgesamt 4000 Besucher. Am Abend gab es einen weiteren Höhepunkt: „Taunusberge in Flammen.“ Von der Burg aus sah man Villen und markante Punkte der Stadt, die in rotem Magnesiumlicht erstrahlten. Auch stand die Burgruine selbst in „roten Flammen“. Bis vor wenigen Jahren war dieses bengalische Feuer der traditionelle Abschluss des Feuerwerks am Freitagabend.

Der Montagnachmittag brachte ein überaus gut besuchtes Seifenkistenrennen in der Altkönigstraße. Im Anschluss daran zogen alle Beteiligten auf die Burg, wo die Preisverteilung stattfand. Auch an die Kinder wurde in Form eines Spielnachmittages gedacht. Auf der Burg und in allen Gaststätten klang das Fest am Abend aus.

Das erste Burgfest wurde – trotz des regnerischen Wetters am Sonntag – sehr gut angenommen und war auch finanziell ein Erfolg. Das Fazit der Taunus-Zeitung vom 19. August 1952 war äußerst positiv: „Zusammenfassend darf gesagt werden, daß

Auf dem gemütlichen Platz am Alten Rathaus fand, wie heute noch, die feierliche Eröffnung des Heimatfestes statt.

das Burgfest 1952 alle Erwartungen erfüllt hat. Die Bevölkerung war ganz bei der Sache und wird sich auch im kommenden Jahr wieder restlos einsetzen, wenn es gilt, Hand anzulegen bei der Gestaltung des Burgfestes, das auch künftig Königsteins großes Volks- und Heimatfest bleiben soll". Eine wahre Voraussicht, denn das Burgfest ist bis heute das größte Heimatfest der Stadt. Hinzugefügt werden muss, dass 1952/ 1953 die Näh- und Kostümgemeinschaft (das „Fingerhutgeschwader") entstand, der nicht nur die Burgfräulein, sondern auch ungezählte weitere Mitwirkende der Umzüge ihre prächtigen Gewänder verdanken. 1953 gab es eine kleine Festbroschüre, seit 1957 erscheinen die umfangreichen und mit Aufsätzen zur Geschichte versehenen Festbücher. Der Burgverein übrigens ging aus dem Ausschuss des Verkehrsvereins im Jahr 1956 hervor und hieß bis 1962 „Burgfestverein". Die spätere Namensänderung sollte darstellen, dass man sich auch um den Erhalt der Burg bemühen wollte.

Gewerkschaft zieht in die Emmershäuser Mühle ein

Ein stattliches Anwesen – die Gewerkschaft Bau, Steine, Erden machte die Emmershäuser Mühle in den Jahren von 1952 an zu einem Zentrum ihrer Bildungsarbeit.

Emmershausen. Mit der Übernahme der Emmershäuser Mühle durch die Gewerkschaft Bau, Steine, Erden am 9. Februar wurde eine Tradition fortgesetzt, die bereits im Jahr 1924 ihren Anfang genommen hatte. Damals hatten die im Zentralverband der Dachdecker freigewerkschaftlich organisierten Arbeiter die Mühle gekauft und erweitert. Ein Schwimmbad und eine Jugendherberge machten das Anwesen zu einem Anziehungspunkt für viele Wanderer. Nach dem Krieg kam die Mühle bis 1950 unter amerikanische Verwaltung. Die nun erfolgte Übernahme durch die Gewerkschaft machte die Emmershäuser Mühle zu einem Zentrum gewerkschaftlicher Bildungsarbeit.

Auf der kurzen Welle in alle Welt

Die Erdfunkstelle Usingen/Wolfgang Vaupel

Merzhausen. Nach dem Zweiten Weltkrieg wurde der Flugplatz Merzhausen, dessen damalige Start- und Landebahn das Gelände der heutigen Erdfunkstelle Usingen darstellt, von der deutschen Wehrmacht geräumt. Durch die Bombardements waren die Flächen in einem desolaten Zustand. Was sollte mit diesem Brachland passieren? Eine Reihe von Überlegungen zur Nutzung vom Bau einer Flüchtlingssiedlung bis zur Wiederaufforstung wurden angestellt – sie wurden wegen der enormen Kriegsfolgekosten jedoch stets verworfen.

In diese Zeit fiel die Suche der Deutschen Bundespost nach einem geeigneten Gelände für den Aufbau einer Kurzwellenstation, um die stark gestiegene Nachfrage nach Auslandsferngesprächen – hauptsächlich bedingt durch die hier stationierten US-Soldaten – zu befriedigen. Kurzwellenstationen benötigten ungeheuer große Flächen für ihre großen, weit gespannten Antennen. Die Nähe zu Frankfurt, der Quelle aller damals noch ausschließlich handvermittelten Ferngespräche, und die großen weiten geraden Flächen ließen das Objekt für die Deutsche Bundespost begehrlich werden. Und hier stand jemand bereit, der die Finanzkraft für die Sanierung des Areals aufbringen konnte.

Das war der Startschuss im Jahr 1953, mit dem Bau der Anlage zu beginnen. So entstand auf dem inzwischen eingezäunten Gelände eine Anlage, deren Substanz auf Grund von weitsichtigen planerischen Ideen bis auf den heutigen Tag Bestand hat. Zunächst wurde ein Zentralgebäude in vier überlappenden Rechtecken um einen Innenhof gebaut, damit Licht von allen Seiten in die Technikräume und Büros gelangte. Über einen Verbindungsbau wurde ein weiteres Gebäude errichtet, in dem die Stromversorgung mit den beiden großen Dieselmotoren untergebracht war. Ja, man dachte sogar an die Beschäftigten. Es entstanden vier Dienstbungalows, die noch den heutigen Anforderungen bezüglich Wohnqualität genügen. Langfristige Pachtverträge mit den umliegenden Gemeinden Merzhausen und Hausen-Arnsbach garantierten diesen Kommunen Einnahmen und sogar Weiderechte.

Nach dreijähriger Bauzeit und dank der Mithilfe der US-Army, die eine Pioniereinheit zur Verfügung gestellt hatte, ging die Sendefunkstelle rechtzeitig zum Weihnachtsverkehr 1956 in Betrieb. Sender auf Sender, Antenne auf Antenne folgten. Man sah den Wandel von den flächenfressenden Rhombus-Gitterantennen über Zeltantennen zu den modernen drehbaren Richtstrahlern. Nach dem Bau eines weiteren Sendehauses war im Mai 1976 der Spitzenausbau mit 37 Sendern und 43 Antennen, die wahlweise zusammengeschaltet werden konnten, erreicht. Damit konnten gleichzeitig 148 interkontinentale Ferngespräche geführt werden.

Am 1. Februar 1979 begann die Geschichte der Station als Erdfunkstelle. Schon mit der ersten Satelliten-Parabolantenne konnte die Übertragungskapazität mit wesentlich geringerem Aufwand schlagartig auf 1000 Ferngespräche gleichzeitig ge-

Bundesbehörde erhält neuen Sitz

Bad Homburg. Der Beschluss des Bundestages, die Bundesschuldenverwaltung in Bad Homburg zu belassen, führte im Oktober zur Grundsteinlegung für ein modernes Bürogebäude in der Bahnhofstraße 16-18, dicht am Bahnhof und am Marienbader Platz gelegen. Das Amt war am 13. Juli 1948 als Schuldenverwaltung für das Vereinigte Wirtschaftsgebiet gegründet worden und in die Villa Garni in der Kiseleffstraße eingezogen. Nach einer Verordnung vom 13. Dezember 1949 entstand die Bundesschuldenverwaltung, die größere Räume als bisher in einem Flügel der ehemaligen Kaserne, Kaiser-Friedrich-Promenade 10 (heute Finanzamt) bezog und dort bis zum Umzug ins eigene Haus verblieb. Die Bundesbehörde hat noch heute ihren Sitz in Bad Homburg.

Eine Innentreppe für den Weißen Turm

Bad Homburg. Das Gerüst für den Weißen Turm war am 6. Juni aufgebaut. Eine Generalüberholung dieses Wahrzeichens Bad Homburgs schloss das Verputzen der Außenfläche und den Einbau einer inneren Treppe mit mehr als 130 massiven Stufen ein. Besonders diese Arbeiten erfüllten die Wünsche der Bevölkerung, denn in den vergangenen Jahren war ein Besteigen des Turmes wegen Baufälligkeit der Treppe nicht möglich gewesen.

25 Wandgemälde werden freigelegt

Burgholzhausen. 25 Ölgemälde auf Holz wurden entdeckt, als die Wandmalereien der lutherischen Kirche im Sommer mit großer Mühe freigelegt wurden. Sie waren 1889 bei der Renovierung der damals 170 Jahre alten Kirche überstrichen worden. Sechs Bilder mit alttestamentarischen Personendarstellungen stammen vermutlich aus dem Jahre 1735. Sie sind entlang der Orgelempore zu finden. Die übrigen 19 Gemälde schmücken die Seitenempore und die Wand über dem Eingang. Die verschiedenen Schöpfer der Bilder sind unbekannt. Lediglich das 1722 geschaffene Lutherbild des Homburger Hofmalers Johann Jakob Hauck war nicht übermalt worden.

Zerstörte Gebäude werden ersetzt

Bad Homburg. Nach der Fertigstellung des Kurhauses an der Stelle seines kurz vor Kriegsende ausgebrannten Vorgängerbaus schlossen sich auch andere Lücken, die durch Luftangriffe das Bild der Innenstadt verändert hatten. Am 8. September war das erste „Hochhaus" Bad Homburgs, der Louisenbau gegenüber dem Kurhaus in der Louisenstraße, mit einem achtgeschossigen Turm in einer Höhe von 35 Metern nach elfmonatiger Bauzeit bezugsfertig. Auf dem Dach fand in luftiger Höhe die Einweihung statt. Für Grundstück und Bau hatte die Stadt 1,2 Millionen Mark bezahlt und Räume für Büros, Arztpraxen und zwei Wohnungen geschaffen. Im Erdgeschoss befanden sich die Geschäfte Schade und Füllgrabe, Schuhhaus Becker, Spielwarengeschäft Köhler, ein Kunstgewerbeladen und der Kundendienst des Elektrizitätswerkes.

Heimattage im historischen Gewand

Ober-Eschbach. Ursprünglich als 1200-Jahrfeier gedacht, änderten die Ober-Eschbacher im letzten Moment den Titel ihres Heimatfestes. Weil die urkundliche Überlieferung einer Gründung im Jahre 753 nicht gesichert schien, stellte der Ort sein Fest sicherheitshalber unter das Motto „Zwölf Jahrhunderte Ober-Eschbach"

steigert werden. Über Satellit wurden jetzt die USA, Kanada, Mittel- und Südamerika, Afrika und der Nahe Osten mit Telefonverbindungen bedient.

Der nächste historische Schritt folgte am 2. Januar 1984 mit dem Sendebeginn des ersten privaten Fernsehprogramms von der AKK Ludwigshafen, dem späteren Sat 1. Programm auf Programm folgte, vier Antennen in Usingen sorgten dafür, dass diese Programme zum Satelliten transportiert wurden und in anderer Zusammensetzung bis heute transportiert werden. Mit der Entscheidung, dass die Telekom ihre eigenen Satelliten, die sie seit 1989 im Orbit hatte, auch selber fliegen wollte, kam der nächste Schub für die inzwischen von der Sendefunkstelle zur Erdfunkstelle mutierten Anlage. Es entstanden 45 hochwertige Arbeitsplätze, deren Inhaber sich mit der Fliegerei beschäftigten – allerdings nicht direkt in einem Flugzeug, vielmehr wurde das Objekt an einer langen imaginären Leine fernüberwacht und ferngesteuert. Interessanterweise endete genau in diesem Jahr (1999) die Ära Kurzwelle. Sie hatte nach 33 Jahren ausgedient, das Personal konnte in die neuen Bereiche übernommen werden. Die Entwicklung war und ist allerdings noch nicht abgeschlossen. Neue Dienste wie Digitalfernsehen, Firmen- und Schulungsfernsehen, schnelle Internetdienste über Satellit und eine Reihe von internationalen Verträgen ließen die Anzahl der Parabolantennen auf inzwischen über 70 Stück anwachsen.

Bis heute sind mehr als 150 hochwertige Arbeitsplätze entstanden, Tendenz steigend. Wenn die Entwicklung weiter so fortschreitet – und vieles spricht dafür – , dann wird wohl im Jahr 2000 das alte ehrwürdige Gebäude um ein ähnliches Karree erweitert werden müssen. Damit schließt sich der Kreis zu den Anfängen des Jahres 1953.

So hatten die Sendeanlagen in Merzhausen einst ausgesehen. Heute bestimmen große Satelliten das Bild der Erdfunkstelle, deren wechselvolle Geschichte im Jahr 1953 ihren Anfang nahm.

Ein Weltmann mit geschliffenen Manieren

Charlie Ritter, ein Bad Homburger Hotelier/Wolfgang Zimmermann

Bad Homburg. Im Jahr 1953 verlor die Stadt Bad Homburg einen prominenten Bürger: Charlie Ritter starb am 24. August, eine Woche nach seinem 85. Geburtstag.

Als Charlie Ritter am 17. August 1868 das Licht der Welt erblickte, glich die Stadt einem Blumen- und Flaggenmeer. Der neue Landesherr Wilhelm von Preußen besuchte unter Glockengeläute erstmals seine Homburger Untertanen. Charlies Vater Conrad Ritter (1838-1921), hoch angesehener Kurhausrestaurant-Besitzer, wertete dies als ein gutes Omen für sich und seinen Sohn. Er gründete 1883 das nach ihm benannte Parkhotel Ecke Kisseleffstraße/Kaiser-Friedrich-Promenade, dessen Leitung 1921 auf seinen Sohn Charlie überging.

Starb am 24. August 1953: der Hotelier Charlie Ritter.

Das Ritters Parkhotel wurde zu einem beliebten Treffpunkt für gekrönte Häupter, Staatsmänner, lebenslustige Adlige und Künstler, Dollarmillionäre, aufblühende und verblühte Schönheiten. Das Nobelhotel war mit elektrischem Licht, einem Personenaufzug mit eigener Maschinenanlage und Mineralbädern in allen Etagen auf der Höhe der Zeit. Es besaß weltweit einen hervorragenden Ruf, um den Charlie Ritter erfolgreich und unablässig bemüht war.

Der Kavalier alter Schule galt als Vertrauter der Großen und Einflussreichen, Postillon d'amour, Beichtvater, Diplomat, Mäzen, Glücksschmied und weltgewandter „Botschafter" Bad Homburgs, dem alle Türen offen standen. Der Hoflieferant von Preußen, England und Russland und Träger hoher Orden war beliebter Ansprechpartner „allerhöchster Herrschaften aus der ganzen Welt".

Der zwei Mal verheiratete, vornehm gekleidete Weltmann mit den geschliffenen Manieren und weit reichenden Beziehungen, stets glänzend informiert und optimistisch, umgab sich bis ins hohe Alter gern mit hübschen Frauen adligen Geblüts. Charlie Ritter genoss das Leben in vollen Zügen. Es gab für den bis zuletzt rüstigen, geistig hellwachen Hotelier und Goethe-Kenner keinen „Lebensabend" sondern allenfalls einen „späten Lebensnachmittag mit allen seinen Reizen".

Karl Willy Wagner in den Fußstapfen von Philipp Reis

Friedrichsdorf. Seine letzte Ruhe fand Karl Willy Wagner 1953 auf dem Friedhof nahe der Grabstätte von Philipp Reis. Die Witwe des Telefon-Erfinders bewohnte noch das Haus, in dem Wagner am 22. Februar 1883 geboren wurde. Der genius loci habe sich wohl bemerkbar gemacht, bemerkte Wagner später, als er sich selbst mit dem Telefon beschäftigte.
1909 wurde Wagner in das kaiserliche Telegraphen-Versuchsamt in Berlin berufen. Seine erste Aufgabe war es, den Hörer des Telefons so zu verbessern, dass man auf eine größere Entfernung als bis dahin möglich telefonieren konnte.
1915 erfand Wagner das Prinzip der „Siebkette", die das Ausfiltern bestimmter Frequenzbereiche ermöglichte und für die Entwicklung von Rundfunk und Fernsehen bahnbrechend wurde. 1927 berief ihn die Technische Hochschule Berlin zum Professor mit dem Auftrag, das Heinrich-Hertz-Institut für Schwingungsforschung zu gründen. 1933 wurde Wagner aller Staatsämter enthoben, aber 1943 von der Kriegsmarine mit der Leitung der Forschungen betraut. Schon am 12. Juni 1937 hatte ihn seine Heimatstadt zum Ehrenbürger ernannt.

Katholiken weihen ihre Kirche

Grävenwiesbach. Am 12. November feierten die Grävenwiesbacher Katholiken die Einweihung ihrer Kirche. Der Kirchenneubau war wegen des Zustroms katholischer Heimatvertriebener nach dem Kriege notwendig geworden. Die Kirche wurde Konrad von Parzham geweiht, der von Papst Pius XII. heiliggesprochen worden war und den Beinamen „der ewige Pförtner" erhalten hatte. Konrad hatte mehr als 40 Jahre lang in Altötting das Amt des Klosterpförtners innegehabt.

Heinrich Müller wird wieder Landrat

Usingen. Mit Heinrich Müller wurde am 16. März ein Mann zum Landrat des Kreises Usingen gewählt, der dieses Amt bereits zwischen 1946 und 1948 inne hatte. 1949 wurde er als Kandidat der SPD in den Deutschen Bundestag gewählt. Nachdem seine erneute Bundestagskandidatur scheiterte, stellte Müller sich der SPD als Bewerber für den Landratsposten zur Verfügung. Er sollte das Amt bis zu seinem Tode 1966 bekleiden.

Nur wenige Tage zuvor, am 6. März, hatte der Kreistag des Obertaunuskreises Landrat Dr. Georg Eberlein für weitere sechs Jahre zum Landrat gewählt.

Neue Volksschule für Wehrheim

Wehrheim. Mit einem Festakt wurde die neue Wehrheimer Volksschule am 19. Juni eingeweiht. Der Neubau hatte rund 400 000 Mark gekostet, wovon die Gemeinde alleine 300 000 Mark aufbringen musste. Das 1952 begonnene Gebäude umfasst sieben Klassenräume, eine Turn- und Gymnastikhalle, Duschräume, eine Lehrküche und ein Jugendheim.

Horex-Club im Taunus gegründet

Friedrichsdorf. In der Dillinger Gaststätte Weickert wurde am 1. Mai der Horex-Club Taunus aus der Taufe gehoben. Der Club ließ sich auch nach der Schließung der Bad Homburger Traditionsfirma nicht unterkriegen, und so konnten die 54 Mitglieder 1994 das 40-jährige Clubjubiläum feiern.

Insgesamt 18 Horex-Vereine in Deutschland beweisen, dass der Horex-Mythos heute noch ungebrochen ist.

Eine neue Heimat für Vertriebene

Die Marienbader Siedlung in Gonzenheim | Ernst und Hiltrud Wilhelm

Gonzenheim. Die Marienbader Siedlung sei ein Vorgriff auf ein für 1955 geplantes Eigenheimprogramm in den Bundesländern, und Bad Homburg sei Pionier für dieses neue Bauprogramm, verkündete ein Sprecher des Bundeswohnungsbauministeriums bei der Einweihung der Marienbader Siedlung am 12. September 1954. Diese Feier mit der Weihe und Segnung des Werkes durch Prälat Petrus Möhler, Abt von Stift Tepl, war der Höhepunkt der 2. Marienbader Heimattage. Auf Einladung der Stadt Bad Homburg und der Nassauischen Heimstätte, die für das Bauvorhaben zuständig war, waren zahlreiche Ehrengäste gekommen. Der zerwühlte Ackerboden war bereits planiert, zwei Häuser konnte man schon im Rohbau erkennen, und ein Schild verkündete den Namen des neuen Bauvorhabens „Marienbader Siedlung". Die durch die Siedlung führende Straße erhielt, da Marienbad eine Gründung vom Stift Tepl war, den Namen „Stift-Tepl-Straße". Viele Marienbader Heimatvertriebene konnten jetzt Hoffnung auf bessere Wohnverhältnisse schöpfen.

Diese Vertriebenen kamen 1945 in ein Deutschland, das vom Krieg schwerstens getroffen war. Die Städte waren zum großen Teil durch Bomben zerstört und konnten nur einem Teil der ursprünglichen Bewohner Obdach geben. Die Industrie lag danieder, war zerstört und bot kaum Arbeitsplätze. Kleinere Städte und Dörfer auf dem Lande hatten schon während des Krieges Ausgebombte und Evakuierte aus den Städten aufnehmen müssen. Dazu kamen jetzt noch die Heimatvertriebenen. Sie konnte man meistens nur in ländliche, wenig dicht besiedelte Gebiete, in Hessen vor allem in die nördlichen Landesteile, einweisen. Die zugeteilten Unterkünfte waren ganz bescheiden. Häufig stand einer Familie nur ein einziger Raum, oft in Mansarden, zur Verfügung. Dort mussten sie zum Teil unter katastrophalen hygienischen Verhältnissen leben.

Nachdem die Stadtverordnetenversammlung von Bad Homburg am 18. Mai 1953 auf Betreiben des damaligen Oberbürgermeisters Karl Horn einstimmig die Patenschaft für das ehemals sudetendeutsche Weltbad Marienbad übernommen hatte, wurden am 12./13. September 1953 hier die 1. Marienbader Heimattage ausgerichtet. Gleich danach kam Horn die Idee zur Errichtung einer zentralen Eigenheimsiedlung für Marienbader Heimatvertriebene im Rahmen der Wohnungsbauförderung. Für ihre Finanzierung wollte er Sorge tragen. Das Bauland stellten die Stadt Bad Homburg und vor allem die evangelische Kirchengemeinde Gonzenheim zur Verfügung. Auf dem Areal sollten im Laufe der Zeit 56 Eigenheime entstehen.

Für die Finanzierung wurden Bundesmittel als Bundesbaudarlehen, Landesbaudarlehen aus dem Lastenausgleich und Aufbaudarlehen herangezogen. Hinzu kamen eine 1. Hypothek von der Frankfurter Hypobank und ein Disagiodarlehen. Der künftige Eigentümer musste dann noch ein sehr geringes Eigen-

Bei der Einweihung im September 1954 wurde die Marienbader Siedlung gesegnet. Zahlreiche Vertriebene, die unter teilweise katastrophalen Verhältnissen wohnten, sollten hier eine neue Heimat finden.

kapital zur Verfügung stellen. Für die Häuser mit 55 bis 85 Quadratmetern Wohnfläche mussten monatlich 70 bis 100 Mark so genannte „Miete" entrichtet werden. Weiter musste der Nachweis einer Existenzgrundlage erbracht und ein Anspruch auf Hauptentschädigung aus dem Lastenausgleich nachgewiesen werden.

Da es zu dieser Zeit vielen schwer fiel, diese Bedingungen – besonders auch hinsichtlich der finanziellen Belastung – zu erfüllen, und weil andererseits Marienbader schon an anderen Orten eine Existenz gegründet hatten, die sie nicht aufgeben wollten, konnten von den geplanten 56 Häusern nur 36 realisiert werden. Man dehnte den Kreis der möglichen Bewerber auch auf solche aus der Umgebung von Marienbad, aus dem Sudetenland und sogar auf andere Heimatvertriebene aus.

Die Marienbader Siedlung liegt am Ende der Straße „Auf der Steinkaut", östlich begrenzt von der Eisenbahnlinie nach Friedrichsdorf, und lehnt sich, durchzogen von der Stift-Tepl-Straße, an den auslaufenden Fuß der Ellerhöhe. Sie umfasst 30 Reihen-Eigenheime und sechs Einzelhäuser. Je drei Stichwege führen beidseitig zu drei Reihen von Eigenheimen. Die Grundstücksgröße schwankt zwischen 160 und 200 Quadratmetern, bei den Eck- und Einzelhäusern ist sie größer.

Im Spätsommer 1955 konnten, zur großen Freude der bis dahin in schlimmer räumlicher Enge wohnenden Vertriebenen-Familien, die nach und nach fertig werdenden Eigenheime bezogen werden. Zum Einzugstermin wurden die 36 Häuser von 179 Personen bewohnt. Die Anzahl der Bewohner in den einzelnen Häusern schwankte zwischen drei und sieben. Dabei waren zwei Drittel der Häuser mit fünf bis sieben Personen, im Verhältnis zur Wohnfläche und den vorhandenen Räumen also sehr dicht belegt. Man stelle sich heute fünf bis sechs Personen in drei bis vier, zum größten Teil sehr kleinen Wohnräumen vor – ein unmöglicher Fall!

Damals aber war man glücklich, nicht nur seine eigenen vier Wände zu besitzen, sondern auch in einer Umgebung zu leben, in der die meisten Nachbarn die gleichen Wurzeln hatten.

1954

Das „Wort vom Kreuz“ steht in der Mitte

Evangelische Akademie kommt nach Arnoldshain/Eugen Ernst

Arnoldshain. Ihre Sonnenlage in 520 Metern Höhe an einem waldgeschützten Wiesenhang unterhalb des Eichwaldberges bietet ein eindrucksvolles Panorama. Der Blick reicht über das charakteristische Hochtaunusdorf Arnoldshain hinweg bis zum Großen Feldberg. An diesem herrlichen Ort wurde sie am 15. Juli 1954 eröffnet - die inzwischen international bekannte Evangelische Akademie.

Der damalige Kirchenpräsident der Evangelischen Kirche in Hessen und Nassau, Dr. D. D. Martin Niemöller begrüßte den von Dekan Arnold Menk (Wehrheim) vorgeschlagenen Standort spontan. Das war im Mai 1953. Als selbstständiger Verein war die Akademie jedoch schon am 8. März 1951 in das Vereinsregister des Amtsgerichts Frankfurt eingetragen worden. In der Satzung ist ihre Bestimmung festgelegt:

„1. Die Akademie hat den Zweck, Menschen aus allen Gruppen und Berufen zu sammeln, um Lebens- und Glaubensfragen im offenen Gespräch zu klären. Sie soll dabei die Botschaft Jesu Christi vertreten, um die durch Gottes Liebe ermöglichte Freiheit für die Menschen wirksam werden zu lassen und die Verantwortung für das persönliche und gesellschaftliche Leben zu stärken. In gleicher Weise soll sie der Kirche Probleme des Menschen bewusst machen als Hilfe für ihren Dienst.

2. Zu diesem Zweck veranstaltet die Akademie Tagungen und Lehrgänge, bei denen sie zu Gottesdiensten einlädt. Sie gibt Arbeitsmaterial und Nachrichten heraus und kann Tagungsstätten für ihre Arbeit unterhalten.“

Die Akademie-Arbeit hat Wurzeln, die in die Jugend- und Studentenarbeit des 19. Jahrhunderts zurückgehen. Näher an die Gegenwart heran reichen Vorläuferbewegungen wie die „Arbeitsgemeinschaft für eine lebendige Volkskirche“, die Reinhold von Thadden-Trieglaff 1932 in Stettin ins Leben gerufen hatte, der zugleich auch Vorsitzender der Deutschen Christlichen Studentenvereinigung (DCSV) war. In der DCSV an der Universität Gießen begegneten sich Ende der 20er Jahre Ernst zur Nieden, Hans Kallenbach, Wolfgang Sucker, Eberhard Müller, Hanns Lilje und Karl Herbert. Sie bewährten sich als erfolgreiche Partner für die Neugestaltung des Akademiewesens nach 1945.

Entscheidend für die Akademie-Gründungen in Deutschland waren die Kirchenkämpfe in der NS-Zeit gegen den „Arierparagraphen“, gegen die NS-hörigen Deutschen Christen und gegen die Allmacht und Heiligsprechung des „Führers“ und des Staates. Hinzu kam nach dem Offenlegen der furchtbaren Schrecken in den Konzentrationslagern die Einsicht in die Mitschuld der Kirche an der NS-Vergangenheit, die Niemöller sehr deutlich aussprach. In der Zeit der Verfolgung der Bekennenden Kirche hatten Helmut Thielicke und Eberhard Müller die Idee der „Evangelischen Akademien“ neu durchdacht und sie am Ende des „Dritten Reiches“ sozusagen als „geistliche Frucht des Kirchenkampfes“ vorgestellt und in Bad Boll rasch verwirklicht.

Nach dem Zusammenbruch des NS-Regimes fand Pfarrer Ernst zur Nieden in seinem Studienfreund, dem Dozenten und Pädagogen Dr. Hans Kallenbach, einen tatkräftigen Mitstreiter. Zusammen mit Wolfgang Böhme begründeten sie im Dezember 1945 die Akademiearbeit in der Landeskirche. Sie hatten im Herbst 1945 das Haus des „Knabeninstituts Dr. Lucius“ im Forsthaus bei Echzell (Wetterau) gemietet, mussten es aber 1949 wieder verlassen. Bis 1954 konnten sie vom Grafen zu Solms-Rödelheim das stattliche Schloss Assenheim übernehmen.

Mit Hilfe der hessischen Landesregierung kam es zum Bau des eigenen Hauses, zu dem der Kirchenpräsident Niemöller am 12. Oktober 1953 den Grundstein legte. Das Eröffnungsfest des Gebäudekomplexes bei Arnoldshain fand am 30. und 31. Oktober 1954 statt. Damit war die Zeit der „ambulanten Akademie“ zu Ende. Es folgten Jahre offener, kontroverser und doch geschwisterlicher Auseinandersetzung mit den Fragen der Zeit in einer immer undurchschaubarer werdenden Gesellschaft.

Politiker von hohem Rang, Pädagogen, Psychologen, Wirtschaftsfachleute, Juristen, Soziologen und Theologen mühten sich fortan um die Fragen der gesellschaftsbestimmenden Kräfte und Mächte, die Überwindung der Ost-West- und Nord-Süd-Gegensätze und um die Randgruppen und ihre Integration. Recht

An der Evangelischen Akademie wurden schon in den 50-er Jahren Fragen der Zeit kontrovers diskutiert.

und Gerechtigkeit, die Bewahrung der Schöpfung, ökumenisches Verstehen und Versöhnen waren weitere wichtige Aufgaben. Man förderte den christlich-jüdischen Dialog und nahm Stellung zu konfessionellen Streitfragen, zu Fragen der künftigen Arbeitswelt und zu den neuen Sozialproblemen. Chancen und Gefahren der Informations- und Freizeitgesellschaft, High-Tech und Arbeitslosigkeit, Kultur und Kunst bleiben ständig auf der Tagesordnung.

Heute ist die Akademie nur noch Ausrichter der satzungsgerechten Tagungen. Die Gebäude, die bei der Erweiterung 1983/84 entstanden, gehören der Landeskirche, die hier ihre Fortbildungsseminare für Pfarrer durchführt. Die baulich deutlich hervortretende Kapelle weist auf das Zentrum der hier geleisteten Arbeit hin, auf Gottes Wort, das in die Welt heute und morgen hineinwirken soll, um sie menschenwürdiger zu gestalten. Heinz Bergner, der langjährige Vorsitzende der Konvente, sieht in der Akademie-Arbeit ein bedingungsloses Raumgeben für „Fragen und Forschen an der Not der Zeitprobleme", wobei jedermann zu Wort kommen müsse. Die Akademie versteht sich so als Hilfe zur „Diagnostik unserer gegenwärtigen Weltsituation", wobei die Mitte das „Wort vom Kreuz" bleibt und Gottesdienste und Bibel-Arbeiten als wichtige Grundlagen des Denkens und Lebens angeboten werden.

Usinger Landratsamt zieht in Neubau um

Kreis Usingen. Der Hessische Landtagspräsident Heinrich Zinnkann weilte am 22. Januar in Usingen. Anlass war die Einweihung des Neubaues des Landratsamtes für den Kreis Usingen. In seiner Einweihungsrede dankte Landrat Heinrich Müller seinem Vorgänger Dr. August Roesener, der den Bau initiiert hatte. Bei einem Rundgang durch den Alt- und Neubau des Landratsamtes wurde den Gästen die Notwendigkeit des Neubaues noch einmal vor Augen geführt.

„Haus der Länder" wird Hotel

Königstein. Am 28. Juli beschloss die Königsteiner Stadtverordnetenversammlung den Erwerb der Villa Rothschild, die als „Haus der Länder" ein Stück deutsche Geschichte geschrieben hatte, als dort das Grundgesetz ausgearbeitet wurde. Bereits am 2. August unterzeichnete die Stadt den Kaufvertrag. Der Sprecher des Besitzers, die Familie Goldschmidt-Rothschild, teilte mit, dass diese durch den günstigen Verkauf des Hauses an die Stadt ihre Verbundenheit mit Königstein ausdrücken wollte. Nach umfassenden Umbauarbeiten eröffneten am 1. Mai 1956 die Pächter Willy und Ria Keller dort das Kurhotel „Sonnenhof".

Kreis eröffnet neue Handelsschule

Usingen. Der Hessische Minister der Finanzen erteilte Ende Februar die Genehmigung, in Usingen eine Handelsschule zu eröffnen. Der Unterricht begann bereits am 1. April. Die Schule war der Kreisberufsschule angegliedert worden. Zuvor hatte der Kreis durch einen Erweiterungsbau die räumlichen Möglichkeiten dazu geschaffen. Die Errichtung einer solchen Schule war notwendig geworden,

Ein kleines Stück Afrika im Taunus

Der Opel-Zoo in Kronberg/Janine Metz

Kronberg. Sie tobten furchtlos durchs benachbarte Mammolshain, ließen sich von Spaziergängern mit Obst füttern und gaben mit ihrem Fluchtversuch jenen Recht, die es von Anfang an gewusst hatten: Exotische Tiere haben im Taunus nichts zu suchen. Glücklicherweise rückten die acht Paviane des Opel-Zoos erst im Jahr 1967 aus, zu einer Zeit, in der sich der private Tierpark in der Talsenke zwischen Kronberg und Königstein bereits etabliert hatte. Wären die unternehmungslustigen Affen zwölf Jahre zuvor stiften gegangen, hätte dies das Aus für den Kronberger Tiergarten bedeuten können.

Man schrieb das Jahr 1955, als der tierliebende Multimillionär Georg von Opel von einer seiner Afrikareisen mit außergewöhnlichen Souvenirs zurück in den Taunus kam. Nach wochenlangem Transport mit Schiff, Bahn und Lastzug landeten die drei jungen ostafrikanischen Elefanten Conti, Vauka und Opeline sowie das Flusspferd Auguste in Kronberg. Was ursprünglich als Zwischenstation vor dem Weiterverkauf der Vierbeiner an andere deutsche Zoos gedacht war, wurde zur neuen Heimat der Exoten – die von einem elektrischen Zaun umgebenen Taunuswiesen. Die Folge: Freude und Neugierde auf der einen Seite, blankes Entsetzen auf der anderen.

Um die „wilden Tiere von Kronberg" entbrannte ein fürchterlicher Streit. Auf das Landschaftsschutzgebiet berief sich die Obere Naturschutzbehörde, der Regierungspräsident in Wiesbaden argumentierte, wer wolle, habe im Frankfurter Zoo genügend Gelegenheit, wilde Tiere zu sehen. Der Kronberger Tiergarten als das Hobby eines Privatmannes sei überflüssig. Auf die Ablenkung der Autofahrer durch herumtollende Elefanten verwiesen gar die Gemeindevertreter. Die Verkehrssicherheit sei aufs höchste gefährdet, so das Argument. Stellt ein schönes Mädchen an die gleiche Stelle und die Gefahr ist nicht geringer, konterten die Anhänger der grauen Riesen.

Zu Tausenden strömten sie auf die Wiesen bei Kronberg, um durch den Zaun einen Blick auf die Dickhäuter zu erhaschen. „Für alle, die im Taunus unterwegs sind, bedeutet der Anblick der fremden Tiere eine reizende Abwechslung", schrieb die Abendpost im September 1955. „Man hatte im Gegensatz zu einem Zoobesuch immer in Kronberg so etwas wie die Vorstellung von freier Wildbahn." Und die Tierfreunde kämpften für das, was sie begeisterte. 10000 Menschen setzten sich mit ihrer Unterschrift für den außergewöhnlichen Zoo ein. Nach zwei zermürbenden Jahren fiel für Gründer Georg von Opel endlich die Entscheidung: Regierungspräsident Sachse gab grünes Licht für die Haltung der Exoten im Taunus. Das „Georg-von-Opel-Freigehege für Tierforschung", das am 10. September 1956 gegründet worden war, durfte bleiben. Allerdings unter einer Bedingung: Die Elefanten mussten von der Wiese direkt an der Straße in die Talsenke umziehen.

Und schon ging es mit dem Opel-Zoo bergauf. Das Elefantenkind Afrika wurde geboren (1966),

Zoo-Gründer Georg von Opel 1958 als Bändiger des Flusspferdes Auguste. Sie war eine der ersten Zoobewohnerinnen in Kronberg.

erstmals in einem deutschen Zoo kamen Warzenschwein-Kinder auf die Welt (1968), das Giraffenpärchen Kai und Carola bekam Nachwuchs (1967), und noch ein Ereignis machte den Opel-Zoo weltberühmt. Scheich und Siba, zwei mesopotamische Damhirsche, bezogen im Kronberger Tierpark Quartier. Für die Fachwelt eine Sensation. Schließlich galt die Tierart, bis von Opel in Persien drei Exemplare aufspürte, als ausgestorben. Nur zwei Jahre später – am 11. Juli 1960 – war die Überraschung perfekt. Das erste Jungtier wurde im Zoo geboren. Der Anfang für eine Nachzucht der seltenen Tiere war gemacht. Ein Erfolg, über den sich Georg von Opel noch freuen konnte. Die Rückführung mesopotamischer Damhirsche in ihre Heimat Vorderasien erlebte der Kronberger nicht mehr. Er starb am 14. August 1971 im Alter von nur 59 Jahren an einem Herzinfarkt.

Doch der Zoo existierte in seinem Sinne unter Leitung seines ältesten Sohnes Carlo weiter und sorgte immer wieder für Schlagzeilen. „Weißes Zebra im Opel-Zoo geboren", verkündete am 28. Mai 1975 eine Frankfurter Tageszeitung. Das kleine Zebra mit seinem schneeweißen Fell wurde als Wundertier bestaunt und begeisterte Experten. Vier Jahre später, am 23. August 1979, jubelte die Presse: „Ein Nilpferdbaby ist da. Nach 21 Jahren hat es endlich geklappt." Über die Geburt des 45 Kilogramm schweren Nachwuchses freuten sich nicht nur die Eltern Motana und Schorsch, sondern auch das gesamte Opel-Zoo-Team.

Tränen der Freude wechselten mit Tränen der Traurigkeit: Im Som-

nachdem Schulen in den Nachbarkreisen wegen Überfüllung keine Schüler aus dem Kreis Usingen mehr aufnahmen.

„Haus der Begegnung" bietet Platz für 800 Besucher

Königstein. Bei dem am 15. September eingeweihten „Haus der Begegnung" handelt es sich um einen etwa 800 Personen fassenden Saal im Albertus-Magnus-Kolleg. Die dort abgehaltenen Kongresse des Hilfswerks „Kirche in Not/Ostpriesterhilfe" machten das Haus über die deutschen Grenzen hinweg bekannt. Wiederholt fanden dort auch Bischofskonferenzen statt. Das Kolleg musste das Haus 1991 an die Stadt Königstein verkaufen, da es nicht in der Lage war, das damals denkmalgeschützte Gebäude zu sanieren.

Grippewelle: Vor allem Schüler sind betroffen

Kreis Usingen. Die „falsche" Grippe suchte im Februar die Schulen des Kreises Usingen heim. Falsche Grippe nannte sie der Volksmund, da sie nur eine Altersgruppe, in diesem Fall die Schuljugend, betraf. In Usingen griff dieser Grippevirus so schnell um sich, dass man sich veranlasst sah, eine Reihe von Schulklassen zu schließen. Doch die Epidemie war nicht von langer Dauer: Nach einer Woche öffneten die Klassen wieder, und auch der Usinger Kindermaskenball konnte wie geplant stattfinden.

Einbrecher schießen auf Polizisten

Bad Homburg. Zu einer nächtlichen Schießerei kam es in Bad Homburg in den frühen Morgenstunden des 2. Juni. Ein Beamter der Stadtpolizei bemerkte bei seinem Streifengang zwei Einbrecher, die in der Ludwigstraße 10 am Fotogeschäft „fotofreund" das Scherengitter durchschnitten. Unbeobachtet alarmierte er seine Kollegen, auf die die Ganoven sofort das Feuer eröffneten. Von den insgesamt 30 abgegebenen Schüssen stammten 18 aus Polizeipistolen; der 39 Jahre alte Polizist Friedel Weilbacher erlitt einen Unterschenkeldurchschuss, einer der Einbrecher erlag einige Stunden später im Kreiskrankenhaus seinen Verletzungen, der andere wurde ins Gefängniskrankenhaus abtransportiert. Durch Anregung und Vermittlung von Oberbürgermeister Karl Horn wurde der Polizeibeamte im Krankenhaus auf Kosten der Stadt als Privatpatient behandelt.

Eine neue Straße

Friedrichsthal. Am 9. Januar gab Bürgermeister Lauer den Verkehr auf der neuen Straße, die von der Kransberger Herrenmühle nach Friedrichsthal führt, frei. Eine lange Wagenkolonne mit Ehrengästen und festlich geschmückte Bauernwagen waren die ersten Verkehrsteilnehmer, die über die neue Straße rollten.

mer 1980 starb Flusspferd Georg, genannt Schorsch, an einer Darmverschlingung, verursacht durch einen ins Gehege geworfenen Fremdkörper, vermutlich einen Regenschirm. Im Alter von 41 Jahren schloss auch Opeline, einer der Elefanten, die schon 1955 über die Taunuswiese getollt waren, für immer ihre Augen. Mit dem Tod der ältesten Bewohnerin des Zoos ging ein Teil der Geschichte des Tierparks verloren. Und noch einmal erreichte eine Hiobsbotschaft die Besucher: Im Frühjahr 1996 ging Flusspferd Schorschi zu Grunde. Ursache war ein Tennisball. Die Filzkugel, die ein Besucher in das Maul des Dickhäuters geworfen hatte, verstopfte den Darm.

Heute, 44 Jahre nach Gründung des Freigeheges, zählt der Zoo mehr als 1000 Tiere, die 200 verschiedenen Arten angehören. Ruhe ist im Zoo, dem heute der jüngste Sohn des Gründers, Gregor von Opel, vorsteht, noch immer nicht eingekehrt. Die Ziele sind hoch gesteckt, das Zauberwort heißt „Zoo-Vision“.

Als „wichtigsten Schritt des Freigeheges seit den Gründerjahren“ bezeichnet Gregor von Opel das Vorhaben, das zwischen 20 und 25 Millionen Mark kosten wird. Ziel ist es, sich auf die Pflege von Tieren der drei Kontinente Afrika, Asien und Europa zu konzentrieren. Für einige Bewohner des Kronberger Zoos wie Nandus, Gibbons, Emus und Kängurus heißt es dann Abschiednehmen. Sie machen Neubürgern Platz, die besser in das „Erdteilkonzept“ passen.

So werden in zehn bis fünfzehn Jahren Tiger, Nashörner, Bären, Tapire, Wölfe und Geparden das 25 Hektar große Areal am Stadtrand bevölkern.

Die ersten drei ostafrikanischen Elefanten Opeline, Conti und Vauka tollten im Jahr 1955 auf der Wiese zur Bundesstraße mit anderen Tieren herum, umgeben von einem Elektrozaun. Nach Protesten von Behörden – unter anderem hieß es, die Dickhäuter würden die Autofahrer ablenken – wurde das Gehege in die Talsohle verlegt.

„Die Aufrüstung der Dörfer"

Laubach und Mammolshain erhalten die ersten Dorfgemeinschaftshäuser im Taunus/Eugen Ernst

Taunus. Die beiden ersten Dorfgemeinschaftshäuser (DGH) im heutigen Hochtaunuskreis wurden Mitte der 50er Jahre gebaut: 1955 in Laubach und 1956 in Mammolshain. Unter Ministerpräsident Georg August Zinn hatte das Land Hessen seit 1952 das Programm der „Sozialen Aufrüstung des Dorfes" konsequent entwickelt. Dabei sollten möglichst wertgleiche Verhältnisse zwischen Stadt und Land angestrebt werden. Dazu wurden Dorfgemeinschaftshäuser, Mehrzweckhallen und in größeren Gemeinwesen Bürgerhäuser in das Aufbauprogramm hineingenommen. Gerade in den kleinen Dörfern fehlte es damals weithin an Saalflächen.

Um das Programm in Gang zu setzen, hat das Land Hessen Mittel aus dem Landeshaushalt als Zuschuss zur Verfügung gestellt. Zwar wurde die lokale Finanzsituation bei der Bemessung der Landesbeihilfen berücksichtigt, doch kann im Allgemeinen gesagt werden, dass bis zu 50 Prozent der Baukosten aus dem Staatshaushalt geflossen sind. Das Land hat von Anfang an betont, dass hier keine Paläste zu errichten seien, sondern Zweckbauten.

Bei den Bürgerhäusern und Mehrzweckhallen ging es vor allem darum, Raum für Turnen, Sport und Spiel sowie für kulturelle und gesellschaftliche Großveranstaltungen zu schaffen. In den Dorfgemeinschaftshäusern sollten Räumlichkeiten geboten werden, in denen sich Säle, Gemeinschaftswaschanlagen, Keltereien, Gefriereinrichtungen, Schlachthäuser, Volksbüchereien, ja sogar Kindergärten, Mütterberatungsstellen und in manchen Fällen sogar das Bürgermeisteramt samt Standesamt oder das Gerätehaus für die Feuerwehr unterbringen ließen. Das Raumprogramm wurde nach den jeweiligen örtlichen Bedürfnissen gestaltet.

Der damalige Bürgermeister von Laubach stammte nicht aus der Hintertaunusgemeinde. Heinrich Nuhn war als Offizier durch die Kriegsereignisse nach Laubach verschlagen worden. Er hatte hier geheiratet, aber auch Verantwortung für die Gemeinde übernommen. Sehr früh erkannte er die Vorteile der „Sozialen Aufrüstung des Dorfes" und konnte die Gemeindevertretung in Laubach davon überzeugen. Mit dem Feuerwehrauto fuhr eine Abordnung nach Rechtenbach, um das dort bereits betriebene Dorfgemeinschaftshaus anzusehen. In Laubach fehlte vor allem ein großer Gemeinschaftsraum, um Feiern unabhängig vom Wetter zu veranstalten.

Man fand ein Baugrundstück, bei dem schon die Baugrube ausgehoben war. Der Besitzer hatte es wegen seines Ortswechsels zum Kauf angeboten. Das Genehmigungsverfahren für den Bau des Dorfgemeinschaftshauses wurde von dem Bürgermeister dadurch beschleunigt, dass er sehr rasch ein Finanzierungskonzept vorlegen konnte. Aus dem Gemeindewald stand unvorhergesehen durch einen Windwurf im Buchenbestand Geld zur Verfügung. Die Baufirma Alfred

Eine Amtskette aus 20 Gliedern

Bad Homburg. Seit dem 18. Oktober können sich Bad Homburgs Stadtoberhäupter mit einer Amtskette als Zeichen ihrer Würde und Verantwortung schmücken. Die Gewerbetreibenden der Stadt stifteten diese 1060 Gramm schwere Kette, deren 20 in Metall gearbeitete Glieder alle Stadtteile mit ihren Wappen zeigen. Vorne in der Mitte ist das Homburger Wappen angebracht und als Gegenstück hinten die Stadtsilhouette, wie sie sich damals vor dem Bau der Hochhäuser darbot. Vier Glieder symbolisieren die hauptsächlichen Gewerbe- und Berufssparten der Kurstadt: Handwerk, Industrie, Kur mit Ärzteschaft und Rechtspflege. Der Wappenanhänger am vorderen Kettenglied erinnert an die damalige Patenstadt Marienbad; der hessische Löwe ist zwei Mal vertreten. Als erster trug Oberbürgermeister Karl Horn diese Amtskette, die nur bei besonderen offiziellen Anlässen angelegt, meist aber an sicherer Stelle im Rathaus aufbewahrt wird.

Kältewelle und kein Gas in der Kurstadt

Bad Homburg. Eine außergewöhnliche Kältewelle führte in Bad Homburg am 1. Februar einen Tag lang zum Ausfall der Gasversorgung. Der Grund hierfür lag beim Hauptlieferanten, der Ruhrgas AG, die ihre Gaslieferung einstellen musste, da die Kokereien im Ruhrgebiet buchstäblich einfroren. Die Stadtwerke konnten den Ausfall nicht sofort ausgleichen.

Bürger gründen Kulturgesellschaft

Königstein. Am 20. Juni luden interessierte Bürger zu einem Diskussionsabend über den Königsteiner Kulturbetrieb ein, an dessen Ende die Gründung der Kulturgesellschaft stand. Zum vorläufigen Vorsitzenden wurde Thomas

Huth gewählt und die künstlerische Leitung Marga Reith-Ernst übertragen. Bis zum 26. Juni sollen der Gesellschaft bereits 50 Mitglieder beigetreten sein.

Verlagschefin stirbt mit 77 Jahren

Königstein. Im Alter von 77 Jahren verstarb am 15. April Stefanie Langewiesche. Sie leitete den Verlag Langewiesche nach dem Tod ihres Mannes Karl Robert über viele Jahre hinweg. Der 1902 gegründete Buchverlag siedelte 1913/14 nach Königstein über. Berühmt wurde er durch seine „Blauen Bücher" und die „L-Bücherei". Vertragsplanung, Bildredaktion und künstlerische Gestaltung „ihrer" Bücher waren Stefanie Langewiesches Spezialgebiete.

Friedrichsdorf trauert um Wilhelm Gruner

Friedrichsdorf. Am 12. März verstarb der Lehrer, Chronist und Friedrichsdorfer Ehrenbürger Wilhelm Gruner im Alter von 91 Jahren. Der gebürtige Köpperner unterrichtete 37 Jahre lang am Friedrichsdorfer Institut Garnier. Nebenberuflich widmete er sich der Heimatpflege. Eine der wenigen Forschungen, die er veröffentlichte, war eine Untersuchung über die Friedrichsdorfer Flora, die er zusammen mit seinen Schülern durchgeführt hatte. Etwa 80 handgeschriebene Hefte zur Chronik Friedrichsdorfs zeugen von seiner regen Sammeltätigkeit.

Schwimmer erhalten zwei neue Bäder

Kreis Usingen. Mit einem dreitägigen Fest vom 9. bis 11. Juni weihte die Gemeinde Anspach ihr neues Schwimmbad ein. Drei Jahre zuvor hatte die Gesundheitsbehörde das alte Schwimmbad schließen lassen.

Glück mit dem Wetter hatten die Wehrheimer bei der Eröffnung

Rühl aus Naunstadt zeigte sich kulant und stellte viele freiwillig Mitarbeitende aus der Gemeinde als Fach- und Hilfsarbeiter bei dem Bauvorhaben ein.

Im Frühjahr 1955 wurde mit dem Werk begonnen, und schon im Dezember des gleichen Jahres konnte die Einweihung gefeiert werden. Zentraler Raum im neuen Dorfgemeinschaftshaus war ein Saal, dessen Fernsehgerät am Anfang das einzige im Dorf war und viele Bewohner anlockte. Vor allem die Laubacher Hausfrauen waren damals sehr stolz auf die Waschanlage und die Heißmangel, was sie von der mühevollen Arbeit des Einweichen und Bürstens der Wäsche – im Sommer im Hof, im Winter meist in den Ställen – befreite. Viele verfügten damals nicht über Waschküchen, geschweige denn über Waschmaschinen. Zudem leisteten die jetzt auch vorhandenen Gefrierfächer vorzügliche Dienste. Immerhin existierten in Laubach damals noch zirka 40 Landwirte, die auf ihre Hausschlachtung angewiesen waren.

Die Gemeinde Mammolshain hat 1956 ebenfalls eine beachtliche Bauleistung vollbracht. Das Dorfgemeinschaftshaus, das am 14. April 1956 begonnen worden war, konnte sie schon am Ende des Jahres in Besitz nehmen. War die Grundsteinle-

Das Dorfgemeinschaftshaus in Mammolshain wurde 1956 als erste derartige Einrichtung im damaligen Obertaunuskreis eingeweiht.

gung im April 1956 ein düsterer Tag in strömendem Regen, so war der Tag der Eröffnung des Dorfgemeinschaftshauses am 15. Oktober 1956 ein wetterbegünstigtes großes Ereignis für die Dorfbewohner. Der hessische Staatsminister des Inneren, Heinrich Schneider, ließ es sich nicht nehmen, selbst die Grußworte zu sprechen. Es war ein feierlicher Augenblick, als der damalige Bürgermeister Hans Pfaff die Schlüssel des Hauses übernahm.

Bei der Feier wirkten alle Ortsvereine auf ihre Weise mit. Sie nahmen das Haus vom ersten Tage an – wie es auch gedacht war – in ihre gesellschaftliche Nutzung. Von den Baukosten in Höhe von rund 160 000 Mark hatte das Land Hessen die Hälfte übernommen. Viele Einwohner Mammolshains erbrachten zudem Eigenleistungen, zum Beispiel den Abbruch eines alten Gebäudes auf dem Bauplatz des Dorfgemeinschaftshauses und den Erdaushub. In dem neuen Gemeinschaftshaus wurden im Untergeschoss Wannen- und Duschbäder sowie die Wäscherei und Mosterei untergebracht. Im Erdgeschoss entstand der große Gemeinschaftsraum mit Küche, im Obergeschoss ein Jugendraum und die Hausmeisterwohnung.

Der Bau des Dorfgemeinschaftshauses hat 1956 in Mammolshain auch die Voraussetzungen geschaffen, dass die Räume der Gemeindeverwaltung, die bis dahin in der Schule untergebracht waren, in das neue Gebäude verlagert werden konnten. Damit war auch in der Schule die Raumnot behoben.

Das Dorfgemeinschaftshaus bot fortan Platz für private Feiern, Gemeinderatssitzungen, öffentliche Wahlen und Vereinsaktivitäten. Besonders die Wäscherei erfreute sich eines großen Zuspruchs, die Kelterei wird heute noch gern in Anspruch genommen.

Bereits 1955 hatte Laubach als erste Hintertaunus-Gemeinde sein Dorfgemeinschaftshaus eröffnet. Zur Feier gab's Blumen für Landrat Heinrich Müller.

ihres Schwimmbads. Strahlender Sonnenschein begleitete den Festzug zur Badeanstalt. Im Kreis Usingen kam nunmehr auf 4000 Einwohner ein Schwimmbad.

Amalie Lehmann siegt beim Melkwettbewerb

Gemünden. Amalie Lehmann aus Gemünden ging aus dem Landesmelkwettbewerb in Idstein am 25. und 26. März als Siegerin hervor. Aus fünf Tierzuchtamtsbezirken nahmen jeweils drei Teilnehmer, die sich zuvor in Bezirkswettbewerben qualifiziert hatten, an dem von der Land- und Forstwirtschaftskammer Hessen ausgerichteten Wettbewerb teil. Jeder Melker hatte morgens und abends eine zuvor geschätzte „gute" und eine „schlechte" Kuh zu melken.

Neues Schülerheim in der Hattsteiner Allee

Usingen. Der Neubau des Schülerheims der Inneren Mission an der Hattsteiner Allee löste das 1927 eingeweihte Schülerheim am Schlossplatz ab. Landesbischof Kortheuer i. R. betonte in seiner Ansprache, dass die Jugend heute die Freiheit als höchstes Gut betrachte. Die wahre Freiheit könne sich aber nur in einem gefestigten Charakter entfalten. Dazu beizutragen solle Aufgabe des Schülerheims sein. Im Schülerheim waren vor allem Schüler der Christian-Wirth-Schule untergebracht.

Fürstenhochzeit im Schloss

Kronberg. Am 1. August heiratete Prinzessin Christina von Hessen Prinz Andrej von Jugoslawien. Er war der jüngste Bruder des ehemaligen jugoslawischen Königs Peter. Der standesamtlichen Trauung folgte am 2. August die kirchliche Hochzeit in der Bibliothek des Schlosses Friedrichshof. Mit der Eheschließung nahm Prinzessin Christina den orthodoxen Glauben an.

Kreisaltersheim wird eingeweiht

Bad Homburg. Zu fühl- und sichtbaren Verbesserungen für die Bewohner führte der Neubau des Kreisaltersheimes in der Waisenhausstraße, der am 18. Oktober eingeweiht werden konnte. Vorausgegangen war die Errichtung eines zusätzlichen, mit seinen fünf Stockwerken den Bau von 1742 überragenden Hauses. Baufälligkeit und Schwamm hatten zum Abriss der historischen Substanz entlang der Straße und zum Neubau an seiner Stelle geführt. Eine Million Mark gab der Obertaunuskreis dafür aus und konnte dafür 84 Bewohner in Ein- und Zweibettzimmern sowie 12 Personen auf einer Pflegestation aufnehmen. Trotz der dichteren Bebauung des Grundstücks blieb ein Teil des ehemaligen Gartens mit einigen Bäumen erhalten.

„Alt Homburg" will Heimatgefühl erhalten

Bad Homburg. Am 21. März schlossen sich etwa 100 Frauen und Männer in ihrem Stammlokal „Zur Aula" in der Obergasse 1 zum Gemeinschaftskreis „Alt Homburg" zusammen. Zuvor hatten sie sich, unterteilt in entsprechende Jahrgangsgruppen, seit Monaten regelmäßig getroffen. Das Emblem des neuen Vereins war der Weiße Turm, der auch auf dem Titelblatt der im Dezember 1957 erstmals herausgegebenen Zeitschrift „Alt Homburg" erschien. Neben dem geselligen Beisammensein und Busfahrten in die weitere Umgebung blieb das Ziel dieser Vereinigung der Erhalt des Heimatgefühls und die Weckung des Geschichtsbewusstseins.

Am Kolbenberg entsteht eine Radarstation

Taunus. Die Bauarbeiten auf dem Kolbenberg, nahe dem Sandpla-

Ein Haus rollt über Schienen

Die Alternative zu Abriss und Wiederaufbau in Bad Homburg/Gerta Walsh

Bad Homburg. Im April des Jahres 1957 ging der Name Bad Homburgs durch die deutsche Pressewelt, denn hier spielte sich ein ungewöhnliches Vorhaben ab: die Verschiebung eines zweigeschossigen Wohnhauses. Die Heinrich-von-Kleist-Straße war der Ort des Geschehens und das Ziel neugieriger Zuschauer, denn solch ein spektakuläres Unterfangen wollte man sich nicht entgehen lassen. Nachträglich liest sich alles einfach und logisch. Aber vor 42 Jahren betrat man in Deutschland mit diesem technischen Wagnis Neuland und konnte sich nur auf Erfahrungen in Nordamerika stützen.

Eine Seilwinde zog das 450 Tonnen schwere Haus zu seinem neuen Standort. Der „Umzug" dauerte vier Tage und war am 18. April 1957 beendet.

Bevor das Gebäude in Bewegung gebracht werden konnte, musste es auf Stahlrollen gesetzt werden.

Der Unternehmer Dr. Herbert Quandt hatte 1951 vom ehemaligen Geschäftsführer der P. I. V. das ein Jahr zuvor entstandene Haus Nr. 12 erworben und bezogen, jedoch später auf demselben Grundstück auf einer kleinen Anhöhe einen Bungalow erbaut. Nun störte das erste Haus und verdeckte die Aussicht zur Stadt und zum Taunus. Was man heute wahrscheinlich durch den Abriss beheben würde, kam damals in Anbetracht der Wohnungsnot nicht in Frage, also musste das Haus auf andere Weise entfernt werden.

Herbert Quandt holte Anfang Januar Angebote der Bauunternehmen Weyss und Freitag, der Philipp Holzmann AG und der Siemens-Bauunion ein, die sich alle zutrauten, das Haus um die geforderten 62 Meter parallel zur Kleiststraße zu verschieben und dazu noch um 23 Grad zu drehen. Den Zuschlag erhielt die Siemens-Bauunion, und sie begann ihre vorbereitenden Arbeiten am 15. Februar.

Das massive Ziegelgebäude mit einem Grundriss von 12,50x9,20 Metern und einem Gewicht von 450 Tonnen wurde unterhalb der Kellerdecke mit stabilen Stahlträgern unterfangen. Es ruhte nun auf diesen Stahlträgern und einer zusätzlichen Holzkonstruktion und schwebte nach dem Herausbrechen der Kellergeschosswände scheinbar frei im Raum. In der nächsten Phase legten die Arbeiter anstelle dieser Wände einen Rahmen von Stahlbetonträgern an, die am Ende als Kellergeschoss

cken, beunruhigten die Bevölkerung des Taunus sehr. Der Bau inmitten eines Landschaftsschutzgebietes gab Anlass zu allerlei Spekulationen. Es gab sogar Gerüchte, die von „Abschussstellen für Atomraketen" sprachen. In einer Erklärung des Kreisbauamtes vom März wurde der Sachverhalt dargelegt: Im Januar 1957 erhielt das Kreisbauamt durch eine Verfügung die Anweisung des Regierungspräsidenten in Wiesbaden, eine Baugenehmigung für den Bau einer Radarstation zur Flugsicherung zu erteilen. Nähere Einzelheiten waren dem Amt nicht mitgeteilt worden.

Trauer um Usinger Heimatforscher

Usingen. Dr. Wilhelm Martin Dienstbach, der „Nestor der Heimatpflege" im Usinger Land, verstarb am 29. April in seiner Heimatstadt. Der am 12. Juli 1873 in Usingen geborene Dienstbach war seit 1908 Direktor an der Frankfurter Rudolfsschule. Dort gründete er den „Verein der Usinger in Frankfurt". Nach seiner Pensionierung kehrte er nach Usingen zurück und widmete sich der Heimatforschung. Der Kreis Usingen ernannte ihn zum Kreisbeauftragten für Naturschutz und Heimatpflege. Er war maßgeblich an der Erweiterung des Heimatmuseums und des Wilhelmj-Archivs beteiligt. An seinem 80. Geburtstag ernannte die Stadt Usingen Dienstbach zum Ehrenbürger. Das Land Hessen verlieh ihm in Anerkennung seiner Verdienste die Goetheplakette. Heute erinnert noch eine Straße in Usingen an den bedeutenden Sohn der Stadt.

Grippewelle erfasst das Taunusgebiet

Taunus. Seit Anfang September grassierte eine Grippewelle im gesamten Taunusgebiet. Den Höhepunkt erreichte die Epidemie

Anfang Oktober. Zu diesem Zeitpunkt waren mehr als elf Prozent der Versicherten der Allgemeinen Ortskrankenkasse krank geschrieben.

Papst ernennt Pfarrer zum Geheimkämmerer

Seelenberg. Am 3. August erhielt Pfarrer Josef Putzer aus Seelenberg die Ernennungsurkunde zum Päpstlichen Geheimkämmerer. Damit verbunden war der Titel Monsignore. Monsignore Putzer wurde 1912 im Sudetenland geboren. Nach seiner Vertreibung übernahm er die seelsorgerische Betreuung der Heimatvertriebenen im Bistum Limburg. Er initiierte die jährliche Wallfahrt der Heimatvertriebenen zur renovierten Seelenberger Wallfahrtskirche. Seit 1954 gehörte Putzer dem Landesbeirat für Vertriebene und Flüchtlinge in Hessen an. Die Seelenberger bereiteten ihrem Pfarrer einen festlichen Empfang, als er mit der verliehenen Auszeichnung aus Limburg zurückkehrte.

Friedrich Stampfer stirbt im Dezember

Kronberg. Mit Friedrich Stampfer verstarb am 1. Dezember in Kronberg im Alter von 87 Jahren einer der bedeutendsten Sozialdemokraten der Weimarer Republik. Von 1920 bis 1933 war Stampfer Mitglied des Reichstages gewesen. Bereits vier Jahre zuvor hatte er die Aufgabe des Chefredakteurs der sozialdemokratischen Zeitschrift „Vorwärts" übernommen. In seiner Eigenschaft als Journalist verfasste er unter anderem Reden für Friedrich Ebert. Nach achtjähriger Emigration ließ sich Stampfer 1948 in Kronberg nieder. Bei der Trauerfeier hielt Erich Ollenhauer die Grabrede, Bundespräsident Theodor Heuß und der Hessische Ministerpräsident August Zinn hatten Kränze geschickt.

verbleiben würden, aus dem man dann Türen und Fenster herausbrechen musste.

Wichtig war das Anbringen von 22 Wälzwagen unter diesen Trägerrost, auf denen später das ganze Haus ruhen sollte. Auf vollkommen glatten Beton-Gleitschienen, die auf dem Verschiebeweg in die Erde versenkt und mit zehn Millimeter dicken Stahlplatten zur Verminderung des Reibungswiderstandes verstärkt waren, sollte das Gebäude bewegt werden. Diese Wälzwagen waren 40 Zentimeter lange Stahlgebilde mit geriffelter Auflagefläche und einer Rollenraupe, die einen Druck von 100 Tonnen aushielt.

Nachdem die Leitungen zum Versorgungsnetz gekappt und der Wintergarten abgebrochen war (Wasserhähne und Lampen verblieben an ihrem Platz), konnte die Bewegung des leeren Hauses beginnen. Dieser große Tag war der 14. April. Der neue Keller und das dortige Fundament standen bereit, zwei Poliere der Baufirma bezogen im ersten Stock des Gebäudes ihre Kontrollposten, dann hoben Hydraulikpressen das Haus an und brachten es in leichte Bewegung, die sofort von starken Stahltrossen an der Stirnseite aufgenommen und fortgesetzt wurde. Zentimeter um Zentimeter bewegte sich das Haus auf seinen neuen Standort zu, wurde auf den vorbereiteten Keller gezogen, dort mit Pressen angehoben und nach der Entfernung der Gleitrollen aufgesetzt.

Die Versetzung dauerte vier Tage und verlief genauso, wie es vorausberechnet war. Am Donnerstag, dem 18. April 1957 um 18.30 Uhr war das Werk beendet. In den Betonrahmen kamen jetzt Kellerfenster; zum Schluss wurde der Wintergarten wieder angefügt, die Leitungen angeschlossen und die Außenanlagen hergerichtet. Zwischen den Grundarbeiten für die Verschiebung und der Wiedereinrichtung des Hauses lagen nur sechs Monate – eine Zeit, die für den herkömmlichen Abriss und Aufbau eines Gebäudes nicht ausgereicht hätte.

Über die Sensation hinaus bedeutete die Verschiebung einen beachtlichen technischen Fortschritt und führte bei Städteplanern zu Diskussionen darüber, ob man nicht im Wege stehende Gebäude in Zukunft nach der selben Methode wie in Bad Homburg einfach verrücken könne. Herbert Quandt verkaufte übrigens das verschobene Haus später an den Ingenieur, der dieses so viel Aufhebens verursachte Geschehen geleitet hatte.

Der Bauer wird zum Aussiedler

Strukturwandel in der Landwirtschaft/Eugen Ernst

Taunus. Der Landwirt als Aussiedler – was heute fester Bestandteil der Taunus-Landschaft ist, nahm seinen Anfang in den 50er Jahren. Wenn man verstehen will, wann und warum sich eine ganz neue Siedlungsschicht – nämlich die der bäuerlichen Einzelhöfe – über unsere Region gelegt hat, dann muss man einen Blick auf die damaligen Verhältnisse werfen.

1958 war das Jahr des sichtbaren Beginns der Verlegung von Bauernhöfen aus den meist engen Dörfern in die Flur. Dieser Prozess hielt rund 20 Jahre an, ehe sich erneut große Veränderungen in der Landwirtschaft abzeichneten und auch die Aussiedlung in die hofnahen Wirtschaftsflächen keine Lösung der Probleme bewirkte.

Bis etwa 1955 gab es in ganz Hessen kaum Einzelhöfe im Gegensatz zu dem niederdeutschen Raum. Lediglich Mühlen lagen in den Bachtälern meist hinter hohen Bäumen versteckt, und nur wenige Gutshöfe konnten eine landschaftsprägende Wirkung erzeugen. Allein im heutigen Hochtaunuskreis wurden von 1958 bis Anfang der 80er Jahre 84 neue Bauernhöfe meist in gemarkungsferner Lage errichtet.

Dieser Aussiedlungswelle aus unseren verwinkelten „Haufendörfern" ging seit 1950 ein rascher und tief greifender Wandel der Agrarstruktur voraus. Bis 1950 herrschte in ganz Hessen der bäuerliche Kleinbetrieb (unter 5 ha) vor. Das war vor allem das Ergebnis der fränkischen Erbsitte der Realteilung, die nicht nur die Besitzgrößen immer wieder verkleinerte, sondern auch die Flurstücke in schmale „Handtuchstreifen" teilte – ja sogar vor Haus und

Der „Lindenhof" der Familie Wörner war einer der ersten Aussiedlerhöfe im Kreisgebiet. Das Anwesen liegt an der Gemarkungsgrenze zwischen Wehrheim und Neu-Anspach und wurde im Jahr 1958 bezogen.

Umgehungsstraße wird eingeweiht

Dornholzhausen. Die Arbeiten an der Umgehungsstraße für Dornholzhausen waren am 24. Oktober abgeschlossen. Hatte sich bis dahin der Verkehr zur Saalburg durch die enge Hauptstraße (heute Dornholzhäuser Straße) gezwängt und die Bewohner belästigt, so war dieses Problem nunmehr beseitigt. Die neue Straßenführung zweigte von der Saalburgstraße am Ortseingang ab und traf an der Karlsbrücke auf die alte Saalburgchaussee. Die Bauarbeiten an dem Projekt, eines der vordringlichsten des Obertaunuskreises, dauerten etwa ein Jahr lang. Die neue Fahrbahn hatte eine Breite von 7,50 Metern.

Erste katholische Kirche in Seulberg

Seulberg. Mit viel Eigeninitiative errichteten die Seulberger Katholiken in den Jahren 1958 und 1959 ihr erstes eigenes Gotteshaus. Am 27. Juli 1958 wurde der erste Spatenstich auf dem von der Gemeinde erworbenen Grundstück in den Dornäckern vorgenommen. Das Richtfest fand bereits am 22. November statt. Die Einweihung der St. Marien-Kirche wurde am 23. August 1959 von Domdekan Engelbert Löhr aus Limburg vorgenommen. Die Kirche wurde bis April 1993 genutzt, dann siedelte die Gemeinde in das neue katholische Gemeindezentrum in der Ostpreußenstraße um.

Kardinal von Peking kommt in den Taunus

Obertaunus. Der 67-jährige Kardinal von Peking, Thomas Tien Ken-shin, der seit seiner Vertreibung durch die Chinesen im Jahr 1951 in den USA lebte, besuchte am 23. Februar für einige Tage das „Haus der Begegnung" in Königstein. Auf seiner Deutschlandreise hielt er Predigten und Vorträge, in denen er über die kirchliche Situation in China und seine Vertreibung berichtete. Am 25. Februar fand eine solche Predigt in der Königsteiner St. Marien-Kirche und am 2. März in Bad Homburg statt. Ein Dolmetscher übersetzte für die zahlreichen Zuhörer.

Bürgermeister greift zum Spaten

Kronberg. Das schwerste Unwetter seit Jahrzehnten suchte am 14. Mai Kronberg heim. Am nächsten Tag konnte man Bürgermeister Dr. Günther Jacobi und einige Magistratsmitglieder beobachten, wie sie mit Hacke und Spaten bewaffnet die Reihen der Freiwilligen verstärkten, die die teilweise einen Meter hohen Geröll- und Sandmassen auf den Straßen abtrugen. Gleichzeitig erließ Jacobi einen Aufruf im Kronberger Anzeiger, dass die Bürger kleinere Unwetterschäden an Wegen und Straßen selbst ausbessern sollten, da die städtischen Arbeiter über Wochen hinaus mit der Beseitigung größerer Schäden beschäftigt seien.

Ein Dorf mit nur einem Steuerzahler

Riedelbach. Die im August veröffentliche Hessische Gemeindestatistik nannte Riedelbach als den Ort mit dem geringsten Gemeindesteueraufkommen in Hessen. Im Durchschnitt überwiesen die Riedelbacher 12 Pfennig Gemeindesteuer. Das Dorf hatte lediglich einen Steuerzahler: ein Wanderkino, das einmal wöchentlich einen Film vorführte. Dafür zahlte es eine monatliche Pauschale von fünf Mark in die Gemeindekasse. Trotz des niedrigen Steueraufkommens besaß Riedelbach eine der modernsten Schulen im Kreis Usingen und ein neues Rathaus. Der Gemeindewald machte es möglich.

Hof nicht Halt machte. Um das Jahr 1950 gab es in Hessen noch rund 64 000 solcher Kleinbetriebe, die aber keine „Ackernahrung" erreichten. Das heißt: Sie konnten keine Familie ernähren. 1994 war diese Zahl auf 4500 geschrumpft.

Was war da vor sich gegangen? Nach der Währungsreform 1948 verursachte das so genannte „Wirtschaftswunder" eine Vielzahl neuer attraktiver Arbeitsplätze im produzierenden Gewerbe und im Dienstleistungsbereich. Hier wurde mehr Geld verdient, hier gab es Aufstiegschancen und eine geregelte Arbeitszeit, hier wurden ein freies Wochenende und Urlaub angeboten - und eine soziale Absicherung (Rente, Unfall- und Krankenkasse) dazu.

Das veranlasste viele Kleinlandwirte – jedenfalls ihre Söhne – auf die mühsame, wenig einträgliche Arbeit rund um „Tag und Jahr" zu verzichten und in andere Branchen abzuwandern, wo ein höherer Lebensstandard garantiert war. Außerdem konnte man durch Verkauf von Grundstücken den Bau eines Eigenheimes, die Anschaffung von Autos oder einer modernen Wohnungseinrichtung finanzieren.

So ist es nicht verwunderlich, wenn 1970 von den 1950 noch 2858 Kleinbetrieben (bis zu 5ha) im heutigen Kreisgebiet (damals Usingen und Obertaunus) noch 575 übrig geblieben waren. Auch die Zahl der Bauernhöfe von 5 bis 20 ha Größe war von 1118 (1950) bis 1970 auf 594 gesunken.

Als die Agrarstrukturverbesserung unter dem verdienstvollen Minister Dr. Tassilo Tröscher in Hessen 1955/56 mit der Beispielsmaßnahme Trendelburg eingeleitet wurde, kalkulierte man mit einem Einpendeln der Betriebsgröße auf rund 20 ha. Dass sich die Entwicklung jedoch dabei nicht aufhalten ließ, musste man schon 1970 erkennen. Die Betriebe über 20 ha stiegen in unserem Kreisgebiet von 27 Höfen 1950 auf 254 im Jahr 1970 an.

Dem großen Verlust von Bauernhöfen stand die deutliche Vergrößerung der verbliebenen Restbetriebe gegenüber. Dieser Expansion waren die Bergeräume in Scheunen und Stallungen in den noch aktiven Höfen in den Dörfern meist nicht gewachsen. Nur in wenigen Fällen konnten Nachbarhöfe zur „Althofsanierung" erworben werden, da sie von ihren Besitzern zu Wohn- und Gewerbezwecken umfunktioniert wurden.

Da boten die Aussiedlerhöfe existenziell entscheidende Vorteile: bessere Wartung des Weideviehs, rationellerer Einsatz der Ackergeräte bei möglichst arrondierter Wirtschaftsfläche, keine unnötigen Transportleistungen, fristgerechtere Düngung in Abhängigkeit vom Wetter, moderne maschinelle Einrichtung in den Ställen und Vergrößerung der Gebäudekomplexe nach Bedarf. Insgesamt wurde eine Steigerung der Roherträge bis zu 50 Prozent errechnet. In den engen Gassen im Dorf hätte man die neuen Großgeräte überhaupt nicht manövrieren können.

Im heutigen Hochtaunuskreis verließen die meisten Landwirte den Dorfverband, um eine Einheit von Wirtschafts- und Siedlungsfläche anzustreben. Der mit der Aussiedlung einhergehende Verlust der Nachbarschaft und der Dorfgemeinschaft hat sich dank zunehmender Mobilisierung als unbegründete Befürchtung erwiesen. Inzwischen hat der Druck der weltwirtschaftlichen Einflüsse die Einkommenslage der Bauern weiter verschlechtert. Die Zukunft der Aussiedlerhöfe in der Größenordnung von 20 ha ist nicht mehr gesichert. Es bleibt nur der große Sprung zum 80- bis 100-ha-Betrieb, die Umstellung auf Sonderkulturen, die Umrüstung zum Reiterhof und zu anderen Freizeitaktivitäten oder gar die völlige Stilllegung des Unternehmens. Von den oben genannten 84 Aussiedlerhöfen sind heute noch 43 im Haupterwerb tätig (einschließlich Reiterhöfe). Als Nebenerwerbsbetriebe waren Mitte 1999 noch 19 zu bezeichnen, 22 ehemals hoffnungsvolle Aussiedlerbetriebe dienen heute nichtagrarischen Zwecken.

Kreisel wird für den Verkehr freigegeben

Königstein. Jedem Autofahrer im Hochtaunuskreis ist der Königsteiner Kreisel ein Begriff. Seit 1958 fließt der Verkehr über diesen Knotenpunkt, an dem die Straßen aus Bad Soden, Wiesbaden, Limburg und Oberursel kommend zusammentreffen.

Am 18. September wurde der erste Bauabschnitt des Projektes fertig gestellt und dem Verkehr übergeben. Ende des Jahres wurde der gesamte Kreisel für Fahrzeuge freigeben, damals aber noch mit vier Einfahrten.

Der fünfte Arm kam erst nach Fertigstellung der Umgehungsstraße hinzu. Nach aktuellen Planungen der Stadt sind die Tage des Königsteiner Kreisels aber gezählt: Er soll einer ampelgesteuerten Kreuzung weichen.

Als der Königsteiner Kreisel 1958 fertiggestellt wurde, hatte er nur vier Ein- und Ausfahrten. Heute fließt der Verkehr von fünf Seiten aus in den Knotenpunkt der Stadt.

Erster Spatenstich für Siedlung Eichenstahl

Kirdorf. Mit dem ersten Spatenstich für die Siedlung Eichenstahl in Kirdorf am 11. Juni setzte das Siedlungsamt des Bad Homburger Magistrats sein Drei-Jahres-Programm in die Praxis um. Hier entstanden 300 Wohnungen, davon 100 für Personen mit geringem Einkommen und 200 mit gehobenem Standard. Sie waren ab 1961 bezugsfertig.

Stadt zieht in das Hotel Minerva

Bad Homburg. Die ins Landgrafenschloss ausgelagerte Bad Homburger Stadtverwaltung wurde am 1. November davon informiert, dass der von ihr benutzte Hirschgangflügel, jener Bau mit dem Torbogen, aus baupolizeilichen Gründen geräumt werden müsse. Es bestehe akute Einsturzgefahr, da die tragenden Balken zu fünfzig bis sechzig Prozent durch Hausschwamm, Käferbefall und Trockenfäule beschädigt seien. Am 18. Dezember zogen die betroffenen Abteilungen in das 1953 von der Stadt erworbene und seither als Flüchtlingsunterkunft genutzte Hotel Minerva, Kaiser-Friedrich-Promenade/Ecke Ludwigstraße, nachdem 30 der insgesamt 200 dort wohnenden Flüchtlinge in andere Unterkünfte verlegt worden waren. Bei einer am 28. Dezember einberufenen Sondersitzung der Stadtverordneten wurde beschlossen, für die noch im Hotel lebenden Menschen ein Mehrfamilienhaus in Schnellbauweise für 30 Familien im Erlenweg zu errichten.

41 Fahrgäste bei Zugunglück verletzt

Kreis Usingen. Aus ungeklärten Gründen begannen am Morgen des 26. August acht beladene Güterwaggons, die auf einem Ladegleis des Anspacher Bahnhofs abgestellt waren, zu rollen und ge-

Oase der Stille gibt neue Kraft

Das Familienferiendorf in Mauloff/Peter Zender

Mauloff. „O wie schön ist's doch in Mauloff, Mauloff ist ein schöner Ort, und kommst du einmal nur nach Mauloff, willst du gar nicht wieder fort!" – so lautet der Mauloff-Kanon des Frankfurter Kantors Gottfried Neubert, der noch heute gelegentlich im Familienferiendorf Mauloff vierstimmig gesungen wird. Inzwischen kann die Ferienstätte der Evangelischen Kirche auf eine 40-jährige Geschichte zurückblicken. Denn am 21. Juni 1959 wurde in Mauloff in der Nähe von Riedelbach das erste Familienlandheim der Frankfurter Epiphaniasgemeinde eingeweiht. Nach vier Jahrzehnten in der wechselhaften Gunst der Urlauber kann die Anlage heute auf einem Gelände von elf Hektar in 36 Bungalows, 22 Zimmern im renovierten Epiphaniashaus und sechs Zimmern in einem weiteren Appartementhaus bis zu 300 Gäste beherbergen.

Die Feierstunde zur Einweihung hatte damals mit einem Festgottesdienst in der Frankfurter Epiphaniaskirche begonnen, in dessen Anschluss die Besucher mit Omnibussen nach Mauloff, „der Oase der Stille im Hintertaunus", fuhren, wie in der Chronik zu lesen ist. Der Mensch müsse versuchen, seine Urlaubszeit recht zu gestalten, damit er an Körper und Seele neue Kraft für seine Arbeit finde, gab Probst Karl Goebels als Vertreter der Evangelischen Landeskirche in seiner Festansprache zu bedenken: „Das Fernweh der letzten Jahre ist glücklicherweise etwas im Abklingen, so dass der gute alte Taunus als Erholungsgebiet neu entdeckt werden kann." Auch wenn man über den damaligen Hinweis auf das Fernweh der Urlauber aus heutiger Sicht nur lächeln kann, sollte in den späteren Jahren genau dies zum Hauptproblem des Familienferiendorfes werden.

Anfang der 60er Jahre löste zunächst die Wanderbewegung und der Drang der Großstadtbevölkerung zur Natur einen Boom in Mauloff aus. Unter der Leitung von Pfarrer Ernst Schäfer, der von seinen Kollegen den Beinamen „Erholungs-Schäfer" erhielt, nahm die Anlage eine stürmische Entwicklung und wurde zu einem richtungweisenden Modell in der Evangelischen Kirche. Familienerholung, Freizeit für Gemeindegruppen, Ferien für ältere Menschen oder junge Familien mit kleinen Kindern waren in der waldreichen Landschaft in 550 Meter Höhe sehr gefragt. Durch die Zusammenarbeit mit dem Evangelischen Gemeindeverband entstand schon kurz nach der Eröffnung als zweites Gebäude das „Frankfurter Haus" mit Großküche, Speisesaal und Mehrzweckräumen. Nach und nach wurden 14 Bungalows gebaut, so dass das Feriendorf Mitte der 60er Jahre insgesamt über 130 Betten verfügte. Weitere 16 Ferienhäuser mit 110 Betten kamen 1968 dazu und boten die Voraussetzung, dass zum zehnjährigen Bestehen des Feriendorfs die Rekordzahl von 40 000 Übernachtungen im Jahr gemeldet werden konnte.

Der aufkommende Flugtourismus und das steigende Verlangen der Urlauber nach Komfort führte dann Ende der 70er Jahre zu geringeren Belegungszahlen in Mauloff. Der

Evangelische Regionalverband reagierte als Träger der Freizeiteinrichtung mit der Modernisierung der Gebäude. „Im ersten Haus gab es für 22 Zimmer drei Etagentoiletten und eine Badewanne", schaut Joachim Kühlewindt, der heutige Leiter des Familienferiendorfes, zurück. Inzwischen sind die Zimmer alle mit WC und Dusche ausgestattet, und die Anlage verfügt über ein Hallenbad mit Sauna.

„Wir fühlen uns als Vorreiter des Robinson-Clubs oder ähnlicher Ferienanlagen. Bei uns heißen die Animateure allerdings ‚Teamer' und sind nicht so aufdringlich wie ihre Kollegen in den kommerziellen Ferienclubs", sagt Kühlewindt. Die ehrenamtlichen Betreuer unternehmen an den Vormittagen mit den Kindern des Feriendorfes Spiele, Wanderungen, Rallyes und Sportwettkämpfe. „So haben die Eltern etwas Zeit für sich." Die „Teamer" der Kinderbetreuung wissen, was die Jungen und Mädchen wollen, denn sie haben vor Jahren selbst mit ihren Eltern Mauloff besucht und verbringen jetzt als Jugendliche oder junge Erwachsene für freie Unterkunft und Verpflegung sowie ein Taschengeld drei Wochen in der Ferieneinrichtung.

In den vergangenen Jahren hat die Nachfrage nach dem bezahlbaren Urlaub in Mauloff wieder zugenommen, und viele Stammgäste genießen jeden Sommer in der Ruhe des Taunus ihren Urlaub ohne Flughafenstress und Zeitumstellung. So haben die Besucher des Feriendorfes die Muße, sich abends in geselliger Runde die alte Sage anzuhören, in der berichtet wird, wie das beschauliche Taunusdörfchen zu seinem seltsamen Namen kam: Nach der Gründung des Ortes vor vielen hundert Jahren saßen die Bewohner am Brunnen zusammen und beratschlagten, wie ihr Dorf nun heißen solle. Bis in den späten Abend wurden viele Vorschläge heftig diskutiert, aber keiner fand eine Mehrheit. Schließlich wurde es dem Dorfoberhaupt zu bunt, und er schlug vor: „Ihr lieben Leut', wir wollen es so halten: Das erste Wort, das fortan einer von euch spricht, soll der Name unseres Dorfes sein." Mehr als eine halbe Stunde sagte daraufhin niemand ein Wort, bis der Schultheiß laut ausrief: „Maul off, ihr Leut!" Und schon erhielt das Dorf Mauloff der Sage nach seinen Namen, der heute durch die Evangelische Familienferienstätte weithin bekannt ist.

Das Familienferiendorf in Mauloff hat eine wechselvolle Geschichte hinter sich. Die Einrichtung war am 21. Juni 1959 eingeweiht worden.

rieten auf die offene Bahnstrecke zwischen Usingen und Hausen. Dort stießen sie mit einem aus Usingen kommenden Personenzug zusammen. Der Aufprall war so heftig, dass sechs Personen schwer verletzt in ein Krankenhaus transportiert werden mussten. 35 Fahrgäste kamen mit leichten Verletzungen davon.

Beim Großbrand fehlt das Löschwasser

Seelenberg. In den Morgenstunden des 22. Oktober vernichtete ein Großfeuer die Holzwolle- und Kistenfabrik Johann Wagner in Seelenberg. Zwar waren Feuerwehren zeitig am Brandort erschienen, jedoch konnte das Feuer wegen des seit Wochen andauernden Wassermangels kaum bekämpft werden. Erst mit dem Eintreffen der Königsteiner Feuerwehr, die mit ihrem Löschfahrzeug 2000 Liter Wasser mitlieferte, gelang es, die Flammen unter Kontrolle zu bringen. Die später aus Frankfurt eingetroffene Feuerwehr konnte ihr Wasser an die Bevölkerung abgeben. Deren Trinkwasservorräte waren nämlich bis zum letzten Tropfen aufgebraucht worden.

Baubeginn für Postlerwohnungen

Oberursel. Am 11. Dezember fand die Namensgebungsfeier für die Doktor-Werner-Hilpert-Siedlung, die im Auftrag der Deutschen Bundespost in Oberursel errichtet wurde, statt. Mit der Feier war auch der erste Spatenstich für die 450 Wohnungen umfassende Anlage verbunden. Mit der Benennung des Wohngebiets für Postbedienstete nach dem 1957 in Oberursel verstorbenen Werner Hilpert sollte ein Mann gewürdigt werden, der in seiner Amtszeit von 1946 bis 1951 als stellvertretender Ministerpräsident von Hessen besonders den Wohnungsbau gefördert hatte.

Wilhelmine Lübke begleitet Thai-König

Bad Homburg. Der Siamesische Tempel im Kurpark blieb seit seiner Erstellung ein Bindeglied zwischen Thailand (dem ehemaligen Siam) und Bad Homburg. Daher besuchte das siamesische Herrscherpaar im Rahmen seines Staatsbesuches in der Bundesrepublik am 28. Juli die Kurstadt. König Bhumibol und Königin Sirikit wurden von der Frau des Bundespräsidenten, Wilhelmine Lübke, und vom hessischen Ministerpräsidenten August Zinn begleitet und stiegen im Ritters Parkhotel ab. Ihr Hauptanliegen war die Besichtigung des Siamesischen Tempels, für dessen Erhalt die thailändische Regierung in den vergangenen Jahrzehnten immer wieder finanzielle Zuwendungen machte. Bei dem Besuch trugen sie sich in Anwesenheit vieler Ehrengäste in das Goldene Buch der Stadt ein.

So sanft wie die Taunushügel

Beschwingte Eleganz für neue Kirchen/Angelika Baeumerth

Taunus. Zu keiner anderen Zeit wurden in Deutschland so viele Gotteshäuser gebaut, umgebaut oder wieder aufgebaut, wie nach dem Zweiten Weltkrieg: Bis zum Jahr 1960 über 8000 Kirchen und Kapellen. Ursache dafür waren zunächst die Zerstörungen im Zweiten Weltkrieg, dann der enorme Zuwachs vor allem katholischer Christen aus den deutschen Ostgebieten und schließlich die wachsende Zuversicht in das Wirtschaftswachstum der Bundesrepublik.

Dies galt auch im Taunus. Ein typisches Beispiel war die Begründung der Kirchengemeinde St. Hedwig in Oberursel am 1. Dezember 1960: „Am Rande von Oberursel ist nach der Hohemark zu ein neues großes Wohngebiet entstanden. Waren es vor dem Krieg nur vereinzelte Häuser, reiht sich jetzt Wohnhaus an Wohnhaus. Einige tausend Menschen aus allen Teilen Deutschlands, vor allem aus den deutschen Ostgebieten, haben hier nach einem oft sehr harten Schicksal wieder eine Heimat gefunden.“ Nach nur fünf Jahren hatte die Gemeinde eine eigene Kirche, ein imposantes Bauwerk, mit dem der Kirchenbau der Nachkriegszeit im Taunus seinen architektonisch eindrucksvollen Abschluss fand.

Den Anfang hatte die am 21. August 1949 eingeweihte katholische Kirche in Schneidhain gemacht, ein

Eigenwillige Architektur: Die St.-Hedwig-Kirche in Oberursel besteht aus zehn Lamellen, die dem Bau eine parabolförmige Wölbung geben.

Ein Bauwerk ohne Ecken und Kanten: die evangelische Kapelle in Glashütten.

architektonisch unaufwendiges Bauwerk, dessen Errichtung in der unmittelbaren Nachkriegszeit eine große Kraftanstrengung für die Gemeinde darstellte.

Architektonische Bedeutung konnte man dagegen der am 18. September 1955 in Glashütten eingeweihten evangelischen Kapelle zusprechen. Es handelte sich um eine jener „Seelenrutschen", wie Zeitgenossen diese Gotteshäuser nannten, an denen kaum Ecken und Kanten, dafür um so mehr Rundungen zu sehen waren. Auch Fritz August Breuhaus de Groot, der Architekt der Kapelle, sprach, die Wahl seiner Formen aus der umgebenden Landschaft begründend, davon, dass ihre Rundungen „sanft wie der Taunushügel bei Glashütten" seien.

Der mit 16 Metern Gesamtlänge recht kleine Bau wurde auf einer Anhöhe am Ortsrand von Glashütten in die damals noch freie Landschaft eingebettet. Der sich nähernde Besucher nahm zunächst nur die „Front-Scheibe" des Gebäudes in der Form eines oben abgerundeten Dreiecks wahr. Deren Konturen wurden in gestreckteren Dimensionen von dem daneben stehenden offenen Glockenträger aufgenommen. Der Baukörper des Kirchenschiffes bestand aus einer der zu dieser Zeit äußerst beliebten, weil dem Willen zur verschliffenen Form entgegenkommenden Schalenkonstruktionen. Die Dicke dieser Tonnenschale nahm von 15 Zentimetern über dem Fundament bis zum Scheitelbereich auf fast die Hälfte ab. Auch die Virtuo-

Daimler Benz zieht in Horex-Hallen

Bad Homburg. Der Einzug der Daimler Benz AG in die ehemaligen Hallen der Horex-Fahrzeugbau AG war am 1. Oktober die bestmögliche Lösung, nachdem Horex bereits Ende 1959 die Produktion aufgegeben hatte. In das Bedauern um den Verlust der seit 1923 in Bad Homburg ansässigen Motorradfirma mischte sich die Genugtuung, einen renommierten Namen wie Daimler Benz jetzt im Industriegebiet vertreten zu sehen. Außerdem wurden alle Facharbeiter und die gesamten Werksanlagen der Horex übernommen.

60 Gefrierfächer für alle Haushalte

Hundstadt. Bereits 1959 wurde von der Gemeindeverwaltung Hundstadt die alte Schulscheune freigegeben, um dort eine Gemeinschaftsgefrieranlage einzurichten. Der Erfolg dieser Einrichtung veranlasste die Gemeinde zum Bau einer Erweiterungsanlage, die nun im April fertig gestellt wurde. Insgesamt zählte die Anlage 60 Gefrierfächer, die von den Haushaltungen genutzt werden konnten.

Methodisten weihen ihr Schulungsheim ein

Hunoldstal. Am 3. Juli weihte die Deutsche Methodistenkirche ihr neues Schulungs- und Erholungsheim für Jugendliche ein. 1977 wurde das „Haus der sieben Brüder" erweitert, es erhielt einen Anbau, das Hauptgebäude wurde um ein Stockwerk erhöht und die gesamte Anlage modernisiert. Zum 1. November 1993 wurde das Haus an den Verein Jugendberatung und Jugendhilfe Frankfurt am Main verkauft, der dort ein Therapiezentrum für entwöhnte Drogenabhängige einrichtete. Nach einer Entziehungskur können dort Männer für vier bis sechs Wochen untergebracht, medizinisch versorgt und wieder aufgebaut werden.

sität im Umgang mit Schalendicken war zeittypisch. Im Inneren dominierte die Wirkung einer geschickt eingesetzten Lichtregie. Der Raum wurde so gestaltet, dass die Kapelle auf den Einkehrenden „eine geheimnisvolle Wirkung" ausübte; es war Licht vorhanden, aber Fenster waren nicht sichtbar.

Nach 1960 wurden im Hochtaunuskreis mehr Anbauten an bestehende Kirchen als Neubauten errichtet. So war es 1961 in Oberhöchstadt klar, dass die historische St.-Vitus-Kirche im Ortsbild ihre Dominanz behalten, aber durch einen Anbau in modernen Formen erweitert werden sollte. Dieser bestand aus einem weitgehend geschlossenen Kubus mit einem Dach aus Betonfaltwerk und einem Fensterkranz aus hoch gestellten Quadraten. Dass sich hier eine neue Tendenz abzeichnete, zeigt die ebenfalls 1961 erbaute Kirche in Weißkirchen. Auch dort ein geschlossener kubischer Baukörper und ein markanter Kranz von hier sechseckigen Fenstern unterhalb der bewegten Dachkontur. In Weißkirchen allerdings hatte man sich zu einem kompletten Neubau an einem neuen Standort entschlossen. Der Altbau wurde aufgegeben, aber nicht abgebrochen, um nicht „auf große Widerstände" zu stoßen. Die katholische Kirchengemeinde in Usingen dagegen hatte keine Bedenken, die erst 1876 erbaute Pfarrkirche St. Laurentius abzubrechen und durch einen Neubau zu ersetzen,

Alt und Neu vereint: die St.-Vitus-Kirche Oberhöchstadt.

der am 4. September 1960 eingeweiht wurde. Auch dieser Bau hatte nichts mehr von der beschwingten Eleganz der 50er Jahre. Seine geraden Formen und seine Sandsteinverkleidung vermittelten eher den Eindruck einer kühlen Ruhe.

Ganz anders und eher wie die Gotteshäuser der 50er Jahre gab sich der Neubau der Kirche St. Hedwig in Oberursel, der von 1963-1965 nach Plänen des Frankfurter Architekten Hein Günther errichtet wurde. Diese Kirche sollte in ihrer Umgebung und für die hier wohnenden Menschen einen Bezugspunkt setzen. Hein Günther: „Die ruhige und abgeschiedene Lage zwischen dem Urselbach und den bewaldeten Ausläufern des Taunusrandes bot die beste Voraussetzung, hier einen eigenen Mittelpunkt, abgesetzt von der profanen Betriebsamkeit zu schaffen."

St. Hedwig in Oberursel zeichnete sich durch einen eigenwilligen Grundriss aus, indem das Kirchenschiff aus zehn einzelnen Lamellen gebildet wurde, die sich versetzt zueinander in die Tiefe staffelten. In der Höhe bildeten diese aus Beton gegossenen Lamellen eine parabelförmige Wölbung. Dadurch ergab sich, ähnlich wie zehn Jahre zuvor an der Kapelle in Glashütten, eine „Front-Scheibe", die hier allerdings durchweg verglast und ihm oberen Teil des Parabelbogens mit einer kreisförmigen „Rose" versehen wurde. Nur von dieser und der gegenüberliegenden Stirnwand fiel das Tageslicht in die Kirche ein. Wie in vielen vergleichbaren Gotteshäusern der Zeit wurde „wegen der eindringlichen und religiösen Sprache des Raumes auf jedes überflüssige Beiwerk verzichtet."

Ein Geistesblitz in der Gewitternacht

Gründer des Jugendherbergswerkes lebte in Grävenwiesbach/ Gudrun Schirrmann

Grävenwiesbach. Am 14. Dezember 1961 starb Richard Schirrmann in seinem Wohnhaus in Grävenwiesbach im Alter von 87 Jahren. Obwohl er seit April 1937 mit seiner Familie in der Gemeinde lebte und sich – auch durch seine Tätigkeit als Lehrer während des Zweiten Weltkrieges – mit dem Ort verbunden gefühlt hatte, wurde er in Altena im Sauerland beigesetzt. Warum?

Es ist die Geschichte seines Lebenswerkes – einer Einrichtung, die seit langem beinahe jedem geläufig ist: Richard Schirrmann ist der Gründer des deutschen und des internationalen Jugendherbergswerkes, das er in Altena aufbaute und konstituierte. Ein Werk, das sich mittlerweile über die ganze Welt – von Argentinien bis Island und von Japan bis Amerika – in mehr als 60 Ländern ausgebreitet hat. Dort in Altena fand er endlich einen Vorgesetzten, der ihn in seinem schulreformerischen Bemühen nicht hinderte, und Menschen, insbesondere im Sauerländischen Gebirgsverein, die er für seine Idee des Wanderns mit Jungen und Mädchen und der Schaffung von Übernachtungsstätten begeistern konnte. Als 1919 der Hauptverband für deutsche Jugendherbergen mit ihm als Vorsitzendem offiziell gegründet wurde, fasste er dessen Ziele in folgenden Begriffen zusammen: Jugendfreude, Heimatliebe, Völkerfrieden unter dem obersten Gebot der Toleranz. Aufnahme sollte jeder Wanderer ohne Ansehen von Religion, Geschlecht, Nationalität, Hautfarbe oder Rasse finden.

Die Wurzeln der Jugendherbergsidee aber gehen zurück bis in einen kleinen Ort im damaligen Ostpreußen: Grunenfeld, heute unter dem Namen Gronovko in Polen nahe Braniewo/Braunsberg zu finden. Dort wurde Richard Schirrmann am 16. Mai 1874 geboren. Er wuchs in engem Kontakt mit der Natur auf und war es gewohnt, auch weite Strecken zu Fuß zurück zu legen. Während seiner Lehrerausbildung vertiefte er sich in die Ideen Pestalozzis von einer kindgerechten, geöffneten Schule. Ein mehrtägiger Ausflug mit anderen Seminaristen ins Riesengebirge öffnete ihm neue Horizonte: Lernen durch Anschauung am realen Objekt, Einüben sozialen Miteinanders durch mehrtägiges Zusammensein, die Gemeinschaft von Lehrenden und Lernenden. Bereits während seiner ersten beiden Anstellungen als Lehrer in Ostpreußen verlegte er seinen Unterricht oft in die Natur – zum Lernen mit allen Sinnen.

Wie viele andere in dieser Zeit ging Schirrmann 1901 ins Ruhrgebiet. Frische Luft und das weite Land gewöhnt, war er entsetzt über das Elend der Kinder, die in verrußten Städten ohne Licht und Sonne aufwachsen mussten. Darum erweiterte er in Gelsenkirchen seine schulreformerischen Bemühungen um den gesundheitlichen Aspekt und wanderte mit seinen Schülern, oft mehrere Tage. Zwar gab es zu jeder Zeit Übernachtungsmöglichkeiten, allerdings nur für Schüler der höheren Schule oder Studenten und nur für die männ-

Ein Amboss für Willy Brandt

Taunus. Der Regierende Bürgermeister Berlins und spätere Bundeskanzler Willy Brandt besuchte am 28. Juni während einer Deutschlandreise Kronberg, Oberhöchstadt, Arnoldshain, Schmitten, Dorfweil, Anspach, Westerfeld, Usingen und Grävenwiesbach. Überall wurde er stürmisch gefeiert. Viele Häuser waren dem Berliner Gast zu Ehren geschmückt. Der Usinger Landrat Heinrich Müller überreichte Brandt einen Amboss als Symbol für die Leiden, die Berlin in den zurückliegenden Jahren zu ertragen hatte, und einen Hammer als Zeichen der ungebrochenen Kraft und des Willens, die deutsche Frage zu einem günstigen Abschluss zu bringen.

Gemeinde verschenkt altes Rathaus

Merzhausen. Einstimmig beschloss der Rat der Zivilgemeinde Merzhausen am 9. Februar, das alte, unter Denkmalschutz stehende Fachwerk-Rathaus der Kirchengemeinde zu schenken. Die Räumlichkeiten des alten Rathauses waren für die Belange einer zeitgemäßen Verwaltung zu klein geworden. Die Kirchengemeinde beabsichtigte, dort einen Jugendraum einzurichten. Die Einweihung des neuen Gemeindehauses erfolgte nach umfassenden Renovierungsarbeiten erst am 4. Juli 1965.

Gericht löst das Parlament auf

Grävenwiesbach. Am 8. Februar erklärte die Dritte Kammer des Verwaltungsgerichts in Wiesbaden die Ergebnisse der Grävenwiesbacher Kommunalwahl vom 23. Oktober 1960 wegen eines fehlerhaft besetzten Wahlausschusses für ungültig. Als das Urteil am 19. April Rechtskraft erlangte, musste Bürgermeister Karl Gruber, der aus der annullierten Wahl als Sieger hervorgegangen war, aus seinem Amt wieder ausscheiden. Regierungsinspektor Walter Maas wurde von Landrat Heinrich Müller als kommissarischer Bürgermeister eingesetzt. Die Aufgaben der Gemeindevertretung nahm der Usinger Regierungsamtmann Hermann Kößler wahr. Beide waren bis zur Neuwahl eines Gemeindeparlaments am 2. Juli im Amt. An diesem Tag wurde Karl Gruber erneut zum Bürgermeister gewählt.

Schwarzes Brett ersetzt Gemeindediener

Anspach. In ihrer Oktobersitzung beschloss die Gemeindevertretung von Anspach, ihre Bekanntmachungen künftig nicht mehr durch den Gemeindediener Eduard Bangert ausrufen zu lassen, sondern an ein „Schwarzes Brett" anzuschlagen. Man hoffte dadurch, Missverständnissen vorzubeugen, die sich bei der mündlichen Weitergabe immer wieder eingeschlichen hatten.

liche Jugend. Außerdem waren dies meist ein oder zwei Zimmer in Gasthäusern. Auch war der Übernachtungspreis für seine Schüler unerschwinglich.

Dieses Problem suchte Schirrmann zu lösen, nachdem er 1903 nach Altena im Sauerland umgezogen war und nun versuchte, in Bauernscheunen oder bei Kollegen in deren Schulen zu übernachten. Er selbst stellte sein Klassenzimmer und Strohsäcke zur Verfügung und begann gezielt für seine Idee zu werben. Und dies war der erste Schritt auf dem Weg von der „Wandernden Schule" zum späteren Jugendherbergswerk. Als eigentliche Geburtsstunde des Jugendherbergswerkes aber benannte Schirrmann eine Gewitternacht am 26. August 1909, als er auf einer Wanderung zunächst keine Übernachtungsmöglichkeit finden konnte: Ein flächendeckendes Netz von „Schülerherbergen" in Tagesmarsch-Abständen müsste geplant und errichtet werden!

1912 entstand die erste fest eingerichtete „Jugendherberge" in der Burg in Altena, und Schirrmann wurde der erste Herbergsvater. Damit hatte er die besten Möglichkeiten, seine Idee werbewirksam in der Praxis vorzuführen und weiterzuentwickeln. In kürzester Zeit breitete sich die Idee aus; mehr und mehr Jugendherbergen entstanden. Sogar die ausländische Presse zeigte sich interessiert.

Schmerzhafte Erlebnisse als Soldat im ersten Weltkrieg führten Schirrmann zur Gründung des internationalen Jugendherbergsverbandes im Jahr 1932: Friedenswandern von Volk zu Volk, Jugendherbergen als Friedensbrücken von Kontinent zu Kontinent. 1933 wurde das Jugendherbergswerk, das allein in Deutschland bis zu diesem Zeitpunkt auf über

Auf großer Fahrt: Richard Schirrmann (mit Hut) fuhr mit seinen Schülern unter anderem per Schiff nach Holland. Er war der Gründer des deutschen und internationalen Jugendherbergswerks. 1961 starb er in Grävenwiesbach. Die Herberge in der Hintertaunus-Gemeinde wurde 1964 nach ihm benannt.

2 124 Jugendherbergen mit fast 4,5 Millionen Übernachtungen angewachsen war, von den Nationalsozialisten zwangsweise übernommen. Schirrmann weigerte sich, sein Lebenswerk im Stich zu lassen und war drastischen Maßnahmen ausgesetzt. Als die Repressalien lebensbedrohende Ausmaße annahmen, musste er Altena verlassen und sucht einen kleinen abgelegenen Ort, wo er sich und seine Familie in Sicherheit bringen und als Obst- und Ackerbauer ernähren konnte. Diesen Ort fand er 1937 im Taunus: Grävenwiesbach.

Mit 70 Jahren begann Richard Schirrmann nach dem Krieg mit dem Wiederaufbau seines Lebenswerkes. Besucher aus dem In- und Ausland gaben sich oft die Klinke in die Hand. Dann sprach er von der Lebensfreude, der Entdecker- und Abenteuerlust und dem Leuchten in den Augen seiner Schüler, mit Überzeugungskraft von der Notwendigkeit, zunächst die nähere Heimat und fortschreitend das eigene Land und andere Länder, fremden Menschen und Kulturen kennen und schätzen zu lernen, und mit großer Besorgnis über seine Vision eines Weltfriedens, zu dem die Jugendherbergen auf der ganzen Welt mit seiner Idee des Wanderns von Volk zu Volk ihren Beitrag leisten müssten.

Landvolkhochschule zieht in den Taunus um

Friedrichsdorf. Am 9. März wurde in Anwesenheit des hessischen Ministerpräsidenten August Zinn die Landvolkhochschule in der Taunusstraße eingeweiht. Die bisher in Neustadt (Kreis Marburg) beheimatete Schule war 1949 gegründet worden, um ein breites Bildungsangebot für Jugendliche im ländlichen Raum zu schaffen. In den 90er Jahren haben sich die Akzente etwas verschoben: Bildungsfreizeiten, Schulungen für Nebenerwerbslandwirte und fachübergreifende Seminare haben der Landvolkhochschule den Charakter eines „Bildungshotels" für ein gemeinnütziges Bildungswerk gegeben. Der am 3. Juli 1993 eingeweihte Erweiterungsbau der Landvolkhochschule trägt diesem Wandel Rechnung.

Die Landvolkhochschule konnte vom 9. März 1961 an die neuen Räume in dem zweigeteilten Gebäude mit Panoramascheiben und großer Terrasse an der Taunusstraße nutzen.

Bürgerin vererbt der Stadt zwei Millionen

Bad Homburg. Tatjana Gerdes starb am 5. Mai im Alter von 67 Jahren in ihrer Villa Auf dem Gleichen. Bereits am folgenden Tag erhielt Bad Homburgs Oberbürgermeister die Nachricht, dass die Stadt zur Alleinerbin ihres Vermögens bestimmt sei. Nach der Auszahlung einiger im Testament festgelegter Legate bestand das unverhoffte Erbe aus knapp zwei Millionen Mark. Frau Gerdes hatte die Gründung von zwei ihren Namen tragenden Stiftungen verfügt: Eine sollte alten Menschen, die andere Waisenkindern zugute kommen, jede betrug 934676 Mark. Die finanzielle Zusammenarbeit mit der Mathilde-Zimmer-Stiftung führte zum Neubau eines Altersheimes am Weinbergsweg, das nach dreijähriger Bauzeit 1973 eingeweiht werden konnte und den Namen Tatjana-Gerdes-Haus trägt. Aus dem Zinsertrag der Stiftungsmasse für Waisenkinder stehen jährlich zirka 50000 Mark zur Verfügung, die der beruflichen Förderung mittelloser Halb- und Vollwaisen zugute kommen.

Landwirte gründen Maschinengemeinschaft

Anspach. Elf Anspacher Landwirte schlossen sich am 25. Januar zur ersten Freien Maschinengemeinschaft Anspach zusammen. Der Zusammenschluss erfolgte in Anwesenheit von Landrat Müller, Staatssekretär Tröscher vom hessischen Landwirtschaftsministerium, Kreislandwirt Bernhard Löer und einer Reihe von interessierten Landwirten aus dem gesamten Kreisgebiet. Die elf Landwirte hatten rund 105000 Mark investiert. Dafür wurden 25 moderne landwirtschaftliche Maschinen und Geräte, vom Mähdrescher bis zu einem Kartoffel-Lesegerät, erstanden. Bund und Land Hessen unterstützten seit 1954 diese Maschinengemeinschaften, die die

Im Dienst von Mensch und Natur

Gründung des Naturparks Hochtaunus / Hans-Walter Herpel

Taunus. Die Natur schützen und gleichzeitig dem Menschen Raum für Erholung bieten – diese schwierige Aufgabe gilt es im Taunus seit Jahrzehnten zu lösen. Ein Meilenstein auf dem Weg zu einem verträglichen Miteinander wurde 1962 gesetzt. Am 30. Mai gründeten die Landkreise Obertaunus und Usingen in jenem Jahr den Zweckverband „Naturpark Hochtaunus". Die Motivation zu diesem Schritt ist aus den Zeitumständen zu Beginn der 60er Jahre zu verstehen.

Die Auswirkungen der Industriegesellschaft auf das Freizeitverhalten erforderte in dieser Zeit neue Strategien zum Schutz der Natur bei der gleichzeitigen Schaffung von Ausgleichsräumen für die Erholungssuchenden. Den nunmehr mit dem eigenen Auto mobilen und mit mehr Freizeit ausgestatteten Bewohner urbaner Gebiete sollte durch das Bereitstellen von Parkplätzen, Wanderwegen und Schutzhütten ein Bewegungsrahmen im nahe gelegenen Erholungsgebiet, dem Taunus, geboten werden. Bei der Planung und dem Bau der Erholungseinrichtungen musste größter Wert darauf gelegt werden, keine wertvollen oder gefährdeten Lebensräume zu berühren, zu zerschneiden oder gar zu beeinträchtigen.

Noch im Gründungsjahr traten die Kreise Friedberg und Wetzlar mit Teilen ihres Gebietes sowie die Gemeinden Glashütten und Oberreifenberg aus dem damaligen Main-Taunus-Kreis dem Zweckverband bei. Ein Jahr später wurden die Kreise Limburg, Untertaunus, die Stadt Frankfurt und die Gemeinden Ruppertshain und Vockenhausen aufgenommen. Im Jahre 1964 kam der Main-Taunus-Kreis hinzu, und 1965 wurde der damalige Oberlahnkreis als Mitglied aufgenommen.

Nach der kommunalen Neugliederung trat der neu gegründete Rheingau-Taunus-Kreis aus, um seine Kreisfläche einheitlich in dem 1968 gegründeten Naturpark Rhein-Taunus einzubringen. Der Landkreis Gießen wurde durch die vom Kreis Wetzlar übernommenen Flächen bei Langgöns Mitglied. Der Umlandverband Frankfurt (UVF) erkannte 1992 die besondere Bedeutung des Naturparks Hochtaunus als wichtigen Standortvorteil für die Region Rhein-Main und trat ebenfalls bei.

Auch wenn sich die Bedürfnisse und das Verhalten der Bevölkerung in den letzten Jahrzehnten unseres Jahrhunderts wesentlich geändert haben, so haben dennoch die Aufteilung des Naturparkgebietes in eine Stadtrand/Feierabend-Zone, in eine Nah/Wochenend-Zone und in eine Fern/Ferien-Zone sowie die Ausweisung der Ruhezonen bis heute ihre Gültigkeit behalten. Damit wird den verschiedenen Bedürfnissen der Erholungssuchenden Rechnung getragen. Aber auch die Natur bekommt durch die Schaffung von Ruheräumen trotz jährlich rund 18 Millionen Erholungssuchenden einen ihr gerecht werdenden Platz.

Die „Grundausstattung" des Naturparks besteht zunächst einmal aus 730 Kilometern ausgewiesenen und beschilderten Rundwanderwegen. War in der Aufbauphase meist einer

Freizeit in der Natur: Damit die Landschaft nicht unnötig leidet, wurden im Naturpark Hochtaunus Liegewiesen, Grillplätze und Rasthütten eingerichtet.

der 170 Waldparkplätze Ausgangs- und Endpunkt von Wanderungen, so wurden in den weiteren Jahren die Wanderwege an die Haltepunkte der öffentlichen Verkehrsmittel angebunden.

Naturparkarbeit ist keine statische Ausbauarbeit, sondern muss wegen neuer Trends sehr dynamisch sein. Die ständig wechselnde „Freizeitkultur" vor Augen, müssen die Verantwortlichen immer wieder den Ausgleich zwischen dem berechtigten Anliegen der Natur und dem scheinbaren Recht der Bevölkerung auf grenzenlose Freiheit schaffen. Dies gelingt nur durch sanfte Besucherlenkung.

Die erste Trendwelle kam Anfang der 70er Jahre, als Behörden die Bevölkerung nicht mehr davon abhalten konnten, wild in der Natur zu grillen. Hier sahen die Verantwortlichen des Naturparks ihre Aufgabe darin, durch den Bau eigener Grillplätze an geeigneten Stellen ordnend einzugreifen und Schaden an der Natur zu verhindern. Gemeinsam mit Städten und Gemeinden wurden darüber hinaus weitere Grilleinrichtungen angelegt. Auch die rund 30 Liegewiesen mit einer Gesamtfläche von etwa 65 Hektar erfreuen sich während der Sommerzeit großer Beliebtheit. Diese Erholungseinrichtungen werden nicht nur von Sonnenhungrigen aufgesucht, sondern auch von Familien mit Kindern, die die Vorzüge einer Kombination von Liegewiese und Freiraum in der Natur zu schätzen wissen.

Die nächste große Trendwelle brachte das wachsende Gesundheitsbewusstsein. So wurden nun-

deutsche Landwirtschaft im Hinblick auf die EWG wettbewerbsfähig halten sollten.

Usinger wachen nun selbst über den Verkehr

Kreis Usingen. Nachdem sich im August 1952 in Bad Homburg die Verkehrswacht Obertaunus/Usingen gebildet hatte, fassten die Mitglieder des Kreises Usingen zehn Jahre später den Beschluss, eine eigene Verkehrswacht zu gründen. Die wachsende Zahl von Unfällen im Kreis Usingen, so die allgemeine Meinung auf der Gründungsversammlung, mache eine intensivere Beschäftigung mit den Verkehrsverhältnissen im Kreis nötig. So kam es zur Gründung der Verkehrswacht Usingen am 7. Dezember im Hotel „Zur goldenen Sonne". Der Altweilnauer Hotelier Karl Kurandt wurde zum ersten Vorsitzenden gewählt.

Erstes kanadisches Fertighaus aufgestellt

Schmitten. Anfang August wurde in Schmitten an der Seelenberger Straße das erste kanadische Fertighaus in Deutschland errichtet. Die höheren Anschaffungskosten sollten durch die einfache Montage wieder aufgewogen werden. So waren zum Beispiel Fenster und Türen fertig verglast. Das aus sechs Bauelementen mit Zedernholzverschalung und einer speziellen Wärmedämmung versehene Haus konnte nach Abschluss der Fundamentarbeiten in drei Tagen errichtet werden.

Volksbanken fusionieren

Kreis Usingen. Die Volksbanken der beiden Gemeinden Usingen und Grävenwiesbach erklärten am 16. Oktober ihre Fusion zur Volksbank des Kreises Usingen. Zuvor hatten im Sommer die Mitglieder der beiden Banken auf ihren jeweiligen Generalversammlungen mit großer Mehrheit ihre Zustimmung zu dem Zusammenschluss gegeben. Als Sitz der Genossenschaftsbank wurde Usingen festgelegt. Am Stichtag der Fusion wies die Volksbank eine Bilanzsumme von sieben Millionen Mark auf und war damit die größte Bank des Kreises, die auf genossenschaftlicher Basis geführt wurde.

Michelbach fehlt das Geld zur Jubiläumsfeier

Michelbach. Am 1. August wurde die Gemeinde Michelbach 250 Jahre alt. Die Jubiläumsfeier musste aber wegen der angespannten Kassenlage der Taunusgemeinde ausfallen. Zwölf Eschbacher Einwohner hatten 1712 von Fürst Wilhelm Heinrich zu Nassau-Usingen die Erlaubnis erhalten, sich auf der Gemarkung der Wüstung Michelbach niederzulassen. Das alte Michelbach war vermutlich im 16. Jahrhundert aufgegeben worden. Nach dem Motto „Wo Volk, da Geld" versuchte das Usinger Fürstenhaus, die ausgegangenen Orte in ihrem Herrschaftsgebiet zu „peublieren". Der Freiheitsbrief vom 1. August 1712 legte davon ein beredtes Zeugnis ab.

Über dem Sandsteinbecken thront St. Ursula

Oberursel. Verbunden mit den Oberurseler Heimattagen fand am 1. Juli die Grundsteinlegung für den Marktplatzbrunnen statt. Bereits vier Monate später, am 17. November, konnte der Brunnen eingeweiht werden. Das sechseckige und mit Sandstein verkleidete Brunnenbecken mit einer Brunnensäule und einer Plastik St. Ursulas, der Schutzpatronin Oberursels, war von dem Bildhauer Harold Winter entworfen worden. Musikalischer Höhepunkt der Einweihungsfeier war der vereinigte Chor aller Gesangvereine der Stadt.

Der mobile Fortschritt verlangte nach neuen Lösungen: Im Naturpark Hochtaunus entstanden in der Aufbauphase Anfang der 60er Jahre 170 Waldparkplätze.

mehr Wassertretanlagen, Waldsportpfade und Langlaufloipen gefordert. Hier galt es zunächst abzuwägen, welche Wünsche langlebig und welche nur den häufig wechselnden Modetrends unterlagen. Bei den Loipen war die Sache schnell klar: Ganze Industriezweige haben sich auf diesen Markt gestürzt und damit einen Boom angeheizt, der den Naturpark fast überrollt hätte.

Auch dem Trend des Rucksackwanderns trug man Rechnung und markierte einen Wanderweg von 130 Kilometern Länge rund um den Naturpark. Dieser Weg führt durch alle Landschaftstypen, die ein Mittelgebirge in Deutschland besitzen kann. Von einfachen Jugendzeltplätzen über Landgasthäuser bis hin zu den Hotels der gehobenen Klasse steht dem Wanderer eine große Palette von Herbergen offen. In jüngerer Vergangenheit kamen die Mountainbiker als neue Trendsportler hinzu. Ziel ist es hier gegenwärtig, den Anteil von rund fünf Prozent „wilder" Biker weiter zu reduzieren.

In diesem Zusammenhang sei stolz vermerkt, dass für die Bemühungen und die Erfolge bei der Lösung der Probleme zwischen Freizeitsport und dem Naturschutz der Vorsitzende des Vorstandes des Naturparkes Hochtaunus, Landrat Jürgen Banzer, 1998 die Goldmedaille des Wettbewerbs der Deutschen Naturparks entgegennehmen konnte. Dieser 1. Preis zeigte, dass der eingeschlagene Weg der sanften Besucherlenkung für ein Gebiet wie den Naturpark Hochtaunus in seiner unmittelbaren Nähe zum Ballungsraum Rhein-Main der richtige ist.

„Formschlüssig, stufenlos, veränderlich“

Werner Reimers und die P.I.V. in Bad Homburg/Gerta Walsh

Bad Homburg. An seinem 75. Geburtstag, dem 3. August 1963, gab der Unternehmer Werner Reimers, Eigentümer der „P.I.V. Antrieb Werner Reimers GmbH und Co KG“, die Gründung der „Werner-Reimers-Stiftung für anthropogenetische Forschung“ bekannt. Dabei ging es ihm um die Erforschung der Wissenschaft vom Menschen, seiner Stammesgeschichte, Verhaltensweisen und Kultur.

Nach seinem völlig unerwarteten Tod am 11. Juni 1965 nach einer Operation in Freiburg im Breisgau mischte sich die Trauer der 1300 Firmen-Angehörigen um ihren Chef mit der Sorge um den Fortbestand des Unternehmens. Doch dieser war durch testamentarische Verfügungen geregelt und gesichert, denn Reimers hatte die Stiftung zur Universalerbin eingesetzt, da er trotz zweier Ehen kinderlos geblieben und von seiner zweiten Frau geschieden war.

Werner Reimers wurde am 3. August 1888 im japanischen Yokohama geboren, siedelte 1922 nach Deutschland über und kam 1928 nach Bad Homburg. Nach einem mit einer englischen Firma abgeschlossenen Lizenzvertrag gründete er hier in der Industriestraße 2 die „P.I.V. Ketten und Getriebe GmbH Bad Homburg vor der Höhe“ und begann mit 17 Mitarbeitern die Herstellung stufenloser Getriebe. Die Buchstaben P.I.V. stehen für „Positive, Infinitely, Variable“ und waren anfangs mit „formschlüssig, stufenlos, veränderlich“ übersetzt.

Der Kriegsausbruch unterbrach 1939 die gute Entwicklung des Betriebes, die Zeit zwischen 1945 und 1948 brachte sogar beinahe sein Ende. Reimers war wegen seiner Mitgliedschaft zur NSDAP von seinem Werk ausgeschlossen und dieses unter Treuhandverwaltung gestellt, bis er 1948 entnazifiziert wurde und seine Rechte wiederbekam. Außerdem stand die P.I.V. seit Mitte 1946 auf der Demontageliste zum Abtransport in die Sowjetunion.

Als ihr Name auf der Liste vom Oktober 1947 fehlte, ging ein Aufatmen durch die Reihen der Arbeiter und Angestellten. Von 1948 bis zu seinem Tode baute Werner Reimers seinen Betrieb kontinuierlich aus und förderte systematisch die Entwicklung neuer Patente. Seit 1950 stand die P.I.V. an der Spitze der Bad Homburger Unternehmen und hatte 1970 mit 2000 Mitarbeitern ihren Höchststand erreicht. Die Initialen P.I.V. waren in der Stadt ein Begriff und der Firmeninhaber als sozial engagierter Unternehmer bekannt und beliebt. Reimers erfuhr eine Reihe von Ehrungen. Zu seinem 70. Geburtstag verlieh ihm die Stadt Bad Homburg 1958 ihre Ehrenplakette, zugleich ernannte ihn die Technische Hochschule Darmstadt zum Ehrensenator. Das Große Verdienstkreuz des Verdienstordens der Bundesrepublik wurde ihm 1959 vom hessischen Wirtschaftsminister verliehen. 1958 wollte Oberbürgermeister Karl Horn ihn mit der Benennung einer Straße ehren, stieß jedoch auf seine Ablehnung; seit 1997 heißt ein parallel zur Zeppelinstraße verlaufender Verkehrsweg im Industriegebiet Werner-Reimers-Straße.

Besserer Empfang durch neue Sendeanlage

Arnoldsheim / Schmitten. Die Gemeinden Arnoldshain und Schmitten hatten zwar die kürzeste Entfernung zu der Fernseh-Sendeanlage auf dem Feldberg, gleichzeitig aber auch den schlechtesten Empfang im Taunusgebiet. Beide Gemeinden lagen im Funkschatten von zwei dem Feldberg vorgelagerten Erhebungen. Schließlich wurde durch die Errichtung einer 28 Meter hohen Antenne an der Grenze zwischen Arnoldshain und Schmitten Abhilfe geschaffen. Vom 14. September an konnten nun auch die in tieferen Lagen wohnenden Schmittener und Arnoldshainer den störungsfreien Fernsehempfang genießen.

Katholische Kirche segnet das Auto

Schmitten. Am Sonntag, 13. Oktober, konnten alle Autobesitzer im Kreis Usingen ihr Fahrzeug segnen lassen. Nach dem Gottesdienst fand die Segnung auf dem Schmittener Sportplatz statt. Die Aktion der katholischen Kirche sollte ein Beitrag zur Nächstenliebe auf der Landstraße sein. Insgesamt folgten 150 Fahrer und Fahrerinnen diesem Aufruf. Alle Fahrzeuge erhielten zudem eine SOS-Plakette in Kreuzform. Die Plakette sollte zum einen Ausdruck des christlichen Verhaltens des Fahrers sein, zum anderen sollte es auch als Priester-Notrufzeichen dienen.

Ein Relief für Kreislandwirt Löer

Obernhain. Das Relief des am 21. Juni 1962 tödlich verunglückten Kreislandwirts Bernhard Löer wurde am 28. Februar im Restaurant „Eisvogel“ in Obernhain enthüllt. Es zeigt die Büste Löers aus einer roten Mahagoniholztafel reliefartig herausgearbeitet. Die von der Kreisvereinigung der Rotbuntzüchter gestiftete Plastik sollte anschließend einen Ehrenplatz in der Landwirtschaftsschule Usingen erhalten. Dass die Rotbuntzucht 1963 mit 700 Herdbuchtieren die größte Abteilung der Rindviehzucht im Kreis Usingen stellte, war der Arbeit Löers zu verdanken.

„Frankfurter Hof" wird geräumt

Schmitten. Im April 1961 war ein Lkw, bei dem die Bremsen auf der Gefällstrecke der Kanonenstraße versagten, gegen das Hotel „Frankfurter Hof" geprallt und hatte das Gebäude schwer beschädigt. Seit dem 2. Februar 1963 mussten auch die letzten Bewohner in den oberen Stockwerken das Haus räumen. Da an eine Reparatur nicht mehr zu denken war, sollte das Haus an der Einmündung Kanonenstraße/Königsteiner Straße abgerissen und die Straßeneinmündung verbreitert werden. Man hoffte, dadurch den größten Unfallschwerpunkt Schmittens entschärfen zu können.

Nach seinem Tode gehörte außer der P.I.V. sein Privatvermögen einschließlich des in einem Park gelegenen Wohnhauses am Wingertsberg zum Stiftungsgut. Diese Villa und in ihrer direkten Nachbarschaft entstandene Erweiterungsbauten wurden zu einem Tagungszentrum eingerichtet, wo sich seit 1971 jährlich rund 1000 Gäste zu interdisziplinären Gesprächen in Gruppen von jeweils 25 Personen treffen. Aus Symposien, Arbeitskreisen und Studiengruppen entstanden etwa 500 Publikationen. Die Stiftung lebt von der P.I.V., wobei sie dem Unternehmen nicht die Erträge entzieht, sondern nur die nach einem festgelegten Schlüssel verbliebene Summe, die sie zu ihrer Existenz benötigt.

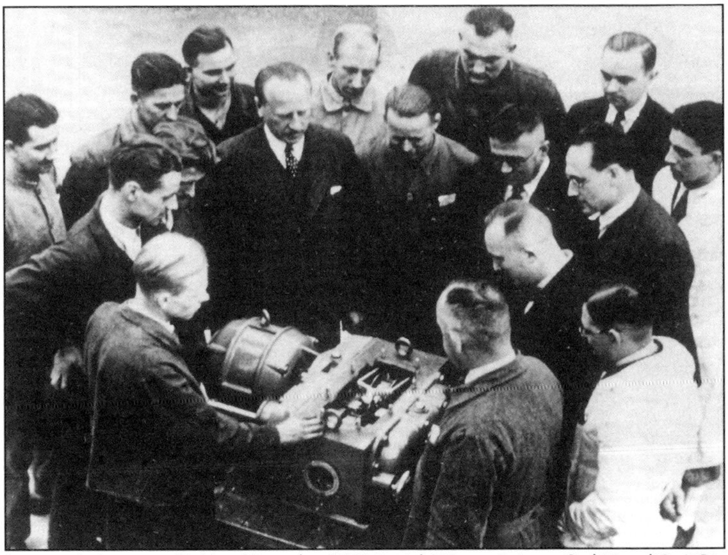

Immer wieder zogen die Maschinen der „P.I.V. Antrieb Werner Reimers GmbH und Co KG", die von Werner Reimers in der Industriestraße gegründet wurde, neugierige Blicke auf sich.

Ehrgeizige Planer wollen das Weiltal fluten

Das Projekt Weiltalsperre/Peter Zender

Usinger Land. Seit dem Jahr 1950 nahm die Idee der Planer Gestalt an. Die Stadt Frankfurt hatte bereits 100 000 Mark für Versuchsbohrungen im Usinger Land ausgegeben, da machten die Politiker am 8. Dezember 1964 Nägel mit Köpfen. Die Landkreise Usingen, Obertaunus, Main-Taunus und Oberlahn sowie die Stadt Frankfurt gründeten die „Arbeitsgemeinschaft zur Planung der Weiltalsperre". Unmittelbar vor Rod an der Weil sollte an der Engstelle in Höhe der Straße nach Cratzenbach ein fast 50 Meter hoher Damm entstehen, der das Wasser der Weil zu einer rund fünf Kilometer langen Trinkwasser-Talsperre bis hin zur Mappesmühle aufgestaut hätte. „Wir werden fortschwimmen und sehen uns dann wahrscheinlich in der Lahn wieder", äußerte damals ein Gemeindevertreter aus Rod an der Weil und drückte damit die Befürchtungen seiner Mitbürger aus. Aber nicht nur die Bevölkerung unterhalb des geplanten Erdwalls wehrte sich gegen das Projekt. Auch die Bewohner von Alt- und Neuweilnau, zwischen denen sich das neue Gewässer ausbreiten sollte, waren von den Plänen nicht begeistert. Schließlich sollte der See nicht als Touristen-Attraktion dienen, sondern den Menschen des Rhein-Main-Gebiets jährlich 18 Millionen Kubikmeter Trinkwasser liefern. Um eine hohe Wasserqualität zu gewährleisten, war das Gelände um den See in drei Schutzzonen eingeteilt, die den Bewohnern der 16 Gemeinden im Niederschlagsgebiet der Talsperre einige Opfer abverlangt hätten. Im Frühjahr 1966 stellte der Usinger Landrat Heinrich Müller die Ergebnisse der Vorplanung vor. In einer großflächigen Zone um den See von der Tenne auf der einen Seite bis fast nach Wilhelmsdorf auf der anderen Seite und entlang der Weil bis hinauf nach Niederreifenberg wären Benzin- und Ölbehälter, Friedhöfe sowie größere Industrie- und Gewerbebetriebe verboten gewesen. Außerdem sollten in diesem Gebiet keine Neubauten entstehen, und die Bauern hätten bei der Bestellung ihre Felder auf jeglichen Dünger verzichten müssen.

Eine zentrale Kläranlage für alle betroffenen Gemeinden war bei Oberlauken geplant. Nach den Plänen sollten zudem unmittelbar am See alle Häuser abgerissen, die Bundesstraße 275 verlegt, sämtliche Pflanzen und Bäume entfernt und sogar der Humusboden abgetragen werden. „Es kommt noch so weit, dass die Rehe Windelhöschen tragen müssen", meinten damals die Stausee-Gegner. Als „Trostpflaster" für die betroffenen Gemeinden sollte unterhalb der Trinkwassertalsperre zwischen Rod an der Weil und Emmershausen ein Badesee durch einen sieben Meter hohen Damm aufgestaut werden.

Im Laufe des Jahres 1967 kamen immer mehr Bedenken gegen das Projekt auf, so dass schließlich die Pläne in der Schublade verschwanden. Einerseits waren die Ingenieure wegen der geologischen Beschaffenheit des Weiltals auf Schwierigkeiten gestoßen, andererseits ließ nach der Erschließung großer Wasservorkommen im Ried das politische Interes-

Kreistierheim in Oberursel wird eröffnet

Obertaunus. Am 3. Oktober begrüßte Landrat Werner Herr zahlreiche Gäste zur Einweihung des Tierheims Obertaunus in Oberursel. Eine solche Einrichtung war notwendig geworden, da im Herbst 1960 das Oberurseler Tierasyl schließen musste und es in Bad Homburg lediglich eine Katzenstation gab. Ein großer Teil des 362 000 Mark teuren Tierheims hatte der Bad Homburger Unternehmer Werner Reimers gespendet. Zur weiteren finanziellen Absicherung gründete sich am 27. November der Verein „Tierheim Obertaunus e. V."

Erholungsort mit einem reizarmen Klima

Rod an der Weil. Der Hessische Fachausschuss für Kurorte, Erholungsorte und Heilbrunnen beschloss, der Gemeinde Rod an der Weil das Prädikat „Staatlich anerkannter Erholungsort" zu verleihen. In einem Gutachten der medizinmeteorologischen Beratungsstelle des Deutschen Wetterdienstes wurde der Gemeinde ein schonendes bis reizschwaches Bioklima bescheinigt.

Fehlender Lehrer führt zum Schulstreik

Westerfeld. Am 26. Mai ging ein wochenlang andauernder Schulstreik in Westerfeld zu Ende. Zu dem Streik war es gekommen, nachdem das Kreisschulamt die Westerfelder Schule auf Grund von Lehrermangel schließen wollte. Alle volksschulpflichtigen Schüler sollten daraufhin die Anspacher Mittelpunktschule besuchen. Vergeblich wiesen Kreiselternbeirat und Schulrat darauf hin, dass mit dem erfolgten Beitritt Westerfelds zum Anspacher Schulverband die Dorfschule nur noch ein Provisorium sein könne: 35 von 36 Schülern blieben dem Unterricht fern. Schließlich lenkte

Wirklichkeit und Vision: Eine Studie zeigte, wie das Weiltal zwischen Altweilnau und Rod an der Weil in den 60er Jahren aussah (oben) und wie es nach dem Bau einer Talsperre ausgesehen hätte (unten). Die Pläne, zu deren Realisierung sich im Dezember 1964 eine Arbeitsgemeinschaft formiert hatte, wurden drei Jahre später wieder ad acta gelegt.

das Schulamt ein. Mit der Wiederbesetzung der Lehrerstelle wurde der Unterrichtsbetrieb in der Dorfschule wieder aufgenommen.

Ältestes Pfarrhaus wird renoviert

Rod an der Weil. Das vermutlich älteste Pfarrhaus Deutschlands befindet sich in Rod an der Weil. Es wurde in den Sommermonaten renoviert. Dabei wurde der den gotischen Fachwerkbau verunstaltende Anbau eines Gemeinschaftsraumes abgerissen und das Fachwerk restauriert. Das Pfarrhaus selbst wurde vermutlich im Jahre 1522 errichtet.

Bischof weiht St. Petrus Canisius

Oberstedten. Der Limburger Bischof Walter Kampe weihte am 4. Juli die Kirche St. Petrus Canisius der noch jungen katholischen Gemeinde Oberstedten ein. Die Gemeinde war erst am 1. Dezember 1960 von der Bad Homburger St. Marien-Gemeinde losgelöst worden. Die Grundsteinlegung

se an dem Stausee nach. Da außerdem die Kosten in keinem Verhältnis mehr zum Nutzen für die Wasserversorgung standen, wurden schließlich auch die Mittel gestrichen. „Vor 1980 wird es mit Sicherheit keine weitere Diskussion um den Bau der Weiltalsperre geben, da es momentan wichtigere Vorhaben, wie den Bau der Kinzig-Talsperre, zu realisieren gibt", erklärte der Hessische Landwirtschaftsminister Dr. Tassilo Tröscher im Dezember 1967 bei einer Bürgerversammlung in Rod an der Weil.

Mit dieser Prognose sollte der Staatsminister allerdings Unrecht haben, denn schon im Jahr 1975 wurden die Pläne wieder aus der Schublade geholt. Jetzt sollte jedoch nach dem Willen der umliegenden Gemeinden ein Freizeit-See für Angelund Wassersportler entstehen. Mit einer Wasserfläche von fünf bis sieben Hektar und einer Tiefe von maximal vier Metern wäre dieser Weiltalsee aber nur eine Mini-Ausgabe der ursprünglich geplanten Trinkwassersperre gewesen. Ende der 70er Jahre übernahm der Umlandverband Frankfurt (UVF) die Planung mit dem Ziel die Tourismus-Ströme zu entzerren und im Taunus außer dem Feldberg noch andere Anziehungspunkte für die Bewohner des Rhein-Main-Gebiets zu schaffen.

Es überrascht nicht weiter, dass in den folgenden Jahren die Planer auf die gleichen Probleme stießen wie ihre Kollegen beim ersten Anlauf. Ein geologisches Gutachten besagte, dass das Wasser im Laufe der Zeit durch Risse im Untergrund versickern würde. Daher müsste mit großem Aufwand eine Folie auf der gesamten Fläche eingezogen werden. Untersuchungen ergaben weiter, dass die Weil nicht genug Wasser zur Speisung des Sees führte und die Wasserqualität sehr zu wünschen übrig ließ. Also wurde das Projekt im Jahr 1983 endgültig zu den Akten gelegt. „Auch wenn die Qualität des Weilwassers heute wesentlich besser sein dürfte, ist bei den heutigen Auflagen für ein solches Projekt nicht zu erwarten, dass irgendjemand die Pläne nochmals aus der Schublade holt", so Jan Schweitzer vom UVF.

Erster Spatenstich für die Wohnstadt Nord

Steinbach. Der erste Spatenstich für die Wohnstadt Nord am 2. Juni erfolgte im Rahmen des Strukturwandels Steinbachs von einem stadtnahen Wohndorf zu einer stadtähnlichen Großsiedlung. Neben „Steinbach Nord" gab es fünf weitere Bauprojekte zur Schaffung von mehr als 1500 Wohneinheiten. Die Ansiedlung von Gewerbe, die Schaffung von Sportstätten und Sozialeinrichtungen rechtfertigten 1972 die Ernennung Steinbachs zur Stadt. Am deutlichsten kennzeichnete die Bevölkerungszahl diese Entwicklung. Hatte Steinbach im Jahr 1962 rund 2000 Einwohner, so waren es 1966 bereits 4676 und 1975 10642. Äußerlich zeigte sich die Entwicklung durch den Bau von Wohnhochhäusern, als Symbol einer aufstrebenden und modernen Siedlungsgemeinschaft.

Am 30. August 1964 unterzeichnete Bürgermeister Walter Herbst in Gegenwart von Domdekan Engelbert Löhr die Urkunde für den Grundstein der Bonifatiuskirche.

Den ersten Spatenstich für die 400 Wohneinheiten umfassende Wohnstadt Nord nahm Bürgermeister Walter Herbst vor, der geistige Vater des Siedlungsprogramms, das hessenweit Beachtung fand.

Doch mit der Errichtung von Wohnzentren war es nicht getan. Die Grundsteinlegungen der katholischen Bonifatiuskirche am 30. August durch den Limburger Domdekan Engelbert Löhr und die der Geschwister-Scholl-Schule am 12. September sowie die Einweihung eines neuen Postamtes am 19. Oktober zeugen von der regen Bautätigkeit, die auf Grund einer solchen Bevölkerungsexplosion notwendig wurde.

für die Kirche war am 21. Oktober 1962 durch Domdekan Engelbert Löhr erfolgt. An der Feier hatte auch die evangelische Kirchengemeinde des Ortes teilgenommen, in deren Kirche bis zur Fertigstellung von St. Petrus Canisius die katholischen Gottesdienste abgehalten worden waren.

Fürstenhochzeit in der Johanniskirche

Kronberg. Prinz Moritz von Hessen heiratete am 1. Juni Prinzessin Tatjana zu Sayn-Wittgenstein-Berleburg. Der standesamtlichen Trauung im Kronberger Rathaus folgte zwei Tage später die kirchliche Hochzeit in der Johanniskirche. Unter den Hochzeitsgästen befand sich auch die heutige Königin Beatrix der Niederlande.

Schützenfest im historischen Gewand

Oberursel. „500 Jahre Schützenverein, 500 Jahre Stadtgeschichte" lautete der Titel des Stadt- und Schützenfestes, das vom 27. Juni bis 6. Juli in Oberursel gefeiert wurde. Dabei war der Titel missverständlich, denn Oberursel wurden die Stadtrechte bereits im Jahre 1444 verliehen, also vor 520 Jahren. Neben dem Jubiläums-Preisschießen gab es eine Reihe von Veranstaltungen, die die Stadt, ihre Geschichte und Entwicklung in den Mittelpunkt stellten. Am 5. Juli bewegte sich ein Festzug durch die Innenstadt. Am Tag zuvor hatten Oberursel und die französische Stadt-Epinay-sur Seine ihre Verschwisterung proklamiert.

Fabrik produziert 100 000. Kreissäge

Anspach. Am 15. April wurde die 100 000. Kreissäge im Anspacher Werk der Maschinenfabrik Susemihl GmbH fertig gestellt. 1961 war die Fabrik von Frankfurt nach Anspach in die Räumlichkeiten der Knopf- und Metallwarenfabrik Friedrich Everts übergesiedelt. Die Susemihl-Produkte waren so erfolgreich, dass bereits 1963 ein Erweiterungsbau begonnen wurde.

Doppelgemeinde feiert 700-Jähriges

Hausen-Arnsbach. Vom 19. bis 21. Juni beging die Doppelgemeinde Hausen-Arnsbach ihre 700-Jahr-Feier, verbunden mit dem 60-jährigen Bestehen der Sportgemeinschaft 1905 Hausen. Den Jubiläumsreigen eröffnete am Samstagnachmittag der Kommers der Gemeinde. Abends folgte ein Fackelzug mit anschließendem Festkommers des Sportvereins. Höhepunkt der Feierlichkeiten war der Festumzug am Sonntag.

Bundestagswahl wird im Kreis verschoben

Taunus. Als ganz Deutschland am 19. September zur Bundestagswahl schritt, mussten die Einwohner des Wahlkreises 135 zu Hause bleiben. Zu dem Wahlkreis gehörten der Obertaunuskreis, der Kreis Usingen, der Kreis Oberlahn und Teile des Main-Taunus-Kreises. Durch den Tod des Bundestagskandidaten Erich Henz von der AUD (Aktionsgemeinschaft Unabhängiger Deutscher) am 11. September wurde eine Nachwahl am 3. Oktober erforderlich, obwohl der Kandidat keinerlei Chancen auf einen Einzug in den neuen Bundestag besessen hatte. Bei der Nachwahl setzte sich der CDU-Kandidat Walther Leisler Kiep deutlich gegen Kurt Gscheidle von der SPD durch.

Die Akrobaten der Lüfte

Vom Luftsport im Taunus/Gerhard Strohmann

Taunus. Im Café Lohnstein in Riedelbach trafen sich am 18. Oktober 1965 neun Männer zu einer Gründungsversammlung, um einen neuen Sportfliegerclub im Hintertaunus aus der Taufe zu heben. Nachdem diese kleine Gruppe im Laufe der Jahre andere Interessen entwickelt hatte als jene Luftakrobaten, die nach wie vor auf dem Flugplatz zwischen Neu-Anspach und Obernhain ihrem Hobby frönen, entschloss man sich, einen eigenen Verein ins Leben zu rufen.

Mehrere Standorte – unter anderem in Pfaffenwiesbach – wurden begutachtet, und nicht zuletzt wegen der hervorragenden Unterstützung durch den damaligen Riedelbacher Bürgermeister Heinz Guckes entschieden sich Ralf Straßer, Willi Meister, Peter Schwenk, Carol Stehling, Günter Ehrhardt, Kurt Jungels, Erich Sturm, Ernst Pleschke sowie Alexander von Radowitz für jenes hochgelegene Gelände auf der „Riedelbacher Heide", neben dem die Fußballer des TuS Weilnau auf einem Sportplatz im Wald seit 1957 dem Ball nachjagen. Nachdem die Gemeindevertreter von Riedelbach einstimmig die Überlassung eines acht Hektar großen Geländes für den Segelflugbetrieb beschlossen hatten, wurden die nächsten bürokratischen Hürden von dem neuen Club mit Ernst Pleschke als Vorsitzendem schnell überwunden. Am 15. Dezember 1965 erfolgte beim Amtsgericht Usingen der Eintrag ins Vereinsregister (unter Nummer 92), am 1. Januar 1966 wurden die Riedelbacher Mitglied im Deutschen Aero-Club, und am 18. Juni 1966 erfolgte die Freigabe des Fluggeländes. Rudi Arndt, der damals im Amt befindliche hessische Minister für Wirtschaft und Verkehr, kam zur Übergabe des Platzes nach Riedelbach und startete sogar anschließend im Doppelsitzer zu einem Rundflug über den Taunus.

Die Verlängerung des Platzes von ursprünglich 700 auf 1000 Meter und

Schwebe-Zustand: Ein Segelflieger setzt vor dem Tower in Obernhain zur Landung an. Neben diesem Gelände gibt es auch auf der „Riedelbacher Heide" einen Flugplatz für die Luft-Sportler im Taunus.

die damit verbundene Vergrößerung auf zwölf Hektar (1968), die Fertigstellung der Segelflugzeug-Halle (1970), das erste „Fest der Flieger" am 20. Juni 1970 und der Ausbau des Klubheims (1995) waren weitere Meilensteine in der Geschichte des Vereins. Heute verfügt der Segelfliegerclub mit Michael Begovici an der Spitze über mehr als 120 Mitglieder und wird beim Landessportbund Hessen unter der Nummer 31134 geführt.

Der zivile Luftsport im Hochtaunuskreis hat allerdings schon eine weitaus längere Tradition. Nach ersten Anfängen vor dem Krieg wurde 1949 der Segelflugclub Arthur Martens gegründet, zwei Jahre später der Luftsportclub (LSC) Bad Homburg. Lange Zeit waren die Martens-Mitglieder Gäste auf dem vom LSC errichteten und betriebenen Flugplatz am Ortsrand von Obernhain unweit des Hessenparks, ehe 1978 der Zusammenschluss zu einer Arbeitsgemeinschaft erfolgte. Dies führte zu Synergie-Effekten, die noch heute von Vorteil sind: Alle Aktivitäten, wie die Ausrichtung von regionalen und überregionalen Meisterschaften oder das traditionsreiche Flugplatzfest im Herbst, werden gemeinsam betrieben, die Kassen gemeinsam geführt und alle Gerätschaften, Gebäude und das Gelände gemeinsam genutzt. Die einzelnen Sparten und Fachgebiete – Segelflug, Motorsegelflug, Motorflug, Ausbildung, Technik und Jugend – werden von Referenten geleitet, die zusammen mit den beiden geschäftsführenden Vorständen den erweiterten Vorstand bilden. Vor allem im sportlichen Bereich machten die Segelflieger vom LSC Bad Homburg immer wieder auf sich aufmerksam. Allen voran Gisela Weinreich, die mit fünf Europameistertiteln (1983, 1985, 1989, 1991 und 1997) erfolgreichste Pilotin der Welt, und Gerd Spiegelberg, dreifacher Hessenmeister in den Jahren 1991, 1993 und 1995, Mitglied der Nationalmannschaft und WM-Teilnehmer.

Falkenhof auf dem Gipfel des Feldbergs eröffnet

Niederreifenberg. Am 18. Juli eröffnete der Orden der deutschen Falkoniere auf dem Gipfelplateau des Feldbergs den „Falkenhof", ein Freigehege für Greifvögel. Besucher konnten insgesamt 15 Greifvögel beobachten, darunter auch den nur noch selten in der freien Natur vorkommenden Kaiseradler. Bei der Eröffnung dankte Dieter Koschorreck, der den „Falkenhof" heute noch leitet, der Gemeinde Niederreifenberg und den Betreibern der Feldberghöfe, die durch ihre Unterstützung die Einrichtung des Geheges erst ermöglichten.

Falkner Dieter Koschorreck kümmert sich noch heute um die Greifvögel im Freigehege auf dem Großen Feldberg.

Kreuzkirche wird eingeweiht

Bommersheim. Am 1. Advent, dem 28. November, konnte die evangelische Kreuzkirche mit einem Festgottesdienst eingeweiht werden. Sie sollte mehr als eine Kirche sein, sie sollte gleichzeitig als Gemeindezentrum fungieren. Daher richtete Architekt Fritz Soeder im Erdgeschoss sechs Räume ein, die für die Gemeindearbeit zur Verfügung standen. Im Obergeschoss befindet sich der Kirchensaal mit 300 Sitzplätzen.

Stadt bekommt eine neue Pfarrgemeinde

Oberursel. Zum 1. Mai wurde die St. Ursula-Gemeinde geteilt. Die dabei entstandene neue Pfarrgemeinde erhielt den Namen Liebfrauengemeinde. Mit der Teilung wollte die bischöfliche Behörde der erwarteten Expansion Oberursels in östlicher Richtung Rechnung tragen. Obwohl diese Stadterweiterung nicht zu Stande kam, blieb die Liebfrauengemeinde bestehen. Bereits vor der Gründung wurde mit dem Bau der Liebfrauenkirche zwischen Herzberg- und Berliner Straße begonnen. Der Name von Kirche und Gemeinde geht auf das Jahr 1731 zurück, als Adam Uhl und seine Frau vor den Toren Oberursels, in der Nähe der heutigen Adenauer-Allee, eine Kapelle zu „Ehren unserer lieben Frau" errichteten.

Grundsteinlegung der Braun AG

Kronberg. Mit der Grundsteinlegung für das Hauptgebäude der Braun AG am 11. Oktober war die Niederlassung in Kronberg endgültig geworden. Zunächst waren dort 600 bis 700 Personen beschäftigt. Im Laufe der Jahre wurde die Firma ständig erweitert. Das expandierende Unternehmen ist heute der weltweit führende Hersteller von elektrischen Zahnbürsten mit oszillierenden Bürsten. Es beschäftigt etwa 1900 Personen.

Usingen trauert um Landrat Heinrich Müller

Kreis Usingen. Am Freitag, 6. Mai, verstarb der Landrat das Kreises, Heinrich Müller. Müller stand von 1946 bis 1948 und seit 1954 an der Spitze der Kreisverwaltung. Ihm war es nicht vergönnt, die Vollendung der meisten Projekte, die er auf den Weg gebracht hatte, zu erleben. Die Schulreform, den Bau des Usinger Hallenbades und einer Kreissonderschule sowie die Förderung des Fremdenverkehrs waren seine Hauptanliegen. Zum Nachfolger Müllers wurde am 20. August Dr. Rudolf Thierbach gewählt. Er nahm die Amtsgeschäfte am 1. September auf.

Kirchengemeinde bekommt neue Glocke

Hausen-Arnsbach. Dekan Rübsamen weihte am Pfingstsonntag, dem 29. Mai, nach dem Gottesdienst die neue Glocke der evangelischen Kirchengemeinde Hausen ein. Bei der Glocke handelte es sich um ein Geschenk der katholischen Kirchengemeinde Hausen, die seit 1945 in der evangelischen Kirche ihren Gottesdienst abhielt. Auf der von der Firma Rinker in Sinn gegossenen Glocke findet sich das Pauluswort „Einer trage des anderen Last" in Anspielung auf das friedliche Miteinander der beiden Konfessionen in Hausen.

Unwetter macht Straßen unpassierbar

Kreis Usingen. Ein schweres Unwetter entlud sich am 18. Juni über dem Usinger Land. Dabei wurden in wenigen Minuten Tausende von Bäumen geknickt, Dächer abgedeckt sowie Hallen und Garagen durch die Luft gewirbelt. Viele Straßen im Taunus waren durch die umstürzenden Bäume unpassierbar geworden. Die Straße von Niederreifenberg nach Schmitten war auf einer

Von Vorreitern und einem „Bildungshügel"

Eine neue Schullandschaft/Wolfgang Zimmermann

Taunus. Im Jahre 1966 gab es noch die beiden Landkreise Obertaunus und Usingen. Zwei Kurzschuljahre wegen der Verlegung des Schuljahresbeginns von Ostern auf den Herbst erfreuten die Schüler mehr als die Lehrer, deren oberster Vorgesetzter durch Ministerialerlass vom Mai 1966 die Umwandlung des Volkschulsystems in Grund- und Hauptschulen ankündigte. In beiden Kreisen geriet die Schullandschaft in Bewegung. Doch waren die Probleme im Obertaunuskreis anderer Natur als die „hinter der Höhe", im Kreis Usingen, dem eine Umstrukturierung der ländlichen Schullandschaft bevorstand.

Der Obertaunuskreis hatte bei der Einführung des 9. Schuljahres 1963 in Hessen eine Vorreiterrolle übernommen. Drei Jahre später folgte der Kreis Usingen. Die Bevölkerungszunahme führte zu einem Anwachsen der Schülerzahlen, so dass die vorhandene Schulraumkapazität nicht ausreichte. Ein Bauboom setzte ein: Noch nicht genehmigte Landesmittel wurden „vorfinanziert". Kommunalpolitiker weihten mit besonderer Freude Schulgebäude ein und setzten sich mit jenen bewusst oder unbewusst ein Denkmal. Fehlte zur Einweihung das neue Mobiliar, so geht die Mär, musste zum Festakt mit angereisten Honoratioren das eilends herbeigeschaffte Inventar der Nachbarschule herhalten.

Aus Äckern und Wiesen sprossen flugs konzipierte Großbauten. Die wackeren Kämpfer gegen die Vermassung akzeptierten prinzipienwidrig Mammutschulen, um beängstigend wachsenden Schülerbergen Paroli zu bieten. Die Hast brachte Fehler mit sich: Im Sommer 1978 mussten zum Beispiel aus der Taunusschule Königstein mehr als 10 Kilometer eingebaute Klimaleitungen entfernt werden, damit die Zwangsbelüftung einigermaßen gewährleistet werden konnte.

1966 gab es im Obertaunuskreis 23 Volksschulen mit 8340 Schülerinnen und Schülern. Fast zwei Drittel davon (65 Prozent) besuchten die neun 9-klassigen Schulen. Jeder achte Schüler wurde in den beiden Mittelpunktschulen Stierstadt und Königstein unterrichtet. 5720 Kinder gingen in elf weiterführende Schulen, im Kreisgebiet wurden Kinder mehrerer Schulen, Städte und Gemeinden zusammengetasst und in Friedrichsdorf, Köppern und Seulberg Schulverbände für die Hauptschule gegründet. Grundschulkinder konnten am Wohnort bleiben - ausgenommen in Kronberg und Schönberg, wo sich die Schulbezirke nicht mehr mit den Gemeindegrenzen deckten und alle Kinder Jahrgangsklassen besuchten. Dornholzhausens Hauptschulkinder wurden der Ketteler-Francke-Schule, Bad Homburger Grundschüler der Dornholzhäuser Schule zugeordnet.

Stierstadts großes Schulzentrum nahm Ostern 1962 in zwölf Klassen- und den notwendigen Fachräumen den Schulbetrieb auf und begann überdies mit einer 5. Realschulklasse, die Kinder aus Stierstadt, Weißkirchen, Kalbach, Oberhöchstadt und Steinbach besuchten. Die Grundschule blieb derweil Kindern aus

Stierstadt und die Hauptschule Schülerinnen und Schülern aus Stierstadt, Weißkirchen und Kalbach vorbehalten. Zwei Jahre nach der Einrichtung einer Förderstufe ab Herbst 1967 nahm der gymnasiale Zweig seine Arbeit auf.

Nach Königstein kamen die Hauptschüler aus Falkenstein, Mammolshain, Glashütten und Schloßborn und seit dem 1. Dezember 1966 die Kinder des 9. Schuljahres aus Ober- und Niederreifenberg. Um die Zusammenarbeit zwischen den Schularten zu erleichtern, sollten Haupt- und Realschulen und diese nach Möglichkeit auch mit Gymnasien gekoppelt werden.

Die Stadt Bad Homburg zählte 1966 40 276 Einwohner. Vier Schulneubauten (Friedrich-Ebert-Schule, Kaiserin-Friedrich-Schule, Berufsschule, Gymnasium für Mädchen), fünf Turnhallen und zwei Schulerweiterungen (Ketteler-Francke- und Hölderlinschule) innerhalb zweier Jahrzehnte verhalfen Bad Homburg zum Ruf einer schulfreudigen Stadt, brachte sie doch für diese Maßnahmen als Schulträger rund 10 Millionen Mark (etwa 10 Prozent der Gesamtinvestition seit der Währungsreform) auf. In Bad Homburg gab es 1966 vier Volksschulen mit 2730 Schülerinnen und Schülern: die Landgraf-Ludwig-Schule (600), die Hölderlinschule (700), die Friedrich-Ebert-Schule (510) und die aus allen Nähten platzende Ketteler-Francke-Schule (920). Diese vier Schulen gaben in jenem Jahr 210 Kinder an die beiden Gymnasien und die Realschule ab.

Auch nach Fertigstellung der Feldbergschule Oberursel (1969), der Einweihung des Neubaus des Gymnasiums für Mädchen in Bad Homburg (August 1962), der Inbetriebnahme der Realschule Oberursel (1958) und der Vollendung der Neubauten für die Bad Homburger Kaiserin-Friedrich-Schule, das Kronberger Gymnasium und das Gymnasium Königstein war der Andrang zu den weiterführenden Schulen ungebrochen. Die Kaiserin-Friedrich-Schule

Die Schullandschaft war in den 60er Jahren in Bewegung geraten und bot ein breites Betätigungsfeld für Politiker und Pädagogen. In Riedelbach (Foto) entstand in dieser Zeit - ebenso wie in anderen Hintertaunus-Gemeinden - eine Mittelpunktschule.

Länge von 400 Metern haushoch durch Baumstämme blockiert. Selbst mit Hilfe von Waldarbeitern aus dem Spessart blieb die Straße mehrere Wochen gesperrt. Ober- und Niederreifenberg waren vollständig von der Außenwelt abgeschnitten. Der gesamte Windbruch wurde auf zirka 10 000 Festmeter Holz geschätzt. Alleine die Gemeinde Brombach hatte den Verlust von mehr als 6000 Festmetern Holz zu beklagen.

Pestalozzischule erhält eigenes Haus

Obertaunus. Nach zweijähriger Bauzeit auf einem Grundstück, das die Stadt kostenlos zur Verfügung stellte, wurde die Pestalozzischule in Bad Homburger am 2. September eingeweiht. Damit hatte die Sonderschule nach ihrem 43-jährigen Bestehen endlich ein eigenes Haus und musste nicht mehr von Schule zu Schule ziehen.

Die Kosten des Neubaus von 2,9 Millionen Mark trug der Landkreis, obwohl die Stadt Bad Homburg Schulträger war. Hier wurden bis zu 160 Kinder aus Bad Homburg, Friedrichsdorf, Seulberg, Köppern, Kalbach, Dornholzhausen und Oberstedten unterrichtet; für die Sachkosten der Schüler kam der Obertaunuskreis auf. Neben elf Klassen- und sechs Gruppenräumen, dem Verwaltungstrakt und einer großen Turnhalle erhielt die Pestalozzischule ein Lehrschwimmbecken für haltungsgeschädigte Sonderschulkinder.

Kronberg wird Luftkurort

Kronberg. Der Hessische Fachausschuss für Bäder, Heilquellen, Kur- und Erholungsorte beschloss in seiner Sitzung am 29. Mai, der Stadt Kronberg das Prädikat „Luftkurort" zu verleihen. Der Beschluss ließ lange auf sich warten, weil ein benötigtes Klimagutachten des Wetteramtes Offenbach sich wegen Personalmangels verzögerte. Außer einem entsprechenden Klima musste Kronberg mindestens 100 Gästebetten, medizinische Einrichtungen, ein Kulturprogramm und eine gute Verkehrsanbindung nachweisen.

Schönberger verlässt das Saalburgmuseum

Bad Homburg. Nachdem Dr. Hans Schönberger 18 Jahre lang das Saalburgmuseum geleitet hatte, wechselte er zum 1. September in die Direktion der Römisch-Germanischen Kommission des Deutschen Archäologischen Instituts in Frankfurt. Unter der Leitung Schönbergers entwickelte sich das Saalburgmuseum zu einem international anerkannten Forschungsinstitut und zu einem der am stärksten besuchten Museen in Deutschland. Mit Dr. Dietwulf Baatz trat ein versierter Kenner der Materie Schönbergers Nachfolge an.

Großbrand im Quarzitwerk

Köppern. 100 000 Mark Sachschaden entstand bei einem Großbrand im Köpperner Quarzitwerk am 17. Januar. Dabei wurde eine Mischanlage völlig zerstört. Nur mit Mühe konnten die herbeigeeilten Feuerwehren ein Übergreifen der Flammen auf benachbarte Gebäude und Silos verhindern. Vor allem der starke Frost von minus 12 Grad machte den Feuerwehren zu schaffen. Wiederholt mussten die metallenen Verbindungsstücke der Schlauchleitungen mit Lötlampen vom Eis befreit werden. Nach Ende der erfolgreichen Brandbekämpfung konnten die Feuerwehren ihre Ausrüstung nicht abtransportieren, da das Wasser in den Schläuchen gefroren war.

konnte nur 20 ihrer 37 Klassen im neuen Schulgebäude unterbringen. Der Beharrlichkeit und dem Verhandlungsgeschick des damaligen Schulleiters Dr. Joachim Dienemann war es zu verdanken, dass der vehement geforderte Erweiterungsbau mit 16 Klassen- und allen Nebenräumen nach erbitterten Auseinandersetzungen im Februar 1971 endlich Wirklichkeit wurde und der Schichtunterricht ein Ende fand.

1966 war das Jahr, in dem die Sonderschule für Minderbegabte an der Wiesbadener Straße in Bad Homburg ihren von Kreis und Land finanzierten Neubau bezog. Bad Homburg stellte das Baugelände zur Verfügung und trug die Erschließungskosten. Die Stadt vereinbarte mit dem Obertaunuskreis, dass dieser die vollen Sachkosten für auswärtige Schüler aus dem Ostteil des Kreises übernahm. Der Sonderschüleranteil betrug damals 3,4 Prozent aller Schulpflichtigen Bad Homburgs und entsprach somit dem Bundesdurchschnitt. Im November 1966 wurde ferner das Richtfest für die Lernbehinderten-Sonderschule in Oberursel begangen. Bis zu deren Fertigstellung wurden in Bad Homburg 22 Kinder der Sonderschule für praktisch Bildbare nachmittags in vier Klassen unterrichtet.

Kulturminister Prof. Ernst Schütte (SPD) erklärte am 27. Oktober 1966 bei seinem Besuch in Stierstadt, die vom Obertaunuskreis auf schulischem Sektor verwirklichten Planungen besäßen geradezu Vorbildcharakter. Sicherlich machte mit Stolz auf das Erreichte das Wort vom „Bildungshügel“ (wieder einmal) die Runde. Landrat Werner Herr (SPD) kam das Ministerlob nicht ungelegen, wurden ihm doch 1972 nach der Fusion der Kreise Obertaunus und Usingen zum Hochtaunuskreis 59 Schulen mit etwa 30 000 Schülerinnen und Schülern unterstellt, während die „Schulstadt“ Bad Homburg – nicht nur zum Leidwesen ihres damaligen Bürgermeisters und späteren Oberbürgermeister Dr. Armin Klein – die Schulträgerschaft verlor.

Im damaligen Landkreis Usingen überwogen zunächst die Zwergschulen mit den viel bewunderten, oft auch belächelten Dorfschulmeistern, die allesamt pädagogische Mehrkämpfer waren. 1960 gab es 25 (!) einklassige Schulen – in Alt- und Neuweilnau, Brombach, Cratzenbach, Dorfweil, Emmershausen, Finsternthal, Friedrichsthal, Gemünden, Heinzenberg, Laubach, Mauloff, Michelbach, Mönstadt, Naunstadt, Niederems, Pfaffenwiesbach, Reichenbach, Riedelbach, Rod am Berg, Seelenberg, Treisberg, Westerfeld, Wilhelmsdorf und Wüstems. Hinzu kamen 13 zweiklassige Schulen in Arnoldshain, Eschbach, Grävenwiesbach, Hausen-Arnsbach, Hundstadt, Kransberg, Merzhausen, Niederlauken, Obernhain, Rod an der Weil, Schmitten, Steinfischbach und Wernborn. Nur die Schulen in Wehrheim, Anspach und Usingen waren größer.

Kein Wunder, dass der Ruf nach grundlegenden Veränderungen der Schulverhältnisse „hinter der Höhe“ nicht verstummte und Pädagogen und Bildungspolitiker aller Couleur ein reiches Betätigungsfeld für ungebremsten Reformeifer vorfanden. Ihr hehres Ziel: gleiche Bildungschancen für alle, auch für die Kinder auf dem Lande. Doch stets waren Worte schneller als die Tat: Die Korrektur der ländlichen Schulszene sorgte ebenso wie das zähe Ringen um die Schulstandorte für Gesprächs- und Zündstoff – und Reibungsverluste.

In zahllosen Besprechungen mit Pädagogen, Eltern, Kommunalpolitikern, Geistlichen und Verwaltungsexperten wurden Weichen für die Schule der Zukunft gestellt. Als erste Gemeinde erwärmte sich die Kreisstadt Usingen 1960 für die Förderstufe, die von ihren Befürwortern als Schritt in die richtige Richtung interpretiert, von ihren Gegnern aber als rotes Tuch erachtet wurde.

Nach und nach entstanden Mittelpunktschulen in Usingen (für Kinder aus Merzhausen, Usingen und Wilhelmsdorf), Anspach (Anspach, Hausen-Arnsbach, Rod am Berg, Westerfeld) und Riedelbach (Alt- und und Neuweilnau, Brombach, Finsternthal, Hunoldsthal, Mauloff, Niederems, Reichenbach, Riedelbach, Steinfischbach, Treisberg, Wüstems) mit insgesamt 1500 Schülern. In Arnoldshain, Eschbach, Grävenwiesbach, Rod an der Weil, Wehrheim und Usingen wurden Mittelpunktgrundschulen ins Leben gerufen.

Die weiterführenden und beruflichen Schulen hatten alle ihren Sitz in Usingen: eine mit einer Volksschule verbundene Realschule (340 Schüler), ein Aufbaugymnasium (350 Schüler), die Kreisberufsschule (420 Schüler) mit Aufbauzug (50 Schüler) sowie eine kaufmännische und gewerbliche Berufsschule mit zusammen 170 Schülern. Mit der Einführung der obligatorischen Förderstufe 1960 hatte das Usinger Gymnasium den Charakter der Aufbauschule verloren. Es war ein siebenklassiges Gymnasium geworden. Gemäß Erlass des Hessischen Kultusministers wurde die Schule mit Wirkung vom 1. August 1968 in Christian-Wirth-Schule Usingen, Gymnasium des Kreises Usingen, umbenannt. Vier Jahre später setzte die Gebietsreform in Hessen dem Landkreis Usingen ein Ende. Doch das Ringen um den vermeintlich besseren Weg ging weiter.

70 Krankenschwestern von den Philippinen

Obertaunus. Als sich das Ende der Erweiterungsarbeiten am Kreiskrankenhaus für den Herbst abzeichnete, trat ein neues Problem zu Tage: Krankenschwestermangel. Eine angemessene Versorgung der wachsenden Patientenzahl – die Bettenzahl wurde auf 575 erhöht – war wegen des Pflegenotstandes mit deutschem Personal nicht möglich. Daher bemühten sich die Kreisorgane nach Rücksprache mit den zuständigen Gremien um ausländische Schwestern. Aufgrund guter Erfahrungen in den USA und Kanada mit philippinischen Krankenschwestern beauftragte man das Catholic Travel Center in Manila mit der Anwerbung. Als Schwierigkeiten auftraten, reiste der Direktor des Krankenhauses, Dr. Wolf Weisswange, dorthin und brachte die Verhandlungen zu einem günstigen Abschluß. Am 6. September war es soweit: 70 philippinische Krankenschwestern trafen, von zahlreichen Honoratioren begrüßt, in Bad Homburg ein, rechtzeitig vor der Einweihung des neuen Bettentrakts am 4. November. Noch vier von ihnen konnten 1991 ihr 25-jähriges Dienstjubiläum feiern. Der Mut des Kreises, ungewöhnliche Wege zur Beseitigung des Pflegenotstandes zu gehen, bewährte sich. Andere Landkreise folgten in den nächsten Jahren dem Beispiel.

Im Kreiskrankenhaus begrüßten der Hessische Sozialminister Heinrich Hemsath und Steinbachs Bürgermeister Walter Herbst (v. li.) die aus Manila eingeflogenen Krankenschwestern.

Kreis feiert sein 100-jähriges Bestehen

Obertaunus. Das hundertjährige Bestehen des Obertaunuskreises konnte am 22. Februar begangen werden. An diesem Tag im Jahr 1867 wurde er als Bestandteil des Regierungsbezirks Wiesbaden gebildet und setzte sich aus den vormals Herzoglich Nassauischen Ämtern Usingen und Königstein sowie dem ehemals Landgräflichen Amt Homburg mit der Kreisstadt Homburg v.d. Höhe zusammen. Dieser neue Kreis bestand aus sechs Städten und 76 Landgemeinden mit einem Landrat an der Spitze. 1886 wurden 45 Gemeinden aus dem Obertaunuskreis herausgelöst und zum neuen Kreis Usingen formiert. Dieser bestand mit einer kurzen Unterbrechung in den Jahren 1932-1933 bis zur Gebietsreform 1972.

Kreissonderschule wird eröffnet

Kreis Usingen. Am 19. Dezember wurde die Kreissonderschule in Wehrheim ihrer Bestimmung übergeben. In den Begrüßungsansprachen von Landrat Dr. Rudolf Thierbach und dem Leiter der Sonderschule, Herbert Lux, wurde immer wieder auf die Verdienste von Fritz Dienstbach hingewiesen, der 1955 die erste Sonderschulklasse in Usingen eingerichtet hatte und ohne den die Einrichtung einer solchen Schule und deren Übernahme durch den Kreis Usingen kaum möglich gewesen wäre. Am 27. Januar 1973 erhielt die „Sonderschule des Kreises Usingen", so der bis dahin offizielle Name der Schule, den Namen Heinrich-Kielhorn-Schule, nach dem Gründer der ersten selbstständigen Sonderschule. Die Umbenennung war ein Nebenprodukt der Gebietsreform. Mit dem Verschwinden des Kreises Usingen hatte auch der Schule die „namenlose Anonymität" gedroht.

Julius Hembus und der Hellhof in Kronberg

Birgid Groscurth

Kronberg. Was wäre die kulturelle Szene Kronbergs ohne den Hellhof, der seit 1967 den perfekten Rahmen für eine nicht abreißende Kette von herausragenden Kunstausstellungen bildet? Hier war die erste deutsche Salvador-Dali-Präsentation zu sehen, und es folgten Ausstellungen mit Werken von Erich Heckel, Max Beckmann, Ernst Fuchs, Paul Klee und unzähligen anderen.

Den Hellhof wiederum würde es ohne Julius Hembus in dieser Form nicht geben, der mit ihm den schönen Künsten ein Denkmal setzte. Schon 1963 hatte er den mittelalterlichen Wirtschaftshof erworben und den völlig verwahrlosten Turm vor dem Abbruch gerettet. Vier Jahre lang wurde das Gebäude mit seltener Sachkenntnis restauriert, und am 21. Juni 1967 fand in der neu geschaffenen Galerie die erste Ausstellung mit russischen und griechischen Ikonen aus vier Jahrhunderten statt. Dass mit großem Fachwissen restauriert wurde, war kein Zufall.

„Julius Hembus, Maler- und Stuckwerkstätten" nennt sich die Kronberger Firma in schöner Untertreibung. Aus dieser bescheidenen Bezeichnung des hier ausgeübten Handwerks lässt sich beispielsweise nicht schließen, dass der Betrieb unter anderem die Restaurierungsarbeiten von nicht weniger als sieben Räumen des Ludwigsburger Lustschlösschens Favorite durchgeführt hat. Auch den komplizierten Nachdruck von historischen Tapeten erledigen die Experten.

Tatsächlich beschäftigt man im Hause Hembus traditionell unter anderem Fachleute für Dekorations- und Schriftmalerei, Steinrestaurierung, Stuck, Stuckmarmor, Vergoldung, Wand- und Deckenmalerei, Fassen und Patinieren. Im ganzen Frankfurter Raum wusste und weiß man diese vielfältigen Fähigkeiten zu schätzen. Vom Kaiserdom und mehr als 180 Kirchenräumen über das Goethehaus, das historische Foyer der Alten Oper bis hin zum großen

1967 sanierte Julius Hembus den Hellhof, den er vier Jahre zuvor gekauft und so vor dem Abriss gerettet hatte. In dem Gebäude fanden seitdem zahlreiche Ausstellungen statt.

Konzertsaal des Kurhauses in Wiesbaden – viele Gebäude wurden unter Mitwirkung von drei Generationen der Firma Hembus liebevoll wiederhergestellt.

Seit mehr als 100 Jahren ist der Name Hembus auch eng mit Kronberg verbunden – zum Glück für die wohlhabenden Frankfurter Kaufleute, die im vergangenen Jahrhundert den Freizeitwert der Burgstadt entdeckten. Im Gefolge der Kaiserin Friedrich zog jeder, der etwas auf sich hielt, in den Taunus und ließ sich hier eine Villa bauen. Wie gut, dass Jakob Hembus, Vater des Hellhof-Gründers Julius, seine Firma genau zum richtigen Zeitpunkt im Jahre 1894 gründete. In diesem Jahrzehnt ließ auch die Kaiserin selbst ihren Witwensitz hier errichten. Hembus war damals weit und breit der Beste auf dem Gebiet der Wand- und Deckendekoration. Er war ein Meister der Stuckatur, der Heraldik (Wappenkunde) und ein begnadeter Restaurator. Das blieb der Kaiserin nicht verborgen, und sie ernannte ihn zu ihrem Hofdekorationsmaler. Er war es, der bei der Restaurierung der Burgkapelle im Jahre 1901 unter den darüberliegenden Farbschichten ein heiliges Kümmernisbild, das um 1300 entstanden war, wieder sichtbar machte. Seinem legendären Hämmerchen, mit dem er gewohnheitsmäßig sämtliche Wände und Decken alter Gemäuer abzuklopfen pflegte, verdankt das Frankfurter Karmeliterkloster die Entdeckung des größten, spätmittelalterlichen Wandgemäldes diesseits der Alpen.

Julius Hembus an der Orgel in seinem Haus. Der Restaurator war Ehrenbürger Kronbergs und erhielt 1980 die goldene Dürer-Medaille des Deutschen Malerhandwerks.

Waldsiedlung für 700 Bewohner

Oberhöchstadt. Die bestehende Wohnungsnot in Oberhöchstadt zwang die Gemeinde zu einem großzügig angelegten Wohnungsbau auf dem Gelände des ehemaligen Munitionslagers. Die dort errichteten Häuser erhielten den Namen Waldsiedlung. Sie sollten 700 Personen ein neues Heim geben. Anfang November 1966 nahm Landrat Werner Herr den ersten Spatenstich für die 170 Wohnungen und 30 Eigenheime vor. Nach jahrelangen Schwierigkeiten gingen die Bauarbeiten schließlich zügig voran. Bereits am 26. Oktober 1967 konnte die Schlüsselübergabe für die ersten Wohnungen der Waldsiedlung vorgenommen werden.

Blitz schlägt in St. Johannis ein

Weißkirchen. Als der Blitz am 23. Juni in die Johanniskirche von Weißkirchen einschlug, wurde diese bereits nicht mehr genutzt. Bei dem aus dem Blitzschlag entstandenen Brand wurden das gesamte Dach und der Turm zerstört. Die Löschwasserschäden waren so enorm, dass eine Restaurierung des Gebäudes lange Zeit in Frage gestellt war. Nach jahrelangem Hin und Her fand sich schließlich eine Lösung. Die Kirche ging in den Besitz der Stadt über und wurde restauriert. Die Kosten teilten sich die Kirchengemeinde Weißkirchen, die Stadt Oberursel und das hessische Landesamt für Denkmalpflege.

Die am 2. Juli 1984 der Öffentlichkeit übergebene Kirche wurde profaniert und wird heute für kulturelle Open-Air-Veranstaltungen genutzt, denn für die Wiederherstellung des Daches über dem Kirchenschiff reichten die finanziellen Mittel nicht aus.

Die künstlerische Ader und das handwerkliche Geschick des Vaters gingen direkt auf den Sohn Julius über, einen brillanten Kunstkenner und weithin bekannten Restaurator von Kirchen und Palästen. Darüber hinaus war er ausgebildeter Orgelbaumeister und Organist. Für sein vielfältiges Schaffen wurde er mit der Ehrenplakette der Stadt Frankfurt und der goldenen Dürer-Medaille, der höchsten Auszeichnung des deutschen Malerhandwerks, geehrt. 1978 wurde er Ehrenbürger seiner Heimatstadt Kronberg, deren evangelische Johanniskirche er neben zahllosen anderen Gebäuden ebenfalls restauriert hatte.

Im Hellhof gibt es noch immer ausgezeichnete Ausstellungen, denn hochkarätige Künstler und Galeristen, aber auch das Publikum lieben das alte Gemäuer, das einen so perfekten Rahmen für die Kunst abgibt. Heute ist es die Familie Käfer, Elisabeth Käfer ist Julius Hembus' Nichte, die für die Fortführung der künstlerischen Tradition im Hellhof steht. Die Firma Hembus wird von Julius Hembus' Neffen Hans in der handwerklichen Tradition weitergeführt. Unter seiner Leitung war man an der Ausstattung des Frankfurter Messeturms beteiligt, und wenn es um die Restaurierung von alten Gebäuden geht, sind Sachkenntnis, Fingerspitzengefühl und das große Fachwissen des Hauses weiterhin sehr gefragt. So finden sich von Hembus restaurierte historische Tapeten nicht nur in französischen Schlössern, sondern auch in der herrlichen Villa Leonardi. Die vielbewunderte Rekonstruktion im Inneren dieses Hauses im Frankfurter Palmengarten trägt die unnachahmliche Handschrift des kleinen Kronberger Malerbetriebs.

Brand frisst sich durchs Dach des Schlosses Friedrichshof

Zwei Stunden benötigten die Feuerwehren aus Kronberg, Oberursel, Bad Homburg, Schönberg, Wiesbaden und Frankfurt, um den Brand im Schlosshotel zu löschen.

Kronberg. Am 8. März zerstörte ein Großfeuer das Dachgeschoss des Schlosses Friedrichshof in Kronberg. Zahlreiche Gäste und Angestellte des seit 1954 als Hotel genutzten Schlosses konnten sich in Sicherheit bringen. Bereits nach zwei Stunden hatten die Feuerwehren aus Kronberg, Oberursel, Bad Homburg, Schönberg sowie die Berufsfeuerwehren aus Wiesbaden und Frankfurt die Flammen unter Kontrolle. Auf Grund der raschen Ausbreitung des Feuers ging man von Brandstiftung als Brandursache aus. Ein Verdächtiger wurde zwar festgenommen, musste aber wieder freigelassen werden.

Zwischen Zeitgeist und Bausünde

Die Architektur der 60er Jahre/Günter Bündgen

Taunus. „Drei Hochhäuser mit elf bis zwölf Stockwerken bilden einen Teil einer größeren Überbebauung. In den Untergeschossen befinden sich jeweils der Eingang mit Abstellräumen für Kinderwagen und Fahrräder sowie der Raum für Waschmaschinen und Trocknung. Von den 204 Wohnungen in den Obergeschossen sind 68 Vierzimmer-, 68 Dreizimmer- und 68 Zweizimmerwohnungen. Decken und Giebelwände sind aus Stahlbeton. Die Giebelwände wurden außen mit Schaumstoff isoliert und mit farbigen Asbestzement-Platten verkleidet, die mit sichtbaren Schrauben auf einer Holzlattung befestigt sind."

So lautete 1968 die Belobigung einer neuen Wohnbebauung in einer von Oslo bis Sydney gelesenen Architekturzeitschrift für ein Projekt in

Alte und neue Architektur: Nicht immer fügt sich Historisches und Modernes harmonisch zusammen. In den 60er Jahren entstanden viele Gebäude, die heute als Bausünden bezeichnet werden. Unser Bild zeigt im Hintergrund die Wicker-Klinik in Bad Homburg.

Erstes Hallenbad im Kreises eröffnet

Obertaunus. Das erste Hallenschwimmbad des Obertaunuskreises wurde am 21. September von Oberbürgermeister Dr. Armin Klein am Bad Homburger Seedammweg eröffnet. Die moderne Sportstätte neben dem bereits bestehenden Freibad setzte sich aus einem Becken von 25 mal 15 Metern, einer Sprunganlage mit Ein- und Dreimeterbrettern, einem Nichtschwimmerbecken, dem Umkleidetrakt und einer Sauna für 40 Besucher zusammen. Die Baukosten betrugen 6,3 Millionen Mark, die größtenteils von der Stadt getragen wurden; das Land Hessen und der Obertaunuskreis gaben Zuschüsse.

Werner Vogler starb 67-jährig

Bad Homburg. Dr. rer. pol. Werner Vogler, Inhaber der Firma Dr. Werner Vogler und Vertragshändler von Mercedes in Bad Homburg, starb am 10. Januar im Alter von 67 Jahren. Der Förderer des Automobilsports war als stets hilfsbereiter und für sich selbst anspruchsloser Mensch bekannt. Seinem Wunsch entsprechend fand die Beisetzung auf dem Waldfriedhof in aller Stille statt.

Bürgermeister entsorgt Chlorgas-Behälter

Anspach. Austretendes Chlorgas führte am 2. August dazu, dass der Anspacher Bürgermeister Rudolf Selzer und zwei Gemeindemitarbeiter in das Bad Homburger Kreiskrankenhaus eingeliefert werden mussten. Im Schwimmbad war eine undichte Chlorgasflasche entdeckt und zum Löschwasserteich gebracht worden, dessen abfließendes Wasser das Gas abtransportieren sollte. Am nächsten Tag stellte man fest, dass das Chlorgas sich auf einem Gartengelände niedergeschlagen hatte. Bürgermeister Selzer beschloss den Abtransport der Flasche selbst vorzunehmen, da eine Gefährdung der Bevölkerung nicht auszuschließen war. Bei dem Versuch erlitten er und zwei Gemeindearbeiter Vergiftungen. Erst Spezialisten der Frankfurter Berufsfeuerwehr gelang die endgültige Sicherung der schadhaften Gasflasche.

Tschechische Gäste besuchten Feriendorf

Mauloff. 98 tschechische Gäste besuchten am 12. September das Feriendorf Mauloff. Der Besuch war etwas überraschend zu Stande gekommen, da seit dem Ende des Prager Frühlings die Ausreisebedingungen erschwert waren.

Waldlehrpfad mit Jubiläumslinde

Seulberg. Der Vogelschutzverein Seulberg weihte am Samstag Vormittag des 25. Mai nach über zweijähriger Arbeitszeit im Hardtwald einen Vogelschutz- und Waldlehrpfad ein. Entlang des 2,5 Kilometer langen Weges waren 50 Holztafeln mit Bildern und Erläuterungen aufgestellt, eine Schutzhütte eingerichtet und 75 Nistkästen aufgehängt worden. Die neue Schutzhütte wurde nach dem Altbürgermeister, Vorsitzenden des Vogelschutzvereins und Initiator des Lehrpfades, Friedrich Christian Schmidt, benannt. Bei der Begehung des Pfades nahm Landrat Werner Herr die Pflanzung der Jubiläumslinde vor, die an die 1200-Jahr-Feier Seulbergs erinnern sollte.

Hans-Thoma-Schule zieht in neue Bleibe

Oberursel. Ende September 1968 zog die „Schule für Lernbehinderte" in ihre neue Heimstätte „Im Portugall" 15. Mit dem Umzug verbunden war auch die Benennung der Schule nach dem Maler Hans Thoma, der zwischen 1894 und 1898 zeitweise in Oberursel lebte. Vor dem Umzug war die Schu-

Norwegen. Sie hätte sich auch auf eine Bebauung im Taunus beziehen können. Bei der Lektüre von Fachzeitschriften aus dem Jahre 1968 wird man viele Beispiele dieser Art finden, und der damalige Obertaunuskreis sowie der Landkreis Usingen bildeten hier keine Ausnahme. So entsprachen die planerischen Überlegungen zum Beispiel der Gemeinde Anspach ganz den damaligen Zielen eines modernen Städtebaus, und für bis zu neun-geschossige Häuser gab es im Offenlegungsverfahren eines Bauleitplanes kaum Widerspruch. So „prägen" noch heute zwei herausragende Hochbauten das Bild des alten Ortskerns.

Alle noch eigenständigen kleinen Gemeinden des Kreisgebietes strebten damals mehr oder weniger nach „urbanen Wohnformen und urbanem Städtebau". So hatte es schon die Bauausstellung „Interbau Berlin 1957" mit ihren heute unter Denkmalschutz stehenden Musterbauten vorgegeben. Und welche der seit 1960 durch das neue Bundesbaugesetz mit umfänglicher Planungshoheit ausgestatteten Gemeinden wollte nicht fortschrittlich sein im Interesse der Bürger? Wenn schon keine Limesstadt, dann wenigstens einige Hochhäuser am Taunusrand, vom Grün durchzogen, auf prozentual kleinen Flächen erbaut.

Nur wenige Fachkritiker erhoben in dieser Zeit warnend den Finger und waren der Meinung, dass sich über den ganzen Erdball eine Krankheit verbreite: Mietshauskolonien mit zwei Prozent Kunst am Bau und „Betreten-des-Rasens-verboten-Siedlungen" mit der unsichtbaren Beschriftung „Fehlentwicklung". Die Festschrift „100 Jahre Obertaunuskreis" bemerkte hierzu 1967: „Es gibt selten einen Landkreis, der seine Siedlungsstruktur in den letzten Jahren so veränderte wie der Obertaunuskreis. Die enge Verzahnung mit den Großstädten Frankfurt und Offenbach hat allen Orten ein städtisches Gepräge gegeben. Bei der Lage des Kreises zum Großraum Frankfurt wird die Forderung nach neuem Siedlungsraum niemals zum Versiegen kommen. Die geplanten Waldsiedlungen in Schönberg, Oberhöchstadt und Schneidhain sowie die neuen Abschnitte der Wohnstädte Süd in Steinbach und Seulberg sind hoffnungsvolle Ansätze!"

Schließlich ging der von Prof. Wortmann für den Bereich der späten Regionalen Planungsgemeinschaft Untermain entworfene Regionale Raumordnungsplan für 240 Städte und Gemeinden noch von einem Bevölkerungswachstum bis zum Jahr 1980 von über 350 000 Einwohnern aus, für die genügend Wohnraum einschließlich der notwendigen Versorgungs- und Bildungseinrichtungen geplant werden musste.

Die erste Konsequenz aus der bisher ziemlich unorganischen Siedlungsentwicklung zogen die betroffenen Kommunen am 12. Juli 1968 mit den „Eppsteiner Beschlüssen". Der Siedlungsdruck sollte hauptsächlich in die so genannten Siedlungsschwerpunkte geleitet werden. Dagegen sollten die „Zuwachsgemeinden", in denen bisher schon eine stärkere Baugebietserweiterung stattgefunden hatte, nur noch maßvoll erweitert werden. Damit wurde eine grundsätzliche Wende in der Städtebaupolitik eingeläutet, doch bis zur Umsetzung dauerte es noch eine ganze Weile, zumal einmal eingeleitete und in geltendes Ortsrecht umgesetzte Planungen nicht einfach geändert werden können. Welcher Bauherr wollte schon geplante Bauvorhaben auf bereits erworbenen Baugrundstücken aufgeben?

Bei der Be- und Verurteilung von Bausünden kommt es immer auf die Blickrichtung an und auf die Würdigung der allgemeinen Rahmenbedingungen. Auch wird nicht jeder Missstand allgemein als ein solcher gesehen, und selbst bei aller Kritik an den Schönberger Hochhäusern wird man auch hier nicht an der Tatsache vorbeikommen, dass die inzwischen in Wohneigentum umgewandelte Anlage bei den Bewohnern recht beliebt ist. Der Standort am Taunusrand ist sicher mit ein Grund dafür.

Auch in der Kreisstadt Bad Homburg zeugen die „einsamen Hochhäuser" Am Untertor und Ecke Dietigheimer-/Höhestraße von einer einmal begonnenen „urbanen Verdichtung". Es sind jedoch „Singles" geblieben. Mitte der 80er Jahre sollte ein städtebaulicher Wettbewerb Lösungsvorschläge erbringen. Jedoch blieb es bei der Absicht, und vielleicht ist es auch gut so, ab und zu städtebaulich nicht ganz glückliche Beispiele als Erinnerung zu belassen. Das gilt genauso für Bad Homburgs Promenade, wo die Stadtväter 1968 wohl auch einer zweiten „Klinik" zugestimmt hätten. Schließlich galt es, der Kur Auftrieb zu verschaffen, nur mit den vielen, nicht mehr im Sinne ihrer ursprünglichen Zweckbestimmung genutzten Baudenkmälern konnte man keine Kurgäste anlocken. Bis 1974 gab es nicht einmal ein wirksames Denkmalschutzgesetz, mit dem man auf die Gestaltung hätte Einfluss nehmen können.

Zwar forderten Ende der 60er Jahre Architekten und Städteplaner mehr Beteiligung, Privatleute mehr Eigentum, Wohnungsbaugesellschaften mehr Gesellschaftseigentum, doch was aus dieser Situation entsteht, in der jeder fordert und keiner gibt, das ist die Einöde, die nicht zu dem werden kann, was wir unter einem gut funktionierenden Gemeinwesen verstehen. Auch mit dem Sprung ins nächste Jahrhundert bleibt die Notwendigkeit einer laufenden Überprüfung und Anpassung städtebaulicher Zielrichtungen an das Gemeinwohl und die Bedürfnisse der Bürger.

Ein Blick auf Schönberg: Hier entstanden zahlreiche Bauten, deren Architektur aus heutiger Sicht wenig attraktiv ist.

le im Gebäude der Schule Mitte untergebracht. 1970 ging die Trägerschaft von der Stadt Oberursel auf den Obertaunuskreis über.

Am 1. Januar 1969 wurde die seit 1963 bestehende „Schule für Praktisch-Bildbare" Nachbar der Hans-Thoma-Schule. Auch für sie war der Umzug Anlass für eine neue Namensgebung. Man entschloss sich, die neue Einrichtung nach der blinden und gehörlosen amerikanischen Schriftstellerin Helen Keller zu benennen.

Seulberg feiert 1200-jähriges Bestehen

Seulberg. Am 23. Juni bevölkerten 20 000 Personen die Seulberger Straßen. Anlass war der drei Kilometer lange Festzug, der auf Grund der 1200-Jahr-Feier durch die Straßen des Ortes zog. Ein weiterer Höhepunkt war der Abschluss der Gemeindepartnerschaft zwischen Seulberg und Bad Wimsbach-Neydharting in Oberösterreich am 22. Juni.

Kulturkreis wird gegründet

Kronberg. Auf Anregung von Bürgermeister Ernst Winterberg wurde am 18. März im „Schützenhof" der Kronberger Kulturkreis gegründet: Ziel des Zusammenschlusses war es, Gemäldeausstellungen und Konzertabende durchzuführen. Am Abend der Gründungsversammlung, in der Bürgermeister Winterberg als Erster Vorsitzender gewählt wurde, lagen schon 35 Beitrittserklärungen vor. Bereits am 11. April fand die erste Gemäldeausstellung, am 3. Oktober das erste Konzert des Kulturkreises statt.

Stadtmuseum wird eröffnet

Königstein. Am 18. Mai öffnete das Königsteiner Stadtmuseum seine Pforten im Alten Rathaus der Stadt. Bei einer kleinen Feier im Herzogin-Adelheid-Stift bekam der Vorsitzende des 1952 gegründeten Vereins für Heimatkunde, Karl Weißbecher, die Schlüssel übergeben. Der ersten Besichtigung der Räumlichkeiten wohnte auch ein Kamerateam des Hessischen Rundfunks bei. Glanzstück des Museums war das von Carl Söhngen geschaffene Modell der Festung Königstein.

800-Jahr-Feier mit Umzug und Kommers

Pfaffenwiesbach. Vom 28. Juni bis 1. Juli stand Pfaffenwiesbach ganz im Zeichen seiner 800-Jahr-Feier. Bei dem am Samstagabend abgehaltenen Festkommers erhielt die Gemeinde die Freiherr-vom-Stein-Plakette verliehen. Höhepunkt der Feier war der Sonntag. Nach einem Freundschaftssingen im Festzelt zog sich am Nachmittag ein Festzug mit 30 Festwagen, Fußgruppen und Spielmannszügen durch den Ort.

Bad-Hotel mit sechseckigem Grundriss

Oberursel. Aufsehen erregte das am 1. Mai eingeweihte Bad-Hotel neben dem Oberurseler Schwimmbad vor allem wegen seiner Architektur und seiner Ausstattung. Der Grundriss war sechseckig angelegt. Das fünfgeschossige Hotel beherbergte 100 Hotelbetten, besaß Restaurantmöglichkeiten für 300 Gäste, Kegelbahnen und ein Schwimmbad, das auch die Oberurseler Schulen benutzen konnten. Eine besondere Attraktion war das Dachgartenrestaurant, von dem man einen herrlichen Ausblick hatte. Diesem Blick trug man Rechnung, als der Name des Hotels in „Panorama" geändert wurde. Bereits 1978 schloss der Hotelbetrieb. In das Gebäude zog das Pharmazie-Unternehmen Fresenius ein.

„Die Raumstadt" macht Schwagenscheidt berühmt

Angelika Baeumerth

Starb 1968 in Kronberg: der Architekt Walter Schwagenscheidt.

Kronberg. Am 16. Januar 1968 starb in Kronberg der Architekt Walter Schwagenscheidt. In der Geschichte der Architektur des 20. Jahrhunderts hat Schwagenscheidt seinen festen Platz vor allem durch sein berühmt gewordenes Buch „Die Raumstadt" von 1941. Als „Raumstadt" bezeichnete Schwagenscheidt ein aus unterschiedlichen Gebäudetypen, Körpern und Räumen zusammengefügtes städtebauliches Geflecht. Die Idee eines Städtebaus, der individuelle Gestaltungsformen innerhalb einer Ordnung zulässt, konnte er als technischer und künstlerischer Leiter der seit 1959 erbauten Frankfurter Nordweststadt umsetzen. 1886 in Wuppertal geboren hatte Schwagenscheidt die Kunstgewerbeschulen in Elberfeld und Düsseldorf sowie die technischen Hochschulen Stuttgart und München besucht, war dann Assistent an der technischen Hochschule in Aachen, schließlich Lehrer an den Technischen Lehranstalten in Offenbach geworden. 1966 ernannte ihn die Technische Hochschule Darmstadt zum Dr. Ingenieur ehrenhalber. Von 1936 bis zu seinem Tod lebte Schwagenscheidt in Kronberg. Hier entstand nach seinen Plänen der Neubau des Kaiserin-Friedrich-Hauses.

Eine Heimat für Senioren

Beppo Bachfischer

Oberhöchstadt. Der 20. Juni 1969 ist für den damals noch selbstständigen Ort Oberhöchstadt ein historisches Datum. An jenem Tag wurde der Grundstein für das Altkönig-Stift gelegt, die mit rund 530 Bewohnern in 498 Wohnungen und 70 alten Menschen in den Einzelzimmern des Wohnbereichs Pflege größte Einrichtung ihrer Art im heutigen Hochtaunuskreis werden sollte. Die Maxime der Orientierung an den Bedürfnissen der Bewohner war für damalige Verhältnisse nahezu revolutionär. Nicht eines jener seinerzeit durchaus noch üblichen, durch drei „S" – satt, sauber, sicher – gekennzeichneten „Verwahr-Häuser" war hier begonnen worden, sondern eine Einrichtung mit dem am humanistischen Weltbild ausgerichteten, selbst gesteckten Ziel einer „ganzheitlichen, aktivierenden, individuell ausgerichteten Bewohnerbetreuung".

Auf die Eigenverantwortung der alten Menschen hinsichtlich ihrer völlig ungebundenen Tagesplanung ohne feste Essens- oder sonstige Zeiten wird zur Erhaltung oder Wiedererlangung ihrer Lebensqualität auch heute noch großer Wert gelegt. Angebote im kulturellen, sozialen und Unterhaltungsbereich sowie die Möglichkeit zur Förderung der kognitiven und motorischen Fähigkeiten werden dabei als unverzichtbar angesehen. Dafür nimmt das Altkönig-Stift einen Personalschlüssel in Kauf, der etwa 20 bis 30 Prozent über den gesetzlichen Vorschriften liegt. Von den rund 300 Arbeitsplätzen im Haus entfallen etwa 250 auf den 24-Stunden-Service, etwa 35 auf den physiotherapeutischen Bereich. Hinzu kommen Ärzte, Friseure, Schwimmmeister, Bank- und Kiosk-Personal sowie Reinigungskräfte.

Die finanzielle Basis für dieses Projekt bildet die Organisationsform als Genossenschaft, die hier zum ersten Mal im Bereich des altengerechten Wohnens Anwendung fand. Ausgangspunkt war der Wunsch, eine von der öffentlichen Hand und Wohlfahrtsverbänden unabhängige Einrichtung zu schaffen. Notgedrungen konnten damit aber auch keine Finanzquellen von dieser Seite angezapft werden. Das Modell funktioniert, indem jeder Anwärter einen Geschäftsanteil von mindestens 500 Mark erwirbt. Abhängig von der Größe der gewünschten Wohnung stellt er der Genossenschaft ein Darlehen zur Verfügung, das mit vier Prozent verzinst und beim Einzug in Geschäftsanteile umgewandelt wird. Dadurch ist auf der Grundlage einer Solidargemeinschaft der derzeitigen und künftigen Bewohner die Finanzierung von Betreuung und Pflege auf Lebenszeit gewährleistet. Nachdem Tod eines Bewohners geht das Geschäftsguthaben in voller Höhe an die Erben.

Das Altkönig-Stift ist freilich nur eine von zahlreichen Seniorenheimen im Hochtaunus. Die Zahl derartiger Einrichtungen hat in Laufe dieses Jahrhundert kontinuierlich zugenommen. Im Jahr 1983 gab es nach Angaben des Statistischen Landesamtes 35 Seniorenheime mit 2741 Plätzen im Hochtaunuskreis, zehn Jahre später waren es bereits 42 mit 4275 Plätzen. Gänzlich unterschied-

Betrunkener legt im Kurhaus Feuer

Königstein. Drei Polizeibeamte bemerkten in der Nacht zum 6. Mai einen Brand im Königsteiner Kurhaus. Als ein Beamter einen Mann in einem Gebüsch entdeckte, griff jener ihn mit einem Küchenmesser an. Erst nach einem Schuss in den Unterarm und mehreren Schlägen mit einer Taschenlampe ließ sich der Mann festnehmen. Der angetrunkene Schneidhainer gab später an, den Brand aus Unachtsamkeit gelegt zu haben. Am Kurhaus entstand Sachschaden in Höhe von 100 000 Mark. Doch dank dem Improvisationstalent der Kurhauspächter konnte schon am nächsten Tag das Café wieder öffnen. Man hatte es einfach in leer stehende Räumlichkeiten verlagert, und statt Klaviermusik konnte man den Klang eines Akkordeons vernehmen.

Waffenschau der Bundeswehr

Schmitten. 100 Soldaten mit ihren Lkws und Panzern kamen am 28. Juni für eine Waffen- und Geräteschau nach Schmitten. Für die Verpflegung der zahlreichen Besucher sorgte eine Feldküche der Bundeswehr, für musikalische Unterhaltung eine Militärkapelle. Mit einem großen Manöverball im Kurhaus Ochs verabschiedete sich die Bundeswehr wieder aus Schmitten.

Kindesentführer in Cratzenbach

Cratzenbach. Anfang September versetzte eine Kindesentführung Deutschland in Aufregung. Vier Täter hatten einen 12-jährigen Schüler aus dem Schwarzwald am 21. August als Geisel genommen und verlangten von dem Pflegevater des Kindes 30 000 Mark Lösegeld. Am 2. September gelang es der Polizei, zwei der Entführer zu verhaften. Die anderen beiden ließen ihre Geisel nach der Geldübergabe am 3. September frei und konnten kurz darauf ebenfalls festgenommen werden. Im Zuge der Rekonstruktion des Falles stellte sich heraus, dass die Entführer sich mit ihrer Geisel in der Nähe des Eichelbacher Hofes in Cratzenbach aufgehalten hatten. Eines der Tatfahrzeuge sowie einen weggeworfenen Erpresserbrief mit Anweisungen für die Geldübergabe fand man in einem Waldstück. Die geplante Geldübergabe an einem Heuschober bei Hasselbach am 1. September war aus unbekannten Gründen gescheitert.

Erstes Kreishallenbad in Hessen

Kreis Usingen. Am 9. September eröffnete Landrat Dr. Rudolf Thierbach in Usingen das erste Kreishallenbad Hessens. Um den Bau des Bades hatte es langwierige Verhandlungen gegeben. Erst als sich das Hessische Innenministerium bereit erklärte, einen Großteil der Kosten zu tragen, konnte das Bad innerhalb von 18 Monaten fertig gestellt werden. Das Schwimmbecken besitzt eine Größe von 25 mal 10 Metern. Dem Drei-Meter-Brett kam während der Einweihungsfeier eine besondere Bedeutung zu, denn zwischen den einzelnen Eröffnungsreden zeigten von dort Turmspringer aus Wiesbaden ihr Können.

Günter-Latscha-Haus wird eingeweiht

Dorfweil. Anfang April wurde das Günter-Latscha-Haus in Dorfweil seiner Bestimmung übergeben. Es sollte als berufsbegleitende Bildungsstätte dienen. Die Firma Latscha nutzte das Haus als Schulungsgebäude für ihre Lehrlinge sowie zur Abhaltung von Seminaren und Lehrgängen für Berufstätige aus allen Wirtschaftsbereichen. Die Hessische Landeszentrale für politische Bildung und andere staatlich geförderte Einrichtungen hielten hier ebnefalls Lehrgänge

liche Faktoren waren schon im ausgehenden 19. Jahrhundert dafür verantwortlich, dass sich der Taunus, insbesondere der Vordertaunus, bis zum heutigen Tag immer mehr zum bevorzugten Refugium von Ruheständlern entwickelte. Die Nähe des pulsierenden Wirtschafts- und Kulturstandortes Frankfurt und das Leben in der Natur am Südhang des voll erschlossenen Mittelgebirges mit Heilquellen und bester Luft sind die ideale Verbindung für einen Altersruhesitz.

Nach dem Zweiten Weltkrieg hat die Zahl allein lebender alter Menschen dramatisch zugenommen. Waren es zunächst die Folgen des Krieges, der Witwen zurück gelassen, Vertriebene und Flüchtlinge entwurzelt hat, so spaltete sich bald die traditionelle Großfamilie mit zunehmend geforderter Mobilität im Berufsleben in die Jungen mit ihren Kindern und die Alten, die in ihrer angestammten Heimat zurück blieben. Einher gehend mit steigender Lebenserwartung, wirtschaftlicher Unabhängigkeit, aber auch den Gefahren der Vereinsamung, gesundheitlicher Risiken und der Möglichkeit plötzlicher Pflegebedürftigkeit wuchs die Nachfrage nach Plätzen in Alten- oder Senioreneinrichtungen unterschiedlichster Prägung, zumal hier die Gewähr gegeben war, dass die Fürsorge, später die Sozialhilfe bei der Finanzierung im Fall der Pflegebedürftigkeit einspringen würde.

Hier treffen sich die Interessen der heutigen Senioren mit der Entstehungsgeschichte der Alten- und Armenfürsorge, die etwa vom fünften Jahrhundert an in den Klöstern einsetzte. Im Mittelalter kamen Einrichtungen der Städte, Gilden, Zünfte und Bruderschaften für deren unverheiratete Alte hinzu. Die ersten reinen Alten- und Pflegeheime entstanden in der Zeit der Industrialisierung aus der Not an Hilfe für alte Arbeiter, aber auch für unverheiratete Mägde und Knechte. Der Erste

Hammerschlag für ein großes Projekt: Oberhöchstadts damaliger Bürgermeister Heinz Haimerl bei der Grundsteinlegung für das Altkönigstift.

Weltkrieg mit seinen einschneidenden Änderungen für alte Menschen führte dazu, dass auch die bürgerliche Schicht im Alter zunehmend in solchen Einrichtungen lebte.

Die Ausrichtung der Heime auf die bürgerliche Schicht wurde nach dem Zweiten Weltkrieg noch verstärkt und erfasste auch die gehobene Mittel- und Oberschicht. Öffentliche Einrichtungen konnten den Bedarf längst nicht mehr decken, so dass einerseits aus der Not heraus, andererseits aus wirtschaftlichen Gründen private Träger neben der freien Wohlfahrtspflege und der öffentlichen Hand sich des Betriebs von Alteneinrichtungen annahmen.

Imposanter Blick auf das im Rohbau fertiggestellte Altkönigstift.

ab. Heute ist das Günter-Latscha-Haus in Dorfweil nicht länger Bildungsstätte. Seit 1979 dient es als Asylbewerberheim.

Kreis schafft transportable Disko an

Kreis Usingen. Der Kreisausschuss beschloss in seiner Oktober-Sitzung den Ankauf einer transportablen Plattenbar. Verstärker und Plattenspieler kosteten 1750 Mark, für die Lautsprecher, technisches Kleinmaterial und Arbeitsaufwand kamen noch einmal 1200 Mark hinzu. Jugendvereine konnten die Plattenbar beim Kreisjugendring für ihre Veranstaltungen kostenlos leihen.

Großbrand bei Milupa

Friedrichsdorf. Im Lagergebäude des Milupa-Konzerns in der Bahnstraße brach gegen neun Uhr morgens ein Feuer aus. Erst als der Einsatzleiter der Frankfurter Berufsfeuerwehr vom Hubschrauber aus die Löscharbeiten dirigierte, gelang es, die Flammen einzudämmen. Die Werksfeuerwehr und die Freiwillige Feuerwehr Seulberg hatten wegen Wassermangels und der verwinkelten Bauweise die Frankfurter Feuerwehr hinzugezogen. Der Schaden bei Milupa belief sich auf 2.5 Millionen Mark.

Gedenkstätte für Anton Günter

Kronberg. Die Gedenkstätte für den 1937 verstorbenen Heimatdichter und -sänger des Erzgebirges Anton Günter wurde im Rahmen einer Feierstunde enthüllt. Eine Bronzeplakette mit dem Relief Günters an einem Taunusstein angebracht sollte dreierlei symbolisieren: Erinnerung an den Künstler, ideelle Zusammenführung aller vertriebenen und nicht vertriebenen Erzgebirgler sowie Ausdruck der Akzeptanz der neuen Heimat.

Drei Flugzeuge stürzen im Taunus ab

Taunus. Innerhalb von 24 Stunden stürzten gleich zwei Flugzeuge im Taunus ab. Am 25. Juni verunglückte eine Cessna an den Hängen des Kleinen Feldberges nördlich von Königstein. Dabei kam der Pilot ums Leben. Einen Tag später stürzte ein belgisches Militärflugzeug auf einem Routineflug über dem Taunus ab. Dass der Taunus kein leichtes Fluggebiet ist, zeigte sich erneut knapp neun Monate später. Am 13. April 1970 stürzte wiederum eine Cessna ab. Der holländische Pilot starb bei dem Unglück unterhalb des Großen Feldbergs.

Besucher schwitzen in der neuen Sauna

Usingen. Am 24. November eröffneten in der Walradstraße Erika und Hans Knopp das erste öffentliche Saunabad in Usingen. Die Anlage besaß zwei Schwitzräume, ein kleines Schwimmbecken, einen Massage- und einen Ruheraum sowie einen Dusch- und Gussraum. Ein kaltes Tauchbecken und ein Imbiss-Stand rundeten die Anlage ab. Der Eintritt betrug zwischen zwei Mark fünfzig und fünf Mark.

Letzte Fahrt der 262 und der Weiltalbahn

Mit Tränen in den aufgemalten Augen trat die Dampflok 262 ihre letzte Reise an. Danach rostete sie auf dem Königsteiner Bahnhof vor sich hin.

Taunus. Im August mussten die Königsteiner Abschied nehmen von der letzten Dampflokomotive der Frankfurt-Königsteiner Kleinbahn. Mit einem aufgezeichneten Gesicht mit weinenden Augen und der Aufschrift „Meine letzte Fahrt" trat die „262", wie die Lok im Volksmund hieß, blumengeschmückt ihre Reise an. Bis 1977 stand die 262 auf dem Königsteiner Bahnhofsgelände. Schließlich kam sie in das Eisenbahnmuseum nach Darmstadt-Kranichstein. 1985 erwarb ein Schweizer Eisenbahnfreund die Lokomotive und restaurierte sie.

Zwischen Grävenwiesbach und Weilmünster verkehrte am 27. September zum letzten Mal ein Personenzug auf der Weiltalstrecke. Unter dem Motto „Die letzte Fahrt der Weiltalbahn" wurde ein Sonderzug eingerichtet, der von einer nostalgischen Dampflok gezogen wurde. Im Sonderzug wurde ein Sonderpostamt eingerichtet, so dass eine im Zug verkaufte Gedenkkarte auch mit einem Sonderstempel versehen werden konnte.

Der Handel treibt neue Blüten

Kaufhäuser und Supermärkte auch im Taunus auf dem Vormarsch/ Brigitte Scheuerle-Wagner

Taunus. Das neue Jahrzehnt begann mit einschneidenden Veränderungen in der Einzelhandelslandschaft des Vordertaunus: 1970 entstanden mit dem toom-Markt in Friedrichsdorf, dem Woolworth in Bad Homburg und dem Kaufhaus Braun in Oberursel drei neue große Einkaufsangebote, die neue Konsumgewohnheiten der Bevölkerung mitprägen sollten. So gab die Leibbrand-Gruppe im Mai 1970 mit der Eröffnung des toom-Marktes in Seulberg den Startschuss für eine Kette von Riesenmärkten gleichen Namens in ganz Deutschland.

Was wir heute selbstverständlich von jedem großen Supermarkt erwarten, stellte sich damals als die Superlative in der Lebensmittelbranche dar, wie es aus den Zeitungsberichten über die Eröffnung zu entnehmen ist. Die 150 Meter langen Kühlregale beeindruckten genau so wie die ins Lager integrierten Kühlhäuser, die die Anlieferung von Käse und Geflügel aus dem Ausland ermöglichten. Ungewohnt auch der Getränkeshop und die Cafeteria, die neues Einkaufsverhalten voraussetzten: der Großeinkauf von Lebensmitteln, die nur mit dem Auto transportiert werden konnten. Nicht umsonst liegt der toom-Markt verkehrsgünstig und bot damals schon 500 Parkplätze.

Dabei lag dem Markt in Seulberg nicht das erste neue Einzelhandelskonzept in der Nachkriegsgeschichte zu Grunde, das vom Rhein-Main-Gebiet aus seinen Siegeszug durch Deutschland angetreten hatte. Sechs Jahre zuvor hatte mit dem Main-Taunus-Zentrum in Sulzbach das ers-

Einkaufsmagnet in Bad Homburg: 1970 eröffnete das Kaufhaus Woolworth in der oberen Louisenstraße seine Pforten. Die Konkurrenz sah es mit einem lachenden und einem weinenden Auge.

Gesamtschule am Gluckenstein wird gebaut

Bad Homburg. Nach einer langen Vorbereitungsphase konnte am 10. August mit dem Bau der Gesamtschule am Gluckenstein begonnen werden. Das in Kompaktbauweise geplante Gebäude sollte 80 Meter lang und 50 Meter breit werden. Im Erdgeschoss entstanden die Fachbereiche, der Informationsbereich für Schüler und Lehrer mit einer Bibliothek, die Verwaltung sowie ein zu zwei Musiksälen erweiterter Mehrzwecksaal; außerdem standen als Neuerung Garderoben mit Schließfächern für jeden der 1600 Schüler bereit. Für das Obergeschoss waren Klassenräume, das Sprachlabor und der Lehrerstützpunkt vorgesehen. Drei Turnhallen in einem benachbarten Komplex gehörten zur Schulanlage. Die Gesamtkosten waren auf 12 Millionen Mark veranschlagt, die laufenden jährlichen Unterhaltungskosten auf eine Million. Diese additive Gesamtschule nahm nach ihrer Vollendung im Jahre 1973 Schülerinnen und Schüler des Hauptschul-, Realschul- und des gymnasialen Zweigs auf.

Großbrand in der Diskothek Marmelade

Ober-Erlenbach. Ein Großfeuer vernichtete in den frühen Morgenstunden des 26. Dezember das im weiten Umkreis beliebte Beatlokal „Marmelade" und die danebenliegenden Pizzastuben in Ober-Erlenbachs Seulberger Straße. Zwei angrenzende Wohnhäuser, in denen drei Familien lebten, brannten ebenfalls bis auf die Grundmauern nieder. Der Gesamtschaden wurde auf eine Million Mark geschätzt, die Brandursache blieb ungeklärt. Feuerwehrzüge aus Ober-Erlenbach, Bad Homburg, Bad Vilbel und Frankfurt bekämpften vier Stunden lang das Feuer. Menschen kamen nicht zu Schaden. Im 4000 Einwohner zählenden Ober-Erlenbach war man sich einig, in Zukunft keine Diskothek mehr im reinen Wohngebiet zuzulassen.

Mittleres Erdbeben erschüttert den Taunus

Taunus. Für 58 Sekunden bebte am Nachmittag des 22. Januar die Erde im Taunus. Die Erdbebenwarte auf dem Kleinen Feldberg teilte mit, dass es sich dabei um ein mittleres Beben der Stärke 6 gehandelt habe. Vor allem im süddeutschen Raum kam es zu Schäden. An der Hohenzollernburg bei Hechingen stürzte ein Turm zusammen. Im Fuldaer Rathaus sprangen die Scheiben. Die Bewohner des Taunus bewiesen eine gewisse Dickfelligkeit. Kaum einer nahme Notiz von dem Beben, obwohl es im Taunus spürbar gewesen sein muss.

Sabotage beim Daviscup-Turnier

Bad Homburg. Im Daviscup-Fieber befanden sich Tennisliebhaber bereits vor dem vom 7. bis 9. Mai auf den Plätzen des Bad Homburger Kurparks ausgetragenen internationalen Wettbewerb. Neben der städtischen Tribüne entstand ein Fernsehturm, da die Spiele für die Sportschau aufgezeichnet wurden. Auf deutscher Seite traten Wilhelm Bungert, Christian Kuhnke und Ingo Buding gegen Dänemark an. An jedem Tag verfolgten 2000 Besucher auf den ausverkauften Tribünen die Begegnung, die 4:1 für Deutschland endete. Ein ernster Zwischenfall stellte das sportliche Geschehen vorübergehend in Frage, da die Verantwortlichen am frühen Morgen vor der in der Nacht mutwillig zerstörten Tennisanlage standen. Große Löcher und herausgehackter Schotter unter der roten Decke hatten den Tennisplatz in eine Kraterlandschaft verwandelt. Die rasch zusammen-

te deutsche Einkaufszentrum seine Pforten geöffnet und Maßstäbe für die weitere Entwicklung im deutschen Einzelhandel gesetzt.

Blickt man auf die Diskussion zurück, die den Bau des im November 1970 eröffneten Woolworth-Kaufhauses in Bad Homburg begleitete, so stellt man fest, dass sich die Themen und Probleme seitdem nicht viel verändert haben. Auch damals wurde schon ein weiterer Magnet für die Louisenstraße gefordert, der das zwei Jahre zuvor eröffnete Hertie-Kaufhaus ergänzen und die Einkaufsstadt Bad Homburg im Vordertaunus aufwerten sollte. Auch damals sahen die ortsansässigen Einzelhändler die Konkurrenz des zweigeschossigen Kaufhauses, das im Untergeschoss vom Lebensmittelsortiment eines Latscha-Marktes ergänzt wurde, mit einem weinenden und einem lachenden Auge. Und auch damals ging ein großes Aufatmen durch die Öffentlichkeit, als bekannt wurde, dass auf dem Dach des Woolworth-Kaufhauses rund 100 Kundenparkplätze entstanden. Denn schon vor drei Jahrzehnten waren Klagen über die Parkplatznot in der Kurstadt an der Tagesordnung.

Der Name Woolworth an sich war keine große Sensation für Bad Homburg: Schließlich hatte sich der amerikanische Warenhauskonzern mit deutschen Niederlassungen bereits 1927 in Bremen und ein Jahr später in Wiesbaden etabliert. So war die Bad Homburger Niederlassung nur das 152. Woolworth-Kaufhaus in Deutschland, das allerdings einmal eine Vorreiterrolle für den Woolworth-Konzern spielen sollte. 1989 war es eines von drei Häusern bundesweit, das in der Kurstadt das Konzept des Lady Plus Sortiments testen sollte: Auf 100 Quadratmetern bot es Kombi-Mode für größere Damengrößen im höheren Genre von deutschen Lieferanten, mit Farbkonzepten, die in der nächsten Saison fortgeführt werden sollten.

Weit mehr als Woolworth und toom-Markt hat sich das Kaufhaus

So mancher Oberurseler erinnert sich noch an das Kaufhaus Braun, das eine wechselhafte Geschichte erlebte.

Braun in Oberursel mit seiner wechselvollen Historie in der Öffentlichkeit bekannt gemacht. Ebenfalls im November 1970 öffnete es an der Stelle des ehemaligen Schützenhofs an der Adenauerallee als vierte Niederlassung der mittelständischen Kaufhaus-Kette Braun aus Pirmasens seine Tore. Auf 2200 Quadratmetern Verkaufsfläche konnten Kunden aus einem umfassenden Warenangebot wählen: Kosmetik, Schmuck, Uhren, Textilien, Foto- und Elektrozubehör, Heimwerkerbedarf, Bad, Kleinmöbel, Porzellan. Ein Restaurant im Obergeschoss lud mit 100 Plätzen zum Essen ein, in einer Cafeteria konnte man im Sommer sitzen. Im Erdgeschoss war ein Schade-Markt untergebracht. Zusammen mit dem Kaufhaus war ein Wohnhochhaus entstanden, das heute noch existiert.

Oberursel begrüßte die Eröffnung seines ersten Kaufhauses, das der Handwerker- und Gewerbeverein bereits 1967 gefordert hatte, damit die Gemeinde ihre Bedeutung als Einkaufsstadt nicht verliere. Ende 1972 wurde das Kaufhaus an die WEKA-Textilgesellschaft in Wiesbaden verkauft und firmierte seitdem als Kaufhaus der Mitte (KdM), von denen es noch 16 weitere in kleineren Städten der Bundesrepublik gab.

Immer wieder tauchte das Kaufhaus in den Schlagzeilen Oberursels auf. Sei es bei der Diskussion um die Ansiedlung eines weiteren Kaufhauses, gegen das sich das „KdM" strikt aussprach, weil es bereits mit dem Frankfurter Einzelhandel in starker Konkurrenz stand. Sei es mit mehreren Bränden, die der Besitzer einer Wohnung in dem angeschlossenen Wohngebäude der Bärenkreuzung gelegt haben soll, mit einem Einbruch von Jugendlichen oder einem Raubüberfall auf den Geschäftsführer. Mancher Oberurseler dürfte sich auch noch an den Aufruhr am Neujahrsmorgen 1978 erinnern, als das Erdgeschoss sowie der erste und zweite Stock des Kaufhauses unter Wasser standen. Ursache war ein Defekt in der Sprinkler-Anlage.

Dem wachsenden Konkurrenzdruck der großen Kaufhausketten und der Konzentration im Einzelhandel hielt die Kaufhauskette WEKA, zu der KdM gehörte, nicht lange stand. 1981 gab es sein Sortiment an Kleiderstoffen auf, da dies rückläufig sei und von der Kundschaft nicht mehr angenommen werde. 1982 ging der Einkaufsverband Grohag, bei dem das Kaufhaus Mitglied war, in Konkurs und wurde von dem Giganten Kaufring übernommen. 1983 beantragte die WEKA-Kaufhausgruppe in Wiesbaden, die einen Käufer für ihre 30 Betriebe suchte, selbst Konkurs, das Kaufhaus der Mitte in Oberursel daraufhin Räumungsverkauf.

50 Beschäftigte in Oberursel waren davon betroffen. Nachdem mit den Beschäftigten ein Sozialplan ausgehandelt war, schloss das Kaufhaus am 30. Juni 1983 seine Pforten. Ein Vierteljahr später übernahm die Einzelhandelskette Schade und Füllgrabe die Räume des KdM. Sie erweiterte ihren Supermarkt im Erdgeschoss und eröffnete ein Ladenzentrum im ersten Obergeschoss mit Läden, Restaurants und Cafés. Die Entwicklung des Oberurseler Einzelhandels nahm andere Konturen an.

gerufenen Tennisfreunde beseitigten die Schäden mit Stampfen und Walzen und machten den Platz doch noch spielreif. Spieler und Gäste bemerkten nichts von der offensichtlichen Sabotage.

Scheel und Gromyko treffen sich im Schloss

Kronberg. Am 30. Oktober waren die Augen der Welt auf Schloss Friedrichshof gerichtet. In dem hermetisch abgeriegelten Gebäude kam es zum ersten Treffen von Außenminister Walter Scheel und seinem russischen Amtskollegen Andrej Gromyko auf deutschem Boden. In dem sechs Stunden dauernden Gespräch wurde unter anderem die Berlin-Frage erörtert. Konkrete Ergebnisse brachte das Treffen nicht, es deutete aber eine Änderung in der Ostpolitik der Bundesrepublik an.

Grundsteinlegung im Rosengärtchen

Oberursel. Am 8. Mai legte der Hessische Sozialminister Horst Schmidt den Grundstein für die Wohnsiedlung „Im Rosengärtchen". Dabei sollten 16 Wohnungen im Rahmen des sozialen Wohnungsbaus für Kriegsbeschädigte entstehen. Zugleich sollte die Grundsteinlegung das Zeichen für den Beginn der Bauarbeiten für weitere 800 Wohneinheiten sein. Die Kosten für das Rosengärtchen-Projekt wurden mit 50 Millionen Mark veranschlagt. Bereits Mitte Dezember waren die ersten 16 Wohnungen fertig gestellt. Bis zum Jahr 1972 wurden nach und nach auch die anderen bezugsfertig.

Verkehrsverein lädt zur Ferienfahrschule

Schmitten. Eine besondere Idee hatte der Heimat- und Verkehrsverein für seine Veranstaltung „Hobby-Ferien in Schmitten". Zur Förderung des Tourismus in der Taunusgemeinde nahm er eine

Ferienfahrschule inklusive Führerscheinprüfung in sein Programm auf.

Die Schmittener Bemühungen hatten Erfolg. Kurz nach Veröffentlichung der Pläne waren bereits Buchungen aus allen Teilen der Bundesrepublik eingegangen.

Schüler der CWS treten in den Streik

Usingen. Ein großes Plakat vor dem Eingang der Christan-Wirth-Schule in Usingen verkündete am 11. Februar, dass die Schüler in Streik getreten seien. Anlass des dreitägigen Schülerprotestes war die Einführung der Zulassungsbeschränkungen für Hochschulen (Numerus clausus). Bereits am 31. Januar hatten die Schüler der CWS an einer Demonstration gegen den Numerus clausus teilgenommen und beschlossen, in den hessenweiten Streik einzutreten. Der Streik wurde von der Lehrerschaft unterstützt. Am Montag, 16. Februar, wurde der Unterricht wieder in vollem Umfang aufgenommen.

Parken für fünf Pfennig in der Viertelstunde

Kreis Usingen. Seit dem 22. Juli sind die ersten Parkuhren in Usingen in Betrieb. Damit wurde einem Beschluss der Stadtverordnetenversammlung vom Oktober 1969 Rechnung getragen. Die „Groschengräber" in der Innenstadt sorgten für viel Wirbel. In Leserbriefen und Bürgerbefragungen traten die Usinger vehement gegen diese Neuerung, die dem Ruf Usingens als Einkaufsstadt schaden würde, ein. Dabei waren die Parkkosten gering: Für 15 Minuten musste man fünf Pfennig zahlen, jede weitere Viertelstunde kostete ein weiteres Fünfpfennigstück.

Von der Mühle zum beliebten Freizeitpark

Die Lochmühle bei Wehrheim

Wehrheim. Am 1. Januar 1970 nahm der Ponyhof Lochmühle seinen Betrieb auf – Startschuss für eine Einrichtung, aus der sich in den nächsten Jahrzehnten der bekannteste Freizeitpark der Gegend entwickeln sollte. Die Wurzeln reichen weit in die Vergangenheit zurück.

Ende des 19. Jahrhunderts übernahm die Familie Zwermann die Lochmühle am Ausgang des Köpperner Tals, in der seit dem Mittelalter mit der Kraft des Erlenbachs das Korn von den Feldern Wehrheims gemahlen wurde. Als die Mühle Anfang dieses Jahrhunderts abbrannte, erkannte Heinrich Zwermann die Zeichen der Zeit und errichtete an der neugebauten Bahnstrecke für die Besucher der Saalburg ein Hotel mit Restaurant.

Die Landwirtschaft, die seit jeher auf den 25 Hektar des Anwesens betrieben wurde, musste sein Enkel Theo Zwermann Ende der 60er Jahre aus gesundheitlichen Gründen aufgeben. So gründete er den Ponyhof und konzentrierte sich auf die Pferdezucht. In den folgenden Jahren kamen immer mehr Reiter zur Lochmühle, wo schließlich fast 100 Pferde in den Ställen standen. 1975 durchschnitt jedoch die neue Straße im Köpperner Tal das bisherige Reitgebiet. Der Lochmühlen-Chef stellte Spielgeräte auf und wandelte den Reiterhof in einen Freizeitpark um. Schon im ersten Jahr kamen etwa 25 000 Besucher zur Lochmühle. Diese Zahl stieg bis Anfang der 90er Jahre rasant an und hat sich bis heute verzehnfacht.

Während zu Anfang Holzspielgeräte, Trimmpfad und Grillplätze das Bild beherrschten, haben die Jungen und Mädchen heute von Wasserbob und Riesenrutsche bis zu Helikopterbahn und Trampolin-Anlage viele Attraktionen zum Spielen zur Verfügung.

Die Elektro-Motorräder gehören zu den Attraktionen des Freizeitparks Lochmühle. Begonnen hatte alles 1970 mit einem Ponyhof.

Eine Chance für Behinderte

Die Oberurseler Werkstätten/Jürgen Conradi

Oberursel. Es gab und gibt wohl keine zweite Einrichtung im Hochtaunuskreis, die so uneingeschränkt, kontinuierlich und unabhängig von jeglicher politischer Couleur von den Landräten und Politikern des Kreises gefördert wurde wie die „Oberurseler Werkstätten für Behinderte". Das Haus trägt den Namen des Gründers der Werkstatt und ersten Landrates des Hochtaunuskreises, des Sozialdemokraten Werner Herr.

Die Geschichte der Oberurseler Werkstätten – ein Eigenbetrieb des Hochtaunuskreises – zeigt ein stetiges Wachstum nach innen und außen. Mit 27 behinderten Mitarbeiterinnen und Mitarbeitern begann die Werkstatt am 2. August 1971 am damaligen Standort „An den drei Hasen". Heute steht das Haupthaus im Industriepark zwischen Oberurseler Straße und Zimmersmühlenweg. Dependancen gibt es in der Folkbertusstraße in Oberursel und in der Benzstraße in Bad Homburg. Die Zahl der geistig, psychisch und mehrfach Behinderten sowie seelisch Kranken ist in fast drei Jahrzehnten auf insgesamt knapp 300 angewachsen.

Es darf nicht vergessen werden, dass vor 30 Jahren das soziale Netz nicht annähernd so dicht geknüpft war wie heute. Es gab damals eine einzige Sonderschule und die „Lebenshilfe" war 1966 gegründet worden. Betreutes Wohnen und andere Selbstverständlichkeiten unserer sozialen Wirklichkeit waren nur Fremdworte. Für das Gründungsteam waren die Aufgabe und die Ziele denn auch außergewöhnlich: Die Last der Sorge um die Behinderten, so forderte seinerzeit als treibende Kraft die „Lebenshilfe", sollte nicht

Die Werkstätten für Behinderte im Oberurseler Gewerbegebiet aus der Vogelperspektive: Die Beschäftigten arbeiten hier nicht nur, sie bekommen auch ein Sport- und Bewegungsprogramm geboten.

Walther Leisler Kiep wird CDU-Bundesschatzmeister

Kronberg. Auf dem CDU-Bundesparteitag in Saarbrücken wurde Anfang Oktober der Kronberger Bundestagsabgeordnete Walther Leisler Kiep zum neuen Bundesschatzmeister der Partei gewählt. Er sollte das Amt bis zum Jahr 1992 inne haben. Kiep war seit 1965 Mitglied des Bundestages. Aufsehen erregte sein „amerikanischer" Wahlkampfstil, in dem er bundespolitische Prominenz in den Taunus holte. Dass Kiep eine über Parteigrenzen hinweg anerkannte Persönlichkeit war, zeigte sich 1979, als Bundeskanzler Helmut Schmidt ihn bat, die internationale Finanzhilfe für den fast bankrotten türkischen Staat zu organisieren.

Volkshochschule im Herbstsemester

Kreis Usingen. In einer seiner letzten Sitzungen beschloss der Kreisausschuss Usingen am 8. Juli, den Bad Homburger Volksbildungskreis mit der Führung einer Volkshochschule im Kreis Usingen zu betrauen. Schon im Herbstsemester ab dem 13. September wurden in Usingen und Wehrheim die ersten Kurse angeboten.

Flugzeugabsturz fordert sechs Menschenleben

Falkenstein. Beim Absturz einer zweimotorigen Turbopropmaschine vom Typ Beechcraft 90 am Döngesberg in der Nähe Falkensteins kamen am 22. Januar alle sechs Insassen ums Leben. Unter den Opfern befanden sich auch der 46-jährige Oberbürgermeister der Stadt Wattenscheid, Erwin Topp, sowie der Wattenscheider Oberstadtdirektor und Stadtbaudirektor. Mit dem Absturz hatte die Stadt somit ihre gesamte Verwaltungsspitze verloren. Die 2,7 Millionen Mark teure Maschine stürzte bei dichtem Nebel gegen 15.15 Uhr mit einer Geschwindigkeit von 350 Kilometern pro Stunde ab und riss dabei eine 200 Meter lange Schneise in den dichten Fichtenwald. Die Trümmer lagen in einem Umkreis von 700 Metern verstreut. Die Maschine war um 15.10 Uhr vom Rhein-Main-Flughafen mit Ziel Fritzlar-Homberg gestartet. Heute erinnert noch das „Wattenscheid-Denkmal" in der Nähe der Unfallstelle an das Unglück.

Kreiskrankenhaus nach zwei Jahren eingeweiht

Usingen. Nach mehr als zweijähriger Bauzeit wurde am 22. Dezember in Usingen das neue Kreiskrankenhaus eingeweiht. Im Erdgeschoss des Gebäudes wurden ein septischer Operationsraum, die Röntgenstation, die Bäderstation, Labore, EKG-Raum, Teile der Aufnahme sowie die ambulante Behandlung untergebracht. Chirurgische Abteilung und dazugehörige Pflegestation, der aseptische Operationsraum, Gipsraum und Ruheräume für das Pflegepersonal kamen im 1. Stock unter. Die Klinik war nunmehr für 140 Betten ausgelegt.

Schweinepest: Tiere werden notgeschlachtet

Königstein. Am 5. Dezember wurde im Königsteiner Jagdrevier ein an Schweinepest verendetes Wildschwein gefunden. In der Folge mussten mehrere mit der Krankheit infizierte Hausschweine notgeschlachtet werden.

„Ein Bürgermeisteramt auf Rädern"

Weilnau. Am 1. April nimmt in der Gemeinde Weilnau ein „Bürgermeisteramt auf Rädern" seinen Dienst auf. Die Einrichtung ging auf einen Vorschlag des SPD-Landtagsabgeordneten Heribert Reitz zur bürgernäheren Verwaltung zurück.

Das Fahrzeug, ein Kleinlaster, war so eingerichtet, dass alle

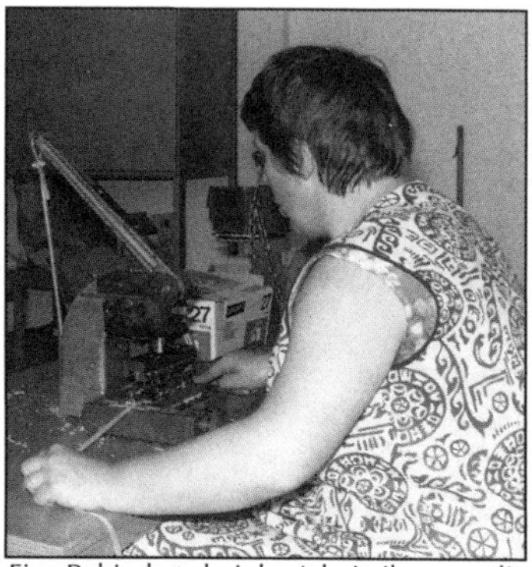

Eine Behinderte bei der Arbeit, ihr monatliches Entgelt richtet sich nach der Leistung.

mehr allein den Eltern überlassen bleiben. Den Benachteiligten, die auf dem allgemeinen Arbeitsmarkt keine Chance hätten, sollte ein Arbeits- und Entfaltungsraum geschaffen werden, gleichzeitig hatte sich die Werkstatt als Partner der Wirtschaft zu bewähren. Das täglich zu vollbringende Kunststück hat der derzeitige Werkstattleiter Horst Tschischka einmal auf den Nenner gebracht: wirtschaftlich denken und sozial handeln.

Die Liste der Arbeiten, mit denen in den Werkstätten gutes Geld verdient wird oder demnächst verdient werden soll, ist lang:

- Fertigung von Spezialpaletten - der Metallbereich, die Konfektionierung, das Verpacken und der Holzbereich sind die klassischen Standbeine der Werkstatt seit Bestehen
- Entsorgen und Produzieren im Bereich Umweltschutz
- Fahrrad-Werkstatt - Reparatur und Wartung von Billigrädern, die in Warenhäusern und Großmärkten gekauft wurden und vom Fachhandel nicht angenommen werden. Zusammenbau funktionstüchtiger und technisch einwandfreier Räder aus Sperrmüllbeständen
- CNC-Oberfräse – Produktion von Holzrohlingen, die in der Eigenproduktion der Werkstatt unter anderem zu Holzspielzeug verarbeitet werden
- Bürogruppe – Übernahme von Schreibarbeiten aus der Verwaltung der Werkstatt selbst, aber auch Abwicklung von Mailing-Aufträgen mit Adressverwaltung für Dritte.
- Werkstattladen - Verkauf der werkstatteigenen Produkte im bestehenden Werkstattladen, auf Märkten, Ausstellungen und in Betrieben
- Aktenvernichtung.

Sicher ist die Werkstatt ein Schonraum für körperlich und geistig behinderte und schwerstbehinderte Menschen. Wer die Werkstatt besichtigt, wird aber immer wieder von dem industriellen Charakter der Fertigung und Auftragsabwicklung überrascht sein. Termine, Stückzahl, Präzision und Preis-Leistungs-Verhältnis sind gängige Alltagsbegriffe. Die Eingangskontrollen der auftraggebenden Firmen erteilen der Werkstatt regelmäßig beste Noten. Immerhin erhält jeder Behinderte aus der persönlichen Arbeitsleistung auch sein monatliches Entgelt. Es wird eine realistische Arbeitswelt geboten, ohne aber den Einzelnen zu überfordern. Sport, Bewegung (Musiktherapie, Heilgymnastik) und Gemeinschaftsveranstaltungen runden das Angebot ab.

Die Eltern der Behinderten, deren Initiative die Werkstatt nicht nur ihre Existenz, sondern in den ersten Jahren auch die Arbeitsaufträge verdankt, sind kontinuierlich und eng in die Arbeit der Werkstatt eingebunden. Neben dem schweren Schicksal, ein behindertes Kind großzuziehen und mit ihm durch alle Lebensabschnitte gehen zu müssen, finden viele Eltern dennoch die Kraft, sich für die Gemeinschaft zu engagieren und als Lobby für „ihre" Werkstatt zu wirken. Ohne den Förderverein und den Elternbeirat wäre so manches Extra nicht zu bezahlen gewesen.

Der technische Fortschritt macht auch vor den Toren der Werkstatt nicht halt. Technisierungsgrad und Sicherung von Arbeitsplätzen hängen künftig mehr denn je zusammen. Auch Werkstätten für Behinderte werden sich dem Zwang zur Zertifizierung nach der Industrienorm DIN ISO 9000, dem sich die Industrie längst unterworfen hat, nicht entziehen können. Für Behindertenwerkstätten ist die Situation aber ungleich schwieriger als für die Industrie, da ein Kompromiss zwischen den Anforderungen des industriellen Kunden und der individuellen Leistungsfähigkeit der Behinderten gefunden werden muss. Der derzeitige Amtsinhaber, Landrat Jürgen Banzer, hat vor wenigen Wochen mit der von ihm herbeigeführten Entscheidung, die Werkstätten zu erweitern, die Weichen für die Entwicklung der segensreichen Einrichtung im 21. Jahrhundert gestellt.

Die Hochtaunusstraße – ein touristisches Erfolgskind

Simone Hett

Taunus. Für Freunde schöner Landschaften ist sie fast schon ein Muss: die „Hochtaunusstraße" – jene Verbindung zwischen Bad Homburg und Bad Camberg, die längst zu Deutschlands Traumstraßen-Angebot gehört.

Die Geburt des „touristischen Erfolgskindes" war schwierig. Am 20. Januar 1970 hatte sich die Gesellschaft Hochtaunusstraße in Bad Camberg im Hotel „Waldschloss" gegründet. In der Folge hatte es langwierige Diskussionen über das Für und Wider einer solchen Ferienstraße gegeben. Zur Einigung kam es schließlich am 30. September 1971 in Schmitten. Hessens Staatsminister für Wirtschaft und Technik, Heinz Herbert Karry, einigte sich mit Vertretern der Gesellschaft Hochtaunusstraße und der Gastronomie auf die Einrichtung der Straße. Zwei Wochen später gab das Ministerium endgültig das Startsignal. Am 13. Oktober 1973 konnte Karry die Hochtaunusstraße schließlich offiziell eröffnen.

Zu den „Geburtshelfern", zählten neben den Landkreisen Usingen, Obertaunus und Limburg auch die an der Hochtaunusstraße gelegenen Städte und Gemeinden, einige Heimat- und Verkehrsvereine sowie die Hotel- und Gaststättenverbände. Ihr erklärtes Ziel war es, auf die Sehenswürdigkeiten und das gastronomische Angebot entlang der Straße aufmerksam zu machen und so den Taunusbesucher nicht nur zum Durchfahren, sondern auch zum Verweilen zu bewegen.

Bis heute führt die Traumstraße unverändert auf rund 100 Kilometern von der Autobahn Bad Homburg über Oberursel hinauf zum Sandplacken, weiter über Arnoldshain oder Ober-/Niederreifenberg,

Dienstgeschäfte erledigt werden konnten. Es pendelte zwischen den Gemeinden Altweilnau, Neuweilnau, Riedelbach, Finsternthal und Mauloff hin und her, die sich am 1. Dezember 1970 zur Großgemeinde Weilnau zusammengeschlossen hatten.

Zitterpappel weicht Verkehrssicherheit

Usinger Land. Im August wurde die an der Straße zwischen Altweilnau und Merzhausen stehende Zitterpappel aus Gründen der Verkehrssicherheit gefällt. Auch ein Eintrag im Naturdenkmalbuch des Kreises konnte das Ende des als „Bettelfrau" bekannten Baumes nicht verhindern.

Der Name ging auf einen schon im 17. Jahrhundert erwähnten Teil der Grenzgemarkung zurück. Der Sage nach soll dort eine Bettlerin erfroren sein.

Bad Homburg bekommt Oberhain nicht

Obernhain. Am 21. Dezember lehnte der Obertaunuskreis die Eingemeindung Oberhains nach Bad Homburg ab. Das Parlament bestätigte damit einen Beschluss des Usinger Kreistages vom 10. November. Dieser hatte die Ablehnung mit gewachsenen Beziehungen zwischen Wehrheim und Obernhain begründet.

Bereits am 24. Oktober hatten Bad Homburgs Bürgermeister Dr. Armin Klein und sein Obernhainer Amtskollege Ernst Diehl die Grenzänderungsverträge unterschrieben. Die ebenfalls beschlossene Eingemeindung von Dornholzhausen wurde planmäßig umgesetzt.

100 000 Mark Schaden bei Scheunenbrand

Bommersheim. Bei einem Großfeuer in den frühen Morgenstunden des 3. Juni brannte die Scheune eines Bommersheimer Landwirts in der Wallstraße vollständig ab. Es entstand ein Sachschaden von 100 000 Mark. Durch das Feuer wurden zwölf Rinder und Kühe derart verschreckt, dass sie über die Wallstraße rannten.

Neubau für 900 Schüler eingeweiht

Oberursel. Am 8. Mai weihte die Frankfurt International School ihren Neubau An der Waldlust 15 ein. Nach einem Jahr Bauzeit bot das Gebäude Platz für 30 Klassenräume, eine Cafeteria, wissenschaftliche Laboratorien und Lehrräume sowie eine vollausgestatte Turnhalle. 900 Schüler wurden fortan in dem acht Millionen Mark teuren Gebäude unterrichtet.

Gondelbahn zum Feldberg genehmigt

Stierstadt. Nach langjährigen Verhandlungen erteilte der Darmstädter Regierungspräsident Dr. Hartmut Wierscher am 28. Juli der Stierstädter Feldberg-Lift GmbH die Konzession für den Bau und Betrieb einer von einer Schweizer Privatfirma konzipierten Gondelbahn von der Hohemark zum Gipfel des Großen Feldbergs. Es wurde mit einer Entwicklungs- und Bauzeit von drei Jahren und Kosten von 5 Millionen gerechnet. Im folgenden Jahr wurde das Projekt jedoch zu den Akten gelegt.

Steinbacher Schule wird erweitert

Steinbach. Landrat Werner Herr übergab am 18. März in Steinbach den Erweiterungsbau der Schule seiner Bestimmung. Durch die insgesamt 1,8 Millionen Mark teuren Baumaßnahmen konnte die in den Jahren zuvor wegen der Expansion Steinbachs sprunghaft auf 775 gestiegene Schülerzahl mitsamt den 34 Pädagogen ohne Probleme untergebracht werden.

Im September 1971 gab es endgültig grünes Licht für die Hochtaunusstraße. Eine Ansichtskarte des Lübecker Schöning-Verlags zeigt die Route.

Schmitten, Dorfweil, Brombach, Hunoldstal, Alt-/Neuweilnau und Riedelbach bis nach Bad Camberg.

Entlang der Strecke locken viele Sehenswürdigkeiten wie das Landgrafenschloss in Bad Homburg, die Saalburg, das Freilichtmuseum Hessenpark bei Neu-Anspach, das Rathaus Altweilnau, das älteste Pfarrhaus Deutschlands in Rod an der Weil, die Burgruinen Reifenberg und Königstein, die Burg Kronberg oder der Amtshof in Bad Camberg. Der Erfolg der touristischen Maßnahme hat sich längst eingestellt: Der hessische Staatsminister Ernst Welteke bemerkte bereits zum 20. Geburtstag der Route, eine vom Hessischen Fremdenverkehrsverband in Auftrag gegebene Untersuchung habe bewiesen, dass die Mehrzahl der Urlauber in erster Linie Hessen mit dem Begriff „Taunus“ als Urlaubsland identifizieren.

Die Karten werden neu gemischt

Aus den Kreisen Obertaunus und Usingen entsteht der Hochtaunuskreis/ Angelika Baeumerth

Taunus. Im Sommer 1972 veränderten sich die Verhältnisse für die Städte und Gemeinden diesseits und jenseits der „Höhe" grundlegend. Vom 1. August an waren der Obertaunuskreis und der Kreis Usingen Geschichte – die Gebietsreform vereinigte die beiden bis dahin eigenständigen Gebiete zum Hochtaunuskreis, und auch auf der Gemeinde-Ebene kam es nach jahrelangen Diskussionen fast überall zu Fusionen. Aus den 61 Gemeinden in den Kreisen Obertaunus und Usingen wurden im Hochtaunuskreis 13 Städte und Großgemeinden. Es ging dabei nicht nur um Flächenbereinigung und Verwaltungsvereinfachung, sondern es galt, gerade im Rhein-Main-Gebiet der sich anbahnenden Zersiedlung, aber auch der Realisierung des Projektes „Regionalstadt Frankfurt" eine Alternative entgegenzusetzen.

Gerade im Taunus sah man sich zu raschem Handeln aufgefordert. War doch klar, dass der Obertaunus als der flächenmäßig kleinste Landkreis in Hessen bisher nur aufgrund seiner Bevölkerungsdichte unangetastet geblieben war. Bereits 1947 hatte sich der Kreistag gegen eine „Auflösung oder Überführung in einen Landkreis Frankfurt" verwahrt. Und auch im Landkreis Usingen wurde schon seit den vierziger Jahren „viel von einer Auflösung" gesprochen. Seit 1970 debattierte man in beiden Kreisen über „eine gemeinsame Planung und den Zusammenschluss". Ohne die Gemeindereform war eine Gebietsreform undenkbar. Deshalb musste die Zusammenlegung von Gemeinden am Anfang stehen.

Recht schnell einigte man sich in Friedrichsdorf, Burgholzhausen, Köppern und Seulberg über den Zusammenschluss zu einer Stadt, was insofern nicht selbstverständlich war, als Burgholzhausen bis dahin noch dem Kreis Friedberg angehörte. Aber der Wille zur Vereinigung war schon im Februar 1971 so groß, dass der Vorschlag des Landtagsabgeordneten Uli Krüger ein „Groß-Bad Homburg" unter Einbeziehung von Friedrichsdorf, Burgholzhausen, Köppern und Seulberg zu schaffen, von Seiten der künftigen Friedrichsdorfer einhellig und erfolgreich abgelehnt wurde. Im Mai 1971 genehmigte der Innenminister dann Friedrichsdorf den „ersten Zusammenschluss von Gemeinden im Obertaunuskreis".

Im Landkreis Usingen hatten sich schon früher Gemeinden zu „kommunalen Arbeitsgemeinschaften" zusammengetan – zur Prüfung des möglichen Zusammenschlusses. Allen voran seit dem 27. April 1970 Anspach, Hausen-Arnsbach, Rod am Berg und Westerfeld.

Der Gesetzgeber räumte für die Gemeindefusionen eine Frist für eine freiwillige Regelung ein; danach sollte an deren Stelle eine gesetzliche Regelung treten. Der Zeitdruck wirkte sich zugleich als Vorteil und als Hemmnis aus. Kam es doch gerade auf Gemeinde-Ebene zu besonderen, oft emotional geprägten Vorbehalten gegen eine Zusammenlegung mit unter Umständen

Bauern protestieren gegen die Agrarpolitik

Bad Homburg. Den bundesweiten Protesten der Bauern gegen die Agrarpolitik der Europäischen Wirtschaftsgemeinschaft (EWG) schlossen sich am 11. Februar auch die Landwirte aus dem Obertaunus an. 200 Bauern auf 150 Traktoren machten in der Bad Homburger Innenstadt ihrer Verärgerung über zu niedrige Preise sowie einen schlingernden Agrarkurs der EWG Luft und verursachten ein zweieinhalbstündiges Verkehrschaos.

Kunststoff-Skipiste auf dem Feldberg

Niederreifenberg. Am Nordhang des Feldbergs wurde am 11. November die längste Kunststoff-Skipiste der Welt eröffnet. Der Vorteil: Die Freunde des Skisports mussten nicht mehr auf den ersten Schnee warten, um ihrem Hobby frönen zu können. Die über einen Kilometer lange Piste war sowohl im Winter als auch im Sommer zu benutzen.

Polizeistationen zusammengelegt

Königstein/Kronberg. Die Polizeistationen der beiden Kommunen Königstein und Kronberg wurden am 2. Juni zusammengelegt. Die neue Zentrale befand sich in den umgebauten Räumen der früheren Kronberger Station im Rathaus.

Bernecker verleiht Schwarzes Band

Bad Homburg. Der langjährige Präsident des Elferrates des Homburger Carneval Vereins (HCV) und Herausgeber des „Taunus Kurier", Helmuth Bernecker, verlieh am 17. Februar erstmals das „Schwarze Band in Samt und Seide". Preisträger dieser närrischen Auszeichnung war Erster Stadtrat Erich Paesler. Der Verkehrsdezernent war wegen seines umstrittenen Verkehrskonzepts im Kurbezirk in die Schusslinie geraten. Paesler gab das Band aus Verärgerung über einen Artikel im „Taunus-Kurier" wieder zurück. Das „Schwarze Band" wurde danach reibungslos an viele Persönlichkeiten des öffentlichen Lebens in Bad Homburg verliehen.

Geplanter Büroturm ruft Proteste hervor

Bad Homburg. Streit um den Alten Bahnhof: Mit der Baugrube auf dem Gelände des Alten Bahnhofs, von Bad Homburger Bürgern längst „Elefantenklo" getauft, sollte Schluss sein. Anfang Juni präsentierte die Rheinisch-Westfälische Immobilien-Anlagegesellschaft (RWI) die Pläne für den Bau eines 17 Stockwerke hohen Büroturms. Dieses Vorhaben ließ die Meinungen in der Kurstadt auseinander driften. Am 5. Juni formierte sich die „Bürgerinitiative gegen die Verunstaltung Bad Homburgs". Drei Wochen später forderte die Fraktion der Homburger Unabhängigen Wähler (HUW), das geplante Hochhaus auf acht Etagen zu beschränken.

Umgehungsstraße wird freigegeben

Oberursel. Die Umgehungsstraße von Oberstedten wurde am 6. Juni von dem hessischen Staatssekretär für Wirtschaft und Technik, Herbert Schnorr, offiziell für den Verkehr freigegeben. Für fünf Millionen Mark war damit die Verbindung zwischen Oberursel und Bad Homburg und damit auch zum künftigen Feldbergzubringer hergestellt.

Frankfurter Wasser für die Kurstädter

Bad Homburg. Bad Homburgs Wasserversorgung war gesichert. Am 12. Juli floss erstmals Frankfurter Wasser durch die kurstädtischen Leitungen. Genau genommen stammte das lebenswichtige

ungeliebten Partnern. Sie traten besonders deutlich im hinteren Taunus hervor. So war es nicht verwunderlich, dass sich bei einer Befragung der Gemeindevertreter im Usinger Land im Mai 1971 ein eher negatives Meinungsbild herauskristallisierte.

Nur einige wenige wussten genau, was sie wollten. Der Arnoldshainer Bürgermeister Kinkel gehörte zu ihnen. Er sprach davon, dass der Zusammenschluss der Dörfer des hohen Taunus sinnvoll sei und Schmitten sich als Verwaltungszentrum anbiete. Emmershausen tendierte „auf keinen Fall nach Rod an der Weil", sondern strebte eine Verwaltungsgemeinschaft mit Winden und Heinzenberg an. Rod an der Weil galt, wie Bürgermeister Rühl aus Winden und andere betonten, als „in allem zu rückständig".

Obernhain war zu diesem Zeitpunkt ein noch unsicherer Partnerkandidat, da sich seine Blicke mit einiger Sehnsucht über die Höhe hinweg nach Bad Homburg richteten. Bürgermeister Diehl erklärte im Mai 1971, es gebe bezüglich einer Fusion Erfolg versprechende Gespräche mit Bad Homburg, was einigen Staub aufwirbelte. Als der Usinger Kreistag im November 1971 mehrheitlich die Fusion Bad Homburg-Obernhain – sehr zum Bedauern

Alte Verbündete und neue Partner: Seit der Gebietsreform im Jahre 1972 gibt es im neu gegründeten Hochtaunuskreis 13 eigenständige Kommunen. Unsere Grafik zeigt, welche Orte zusammengehören.

der unmittelbar Beteiligten – ablehnte, beleuchtete einer der Sprecher im Kreistag die Frage noch einmal auf ganz eigene Art und Weise. Als ein schwerwiegender Gesichtspunkt sei zu betrachten, „daß Obernhain niemals den Namen Bad Homburg vor der Höhe tragen könne, wo es doch sichtlich hinter der Höhe liege…" Für die Städte und Gemeinden „vor der Höhe", im Obertaunuskreis, gab der hessische Minister des Innern im September 1971 „Vorschläge für die gebietliche Neugliederung" heraus. Dem Vorwort zufolge handelte es sich um eine „Modellplanung", die „diskutierbare Vorschläge für eine sinnvolle Zuordnung der Gemeinden" enthielt. Diese sollten sich damit befassen und die notwendigen Entscheidungen treffen.

Im einzelnen beschrieben die Vorschläge die fünf Gemeindegruppen Königstein, Kronberg, Oberursel, Friedrichsdorf und die beiden Gemeinden Steinbach und Kalbach. Von Oberursel liest man hier etwa, die Stadt sei Mittelpunkt ihres Nahbereiches und als Mittelzentrum im Verdichtungsgebiet und Zuwachsgemeinde ausgewiesen. Die Regionale Planungsgemeinschaft Untermain sehe den Zusammenschluss der Gemeinden Stierstadt und Weißkirchen und ihren Anschluss an Oberursel vor. Das seit Jahrhunderten und zu diesem Zeitpunkt (September 1971) immer noch zu Homburg gehörende Oberstedten wird als „strukturell zu Oberursel" gehörig charakterisiert. Ein wenig mag dies die Oberstedter damals befremdet haben, auch wenn sie die dann tatsächlich erfolgte Fusion mit Oberursel mehrheitlich nicht bereuten.

Rivalitäten traten bei den Gemeindefusionen nicht zuletzt in den Auseinandersetzungen um die Namensgebung für die neu zu schaffenden kommunalen Gebilde auf. Dabei fällt auf, dass es bei den Städten fast keine Diskussionen gab; ihre Namen wurden mit der größten Selbstverständlichkeit auch die der künftigen Städte. Anders bei den zu bildenden Großgemeinden. Hier kam es zu teilweise heftigen Diskussionen. So bei den geplanten Ortsnamen der Großgemeinde Weilrod, das „Womberg" heißen sollte, bei „Weilspringe", zu dem es die Alternative „Hattstein" gab und schließlich bei „Schmitten" endete. Des weiteren gab es die von der Lokalhistorie eingebrachten Vorschläge „Brendelsburg, Keltenhain, Waldstadt, Waldberg, Dollingen, Friedhausen, Philipp-Reis-Stadt", gegen die sich „Friedrichsdorf" ohne weiteres durchsetzen konnte. Natürlich gaben die Probleme der Namensfindung auch Anlass zu Spott und Hohn, und es kam zur Erfindung von Namen wie Oberstierkirchen, in denen sich das Ringen um einen gemeinsamen Nenner für Oberstedten, Stierstadt und Weißkirchen, die Stadtteile von Oberursel werden sollten, spiegelte.

Gegen alle diese emotional geführten Diskussionen um künftige Ortsnamen nahmen sich diejenigen um den Namen des künftigen Großkreises bescheiden aus. Der neue Kreis hatte zunächst schlicht „Taunuskreis" heißen sollen. Dieser Name wurde dann aber zugunsten von „Hochtaunuskreis" fallen gelassen, um Verwechslungsmöglichkeiten mit dem benachbarten Main-Taunus-Kreis auszuschließen.

Element aus dem Vogelsberg und dem hessischen Ried, den beiden Wasser-Reservoirs der Mainmetropole. Die Verbundleitung zwischen dem im Frankfurter Stadtteil Bonames stehenden Hochbehälter und dem Pumpwerk in der „Langen Meile" ließ sich die Stadt 5,5 Millionen Mark kosten. Bis dahin bestritt Bad Homburg seine Wasserversorgung aus eigener Kraft. Dem steigenden Bedarf durch eine Zunahme der Bevölkerung waren die städtischen Brunnen aber nicht mehr gewachsen.

Blitz erschlägt 39-jährigen Mann

Königstein. Beim Hissen der Fahne auf dem Turm der Königsteiner Burg wurde ein 39-Jähriger vom Blitz erschlagen. Ein Gewitter entlud sich genau in dem Moment über der Taunusstadt, als er am Fahnenmast zugange war. Für den städtischen Bediensteten kam jede Hilfe zu spät.

Aus für Rennstrecke Saalburgchaussee

Bad Homburg. Seit dem 30. Juni sind nur noch 70 Kilometer pro Stunde auf der Saalburgchaussee erlaubt. Nach einer „Trümmerstatistik" von 83 Unfällen innerhalb eines Jahres begrenzten Polizei und Straßenbehörde die erlaubte Höchstgeschwindigkeit auf der berüchtigten „Rennstrecke" zwischen Bad Homburg und dem Usinger Land auf 70 Kilometer pro Stunde.

Baader-Meinhof-Waffen im Kurparkweiher

Bad Homburg. Mehrere Waffen- und Munitionslager der terroristischen Baader-Meinhof-Gruppe hob das Bundeskriminalamt am 3. August in Bad Homburg aus. Handfeuerwaffen, Handgranaten und mehrere Kilogramm Sprengstoff stellte die Polizei im Kurparkweiher, im Schlossteich und im Heuchelbach sicher. Die Waffen waren von Mitgliedern oder Sympathisanten der Terror-Bande dort versteckt worden. Die Beamten vermuteten daraufhin einen geheimen Schlupfwinkel der Anarchisten in Bad Homburg, der wahrscheinlich einige Tage zuvor überstürzt verlassen worden war.

Gesamtschule öffnet ihre Türen

Oberursel. Mit Beginn des Schuljahres am 28. August wurde in der Gesamtschule Oberursel (GSO) an der Bleibiskopfstraße erstmals der Unterricht aufgenommen. Am 11. September drückten die ersten Kinder in der Gesamtschule am Gluckenstein in Bad Homburg (GaG) die Schulbank.

Hallenbad für 3,3 Millionen Mark

Steinbach. Die Steinbacher konnten erstmals am 15. Oktober in die kühlen Fluten ihres Hallenbades eintauchen. Insgesamt 3,3 Millionen Mark hatte der Bau gekostet. Darin war auch schon die Erweiterung zum Freibad mit einberechnet.

21 Jahre später saßen die Steinbacher Wasserratten wieder auf dem Trockenen. Ein leeres Stadtsäckel sowie PCB-Funde veranlassten die Stadt zur Schließung des Bades.

Verkehrswacht spaltet sich ab

Usinger Land. Im Rahmen der Gebietsreform spaltete sich die Verkehrswacht Usingen am 18. Dezember von der bisherigen Verkehrswacht Obertaunus-Usingen ab und agierte fortan als selbstständiger Verein. Dies sollte auch so bleiben; am 1. Mai 1973 sprachen sich die Usinger gegen einen Zusammenschluss mit den Verkehrswächtern aus dem Vordertaunus aus.

Triumph beim „Spiel ohne Grenzen“

Karl Heinz Arbogast

Oberursel. „Tequila ist sicher kein Wettsaufen“, vermutete richtig die „Taunus-Zeitung“ im Januar 1972 in einer Reportage über das am 29. April bevorstehende „Spiel ohne Grenzen“. Mit dem gewaltigen Medienspektakel stellte der Westdeutsche Rundfunk die Taunusstadt deutschlandweit groß raus. „Spiel ohne Grenzen“ bildete vor 27 Jahren eine Serie von Städtewettkämpfen in Form einer ebenso sportlichen wie lustigen Fernsehshow, die viele Millionen vor die Bildschirme lockte. Oberursel trat damals gegen den Kurort Bad Marienberg im Westerwald an – und gewann. „Mexiko“ bildete das Thema der Show, und der oben zitierte Agavenschnaps war nur ein Name von elf sportlich-lustigen Wettkämpfen mit Titeln wie „Flamenco“, „Zorro“, „Stier einfangen“ oder „Fiesta“. Spiel ohne Grenzen hatte sich in acht Jahren, in denen es der Westdeutsche Rundfunk produzierte, zu einem „Fernseh-Gassenkehrer“ entwickelt. 1971 erschien das Spiel zwischen April und September fünfzehnmal im Programm des Deutschen Fernsehens. Die Farbübertragung erhöhte ab diesem Jahr den Reiz des Spektakels, bei dem aus 63 europäischen Städten und sieben Ländern 1120 Kandidaten aufeinandertrafen.

Kein Wunder, dass der WDR mit seiner Absicht, 1972 die Taunusstadt zu einem Wettkampfort werden zu lassen, im Oberurseler Rathaus offene Türen einrannte. Auf der Stierstädter Heide erlebten 5000 Zuschauer aus Oberursel und Bad Marienberg den Wettkampf und die bunte Schau mit. Mit ihrem Sieg sicherten sich die Oberurseler auch die Teilnahme an der internationalen Ausscheidung am 21. Mai in Passariano in Italien, wo sie ebenfalls erfolgreich waren.

Auf Schienen rollte beim „Spiel ohne Grenzen“ ein Rammbock über den Parcours.

Reidels Tor lässt Bieberer Berg beben

Spielvereinigung 05 Bad Homburg wird deutscher Fußball-Amateurmeister/Christof Beutler

Bad Homburg. Sie hatten längst den Helden ihrer Helden ausgemacht: Torwart Loweg. Den Keeper, der mit tausend Händen das 1:0 im Endspiel festgehalten hatte. „Karl, Du bist der Größte. Karl, Du bist der Allergrößte", skandieren die Fans. Dicht gedrängt stehen sie an jenem Sonntagmorgen auf dem Kurhausplatz. Schwenken blauweiße Fahnen, singen, jubeln und klatschen. Bad Homburg feiert seine Spielvereinigung 05, den Deutschen Fußballmeister 1973 der Amateure.

Dem 35-jährigen Karl Loweg, einst Bundesliga-Profi beim FC Schalke 04 und SV Werder Bremen, stehen Tränen in den Augen. 05-Spielertrainer Wolfgang Solz, der Frankfurter Ex-Internationale, ist gerührt. Er schluckt. Daneben ringen die in vielen Fußballschlachten gestählten Horst Schmittner und Anton Ceh um Fassung. Wie auch Helmut

Stolz stemmt 05-Kapitän Karl Loweg den „Carl-Riegel-Cup" in die Höhe. 05-Präsident Günter Goers (links) und Bad Homburgs Bürgermeister, Dr. Armin Klein (halb verdeckt dahinter), freuen sich mit dem 35-jährigen Torwart. Seine Klasseleistung im Endspiel eröffnete dem Ex-Profi übrigens noch eine kurze Länderspiel-Karriere: HFV-Trainer Rudi Gellesch nominierte ihn für die Hessenauswahl.

Feuerwehr gründet Kreisverband

Taunus. Die 62 Feuerwehren des Usinger Landes und des ehemaligen Obertaunuskreises schlossen sich am 13. Januar zum Kreisfeuerwehrverband Hochtaunus zusammen. Zum ersten Kreisbrandinspektor wurde Wilhelm Leber aus Stierstadt berufen.

Hotel Taunushof wird geschlossen

Kronberg. Das der Hessischen Hausstiftung gehörende Hotel „Taunushof" in Kronberg schloss am 1. Februar seine Pforten. Das Hotel war 1967/68 mit der Auflage gebaut worden, dass Kronberger Vereine es als Ersatz für ein fehlendes Bürgerhaus nutzen könnten.

Bürgermeister Ziess erster Ehrenbürger

Friedrichsdorf. Am 7. April wurde der langjährige Bürgermeister Walter Ziess in den Ruhestand verabschiedet. Gleich drei Mal war Ziess für das Amt des Rathauschefs gewählt worden. Für seine Verdienste um die Stadt wurde Ziess zum ersten Ehrenbürger Friedrichsdorfs nach der Gebietsreform ernannt.

Schäfer verlässt seine Herde

Oberursel. Der letzte Schäfer in den Diensten der Stadt Oberursel, Hermann Gras, ging am 25. April in den Ruhestand. Gras hatte 1945 die Schäferei in Bommersheim übernommen.

Verschwisterung in Frankreich

Kronberg. Mit einem großen Fest wurde am 24. und 25. Mai die Verschwisterung Kronbergs mit Le Lavandou gefeiert. Die Bundesbahn hatte eigens eine direkte Zugverbindung für die zahlreichen Kronberger hergestellt, die zur Partnerschaftsfeier nach Frankreich fahren wollten. Der Partnerschaftsverein baute einen „Kronberg-Pavillon“ auf und informierte über die Stadt im Taunus.

Autos müssen aus der Louisenstraße raus

Bad Homburg. Die Louisenstraße wurde am 20. Juni zur Fußgängerzone. Vom Alten Bahnhof bis zum Schulberg wurde die Einkaufsmeile für den Durchgangsverkehr gesperrt. Eine Ausnahme bildeten Busse, Taxis und Fahrzeuge mit Sondererlaubnis. Die Homburger genossen den ungestörten Bummel ohne Abgase und Lärm.

Bei Peters Pneu ist die Luft raus

Bad Homburg. Das Reifenerneuerungs-Unternehmen Peters Pneu Renova meldete am 28. Juni beim Amtsgericht Konkurs an. Alle Versuche, die Firma durch den Verkauf an einen Wirtschaftskonzern zu retten, waren gescheitert. 630 Beschäftigten wurde die Kündigung ausgesprochen. Die Straßenkreuzung am ehemaligen Firmengelände behielt im Volksmund die Bezeichnung „Peters-Pneu-Kreuzung“.

Kein Camping am Hattsteinweiher

Usingen. Die Camper rund um den Hattsteinweiher mussten ihre Zelte abbrechen. Am 3. September beschloss das Parlament die Kündigung der Pachtverträge. Der Beschluss war die erste Maßnahme zum Ausbau des Naherholungsgebietes.

Federation Cup macht Station im Kurpark

Bad Homburg. Die Kurstadt, auch Wiege des Tennis auf dem europäischen Kontinent, stand vom 30. April bis zum 6. Mai ganz im Zeichen des XI. Federation Cup ’73. Teams aus Japan, Korea, Australien, Schweden, Großbritannien,

Reidel, Schütze des goldenen Endspiel-Tores. Ihm hat gerade ein kleines Mädchen eine rote Rose in die Hand gedrückt...

„Dies ist der stolzeste Tag in der 68-jährigen Geschichte unseres Vereins“, strahlt 05-Vorsitzender Günter Goers mit Bürgermeister Dr. Armin Klein („Das ist die beste Fußballmannschaft, die Bad Homburg je besaß“) um die Wette. Und als 05-Fußballchef Helmut Hoffmann dem Vereinsboss die goldene 05-Ehrennadel anheftet, da „bebt“ der Kurhausplatz.

Und das hatte tags zuvor – am 30. Juni 1973 – auch das Stadion in Offenbach getan, als dort das Bonner Schiri-Original Walter Eschweiler das Finale um die deutsche Amateurmeisterschaft zwischen Spvgg. 05 Bad Homburg und den Amateuren des 1. FC Kaiserslautern abpfiff. Der Bieberer Berg verwandelte sich im Nu in einen Vulkan, der blau-weißes Freudenfeuer spuckte. Die Bad Homburger Schlachtenbummler, die das Gros der 6000 Zuschauer ausmachten, waren nicht mehr zu halten. Sie stürmten das Spielfeld und verschmolzen mit den überglücklichen 05-Kickern zu einem riesigen Freudenknäuel.

Keine Frage, die Bad Homburger Mannschaft gewann verdient mit 1:0. Sie hatte sich taktisch diszipliniert verhalten, abgeklärter gespielt und bei dieser Gluthitze auch rationeller agiert. Die FCK-Youngster um den gerade mal 17 Jahre alten Rudi Weiler, der später wie seine Kameraden Lothar Huber, Peter Schwarz, Heinz Wilhelmi oder Heinz Toppmöller den Sprung in den Kader der „großen“ FCK-Mannschaft schaffen sollte, hatten aber verbissen dagegen gehalten.

Das Tor des Tages fiel in der 77. Minute: Helmut Reidel rammte einen Flankenball von Norbert Sauer mit der Stirn in die Maschen. „Das ist die Entscheidung“, durchzuckte es den Schützen in diesem glückseligen Moment. Er sollte ebenso Recht behalten wie „05-Urgestein“ und Co-Trainer Hermann Kranz, der

Was die Spvgg. 05 Bad Homburg in den Jahren 1955 (0:5 gegen Spfr. Siegen), 1989 (1:1/5:6 nach Elfmeter-Schießen gegen Eintracht Trier) und 1992 (2:3 n. Verl. gegen RW Essen) nicht schaffte, gelang Karl Loweg, Horst Schmittner, Dieter Gebert, Anton Ceh, Hans Hild, Wolfgang Solz, Jürgen Schülein, Manfred Diehl, Helmut Reidel, Roland Weida und Michael Kuhn (von rechts) anno 1973: Sie holten den Titel eines Deutschen Fußballmeisters der Amateure in die Kurstadt. Nicht im Bild die Ersatzspieler Drefahl, Sauer, Heinsch und Reihle.

schon vor dem Anpfiff auf ein 1:0 getippt hatte. Oder waren da etwa magische Kräfte von Günter Gerlach mit im Spiel? Der Bad Homburger Gastronom und treue 05-Vasall hatte auch im OFC-Stadion seinen Stammplatz eingenommen. Direkt hinter Lowegs Kasten. „Weil der Karl den Günter und der Günter den Karl braucht", wusste zwar 05-Obmann Eduard Rittel, nicht aber das Offenbacher Ordnungspersonal. Der pfiffige Gerlach ist ihm entwischt. Mit Fotoapparat um den Hals und Kameratasche lässig über der Schulter, hatte er sich unter die Fotografen-Schar gemischt...

„Wir waren größtenteils überlegen und haben zu Recht gewonnen. Unsere Routine war entscheidend", konstatierte Solz. Ähnlich sah es auch FCK-Kollege Ottmar Calder: „Das athletischere und cleverere Team hat gesiegt. Wir waren ganz einfach zu nervös und sind teilweise wie hypnotisiert über den Platz gelaufen." Und auch die versammelte DFB-Trainergarde sparte nicht mit Lob für den Sieger. Helmut Schön: „Bad Homburg war um das eine Tor besser." Jupp Derwall: „Die Routine und größere Reife hat über die Jugend gesiegt." Herbert Widmayer: „Bad Homburg war zielstrebiger und konstruktiver." Und Erich Ribbeck, damals künftiger Coach beim Bundesligisten 1. FC Kaiserslautern, befand: „Auf Grund der zweiten Halbzeit, und da besonders in der Endphase, geht das 1:0 in Ordnung."

Ein verdienter Sieg also. Doch damit Reichtümer verdienen, das konnten die 05-Recken freilich nicht. Für jeden gab es von den Stadtvätern einen „Homburger Golddukaten", vom Frankfurter Juwelier und Sportförderer Friedrich eine Armbanduhr und dazu von der Stadt Offenbach eine lederne Brieftasche. Diese blieb allerdings leer. Denn die vom Verein ausgelobte 1000-Mark-Siegprämie haben Reidel & Co. nie gesehen. Kapitän Loweg sagte dazu: „Die ist ein Opfer der damaligen Ölkrise geworden. Sonst sind aber alle Zusagen und Versprechungen stets eingehalten worden. Der Günter Goers war ein Ehrenmann."

„Unsere Steigerung ist für mich phänomenal und rätselhaft. Die Amateurmeisterschaft soll aber nur Zwischenstation sein. Wir wollen in die Zweite Liga", verkündete Wolfgang Solz noch in der Stunde des Triumphes. Die Zweite Liga! Ziel und Vision auch von Günter Goers. Und der Bauunternehmer hatte bereits fleißig an seiner zukünftigen Mannschaft gebaut. Doch der große Aufstiegs-Coup sollte ein Wunschtraum bleiben. Am 30. Dezember 1979 verstarb der von den einen liebevoll, von anderen abfällig „Bagger-Schorsch" genannte 05-Präsident im Alter von 58 Jahren.

Knapp zwei Jahrzehnte später, am 9. Februar '99, dürfte er sich im Grabe umgedreht haben. Mit „heute beerdigen wir die Spielvereinigung" verkündete der letzte seiner Nachfolger, Sohn Jürgen, das Ende des hoffnungslos verschuldeten Traditionsclubs. Goers jun. hatte - sich dem Vater verpflichtet fühlend - 1993 den in große finanzielle Not geratenen Verein als Vorsitzender übernommen und dann auch aus dem drohenden Konkurs manövriert. Um sechs Jahre später als „Totengräber" in die Annalen der endgültig bankrotten Spielvereinigung 05 einzugehen.

der Bundesrepublik, Südafrika und den USA kämpften um den Weltmeistertitel im Mannschaftstennis der Damen. Die deutschen Hoffnungen ruhten auf Helga Masthoff, Katja Ebbinghaus und Heide Orth. Den Titel sicherte sich Australien mit 3:0 gegen Südafrika. Die Deutschen Tennisdamen schieden im Halbfinale aus.

Reiter bauen sich eine Halle

Usingen. Der Reit- und Fahrverein Usingen bekam am 21. Oktober eine Reithalle. Die Halle war drei Jahre zuvor von einem Vereinsmitglied in Gießen gekauft, Stück für Stück abgetragen und in Usingen wieder aufgebaut worden. Ein Großteil der „Bauarbeiten" wurde von den Reitern in Eigenregie übernommen.

Kreisakten auf der Müllkippe

Usingen. Einen seltsamen Fund machten SPD-Politiker am 30. Juli bei einem Besuch der Usinger Müllkippe. Bei einem Rundgang entdeckten die Politiker neben Akten aus dem Dritten Reich auch aktuelle Unterlagen der Kreisverwaltung. Zwar verfügte die Kreisbehörde schon damals über einen Reißwolf, die Entsorgung per Hausmüll war offenbar einfacher...

Benzingutscheine schon im Tresor

Taunus. Die weltweite Ölkrise ließ auch die Hochtaunusbürger nicht kalt. Angesichts der drohenden Versorgungsengpässe mit Benzin und Heizöl entschlossen sich das Regierungspräsidium, das Landratsamt sowie die Städte und Gemeinden im November zu Vorsorgemaßnahmen. Insbesondere die wichtigen öffentlichen Einrichtungen sollten geschützt werden. In den Tresoren des Landratsamtes lagerten Benzingutscheine, und es wurde über die Bildung eines Krisenstabes diskutiert. In

Oberursel wurde die Straßenbeleuchtung auf Sparschaltung gebracht und auf die weihnachtlichen Lichterketten verzichtet. Die Kronberger bliesen wegen Treibstoffknappheit eine Altpapiersammlung ab. Um Heizöl zu sparen, blieb das Landratsamt zwischen den Jahren geschlossen.

Neues Hallenbad feierlich eröffnet

Oberursel. Am 1. Dezember wurde das Oberurseler Hallenbad eingeweiht. Der runde Bau bot mit 25-Meter-Bahnen, Nichtschwimmer- und Springerbecken ausreichend Platz für Wasserratten. Zur Eröffnungsfeier kamen Schwimmer aus Epinay-sur-Seine (Frankreich), Ursem (Holland) sowie Karlskrona (Schweden).

Taunus-Quarz für Rekord-Teleskopspiegel

Usingen. Den größten Teleskopspiegelträger Europas – Durchmesser 3604 Millimeter – hätte es nicht ohne Usinger Hilfe gegeben. Am 28. Dezember wurde der Reflektor im Jenaer Glaswerk Schott & Co. in Mainz gegossen. Er sollte das Kernstück eines Spiegelteleskops der Firma Carl Zeiss sein. Den notwendigen Rohstoff Quarz lieferte das Tochterunternehmen des Mainzer Werkes, die Bremthaler Quarzitwerke in Usingen.

Ein Haus für die Jugend in ehemaliger Gaststätte

Oberursel. Bürgermeister Karlheinz Pfaff übergab am 1. Dezember dem Verein Jugendcafé die Schlüssel für das „Haus der Jugend". Platz fand das Jugenddomizil in der ehemaligen Gaststätte „Taunusblick" in der Hohemarkstraße/Ecke Portstraße. Bis 1980 verwalteten die Vereinsmitglieder das „Haus der Jugend" selbst.

Karl-Hermann Flach – „Flaggschiff" der FDP

Simone Hett

Steinbach. Er galt als „einer der profiliertesten Politiker" seiner Zeit, als ein „hervorragender Vertreter des modernen Liberalismus": Karl-Hermann Flach. Der in Steinbach wohnhafte FDP-Politiker starb am 25. August 1973 nach einem Hirnschlag. Er wurde nur 43 Jahre alt.

Zu Ruhm gelangte der 1929 im ostpreußischen Königsberg geborene Flach als „Flaggschiff" der FDP während der sozialliberalen Koalition. Nicht minder erfolgreich war der studierte Politikwissenschaftler auf journalistischem Terrain. Von 1961 an arbeitete er als innenpolitischer Ressortleiter für die „Frankfurter Rundschau", drei Jahre später übernahm er den Posten des stellvertretenden Chefredakteurs. Er schrieb Bücher und arbeitete für den Hessischen Rundfunk an der Fernsehsendereihe „Einmaleins der Politik".

Parallel zu seiner journalistischen Tätigkeit entwickelte sich die politische Laufbahn von Karl-Hermann Flach. Bereits 1946 war er in der damaligen Sowjetischen Besatzungszone Mitglied der Liberalen Demokratischen Partei Deutschlands und schrieb für die liberale „Norddeutsche Zeitung" in Schwerin. Mit seinem Wechsel nach West-Berlin 1949 trat er der FDP bei. Zunächst war er stellvertretender Pressereferent, dann Leiter der politischen Abteilung und schließlich von 1959 bis 1962 Bundesgeschäftsführer. In diese Zeit fiel auch die Bundestagswahl 1961. Karl-Hermann Flach wurde zum Wahlkampfleiter bestellt, und die Liberalen erzielten ein Traumergebnis von 12,8 Prozent.

Fortan ging es bergauf auf der politischen Karriereleiter. Aus gesundheitlichen Gründen musste Flach 1969 den Posten des stellvertretenden Regierungssprechers ablehnen. Es war die Zeit der sozialliberalen Koalition. Drei Jahre später wurde Flach dann auf Vorschlag des Parteivorsitzenden Walter Scheel zum Generalsekretär gewählt. Seine Wahl war für die Liberalen Programm, denn für Flach gehörte die FDP als liberales Korrektiv an die Seite der SPD. Auch im Vorfeld der vorgezogenen Bundestagswahl 1972, bei der er in seinem Wahlkreis 135 (Bad Homburg) auf Stimmenfang ging, legte er sich eindeutig für eine Koalition mit den Sozialdemokraten fest.

An den Politiker, der mit Ehefrau Elisabeth in Steinbach wohnte, erinnert heute noch eine Straße im Oberurseler Gewerbegebiet „An den Drei Hasen". Auch die Kreis-FDP hat ihre einmal im Jahr stattfindende Diskussion nach ihm benannt: Karl-Hermann-Flach-Disput.

Starb 1973 im Alter von nur 43 Jahren: FDP-Politiker Karl-Hermann Flach.

Leben von einst im Maßstab 1:1

Das Freilichtmuseum Hessenpark bei Neu-Anspach/Eugen Ernst

Neu-Anspach. Es war ein heller, warmer Herbstnachmittag, als der damalige Ministerpräsident Hessens, Albert Osswald, am 19. September 1974 den Grundstein für den Hessenpark legte. Nach langen Jahren der Planung hatte die Landesregierung drei Monate zuvor dem ehrgeizigen Projekt – zunächst getragen vom Hochtaunuskreis – zugestimmt und damit den Weg zur Errichtung des Freilichtmuseums geebnet. Noch in den 50er und 60er Jahren waren zwei Anläufe hessischer Volkskundler gescheitert.

Die Geschichte des Freilichtmuseums begann 1967 mit einer Anfrage des Leitenden Baudirektors Erwin Schwarzer an alle Landkreise, um zunächst einen Standort ausfindig zu machen. Unter rund 30 Bewerbern fiel die Entscheidung schließlich auf das Gelände am Südostrand der Anspacher Gemarkung nahe Obernhain. Ausschlaggebend waren nicht nur die Beschaffenheit des Naturraumes (Wald, Quellwasserhorizont, Feuchtbiotope), sondern auch die Nähe zur Saalburg, kostenfreie Überlassung von 30 ha ehemaligem Lohwald und die zentrale Lage im bevölkerungsstarken süd- und mittelhessischen Raum.

Die Frage der Finanzierung blieb noch lange Zeit offen. Lediglich das Sozialministerium unter Dr. Horst Schmidt war mit Ministerialdirektor Heinz Fallak bereit, das Projekt administrativ zu begleiten. Schon 1968/69 wurde ein Landschaftsarchitekt gewonnen, der ökologisch bedenkenswerte Vorschläge machte. Allerdings wurde vor allem von Schwarzer und Fallak der Volksparkgedanke mit mancherlei Einrichtungen des Freizeitsports und -spiels

Mitarbeiter der ersten Stunde: Reinhard Wanderer (links) und Alfred Allhenn beim Restaurieren im Hessenpark.

Minister besucht neue Kochschule

Schmitten. Am 8. Februar wurde in Schmitten das Schulungszentrum „Haus der Köche" eröffnet. Zu diesem Ereignis kamen auch Bundeslandwirtschaftsminister Josef Ertl, der Hessische Wirtschaftsminister Hans-Herbert Karry, der Präsident des Verbandes der Köche Deutschlands, Joseph König und viele weitere prominente Gäste.

Fahrlehrer schimpfen über Landesbeschluss

Usingen. Nach einem Beschluss des Hessischen Ministeriums für Wirtschaft und Technik wurde Usingen am 1. März das Recht entzogen, Fahrschulprüfungen durchzuführen. Alleiniger Prüfungsort sollte Bad Homburg sein. Gegen den Erlass protestierten Fahrlehrer und Fahrschulbesitzer aus dem Usinger Land. Sie fürchteten um ihre Existenz.

Erste Fusion der Rotkreuzverbände

Taunus. Die Kreisverbände des Deutschen Roten Kreuzes (DRK) Obertaunus und Usingen fusionierten am 30. März zum Kreisverband Hochtaunus. Es war die erste Fusion von DRK-Verbänden in Hessen. Mit dem Zusammenschluss wurde der Gebietsreform Rechnung getragen und ein Schlussstrich unter die vorausgegangenen zweijährigen Verhandlungen gezogen. Erster Vorsitzender wurde der bis dato als Chef der Usinger Rot-Kreuzler fungierende Rechtsanwalt Wolfgang Löhr.

Verwaltung ist nun unter einem Dach

Bad Homburg. Das Stadthaus am Marienbader Platz wurde am 5. Mai eingeweiht. Zum ersten Mal seit 149 Jahren war damit die städtische Verwaltung wieder unter einem Dach vereint. Der von den Homburger Unabhängigen Wählern (HUW) heftig kritisierte Bau kostete 25,6 Millionen Mark. Die HUW-Fraktion blieb dann auch aus Protest der ersten Sitzung im neuen Domizil fern. Fast genau 22 Jahre später, am 15. März 1996, zog die Stadtverwaltung dann in das Bürogebäude an der Ecke Louisenstraße/Ferdinandstraße um. Das Stadthaus stand fortan zwei Jahre leer. Am 1. April 1998 begannen dann die Abrissarbeiten.

Herberge für Frankfurter Schüler

Oberreifenberg. Im Beisein des Hessischen Ministerpräsidenten Albert Osswald wurde am 24. Mai die Fritz-Emmel-Jugendherberge im Schmittener Ortsteil Oberreifenberg eröffnet. Das 5 Millionen Mark teure und in unmittelbarer Nähe des Feldbergs gelegene Haus sollte vor allem Schüler aus dem Ballungsgebiet Rhein-Main beherbergen.

Ein eigenes Haus für die Ärzte

Neu-Anspach. Hessens erstes Ärztehaus entstand am 19. Juni in Neu-Anspach. Gebaut wurde es von der Kassenärztlichen Vereinigung Hessens, die eigens ein Jahr zuvor die Ärztehaus Hessen GmbH gegründet hatte. Ziel der Gesellschaft war es, in strukturschwachen Gebieten die ärztliche Versorgung zu verbessern. Das in nur sechs Monaten Bauzeit in der Schubertstraße 32 errichtete Haus bot Platz für mehrere Arztpraxen mit insgesamt 18 Behandlungs- und Warteräumen, ein Gemeinschaftslabor sowie die Möglichkeit zur EKG-Untersuchung.

Acht Verletzte bei Straßenbahn-Unglück

Oberursel. Zwei Straßenbahnzüge der Linie A 3 prallten am 27. Juni zwischen den Haltestel-

vertreten. Der damals festgelegte Begriff „Hessenpark" belastete das Museum später ideologisch insofern, als er Tourismus, Kommerz, Freizeitangebote und Erholung suggeriert. Dank der kreativen Einstellung des damaligen Sozialministers Dr. Horst Schmidt konnte die Idee des Freilichtmuseums verstärkt und schließlich durchgesetzt werden, wobei das Landesamt für Denkmalpflege im Marktplatzbereich ein gewisses Experimentierfeld sah.

Damals herrschte landauf, landab bei noch nicht wirksamen Denkmalschutzgesetzen eine Wegwerfmentalität, die auch alte Gerätschaften und Gebäude umfasste. Es galt daher, wenigstens die typologisch wichtigsten Werkstatt-, Haus- und Gehöftbauten zu retten, sie nach regionalen Gesichtspunkten zu gliedern und nach den vormaligen agraren und sozialen Bedingungen einzurichten. Hierbei ergab sich die Chance, die frühere bäuerlich-handwerkliche Gesellschaft, zu der vor 100 Jahren noch rund 80 Prozent der hessischen Bevölkerung gehörten, sehr anschaulich – das heißt im Maßstab 1:1 – vorzustellen und alte Arbeitsweisen zu demonstrieren.

Anfang der 70er Jahre waren schließlich alle Beteiligten überzeugt, dass man sich einen Traditionsverlust nicht leisten dürfe, aber die tief greifende Strukturveränderung der Dörfer und Städte auch nicht aufhalten könne. Schmidt empfahl, den Besuchern in ihrer Freizeit Werkstätten mit Fertigungseinrichtungen anzubieten, wo sie kreativ mit den Werkstoffen Holz, Ton, Textilstoff und Metall gestalten könnten.

Erst nach der Gebietsreform im Jahre 1972 wurden die sporadisch dahindümpelnden Vorplanungsergebnisse auf den Punkt gebracht.

Der Fruchtspeicher aus Trendelburg war eines der ersten im Freilichtmuseum Hessenpark errichteten Gebäude.

Im Schulhaus des Freilichtmuseums Hessenpark lernen Schüler hautnah das Leben in der Vergangenheit kennen.

Landrat Werner Herr ließ im Mai 1973 den Beschluss fassen, zehn Prozent der veranschlagten Summe für die Grundausstattung bereitzustellen. Er übertrug seinem Bauamt und dem Autor dieses Beitrags die Aufgabe, alle bisherigen Überlegungen in einen genauen Plan umzusetzen und die Auswahl der Objekte zu begründen. Eine daraus resultierende Kabinettsvorlage wurde 1974 beschlossen. Die Bestimmungen des Internationalen Museumsrates (ICOM) konnten nun berücksichtigt werden.

Von Anfang an ging es nicht um ein monostrukturiertes Museum, das nur Hausforschung, Volkskunde oder die Kunstgeschichte zuließ. Vielmehr zielten die Initiatoren auf Ganzheitlichkeit, das heißt, die Besucher sollten auch über alte Handwerkstechniken, traditionellen Landbau und vormalige Haustierhaltung informiert werden. Und es schien als eine unerlässliche Bedingung, die Museumspädagogik besonders herauszustellen. Das Museum sollte künftigen Generationen einen Eindruck vermitteln von der Vergangenheit, die keineswegs eine „gute alte Zeit" war. 1977 ging der Hessenpark voll und ganz an das Land Hessen über. Am 9./10. September 1978 konnte der Hessische Ministerpräsident Holger Börner in einer würdigen Großveranstaltung den ersten Teilabschnitt des Museums eröffnen. Leider begannen die finanziellen Quellen der ersten zehn Jahre von 1987/88 an langsamer zu sprudeln, wenn auch nicht zu versiegen.

Die Gründung einer GmbH mit dem Land Hessen als alleinigem Gesellschafter schuf 1990 mehr Gestaltungsfreiheit und zum Teil rationelleren Kräfteeinsatz - jedoch nicht den großen Sprung in eine Gewinnzone. Dazu hätten der Marktplatz und einige Anziehungspunkte im Museum (zum Beispiel die Handwerkergasse) fertig gestellt sein müssen. Fest steht indes: Die Gratwanderung zwischen den zentralen Museumsaufgaben und den kaufmännischen Zielen wurde in den ersten 25 Jahren museumsverträglich gemeistert.

ten Oberursel-Bahnhof und Bommersheim aufeinander. Sechs Fahrgäste sowie die beiden Straßenbahnfahrer wurden leicht verletzt. Es entstand ein Schaden in Höhe von 40 000 Mark. Beide Zugführer gaben bei der späteren Vernehmung an, grünes Licht für die Befahrung der eingleisigen Strecke gehabt zu haben.

Dreister Räuber stiehlt die Festeinnahmen

Kronberg. Freud und Leid lagen beim 100-jährigen Jubiläum der Freiwilligen Feuerwehr Kronberg dicht beisammen. Drei Tage lang, vom 6. bis 8. September, standen die Wehrleute vor Freude Kopf. Am letzten Tag der Jubelfeier überfiel ein Unbekannter den Kassenverwalter des Ersten Fußballclubs Kronberg 1910 vor seinem Haus in der Höhenstraße und raubte die kompletten Wochenendeinnahmen in Höhe von 19 000 Mark.

Zum ersten Mal Kunst und Kitsch

Usingen. Man schrieb den 22. September, als die Usinger erstmals Kunst und Kitsch, Krempel und Krimskrams vor die Tür trugen und gegen Bares tauschten. Gleich der erste Usinger Flohmarkt wurde ein voller Erfolg und glich mehr einem Volksfest denn einer Verkaufsbörse. Veranstalter war die Nassauische Sparkasse, die Bewirtung übernahm die Freiwillige Feuerwehr. Inzwischen ist aus dem Flohmarkt eine bewährte Tradition geworden.

RAF-Anschlag auf Walther Leisler Kiep

Kronberg. Auf den Bundesschatzmeister der CDU, Walther Leisler Kiep, wurde am 30. November auf seinem Privatgrundstück am Philosophenweg ein Attentat verübt. Trotz drei Schüssen auf die Sauna-Tür, hinter die sich der Politiker geflüchtet hatte, blieb er unverletzt. Kiep konnte auf dem Boden rutschend den Polizeinotrufknopf drücken. Die Rote Armee Fraktion (RAF) bekannte sich zu dem Anschlag.

Stützpunkt für Wehr und Polizei

Königstein. Am Königsteiner Verkehrskreisel wurde am 4. Oktober der Grundstein für das Hilfeleistungszentrum gelegt. Der Komplex sollte das Gerätehaus der Stützpunktfeuerwehr, das Deutsche Rote Kreuz sowie die Polizei unter ein Dach bringen.

Die Vorstadt wird autofrei

Oberursel. Die untere Vorstadt zwischen Körnerstraße und Bärenkreuzung wurde Anfang Dezember zur Fußgängerzone. Bereits im November 1970 hatte es einen Testlauf gegeben. Nun sollte die untere Vorstadt auf Dauer autofrei bleiben.

Neues Hotel nur für ein Jahr

Friedrichsdorf. Das Hotel „Landgraf Friedrich" öffnete am 14. März seine Pforten. 120 Betten auf fünf Etagen, physiotherapeutische Einrichtungen, Schwimmbad, Sauna und Konferenzräume sollten Urlauber und vor allem Kurgäste anlocken.

Doch der Traum währte nicht lange. Ein Jahr später, am 1. April, wurde in dem Gebäude die Salusklinik eröffnet. Die psychosomatische Klinik dient bis heute der Behandlung alkohol- und medikamentenabhängiger Patienten.

Eine Schule für 17 Millionen Mark

Stierstadt. Die Integrierte Gesamtschule in Stierstadt wurde am 23. August eingeweiht. Insgesamt 1200 Schüler und 79 Lehrer belegten das 17,3 Millionen Mark teure Gebäude.

Löwen und Kleeblätter fürs neue Wappen

Taunus. Der hessische Minister des Innern verlieh am 12. Juli per Erlass das Wappen für den 1972 gegründeten Hochtaunuskreis. Dieser war durch den Zusammenschluss der Kreise Usingen und Obertaunuskreis entstanden. Der Fusion trägt auch das neue Wappen Rechnung: Es vereinigt die Symbole der beiden früheren Kreise.

In einem blauen Feld zeigt sich ein gespaltener, vorn neun Mal von Silber und Rot geteilter, hinten goldener Löwe. Die silbernen Eisenhüte im vorderen Wappenfeld erinnern an die Herren von Kronberg, der rot-silberne Löwe an die Landgrafen von Hessen-Homburg. Beiden Familien kam im Gebiet des späteren Obertaunuskreises eine zentrale Bedeutung zu.

Die Kleeblätter im rechten Wappenfeld sind seit dem Mittelalter das Wahrzeichen der Stadt Usingen. Der goldene Löwe ist das Wappensymbol der Grafen von Nassau, die bis in das 19. Jahrhundert den Usinger Raum prägten.

Das neue Wappen des Hochtaunuskreises vereinigt das Usinger Kleeblatt, Kronberger Eisenhüte und die Löwen der Grafen von Nassau und der Landgrafen von Hessen-Homburg.

Die kleinste Uni in Deutschland

Lutherisch Theologische Hochschule in Oberursel/Michael Neumann

Oberursel. Die Entscheidung fiel am 6. Mai 1975 an der Göttinger Universität. Einstimmig beschloss an diesem Tag das Plenum der Universitätsrektoren, die Lutherische Theologische Hochschule (LThH) in Oberursel in die Rektorenkonferenz der westdeutschen Hochschulen aufzunehmen. War die nach Ende des Zweiten Weltkrieges gegründete Rektorenkonferenz zunächst nur auf Universitäten und Technische Hochschulen beschränkt, nahm sie Mitte der 70er Jahre auch solche Hochschulen im Bundesgebiet auf, die bestimmte akademische Voraussetzungen vorweisen konnten. Diese Vorgaben erfüllte die Hochschule in Oberursel. Die Aufnahme in die Rektorenkonferenz bedeutete für die Theologische Hochschule nun auch die volle akademische Anerkennung ihrer Arbeit, nachdem die staatliche durch das Land Hessen bereits 1955 erfolgt war. Mit ihren durchschnittlich kaum mehr als zwei Dutzend Studierenden darf sich die Lutherische Theologische Hochschule in Oberursel seither die kleinste Universität Deutschlands nennen.

Idyllisch am Waldrand gelegen, am Ende der Altkönigstraße und fern ab von Lärm und Getriebe der Stadt findet sich der kleine Hochschulkomplex in einer parkähnlichen Anlage. Ein paar Flachbauten, viel Grün, ein Hörsaal, die Bibliothek, die alte Kapelle, zwei Wohnheime für die Studenten und das Wohnhaus der Dozenten und schließlich die Mensa - überschaubar das Ganze. Eine Universität im Handtaschenformat sozusagen. 27 Studentinnen und Studenten, darunter zwei aus den USA und drei Kommilitonen aus Südafrika, die aus der Mission hervorgegangen sind, leben und lernen zur Zeit hier, allein oder mit der Familie, und werden auf den Pfarrerberuf vorbereitet. Sie haben Ruhe und Muße für das Studium, wie es sich viele andere Studenten wünschen würden, die oft in den Lernfabriken der Großstädte unterzugehen drohen.

Die LThH vertritt in Forschung und Lehre die evangelisch-lutherische Theologie und steht allen Studierenden der Evangelischen Theologie offen. Vor allem aber hat sie sich der wissenschaftlichen Ausbildung künftiger Pfarrer der Selbstständigen Evangelisch-Lutherischen Kirche (SELK) verschrieben. Die Theologie wird an der LThH insbesondere vom Verständnis des Evangeliums her gelehrt, wie es in der Reformation Martin Luthers verwurzelt ist. In einer Zeit großer theologischer Vielfalt sieht die Hochschule ihre besondere Aufgabe darin, biblisch-lutherische Theologie zur Geltung zu bringen. Darum gilt neben dem intensiven Studium der Heiligen Schrift auch den Bekenntnisschriften der evangelisch-lutherischen Kirche und der Reformationsgeschichte im Rahmen des gesamten Studiums besondere Aufmerksamkeit. Alleinige Trägerin der Universität ist die SELK, die die Hochschule über Spenden finanziert. Staatliche Zuschüsse gibt es nämlich nicht. Hervorgegangen ist die Hochschule aus der Tradition zwei-

Berühmte Pianistin stirbt beim Schwimmen

Bad Homburg. Die international bekannte Konzert-Pianistin Branka Musulin verstarb plötzlich am 2. Januar im Alter von 54 Jahren. Die Musikerin, die auch als Professorin an der Hochschule für Musik in Frankfurt lehrte, lebte zuletzt mit ihrem Mann, dem Psychotherapeuten Ernst-August Kreft, in Bad Homburg. Der Tod der Künstlerin kam völlig überraschend. Beim Schwimmen während eines Urlaubs im Sauerland versagte das Herz der Musikerin.

Handgranaten im Meerpfuhl entdeckt

Merzhausen. Im trocken gelegten Meerpfuhl bei Merzhausen wurden am 30. September zwölf Handgranaten aus dem Zweiten Weltkrieg entdeckt und durch ein Sprengkommando entschärft.

Metaller müssen zu Hause bleiben

Grävenwiesbach. Der 8. Januar war der letzte Arbeitstag der 170 Beschäftigten der Metallwerke Saar GmbH in Grävenwiesbach. Das Unternehmen war Opfer der Wirtschaftskrise geworden und hatte Konkurs angemeldet. Das 1952 wegen der günstigen Verkehrslage und der Expansionsmöglichkeit in der im Zweiten Weltkrieg erbauten Halle an der Holzverladestelle „Jägerhaus" eröffnete Werk hatte zeitweise über 500 Mitarbeiter und galt lange Zeit als eines der führenden Unternehmen der Bundesrepublik auf dem Gebiet der Betriebs- und Lagereinrichtungen.

Ein Bürgerhaus in der Ortsmitte

Gonzenheim. Das Gonzenheimer Bürgerhaus an der Friedrichsdorfer Straße wurde mit einem Tag der offenen Tür am 25. Januar eingeweiht. Das zentral in der Ortsmitte gelegene Haus, in dem früher das Bürgermeisteramt untergebracht war, bot mit 270 Quadratmetern Fläche ausreichend Platz für die Vereine. Im Erdgeschoss hatte sich bereits 1973 die Feuerwehr angesiedelt.

Versicherer zeigen sich großzügig

Oberursel. Die Neckura Neckermann Versicherungs AG verlegte am 21. März ihren Hauptsitz nach Oberursel. 300 Mitarbeiter zogen in den Neubau in der Oberstedtener Straße. Am 13. Mai zog ein weiterer großer Gewerbesteuerkunde nach Oberursel. 73 Millionen Mark ließ sich die Alte Leipziger Versicherung das Verwaltungszentrum für 1200 Mitarbeiter kosten. AL-Generaldirektor Heinz Gerhardt schenkte der Freiwilligen Feuerwehr aus Anlass der Einweihung eine neue Feuerleiter.

Organist geht in den Ruhestand

Merzhausen. Fritz Friesing wurde im Silvestergottesdienst in den Ruhestand verabschiedet. 50 Jahre lang spielte der ehemalige Lehrer die Orgel. 1988 verstarb der langjährige Organist.

Gutachter: Marx-Brücke leidet an Altersschwäche

Bad Homburg. Von einem Gutachten alarmiert, dass der Ritter-von-Marx-Brücke der Einsturz drohte, sperrte die Stadtverwaltung am 10. April die Brücke über die Altstadt für den Schwerverkehr. Ein Ingenieurbüro aus Mainz hatte errechnet, dass die 1905 vom damaligen Bürgermeister Dr. Ernst Ritter von Marx erbaute Brücke nur noch einem Gewicht von 1,5 Tonnen standhalte. Ausschließlich Pkw, Krafträder, Fahrräder und Fußgänger sollten die Brücke passieren dürfen. Lastwagen blieb die Durchfahrt verwehrt, der Linienbusverkehr wurde über die Höhestraße

er kirchlicher Ausbildungsstätten, die nach Ende des Zweiten Weltkrieges aufgehört hatten zu existieren: aus dem Theologischen Seminar der altlutherischen Kirche, das 1883 in Breslau gegründet worden war, und der Theologischen Hochschule der Evangelisch-Lutherischen Freikirche in Sachsen, die ihre Arbeit 1922 in Kleinmachnow bei Berlin aufgenommen hatte.

Die Hochschule war, als sie 1948 ihre Arbeit aufnahm, zunächst nur mit vier theologischen Lehrstühlen ausgestattet. In den Anfangsjahren wurde das Fach Neues Testament von den Fachvertretern für Altes Testament, Kirchengeschichte, Dogmatik und Praktische Theologie mitversehen. Dann wurde eine biblische Dozentur für Altes und Neues Testament geschaffen, seit 1984 gibt es einen eigenen Lehrstuhl für Neues Testament. Daneben unterrichten Sprachlehrer und Lehrbeauftragte für Philosophie und theologische Spezialgebiete, und auch der altsprachliche Bereich mit Latein, Hebräisch und Griechisch ist seit 1985 voll in die Hochschule integriert. In der Regel verbringen die Studenten die ersten drei Semester ihrer Ausbildung in Oberursel, besuchen dann für sechs Semester eine andere theologische Universität und kehren für die restlichen drei Semester an die LthH zurück, um sich auf das Examen vorzubereiten. Der Kreis der Studierenden setzt sich aus zwei Gruppen zusammen: da sind einmal die Studierenden aus dem Bereich der evangelischen Landeskirchen, zum anderen die Kommilitonen der SELK und der mit ihr weltweit verbundenen Kirchen. So besteht auch ein Austauschprogramm mit den Universitäten in St. Louis und Fort Wayne in den USA. Ausgebaut werden sollen nun auch die Verbindungen zu Kommilitonen in osteuropäischen Staaten und im Baltikum. Die

Die Vorzüge einer kleinen Universität: Im Oberurseler Norden wird in kleinen Gruppen unterrichtet.

Hochschule steht in engem Kontakt zur Oberurseler SELK-Gemeinde, der St. Johannesgemeinde, die 1952 entstand und seitdem ständig gewachsen ist. Ihr Zuhause hat sie in der 1974 auf dem Hochschulgelände erbauten Kirche mit einem geräumigen Pfarrzentrum und einem Pfarrhaus.

Für die kommenden Jahre, sprich fürs neue Jahrtausend, hat sich die kleinste Uni Deutschlands einiges vorgenommen, wie Rektor Professor Dr. Werner Klän berichtet. So will die Hochschule künftig in der Erwachsenenbildung und in der Pfarrerfortbildung neue Arbeitsfelder erschließen. Ferner soll die Hochschule Ort sein für Sprachkurse, Tagungen und Sommerkurse. „Wir wollen uns als Dienstleister für die Kirchen und die Öffentlichkeit anbieten", so Klän. Auch soll die Hochschule künftig „mehr und mehr nach außen gehen". So steht die wissenschaftliche Bibliothek jedermann zur Verfügung, wobei freilich keine Bücher ausgeliehen werden dürfen. „Aber wir stellen Arbeitsplätze bereit." Ferner können alle Lehrangebote von Oberurselern genutzt werden. Die geringe Zahl der zur Zeit Studierenden erklärt Klän mit schlechten Berufsaussichten. „Der Wert gelebter Frömmigkeit scheint heute nicht vermittelbar in unserer Erlebnisgesellschaft. Das Angebot der Kirche muss gleichwohl erhalten bleiben."

In der Hochschulkapelle wurde in den Anfangsjahren der Lutherischen Theologischen Hochschule Gottesdienst gehalten. Die Kapelle diente zugleich als Bibliothek.

In der Hochschulkapelle wurde in den Anfangsjahren der Lutherischen Theologischen Hochschule Gottesdienst gehalten. Die Kapelle diente zugleich als Bibliothek.

umgeleitet. Die altersschwache Brücke, einst ohne Isolierung aus Stahl, Sandstein und Beton gebaut, war durch Witterungseinflüsse und Autoabgase stark beschädigt worden. Es erfolgte eine grundlegende Sanierung.

Unterschriften gegen Bangert-Bebauung

Königstein. Die Bürgerinitiative „Rettet den Bangert" legte am 14. Mai der für die Raumplanung zuständigen Abteilung in der Staatskanzlei in Wiesbaden eine Liste mit über 2500 Unterschriften vor. Die Unterzeichner sprachen sich gegen eine Bebauung des Bangert-Geländes aus.

Ins Usinger Land fährt kein Zug mehr

Usingen. Die Bewohner jenseits der Saalburg mussten mit Beginn des Sommerfahrplans der Bundesbahn am 1. Juni erhebliche Nachteile in Kauf nehmen. Der Schienenverkehr auf der Strecke Friedrichsdorf-Wetzlar wurde eingeschränkt. An Sonn- und Feiertagen fuhr kein Zug mehr auf dieser Verbindung Richtung Usinger Land.

Ein altes Haus wird neu gebaut

Usingen. Am Usinger Schlossplatz rückten die Bagger an. Am 11. November begann der Abriss des Kavaliershauses. Die Pläne der Stadt sahen vor, das Haus in veränderter Form, aber mit der ursprünglichen Barockfassade neu zu bauen. Ähnlich der Frankfurter Hauptwache sollte der Neubau auf einer Palette erstellt und dann um 180 Grad zur Untergasse hin gedreht werden. Heimatmuseum, Stadtbücherei und Stadtarchiv sollten hier ihren Platz finden. Durch ein Vordach wurde der historische Komplex mit dem Neubau der Sparkasse verbunden.

Heimatmuseum für die Taunusbürger

Oberursel. Der Verein für Geschichte und Heimatkunde stellte am 17. Januar das Vortaunusmuseum vor. Ziel war es, mit Exponaten aller Art die Geschichte dieser Gegend zu dokumentieren und für die Nachwelt festzuhalten.

Einen ersten Eindruck davon bekamen die Oberurseler Bürger vier Monate später, am 29. April. Im Rahmen einer Feierstunde anlässlich der offiziellen Eröffnung stellte der Verein im Ratsaal des Alten Rathauses die erste Abteilung des Museums vor. Sie trug den Titel „Vor- und Frühgeschichte unserer Gegend". Am 6. Juni 1982 kamen dann die Seifenkisten zu Ruhm und Ehre. In den Kellerräumen des Museums wurde Deutschlands erstes Seifenkisten-Museum eingerichtet.

Drei Bürgerhäuser auf einen Streich

Taunus. Gleich drei Bürgerhäuser wurden im Jahr 1976 im Hochtaunuskreis ihrer Bestimmung übergeben.

Am 6. Februar wurde zunächst das Gebäude in Köppern feierlich eingeweiht. Es war das 870. seiner Art in Hessen. Die Kirdorfer konnten ihr Bürgerhaus am Stedter Weg am 20. August in Besitz nehmen. Grund zur Freude hatten auch die Wehrheimer am 26. November. Ihr Bürgerhaus galt als das wichtigste Bauwerk der vergangenen Jahre für die Gemeinde.

Feuerkatastrophe im Dillinger Wald

Friedrichsdorf. Durch einen Blitzschlag brach im Dillinger Wald bei Friedrichsdorf am 4. Juli ein Großbrand aus. Für die Feuerwehren des Hochtaunuskreises bedeutete dies Katastrophenalarm. Auch aus den Nachbarkreisen und aus Frankfurt eilte Hilfe her-

Altes Fachwerk und idyllische Gassen

Die Oberurseler Altstadt wird saniert/Karl Heinz Arbogast

Oberursel. Die Menschen in Oberursel haben doppelt Glück gehabt: Die Kriegsfurie verschonte die beachtlich große Kernstadt auf dem Hügel rund um das Stadtwahrzeichen St. Ursula, und Mitte der 70er Jahre wurde die umfassende Sanierung auf den Weg gebracht. 1974 hatte der Magistrat dem Stadtparlament erstmals ein vollständiges Konzept vorgelegt, um das Wohnen in den Gassen mit ihren überwiegend 300 Jahre alten Häusern auch über das Jahr 2000 hinaus lebenswert werden zu lassen. Zwei Jahre später gründete die Stadt ein eigenes Sanierungsamt. Die Behörde war für alle Belange der Sanierung zuständig - von der Baugenehmigung bis zum Fassadenanstrich.

Wer heute durch die Altstadt bummelt, findet allenthalben die Folgen der weit greifenden Stadtkernrettung: idyllische Gassen mit „neuem" altem Pflaster, zahlreiche restaurierte – oder neu in alter Architektur errichtete – Wohnhäuser und prächtige, vor dem Verfall gerettete öffentliche Bauten. Möglich war diese bis in die 90er Jahre reichende Rettungsaktion allerdings nur durch weitgehende Einigkeit im kommunalpolitischen Leben der Stadt, das Engagement der Eigentümer und bedeutende Zuschüsse, die von Land und Bund zu den aufwendigen Restaurierungen eingingen.

Bereits 1972 wurde die „Sanierungsmaßnahme Altstadt Oberursel" als Modellprojekt in das Förderprogramm des Bundes aufgenommen, und das Land Hessen schloss sich dieser Aktion an. Bis Mitte der 80er Jahre waren zweistellige Millionensummen an Fördergeldern geflossen – immer unter der Bedingung, dass sich auch die Stadt mit mindestens dem gleichen Beitrag an der Finanzierung beteiligt. Die Aufwendungen der Eigentümer kamen hinzu und lagen stets über der Summe, die die öffentliche Hand zur Verfügung gestellt hatte.

Die Erhaltung und Auffrischung der Altstadt ist die Geschichte eines zähen Ringens um die Gestaltung jedes einzelnen der über 850 im Stadtkern stehenden und in den 60er Jahren zum großen Teil vom Verfall bedrohten Gebäude. Die Rettung vieler Bauten und das heute so angenehm empfundene Flair stilreiner Gassenfronten wurden nur erreicht, weil die Stadtverordneten das 14 Hektar große Gebiet rund um den Kirchberg als ein großes Sanierungsgebiet förmlich festlegten. Zur Lenkung der städtebaulichen Entwicklung wurden mehrere neue Bebauungspläne aufgestellt. Als Leitsatz galt für das eigens neu geschaffene Stadtsanierungsamt: „Sanierung ist nicht nur eine Angelegenheit der Verwaltung, sie kann nur im Dialog mit den betroffenen Bürgern gelingen."

Als Hilfsorgan des Magistrates wurde eine „Deputation für Altstadtsanierung und Denkmalpflege" geschaffen. In den verschiedenen Gremien und mit den Bauherren der Altstadtbauten wurde buchstäblich um einzelne Fenster, Ziegelsteine und Zentimeter Dachneigung gerungen.

Die Stadt schrieb allerdings nicht nur den Grundstücksbesitzern in der Altstadt vor, wie der restaurierte

Stadtkern auszusehen habe, sie ging auch mit eigenen Objekten beispielhaft voran. Das alte Hospital wurde als erster städtischer Bau unter Leitung des späteren Stadtverordnetenvorstehers Erwin A. Rathgeb in Fachwerk-Bauweise restauriert und nahm die Seniorentagesstätte, die städtische Mütterberatung und Vereinsräume auf.

Bis September 1980 gelang es auch, das frühere Rathaus Hollerberg 10, das Historische Rathaus am Marktplatz, das Stadtarchiv in der Schulstraße 22 b und zwei neue Ersatzwohnanlagen, St. Ursula Gasse 26 und Hollerberg 14, zu erneuern oder neu zu bauen. Der Absicht, die Altstadt als Wohn- und Geschäftsviertel aufzuwerten, dienten auch der Neubau der Stadthalle und der Bau des Parkhauses am Holzweg, um die Parkflächen im engbebauten Kern gering halten zu können. Auf dem Grundstück des früheren Wolfschen Hauses am Marktplatz entstand zudem ein großes Wohn- und Geschäftshaus, in das die Stadtbücherei als „publikumlockendes Element" in Miete einzog. Und als stattliches Projekt der Sanierung wurde auch das die gegenüberliegende Marktplatzseite beherrschende Vortaunusmuseum von Grund auf restauriert. Der historisch bedeutsame schiefe Marktplatz blieb bis zuletzt unangetastet, weil jahrzehntelang darum gerungen wurde, wie die schräge Form und das Bedürfnis nach Parkplätzen gelöst werden könnten. Es gab sogar Pläne für ein unterirdisches Parkhaus, das mit einem Tunnel an die Füllerstraße angeschlossen werden sollte, die aber wieder aufgegeben wurden.

Hauptgrund für die Verzögerung bildete allerdings das lange Warten auf die Vollendung des Feldbergzubringers. Erst seitdem im Frühjahr 1999 die Nordumgehung die Oberurseler Innenstadt entlastet, ist der Marktplatz als zweites Nadelöhr der Stadtdurchfahrt entbehrlich geworden und gibt zugleich ein Signal, dass die Zukunft auch noch einen heißen Wunsch der Altstadtbewohner erfüllt: keinen Durchgangsverkehr mehr und damit mehr Ruhe.

Aus Alt mach' Neu: Die öffentliche Hand investierte rund 40 Millionen Mark in die Sanierung der Oberurseler Altstadt (hier das Haus Weidengasse 2). Die Stadt hatte zur Koordinierung der zahlreichen Maßnahmen 1976 eigens ein Amt gegründet.

bei. Insgesamt kämpften etwa 1000 Wehrleute, Sanitäter, Soldaten und Polizisten gegen die Flammen, die rund 20 Hektar Fichtenwald vernichteten. Es entstand dabei ein Sachschaden in Höhe von einer halben Million Mark. Drei Feuerwehrleute sowie zwei amerikanische Soldaten wurden verletzt.

Initiative fordert einen Flohmarkt

Bad Homburg. Kunstgewerbe, Spinnräder, Omas Unterrock oder Reisdrucke aus Nepal: Bad Homburgs erster Flohmarkt hatte genau das, worauf es bei einem derartigen Spektakel ankommt, nämlich die richtige Mischung aus Kunst, Kommerz und Kitsch. Am 10. April wurden auf dem Alten Marktplatz erstmals die Tische ausgeklappt – 80 Stück an der Zahl. Die eigens gegründete „Bürgerinitiative Flohmarkt" hatte zuvor alle Hände voll zu tun, Verkäufer, Juristen und Zweifler vom Gelingen des zunächst als Experiment geplanten Flohmarktes zu überzeugen.

Endlich gebaut: Die Verbindungsstraße

Oberursel. Nach fast sechsjähriger Bauzeit rollte auf der Verbindungsstraße zwischen Oberursel, Stierstadt und Weißkirchen der Verkehr. Zunächst nur provisorisch wurde die Straße am 23. April freigegeben. Sie verbindet den Zimmersmühlenweg mit der Weißkirchener Straße und dem Ortskern von Stierstadt.

Ekkehard Gries wird Minister des Innern

Taunus. Ekkehard Gries, Leitfigur der Hochtaunus-FDP, wurde am 20. Oktober zum Innenminister des Landes Hessen berufen. Unmittelbar nach der Landtagswahl am 26. September 1982, bei der die FDP mit nur 3,1 Prozent der Stimmen den Einzug in den Landtag verpasste, legte er sein Amt nieder. Seit 29. April 1985 ist Gries Kreistagsvorsitzender des Hochtaunuskreises und bereits seit 1. Oktober 1984 Vorsitzender des DRK-Kreisverbandes Hochtaunus.

Neues Rathaus wird eröffnet

Oberursel. Der Neubau des Rathauses wurde am 1. Dezember in Betrieb genommen. Zwei Jahre zuvor, im September 1974, hatten die Parlamentarier den Bau eines neuen Rathauses beschlossen. In 21 Monaten Bauzeit entstand ein sieben Stockwerke hohes Bürohaus mit etwa 3600 Quadratmetern Fläche. Bis zur Einweihung des 12 Millionen Mark teuren Rathauses verging wegen noch anstehender Restarbeiten aber fast ein Jahr. Am 6. Mai 1977 war die offizielle Schlüsselübergabe, die Bürger durften beim Tag der offenen Tür einen Blick hinter die Kulissen werfen.

Ausstellung zum 100. Geburtstag

Bad Homburg. Aus Anlass des 100jährigen Bestehens der Katasterämter im Taunusgebiet fand im Katasteramt in der Louisenstraße 148 vom 25. bis 29. März eine Ausstellung statt. 1876 hatte Preußen seine Verwaltungsorganisation auch in den vormals nassauischen Landesteilen eingeführt. Der damalige Regierungsbezirk Wiesbaden wurde in 22 Katasteramtsbezirke eingeteilt. In der Landgrafschaft Hessen-Homburg brauchte das seit 1821 bestehende Katasteramt nur in ein „Königlich-Preußisches Katasteramt" umfunktioniert zu werden. Es umfasste die beiden Ämter Homburg und Königstein. Den neuen Ämtern wurde die Verwaltung der Grund- und Gebäudesteuer, die Durchführung der Grundstücksvermessungen sowie die Führung des amtlichen Nachweises der Flurstücke (Kataster) übertragen.

„Dornröschen" wird wach geküsst

Bad Homburgs Altstadt behält ihr Gesicht/Helmut Schwaiger

Bad Homburg. 1976 lief die Sanierung der Bad Homburger Altstadt auf Hochtouren: Innerhalb von 15 Jahren sollte die Altstadt – so sah es ein zwei Jahre zuvor gefällter Beschluss vor – ein Schmuckstück werden. Die vorhandene Bausubstanz sollte saniert, nicht mehr Erhaltenswertes durch stilgerechte Neubauten ersetzt werden.

Der Weg dahin war weit und von heftigen Auseinandersetzungen begleitet. Wie an vielen anderen Orten war in Bad Homburg die Zahl derer gewachsen, die sich auf Historie und Überlieferung besannen. Die meisten Architekten und Städteplaner dieser Zeit verstanden sich jedoch als Neuerer.

Der Streit entzündete sich an der Homburger Altstadt, der 782 erstmals als „Tidenheim" erwähnten „Keimzelle" der Stadt. Im Lauf der Zeit, besonders nach dem Aufblühen der Kurstadt im 19. Jahrhundert, wurde sie zum Quartier der „kleinen Leute". Der über ihre Häuser hinwegführende Bau der Ritter-von-Marx-Brücke ließ im Jahre 1905 die Altstadt endgültig in eine Art „Dornröschenschlaf" versinken. Der Durchgangsverkehr war herausgenommen, die Bewohner lebten in aller Ruhe, aber abgeschieden in ihren Häusern.

Als die Menschen nach dem Zweiten Weltkrieg nach Luft und Licht in den Wohnungen dürsteten, wurde das Wohnen in der verwinkelten Altstadt mit ihren kleinen Häusern und den ebenso kleinen Fenstern zunehmend unattraktiv. Dies zumal die sanitären Verhältnisse und sonstiger Komfort mit modernen Wohnbauten nicht zu vergleichen war.

Modell für die Bebauung der Bad Homburger Altstadt aus dem Jahr 1967.

Der Starker Zuzug ließ auch in Bad Homburg moderne Wohnviertel entstehen. Und er brachte den damals in die Kurstadt gekommenen Architekten und Stadtbaurat Theo Mühlmann auf den Gedanken, sich der Altstadt anzunehmen. Er entwickelte einen Plan und stellte diesen 1967 der Öffentlichkeit in einem Modell vor. Die Fotografie des Modells zeigt, dass grosse Teile der Altstadt durch moderne, mehrgeschossige Neubauten ersetzt werden sollten. Und zwar nicht nur im engeren Altstadtbereich, sondern vom Schloss über die Schulstraße bis hin zur Obergasse und in der anderen Richtung vom Untertor über die Rathausstraße bis zur Wallstraße. Seine damals in Hessen unübliche „Öffentlichkeitsarbeit" habe in Bad Homburg keine Reaktion hervorgerufen, erinnert sich Theo Mühlmann. Erst als mit dem Bau des Hochhauses am Untertor begonnen wurde, regte sich Widerstand. Was aus Architektensicht als „Tor zur Altstadt" begriffen wurde, deuteten die Bewohner als Anfang vom Ende der Altstadt.

Rasch formierte sich ein Kreis von Freunden der Altstadt. Sie versuchten durch Leserbriefe, Gespräche mit Parteien und Stadtverordneten etwas in ihrem Sinn zu bewegen. Diese zunächst ungeordneten Einzelaktionen führten am 2. Januar 1969 mit dem Aufruf „Rettet die Altstadt" zu einer Bürgerversammlung. Am 13. Januar 1969 fand dann die Gründungsversammlung des Vereins „Bad Homburger Altstadtfreunde" statt. Von nun an ging es Schlag auf Schlag. Man suchte Unterstützung bei den lokalen Traditionsvereinen wie dem Verein für Geschichte und Landeskunde, bei Alt Homburg und bei dem Kur- und Verkehrsverein, suchte und fand Hilfe auch bei dem Landesamt für Denkmalpflege in Wiesbaden. Es wurden weitere Bürgerversammlungen abgehalten, zu denen der Altstadtverein, die Stadtverwaltung und auch einige politische Parteien einluden. Hierbei prallten die Meinungen der Gegner und die der Befürworter hart aufeinander. Auch dies nicht „homburg-typisch".

1972 legte die Stadtverwaltung eine für die ganze Stadt Bad Homburg in Auftrag gegebene Studie vor, eine Bestandsaufnahme, die als Grundlage einer neuen Planung, auch für die Altstadt, dienen sollte. Es kam zu einer Veränderungssperre und einem Vorkaufsrecht für die Stadt. 1974 war es dann so weit, die Sanierung war beschlossene Sache. Von der Stadtverwaltung wurde die freie Planungsgruppe Gallwitz eingesetzt, die sich mit der Planung und Durchführung der Innenstadt- und der Altstadtsanierung befasste – teilweise direkt vor Ort, im „Haus der Altstadt".

Zwei Grossprojekte erregten dann noch einmal die Gemüter. Nach wiederum heftigen Diskussionen fiel 1976 die Entscheidung, die statisch unsicher gewordene Ritter-von-Marx-Brücke nicht abzureissen, sondern sie zu erneuern und in ihrer alten äusseren Form wieder aufzubauen. Etwas weniger Aufregung brachte der Bau der Tiefgarage am Schlossplatz.

Unbeirrt gingen die Planer und, vor allem, die alteingesessenen und nun auch neu zuziehenden Hausbesitzer ihren Weg, der dazu führen sollte, das Gesicht der „Keimzelle" Bad Homburgs wieder zum Strahlen zu bringen. Die in den 70-er und 80-er Jahren verbreitete Begeisterung für Sichtfachwerk führte in der Homburger Altstadt zur Freilegung zahlreicher, zuvor lange Zeit unter Putz verborgener Häuser. Dabei kam auch das Fachwerk des Hauses Rathausstraße 17 zutage, das einen auf das Jahr 1585 datierten Eckpfosten aufwies und freudig als „das wohl älteste Altstadthaus" in Homburg begrüßt wurde.

Nach jahrelangen Bemühungen ist aus der Homburger Altstadt tatsächlich wieder ein Schmuckkästchen geworden. Besucher und Kurgäste der Stadt flanieren gern durch die engen Gassen, verwundert darüber, dass auch die Kurstadt eine „andere Seite" aufzuweisen hat. Feierfreudige Homburger beleben die Altstadt nicht nur beim Laternenfest. Vor allem aber ist die Homburger Altstadt wieder ein bevorzugtes Wohngebiet in Innenstadtlage, durch das jeder gerne seine Schritte lenkt.

Eine Gasleitung durch den Limes

Wehrheim. Energie ins Usinger Land brachte eine 18 Kilometer lange Erdgas-Leitung. Am 12. Januar fraß sich ein Bagger durch den römischen Limes, um den Weg frei zu machen für die Energieversorgung der Gemeinden jenseits der Saalburg. Erster Nutznießer war Neu-Anspach, im Laufe des Jahres folgten Wehrheim und Usingen.

Gemeinde wird Luftkurort

Schmitten. Von der Hessischen Landesregierung bekam die Gemeinde Schmitten das Prädikat „Luftkurort" verliehen. Die Entscheidung fiel bereits am 29. März, am 21. Juni überreichte der Erste Kreisbeigeordnete Gottfried Voitel Bürgermeister Georg Hahl die Anerkennungsurkunde.

Sippentreffen der Reifenberger

Oberreifenberg. Mehr als 100 Träger des Namens Reifenberg oder Reifenberger kamen am 23. und 24. April zum ersten großen Sippentreffen am Stammsitz des ausgestorbenen Adelsgeschlechts zusammen. Die Nachfahren der ehemaligen Raubritter pilgerten zur Gertrudiskapelle, wo der letzte Reifenberger begraben liegt. Gemeinsam verglich man Stammbäume und Fotos und informierte sich über die Besiedlung des Hochtaunus. Initiiert hatte die Versammlung Walter Reifenberger aus Kleinbittersdorf nahe Saarbrücken. Eineinhalb Jahre forschte der Hobbygenealoge, um seine Namensvettern in ganz Deutschland ausfindig zu machen.

Kurbad kostet zwölf Millionen Mark

Königstein. Das Königsteiner Kurbad wurde am 11. Juni eröffnet. Der an der Bundesstraße gelegene und nach den Plänen der Stutt-

Gastgeber für die „Königin der Rallyes"

Von Bad Homburg nach Monte Carlo/Martina Hermann

Bad Homburg. Über viele Jahre hatte die Kurstadt die Ehre, für eines der größten Motorsportereignisse, den Start zur Rallye Monte Carlo, Gastgeber zu sein. 1977 gingen die Autos zum ersten Mal von hier aus Richtung Frankreich auf die Strecke. Damit setzte Bad Homburg erneut Akzente im Motorsport. Den Beginn einer langen Tradition hatte das Gordon-Bennett-Rennen markiert, das 1904 vor der Kaisertribüne auf dem Saalburghügel gestartet wurde. 1910 war die Kurstadt Zielort der Prinz-Heinrich-Fahrt und in den 20er Jahren gab es die Rallye Frankfurt-Bad Homburg.

Die Spielbank Bad Homburg – immerhin die „Mutter von Monte Carlo" – pochte in den 70er Jahren beim Automobilclub von Deutschland (AvD) darauf, den Rallye-Weltmeisterschaftslauf in Bad Homburg statt in Hanau zu starten. Schon bei der Premiere 1977 wurden alle Erwartungen übertroffen. Über 8000 motorsportbegeisterte Fans kamen in die Brunnenallee vor das Kurzentrum, um den Start der 14 Teams zu erleben. Der damalige Bürgermeister Dr. Armin Klein und Kurdirektor Gernot Wendlandt starteten die ersten Fahrzeuge von Lars Carlsson und Routinier Klaus Fritzinger.

Die Rallye-Bewährungsprobe wurde dank der guten Organisation von Kurverwaltung, Spielbank und AvD bestanden. Die Kurstadt hatte sich schon damals einen besonderen Knüller einfallen lassen, denn Casino und Kur luden alle Teilnehmer bereits Tage vor dem Start unter dem Motto „Bad Homburg macht alle Rallye-Fahrer fit" ein. Hier bekamen sie unter ärztlicher Überwachung und Verwendung der Bad Homburger Heilmittel ein komplettes Fitness-Training. Außerdem setzte die Spielbank den großen Goldpokal als Preis aus. Schon für den nächsten Start 1978 mussten weitere organisatorische Verbesserungen berücksichtigt werden. Da es sich um einen Weltmeisterschaftslauf handelte, musste man für rund 60 Motorsport-Journalisten zusätzliche Telefonleitungen ins Kurzentrum legen lassen.

Bad Homburg war einer von fünf europäischen Startorten, aus denen die Rallye-Fahrer selbst auswählen konnten. Aber nur hier hatten die Teams über all die vielen Jahre eine so starke persönliche Betreuung und dank der vielen Partner der Kur- und Kongress-GmbH auch finanzielle Vorteile – zum Beispiel kostenlose Übernachtungen und Fahrerabende.

In den 70er, 80er und 90er Jahren waren jedes Mal mehr als 25 Teams am Start. Große Namen des Rallyesports und viele Weltmeister sind von hier aus gestartet: Björn Waldegaard, Ari Vatanen, Walter Röhrl, Jocki Kleint, Per Ekklund, Hannu Mikkola, Juha Kankkunen, Armin Schwarz, Kenneth Erikkson, Isolde Holderied, Dieter Depping, Kris Rosenberger und vor allem die vielen Privatiers, wie zum Beispiel Leif Vold Johansson, der die „Monte" fast jedes Jahr in Bad Homburg begann, Günther Kühlewein, Andreas Graf Praschma, Kurt Klein und Horst Rotter. Auch sah man immer viele Ehrengäste beim Start: Schauspieler Klaus Theo Gärtner, Dunja Rajter,

Huschke von Hanstein, Professor Max Danner und natürlich den damaligen Präsidenten des AvD, Paul Alfons Fürst von Metternich.

Und es gab einige Kuriositäten: Da die Stammfahrer und die Organisatoren der Rallye Monte Carlo im Kurzentrum immer vom „Brunnenmädchen" (der Mitarbeiterin in der Trinkbrunnenausgabe) Anna Maier mit Kaffee und Brötchen verwöhnt wurden, gab es leichtes Murren, als der Start an das Kurhaus verlegt werden sollte. Aber Kurdirektor Peter Bruckmaier hatte Anfang der 90er Jahre eine zündende Idee: Statt die technische Abnahme der Fahrzeuge auf eiskaltem Boden und im Schnee durchzuführen, bot er den Verantwortlichen des AvD und den Kommissaren aus Monaco an, die Abnahme in einem beheizten Raum auszuführen. Nach ungläubigem Kopfschütteln bewies er allen Beteiligten, dass man die Rallye-Wagen mit eingeklappten Seitenspiegeln in die Ladengalerie des Kurhauses schieben und dort gut beheizt die technische Abnahme der Fahrzeuge sowie das Vorstellen der Fahrer dem Publikum präsentieren konnte. Es wurde ein riesiger Erfolg und eine Weltneuheit!

Die Rallye Monte Carlo im Januar war der erste Weltmeisterschaftslauf und das zum Jahresbeginn geänderte FIA-Reglement nicht jedem Teilnehmer am Jahresanfang bekannt. So hatte in einem Jahr ein schwedisches Team den neu geforderten Halon-Feuerlöscher nicht an Bord und sollte von der Teilnahme ausgeschlossen werden. Aber der Bühnenmeister der Kur- und Kongress-GmbH, Horst Immel, konnte die Situation retten, indem er einen typgleichen Löscher aus dem Kurtheater nahm und ins Auto einbaute.

Probleme gab es in einem Jahr auch mit neuen Fahrerhelm-Normen. Einige Teams hatten die falschen Helme dabei, und die Kur- und Kon-

Es war stets ein großer Augenblick, wenn sich in Bad Homburg die Flagge zum Start der Ralley Monte Carlo senkte (hier in den Händen des Fürsten von Metternich). 1977 gingen die kraftstrotzenden Fahrzeuge erstmals von der Kurstadt aus auf die Strecke.

garter Architekten Rudolf und Ingeborg Geier errichtete Bau hatte mehr als zwölf Millionen Mark gekostet. Er soll eine Kombination aus Kurhaus und Hallenbad sein, ergänzt um Sauna, Solarien, Liegehallen und Terrassen. Die blau-orange Farbgebung nach den Plänen des Malers und Bildhauers Otto H. Hajek hatte im Vorfeld heftige Diskussionen ausgelöst und zur Gründung einer Bürgeraktion „Kurbad-Farbgebung" geführt.

Kirchen werden zusammengelegt

Usinger Land. Die Katholischen Kirchengemeinden Pfaffenwiesbach und Friedrichsthal wurden zu einer Gemeinde zusammengelegt. Gefeiert wurde das Ereignis am 24. April, gemeinsam mit der Einweihung der neuen Orgel in Friedrichsthal.

Ritters Parkhotel schließt seine Türen

Bad Homburg. Ein letztes Mal schwebten elegant gekleidete Damen und Herren im Walzertakt über das Parkett. Das Ritters Parkhotel feierte am 14. Mai seine letzte rauschende Ballnacht. Das einst so glamouröse Hotel wurde wegen Unrentabilität geschlossen. Am 27. Juni lehnte der Magistrat mit knapper Mehrheit einen Antrag auf Nutzungsänderung ab. Das Chemie-Unternehmen Fresenius wollte das unter Denkmalschutz stehende Hotelgebäude in ein Bürohaus umwandeln und dort seine Hauptverwaltung einrichten.

Spenden für einen Notarztwagen

Taunus. In einer beispiellosen Spendenaktion hatten die Bürger des Hochtaunuskreises Geld für den Kauf eines modernen Notarztwagens gesammelt. Dabei kamen 168 000 Mark zusammen. Am 23. Oktober bekam der Erste Kreisbeigeordnete, Gottfried Voitel, die Schlüssel für den Wagen überreicht. Die Spenden flossen so reichlich, dass noch zusätzlich ein Unfallrettungswagen des Malteser-Hilfsdienstes in Usingen umgerüstet werden konnte.

Meteorologe Bauer stirbt mit 90 Jahren

Bad Homburg. Der Meteorologe Professor Franz Bauer starb am 22. November im Alter von 90 Jahren. Bauer galt als Begründer der Großwetterkunde und der langfristigen Wettervorhersage und wurde dadurch weltweit populär. Er verbrachte die letzten 42 Jahre seines Lebens in Bad Homburg.

Fresenius zieht ins Panorama-Hotel

Oberursel. Das Panorama-Hotel musste wegen Unwirtschaftlichkeit schließen. Die Firma Fresenius streckte erneut die Fühler aus - und hatte Glück. Das Parlament stimmte am 16. Dezember einer Umwandlung zu. Die Hauptverwaltung von Fresenius zog in das Gebäude ein.

Heimatmuseum ist jetzt im Kavaliershaus

Usingen. Am 24. Juli bezog das Usinger Heimatmuseum nach mehreren Umzügen und Provisorien sein Domizil im Kavaliershaus. Das Heimatmuseum war 1909 gegründet und in einem Aussichtsturm im Schlossgarten untergebracht worden. Nach mehreren Stationen in der Wilhelmj-Straße, dem Wilhelmj-Haus, einem Zimmer im Usinger Rathaus und im Junkernhof kam das Museum nach dem Zweiten Weltkrieg im Kavaliershaus unter. Das barocke Gebäude war im Zuge des Neubaus der Nassauischen Sparkasse abgerissen, um 180 Grad gedreht und wieder aufgebaut worden. Die Trägerschaft des Vereins liegt seither beim Usinger Geschichtsverein.

gress-GmbH musste per „fliegendem" Boten in Frankfurt einen zugelassenen Kopfschutz besorgen. Wann immer Stoppuhren, ärztliche Gesundheitszeugnisse, Passbilder oder andere Dinge fehlten – die Crew der Kur war für die Teilnehmer da und hat geholfen. Sogar Friseur-Termine wurden von den Organisatoren vereinbart. Der persönliche Kontakt untereinander und die Hilfsbereitschaft von allen gaben dieser Veranstaltung über Jahrzehnte einen besonderen Touch.

Nach dem Start in Bad Homburg, der mitunter auch von Protesten einiger Auto-Gegner begleitet wurde, ging es auf die 24 Stunden dauernde und über 1000 Kilometer lange Anfahrt nach Frankreich. Von dort aus wurde dann auf abgesperrten Strecken um die Bestzeiten gefahren. Als der Motorsport-Weltverband 1997 entschied, die „Königin der Rallyes" zu kürzen und auf die Anfahrt aus fünf europäischen Staaten zu verzichten, war dies für die Stadt Bad Homburg, die Kur- und Kongress-GmbH und viele Freunde des Rallye-Sports eine herbe Enttäuschung. Zum letzten Mal senkte sich die Startflagge am 17. Januar 1997.

RAF-Terror: Jürgen Ponto in seiner Villa ermordet

Karl Heinz Arbogast

Oberursel. Mit einer Schreckensnachricht wurde am 30. Juli 1977 die Taunusstadt europaweit bekannt: „Terroristen ermordeten in Oberursel den Vorstandssprecher der Dresdner Bank, Jürgen Ponto!" Aufgewühlt von den Meldungen gingen viele Bürger auf den Oberhöchstädter Berg, wo die Polizei in der Villa des Bankiers fieberhaft nach Spuren suchte.

Von der RAF ermordet: Jürgen Ponto.

Die tödlichen Schüsse waren gegen 17 Uhr gefallen. Zunächst glaubte die Kriminalpolizei noch an einen Raubüberfall oder an eine Gewalttat im familiären Bereich, doch nach vier Stunden wurde der Generalbundesanwalt eingeschaltet. Kurt Rebmann einen Tag später: „Der empörende und in seiner Art und Weise hinterhältige Mordanschlag muss der Terroristenszene zugeordnet werden." Heute gibt es keine Geheimnisse mehr um das die Menschen aufwühlende Geschehen. Es gehörte zu einer Serie von Verbrechen, die von der RAF, der „Roten Armee Fraktion", im ganzen Bundesgebiet verübt wurden. Erst fünf Jahre später wurden zwei der Täter, Christian Klar und Brigitte Mohnhaupt, gefasst und für den Mord an Ponto sowie die Beteiligung an weiteren RAF-Verbrechen zu lebenslangen Freiheitsstrafen verurteilt.

Susanne Albrecht, die als Patenkind des Ermordeten überhaupt erst ein Herankommen an das Opfer ermöglichte, konnte zehn Jahre lang mit Hilfe der Stasi in der DDR untertauchen. Sie heiratete dort, bekam einen Sohn und wurde erst 1990 gefasst. Vor ein deutsches Gericht gestellt, war sie bereit, umfassend über die RAF auszusagen.

Sie erhielt zwölf Jahre Freiheitsstrafe und wurde inzwischen auf Bewährung entlassen. Das Haus an der Oberhöchstädter Straße ist seit Jahren verkauft und von der Straße aus durch neue Bauten kaum mehr zu sehen. Ignes Ponto, die Witwe, hatte bald nach der Tat Deutschland verlassen und lebt heute in den USA.

Dennoch bleibt das Andenken an den prominenten Oberurseler wach. Vor der Stadthalle rauscht der Jürgen-Ponto-Brunnen, und unvergessen bleibt der Ermordete auch durch das Wirken der unter dem Eindruck des Mordanschlags von Ignes Ponto und dem Vorstand der Dresdner Bank AG gegründeten Jürgen-Ponto-Stiftung zur Förderung junger Künstler.

Was an diesem Nachmittag des 20. Juli 1977 im Haus des Bankiers geschah, ist durch die verschiedenen Prozesse aufgehellt worden. Zwei der Täter, Brigitte Mohnhaupt und Christian Klar, haben sich bis heute nicht von der Tat distanziert. Von Susanne Albrecht, die heute einen anderen Namen hat, weiß man, dass sie schwer an ihrer Tat trägt, und aus ihrer Gerichtsverhandlung ist ihre Aussage bekannt: „Ich habe das Schlimmste getan, was man tun kann, ich habe das Leben der Familie Ponto und das meiner Familie zerstört."

Rettungsdienste und Polizei eilten am 30. Juli 1977 zur Villa von Jürgen Ponto. Der bekannte Bankier war von RAF-Terroristen erschossen worden.

Susanne Albrecht bildete die Schlüsselfigur der Tragödie. Als Patenkind hatte sie sich telefonisch zu einem Besuch bei „Onkel Jürgen" angemeldet. Mit ihrem Vater hatte sie zu diesem Zeitpunkt bereits gebrochen. In der RAF-Szene aktiv geworden, plante sie mit Christian Klar und Brigitte Mohnhaupt, Jürgen Ponto als eine „herausragende Gestalt des kapitalistischen Systems" zu entführen.

Spaziergänger entdeckten zwei Tage nach dem Mord zwei Kilometer vom Tatort entfernt, nahe dem Steinbacher Waldschwimmbad, in einem Gebüsch einen blauen VW-Bus, der als Fluchtwagen für eine Entführung präpariert war. Seitenfenster waren verhängt, das Rückfenster zugeklebt. Allerdings trugen Klar und Mohnhaupt großkalibrige Waffen bei sich, als sie zusammen mit Susanne Albrecht am Haus Pontos klingelten. Der Fahrer Pontos öffnete, Susanne war ja angemeldet. Sie überreichte einen großen Strauß roter Rosen, und Jürgen Ponto begrüßte die jungen Leute in seinem Arbeitszimmer.

Als er das Zimmer verließ, um eine Vase zu holen, folgte ihm Christian Klar und zog im Speisezimmer eine Pistole. Ponto gelang es, den Arm Klars wegzudrücken. Ein Schuss löste sich und schlug in die Terrassentür ein. In diesem Augenblick, so steht es in den Prozessakten, lief Brigitte Mohnhaupt ins Zimmer und feuert fünf Mal auf Ponto.

Die drei jungen Leute flüchten in einem gelbbraunen Ford Granada, der später in Unterliederbach gefunden wird. In ihm liegt eine graue Kordjacke, bespritzt vom Blut des erschossenen Jürgen Ponto. Jürgen Ponto wird schwer verletzt von seiner Frau und dem Fahrer gefunden. Er ist trotz sofortiger Notoperation nicht zu retten und stirbt am gleichen Abend im Neuro-Chirurgischen Klinikum in Frankfurt im Alter von 53 Jahren.

Ehrenplakette für Baby Sascha

Grävenwiesbach. Gerade einmal sechs Monate alt war Sascha Peter Herr, als er am 6. Oktober von Landrat Werner Herr die Ehrenplakette des Hochtaunuskreises verliehen bekam. Der am 2. April um 9.55 Uhr im Usinger Krankenhaus geborene Bub war nämlich der 200 000. Einwohner des Hochtaunuskreises. Von Landrat Herr gab es für den jungen Ehrenbürger, der mit Mutter Cornelia und Vater Rainer in Grävenwiesbach wohnte, zudem ein Sparbuch.

Katholiken bekommen Kirchengemeinde

Neu-Anspach. Zum Jahresbeginn wurde eine neue katholische Kirchengemeinde in Neu-Anspach eingerichtet. Möglich machte dies der Strukturplan des Bistums Limburg. Bislang gehörten die Katholiken des Ortsteils Anspach zur Gemeinde Wehrheim, die Gläubigen der Ortsteile Rod am Berg, Hausen-Arnsbach und Westerfeld waren auf die Kirchengemeinde Usingen verteilt.

Bundeskanzler beruft Dietrich Sperling

Taunus. Dietrich Sperling aus Königstein wurde am 14. Februar zum Parlamentarischen Staatssekretär berufen. Bundeskanzler Helmut Schmidt holte den SPD-Bundestagsabgeordneten des Wahlkreises 135 im Zuge seiner Regierungsumbildung ins Bauministerium. Sperling wurde damit dem neuen Minister für Raumordnung, Bauwesen und Städtebau, Dieter Haack, unterstellt.

Aus für die Hutfabrik Usinger

Friedrichsdorf. Für die Hutfabrik Willi Usinger in der Hugenottenstraße 13 kam am 31. März das Aus. Mit der Hutmanufaktur starb eine Friedrichsdorfer Tradition aus, die von den Hugenotten in

Ernst Zindel – Vater der legendären „Tante Ju"

Winfried Hinze

Bad Homburg. Im Jahr 1978 verlor Bad Homburg einen Bürger, der in der Geschichte der deutschen Luftfahrt ein wichtiges Kapitel geschrieben hat: Am 10. Oktober starb Ernst Zindel, Konstrukteur der legendären Ju 52 – jenem Flieger, der als das seinerzeit berühmteste und meistgeflogene Flugzeug der Welt galt und noch heute unter dem liebevollen Namen „Tante Ju" landauf, landab ein fester Begriff ist.

Zindel wurde am 23. Januar 1897 als Sohn eines Pfarrers in Mistelbach (Oberfranken) geboren. Er meldete sich 1914 als Kriegsfreiwilliger bei dem bayerischen Infanterieregiment in Ingolstadt. 1916 wurde er an der Front schwer verwundet und nahm im Oktober des gleichen Jahres ein Studium an der Technischen Hochschule Charlottenburg auf, Fachrichtung Schiffbau.

Nach Ablegung der Diplomhauptprüfung trat Zindel am 1. Oktober 1920 als Diplom-Ingenieur in

Der Schöpfer und sein Werk: Ernst Zindel mit einem Modell der Ju 52. Der Konstrukteur dieses legendären Flugzeugs lebte lange Jahre in Bad Homburg und starb hier am 10. Oktober 1978.

die Junkers Flugzeugwerk AG in Dessau ein. Das Konstruktionsbüro wurde von Otto Reuter, dem Schöpfer des ersten Ganzmetall-Kabinenflugzeugs der Welt (F 13), geleitet, der Zindel als Konstrukteur einstellte. Eine der ersten Aufgaben bestand darin, einen von Prof. Hugo Junkers angeregten Entwurf für ein Großflugzeug als Doppelflugboot zu Papier zu bringen - unter der Bezeichnung „Junkerissime". Weitere Arbeiten für ein zweimotoriges Wasserflugzeug folgten. Alle Studien blieben jedoch nur Projekte, sie waren ihrer Zeit technisch weit voraus.

Im Januar 1922 verstarb Reuter. Das Entwicklungs- und Konstruktionsbüro wurde nun vom Leiter der Junkers Forschungsanstalt, Dr. Otto Mader, kommissarisch mitgeführt. Unter seiner Leitung konstruierte Zindel einmotorige Sportflugzeuge, und auch die Verantwortung für Gesamtentwurf, die statische Berechnung und den konstruktiven Aufbau wurde ihm schon persönlich übertragen. Es entstanden die Typen T 19, T21 und T23. Nach kurzer Zeit wurde Zindel mit der Konstruktion mehrmotoriger Großflugzeuge beauftragt - vom Studienentwurf über den Entwurf für die endgültige Ausführung bis hin zur Konstruktion der einzelnen Baugruppen. Es gingen daraus die dreimotorigen Passagierflugzeuge G24 (1924) und G31 (1926) hervor.

Im Jahr 1927 folgte Mader als langjähriger Leiter der Forschungsanstalt Professor Junkers – und seit dem Tod Reuters kommissarischer Leiter der Entwicklung und Konstruktion im Flugzeugbau – einem Ruf auf einen Lehrstuhl der Technischen Hochschule München. Zum neuen Leiter der Flugzeugentwicklung wurde Ernst Zindel offiziell bestellt, obwohl er beide Ämter bereits seit 1923 ausübte.

Jetzt für die Entwicklung und Konstruktion allein verantwortlich, vollendete er 1928 den Konstruktionsentwurf zur Schaffung der G38, dem größten viermotorigen Landflugzeug der damaligen Zeit. Es folgte 1930 der Entwurf und die Konstruktion der Ju52 – zunächst einmotorig als Frachtflugzeug, von 1931 an dreimotorig als Verkehrsflugzeug Ju 52/3m. Dieses Flugzeug wurde das weltweit bekannteste und meistgeflogene Verkehrsflugzeug der 30er Jahre. Von Junkers wurde Zindel 1932 die Gesamtleitung der Bereiche Flugzeugentwicklung und Flugerprobung übertragen. Ein Jahr später folgte die Ernennung zum Direktor für Entwicklung und Konstruktion sowie zum Prokuristen.

Offensichtlich fühlte sich Zindel dem Werk Junkers sehr verbunden. Obwohl ihm während seiner Tätigkeit drei Mal ein Lehrstuhl für Luftfahrt angeboten wurde, blieb er seiner Berufung als Entwicklungsingenieur treu. Trotz schwieriger Verhältnisse im Krieg blieb Zindel, Kopf dieser Entwicklung, bescheiden im Hintergrund und schlug selbst einen Aufsichtsratsposten aus. In den Folgejahren von 1933 bis 1945 konstruierte er Flugzeuge für den zivilen und militärischen Einsatz. Hierzu gehören die Baumuster Ju86, Ju188, Ju90, Ju290/390 sowie und Ju388 als Höhenflugzeug. Schon 1931 war Zindel am Höhenforschungsflugzeug Ju49 beteiligt gewesen und erhielt für die druckdichte Höhenkammer des Flugzeugs ein Patent.

ihre neue Heimat gebracht worden war. Als einziger Textilzweig konnte sie sich im 19. Jahrhundert gegenüber den maschinellen Fertigungsmethoden behaupten.

„Jammerhecke" niedergebrannt

Brombach/Rod am Berg. Die so genannte „Jammerhecke" oberhalb von Rod am Berg wurde niedergebrannt. Mit Bedauern nahm dies das Neu-Anspacher Gemeindeparlament am 17. April zur Kenntnis. Der Name „Jammerhecke" geht auf ein Ereignis aus dem Jahr 1709 zurück. Hinter besagter Hecke soll eine Gruppe von Kindern erfroren sein, die auf ihrem Schulweg von einem Schneesturm überrascht worden waren und hinter der Hecke Schutz gesucht hatten. Das traurige Ereignis ist bis heute im Volksbewusstsein sowie in der Flurbezeichnung „Jammerhecke" bewahrt.

Grundschule nach Flugkapitän benannt

Arnoldshain. Die Grundschule in Arnoldshain trägt seit dem 25. April den Namen des von Terroristen in Mogadischu ermordeten Flugkapitäns Jürgen Schumann. Der Pilot war bei der Entführung der Lufthansa-Maschine „Landshut" 1977 getötet worden. Die Witwe des Opfers enthüllte anlässlich der Namensgebung eine Gedenktafel.

S-Bahn verbindet Frankfurt und Umland

Bad Homburg. Der 28. Mai war ein denkwürdiges Datum für den Personennahverkehr in Hessen. Nach einer zehnjährigen Vorbereitungsphase begann für Frankfurt und sein Umland die S-Bahn-Zeit. Für den Hochtaunuskreis bedeutete dies, dass auf der Bundesbahnstrecke Frankfurt-Friedrichsdorf fortan die Linie S 5 verkehrte. Die U-Bahnlinie A 2 (Gonzenheim-

Frankfurt) wurde mit der Linie A 4 (Bonames-Frankfurt) zusammengelegt und auf den Namen U 2 getauft.

Dorfgemeinschaftshaus wird eröffnet

Seelenberg. Das Dorfgemeinschaftshaus Seelenberg wurde am 30. Juni eröffnet. 250 Bürger drängten sich bei der Eröffnungsfeier in dem neuen Domizil. Das Haus entstand durch den Ausbau der ehemaligen Schule.

Kulturkreis engagiert sich

Usingen. Der „Kulturkreis Usinger Land" erblickte am 7. Juli im Hotel „Goldene Sonne" das Licht der Welt. Seine Aufgabe verstand der Verein in der Belebung und Pflege des Kulturlebens in dieser Region durch öffentliche Veranstaltungen. Dabei sollte das ganze Spektrum der Kunst abgedeckt werden. Zum ersten Vorsitzenden wurde Dr. Hanns-Jürgen Weigel gewählt, Stellvertreterin wurde Eva Arzt.

Kulzer & Co. siedelt um

Wehrheim. Kulzer & Co. siedelten nach Wehrheim um. Die beengten Verhältnisse im Stammhaus Bad Homburg, wo das pharmazeutisch-chemische Unternehmen seit 1955 seinen Sitz hatte, machten einen Umzug notwendig. Der Neubau wurde am 21. Juli eröffnet. In dem neuen Werk wurden auf einer Fläche von 2900 Quadratmetern Kunststoffe produziert.

Premiere der Saalburg-Konzerte

Bad Homburg/Friedrichsdorf. Der Lions Club Friedrichsdorf/Limes hob am 8. September die Saalburg-Konzerte aus der Taufe. Zur Premiere schallte Musik von Wolfgang Amadeus Mozart durch den Innenhof des Saalburg-Kastells.

Nach der Besetzung der Stadt Dessau und auch der Junkerswerke am 21. April 1945 erfolgten Vernehmungen und Befragungen der Firmenleitung durch die Siegermächte. Zindel wurde nach ersten Auskünften über Bad Kissingen nach Paris verbracht, wohin auch andere prominente deutsche Flugzeugkonstrukteure und Wissenschaftler beordert wurden. Nach zehnwöchigem Aufenthalt wurden die Luftfahrt-Experten entlassen. Auf Anraten der Amerikaner ging Zindel nicht zurück nach Dessau, sondern blieb in der amerikanischen Zone.

Nach mancherlei Irrfahrten landete er schließlich mit seiner Frau in Pöcking nahe dem Starnberger See. Versuche, eine neue Beschäftigung zu finden, blieben erfolglos. Erst im Frühjahr 1947 bekam er Verbindung zum ehemaligen Junkers-Direktor Thiedemann, der mit anderen ehemaligen Konstrukteuren ein Ingenieurbüro und einen kleinen Fertigungsbetrieb für tägliche Bedarfsartikel unterhielt. Dieser Betrieb befand sich in Stockstadt am Rhein und hieß „Gefra" (Gesellschaft für rationelle Fertigung). Kurz nach der Währungsreform 1948 gab es auch diese Firma nicht mehr.

Nach mehreren Wechseln in kleine Betriebe erhielt Ernst Zindel ein Angebot als Konstruktionschef der Firma „P.I.V. Antrieb Werner Reimers" in Bad Homburg, die stufenlose Getriebe herstellte. Er nahm an und war somit von Anfang 1950 bis zu seinem Tode 1978 Einwohner von Bad Homburg. Mit Beginn der neuen Tätigkeit war für Zindel das Kapitel Luftfahrt – bis auf eine Gast-Dozentur für Leichtbau an der Technischen Akademie in Mülheim/Ruhr – abgeschlossen. Er blieb bis zum Ruhestand bei der P.I.V. in Bad Homburg.

Eine große Ehrung wurde ihm noch zuteil: Von der Internationalen Luftfahrtföderation erhielt Zindel auf der 1. Weltfachschau des Verkehrs in München am 29. Juli 1965 die „Pionierkette der Windrose" als Konstrukteur der Ju 52.

Dagmar Fuhrmann sprintet zum Titel

Usingen. Bei den 25. Deutschen Hallenmeisterschaften am 25. und 26. Februar in Sindelfingen wurde Dagmar Fuhrmann aus Usingen Deutsche Meisterin über 400 Meter. Die Leichtathletin ließ mit 53,69 Sekunden die Konkurrenz hinter sich. Zwei Jahre zuvor gehörte die gebürtige Frankfurterin, die als Kind bei der HTG Bad Homburg trainierte, im kanadischen Montreal zum Olympia-Team und erreichte mit der Staffel über 4 x 400 Meter den fünften Platz.

Deutsche Meisterin und Olympia-Teilnehmerin: Dagmar Fuhrmann.

Feuer in Erlenhof, Krankenhaus und Schloss

Bad Homburg. Eine ganze Serie von Brandstiftungen hielt in der zweiten Hälfte des Jahres 1978 die Bad Homburger in Atem. Am 9. Oktober zerstörte zunächst ein Feuer den Marstall des Gestüts Erlenhof in Dornholzhausen. Dem Verwalter des 1901 auf Initiative von Ernst Ritter von Marx gebauten Gestüts gelang es in letzter Minute, alle 35 im Stall untergebrachten Pferde zu retten. Der Sachschaden betrug 2,5 Millionen Mark.

Am 29. Oktober ging ebenfalls im Stadtteil Dornholzhausen am Oberen Reisberg ein Luxusbungalow in Flammen auf. Der Bungalow diente einer Akustik-Firma als Gästehaus. Es entstand ein Schaden von 300 000 Mark, Menschen wurden nicht verletzt.

Am 18. November brannte dann ein Einfamilienhaus in Gonzenheim im Fabriciusring nieder. Der Schaden belief sich auf 400 000 Mark. Nur wenige Tage später kam die Feuerwehr erneut zum Einsatz. In einem Einfamilienhaus Am Rabenstein brach am 24. November ein Brand aus (100 000 Mark Schaden). Am 25. November wurde zudem der Kindergarten des Kreiskrankenhauses bis auf die Grundmauern eingeäschert (Schaden: 500 000 Mark). Nur mit Mühe konnten die Wehrleute am 30. November ein Feuer eindämmen, das in einem ehemaligen Marstallgebäude des Landgrafenschlosses ausgebrochen war und auf die bewohnten Teile überzugreifen drohte.

Am 29. Dezember hatte der Spuk ein Ende. Die Brände in den Einfamilienhäusern und im Kindergarten gingen auf das Konto von zwei Jugendlichen (18 und 17 Jahre). Ein Hinweis aus der Bevölkerung führte die Polizei zu den Tätern. Die Brandstifter waren zunächst in die Häuser eingebrochen und hatten dann Feuer gelegt. In den Zimmern der Jugendlichen fanden die Beamten eine Vielzahl von Gegenständen aus besagten Wohnungen. Mit den Bränden im Gestüt Erlenhof und im Schloss wollten die beiden ansonsten geständigen jugendlichen „Feuerteufel" aber nichts zu tun haben. Tatsächlich brannte es in Bad Homburg bereits am darauffolgenden Tag wieder: Ein Feuer vernichtete die Inneneinrichtung des erst am 12. Oktober eröffneten Speiselokals „Rossini" in der Louisenstraße 109. Es entstand ein Sachschaden von rund 400 000 Mark. Für die Freiwillige Feuerwehr war es der 303. Einsatz in diesem Jahr.

Das Ziel, die Musikabende zu einer dauerhaften Einrichtung zu machen, hat der Club erreicht. Noch heute bereichern die Konzerte das Kulturleben des Hochtaunuskreises.

Dreister Überfall auf Kreissparkasse

Oberursel. Zwei dreiste Bankräuber erbeuteten bei einem Überfall auf die Filiale der Kreissparkasse Hochtaunus in der Dornbachstraße am 22. September 10 000 Mark. Die Täter bedrohten dabei die drei Bankangestellten sowie zwei Kundinnen mit einer Pistole. Eine der Kundinnen war Oberstedtens Ortsvorsteherin Elisabeth Reinhuber-Adorno, die gerade Geld für die Wochenendeinkäufe abheben wollte.

Schulhaus zum Bürgerhaus umgebaut

Grävenwiesbach. Aus alt mach neu: Die Grävenwiesbacher bekamen am 29. September ihr Bürgerhaus. Dabei handelte es sich aber nicht um einen Neubau, sondern um das sanierte und umgebaute Schulhaus. 700 000 Mark kostete der von einem Wernborner Architekturbüro umgestaltete Bau.

Stadt verkauft den Altkönig-Gipfel

Steinbach. Der Gipfel des Altkönigs mit seinen Wäldern wurde an das Land Hessen verkauft. Einer entsprechenden Vorlage des Magistrats stimmten die Stadtverordneten am 30. November zu. 1,25 Millionen Mark flossen für den 89 Hektar großen Wald in das Stadtsäckel. Steinbach war in Besitz dieses Waldstücks im Jahr 1810 bei der Auflösung der Kronberger Mark gekommen.

Henning von Storch löst Werner Herr ab

Taunus. Der Wechsel an der Kreisspitze stand an. Am 3. Februar wurde Dr. Henning von Storch (CDU) als neuer Landrat des Hochtaunuskreises vereidigt und trat damit die Nachfolge von Werner Herr (SPD) an.

Am 1. Juni übernahm Hans-Joachim Galuschka (CDU) das Amt des Ersten Kreisbeigeordneten. Der ehemalige Weilroder Bürgermeister hatte mit dem Amt des Vize-Landrates den Höhepunkt seiner politischen Karriere erreicht. Der Weg dorthin war indes umstritten. Bereits die Wahl Galuschkas zum Zweiten hauptamtlichen Kreisbeigeordneten im

Ein Schloss für das Amtsgericht

Prachtbau in Königstein wird saniert/Axel Rohrbeck

Königstein. Der Rückblick aus der sicheren Distanz von 20 Jahren auf herausragende Ereignisse Königsteins im Jahr 1979 lässt dem Chronisten schnell die Erinnerung an einen Vorgang bewusst werden, der für die Geschichte der Stadt in vielerlei Hinsicht bedeutsam war und noch ist. Nach jahrelangen Bemühungen und heftigen Auseinandersetzungen fiel in der Stadtverordnetenversammlung vom 5. Februar 1979 die Entscheidung, das „lokalgeschichtlich bedeutsamste Gebäude" Königsteins, wie die Frankfurter Allgemeine Zeitung am 6. Februar 1979 unter der Überschrift „Neuer Glanz für das Luxemburgische Schloss" formulierte, vor dem Verfall zu bewahren und mit einem Aufwand von 4,4 Millionen Mark herzurichten, um es dem Amtsgericht Königstein als Gerichtsgebäude zu vermieten.

Die denkbar knappste Mehrheit von 17 gegen 16 Stimmen bei zwei Enthaltungen lässt auch in der Retrospektive erkennen, wie weit die Meinungen in der Stadt auseinander

Das neubarocke Luxemburgische Schloss wurde für 4,4 Millionen Mark saniert. Das Stadtparlament Königstein hatte im Jahr 1979 beschlossen, das historische Gebäude für das Amtsgericht herzurichten.

gingen und mit welchem Engagement die jeweiligen Positionen verfochten wurden. Die Stadt hatte acht Jahre zuvor das ehemalige Schloss des Herzogs von Nassau erworben, das zuvor in privater Hand eine wechselvolle Geschichte erlebte, die in erschreckendem Maße an seiner Bausubstanz gezehrt hatte.

Sein Zustand war so heruntergekommen, dass eine ernst zu nehmende bis in die Stadtverordnetenversammlung hineinreichende Meinung sich für seinen Abriss stark machte, da der Aufwand für seine Sanierung die finanziellen Möglichkeiten der Stadt bei weitem überstieg. Die von einer starken Fraktion der Stadtverordneten vorgegebene Prämisse, ein Aufbau ja, aber nur als Bürogebäude für die Stadtverwaltung, war deshalb ohne reale Chancen. Schon Jahre zuvor hatte sich die Stadt nach anderen Investoren umgeschaut. Darunter waren viele Großunternehmen und sogar die Bundesbank, die das Schloss als Schulungsstätte ins Auge gefasst hatten.

Jedes ernst zu nehmende Interesse scheiterte jedoch daran, dass ohne weit reichende Veränderungen des Gebäudes selbst eine wirtschaftliche Nutzung nicht zu erreichen war, weshalb es nie zu ernsten Verhandlungen kam. „Von der Schönheit des Schlösschens mit seinen neobarocken Stilfassaden wäre nicht viel übrig geblieben", konstatierte dann auch die FAZ.

Mit der Vermietung an das Amtsgericht als Landesbehörde ergab sich erstmalig ein realistischer Weg, das Schloss in letzter Sekunde vor dem Verfall zu retten. Durch undichte Dachstellen und eingeschlagene Fensterscheiben hatte sich die Feuchtigkeit im Innern des Gebäudes bereits so festgesetzt, dass von der einstmaligen Pracht nichts mehr zu retten war und auch die aus Holz bestehenden Geschossdecken wegen Baufälligkeit entfernt werden mussten. Neben verlorenen Zuwendungen des Landeskonservators von 500 000 Mark, der sich um den Erhalt dieses einzigen Gebäudes, das Herzog Adolph von Nassau selbst baulich gestaltet hatte, mit Vehemenz einsetzte, konnte angesichts der Vermietung an eine Landesbehörde der Stadt ein Zwei-Millionen-Kredit aus dem hessischen Investitionsfonds zu günstigsten Zinsbedingungen vermittelt werden. Dennoch ergab eine kurz vor der Entscheidung der Stadtverordneten von der FDP-Fraktion initiierte Umfrage in der Fußgängerzone, in der 89 Königsteiner befragt wurden, eine weitgehend geschlossene Phalanx gegen die Vermietung an das Amtsgericht. Bevorzugt wurde die Unterbringung eines Museums, einer Galerie, eines gastronomischen Betriebes, einer Jugendherberge sowie eines Bürger- und Vereinstreffs. Dabei spielte es offensichtlich keine Rolle, dass die Tage des Amtsgerichts in Königstein und damit der Gerichtsstandort Königstein gezählt sein könnten. Zu gleicher Zeit hatte der Kreistag des Main-Taunus-Kreises eine Standortentscheidung für die neue Kreisstadt Hofheim zur Errichtung eines neuen Kreishauses mit großer Mehrheit beschlossen. Und diese wurde seitens des Landrates mit Nachdruck betrieben. Die Unterbringungsnot des Amtsgerichts Königstein sollte durch Errichtung eines Kreisgerichtes in Hofheim beendet werden. Das Amtsgericht war zu dieser Zeit in vier unterschiedli-

Kreistag am 27. Juni 1977 geriet zum Eklat. Obwohl die CDU im Kreistag über eine klare Mehrheit verfügte, rettete ihn nur die FDP vor einer Niederlage. Der Sieg war mit zwei Stimmen Mehrheit denkbar knapp. Acht CDU-Mitglieder verweigerten aus „Gewissensgründen" Galuschka ihr Votum und erhoben Vorwürfe, das Wahlverfahren sei nicht vorschriftsmäßig abgelaufen. Auch die SPD behielt sich rechtliche Schritte vor.

Am 14. Juli 1978 erklärte die fünfte Kammer des Frankfurter Verwaltungsgerichts die Wahl für ungültig. Auch bei der Wahl zum Vize-Landrat am 11. Dezember 1978 setzte sich der Christdemokrat erst im zweiten Wahlgang gegen den amtierenden und erneut angetretenen Ersten Kreisbeigeordneten Gottfried Voitel (FDP) durch.

Carl Gustav zu Gast im Schlosshotel

Kronberg. Im Rahmen seiner Deutschlandreise stattete der schwedische König Carl Gustav dem Schlosshotel Kronberg am 22. März einen Besuch ab. Er traf sich dort mit dem Hessischen Ministerpräsidenten Holger Börner, Bundesbankpräsident Ottmar Emminger und dem schwedischen Bankier Marcus Wallenberg zu einem politischen Gespräch.

Krebs-Gehlen stirbt mit 81 Jahren

Bad Homburg. Der Verleger Alexander Krebs-Gehlen starb am 18. August im Alter von 81 Jahren. 1927 hatte ihm Dr. Max Gehlen die Leitung des Schulbuchverlages übertragen, in dem bis heute betriebswirtschaftliche Bücher und allgemeine Lehrbücher zum beruflichen Bildungswesen erscheinen. Krebs-Gehlen war Mitherausgeber der Taunus-Zeitung, in die er 1970 den ihm gehörenden Taunusboten einbrachte.

Stadt bekommt Sonderstatus

Bad Homburg. Bad Homburg erhielt am 10. Juli einen Sonderstatus, der in vielerlei Hinsicht der Stellung einer kreisfreien Stadt gleichkam. Gleichzeitig wurde für das Stadtoberhaupt wieder die Bezeichnung Oberbürgermeister eingeführt.

Bürgerinitiative Schäferborn gegründet

Seulberg. In der Gaststätte „Stadt Berlin" formierte sich am 26. Juli die Bürgerinitiative Schäferborn. Ihr Ziel war es, den Bau eines Milupa-Hochregallagers im angrenzenden Gewerbegebiet zu verhindern. Die Bewohner befürchteten ein erhöhtes Verkehrsaufkommen durch an- und abfahrende Laster.

Feuer zerstört Runkelsteiner Mühle

Weilrod. Die „Runkelsteiner Mühle" zwischen Emmershausen und Winden, vielen als Pension und Ausflugslokal bekannt, wurde am 1. August durch einen Brand teilweise zerstört. Das Feuer brach in der benachbarten Scheune aus. Der Sachschaden belief sich auf rund 300 000 Mark.

Museumsgesellschaft nimmt ihre Arbeit auf

Kronberg. Die Geburtsstunde der „Museumsgesellschaft Kronberg" schlug am 22. Mai im evangelischen Gemeindehaus. Der Verein machte es sich zum Ziel, die Bilder der Kronberger Malerkolonie für die Stadt zu bewahren. Den Vorsitz der Gesellschaft übernahm Dr. Heinrich Kuhl.

chen, quer über Königstein verteilten Gebäuden untergebracht und kaum noch in der Lage, den Arbeitsablauf zu organisieren. Es war daher ein dringendes Anliegen, diesen Zustand zu beenden und ein Gebäude zu finden, in dem wenigstens die außerhalb des eigentlichen alten Amtsgerichtsgebäudes in der Gerichtstraße 2 untergebrachten Abteilungen wieder zusammengeführt werden konnten. Die Arbeitsbedingungen waren so unhaltbar geworden, dass bei einem Scheitern der Bemühungen dem Angebot des Main-Taunus-Kreises trotz beschwichtigender Verlautbarungen aus dem Justizministerium im Interesse einer geordneten Rechtspflege nachgegangen werden musste. Wie wenig solch sachliche Zwänge bei den Gegenstimmen Gehör fanden, demonstriert der Ausspruch eines Stadtverordneten, „... man solle die doch ruhig gehen lassen, die würden uns sowieso nur verurteilen".

Es ist auf diesem Hintergrund das historische Verdienst des Altbürgermeisters Weber, in Verknüpfung der ungelösten Situationen beider Komplexe eine Problemlösung herbeigeführt und damit dieses historisch bedeutsame Gebäude wie auch den Gerichtsstandort Königstein gerettet zu haben. Andernfalls wäre Königstein nicht nur ein wertvolles Gebäude, sondern auch eine über 800-jährige Tradition als bedeutender Gerichtsstandort verloren gegangen. Dieser hatte im ausgehenden 11. Jahrhundert begonnen, als das bedeutende Reichsgrafengeschlecht Nüring den Thing des Niddagaues von Thiedenheim (in der Nähe des heutigen Bornheim gelegen) in die Umgebung ihrer auf dem Gelände des heutigen Falkenstein errichteten Burganlage verlegten und dort ihr Grafengericht abhielten.

Das Amtsgericht steht damit in einer Tradition einer wechselvollen Geschichte Königsteins, in der immer die Gerichtsbarkeit eine bedeutsame Rolle spielte. Insbesondere das barocke Amtsgebäude, aus welchem das Luxemburgische Schloss hervorgegangen ist, diente als „Newen Ampthaus" bereits nachweislich 1582 der Gerichtsbarkeit in Einheit mit der Verwaltung.

Dass neben so historischen Vorgängen 1979 im Königsteiner Amtsgericht über 100 Arbeitsplätze erhalten blieben, sei dabei nur am Rande vermerkt, selbst wenn diese infolge der Personaleinsparungen zwischenzeitlich auf 83 Arbeitsplätze abgeschmolzen wurden, und das trotz bedeutsamer Ausweitungen der Zuständigkeiten und Arbeitsgebiete. Die Justizbehörde ist seitdem in einer „Alliance cordiale" mit der Stadt und ihrer Verwaltung verbunden, was neben vielem anderen lebhaften Ausdruck darin findet, dass kulturelle Begebenheiten, wie die Schlosskonzerte, aber auch andere von der Stadt oder der Kurverwaltung betreute Veranstaltungen in den Räumen des Luxemburgischen Schlosses eine Heimstatt haben.

Aus dem Heimattag wird das Brunnenfest

Karl Heinz Arbogast

Oberursel. Heimatfeste gab es in Oberursel bereits seit Jahrzehnten. Unter dem Motto „Der Heimattag" wurden sie als eine Bündelung von Vereinsfeiern, kulturellen Ereignissen und sportlichen Aktivitäten an einem Wochenende in der schönen Jahreszeit begangen. Dem Vereinsring und Bürgermeister Rudolf Harders aber blieb es vorbehalten, mit der Wahl einer Symbolfigur, der Brunnenkönigin, und der Bindung des fröhlichen Feierns ausschließlich an den damals mitten in der Restaurierung befindlichen alten Stadtkern ein neues Motto zu finden.

Vor 20 Jahren verknüpfte die Stadt das Brunnenfest noch mit der Feier von 15 Jahren Partnerschaft Oberursel/Epinay-sur-Seine und gewann die US-Army zu einem Freundschaftstag im Camp King. Fixiert war das große Ereignis auf die Altstadt, und damit es seinem Namen auch gerecht wurde, enthüllte die erste Oberurseler Brunnenkönigin Roswitha - assistiert von ihrem Vater und Brunnenmeister Anton Bechthold - bei der Festeröffnung an jenem denkwürdigen 22. Juni 1979 den neu gestalteten Brunnen auf der Bleiche mit der Skulptur der „Orscheler Wäschfraa". Der einheimische Bildhauer und Maler Georg Hieronymi hatte sie geschaffen. Heute nennt sich Oberursel zu Recht gerne die „Brunnenstadt", und im Rathaus ist sogar ein Brunnenführer mit Hinweisen zum Bummel durch die Altstadtgassen zu bekommen.

Beim ersten Brunnenfest musste der Vereinsring noch eine Fülle von Aktionen bieten, um die Menschen in die Altstadt zu laden. Da gab es auf dem Marktplatz und in den umliegenden Gassen am Samstag einen bunten Flohmarkt, Altstadtführungen des Geschichtsvereins und eine Berliner Drill-Schau der amerikanischen Armee. Das Seifenkistenrennen auf dem Marktplatz gehörte ebenso dazu wie Folklorevorführungen und viel Gelegenheit zum Tanz. Das Typische des heutigen Brunnenfestes, das Feiern mit Vereinen oder bei privaten Festwirten in Dutzenden von Höfen der Altstadt, setzte sich erst mit den Jahren durch.

Zur Erinnerung an das erste Brunnenfest überreichte Roswitha I. einen vom Brunnenmeister Anton Bechthold gebauten Brunnen aus Birkenholz.

Autokennzeichen in der Diskussion

Taunus. HG in HTK? Bei der ersten Sitzung des Arbeitskreises „Raumplanung, Bauwesen, Wirtschaftsförderung und Fremdenverkehr" der Kreis-CDU wurde die Änderung des Kraftfahrzeug-Kennzeichens für den Hochtaunuskreis von HG in HTK diskutiert. Ausschlaggebend für den Gedanken war die Umschilderung im Maintaunuskreis zu MTK. Mit dem Argument, dass für diese Änderung das Bürgerverständnis fehlen dürfte, wurde das Vorhaben nicht weiter verfolgt.

Verein für Eislauf und Eistanz gegründet

Oberursel. Die Freunde des eisigen Sports machten am 21. März Nägel mit Köpfen. Im großen Rathaussaal gründete sich der „Eissportverein Oberursel". Erklärtes Ziel der Mitglieder war die Förderung aller Disziplinen wie Eislauf, Eishockey, Eisstockschießen und Eistanz. Ganz oben auf der Wunschliste stand der Bau einer Eissporthalle. Zum ersten Vorsitzenden wurde der Leiter der Feldbergschule Friedrich Jahn gewählt.

Richtfest für das Gästehaus

Oberursel. Oberursel bekam ein städtisches Gästehaus. Am 24. März wurde auf dem Gelände in direkter Nachbarschaft zur Taunushalle in Oberstedten Richtfest gefeiert. Ehe die ersten Gäste in das Haus einziehen konnten, dauerte es noch bis zum 7. Juli. Das Haus verfügte über 16 Zimmer und 56 Betten und kostete insgesamt 640 000 Mark.

Flugzeug zum Stadtjubiläum

Kronberg. 650 Jahre Kronberg: Zum Stadtjubiläum bekam die Stadt ein ganz besonderes Geschenk. Als bis dahin einzige Stadt im Taunus erhielt sie ein „ei-

Eine Oase der Erholung und Gesundheit

Taunus-Therme feierlich eröffnet/Simone Hett

Bad Homburg. „Europas schönstes Thermalbad", „Luxusbad mit fernöstlichem Flair", „Thermalbad der Superlative" – mit diesen oder ähnlichen Lobeshymnen wurde die Taunus-Therme überschüttet, als sie am 23. Juli 1980 zum ersten Mal ihre Pforten öffnete. „Hier findet der Besucher, was er bisher nur im Ausland zu finden glaubte: Erholung, Zerstreuung und Sonne", lobte der hessische Wirtschaftsminister Heinz-Herbert Karry anlässlich der Eröffnung. 300 Premierengäste zollten ihm klatschend Zuspruch.

Eine japanisch anmutendes Bad mit einer insgesamt 1000 Quadratmeter großen Wasserfläche, Massagesprudeln, Wasserfällen, geschwungenen Brücken, exotischen Pflanzen, römischen Dampfbädern und finnischen Saunen, war da am Rande des Lennéschen Kurparks entstanden. Die Stadt Bad Homburg war um eine Attraktion reicher, von der sie noch heute profitiert.

Zehn Jahre lang war die Idee von einem Thermalbad durch die Köpfe der Politiker gegeistert. Realisiert wurde sie schließlich von dem Unternehmer und Sanatorien-Betreiber Werner Wicker. Der Geschäftsmann versprach der Stadt ein Bad, das in Europa seinesgleichen sucht. Als Gegenleistung dafür, dass er den städtischen Säckel um ein Millionen-Projekt entlastete und auf eigene unternehmerische Verantwortung das Bad baute, erhielt Wicker die Spielbank-Konzession. Ein lukratives Geschäft. „Nur für wen?", fragten sich die Skeptiker. Schließlich durfte ein Privatier ein Bad in schönster Lage des Kurparks auf

Ein Bad der Superlative: Am 23. Juli 1980 öffnete die Taunus-Therme erstmals ihre Pforten.

praktisch geschenktem Boden bauen, für den er nur einen symbolischen Erbbauzins entrichten musste. Zudem befürchteten einige, dass ein solches „Super-Bad" dem eigenen Seedammbad in direkter Nachbarschaft unnötig Konkurrenz machen würde.

Und während man in Bad Homburg grübelte, reiste das Ehepaar Wicker quer durch Europa, um ein Konzept zu entwickeln. Über 200 Bäder im In- und Ausland besuchten die beiden, befragten Erholungssuchende und Erlebnishungrige jeden Alters nach ihren Vorstellungen von einem idealen Bad. Die Lösung war schnell gefunden, die Wünsche der Befragten zielten auf Gesundheit und Erholung. Wer sich von der Hektik des Alltags befreien wollte, suchte nach einer Oase der Ruhe, nach Entspannung und Belebung für Körper und Geist.

Der Besuch eines japanischen Gartens brachte den entscheidenden Impuls für die architektonische Gestaltung. Die Einfachheit der Gebäude, die natürlichen Baustoffe und nicht zuletzt das geschwungene Pagodendach signalisierten in den Augen des Bauherrn Ruhe, Besinnung und fernöstliche Gelassenheit. Am 24. Mai 1977 wurde der Grundstein für die Taunus-Therme gelegt. Drei Jahre sollte es noch dauern, diese Philosophie in die Realität umzusetzen.

Der Kostenrahmen wurde dabei auf das Dreifache ausgeweitet. Statt der ursprünglich veranschlagten 10 Millionen wurden 30 Millionen Mark in das ehrgeizige Projekt investiert. Werner Wicker hatte wahrlich nicht gekleckert und insgesamt 34 Erlebnismöglichkeiten auf 7000 Quadratmetern Grundfläche geschaffen. Herzstück des Bades war und ist das konstant 32 Grad warme Thermalwasser. Es stammt unter anderem aus der Viktoria-Luisen-Quelle und dient dank seines Natrium-Kalzium-Chlorid-Hydrogen-Karbonat-Gehalts der Vorbeugung und Behandlung

Wasserfontänen, geschwungene Becken und exotische Pflanzen – das Bad Homburger Renommierbad wartete schon bei der Eröffnung mit vielen Attraktionen auf.

genes" Flugzeug. Auf dem Rhein-Main-Flughafen wurde am 3. April ein neuer Airbus A 300 der Deutschen Lufthansa auf den Namen „Kronberg" getauft.

Feuer vernichtet Gestüt Erlenhof

Bad Homburg. Ein Großfeuer vernichtete am 6. April den Pferdestall des Gestüts Erlenhof bis auf die Grundmauern. 15 wertvolle Zuchtstuten und neun Fohlen kamen in dem Feuer qualvoll um. Wie schon beim Großbrand vom 9. Oktober 1978, als der historische Marstall ein Raub der Flammen wurde, war Brandstiftung die Ursache des Feuers. Am 22. April gelang es der Polizei, einen Stadtstreicher der Tat zu überführen.

Alte Kirche wird zum Ortsmittelpunkt

Obernhain. Die alte Kirche in Obernhain wurde am 1. Juni zum Hort kulturellen und gesellschaftlichen Lebens. Gut ein Jahr hatte die Restaurierung gedauert. Das Gebäude sollten fortan Vereine, Privatleute, die Kirchengemeinden und die Gemeindeverwaltung gleichermaßen nutzen.

Heinz Schenk mit dem „Blauen Bock" zu Gast

Kronberg. Die Fernsehsendung „Blauer Bock" flimmerte am 8. Juni von der Sporthalle der Altkönigschule auf die Bildschirme. Mit Apfelwein, Musik und Späßen sorgte Zugpferd Heinz Schenk für Stimmung in Kronberg. Zwei Jahre später, am 3. April 1982, gastierte der „Blaue Bock" im Bad Homburger Stadtteil Ober-Eschbach.

Glöckner Werner geht in den Ruhestand

Michelbach. Der Glöckner von Michelbach ging im April in den Ruhestand. 42 Jahre lang hatte Heinrich Werner die Uhren im Dorfgemeinschaftshaus gestellt und die Glocke geläutet. Die wurden von nun an elektrisch betrieben. Der 76-Jährige war der letzte Glöckner im Umkreis.

Tour des France führt durch den Taunus

Taunus. Die erste Etappe der 67. Tour de France führte am 27. Juni auch durch den Taunus. Startpunkt war der Henninger Turm in Frankfurt, dann flitzten die Rad-Asse durch Bad Homburg, Königstein, Kronberg und Oberursel. Schon nach wenigen Minuten war der Spuk für die vielen tausend Schaulustigen allerdings vorbei. Die deutschen Hoffnungen beim berühmtesten Radrennen der Welt ruhten auf Dietrich Thurau. Als Gesamtsieger wurde in Paris aber der Niederländer Joep Zoetemelk gefeiert.

Wasserleitung für den Feldberg

Taunus. Seit Juli kam das Wasser auf dem Großen Feldberg aus der Leitung. Eine 1,5 Kilometer lange Wasserleitung wurde eigens vom Taunusgipfel zu einem Hochbehälter in Oberreifenberg gebaut. Mit 879,19 Metern war dies die höchste Wasserentnahmestelle in Hessen. Zuvor war die Wasserversorgung für die Dienststellen der Bundespost, des Hessischen Rundfunks, der Bergwacht sowie der Feldberg-Gastronomie durch Tankwagen erfolgt.

Fußmarsch nach Houilles

Friedrichsdorf. Zwölf Männer und Frauen legten vom 9. bis 19. Juli die rund 600 Kilometer lange Strecke von Friedrichsdorf zur französischen Partnerstadt Houilles bei Paris zu Fuß zurück.

700-Jahr-Feier und Städtepartnerschaft

Grävenwiesbach. Die Gemeinde Grävenwiesbach feierte eine Woche lang ihr 700-jähriges Bestehen. In der Woche vom 30. August bis zum 8. September kamen Landwirte, Mitglieder des Taunusklubs, Kirchenvertreter, Sportler, Feuerwehrleute, Senioren und Heimatforscher gleichermaßen zu ihrem Recht.

Höhepunkt der Festwoche war der am 6. September zelebrierte „Tag der Partnerschaft“, an dem Grävenwiesbach die Verschwisterung mit dem elsässischen Wuenheim feierte. Bei einer festlichen Zeremonie im Festzelt unterzeichneten die beiden Bürgermeister, Gruber und Martin, feierlich die Urkunde. Zum Abschluss der Jubiläumsfeierlichkeiten gab es einen historischen Festumzug sowie ein Feuerwerk.

Brandstifter zünden Kurzzüge an

Bad Homburg. In der Nacht zum 4. September wurde ein Brandanschlag auf die Deutsche Bundesbahn verübt. Die Täter steckten mit Hilfe von Benzin zwei auf dem Bad Homburger Bahnhof abgestellte Kurzzüge in Brand. Es entstand ein Schaden in Höhe von vier Millionen Mark. Menschen wurden nicht verletzt.

100 französische Gäste zur Verschwisterung

Steinbach. Mit einer Verschwisterungsfeier im Steinbacher Bürgerhaus besiegelten die Stadt Steinbach und die französische Gemeinde St. Avertin am 20. September ihre Städtepartnerschaft. Unter den Augen von 400 Festgästen, darunter auch 100 Bürger der neuen Partnergemeinde, unterzeichneten die Bürgermeister Daniel Huard (St. Avertin) und Walter Herbst (Steinbach) die Partnerschaftsurkunde. Steinbach kann seither am 20. September zwei Städtepartnerschaften feiern, besiegelte die Gemeinde doch an diesem Tag des Jahres 1973 die Verschwisterung mit dem holländischen Pijnacker.

von Bandscheibenleiden, Rheuma, Stoffwechsel- und Durchblutungsstörungen sowie Diabetes.

Gymnastik, Akupressur und Massagen sollten fortan die Müdigkeit aus den Muskeln vertreiben, Meditation und Stille dem Geist die nötige Ruhe schenken, Stress und Hektik in der Hitze der finnischen Blocksaunen verdampfen. Ein Lesepavillon, Sitzecken und Liegebänke wurden als Rückzugsmöglichkeiten eingerichtet, Squash, Kino und eine Trimmhalle für die Erlebnissuchenden angeboten. Den Besuchern wurde und wird am Seedammweg fast ein Mini-Urlaub offeriert, bei dem man dank der 24 Solarien und 37 Sonnenflutern auch auf die nötige Sonnenbräune nicht verzichten muss.

Das Bade-Erlebnis hatte freilich schon bei der Eröffnung seinen Preis: 10,50 Mark zahlten die Gäste für 90 Minuten, 15 Mark für drei Stunden. Nachlösen war im 45-Minuten-Takt möglich, das Kino kostete 3 Mark extra. Doch das Konzept schien zu fruchten. Bereits nach einem Jahr vermeldete Thermen-Geschäftsführer Erwin Hoppe 600 000 Besucher, das entsprach 1600 Badegästen täglich. An Spitzentagen wurden sogar mehr als 3000 gezählt.

Ein vorläufiges Ende fand die Erfolgsstory Taunus-Therme bereits drei Jahre nach ihrer Eröffnung. Am Fastnachtssamstag des Jahres 1983 ging die „Oase der Erholung“ auf Grund eines technischen Defekts in Flammen auf. Wicker versprach einen Neubau und hielt Wort. Innerhalb von nur 11 Monaten erstand die Therme ein zweites Mal – noch moderner und mit noch mehr Attraktionen.

Eine Gemeinde als Modell

Neu-Anspach verändert sich radikal/Eugen Ernst

Neu-Anspach. Der 21. August 1981 war ein großer Tag für Neu-Anspach. In der neuen Mitte der damals erst in Ansätzen zu erkennenden Entwicklungsmaßnahme wurde das neue Bürgerhaus übergeben. Das Gebäude liegt zentral zwischen den Altortsteilen Anspach, Rod am Berg, Hausen-Arnsbach und Westerfeld. Sein Standort hat sogar eine historische Dimension, denn dort stießen im alten Flurteil „Auf dem Ohrn" die einstigen Gemarkungsgrenzen fast aneinander. Die Einweihung des Bürgerhauses markierte einen Höhepunkt in der Entwicklung Neu-Anspachs. Keine andere Kommune im Hochtaunuskreis hat sich in der jüngeren Vergangenheit so radikal verändert. Die Zahl der ehemals rund 6000 Einwohner in den vier Ortsteilen stieg allein in den Jahren von 1972 bis heute auf rund 14 500.

Schon 1968 war Anspach von der Regionalen Planungsgemeinschaft Untermain zum Siedlungsschwerpunkt ausgewiesen und 1972 zusammen mit den angeschlossenen Nachbardörfern Rod am Berg, Hausen und Westerfeld als Neu-Anspach sogar zum Modellfall einer Entwicklungsgemeinde im Regionalen Raumordnungsplan verankert worden. Diese Maßnahme sollte nach den Zielen des Städtebauförderungsgesetzes durchgeführt werden, um das konzentrierte Zusammenwachsen der vier Dörfer zu einer städtebaulichen Einheit zu garantieren.

Die Entscheidung der Regionalplanung für den Siedlungsschwerpunkt im Hintertaunus war getroffen worden, weil seit dem Ende der 50er Jahre ein überproportionaler Bevölkerungsdruck auf unserer Region las-

Die neue Mitte von Neu-Anspach: Hier wurde 1981 das Bürgerhaus eingeweiht – ein Höhepunkt in der Entwicklung der Gemeinde, die sich so radikal veränderte wie keine andere Kommune im Hochtaunuskreis. Die Zahl der Einwohner hat sich in den vergangenen Jahrzehnten mehr als verdoppelt.

Sänger schließen sich zusammen

Taunus. Die Sängerkreise Obertaunus und Usingen vereinigten sich am 10. Januar zum Sängerkreis Hochtaunus. Der Zusammenschluss wurde als „späte Reaktion auf die Gebietsreform" gewertet. Der neue Sängerkreis umfasste 49 Vereine mit 3000 aktiven Sängern und insgesamt 6500 Mitgliedern.

Bürgerhaus wird neues Zentrum

Glashütten. Die Gemeinde bekam am 7. Februar mit ihrem neuen Bürgerhaus ein Zentrum bürgerlichen Zusammenlebens. Das Haus mit großem Saal, Gaststätte und Kegelbahn übernahm zugleich die Funktion des Rathauses. Im Obergeschoss wurde nämlich die Gemeindeverwaltung untergebracht.

Armee-Sattelzug rast in Wohnhaus

Pfaffenwiesbach. Ein Sattelzug der US-Armee raste am 23. März in ein Wohn- und Geschäftshaus in der Nauheimer Straße 2. Der Sattelzug wollte ursprünglich in die Kransberger Straße einbiegen, als auf dem abschüssigen Gelände die Bremsen versagten. Die Zugmaschine geriet auf den Bürgersteig, überfuhr zwei Verteilerkästen, eine Telefonzelle und prallte dann mit voller Wucht gegen das Haus. Das gesamte untere Stockwerk wurde aufgerissen. Fahrer und Beifahrer sowie ein Passant wurden zum Teil schwer verletzt. Der Sachschaden belief sich auf rund 385 000 Mark.

Unterschriften für Erhalt der Bahnstrecke

Usinger Land. In einem gemeinsamen Schreiben an Bundesverkehrsminister Volker Hauff Mitte April forderten die Städte Friedrichsdorf, Usingen und die Gemeinden Wehrheim, Neu-Anspach und Grävenwiesbach eine Stellungnahme zur Situation der Bahn im Usinger Land. Gleichzeitig wurde dem Minister eine Liste mit 10 149 Unterschriften für den Erhalt der Bahnstrecke Bad Homburg-Usingen übersandt.

Turmfest zum Jubiläum

Oberursel. Der erstmals im Jahre 1481 mit einer Bauinschrift versehene Turm der St. Ursula Kirche wurde 500 Jahre alt. Gewürdigt wurde das Ereignis mit einem zweitägigen Turmfest vom 12. bis 14. Juni. Zum Jubeldatum wurde auch das im Turm eingerichtete Turmmuseum eröffnet.

Katastrophenalarm nach Regenfällen

Usinger Land. Große Schäden richteten sintflutartige Regenfälle vom 9. bis 11. August im Usinger Land an. Die Polizei musste Straßen sperren, die Feuerwehren etliche Keller auspumpen. Der Landrat gab Katastrophenalarm und ließ die Evakuierung Schmittens vorbereiten, da die Dämme der Weiheranlage zwischen Schmitten und Niederreifenberg zu brechen drohten. Nur durch den raschen Einsatz der Feuerwehr konnte die Überflutung verhindert werden.

Historischer Hohlweg wird rekonstruiert

Kransberg. Mitglieder des Geschichts- und Heimatvereins Wehrheim hatten die „Müllerhohl" teilweise rekonstruieren können. Dies wurde am 31. Oktober gebührend gefeiert. Der historische Hohlweg führte von Wehrheim über den „Bügel", die Lochmühle und die Kloster Throner Mühle bis in die Wetterau. Von dem Handelsweg, der in den 50er Jahren zugeschüttet worden war, konnten 75 Meter rekonstruiert und zu einem eingezäunten Platz mit Bäumen und Ruhebänken gestaltet werden.

tete und eine Zersiedlung die Landschaft auch im Hintertaunus bedrohte. In den 60er und frühen 70er Jahren strömten jährlich rund 30000 Menschen aus wirtschaftsschwachen Teilen der Bundesrepublik in das prosperierende Rhein-Main-Gebiet. Das hieß in zehn Jahren 300000 zusätzliche Bewohner – statistisch entspricht das drei Großstädten.

Um unser Faustpfand, die harmonisch gegliederte und ökologisch noch weithin intakte Landschaft nicht zu verspielen, um eine geordnete Verkehrsregelung zu garantieren, um Fehler bei der Gewerbeansiedlung zu vermeiden und um die Siedlungsflächen nicht der Bodenspekulation zu überlassen, war eine verantwortungsvolle Raumplanung erforderlich. Wer die naturnahen Hochtaunustäler und Waldrandbereiche retten wollte, musste einer Konzentration der Wohnungssuchenden in infrastrukturell gut erschlossenen Siedlungskomplexen das Wort reden.

Um die neue Mitte in Neu-Anspach von Anfang an zu beleben und infrastrukturell aufzuwerten, veranstaltete die Gemeinde einen Architektenwettbewerb unter acht ausgewählten Fachinstituten. Das neue kommunale Zentrum sah als wichtigste Gebäude- und Gestaltungseinheiten vor: ein Rathaus, das Bürgerhaus, ein kirchliches Zentrum (zwei Konfessionen), ein Ladenzentrum, einen Brunnen, den geräumigen Dorf- und Begegnungsplatz (ohne Autoverkehr) und Wohnbebauung. Dabei sollten die Gebäude farblich zur Landschaft kontrastieren und landschaftsbezogene Dachformen gewählt werden. Außerdem sollte mit konventionellen Baumaterialien gearbeitet werden.

Das Bürgerhaus, mit dessen Bau 1979 begonnen wurde, war nicht nur als Vorleistung für die Neubaugebiete gedacht, die in das dörfliche Gemeinschaftsleben schnell integriert werden sollten. Damals stand in Alt-Anspach der große Saalbau Ernst durch eine Nutzungsänderung den Vereinen nicht mehr zur Verfügung. Für die vielfältigen Aktivitäten des Altortsteils Anspach, insbesondere für Großveranstaltungen, bestand also dringender Handlungsbedarf. Zwar hatten sich einige der Anspacher Vereine in der ortsnahen Waldinsel „Steinchen" je ein Domizil geschaffen, aber diese vereinsinterne „Entlastung" reichte nicht aus. Die Dorfgemeinschaftshäuser in Hausen und Rod am Berg erwiesen sich als sehr segensreich, für größere Veranstaltungen wie Konzerte, Fastnachtsitzungen oder Kundgebungen waren sie zu klein.

Das Neu-Anspacher Bürgerhaus schuf für alle Ortsteile eine überzeugende Lösung und gab darüber hinaus neue Impulse für weitere Aktivitäten wie Tanzsport oder Kulturangebote. Als wesentliche Begegnungsstätte hat es entscheidend dazu beigetragen, dass die auf Trennung angelegten Begriffe „Alt- und Neubürger" bald als überholt galten.

Das Bürgerhaus hat laut Verwendungsnachweis mit Grundstück und Erschließung eine Summe von rund acht Millionen Mark verschlungen. Die hohen Kosten haben sich nicht nur bezahlt gemacht, sie konnten dank der Entwicklungsmaßnahme weitgehend aus dem Siedlungsverfahren gezahlt werden. Der Altortsteil Anspach hätte damals aus eigener Kraft so großzügig und zukunftsorientiert nicht bauen können.

Das Vermächtnis des Herbert Quandt X

Ein Großindustrieller und das Sinclair-Haus / Gerta Walsh

Bad Homburg. Der mit seiner Familie zurückgezogen auf der Ellerhöhe lebende Großindustrielle Dr. Herbert Quandt starb am 2. Juni 1982 in Herkendorf bei Kiel und wurde auf dem Bad Homburger Waldfriedhof beigesetzt. Nur wenige Wochen zuvor hatte er am 18. Mai an der Einweihung des Sinclair-Hauses an der Dorotheenstraße/Ecke Löwengasse teilgenommen, das seither wegen seiner bedeutenden Kunstausstellungen aus dem kulturellen Leben der Stadt und der Rhein-Main-Region nicht mehr wegzudenken ist.

1715 erbaut und in seiner langen Geschichte wechselnden Besitzern gehörend, verkam das Gebäude nach 250 Jahren völlig und stand kurz vor dem Abriss. Die Stadt Bad Homburg, seit 1972 Eigentümerin, fand 1978 in der Altana AG eine Kaufinteressentin mit Verantwortung

Starb am 2. Juni 1982: Dr. Herbert Quandt.

Großereignisse zum Stadtjubiläum X

Bad Homburg. Am 20. März des Jahres 782 wurde die Ursiedlung von Homburg als „Tidenheim" erstmals urkundlich erwähnt. Mit zahlreichen über das Jahr verteilten Veranstaltungen feierten die Homburger die 1200. Wiederkehr dieses Datums. Einer der Höhepunkte war die Grundsteinlegung zum neuen Kurhaus durch Oberbürgermeister Wolfgang R. Assmann am 20. März. Während des Laternenfestes fand vom 28. bis 29. August das größte Windhundfestival auf dem europäischen Kontinent statt. Der Deutsche Windhund Zucht- und Rennverband feierte nämlich ebenfalls Jubiläum – das 90-jährige. Über 200 Sloughis, Whippets und Barsoi kamen zur Hatz nach dem falschen Hasen in den Jubiläumspark.

Entdecker des „Solo-Menschen" stirbt X

Bad Homburg. Im Alter von 80 Jahren starb am 10. Juli Professor Gustav Heinrich Ralph von Koenigswald. Der Paläanthropologe (Wissenschaft vom fossilen Menschen und seinen Vorläufern) wurde durch seine Entdeckung des 700 000 Jahre alten „Solo-Menschen" weltberühmt. Dieser wurde von der Wissenschaft als erster Vormensch eingestuft. Koenigswald war seit 1968 Leiter des Paläanthropologischen Instituts der Senckenberg Gesellschaft und des Naturmuseums in Frankfurt. Sein besonderes Interesse galt der menschlichen Stammesgeschichte. Bis zu seinem Tod wohnte er in der Kurstadt in der Straße „Am Elisabethenbrunnen 1".

Jugendliche besetzen Haus X

Neu-Anspach. Erstmals in der Geschichte Neu-Anspachs wurde am 27. Juli ein Haus „besetzt". Zehn Jugendliche protestierten mit der Besetzung des ehemaligen Wohn- und Arbeitshofes in der Usastraße 1 gegen zu hohe Mietpreise in der Gemeinde. In der Nacht zum 29. Juli wurde das Haus von einem Schlägertrupp überfallen und verwüstet. Am 30. Juli luden die Besetzer die Neu-Anspacher zu einem „Solidaritätsfest" ein, bei dem sie auf ihre Motive aufmerksam machten. Am 4. August einigte man sich mit dem Amtsgericht Usingen darauf, das Haus bis zum 30. September zu räumen.

Fest mit Musik und Feuerwerk

Oberhöchstadt. 1200 Jahre nach der ersten urkundlichen Erwähnung wurde auch in Oberhöchstadt kräftig gefeiert. Eine Woche lang, vom 23. bis zum 29. August, stand der Kronberger Stadtteil Kopf, feierte mit Musik, Tanz, Ehrungen, Kinderfest und sportlichen Höchstleistungen. Zum Abschluss setzten die Feuerwerksraketen den Himmel in Flammen.

Neues Domizil für das THW

Taunus. Das Technische Hilfswerk (THW) bekam am 25. September ein neues Heim. Das Domizil an der Urseler Straße, von dem aus das THW seine Bergungs-, Instandsetzungs- und Verpflegungseinsätze startete, wurde pünktlich zum 30-jährigen Jubiläum der Ortsverbände Bad Homburg und Oberursel fertig.

Dieselmedaille für Wolfgang Seikritt

Eschbach. Wolfgang Seikritt aus Eschbach bekam am 3. Dezember die Dieselmedaille in Bronze verliehen. Seikritt hatte unter anderem den Kalottenhochtöner und den weich aufgehängten Spezialtiefton-Lautsprecher für geschlossene Boxen entwickelt. Er galt damit als einer der Väter des deutschen Lautsprecherbaus.

Das Sinclair-Haus in Bad Homburg ist untrennbar mit den Namen Quandt und Altana verbunden.

für das Gebäude und seine Geschichte. Der Wiederaufbau von 1980 bis 1982 führte zu einer beispielhaften Restaurierung und ließ das seither „Sinclair-Haus" genannte barocke Kleinod, das mit dem Namen Quandt und Altana untrennbar verbunden ist, historisch getreu wiedererstehen.

Herbert Quandt wurde am 22. Juni 1910 in Pritzwalk in der Mark Brandenburg geboren und entstammte einer dort ansässigen Tuchmacherfamilie. Sein Vater baute von Berlin aus ein Unternehmens-Imperium verschiedener Sparten auf und ließ den Sohn daran teilhaben. Ein schweres Augenleiden führte dazu, dass dieser seit seinem 10. Lebensjahr keine Schule mehr besuchen konnte und Privatunterricht nehmen musste. Trotzdem absolvierte er eine kaufmännische und technische Ausbildung und konnte nach dem Tode des Vaters zusammen mit dem jüngeren Halbbruder Harald 1954 vom Wohn- und Firmensitz Bad Homburg aus das inzwischen stark vergrößerte Familienunternehmen leiten. Dabei konzentrierte sich Harald auf den Bereich Metall, Herbert auf Elektro, Kali und Öl mit den Firmengruppen Varta, Concordia Elektrizitäts AG und Wintershall. Im Aufsichtsrat der Daimler Benz AG saßen beide gemeinsam.

Zu Herbert Quandts spektakulärsten unternehmerischen Leistungen gehörte 1959 das Engagement bei BMW (Bayerische Motoren-Werke), mit dem er die Autofirma vor der Liquidation rettete. Nach dem Unfalltod seines Bruders im Jahr 1967 übernahm Herbert Quandt die alleinige Führung und war danach unter anderem im Besitz von Aktienpaketen der Daimler-Benz AG, Varta, BMW und IWKA (Industriewerke Karlsruhe-Augsburg AG). Der Verkauf der Daimler-Aktien für eine Milliarde Mark an die Regierung Kuwait machte 1974 Schlagzeilen, beendete aber Auseinandersetzungen mit den Erben Harald Quandts.

1979 überließ Dr. Quandt das Aktienkapital der Varta AG seinen drei Kindern aus zweiter Ehe und fand die Tochter aus erster Ehe finanziell ab; Anteile von BMW, der Altana AG, der Ceag AG und von mehreren kleineren Unternehmen gingen an seine dritte Ehefrau Johanna und die beiden Kinder aus dieser Ehe. Ein Jahr danach zog er sich aus dem aktiven Geschäftsleben zurück. Seine fast völlige Erblindung hatte er durch ein besonders geschultes und ausgeprägtes Gedächtnis sowie durch eine außergewöhnliche Menschenkenntnis kompensiert. An Ehrungen konnte er entgegennehmen: den Grad des Ehrendoktors durch die Johannes-Gutenberg-Universität Mainz 1956, den Bayerischen Verdienstorden 1968 und das große Ehrenzeichen in Gold mit Stern der Republik Österreich 1979.

Bei seinem Tod hinterließ Quandt 1982 ein wohlbestelltes Haus und hatte auch für die 70000 Beschäftigten durch ein eigenes Modell der Mitarbeiter-Vermögensbildung gesorgt. Allein der Aktienwert der Quandt-Gruppe wurde damals auf 2,4 Milliarden Mark geschätzt und ist seither gestiegen.

Die jetzt in der vierten Generation unternehmerisch tätige Quandt-Familie lebt trotz ihrer Bedeutung und ihres Einflusses nicht im Rampenlicht der Öffentlichkeit, sondern – wie Herbert Quandt es vorgelebt hatte – privat zurückgezogen, durch ihre Arbeit, nicht durch Sensationsmeldungen überzeugend.

Die Altana AG im Seedammweg, deren Vorstandssitz Herbert Quandt inne hatte, war 1977 durch Realteilung aus der Varta hervorgegangen. Zu seinem 70. Geburtstag errichtete sie 1980 die „Herbert-Quandt-Stiftung" mit einem Stiftungskapital von einer Million Mark, um ihm Dank für die langjährige Führung auszusprechen. Nach seinem Tode wurde das Stiftungskapital mehrmals aufgestockt und beträgt jetzt 20 Millionen Mark. Zweck der gemeinnützigen Stiftung ist die Förderung von Wissenschaft, Technik, Forschung und Bildung.

Ein Teil des Geldes wird für Stiftungslehrstühle, Wissenschaftspreise und Austauschprogramme für Studenten und junge Wissenschaftler aus Mittel- und Osteuropa verwandt.

Ein weiterer Aufgabenschwerpunkt ist die Veranstaltung von internationalen und nationalen Kolloquien. In den seit 1993 zwei Mal jährlich veranstalteten Sinclair-Haus-Gesprächen erörtern bedeutende Persönlichkeiten aus Kultur, Politik, Wirtschaft und Wissenschaft brennende Fragen unserer Zeit. Die Tochter Quandts, Susanne Klatten, die 1999 den Vorsitz des Stiftungsrates übernahm, setzt sich für ein zusätzliches Projekt von lokaler Auswirkung ein: Weckung des Bürgersinns und Förderung des ehrenamtlichen Engagements. Am 1. Oktober 1998 bezog Wolfgang R. Assmann, der frühere Oberbürgermeister Bad Homburgs, als geschäftsführender Vorstand der Herbert-Quandt-Stiftung die Büroräume im Obergeschoss des Sinclair-Hauses.

Graf von Königstein stirbt mit 65 Jahren

Königstein. Fürst Johann-Martin zu Stolberg-Roßla, Graf von Königstein, starb am 10. Dezember im Alter von 65 Jahren an den Folgen eines Verkehrsunfalls. Der Fürst, dessen Vorfahren 1535 bis 1581 über die Grafschaft Königstein geherrscht hatten, war seit 1956 Schirmherr des Königsteiner Burgfestes. Die Gattin des Verstorbenen, Hildegard zu Stolberg-Roßla, übernahm das Amt.

G5-Finanzminister tagen im Schlosshotel

Kronberg. Am 9. und 10. Dezember erörterten die Finanzminister und Notenbankchefs der fünf wichtigsten Industrieländer USA, Deutschland, Frankreich, Großbritannien und Japan (G5) im Kronberger Schlosshotel die Aufstockung der Mittel des Internationalen Währungsfonds (IMF) um die Summe von 80 Milliarden Mark. Hintergrund waren Turbulenzen an den internationalen Finanzmärkten als Folge der Schuldenkrise der Dritten Welt. Für die Bundesrepublik nahmen der Bundesminister für Finanzen, Gerhard Stoltenberg, und Bundesbankchef Karl-Otto Pöhl an den Beratungen teil. Nach Angaben der Polizei war bei den Besuchen des damaligen sowjetischen Außenministers Gromyko und des früheren amerikanischen Vizepräsidenten Rockefeller ein höherer Aufwand zum Schutz der Gäste betrieben worden.

28 tschechische Asylanten im Waldhotel

Glashütten. Die Unterbringung von Asylanten erregte die Gemüter in Glashütten. Der Kreis hatte ursprünglich die Aufnahme von 150 Asylbewerbern im Waldhotel geplant. Unter dem Eindruck von Widerständen in Politik und Bevölkerung beschloss das Hotelierehepaar jedoch Anfang August, ihr dahingehendes Vermietungsangebot an den Kreis zurückzunehmen. Nachdem sich die Glashüttener Gemeindevertretung bereit erklärt hatte, eine geringere Zahl von Asylbewerbern aufzunehmen, bezogen am 1. November zunächst nur 28 tschechische Asylbewerber ihre Quartiere im Waldhotel. Später erhöhte sich die Zahl zum Teil erheblich.

30 000 Besucher bei Kleinbahn-Jubiläum

Königstein. Mehr als 30 000 Besucher pilgerten am 30. und 31. Mai, dem Pfingstwochenende, zur Feier des 80-jährigen Bestehens der Kleinbahn nach Königstein. Allein am Pfingstsonntag kamen 20 000 Besucher zum Jubiläumsfest. Viele von ihnen nutzten die Möglichkeit, einmal in ihrem Leben auf einer richtigen Dampflokomotive zu fahren. Auf dem regulären Schienennetz der Deutschen Bundesbahn waren die Gefährte schon seit Jahren durch Dieselzüge ersetzt worden.

Willi Euler stirbt mit 71 Jahren

Usinger Land. Am 15. Januar 1982 starb in Wüstems der Lehrer und Künstler Willi Euler im Alter von 71 Jahren. Von 1952 bis 1970 hatte er an den Schulen in Finsternthal, Wüstems und Riedelbach im damaligen Landkreis Usingen unterrichtet. Seit seiner Pensionierung 1970 arbeitete Willi Euler als freischaffender Maler und Grafiker. Doch lange zuvor war er schon künstlerisch tätig gewesen. Seit den fünfziger Jahren malte und aquarellierte er vor allem seine Umgebung. Die Landschaften und Dörfer des Taunus hielt er auch in seinen expressiven, voller Lust am Experiment mit der Farbe geschaffenen Linol-Drucken fest.

Lenné-Büste aus Kurpark gestohlen

Bad Homburg. Am 25. Juni stahlen Unbekannte die Büste Peter Josef Lennés, des Schöpfers des Bad Homburger Kurparks. Die Büste stand zwischen der Spielbank und der Brunnenallee im Kurpark. Die Kur- und Kongress-GmbH setzte daraufhin 500 Mark Finderlohn für die Wiederbeschaffung des Kunstwerkes aus – jedoch vergeblich. Die Büste musste neu angeschafft werden. Peter Josef Lenné, Königlich-Preußischer Generalgartendirektor, hatte im Auftrag der beiden Spielbank-Konzessionäre, den Gebrüdern Blanc, Teile des Bad Homburger Kurparks zwischen Bach, Schwedenpfad, Kaiser-Friedrich-Promenade und verlängerter Kisseleffstraße entworfen.

1982 stahlen Unbekannte die Büste, die an den Kurparkschöpfer Peter Josef Lenné erinnerte (kleines Foto). Die Kur- und Kongress-GmbH ließ eine neue Büste (großes Foto) herstellen.

Ein Zeichen geistiger Stadtentwicklung

Bad Homburg verleiht Hölderlinpreis/Wolfgang R. Assmann

Bad Homburg. Was heute zu den unbestrittenen Höhepunkten des Homburger Kulturlebens zählt, die alljährliche Hölderlin-Preisverleihung am 7. Juni, dem Todestag des Dichters, wurde anfänglich kontrovers diskutiert. Dabei wurde die Frage, ob es in Zeiten leerer öffentlicher Kassen vertretbar sei, Geld für einen Literaturpreis auszugeben, ebenso erörtert wie die Befürchtung, es gebe keine ausreichend große Zahl guter deutschsprachiger Schriftsteller, um jedes Jahr einen würdigen Preisträger zu finden.

Die Entscheidung der städtischen Gremien, von 1983 an alljährlich einen Friedrich Hölderlin-Preis zu vergeben, verstand man als Bekenntnis zur literarischen Tradition Homburgs, für die neben Hölderlin beispielhaft auch Kleist, Dostojewski, Samuel Agnon, William Thackeray und Edzard Schaper genannt werden können. Wichtig war in einer Zeit, in der ernsthaft die Frage diskutiert wurde „Kultur in Bad Homburg – gibt es die?", dass die Stadt sich offensiv zur „geistigen Stadtentwicklung" bekannte. Denn ob sich Menschen in einer Stadt wohl fühlen, wird ganz wesentlich bestimmt von dem geistigen Klima, von der Aufgeschlossenheit, von der toleranten Atmosphäre, die dort herrscht. Dazu war ein bewusstes „Ja" zur Kultur notwendig.

Dieses positive Signal der Kommunalpolitik nahm Dr. Hermann Jannsen, ein ehemaliger Homburger Bürger, nobel auf und stiftete zum Andenken an seine verstorbene Ehefrau Cläre Jannsen, die eine große Verehrerin Hölderlins war, 1983 100000 Mark und 1995 weitere 150000 Mark, um so auch in schwieriger Zeit die Kontinuität der Preisvergabe sicher zu stellen. Das war ein beispielhaftes bürgerschaftliches Engagement und es war mutig zugleich, denn wer konnte 1983 wissen, was aus dem noch in den Kinderschuhen steckenden städtischen Literaturpreis einmal werden würde?

Entscheidend für das Renommee eines Preises sind die Preisträger. Um die richtigen zu finden, bedurfte es einer unabhängigen Jury und klarer Auswahlkriterien. Damit eine politische Einflussnahme auf die Preisvergabe von vornherein ausgeschlossen war, legte der Magistrat in den Richtlinien für die Preisverleihung fest, dass die Fachleute in der Jury stets die Mehrheit haben. Neben dem Oberbürgermeister und dem Kulturdezernenten als Vertreter der Stadt gehören der Jury ein Vertreter der Hölderlin-Gesellschaft, ein Vertreter des Freien Deutschen Hochstifts, ein Vertreter der Johann Wolfgang Goethe-Universität, der vorjährige Preisträger sowie ein weiterer Fachmann auf dem Gebiet der neueren Literatur an.

Als dieser Fachmann wurde 1983 Professor Marcel Reich-Ranicki, damals Leiter „Literatur und literarisches Leben" der F.A.Z., berufen, den die Jury bei ihrer konstituierenden Sitzung im Sinclair-Haus zum Vorsitzenden wählte, was er bis zu seinem freiwilligen Ausscheiden 1995 blieb. Indem Marcel Reich-Ranicki seinen bekannten, weit tönenden Namen mit dem jungen Hölder-

Ritters Parkhotel bricht teilweise zusammen

Bad Homburg. Die Schönen und Reichen gingen hier um die Jahrhundertwende ein und aus. Fürsten, Maharadschas und reiche US-Millionäre betteten sich im Ritters Parkhotel zur Ruhe. Gut 80 Jahre später, am 7. März, brach der mittlere Trakt des marode gewordenen Luxushotels in sich zusammen. 1883 hatte der Hotelier Conrad Ritter das Eckhaus Promenade/Kisseleffstraße von der Baronin Barnim gekauft. Nach und nach erwarb er auch die angrenzenden Gebäude. Baumeister Louis Jacobi schließlich gestaltete die einheitliche Fassade. Nach dem Zweiten Weltkrieg übernahm die Hotelgruppe Steigenberger das Haus, musste es aber 1977 wegen Unrentabilität schließen. Seitdem stand es leer.

Verschönerungskur für den Dorfplatz

Wehrheim. Wehrheim bekam eine Verschönerungskur verpasst. Im Rahmen des Dorferneuerungsprogramms wurde der Dorfplatz neu gestaltet und das ehemalige Wiegehäuschen an der Töpferstraße wieder aufgebaut.

Kurzvorwahl wird abgeschafft

Bad Homburg/Oberursel. Kein Anschluss unter dieser Nummer: Die Kurzvorwahl „9" zwischen Bad Homburg und Oberursel wurde am 19. April abgeschafft. Seit diesem Zeitpunkt sind die beiden Ortsnetze nur noch durch die Vorwahlen 06172 sowie 06171 zu erreichen. Die Post begründete die Umstellung mit einem Ausbau der Kapazitäten.

Sportzentrum für 6,2 Millionen Mark

Bad Homburg. Das Sportzentrum Nord-West wurde nach umfangreichen Bauarbeiten für insgesamt 6,2 Millionen Mark am 7. Mai feierlich eröffnet. Anlagen für Hoch-, Weit- und Stabhochsprung, Speer-, Hammer- und Diskuswurf, Felder für Handball, Basketball, Volleyball, Hockey und Tennis sowie eine Minigolfanlage sollten die ehemals kleine Sportarena in ein Zentrum für Meisterschaften und Großveranstaltungen verwandeln.

Leichen aus dem Zweiten Weltkrieg geborgen

Bad Homburg. Ein Einsatzkommando des Technischen Hilfswerks (THW) barg am 10. September die Leichen der Studienreferendarinnen Kloster, Edel und Rau. Die drei Frauen waren bei einem Luftangriff auf Bad Homburg am 8. März 1945 in einem Luftschutzbunker an der Ecke Dorotheenstraße/Thomasstraße ums Leben gekommen. Bei der Bombardierung starben insgesamt 30 Menschen. Frühere Bergungsversuche waren an technischen Schwierigkeiten gescheitert.

Spielbank öffnet ihre Türen

Bad Homburg. Erstmals seit 111 Jahren durften Bad Homburger Bürger am 23. Mai die „heiligen Hallen" der Spielbank betreten. Anlass für die kurzfristige Aufhebung des Zutrittsverbots für Einheimische war das 142-jährige Bestehen des Casinos. Gespielt werden durfte am „Tag der offenen Tür" trotzdem nicht. Manch einer glaubte dennoch, den Geist von Dostojewski gespürt zu haben.

Pferdemarkt auf dem Lindenhof

Neu-Anspach. Der erste Pferde- und Geflügelmarkt im Hochtaunuskreis nahm am 11. Juni auf dem Lindenhof zwischen Neu-Anspach und Wehrheim seinen Anfang. Pferde von Anbietern aus ganz Deutschland wurden zum Verkauf angeboten. Fehlen durfte natürlich auch das Federvieh nicht.

lin-Preis verband, signalisierte er Vertrauen in diesen Preis und garantierte einen hohen Anspruch an die Qualität der Preisträgerinnen und Preisträger. Marcel Reich-Ranickis Name wirkte wie ein Gütesiegel und verschaffte dem Preis Gewicht. Unter seiner Leitung einigte sich die Jury auf einige wichtige Grundsätze und Maßstäbe, deren Einhaltung den Preis zu einer angesehenen deutschen Literaturauszeichnung gemacht hat. Von Anfang an war klar, dass die Namensgebung keine inhaltliche Begrenzung auf einen Lyrikpreis bedeutete, sondern der Friedrich-Hölderlin-Preis ein allgemeiner Literaturpreis sein sollte, der Schriftstellern verliehen werden konnte, die in deutscher Sprache schreiben und veröffentlichen. Es gab also keine Einengung auf Autoren in der Bundesrepublik.

Als erster erhielt ein Schweizer, Hermann Burger, die Auszeichnung. Die Liste der Preisträgerinnen und Preisträger enthält bekannte Namen, aber auch Namen, die nur Kennern vertraut waren. Für einige öffnete erst die Verleihung des Hölderlin-Preises den Weg zu den „ganz großen" deutschen Literaturpreisen. Am deutlichsten nachzuvollziehen ist dies bei Wolf Biermann. Als er am 7. Juni 1989 den Preis in Empfang nahm, lebte Biermann seit 13 Jahren in der alten Bundesrepublik und war hier kein einziges Mal mit einem Literaturpreis geehrt worden. Ein halbes Jahr später fielen Mauer und Stacheldraht, das deutsch-deutsche Verhältnis wurde zum Thema Nummer eins, Biermann bekam den Büchner-Preis. Um neben dem Hauptpreis auch einen Förderpreis für junge Talente vergeben zu können, verzichtete die Jury auf jegliche Aufwandsentschädigung. Die Vergabe dieses Preises war häufig schwieriger als die Entscheidung über den Hauptpreis, weil die jungen Autorinnen und Autoren meist nur dem Vorschlagenden näher bekannt waren. So wurden die Jurysitzungen gelegentlich zu anregenden Lesestunden.

Nachdem die Hölderlin-Preisverleihung in den Anfangsjahren einem literarischen Wanderzirkus glich, fand sie von 1986 an im Kurtheater einen würdigen Rahmen. Und wie bei jedem guten Theaterstück leben die

Die Preisträger des Hölderlinpreises bekamen neben einer Geldprämie auch eine Medaille überreicht, die auf der Vorderseite den Dichter zeigt. Auf der Rückseite findet sich der Schriftzug „Dem Träger des Literaturpreises".

Preisverleihungen nicht nur vom Inhalt, sondern auch von der Darstellungskunst der Mitwirkenden. Einige der Preisträger, wie Wolf Biermann (1989) und Ernst Jandl (1995), entpuppten sich als wahre Showtalente. Wir erlebten aber auch beglückende Stunden literarischer Intimität und menschlicher Wärme, für die ich beispielhaft die Preisverleihung an Hilde Domin 1992 und die einfühlsame Laudatio von Ulla Hahn nennen möchte. Alle hielten den Atem an, als 1987 Marcel Reich-Ranicki seine Laudatio auf Peter Härtling mit einer wohlberechneten Provokation begann: „Nein, ich liebe ihn nicht, diesen Friedrich Hölderlin." Nach der Veranstaltung stürzte eine weißhaarige ältere Dame auf den Laudator zu und schleuderte ihm mit bebender Stimme entgegen: „Am liebsten würde ich Sie erschießen. Weil ich das nicht darf, bestelle ich hier und jetzt die F.A.Z. bei Ihnen ab." Marcel Reich-Ranicki antwortete: „Meine Liebe, es steht Ihnen frei, mich zu erschießen, wir kämen dadurch beide in die Zeitung. Abbestellungen der F.A.Z. entgegenzunehmen, dazu ist aber nicht einmal ein Herausgeber berechtigt, dies darf nur die Vertriebsabteilung, deswegen können Sie Ihren Entschluss bis morgen noch einmal überdenken."

Der Hölderlin-Preis ist heute ein unverwechselbares Markenzeichen Bad Homburgs. Kulturarbeit in einer Mittelstadt, insbesondere wenn sie am Rande eines Ballungszentrums liegt, muss sich – neben einer „kulturellen Grundversorgung" – dem Besonderen, dem Unverwechselbaren widmen. Sie sollte nicht versuchen, mit Metropolen zu konkurrieren, sondern zeigen, dass auch im Kleinen Bemerkenswertes gedeiht.

Bernhard Beling - Vorkämpfer für die Volksbildung

Bad Homburg. Am 8. Januar starb der Gründer und langjährige Leiter der Bad Homburger Volkshochschule, Bernhard Beling, im Alter von 88 Jahren. Er hatte nach dem Krieg die Leitung der Berufs- und Berufsfachschule in Bad Homburg übernommen. 1945 gründete Beling die Jugendvolkshochschule, vier Jahre später den Volksbildungskreis Bad Homburg e.V., den Träger der Volkshochschule. Bis 1966 leitete er diese Institution. Zudem engagierte er sich im Hessischen Landesverband für Erwachsenenbildung. 1975 erhielt Beling die Ehrenplakette der Stadt Bad Homburg.

Starb 1983: Bernhard Beling, Gründer und langjähriger Leiter der Bad Homburger Volkshochschule.

Schlüsselübergabe für Wehrstützpunkt

Usingen. 500 Wehrmänner und -frauen wohnten dem historischen Ereignis bei: Die Schlüsselübergabe für den Feuerwehrstützpunkt in der Weilburger Straße setzte den Schlusspunkt unter eine gut 20 Jahre andauernde Diskussion über das Für und Wider des Baus. Der vier Millionen Mark teure Komplex wurde als Sammelpunkt für die Usinger Stadtteilwehren sowie für die Wehren der Nachbargemeinden errichtet.

Freude über das Bürgerhaus

Friedrichsthal. Die Freude der Friedrichsthaler war groß. Am 15. Oktober konnte der Neubau des Bürgerhauses den Bewohnern des Wehrheimer Ortsteils übergeben werden. Neben einem großen Saal verfügte das Haus auch über eine Sozialstation und einen Jugendraum.

Helaba ersteigert Hochtaunusstift

Neu-Anspach. Die Hessische Landesbank (Helaba) ersteigerte im Konkursverfahren am 18. Oktober für 7,85 Millionen Mark das Altenwohn- und Pflegeheim Hochtaunusstift. Die Zukunft der 154 Heimbewohner und der 60 Mitarbeiter war somit gesichert. 1999 wurde es wieder verkauft.

Das Haus war 1973 von dem Münchener Baulöwen Assmann gebaut worden. Die Firma plante ursprünglich den Bau von Eigentumswohnungen für Stewardessen. Man ging davon aus, dass die Autobahn ins Usinger Land verlängert werden würde und dadurch eine schnelle Anbindung an den Flughafen gewährleistet wäre. Nach dem Tod des Firmeninhabers wandelte eine Erbengemeinschaft das Haus in ein Altenwohnheim um. Diese musste aber wegen Managementfehlern Konkurs anmelden.

Hölderlinhaus kann abgerissen werden

Bad Homburg. Trotz Protesten von Bürgern und namhaften Schriftstellern aus dem In- und Ausland wurde das Hölderlinhaus in der Dorotheenstraße am 26. Oktober zum Abriss freigegeben. Das Landesamt für Denkmalpflege hob den Denkmalschutz für das marode Barockhaus, in dem der Dichter während seines zweiten Homburg-Aufenthalts von 1804 bis 1805 wohnte, auf und verpflichtete damit die Stadt zum Bau eines neuen Hauses. Das Gebäude sei nur aus literatur- und heimatgeschichtlichen Aspekten interessant, nicht aber aus kunst- und baugeschichtlichen Gründen, begründete die Behörde den Schritt.

Der Vorstand der Hölderlin-Gesellschaft protestierte gegen den Abriss und sagte die für Pfingsten 1984 geplante Jahrestagung in Bad Homburg ab.

Kreis wird nicht atomwaffenfreie Zone

Taunus. Nach einer mehrstündigen Debatte über Friedens- und Nachrüstungspolitik lehnte der Kreistag am 7. November mit den Stimmen von CDU und Teilen der FDP die Anträge von SPD und Grünen ab, den Hochtaunuskreis als „atomwaffenfreie Zone" zu deklarieren.

Prinz Charles nächtigt im Schlosshotel

Kronberg. Der britische Thronfolger Prinz Charles weilte anlässlich des 70. Geburtstages von Prinzessin Margaret von Hessen und bei Rhein vom 17. bis 18. März in Kronberg. Vor dem Schlosshotel zeigte er sich den Schaulustigen ganze 30 Sekunden. Der europäische Hochadel feierte hinter verschlossenen Türen.

Feuer legt die Taunus-Therme in Schutt und Asche

Bad Homburg. Ein Flammenmeer vernichtete am 11. Februar die damals erst zweieinhalb Jahre alte Taunus-Therme. Innerhalb weniger Minuten fraßen sich die Flammen durch die hölzerne Architektur. Nur der überwiegend aus Beton gegossene Verwaltungstrakt blieb stehen. Insgesamt waren 200 Feuerwehrleute und Helfer vom Technischen Hilfswerk und dem Deutschen Roten Kreuz und Malteser Hilfsdienst im Einsatz. Die Frankfurter Berufsfeuerwehr unterstützte ihre Bad Homburger Kollegen mit acht Einsatzfahrzeugen. Noch an den darauffolgenden Tagen flackerten immer wieder kleinere Brände auf. Dennoch verlief der Brand trotz des enormen Sachschadens relativ glimpflich. Die in der Therme gelagerten 14 Chlorgasflaschen konnten noch rechtzeitig vor den Flammen in Sicherheit gebracht werden. Wären die Flaschen geplatzt, hätte man weite Teile der Stadt wegen des austretenden Giftgases evakuieren müssen.

Als Brandursache wurde ein Defekt im Saunabereich ausgemacht. Noch in der Brandnacht verkündete Betreiber Werner Wicker, er werde das Bad wieder aufbauen. Oberbürgermeister Wolfgang R. Assmann begrüßte die Pläne Wickers und versprach, dem Wiederaufbau keine bürokratischen Hemmnisse in den Weg zu legen. Die Zerstörung des Thermalbads sei ein schwerer Schlag für die Stadtentwicklung. Viele Bundesbürger hätten von der Kurstadt Bad Homburg erstmals etwas durch die Taunus-Therme gehört. In der Tat: Bereits elf Monate später, am 20. Januar 1984, konnte die neue Taunus-Therme wieder eingeweiht werden.

Ein Bild der Zerstörung bot sich den Rettungskräften und den zahlreichen Schaulustigen, nachdem die Flammen in der Taunus-Therme gelöscht waren.

Treffpunkt für Alt- und Neubürger

Der Houiller Platz in Friedrichsdorf / Christiane Gensrich

Friedrichsdorf. „Einer zahlreich erschienenen Bürgerschaft wurde der teilweise fertig gestellte Houiller Platz durch den Magistrat seiner Bestimmung übergeben", hieß es Ende Mai im städtischen Mitteilungsblatt „Friedrichsdorfer Nachrichten". Am 19. Mai 1984 wurde der Houiller Platz offiziell eingeweiht. Seinen Namen hat er von Friedrichsdorfs erster Partnerstadt: Houilles bei Paris.

Gäste aus Frankreich waren zur Eröffnungsfeier gekommen. Das neue Straßenschild enthüllten Bürgermeister Karl-Heinz Paeleke und der Präsident des Houiller Partnerschaftskomitees, George Guyon, gemeinsam. Der Bürgermeister erklärte, ein neues Stück Friedrichsdorf sei entstanden. Der Platz solle das Zusammenrücken der Altbürger mit den Neubürgern im Neubaugebiet Schäferborn begünstigen und biete außerdem Kindern hervorragende Möglichkeiten für Spiel und Bewegung. Ganz passend fanden zur Eröffnung die ersten Friedrichsdorfer Kinder-Kultur-Tage auf dem Platz statt.

„Ursprünglich waren für den Bereich Mitte, wie der Platz früher hieß, eine Stadthalle und ein kombiniertes Hallen- und Freibad geplant", berichtet Kommunalpolitiker Alfred Peilstöcker, der heute im Magistrat sitzt und von 1989 bis 1997 Stadtverordnetenvorsteher war. In den Jahren zuvor, seit 1972, war er als Stadtverordneter im Parlament aktiv. „Das Schwimmbad sollte 37 000 Quadratmeter einnehmen. Den entsprechenden Beschluss hat-

Mit „Clownerie und Pantomime", präsentiert vom Kindertheater „Radieschen", wurde der Houiller Platz am 18. Mai 1984 eingeweiht. Die offizielle Eröffnung des einst als zweite Einkaufsmeile geplanten Platzes fand einen Tag später statt.

THW sprengt Kamin der Nudelfabrik

Friedrichsdorf / Usingen. Der Kamin der ehemaligen Nudelfabrik Haller in der Friedrichsdorfer Hugenottenstraße wurde am 7. Januar vom Technischen Hilfswerk (THW) gesprengt. Die Männer vom THW benötigten 1,5 Kilogramm Sprengstoff, um den 24 Meter hohen und 200 Tonnen schweren Turm aus dem Jahr 1901 umzulegen. Die Firma Haller war einige Jahre zuvor vom Mannheimer „Nudel-Multi" Birkel aufgekauft worden. Ebenfalls den Sprengmeistern zum Opfer fiel der Schornstein der alten Ziegelei am Stadteingang von Usingen am 17. April. Mit der Sprengung fiel gleichzeitig der Startschuss zum Neubaugebiet Schleichenbach. Dort entstanden in den Folgejahren fast 100 Häuser, ein Ladenzentrum, eine Grünfläche mit Spielplatz und Spazierwegen sowie ein Café.

Großbrand im Waldkrankenhaus

Köppern. Bei einem Großbrand im Waldkrankenhaus am 28. Januar kamen drei Patientinnen ums Leben. Ein technischer Defekt wurde als Brandursache sofort ausgeschlossen. Die Polizei vermutete, dass eine verbotenerweise gerauchte Zigarette das Feuer ausgelöst hatte. Der Sachschaden wurde auf mindestens sechs Millionen Mark beziffert. In der psychiatrischen Klinik des Landeswohlfahrtverbandes hatte es in der Vergangenheit schon häufiger gebrannt. In den meisten Fällen war das Feuer vorsätzlich oder fahrlässig gelegt worden.

Grundsteinlegung für die Firma Braas

Oberursel. Der Grundstein für die Hauptverwaltung der Firma Braas im Setzling wurde am 27. Mai gelegt. Innerhalb der nächsten Jahre errichtete der Hersteller und Vertreiber von Dachsteinen für mehr als 20 Millionen Mark eine neue Zentrale mit Platz für 250 Mitarbeiter. Um das direkt an der S-Bahn gelegene Grundstück hatte es ein heftiges Gerangel gegeben, nachdem der Vorbesitzer Turner Maschinenbau in Liquidation gegangen war. Unter den Bewerbern befanden sich unter anderen ein Baustoffmarkt sowie eine Großspedition.

Tennis-Asse spielen um Punkte

Usingen. Auf der Anlage des Usinger Tennis-Clubs wurde vom 23. bis zum 27. Mai das Masters-Finale im European-Tennis-Circuit ausgetragen.

Dalai Lama besucht die Gemeinde

Glashütten. Der 14. Dalai Lama, Tenzin Gyatso, weilte am 11. Juli zu einem Privatbesuch in Glashütten.

Alte Brücke wird abgerissen

Rod an der Weil. Die alte Brücke am Ortsausgang Richtung Emmershausen wurde am 15. August abgerissen. Die aus dem Jahr 1860 stammende Brücke war aus statischen Gründen die vergangenen zwei Jahre gesperrt gewesen.

Sattelfabrik Denfeld schließt ihre Pforten

Kirdorf. Die Sattelfabrik Georg Denfeld KG im Herzen Kirdorfs schloss am 19. September ihre Pforten. Das 1919 gegründete Unternehmen war in den 50er Jahren Erstausrüster bekannter Motorradhersteller. Noch Anfang der 80er Jahre wurden täglich 1000 Sitzbänke und 900 Gepäckträger „Made in Kirdorf" produziert. Nach und nach begann dann der Abstieg. 1982 musste Denfeld 120 Mitarbeiter entlassen. Zuletzt arbeiteten dort noch 95 Männer und Frauen.

te die Stadtverordnetenversammlung am 22. Februar 1974 gefasst. Der Antrag kam von der damaligen SPD/FDP-Koalition."

Am 7. Mai 1976 beschloss das Parlament, einen zweistufigen Architektenwettbewerb durchzuführen. In den städtischen Vorgaben waren, nach Prioritäten geordnet, Stadthalle, Hallenbad und Freibad enthalten. Vom 10. November 1978 datiert der Aufstellungsbeschluss für den Bebauungsplan „Bürgerzentrum Mitte". Wegen der Folgekosten wurde auf Antrag der UWG das Hallenbad aus der Planung gestrichen. Das Grundstück hieß fortan „Stadthalle und andere Baulichkeiten des Gemeinbedarfs". Am 16. März 1979 bestätigten die Stadtverordneten, dass die Stadthalle gebaut werden sollte.

Vom 12. März 1982 an war dann alles anders. Der Bebauungsplan „Bürgerzentrum" wurde durch den „Bebauungsplan Houiller Platz" ersetzt. Grund für diese Änderung war vor allem, dass die Parlamentarier mit dem vorher geplanten Verlauf der Cheshamer Straße, quer über die heutige Freifläche, unzufrieden waren. Der neue Bebauungsplan legte den jetzigen Verlauf der Straße fest. In der Stadtverordnetensitzung vom 30. April 1983 schließlich legten die Fraktionen UWG, Grüne, FU (heute FWG) und FDP einen gemeinsamen Antrag vor, der das Ziel hatte, alle Planungen für das Projekt Stadthalle/Bürgerzentrum wegen der hohen Kosten und Folgelasten sofort einzustellen. Der Antrag wurde mit Mehrheit gegen die Stimmen von CDU und SPD angenommen. 1,7 Millionen Mark wurden für das Projekt veranschlagt.

Der Platz sollte neben der Hugenottenstraße die zweite Einkaufsmeile der Stadt werden. Was vielversprechend begonnen hatte, sah aber 1999 für die Einzelhändler problematisch aus. Immer wieder mussten dort Geschäfte aufgeben, denn die Kunden blieben weg. Zu den Gründen gehören, nach Auskunft von Geschäftsleuten, unter anderen die längeren Öffnungszeiten. „Viele Pendler aus Schäferborn und Römerhof kaufen jetzt abends in Frankfurt ein und holen am Houiller Platz nur noch, was sie vergessen haben", so Buchhändler Hans-Georg Riedel. Ein weiteres Problem sei die hohe Bebauung, die Anfang der 90er Jahre entstand. „Der Platz war früher offen. Jetzt fahren die Leute vorbei und sehen gar nicht, dass dort Geschäfte sind."

Houilles und Friedrichsdorf sind seit 1973 Partnerstädte: Auf Grund der hugenottischen Tradition der Zwieback- und Philipp-Reis-Stadt hatte der Städtepartnerschaftsverein, der sich damals noch „Gesellschaft zur Pflege internationaler Beziehungen" nannte, zuerst Kontakte nach Frankreich gesucht. 1980 kam Chesham in England dazu. Die Cheshamer Straße führt heute direkt am Houiller Platz vorbei. Die Wimsbacher Straße allerdings, benannt nach Friedrichsdorfs österreichischer Partnerstadt Bad Wimsbach-Neydharting, ist in Seulberg. Denn Seulberg war bereits seit 1968 mit der österreichischen Gemeinde verschwistert, lange vor dem Zusammenschluss der Stadt Friedrichsdorf mit den Gemeinden Seulberg, Köppern und Burgholzhausen am 1. Juli 1972.

Städte weihen drei Prestige-Bauten ein

Bad Homburg/Oberursel. In Bad Homburg und Oberursel wurden in diesem Jahr gleich drei Prestige-Bauten fertig gestellt und eröffnet. So weihte Bad Homburgs Oberbürgermeister Wolfgang R. Assmann am 7. April im Landgraf-Friedrich-Saal vor 1100 geladenen Gästen das neue Kurhaus ein. Nachmittags nahmen Hunderte von Bürgern den repräsentativen Bau mit der Fassade aus rotem Sandstein, in dem auch das Kur- und Kongress-Center sowie das Hotel Maritim integriert wurden, in Augenschein. Gleichzeitig konnten sie erstmals durch die Ladengalerie im Untergeschoss bummeln. Insgesamt hatte der Bau 60 Millionen Mark gekostet.

Nur fünf Tage später, am 12. April, konnten die Bürger erstmals in den Louisen-Arkaden einkaufen. 31 Einzelhändler und Dienstleister hatten im größten Geschäftszentrum der Stadt ihre Verkaufsräume bezogen. Die feierliche Eröffnung nach dreijähriger Bauzeit hatte schon am 11. April stattgefunden, wäre allerdings trotz Überdachung fast ins Wasser gefallen. Bei der Inbetriebnahme der Sprinklereinrichtung des 65 Millionen Mark teuren Zentrums waren nicht alle Rohrleitungen geschlossen gewesen. Am Abend vor der Eröffnung war deshalb Wasser in einige Läden des Obergeschosses eingedrungen.

Am Wochenende des 1. und 2. Dezember feierten die Oberurseler schließlich die Einweihung ihrer neuen Stadthalle. Nach knapp dreieinhalb Jahren Bauzeit und Gesamtkosten von rund 23 Millionen Mark standen den Bürgern Oberursels fortan ein teilbarer Großsaal mit Platz für bis zu 1000 Besucher, zwei Filmtheater, drei Mehrzweckräume, vier Kegelbahnen sowie ein Restaurant zur Verfügung. Eine Tiefgarage mit 250 Stellplätzen rundete das Angebot der Halle ab.

Lange Zeit war das Bad Homburger Kurhaus eine Baustelle – am 7. April 1984 konnte es feierlich eingeweiht werden.

Am 2. Dezember 1984 wurde die Oberurseler Stadthalle bei einem Tag der offenen Tür vorgestellt.

Flammen vernichten altes Forsthaus

Hausen-Arnsbach. Das alte Forsthaus gegenüber dem Grünwiesenweiher in Hausen-Arnsbach brannte am 21. Oktober vollständig nieder. Die Feuerwehr vermutete eine umgestürzte Gaslampe als Ursache für den Brand. In dem von der Strom- und Wasserversorgung abgeschnittenen Holzhaus lebte die Malerin und Schriftstellerin Friede Schulte-Tigges. Sämtliche Werke der Künstlerin wurden in den Flammen zerstört.

5300 Quadratmeter für neue Geschäfte

Neu-Anspach. Nach vierzehnmonatiger Bauzeit wurde am 25. Oktober das Feldbergcenter in Neu-Anspach eröffnet. Auf zwei Geschossen bot der Einkaufstempel 5300 Quadratmeter Verkaufsfläche an. 1993 und 1994 wurde das Center umgebaut und das Angebot auf kleinflächige Geschäfte umgestellt.

12 000 Esser an der längsten Tafel der Welt

Bad Homburg. Ein kulinarisches Massenereignis begeisterte am 7. Juli mehr als 100 000 Besucher in Bad Homburg. An einer 2157 Meter langen Festtafel bedienten 139 Wirte mehr als 12 000 Gäste. Das Angebot reichte vom delikaten Haifischfilet bis zu deftigen Pommes frites. Fast alle Bad Homburger Gastronomiebetriebe beteiligten sich an der Aktion. Die Festtafel reichte in zwei Reihen von der Haingasse bis zum Alten Bahnhof. Die Idee für die Tafel hatten der Vorsitzende der Bad Homburger Aktionsgemeinschaft, Ernst Schneidereit, und der Stadtkämmerer Klaus-Peter Jürgens. Ein Ingenieurbüro vermaß die gesamte Strecke und konnte somit den fälligen Eintrag ins Guinness Buch der Rekorde bestätigen.

Bunk GmbH muss Konkurs anmelden

Bad Homburg. Eine der bekanntesten Baufirmen des Hochtaunuskreises stand vor dem Aus. Die Bad Homburger Bunk GmbH musste vor dem Amtsgericht Konkurs anmelden. Am 18. Januar wurden die 106 Mitarbeiter des Hoch- und Tiefbauunternehmens davon in Kenntnis gesetzt. Ein Schuldenberg von drei Millionen Mark und der durch die frostige Wetterlage verordnete Produktionsstillstand hatten die Firma in die Knie gezwungen.

US-Soldaten heben Angelteich aus

Wehrheim. Eine Pioniereinheit der US-Army Frankfurt machte der Gemeinde Wehrheim, insbesondere den Mitgliedern des Angelsportvereins, ein besonderes Geschenk. Quasi als Ausgleich für die bei einem Manöver auf Wehrheimer Gemarkung entstandenen Schäden hoben die Soldaten in der ersten Maiwoche den 850 Quadratmeter großen Kirchweiher im Ortsteil Pfaffenwiesbach aus, um den Petrijüngern einen Angelteich zu bescheren.

Rolls Royce auf Taunus-Rundfahrt

Usingen. Der Rolls-Royce-Enthusiasts-Club Sektion Deutschland steuerte während einer Rundfahrt durch den Taunus am 4. Mai mit 50 „Rolls“ Usingen an.

Kassiererin schlägt Gangster in die Flucht

Obernhain. Sie war abgebrühter als der Bankräuber: Elfriede Wassum, Kassiererin bei der Filiale der Raiffeisenbank, schlug erfolgreich einen Gangster in die Flucht, der am Morgen des 6. Mai in die Bankfiliale stürmte. Als der Räuber ihr mit vorgehaltener Pistole „Geld her“ ins Gesicht schrie, konterte die Kassiererin kaltschnäuzig „Dann schieß doch!“.

Das einstige Lustschloss ist wieder ein Schmuckstück

Gotisches Haus in neuem Glanz/Gerta Walsh

Bad Homburg. Nach Jahren des Niedergangs und der fast völligen Vernichtung erlebte das Gotische Haus 1985 seine Wiedergeburt und ist seither als Sitz des Heimat- und Hutmuseums sowie des Stadtarchivs nicht mehr aus dem kulturellen Leben Bad Homburgs wegzudenken. Seine Rettung in letzter Minute verdankt es der 1972 aufkommenden Sensibilisierung für unser historisches Erbe, die zeitgleich mit der Eingemeindung der bis dahin selbstständigen Gemeinde Dornholzhausen zu Bad Homburg einherging.

In den Jahren 1823 bis 1825 im neugotischen Stil als Lustschloss durch Landgräfin Elizabeth von Hessen-Homburg erbaut, gehörte das Gotische Haus seit 1867 der Hohenzollern-Familie. Wie nach der Vollendung des Baues, so galt auch damals die Meinung, „dass es bei diesem Haus weniger auf den praktischen Wert ankomme, als dass es einen Ruhepunkt für das Auge des Beschauers und zugleich aber auch eine Zierde für die landschaftliche Umgebung der Stadt bilden soll“. Kaiser Wilhelm II. gestattete 1913 den Verkauf an einen Privatmann und glaubte, durch den eigenhändigen Vermerk auf dem Vertrag „Denkmalschutz grundbuchlich sichern“, den Bau original erhalten zu können. Wechselnde Besitzer dachten in erster Linie an ihren Verdienst, sorgten zwar für ein bürgerlich-idyllisches Ambiente des am Waldrand gelegenen Ausflugs-Restaurants, investierten aber wenig in die Bausubstanz. Der hier in der Nachkriegszeit betriebene „Ponderosa Saloon“ schien der Tiefpunkt zu sein, doch es kam noch schlimmer.

Nach dem Tode seines Besitzers Paul Rosenthal im Dezember 1966 verkaufte seine Erbin das Haus an

Ein Kleinod am Waldrand: Das Gotische Haus wurde 1985 nach umfassender Renovierung wiedereröffnet. Seitdem ist es ein wichtiger Veranstaltungsort sowie Sitz des Museums und des Stadtarchivs.

den Bauspekulanten Jan Lepinski, der hier nach Um- oder Ausbauten des kleinen Schlosses ein Hotel betreiben wollte, für dessen Personal er die Errichtung von zwei sechsstöckigen Wohnhäusern beantragte. Ohne Rücksicht auf den historischen Hintergrund oder auf Landschaftsschutz genehmigte der Bürgermeister von Dornholzhausen die Anträge und fand dabei die Unterstützung des Kreisbauamtes. Da Lepinskis Firma in Konkurs ging, entstanden nur die beiden Hochhäuser direkt neben dem Gotischen Haus, das einstige Lustschloss aber verkam zur Ruine. Der Landeskonservator griff 1977 in letzter Minute ein und sorgte für die Aufnahme des einstigen Kleinods als Förderungsprojekt von Bund und Land, denn er sah in dem Objekt ein Zeugnis für die Landschaftsgestaltung und Architektur der Romantik.

Der Allgemeinen Hypothekenbank in Frankfurt am Main war die Konkursmasse zugefallen, sie begann 1981 mit dem Aufbau und brachte dafür 4,5 Millionen Mark auf. Die Stadt Bad Homburg beteiligte sich durch ein zinsloses Darlehen von 1,4 Millionen und einer Mietvorauszahlung von 500000 Mark. Durch einen 25 Jahre dauernden Mietvertrag, der am 31. 12. 2009 endet, und durch die Sicherung des Ankaufsrechts konnte die Stadt langfristig planen und das Gotische Haus in ihr Kulturprogramm einbinden. Der Eröffnung vom 2. März 1985 mit einer Ausstellung zu Ehren der Erbauerin („Landgräfin Elizabeth und das Gotische Haus") folgte im Sommer die Vollendung des Hutmuseums nach einer neuen Konzeption und später die weiteren Museums-Abteilungen. Das Stadtarchiv zog ebenfalls mit seinen Beständen in das neue Haus. Damit wurde der vorige Standort dieser Einrichtungen, das Gebäude Louisenstraße 120, frei zum Verkauf.

Inzwischen ist das Gotische Haus im Bewusstsein der Bad Homburger so fest verankert, dass auch die ungünstige Verkehrslage seiner Beliebtheit nichts anhaben kann. Forschungen im Archiv, Ausstellungen, Vorträge, Konzerte, Feste, Museumsbesuche und Treffen in der Cafeteria sorgen für regen Zuspruch durch Besucher aus der ganzen Region.

Rotlicht in der Burg der Papageien

Vogelpark in Hasselbach eröffnet/Andreas Burger

Hasselbach. Razzien, Verleumdungen, Halbwahrheiten, Anzeigen, Beschlagnahmungen, Schließungen, Gerichtsverfahren – und, was kam heraus? Die Aras pfeifen eins auf den ganzen Wirbel, die der Vogelpark in Hasselbach in den vergangenen Jahren hat über sich ergehen lassen müssen. Die Einrichtung selbst überstand alle Turbulenzen. Und Betreiber Hans Steiner hat vielleicht den Glauben an manche Institution verloren – nie aber die Liebe zu seinen Vögeln. Im Jahr 1985 war's, als er sich den großen Lebenstraum erfüllte. An jener Stelle im Gemeindewald hatte der Vorbesitzer Bruno Henke einen Wildpark errichtet. 1980 nahm sich Steiner ein Herz, kaufte das Areal und

Von dieser unerwarteten Reaktion verwirrt, ergriff der verhinderte Bankräuber ohne Beute die Flucht.

Zwei Millionen für Markt- und Festplatz

Usingen. Der Neue Marktplatz wurde am 2. Juli seiner Bestimmung als Bus- und Pkw-Parkplatz übergeben. Einschließlich des noch nicht vollendeten Festplatzes verschlang die Baumaßnahme 1,95 Millionen Mark.

Bürger kämpfen für Chefarzt Humpert

Usingen. Der bereits zum Chefarzt berufene Oberarzt Dr. Heinz Humpert konnte aus formalen Gründen seine Stelle im Usinger Krankenhaus am 9. Juli nicht antreten. Der Klinik fehlte eine Vertretungskraft für den neuen Chefarzt. In der Bürgerschaft brach daraufhin eine Woge der Entrüstung los. Die eigens ins Leben gerufene „Bürgeraktion für Dr. Humpert" sammelte mehr als 4400 Unterschriften.

Weltmeister in Kick-Boxen und Karate

Ober-Eschbach/Kronberg. Gleich zwei Weltmeister brachte der Hochtaunuskreis in diesem Jahr hervor. Gabriel Damm von der Turn- und Sportgemeinde Ober-Eschbach erkämpfte sich bei den Weltmeisterschaften im Kick-Boxen in London am 3. November den Titel im Vollkontakt in der Klasse bis 54 Kilogramm. Nur zwei Wochen später, am 17. November, ging der Kronberger Hans-Gerd Hinz in Budapest als Champion aus den Karatemeisterschaften im Semikontakt in der Klasse bis 74 Kilogramm hervor.

Drachenflieger landet in den Tannenwipfeln

Oberreifenberg. Der Absturz eines Drachenfliegers überschattete das erste Pokalfliegen der Drachenflugabteilung des Ski-Clubs

Reifenberg. 14 Piloten gingen am 31. August vom Feldbergplateau aus in die Luft. Ein Teilnehmer aus dem Sauerland verfing sich auf Grund eines Flugfehlers in den Tannenwipfeln und musste schwer verletzt ins Krankenhaus gebracht werden. Der Wettbewerb wurde daraufhin abgebrochen.

Maler und Poet Hem Schüppel stirbt

Friedrichsdorf. Am 21. August verstarb in Friedrichsdorf im Alter von 64 Jahren der Maler und Poet Hem Schüppel. Nach dem Zweiten Weltkrieg hatte der im vogtländischen Plauen zur Welt gekommene Schüppel zu den Mitbegründern der Liberal-Demokratischen Partei Deutschlands in der sowjetischen Besatzungszone gehört. Er hatte die Partei auf dem Ersten Deutschen Volkskongress, der späteren Volkskammer der DDR vertreten. 1948 war Schüppel unter Spionageverdacht verhaftet und zu lebenslanger Haft verurteilt worden. Nach achtjähriger Zwangsarbeit im Ural hatte er seine Freilassung dem Moskau-Besuch Konrad Adenauers zu verdanken. 1968 war Schüppel mit seiner Frau Christine und seinen Kindern Heike und Ulf nach Friedrichsdorf gezogen, wo er die Leitung der Hessischen Landvolkhochschule übernahm. Von 1971 bis 1987 hatte er als ordentlicher Professor für Ästhetik an der Fachhochschule Frankfurt gelehrt. Zudem hatte er über mehrere Jahre den Künstlerbund Taunus geleitet.

500 000 Mark für krebskranke Kinder

Bad Homburg. Die Tour Peiper 1985 machte am 7. September in der Taunus-Therme Halt. Bei dem seit 1983 jährlich stattfindenden Etappenrennen zu Gunsten krebskranker Kinder wurden in diesem Jahr insgesamt eine halbe Million

begann, den Traum einer Vogelburg zu verwirklichen.

Steiner hat keinen der Vögel gekauft, sondern sozusagen lebenslang in Pflege. Schließlich haben Papageien die Eigenart, sich bis zu 80 Jahre durchs Leben zu blinzeln. Und so muss sich manch älterer Mitbürger von seinem Liebling trennen – Seniorenheime verbieten die phonstarken Mitbewohner meist. Und auch plötzliche Allergien beim Vogelbesitzer vergrößerten Steiners Papageienzahl unentwegt. Er selbst schätzt den Bestand auf rund 800 Vögel.

Wer je ein geliebtes Haustier verloren hat, der weiß, wie schwer die Trennung fällt. Hans Steiner hatte und hat für solche Situationen eine Lösung zu bieten, die inzwischen in ganz Deutschland bekannt ist. Wer seinen Vogel aus unverschuldeten Umständen abgeben muss, kann ihn zur Vogelburg bringen und für 100 Mark im Jahr in einen Club eintreten. Mit diesem Geld finanziert sich auch der Club - jedes Mitglied kann jederzeit seinen Papagei besuchen. Die Vögel sind in Freigehegen untergebracht – ohne Leine oder Kette. Die Volieren sind großzügig und mit je zwei verschiedenen Wärmequellen – Ölheizung oder Rotlicht – ausgestattet. Die verbauten Natursteine ergeben ein kompaktes Gesamtbild, und die Burg macht einen gepflegten Eindruck. Stein für Stein hat Steiner die Anlage erstellt, viel Geld investiert und noch weitere Ausbaupläne im Kopf. Die Idylle war vorübergehend keine mehr, als 1993 der Ärger kam. Steiners Verurteilung wegen „Zurschaustellung artengeschützter Tiere" hat eine lange Vorgeschichte und eine sehr aktuelle Gegenwartshandlung. Dieses Urteil, zwischenzeitlich aufgehoben und vom Oberlandesgericht ans Landgericht nach Frankfurt verwiesen, hat am 17. November 1999 wieder im Rampenlicht

Hans Steiner mit seinen Lieblingen. Der Vogelnarr beherbergt seit 1985 in der Vogelburg rund 800 in Pflege gegebene Papageien und andere seltene Vögel. 1993 wurden die Tiere vorübergehend beschlagnahmt.

gestanden. Statt Haft müssen Steiners insgesamt 19 200 Mark Strafe zahlen. Indes: Von Tierquälerei ist längst keine Rede mehr, obwohl doch zu Beginn der Papageienaffäre deswegen Tiere beschlagnahmt wurden – und wieder zurück kamen. Und so manches Geschehene verwundert den außenstehenden Betrachter. Etwa, dass eben jener „Tierschützer" und Amtmann, der einst die Vogelburg stürmen und Tiere beschlagnahmen ließ, selbst vor den Kadi kam.

Einige Fragen blieben offen: Warum sollte Steiner wegen Zurschaustellung der artengeschützen Tiere bestraft werden, wenn er sie nur pflegt, ihnen eine großzügige Unterkunft bietet und sie so davor bewahrt, in einem kleinen Käfig jahrelang an die Wand schielen zu müssen? Denn die privaten Unterkünfte können sich mit der Pflege in der Vogelburg meist nicht messen. Doch der Beobachter mag sich über das gesprochene und aufgehobene Urteil selbst sein Urteil bilden.

Etwas Geld kommt freilich auch durch die Besucher in die Kasse – doch man muss schon ein Vogelfreund sein, um die weiträumige Anlage zu genießen. Für Kinder wird es meist schnell langweilig, denn Spielgeräte und Freizeiteinrichtungen sind nicht vorhanden. Erfrischungen bietet eine Cafeteria – das war's dann aber auch, was Nicht-Papageienfreunde anlocken könnte.

Allerdings nutzen Firmen und Organisationen die Vogelburg mit zwei großen Sälen und einem schönen Ambiente gerne zu Konferenzen und Seminaren. Diese Treffen füllen die Kasse – wie auch so manche Spende. Doch bei Heiz- und Stromkosten von über 2000 Mark monatlich sind große Sprünge nicht im Etat eingeplant. Vieles entsteht durch Handarbeit in Eigenleistung. Es ist Absicht Steiners, dass die Vogelburg keine Freizeiteinrichtungen oder Kinder-Attraktionen bietet – denn die Tiere sollen nicht durch Menschenmassen belastet werden. So sind es die Liebhaber, die Kenner der Tiere, die durchs Gelände bummeln. Offen indes ist die Burg für jedermann.

Steiners Privatführungen durchs Vogelparadies sind ein Erlebnis. Denn fast alle Tiere sind handzahm und meist nicht maulfaul, flattern angstfrei auf Arme und Schultern, knabbern Ohrläppchen und, mit etwas Pech, setzten sie einen 90-Phon-Schrei in die Gehörgänge. Ausbauen würden er und seine Frau Monika den Park sehr gern, denn so mancher Ara und Artgenosse braucht neuen Platz. Hier und da sieht man bereits die Anfänge. „Ich versuche, alles Baumaterial über Sponsoren zu bekommen", sagt Steiner. Erst vor kurzem hat eine große Lebensmittelkette Fenster und Halterungen angekarrt. Und so entsteht derzeit eine Art Naturkundemuseum für Vogelarten.

Mark Spendengelder gesammelt. Das Rennen, benannt nach dem Leipziger Kinderarzt Peiper, war am 3. September in Gießen gestartet worden und endete am 7. September an der Frankfurter Konstablerwache. Prominente Teilnehmer waren die Radprofis Klaus-Peter Thaler und Dietrich „Didi" Thurau. An der Taunus-Therme feierten hunderte Menschen ein siebenstündiges Volksfest.

Maler und Musiker Walldorf stirbt

Bad Homburg. Am 9. Juni verstarb mit 57 Jahren der Maler und Musiker Benno Walldorf. Bekannt war er durch seine konstruktivistische Malerei, in der Quader und Rauten als Motive vorherrschten. Auch rote Stühle brachte der passionierte Stuhlsammler mit Vorliebe in seine Bildwelt ein. Aus gesundheitlichen Gründen hatte der Jazz-Fan schon einige Jahre immer seltener zu Saxofon und Trompete greifen können. Der in Gießen geborene und seit 1962 abwechselnd in Bad Homburg und Wyk auf Föhr lebende Künstler wurde auf dem Waldfriedhof beigesetzt. Er hinterließ seine Frau und zwei Töchter.

Klaus-Peter Jürgens wird neuer Landrat

Taunus. Am 5. Februar wurde Dr. Klaus-Peter Jürgens (CDU) neuer Landrat des Hochtaunuskreises. Jürgens wurde Nachfolger des in der eigenen Partei in Ungnade gefallenen Dr. Henning von Storch (CDU). Im Rahmen einer Feierstunde in der Oberurseler Stadthalle dankte Jürgens von Storch für dessen sechsjährige Tätigkeit. Jürgens, der von 1978 bis 1985 Bürgermeister und Kämmerer Bad Homburgs gewesen war, wurde 1991 vom noch heute amtierenden Landrat Jürgen Banzer (CDU) abgelöst.

Mineralöl im Trinkwasser

Usinger Land. Per Lautsprecher warnten die Behörden am 9. Januar in Wehrheim und im Neu-Anspacher Ortsteil Hausen-Arnsbach die Bewohner, ihr Trinkwasser sei verunreinigt. Bereits zwei Tage zuvor hatte es Klagen besorgter Bürger ob der schlechten Wasserqualität gegeben. Die Tankwagen der Feuerwehr rückten sofort mit 30 000 Liter Frischwasser an. Am 11. Januar konnte Entwarnung gegeben werden. Die Testfische, die das Chemische Untersuchungsamt in Wiesbaden ins Wasser gegeben hatten, gebärdeten sich quicklebendig. Das Hygiene-Institut der Frankfurter Universitätskliniken fahndete parallel fieberhaft nach der Ursache der Verunreinigung und wies schließlich 0,5 Milligramm Mineralöl pro Liter nach. Die Wissenschaftler vermuteten, dass sich durch Reparaturarbeiten am Leitungsnetz Stoffe aus der Kanalwand gelöst hatten.

Schriftsteller Dr. Wittkop verstirbt

Bad Homburg. Am 23. September verstarb der Schriftsteller Dr. Justus Franz Wittkop im Alter von 87 Jahren. Wittkop hatte 1949 zu den Gründern des Volksbildungskreises Bad Homburg, dem Träger der Volkshochschule, gehört. Zusammen mit Bernhard Beling hatte er diese Institution über zehn Jahre geleitet. 1944 war Wittkop in Frankreich mit Hilfe seiner späteren Frau Gabrielle Ménardeau aus der Wehrmacht desertiert. Die folgenden Monate ständiger Lebensbedrohung hatte er in dem 1948 veröffentlichten Pariser Tagebuch verarbeitet.

Firma Mania feiert Richtfest

Riedelbach. Nach fünfmonatiger Bauzeit konnte die Elektronikfirma Mania am 4. Dezember in

„Hier spricht die Leitstelle Hochtaunus"

Gemeinsame Zentrale von DRK und Feuerwehr/Heiko Rhode

Bad Homburg. In den Zeitungen war von einem „Trauerspiel" zu lesen. In Politikerkreisen sprach man schon von der „Leidstelle". Jahrelang schwelte der Streit: Wohin mit der zentralen Funkleitstelle? Die Diskussionen über die Einrichtung reichten bis in das Jahr 1972 zurück. Die schier endlosen Debatten um die Standortfrage und die Zuständigkeit wurden erst am 1. Oktober 1986 endgültig beendet. An diesem Tag nahm die Kreisleitstelle in der Schwalbacher Straße 7 offiziell ihren Betrieb auf.

Rettungsdienste und Feuerwehren wurden fortan zentral aus Bad Homburg alarmiert und koordiniert. Vorbei war die Zeit, als die Feuerwehren im Kreis noch selbst ihre Einsatzkräfte zusammentrommeln mussten. Auch die kleine Leitstelle für den Rettungsdienst im Bad Homburger DRK-Heim hatte ausgedient. Doch bis der Hochtaunuskreis als letzter aller hessischen Landkreise eine derartige Einsatzzentrale hatte, musste eine lange Durststrecke überwunden werden.

Dabei schien anfangs der Standort Schwalbacher Straße eine ausgemachte Sache zu sein. Doch plötzlich kam es zu Streitigkeiten zwischen der Bad Homburger Feuerwehr und dem Kreisfeuerwehrverband. Die Bad Homburger Brandbekämpfer wollten die Betreuung der Kreisleitstelle übernehmen, dagegen sprach sich jedoch der damalige Kreisbrandinspektor Wilhelm Leber aus. Eine Rettungsleitstelle unter Regie der Homburger Wehr war für den Vorstand des Kreisfeuerwehrverbandes „einfach nicht akzeptabel".

Leber und der zu dieser Zeit amtierende Landrat Dr. Hennig von

Rotes Kreuz und Feuerwehr machen gemeinsame Sache: Bei einer Übung am Bad Homburger Kurstift im April 1986 übten die beiden Hilfsorganisationen die Zusammenarbeit, ein halbes Jahr später nahm auch die gemeinsame Leitstelle in der Schwalbacher Straße ihren Betrieb auf.

Storch favorisierten deshalb ab 1983 das „Haus Berlin“ am Bad Homburger Kreiskrankenhaus als Standort. Von Storch sprach sich wegen finanzieller Gründe für diese Lösung aus. Der Kreisausschuss fasste in der Folge einen entsprechenden Entschluss. Erst mit dem Amtsantritt von Landrat Dr. Klaus Peter Jürgens und dem Abschluss der neuen CDU-FDP-Koalition im Kreistag kam erneut Bewegung in die Diskussion. Man einigte sich schließlich auf die Schwalbacher Straße. Allerdings kam man den Forderungen von Kreisbrandinspektor Leber entgegen und gewährleistete die räumliche und organisatorische Trennung von der Bad Homburger Feuerwehr, die ebenfalls ihren Sitz in der Schwalbacher Straße 7 hatte und bis heute hat.

Die Fäden der zentralen Leitstelle hat seit 1986 Norbert Auth in der Hand. Auth war bereits in der Leitstelle des Rettungsdienstes im Hause des Roten Kreuzes aktiv. Neben Krankentransport und Rettungswagen wurden laut Auth aus der Promenade auch die Feuerwehren aus dem Usinger Land mit alarmiert. Die Wehren mussten sich um die jeweiligen Notfälle dann allerdings eigenständig kümmern. Mit der Ausstattung der 1986 in Betrieb genommenen Kreisleitstelle konnte die „alte“ in kaum einer Hinsicht mithalten. „Wir hatten mehr oder weniger nur Schreibtische mit Funkgeräten und Telefonen“, so Auth.

Die neue Leitstelle war somit zu einem Meilenstein in der Geschichte der Rettungsdienste sowie des Brand- und Katastrophenschutzes geworden. Es war nunmehr möglich, von einer Stelle aus die Alarmierung der Einsatzeinheiten unter Anwendung modernster Kommunikationsmittel verzögerungsfrei durchzuführen. Sieben Beschäftigte sorgten von Beginn an im Schichtdienst dafür, dass die Funktische rund um die Uhr besetzt waren. Von wo auch immer im Hochtaunuskreis die Nummer 112 gewählt wurde: Seit dem 1. Oktober 1986 lief jeder Notruf in der Schwalbacher Straße auf.

Medizinische Notfälle wurden aus den DRK-Rettungswachen in Bad Homburg, Oberursel, Königstein und Usingen angefahren. Der Malteser Hilfsdienst hatte zu dieser Zeit Fahrzeuge in Bad Homburg und Usingen stationiert. Gegenwärtig betreiben die Malteser jedoch nur noch in Usingen eine Rettungswache. Für das Usinger Land steht außerdem ein DRK-Einsatzwagen in Hunoldstal auf Abruf bereit.

Die Kosten für den Umbau der ehemaligen Kriporäume zur Leitstelle in Höhe von 150 000 Mark wurden gemeinsam vom Land Hessen und dem Hochtaunuskreis getragen. Weitere 350 000 Mark wurde für die technische Ausstattung fällig. Diesen Betrag übernahm das Land Hessen komplett. Besonderen Wert legten die Verantwortlichen bei der Einrichtung der Anlage auf die Betriebssicherheit. Alle wichtigen Teile wurden deshalb dreifach installiert. Eine Notstromeinheit beugt eventuellen Stromausfällen vor.

Heute, 13 Jahre nach ihrer Eröffnung, hat die Leitstelle einen neuen Standort gefunden: Anfang 1999 zog das Team von Norbert Auth in das neue Landratsamt in der Ludwig-Erhard-Anlage 1–4.

Riedelbach zum Richtfest ihres neuen Betriebs- und Technologiezentrums laden. Am 12. Juni 1987 fand die Eröffnung dieses 15 Millionen Mark teuren, 16 Einzelgebäude auf 48 000 Quadratmetern Fläche umfassenden Firmenkomplexes statt. Die Architektur dieser der Hanglage angepassten Pavillonbauten ging auf eine Idee des Firmenchefs Paul Mang zurück.

Eröffnung mit kleinen Pannen

Bad Homburg. Am 5. September eröffneten Landrat Klaus-Peter Jürgens und Oberbürgermeister Wolfgang R. Assmann auf dem Gelände des ehemaligen Schlachthofes in Bad Homburg die Hochtaunushalle. Assmann bezeichnete den Bau als einen gelungenen Doppelpass zwischen Stadt und Kreis, die sich vorab auf die Teilung der Kosten geeinigt hatten. Bad Homburg wird bis ins Jahr 2085 zwei Drittel der Betriebskosten tragen, der Kreis das verbleibende Drittel. Beim Eröffnungsfest versagte zum Gespött der Besucher die Technik.

Steinkühler wird Vorsitzender der IG Metall

Oberursel. Franz Steinkühler wurde am 22. Oktober zum Vorsitzenden der IG Metall gewählt und war damit Chef der mitgliederstärksten Gewerkschaft der Welt. Der damals 43-Jährige hatte zuvor den Stellvertreterposten des Frankfurter Gewerkschaftsvorstandes inne und war deshalb im Jahre 1983 mit seiner Familie nach Oberursel gezogen.

Baumpflanzaktion im „Hochzeitswald“

Usingen. Die Stadt Usingen lud am 17. Mai Brautpaare und junge Eltern zu einer Baumpflanzaktion in den „Hochzeitswald“, oberhalb des Schützenhauses.

Zum Stadtjubiläum ein Preis für Erfinder

Friedrichsdorf. Die Hugenottenstadt feierte ihr 300-jähriges Bestehen – unter anderem mit einem Festakt am 13. März in der evangelischen Kirche. Prominenter Festredner war Pierre Pflimlin, der ehemalige Präsident des Europa-Parlaments. Anlässlich des Jubiläums verlieh die Stadt am 24. Oktober erstmals den Johann-Philipp-Reis-Preis. Die mit 20 000 Mark dotierte Auszeichnung, für die der Erfinder des Telefons Pate stand, ging an Dr. Dietmar Hohm. Der Ingenieur hatte das kleinste Mikrofon der Welt entwickelt.

Doppeldecker bei Flugschau abgestürzt

Obernhain. Beim Flugfest des Luftsportclubs Bad Homburg-Usingen und des Segelflugclubs Arthur Martens Oberursel ereignete sich am 23. August ein tragischer Un-

Glaubenskrieg spaltet die Gemeinde

Mormonen kommen nach Friedrichsdorf/Johanna Koppenhöfer

Friedrichsdorf. Der 28. August 1987 war ein ganz besonderer Tag für Friedrichsdorf. Auf dem ehemaligen Gelände der Firma Haller wurde der Tempel der „Kirche Jesu Christi der Heiligen der letzten Tage" geweiht – ein Ereignis, das den vorläufigen Schlusspunkt einer langen Diskussion markierte. Kein anderes Projekt hatte die Menschen in der Stadt in den 80er Jahren derart beschäftigt wie die Pläne der Mormonen, die ihr Zentrum für Mitteleuropa in Friedrichsdorf errichten wollten.

Die Geschichte hatte bereits 1973 ihren Anfang genommen. Nachdem die traditionsreiche Friedrichsdorfer Nudelfabrik Haller in diesem Jahr ihre Produktion eingestellt und die Firma an Birkel verkauft hatte, lag das ehemalige Firmengelände die kommenden Jahre wüst und ungenutzt als „Schandfleck" inmitten der Stadt. Mit der Firma Birkel wurde zunächst keine Einigung über die weitere Nutzung erzielt.

Die Stadtverwaltung hätte auf dem Gelände gerne Wohnungen gebaut, da man keine Fabrikanlagen direkt an der Hugenottenstraße mehr fördern wollte. Damit war die Firma Birkel als Besitzer des Riesengrundstücks aber nicht einverstanden. Die Firma wollte sich das Recht der gewerblichen Nutzung vorbehalten. Ein verbindlicher Bebauungsplan für dieses „Areal Haller" lag seitens der Stadt noch nicht vor.

Prägnant ist die Architektur des „Frankfurt-Tempel" der Kirche Jesu Christi der Heiligen der letzten Tage (Mormonen) in Friedrichsdorf.

Die „Krone" des Mormonentempels in Friedrichsdorf: Der Engel aus vergoldetem Glasfaserkunststoff ist schon von weitem zu sehen. Am 28. August 1987 wurde das religiöse Zentrum für Mitteleuropa geweiht. Dem Bau vorangegangen war der „Friedrichsdorfer Glaubenskrieg".

Im Februar 1982 präsentierte die Firma Birkel dann einen Interessenten für das Areal: Die „Kirche Jesu Christi der Heiligen der Letzten Tage", Mormonen genannt, hatte im April 1981 den Neubau eines Tempels für Mitteleuropa (Bundesrepublik, Niederlande, Belgien, Frankreich, Luxemburg) im Raum Frankfurt beschlossen – und die Lage in Friedrichsdorf hatte den Beauftragten der Kirche zugesagt. An Baukosten veranschlagten sie etwa acht Millionen Mark. Es wurden im Endeffekt 18 Millionen Mark, einschließlich zwei Millionen für die Außenanlagen.

Nun wusste niemand so recht, was es mit dieser Glaubensgemeinschaft auf sich hatte, und die Verantwortlichen der Stadtverwaltung holten erst einmal Informationen ein.

Die Kirche der Heiligen Jesu Christi wurde am 6. April 1830 von

fall. Vor den Augen von mehreren tausend Besuchern stürzte der 68-jährige Pilot aus Wehrheim beim Landeanflug auf dem Obernhainer Flugplatz aus 100 Meter Höhe ab. Er erlag seinen Verletzungen.

Neuer Golfplatz wird eröffnet

Altweilnau. Der neue Golfplatz bei Altweilnau wurde mit einer zweitägigen Einweihungsfeier vom 25. bis 27. September eröffnet. Damit ging auch eine Geschichte zu Ende, die von einem heftigen Für und Wider geprägt war. Nicht jeder begrüßte die Umwandlung üppig wuchernder Natur in ein gepflegtes 27-Loch-Green. Prominentester Gast der Eröffnungsparty war der ehemalige Bundespräsident Walter Scheel.

Premiere für das Kreismusikfest

Oberursel. In der Sporthalle der Gesamtschule Oberursel fand am 18. Oktober das erste Kreismusikfest des Hochtaunuskreises statt. 16 Vereine schickten ihre Musik- und Spielmannszüge.

Claudia Witt kauft Johanniskirche

Niederreifenberg. Der Verwaltungsrat der katholischen Kirchengemeinde gab am 22. Dezember der Hofheimer Bühnenmalerin Claudia Witt den Zuschlag für den Kauf der alten Johanniskirche. Kaufpreis: 50 000 Mark. Die Künstlerin setzte sich mit ihrem Vorhaben, das sakrale Gebäude zu renovieren und zu einem Wohnhaus mit Atelier umzufunktionieren, gegen ihre Mitbewerber durch.

Die 1897/98 erbaute Kirche sollte 1980, nach der Einweihung des neuen Gemeindezentrums St. Johannes der Täufer, abgerissen werden. Eine Bürgerinitiative bewirkte, dass die Kirche auf Grund seiner kulturhistorischen Bedeutung für Niederreifenberg unter

Denkmalschutz gestellt wurde. Danach begann eine zeitraubende Suche nach einem Käufer für das Gebäude, die sieben Jahre andauern sollte. Viele Interessenten waren vor den enormen Umbaukosten zurückgeschreckt

Discothek „Joy" brennt komplett aus

Schmitten. In der Nacht zum 7. Februar brannte die Discothek „Joy" in der Dorfweiler Straße völlig aus. Die herbeigerufene Feuerwehr kam gar nicht mehr zum Einsatz. Das Feuer war mittlerweile von selbst ausgegangen. Die Brandursache bereitete den Fachleuten Kopfzerbrechen. Glück im Unglück: Der über dem Musiklokal liegende Supermarkt sowie die angrenzenden Wohnungen blieben von den Flammen verschont.

Mun-Sekte kauft Hotel Wenzel

Schmitten. Die umstrittene Mun-Sekte, die sich „Vereinigungskirche" nennt, kaufte im Oktober das ehemalige Hotel Wenzel in der Schillerstraße. Zuvor hatte in dem Gebäude die Lautsprecherfirma Heco ihren Verwaltungssitz. Die Schmittener wehrten sich gegen die Ansiedlung. Die 1954 von dem Koreaner San Myung Mun in den USA gegründete Sekte stehe im Gegensatz zu christlichen Werten wie Menschenwürde, Freiheit und Recht, hieß es.

Gedämpfte Kartoffeln im Hessenpark

Neu-Anspach. Eine besondere Attraktion hatte sich das Freilichtmuseum Hessenpark in Neu-Anspach zum Erntedankfest 1987 ausgedacht. Alte Landwirtschaftsmaschinen wurden dem zahlreichen Publikum vorgeführt.

Neben der Dampflokomobile und Dreschmaschine weckte vor allem die Kartoffeldämpfkolonne das Interesse der Besucher, denn die gedämpften Kartoffeln wur-

Joseph Smith als Körperschaft mit sechs Personen in einem kleinen Ort im amerikanischen Staat New York gegründet und erlebte in den ersten Jahren ihres Bestehens viele Verfolgungen durch die etablierten Religionsgemeinschaften. Ihre Lehre gründet sich auf Jesus Christus und die Bibel, zum Teil in abweichender Übersetzung. Daneben gilt das Buch Mormon, das auf den Weissagungen alter Propheten beruht. Die geistlichen Führer der Kirchen und Gemeinden arbeiten ehrenamtlich.

Ein Mormone ist aufrichtig und unbestechlich, er führt ein moralisch einwandfreies Leben ohne Drogen oder andere „Genussgifte". Seine Ehe und die Familienbande sind in alle Ewigkeit unauflöslich. Die anfänglich bestehende Mehrehe wurde um 1890 wieder abgeschafft. Getauft werden Personen, die acht Jahre oder älter sind, nach ihrem freien Entschluss.

Ein Mormone bemüht sich sein Leben lang, „heilig" zu werden und den göttlichen Anforderungen zu entsprechen. Groß ist die Bereitschaft, anderen in Notlagen zu helfen. So war es ein Mormone, der als Landwirtschaftsminister unter US-Präsident Eisenhower einst die Care-Aktion für Deutschland organisierte. Nach dem Mord an Joseph Smith durch den Pöbel zogen im Jahre 1846 fünfzehntausend Mormonen unter ihrem neuen Führer Brigham Young in den Westen und schufen im heutigen US-Bundesstaat Utah am großen Salzsee aus einer trostlosen Einöde ein Paradies der Schönheit und Fruchtbarkeit mit ihrer Hauptstadt Salt Lake City. Von hier aus breitete sich ihre Lehre in Amerika und in der ganzen Welt aus.

Nachdem sie sich informiert hatten, mussten die städtischen Gremien in Friedrichsdorf schließlich entscheiden: Wohnbebauung für zirka 250 Menschen oder einen Tempel inmitten einer großen Grünfläche, die auch der Friedrichsdorfer Bevölkerung zugänglich sein sollte?

Erster Stadtrat Klaus Bernhard und Altbürgermeister Walter Ziess sahen im Tempelbau durchaus eine Bereicherung für das Stadtbild und hatten auch sonst keine Vorbehalte gegen die Anwesenheit einer neuen Glaubensgemeinschaft. Die Friedrichsdorfer Kirchen aber nahmen eine ablehnende Haltung ein, befürchteten Gefahren für die Jugend und eine Beeinflussung ihrer Mitglieder.

Bevor ein neuer Bebauungsplan aufgestellt wurde, wollte die Stadtverwaltung in einer Bürgerversammlung am 15. Oktober 1982 die Meinung der Friedrichsdorfer Bürger erforschen. Dabei interessierten sich die eingeladenen Bürger weniger für den städtebaulichen Aspekt – Wohnbebauung oder Tempel -, sondern mehr für die sozialen Folgen: Würde Friedrichsdorf eine Mormonenstadt werden? Ähnliche Befürchtungen äußerte der Deutsche Hugenottenverein.

Der Vertreter der Mormonen versicherte hingegen, man wolle keineswegs die Friedrichsdorfer bekehren, man wolle nur einen Tempel bauen - als geistigen Mittelpunkt für die mitteleuropäischen Mitglieder der Glaubensgemeinschaft. Der „Friedrichsdorfer Glaubenskrieg" erregte auch in der überregionalen Presse Aufsehen.

Die Friedrichsdorfer Ortsbeiräte stimmten dem Bau des Tempels schließlich zu, auch der Magistrat entschied sich in seiner Dezembersitzung 1982 für das Projekt. Die CDU-Fraktion war in der Tempelfrage so zerstritten, dass der stellvertretende Stadtverordnetenvorsteher Dr. Hans-Wilhelm von Haugwitz sein Amt niederlegte – auch er gehörte zu den Gegnern des Tempelbaus. In der entscheidenden Stadtverordnetenversammlung stimmten schließlich 21 Abgeordnete für und 13 gegen den Tempel bei einer Enthaltung.

Am 4. November 1983 wurde der Bebauungsplan für den Tempel auf dem ehemaligen Areal Haller beschlossen, am 1. Juli 1985 erfolgte der erste Spatenstich, nachdem die alten Fabrikgebäude und der Haller-Schornstein im Jahre 1984 abgebrochen worden waren.

Im Februar 1986 war der Rohbau fertig gestellt und der Zimmermann verkündete den Richtspruch:

„Entstanden ist der neue Bau
nach unseres Bauherrn Plan genau.
Schlank, fest und stolz er aufwärts strebt,
dass sich der Geist zu Gott erhebt,
zu seiner Ehre, seinem Ruhm,
sei er geweiht als Heiligtum,
zum Schutz gen' unsrer Seele Feinde
zu Heil und Nutzen der Gemeinde.“

Im Sommer 1987 – kurz vor der Weihe – durften die Bürger der Stadt den neuen Tempel besichtigen. Besonders herausragend: Der Turm wird von einem Engel aus vergoldetem Glasfaserkunststoff gekrönt, im Innern tragen zwölf Rinder aus weißem Alabaster das große Taufbecken auf ihren Rücken.

Zum Anwesen zählen mittlerweile zwei Gästehäuser und die renovierte Jugendstilvilla Haller als Dienstwohnung des amtierenden Tempelpräsidenten, das ehemalige Feuerwehrhaus als Service-Zentrum sowie das fünf Jahre später erbaute Gemeindehaus. Von „Glaubenskrieg“ spricht heute niemand mehr, die Mormonen sind geschätzte Mitbürger und gern gesehene Gäste in Friedrichsdorf, und ihr Tempel inmitten seiner Parkanlage ist ein Schmuckstück der Stadt geworden.

Aus 34 Metern ein Blick über den Taunus

Treisberg. Mit 663 Metern ist der Pferdskopf einer der höchsten Erhebungen des Taunus nördlich des Hauptkammes. Wie auf vielen Bergen unseres Mittelgebirges wurde um die Jahrhundertwende auch auf der Kuppe des Pferdskopf ein Aussichtsturm errichtet. Der 1895 eingeweihte eiserne Turm musste in den 60er Jahren wegen baulicher Mängel abgerissen werden. Der Umlandverband Frankfurt errichtete an gleicher Stelle 1987 einen neuen, 34 Meter hohen Aussichtsturm, der am 10. November der Grossgemeinde Schmitten übergeben wurde. Seitdem können Wanderer, nachdem sie die 178 Stufen zur Aussichtsplattform erklommen haben, aus luftiger Höhe den Blick bis zum Westerwald und Vogelsberg schweifen lassen. Bewusst hatte der Umlandverband Frankfurt Holz aus Baumaterial für den neuen Turm ausgewählt. In Verbindung mit einer Fachwerkbauweise sollte der Turm harmonisch in den Buchenwald eingefügt werden. Die

den nicht wie früher üblich zur Vorratshaltung für die Viehfütterung verwendet, sondern an die Besucher des Freilichtmuseums verteilt. Die Kartoffeln fanden so großen Anklang, dass beim nächsten Mal Butter dazu gereicht wurde.

Daraus entwickelte sich das heutige lukullische Herbst-Angebot von Kartoffeln mit Quark oder Butter im Fruchtspeicher aus Trendelburg.

Forellen verenden im Erlenbach

Köppern. Ein Fischsterben am 28. Oktober beschäftigte die Köpperner. Mehr als 1600 tote Fische, in der Mehrzahl Bachforellen, wurden im Erlenbach entdeckt. Als Verursacher wurde ein Unternehmen ausgemacht. Durch einen Betriebsunfall war Natronlauge in das Gewässer gelangt.

Umgehungsstraßen endlich freigegeben

Wehrheim. Aufatmen konnten die Wehrheimer am 19. November. Die Umgehungsstraßen für Obernhain und Wehrheim wurden nach 25-jähriger Planungszeit, vierjähriger Bauzeit und einem Kostenaufwand von fast 30 Millionen Mark freigegeben. Den Bürgern brachten sie eine Entlastung vom Durchgangsverkehr.

Publizist Eugen Kogon stirbt an Heiligabend

Königstein. An Heiligabend starb der in Falkenstein wohnenden Publizist und Politologe Dr. Eugen Kogon im Alter von 84 Jahren. Kogon war vor allem durch sein Werk „Der SS-Staat" berühmt geworden. Die Gräuel des Nazi-Regimes hatte der 1937 aus politischen Gründen verhaftete und von 1939 bis 1945 im Konzentrationslager Buchenwald internierte Kogon am eigenen Leib erfahren. Nach Kriegsende siedelte er zunächst nach Bad Homburg um. Nach einem kurzen Abstecher in Oberursel wurde er 1953 in Falkenstein sesshaft. Er war Mitherausgeber der „Frankfurter Hefte", von 1949 bis 1953 bekleidetet er das Amt des ersten Präsidenten der Europa-Union in Deutschland. Seit 1950 war er Vorsitzender des Zentrakomitees der Union europäischer Föderalisten. An der Technischen Hochschule in Darmstadt lehrte er Politikwissenschaft, von 1963 bis 1964 leitetet er die TV-Redaktion des Politmagazins „Panorama".

Kosten des Baus betrugen 350 000 Mark. Insgesamt benötigte man 85 Kubikmeter einheimisches Fichtenholz für den 50 Tonnen schweren Turm. Die 34 Meter hohen Seitenteile konnten nur mit Hilfe von Autokränen und Seilzügen aufgerichtet und verschraubt werden. Der Zweckverband „Naturpark Hochtaunus" erklärte sich bereit, gegen eine jährliche Zuwendung von Seiten des Umlandverbands Frankfurt, die Wartung und Pflege des Turms zu übernehmen.

34 Meter hoch ist der hölzerne Aussichtsturm auf dem Pferdskopf bei Treisberg, der 1987 errichtet wurde.

Eine Straße als Streitobjekt und Fundgrube für Forscher

Anspacher Umgehung wird umgebaut/Eugen Ernst

Neu-Anspach. Erste Spatenstiche gab es viele, doch an einen wird man sich in Neu-Anspach noch lange erinnern. Am 16. Dezember 1988 wurde mit dem Bau der lange herbeigesehnten Heisterbachstraße im ersten Bauabschnitt an der Theodor-Heuss-Straße begonnen. Nach Jahren des Planens und Abwägens wurde endlich Erde bewegt – der Anfang vom Ende der dortigen Verkehrsprobleme war gemacht.

Für Neu-Anspach hat die Heisterbachstraße entscheidende Bedeutung. Doch es sollte noch bis Dezember 1997 dauern, ehe die nicht unumstrittene Heisterbachstraße für den Verkehr freigegeben wurde. Damit hatte die Gemeinde Neu-Anspach eines ihrer verkehrspolitischen Hauptziele erreicht, was nach dem Abschluss der Rechtsauseinandersetzungen 1994 vor allem dem Verhandlungsgeschick und der Zähigkeit des Ersten Beigeordneten Manfred Schmück zu verdanken ist. Die bei den meisten Gemeindevertretern seit 1970 bestehende Vision war Realität geworden.

Die Heisterbachstraße stellt keine überörtliche Verkehrsachse dar. Als Ortsstraße eingestuft, dient sie lediglich der besseren Verkehrsverbindung des Siedlungsschwerpunktes Neu-Anspach an das innere Rhein-Main-Gebiet. Sie nimmt den Ziel- und Quellverkehr der gesamten Neubaugebiete in der Mitte ebenso auf wie den der Ortsteile Hausen und Westerfeld. Darüber hinaus verringert sie erheblich die Belastung des Altortsteils Anspach.

Die überdurchschnittliche Bautätigkeit und Bevölkerungszunahme von 5770 Einwohnern auf rund 14500 im Jahre 1999 war eine Folge der notwendigen Siedlungslenkung im Rhein-Main-Gebiet. Der über-

Die Heisterbachstraße hat über Jahre die Politiker beschäftigt - 1988 wurde endlich Erde bewegt. Bis zur Fertigstellung sollte es allerdings noch neun Jahre dauern.

Linsenhoff-Tochter gewinnt Olympia-Gold

Kronberg. Die deutsche Dressurelite bereitete sich in Kronberg auf die olympischen Sommerspiele im südkoreanischen Seoul vor. Das Training zeigte Erfolg: Die Kronbergerin Ann-Kathrin Linsenhoff errang in der Mannschaftswertung auf „Courage" olympisches Gold und trat damit in die Fußstapfen ihrer nicht minder erfolgreichen Mutter Liselott. Diese hatte 1968 das begehrte Edelmetall gewonnen.

Rückkauf des Bangert-Areals

Königstein. Ende gut, alles gut. Am 24. Juli stimmten die Stadtverordneten für den Rückkauf des Bangert-Areals. Kostenpunkt: acht Millionen Mark. 1970 hatte die Stadt das 17,5 Hektar große Gelände an die Hoechst AG verkauft. Damals waren beide Vertragspartner davon ausgegangen, dass das Areal einmal Bauland werden wird. Der Regionale Raumordnungsplan sah jedoch eine Landschaftsnutzung und -pflege vor.

Anschlag auf Ausbildungszentrum

Kronberg. Ein Brandanschlag auf das Ausbildungszentrum der Deutschen Bank hielt am 16. Februar Kronberg in Atem. Das Feuer war im Casino der Anlage ausgebrochen und breitete sich zu den Schlaftrakten aus. 80 Personen befanden sich zeitweise in Lebensgefahr. Eine Terrororganisation aus dem Umfeld der Rote Armee Fraktion (RAF) bekannte sich später zu dem Anschlag.

Feuer zerstört Kransberger Schloss

Kransberg. Ein Kurzschluss in der elektrischen Anlage verursachte am 13. Mai einen Brand im Kransberger Schloss. Der gesamte Dachstuhl des denkmalgeschützten Gebäudes wurde ein Raub der Flammen. Nur das rasche Eingreifen der Feuerwehren verhinderte, dass der Bau bis auf die Grundmauern niederbrannte. Den Brandschutzauflagen war nur ungenügend Rechnung getragen worden. Es entstand ein Schaden in Höhe von 3 Millionen Mark.

Grundstein für Mazda-Zentrum gelegt

Weißkirchen. Der japanische Automobilkonzern Mazda legte am 4. Juli in Weißkirchen den Grundstein für sein europäisches Forschungs- und Entwicklungszentrum. Auf dem Gelände entlang der S-Bahn-Linie entstanden Labors und Verwaltung für rund 200 Beschäftigte.

Computerfirma M.I.T. an neuem Standort

Friedrichsdorf. Am 1. März feierte die bis dahin in Obernhain ansässige Firma M.I.T. die Eröffnung ihrer neuen Konzernzentrale am Zollstock in Friedrichsdorf. Auf 2300 Quadratmetern Studio- und Bürofläche wurden fortan von 52 Mitarbeitern Computer- und Videoprogramme für Schulungen, Verkaufsförderungen und Werbung produziert. Der Bau hatte 6,8 Millionen Mark gekostet.

Marienglocke wird 500 Jahre alt

Arnoldshain. Die evangelische Kirchengemeinde feierte am 24. Juli mit einem Fest rund um das Pfarrhaus den 500. Geburtstag ihrer Marienglocke. Bereits um 1100 besaß das kleine Dorf eine Kapelle, die infolge kriegerischer Auseinandersetzungen immer wieder zerstört wurde. 1488 bauten die Arnoldshainer ihre Kirche wieder auf und vergrößerten sie.

53 Landwirte gründen Erzeugergemeinschaft

Wehrheim. Am 11. März gründeten 53 Landwirte aus ganz Hessen die Erzeugergemeinschaft für

starke Zustrom von Menschen in den 60er und 70er Jahren von rund 30 000 pro Jahr in den einkommensstarken und mit High-Tech-Einrichtungen durchsetzten Frankfurter Raum drohte damals ohne Regionalplanung zur Zersiedlung zu führen. Wo aber der Bevölkerung eine infrastrukturell gesicherte Wohnmöglichkeit angeboten wird, da entstehen Verkehrsprobleme. Das war den Kommunalpolitikern in Anspach 1970 wohl bekannt.

Deshalb forderten sie mit dem Beginn der großen Siedlungsmaßnahme nach dem Stadtbauförderungsgesetz die Verbesserung der vorhandenen Verkehrsverhältnisse. Sie kämpften um eine Attraktivitätssteigerung der Schiene, was aber von der Bundesbahn verweigert wurde. Diese trug sich Anfang der 70er Jahre eher mit den Gedanken der Streckenstilllegung. Umso mehr setzte sich die Gemeinde Neu-Anspach schon damals für eine neue Ausfallstraße zur Entlastung der Altortsteile ein; vor allem der Saalburgstraße (L 3041) und der Bahnhofstraße (L 3270). Die Verkehrsverbesserung auf der Schiene ist erst zu Beginn der 90er Jahre durch die Taunusbahn gewährleistet worden – eine wahrhaft segensreiche Modernisierung des öffentlichen Personennahverkehrs.

Was die Ausfallstraße zur B 456 (neu) betrifft, war das Land Hessen am Beginn der Siedlungsmaßnahme Neu-Anspach zunächst nicht bereit, Straßen auf Vorrat zu bauen. Man wollte erst die echte Bedarfsentwicklung abwarten. Die Gemeinde stellte 1980 einen Verkehrsrahmenplan auf und ließ bis 1983 zehn Varianten verkehrstechnisch und ökologisch untersuchen. 1982 wurden in der Saalburgstraße (L 3041) rund 10 000 Kraftfahrzeuge innerhalb von 24 Stunden und 1992 sogar rund 12 000 gezählt; man musste bis 2005 mit 17 000 Fahrzeugen am Tag rechnen. Die Grenze der Lärm- und Schadstoffemissionen war schon 1980 überschritten.

Die Heisterbachstraße war bereits 1977 im Stadtentwicklungsplan konkretisiert worden und fand nach der Erstellung genauer Bebauungspläne durch das Fachbüro Schwebel 1986 die Zustimmung im Raumordnungsplan für Südhessen. Die Zeit drängte, und doch ging alles nur schleppend voran. Der Gegenwind kam von einem Normenkontrollverfahren, das eine Bürgerinitiative angestrengt hatte. 1991 mussten die Bebauungspläne mit dem Nachweis der Ausgleichsflächen und den landschaftspflegerischen Begleitmaßnahmen neu aufgestellt werden. Die letzte Klage gegen das Bauvorhaben Heisterbachstraße wurde erst 1994 abgewiesen.

Da das Bauwerk in mehrere Teilbereiche gegliedert war, konnte dennoch 1988 mit dem 1. Abschnitt Theodor-Heuss-Straße-Bahnunterführung und später mit der neuen Brückenauffahrt bei Westerfeld begonnen werden. Der entscheidende Baubeginn der Straße durch das Heisterbachtälchen fand im März 1996 statt – eine Szene, die von heftigen Drohungen der Gegner begleitet wurde. Für die eigentumsrechtlichen Voraussetzungen der 6,5 ha Straßen- und Böschungsfläche musste ein 151 ha umfassendes Teilflurbereinigungsverfahren in Gang gesetzt und erfolgreich von der Hessischen Landgesellschaft abgeschlossen werden. Im Frühjahr 1997 stand das Brückenbauwerk über dem Usatal, an Weihnachten 1997 rollte der Verkehr. Das Tiefbauunternehmen Jost hatte – auch dank eines trockenen Sommers – gute und zügige Arbeit geleistet und die ursprüngliche Finanzkalkulation um rund eine Million Mark unterschritten. 90 Prozent der Kosten von insgesamt rund 33 Millionen Mark hatte das Land Hessen übernommen. Mit der Freigabe der neuen Straße durch das Heisterbachtälchen ist vor allem die Saalburgstraße um fast 50 Prozent des Verkehrsaufkommens entlastet, weniger die Bahnhofstraße, die jetzt eher den Verkehr auf die neue Ausfallstraße anzieht. Eine vorzügliche Nebenwirkung bescherte die Heisterbachstraße der Heimatforschung. Der für die Kreisarchäologie arbeitende Eckhard Laufer konnte in guter Kooperation mit dem Planungsbüro und der Firma Jost in neun vorgeschichtlichen Abfallgruben Keramikscherben und eine Feuersteinklinge aus einer mittelbronzezeitlichen Siedlung (1400 v. Chr.) finden und deutliche Kulturspuren einer frühlaténezeitlichen (500-600 v. Chr.) Landnutzung und Siedlungstätigkeit feststellen. Damit hat das Abhobeln des Pflughorizontes im Straßenbereich des Heisterbachs auch eine historisch-wissenschaftliche Bedeutung. Der Hintertaunus hat sich als eine uralte Siedlungslandschaft nachweisen lassen.

Der Schöpfer von Büsten und Masken ist tot

Bad Homburg. Am 29. Februar 1988 starb in Bad Homburg der Bildhauer Otto Weber-Hartl im Alter von 73 Jahren. Er kam nach dem Krieg nach Hessen, nachdem er in München bei einem Bombenangriff sein Atelier und viele seiner Werke verloren hatte. 1951 wurde er Bad Homburger Bürger.

Weber-Hartl machte sich vor allem als Schöpfer von Büsten und Masken einen Namen. Von etwa 400 Köpfen, darunter solche von Persönlichkeiten wie Ina Seidel, Georg Solti und Herbert von Karajan, nahm er Lebendmasken, von anderen, wie Richard Strauss oder Walter Kolb, Totenmasken. Grundsätzlich und vehement lehnte der Bildhauer die abstrakte Kunst ab und arbeitete realistisch, in seinen Büsten jedoch die Formen vereinfachend. 1983 wurde seine Büste des Oberbürgermeisters Karl Horn im Stadthaus aufgestellt. 1984 schuf er für den Bad Homburger Kurpark die Büste des Park-Schöpfers Peter Josef Lenné. In modernen Formen ersetzte sie eine seit 1982 verschwundene Büste Lennés aus dem Jahre 1938.

Der Bildhauer Otto Weber-Hartl fertigte Masken von berühmten Persönlichkeiten wie Georg Solti oder Herbert von Karajan.

hessisches Qualitätsgetreide aus naturnahem Anbau. Die Bauern versprachen, auf die chemische Keule zu verzichten und lediglich organischen Dünger zu benutzen. Zu ihrem Vorsitzenden wählten die Landwirte den Wehrheimer Paul Erich Etzel. Nur wenige Monate später, am 26. Juli, sprach die Hessische Landwirtschaftsministerin der auch als Hessenhöfe Naturkorn e.V. bezeichneten Gemeinschaft per Urkunde die staatliche Anerkennung aus.

Pijnacker-Platz feierlich eingeweiht

Steinbach. An ihm schieden sich die Geister: der Pijnacker Platz im Herzen Steinbachs. Der nach der niederländischen Partnerstadt benannte Platz wurde am 25. November feierlich eingeweiht. 94 000 Mark verschlang die Gestaltung des Areals mit Brunnen und Wartehäuschen.

Eröffnung des „Roten Platzes" enttäuscht

Wehrheim. Nur mäßiges Interesse rief am 30. April die Eröffnung des neuen 890 000 Mark teuren Rathausplatzes in Wehrheim hervor. Viele Geschäfte blieben geschlossen, Verkaufsstände wurden nicht aufgebaut. Anwohner ließen teilweise die Rollläden herunter. Grund: Die Stadt hatte kurzfristig die Anliegergebühren rund um den „Roten Platz" erhöht.

Südumgehung teilweise freigegeben

Bad Homburg. Bei klirrender Kälte und strahlendem Sonnenschein eröffneten der Landtagsabgeordnete Professor Bernd Hamer und Bad Homburgs Stadtbaurat Wolfgang Weber am 4. November das erste Teilstück der Südumgehung zwischen Ober-Erlenbach und Ober-Eschbach. Die Baukosten für diesen Abschnitt hatten zwei Millionen Mark betragen.

Feuer zerstört Hotel „Erbismühle“

Neuweilnau. Das Sporthotel „Erbismühle“ wurde in der Nacht zum 28. Januar ein Raub der Flammen. Vermutlich durch einen glimmenden Zigarettenstummel ausgelöst, fraß sich das Feuer in atemberaubender Geschwindigkeit durch das Gebäude und zerstörte einen Großteil des Komplexes. Fünf Wochen später, am 5. März, beging der Hotelier Selbstmord. Der 56-Jährige erhängte sich im Untergeschoss seines Hotels. Die „Erbismühle“ war sein Lebenswerk.

Maria Rhode wird erste Parlamentschefin

Schmitten. Den Einbruch in die männliche Domäne des Schmittener Kommunalparlaments schaffte Maria Rhode am 25. April. Die Gemeindevertreter wählten Maria Rhode einstimmig zur Parlamentsvorsteherin. Damit war die Schmittenerin die erste Frau an der Spitze eines Parlaments im Usinger Land.

Traumhochzeit in der Johanniskirche

Kronberg. Für die Kronberger war es die Hochzeit des Jahres. Prinzessin Mafalda von Hessen (24), Tochter von Landgraf Moritz von Hessen, und Graf Enrico Marone Cinzano, Spross aus der gleichnamigen italienischen Vermouth-Dynastie, gaben sich in der Johanniskirche das Ja-Wort.

Milchmann Alois geht in den Ruhestand

Usinger Land. Milchmann Alois Schmitt war so etwas wie eine Institution in Friedrichsthal. 42 Jahre lang belieferte er die Bewohner mit frischen Milchprodukten – zunächst mit dem Pferdefuhrwerk, dann mit dem Lieferwagen. Am 2. Dezember war endgültig Schluss. Der Milchmann verabschiedete sich in den Ruhestand.

Mit Herrhausen stirbt auch die Freude

Attentat auf Sprecher der Deutschen Bank/Peter Schiebel

Bad Homburg. Der 30. November 1989 war ein schöner Tag, zwar recht kühl, für die Jahreszeit aber ausgesprochen sonnig. Gegen 8.30 Uhr machten sich im Ellerhöhweg in Bad Homburg drei Limousinen auf den Weg Richtung Frankfurt. Doch weit kommen sollten sie nicht. Keinen Kilometer entfernt, keine fünf Minuten später, explodierte die Bombe. Sie tötete Dr. Alfred Herrhausen, den 59 Jahre alten Vorstandssprecher der Deutschen Bank.

Mit dem wohlklingenden Namen Bad Homburgs verbanden sich auf einmal Terror und Gewalt. Der damalige Oberbürgermeister Wolfgang R. Assmann spricht bis heute davon, dass der feige Anschlag der Terroristen die Freude in der Stadt zerstört und das Gefühl der Geborgenheit vernichtet habe.

Die Wagenkolonne hatte an jenem 30. November die Route über den Seedammweg gewählt, eine von drei Möglichkeiten, Herrhausen von seiner Villa aus, durch Bad Homburg nach Frankfurt zu geleiten. Er und seine Sicherheitskräfte wechselten die Strecke unregelmäßig.

Als Herrhausens gepanzerte schwarze Mercedes-Limousine mit dem Stuttgarter Kennzeichen S-JY 154 zwischen Taunus-Therme und Seedammbad vorbeifuhr, passierte es. Ausgelöst durch eine Lichtschranke detonierte der Sprengsatz. Er riss den hinteren Teil des Fahrzeuges in Fetzen, Teile flogen mehrere hundert Meter weit durch die Luft. An Häusern im Umkreis barsten die Fensterscheiben, geparkte Autos wurden beschädigt. Alfred Herrhausen war vermutlich auf der Stelle tot. Sein Fahrer Jakob Nix konnte

Der Tatort im Seedammweg: In Höhe der Taunus-Therme hatten die Terroristen eine Lichtschranke eingerichtet. Als der Mercedes von Dr. Alfred Herrhausen sie durchfuhr, explodierte die unter einem Fahrrad versteckte Bombe. Der Sprecher der Deutschen Bank wurde nur 59 Jahre alt.

Dr. Alfred Herrhausen

sich verletzt aus dem Auto retten. Die Nachricht von der Bluttat verbreitete sich schnell. Bereits um kurz nach 9 Uhr kamen Oberbürgermeister Assmann und Stadtrat Heinrich Gerhold an den Ort des Verbrechens. Wenig später trafen Ministerpräsident Walter Wallmann und Hessens Innenminister Gottfried Milde in Bad Homburg ein. Es folgten Bundesinnenminister Wolfgang Schäuble und Bundeskanzler Helmut Kohl. Er wollte der Witwe und den beiden Töchtern seines Duzfreundes Herrhausen beistehen. Kohl hatte zuvor von einem feigen und brutalen Mord gesprochen, der „einen der hervorragendsten Männer Deutschlands" getroffen habe.

Alfred Herrhausen galt als die Nummer eins der deutschen Wirtschaft. Sein Betriebs- und Volkswirtschaftsstudium hatte er bereits als 22-Jähriger mit dem Diplom abgeschlossen. Im gleichen Jahr, 1952, begann er mit der Tätigkeit als Direktionsassistent bei der Ruhrgas AG in Essen seine Berufskarriere. F. Wilhelm Christians holte den hoch begabten Herrhausen, der zwischenzeitlich promoviert hatte, 1969 zur Deutschen Bank. Bereits 1971 wurde er ordentliches Mitglied des Vorstandes. In der breiten Öffentlichkeit zunächst wenig bekannt, galt Herrhausen schnell als einer der fähigsten deutschen Manager. Seine Fähigkeit, weit über das Tagesgeschäft hinausdenken zu können, schätzten viele. 1985 wurde er einer von zwei Vorstandssprechern der Deutschen Bank, nach dem Ausscheiden Christians' führte er das Kreditinstitut seit Mai 1988 alleine. Darüber hinaus war Herrhausen in zahlreichen Aufsichtsgremien tätig, so als Vorsitzender des Aufsichtsrates der Daimler-Benz AG. 1989 wählte ihn die europäische Wirtschaftspresse zum „Manager des Jahres". Einen Namen machte er sich auch durch sein Engagement für einen Schuldenerlass für die Länder der Dritten Welt.

Als Kohl in Bad Homburg eintraf, war die Stadt längst abgeriegelt, lief die Fahndung nach den Mördern auf Hochtouren. Erfolg brachte sie kaum. Lediglich das Fluchtfahrzeug, ein weißer Lancia Y mit gestohlenem Frankfurter Kennzeichen, wurde am Nachmittag am Ben-Gurion-Ring in Frankfurt-Bonames gefunden.

Die Spurensicherung am Tatort gestaltete sich äußerst problematisch. Die Experten des Bundeskriminalamtes befürchteten nämlich eine weitere Bombe im Gebüsch. Mit Hunden suchten sie die gesamte Grünanlage vor der Therme sowie das nahe Parkdeck ab, ein Roboter schoss am Mittag mit einer Wasserkanone auf ein verdächtiges Paket. Erst danach trauten sich die Beamten an den etwa 100 Meter vom Tatort entfernt am Seufzerpfad verborgenen Zünder heran. Unter

1200-Jahr-Feier mit Mike Krüger

Steinbach. Steinbach feierte vom 16. bis zum 25. Juni seine Ersterwähnung vor 1200 Jahren. Im Rahmen der Feiern wurde die Stadt vom Land Hessen mit der Freiherr-vom-Stein-Plakette ausgezeichnet. Höhepunkte der Festtage waren der Historische Markt am Wochenende des 17. und 18. Juni sowie der Auftritt des Blödelbarden Mike Krüger mit seiner „Manhattan Showband" am 24. Juni im Festzelt.

Alte Schule wird zum Heimatmuseum

Treisberg. Das vom Heimatverein Treisberg renovierte Gebäude der Alten Schule wurde am 1. Juli eingeweiht und seiner neuen Bestimmung als Heimatmuseum und Veranstaltungsort für den Heimatverein übergeben.

Taunusbahn wechselt den Besitzer

Taunus. Neuer Besitzer der traditionsreichen Eisenbahnstrecke Friedrichsdorf-Grävenwiesbach wurde am 14. Juli der Verkehrsverband Hochtaunus (VHT). Landrat Dr. Klaus-Peter Jürgens, VHT-Chef Heinrich Gerhold sowie der Präsident der Bundesbahndirektion Frankfurt, Dr. Jürgen Kastner, unterzeichneten den Kaufvertrag um 10.58 Uhr in einem Sonderzug, der gerade im Usinger Bahnhof eingefahren war. Mit dem Kauf ging erstmalig eine komplette Bahnstrecke in kommunalen Besitz über.

Schlosskirche für 6,6 Millionen saniert

Bad Homburg. In die Schlosskirche zog die Muse ein. Die Kapelle der Landgrafen von Hessen-Homburg, die in der unterirdischen Gruft des Gebäudes ihre letzte Ruhestätte gefunden hatten, wurde umfassend saniert und am 10. März feierlich eingeweiht.

Fast 6,6 Millionen Mark kostete die Sanierung des fortan für kulturelle Veranstaltungen genutzten Gebäudes. Ein Teil des Geldes wurde vom eigens gegründeten Kuratorium der Schlosskirche durch Spenden zusammengetragen.

Saalburghalle wird eröffnet

Obernhain. Nach 14-monatiger Bauzeit konnte am 26. August in Obernhain die Saalburghalle eingeweiht werden. Die Planungen für den insgesamt drei Millionen Mark teuren Bau der Halle hatten bereits im November 1982 begonnen. Im März 1988 war die alte Obernhainer Halle abgerissen worden, am 3. Juni des gleichen Jahres der erste Spatenstich für die neue Halle erfolgt. Obernhains Vereinen standen fortan 1350 Quadratmeter Nutzfläche zur Verfügung. Bei der Eröffnung anwesend waren Landrat Dr. Klaus-Peter Jürgens, Ortsvorsteher Egon Wewerke und Wehrheims Bürgermeister Aribert Oehm.

Heimatforscher Kaethner stirbt

Weilrod. Am 8. April verstarb in Gemünden der Usinger Lehrer und Heimatforscher Rudi H. Kaethner. Der gebürtige Brandenburger war von 1951 bis 1983 im Usinger Land als Pädagoge, zuletzt als Hauptlehrer tätig gewesen. Von 1964 an hatte Kaethner die Heimatbeilage des Usinger Anzeigers mit dem Titel „Usinger Land" herausgegeben. Zusammen mit seiner Ehefrau Martha hatte er ab 1983 und 1994 die Archive Weilrods und Usingens geleitet. Bereits 1981 hatten sie ihr Buch „Usingen – Menschen und Geschichten aus einer kleinen deutschen Stadt" publiziert. 1987 erschien ihr Buch „Weilrod. Die Geschichte von dreizehn Taunusdörfern".

ihm befand sich ein weißer, gefalteter DIN-A 4-Zettel – das Bekennerschreiben. Neben dem Symbol der Roten Armee Fraktion (RAF), einem fünfzackigen Stern mit Kalaschnikow-Maschinenpistole, enthielt es lediglich die Worte: „Kommando Wolfgang Beer". Er war der Bruder des RAF-Terroristen Henning Beer und im Sommer 1980 bei einem Autounfall in Bietigheim-Bissingen tödlich verunglückt, als das Auto, in dem auch die mutmaßliche Terroristin Juliane Plambeck saß, unter einen Kieslaster geraten war.

Von dem Zünder aus führte ein Draht zu der Sprengladung, die unter einem Kinder- beziehungsweise Jugendfahrrad der Marke Globus 2000, Größe 24, versteckt war. Zwischen Begrenzungspfählen hatten die Terroristen über den Seedammweg eine Lichtschranke eingerichtet. Als Herrhausens Mercedes diese Schranke durchfuhr und damit den Lichtstrahl unterbrach, explodierte der Sprengsatz. Der Draht war bereits vier bis sechs Wochen vor dem Anschlag verlegt worden. Dazu hatten sich die Täter vermutlich als Bautrupp getarnt. Verzögert wurden die Vorbereitungen offenbar vom Hausmeister der Taunus-Therme, der bei Gartenarbeiten Teile des Kabels entdeckt und entfernt hatte, ohne jedoch größeren Verdacht zu schöpfen. Sechs Tage vor dem Anschlag hatte ein Mobiles Einsatzkommando der Polizei das Umfeld des späteren Tatorts noch überprüft, aber nichts gefunden – obwohl die Vorrichtung für die Bombe zu jenem Zeitpunkt bereits gelegt war.

Am Tag nach dem Attentat, am 1. Dezember, zogen mehr als 1000 Menschen – überwiegend Mitarbeiter der Deutschen Bank – schweigend durch die Frankfurter Innenstadt und gaben ihrem ermordeten Chef symbolisch ein letztes Geleit. 1000 Bürger gedachten des Getöteten am Abend im Frankfurter Dom. Dort fand am 6. Dezember auch die Totenmesse statt. Zu ihr war die versammelte Elite der deutschen Politik und Wirtschaft erschienen, an der Spitze Bundespräsident Richard von Weizsäcker. Pater A. Henckel-Donnersmarck, ein Freund der Familie Herrhausen, zelebrierte das Requiem. Anschließend wurde Alfred Herrhausen im engeren Kreis auf dem Bad Homburger Waldfriedhof beigesetzt. Die Bad Homburger Bürgerschaft erwies ihrem ermordeten Mitbürger einen Tag später in der Erlöserkirche mit der Aufführung von Brahms' „Ein deutsches Requiem" die letzte Ehre.

Derweil arbeitete die sofort eingesetzte Sonderkommission des BKA weiter rund um die Uhr. Über 1000 Hinweise aus der Bevölkerung gingen bei den Ermittlern ein – eine heiße Spur ergab sich daraus nicht. Erst im Sommer 1991 kam wieder Bewegung in die Angelegenheit. Beim hessischen Verfassungsschutz meldete sich ein 35-jähriger ehemaliger V-Mann. Er gab an, einem vierköpfigen RAF-Kommando bei dem Attentat geholfen zu haben. Doch der „Kronzeuge" entpuppte sich als Märchenerzähler. Seine Angaben führten keinen Schritt weiter, Mitte 1992 widerrief er schließlich seine Aussagen. Bis heute ist der Mord an Dr. Alfred Herrhausen nicht gesühnt. An der Stelle, wo die Bombe detonierte und Herrhausen aus dem Leben riss, erinnert seit 30. November 1996 ein Mahnmal an das schreckliche Ereignis.

Zeugen der Vergangenheit

Taunus als Fundgrube für Archäologen / Karl-Friedrich Rittershofer

Taunus. Die Ausgrabung der Burg Bommersheim in den Jahren 1989 bis 1993 stellt einen Markstein in der Archäologie des Hochtaunusgebietes dar. Nach der Entdeckung bei Bauarbeiten für den Kinderhort Bommersheim im Winter 1988/89 ist in mehreren Kampagnen – besonders 1990 – ein großer Teil der Burgmauer, des Burggrabens und der Vorburg freigelegt worden. Ehrenamtliche Mitarbeiter des Vortaunusmuseums haben mit Unterstützung der Stadt Oberursel, des Landes Hessen und zahlreicher Privatpersonen die Geschichte einer Burg des niederen Adels wieder erstehen lassen.

Eine Turmhügelburg mit Wassergraben, der von einem mit Palisaden bestandenen Wall umwehrt war, errichtet im 12. Jahrhundert, wurde um 1225 zu einer von mächtiger Mauer umgebenen Wasserburg umgebaut, auf deren Fläche von etwa 1000 Quadratmetern eine umlaufende Randhausbebauung mehreren Ritterfamilien Schutz und Platz bot. Die Anlage wurde nach dem wirtschaftlichen Niedergang des niederen Adels im Zuge der Auseinandersetzung von Rittergeschlechtern und den wirtschaftlich erstarkten Städten im Frühjahr 1382 bei einem Feldzug des rheinischen Städtebundes unter Leitung von Frankfurt völlig zerstört.

Das in den Burggraben gelangte komplette Inventar der Burg bot den Archäologen die einmalige Chance,

Die Burg Bommersheim hat einen festen Platz in der europäischen Archäologie.

Orkan „Wiebke" deckt Dächer ab

Taunus. Quer durch Europa schlug Orkan „Wiebke" eine Schneise der Verwüstung. Auch im Hochtaunuskreis sorgte die „stürmische Dame" am 1. März für ein regelrechtes Chaos. Bei Windgeschwindigkeiten von 100 Kilometern pro Stunde knickten Bäume um wie Strohhalme, ganze Dächer wurden abgetragen, Strom- und Telefonleitungen unterbrochen. Der Verkehr auf Schiene und Straße kam zum Erliegen. Einen Grund zur Freude hatten immerhin die Schüler: Das Staatliche Schulamt ordnete schulfrei an.

Englische Kirche von Grund auf saniert

Bad Homburg. Heute ist sie ein Glanzstück des Bad Homburger Kulturlebens: die Englische Kirche am Ferdinandsplatz. Für insgesamt 4,5 Millionen Mark wurde der Bau von Grund auf saniert und am 14. September 1990 eingeweiht. Der Ursprung des Gebäudes ist in Homburgs berühmter Bäderzeit zu suchen. Für die vielen englischen Kurgäste wurde die Kirche nach Plänen des Stadtbaumeisters Christian Holler gebaut und 1868 vom Lordbischof von London eingeweiht. Bis zum Ersten Weltkrieg wurde die Kirche in ihrer Funktion als solche genutzt. Nach dem Zweiten Weltkrieg begannen die ersten zaghaften Schritte hin zum „Musentempel".

Asylbewerberstrom sorgt für Unmut

Taunus. Der Strom der Asylbewerber in den Hochtaunuskreis sorgte in den Monaten Juni und Juli für Unmut – auf beiden Seiten. Im ehemaligen Hotel Sandplacken wurde gegen den Willen der Gemeinde Schmitten Anfang Juni ein Asylbewerberheim eingerichtet. Die 7500-Seelen-Gemeinde hatte zuvor erfolglos gegen eine weitere Aufnahme von Flüchtlingen vor dem Verwaltungsgericht Frankfurt geklagt. Doch auch die Asylbewerber waren mit der Unterbringung auf der Taunushöhe fernab jeder Infrastruktur nicht einverstanden.

Am 16. Juli demonstrierten 50 Flüchtlinge vor dem Landratsamt gegen die Unterbringung in der Stierstädter Turnhalle. Die sanitären Verhältnisse seien unhaltbar. In Winden erregte die Abgeschiedenheit der Runkelsteiner Mühle den Protest der dort untergebrachten Flüchtlinge. Auch sie machten vor der Kreisverwaltung ihrem Unmut Luft.

Kauf von KHD rettet Arbeitsplätze

Oberursel. Aus KHD wurde BMW Rolls-Royce. Am 3. Mai gab die Kölner Klöckner-Humboldt-Deutz-AG den Verkauf ihrer Oberurseler Tochter KHD Luftfahrttechnik GmbH bekannt. Die Münchener BMW-AG und der britische Konkurrent Rolls-Royce sorgten mit ihrem Gemeinschaftskauf dafür, dass an der Hohemarkstraße weiterhin Flugzeugmotoren entwickelt und gebaut werden. Die fast tausend Beschäftigten konnten aufatmen, hatten doch zuvor Gerüchte über die Schließung des Unternehmens die Runde gemacht.

Geiselnahme in Sparkassen-Filiale

Schmitten. Eine Tragödie ereignete sich am 10. August im beschaulichen Schmitten. Mit einer abgesägten Schrotflinte bewaffnet, drang ein Gangster in die Filiale der Nassauischen Sparkasse ein und nahm die Kassiererin als Geisel. Den übrigen Bankangestellten gelang es, sich in Sicherheit zu bringen und die Polizei zu alarmieren. Als die Beamten eintrafen und dem Täter den Fluchtweg abschnitten, schoss sich dieser in den Kopf. Die Geisel blieb unverletzt. Die junge Frau berich-

das Leben in einer solchen Anlage am Ende des 14. Jahrhunderts zu rekonstruieren. 800 aus den Scherben wieder vollständig zusammengesetzte Tongefäße, Dutzende von Glasbechern, Schmuck, Waffen und Kleidung sowie Leder-, Holz- und botanische Reste, in den Schichten des Burggrabens sehr genau beobachtet, geben Bommersheim einen herausragenden Platz in der europäischen Burgen-Archäologie. Ein Teil der Burg wurde restauriert und kann besichtigt werden. Die Funde kann man im Vortaunusmuseum Oberursel bewundern.

Bis heute halten die wissenschaftlichen Auswertungen das Interesse zahlreicher Fachwissenschaftler an dieser Burganlage aufrecht. Und nicht nur die Deutsche Forschungsgemeinschaft, auch zahlreiche Universitätsinstitute und Forschungseinrichtungen haben mit enormen Unterstützungen zum Wissenschafts-Fortschritt an dieser Anlage beigetragen. Derzeit wird mit Bommersheim als Mittelpunkt eine Handelsgeschichte der Töpferei im erweiterten Rhein-Main-Gebiet zur Veröffentlichung vorbereitet.

Die Entdeckung dieser Anlage hat wesentlich dazu beigetragen, dass heute der Hochtaunuskreis eine vorbildliche Position in der Kenntnis unserer historischen Monumente einnimmt. Die ehrenamtliche Kreisarchäologie – entstanden aus kleinen Anfängen im Geschichtsverein Oberursel und am Vortaunusmuseum – bietet jedes Jahr neue spannende Einblicke in unsere Vergangenheit. Eine solche Bedeutung hatte die Erforschung der archäologischen Monumente unserer Region höchstens noch um die Jahr-

Bei den Ausgrabungen in Bommersheim wurden unter anderem diese Schnallen gefunden.

hundertwende, als durch die Ausgrabungen von Christian Ludwig Thomas und August von Cohausen die Ringwälle auf dem Altkönig, dem Bleibiskopf und im keltischen Heidetränk-Oppidum erstmals wissenschaftlich bekannt wurden, und die Wiedererrichtung der Saalburg auf Anregung Kaiser Wilhelms II. für Aufsehen sorgte.

Neuen Aufschwung nahm die Archäologie im Vortaunus dann zu Beginn der 1970er Jahre, als sich innerhalb des Vereins für Geschichte und Heimatkunde Oberursel eine Arbeitsgemeinschaft Vor- und Frühgeschichte gründete, die immer wieder neue Kulturdenkmäler entdeckte. Über viele Jahre hinweg und bis heute waren für die Archäologie im Vortaunusgebiet vor allem Harro Junk und viele Helfer aktiv.

1991 bis 1993 erarbeitete Dr. Klaus-Michael Schmitt für Oberursel das erste und bislang einzige archäologische Stadtkataster einer hessischen Altstadt. Es erfasst das noch vorhandene Bodenarchiv komplett und wird seither bei jeder geplanten Baumaßnahme einbezogen, so dass ohne Bauverzögerungen die historischen Monumente vor einer Zerstörung dokumentiert werden können.

Inzwischen war im Usinger Land der junge, aber mit langjährigen Erfahrungen ausgestattete Hobby-Archäologe Eckhard Laufer aktiv geworden. Er entdeckte in dem bisherigen archäologischen Niemandsland mehr als 200 archäologische Kulturdenkmäler und scharte ebenfalls einen Kreis begeisterter Helfer um sich, die 1994 eine Archäologie-Arbeitsgemeinschaft innerhalb des Geschichtsvereins Usingen ins Leben riefen. Durch die Zusammenarbeit der beiden Arbeitsgemeinschaften in Oberursel und in Usingen wurde 1994 die ehrenamtliche Kreisarchäologie auf den gesamten Hochtaunuskreis erweitert, die vom Autor dieser Zeilen geleitet wird. Seither wurden zahlreiche Projekte gemeinsam durchgeführt. Die Bodendenkmalkartei des Hochtaunuskreises wuchs auf inzwischen mehr als 500 Denkmäler an.

Ein knapper Streifzug durch die Jahrtausende:

• Die „Bandkeramiker" genannten ersten Ackerbauern und Viehzüchter sind seit 1993 auch im Usinger Becken durch mehrere Siedlungsplätze und ein in Hessen seltenes Grabenwerk nachgewiesen. 1994

Kreisarchäologe Eckhard Laufer präsentiert ein aus Scherben zusammengesetztes Kegelhalsgefäß aus Wehrheim.

wurde am Klärwerk bei Kronberg der Teil einer größeren bandkeramischen Siedlung ausgegraben. Bei einer Notbergung konnte 1999 in der Gemarkung Ober-Erlenbach ein aus Ton gefertigtes Schweinchen geborgen werden, das eine der ältesten Tierplastiken aus dieser um 5700-4900 vor Christus anzusetzenden Periode darstellt.

• In Wehrheim wurden durch die archäologische Arbeitsgemeinschaft Usingen mehrere Grabungen durchgeführt, die in der Danziger Straße zur Entdeckung eines größeren Gräberfeldes der Urnenfelderkultur führten. 1997 konnten sieben überwiegend gut erhaltene Gefäße für Brandbestattungen geborgen werden, die auf Grund ihrer Vielfalt präzise Einblicke in das Leben vor rund 3000 Jahren gewähren.

• Aus dem 7. Jahrhundert vor Christus stammen eine 1999 entdeckte Urnenbestattung und ein Körpergrab bei Wernborn mit bemerkenswerten Funden, unter anderem mit Grafit bemalten Gefäßen.

• Beim Bau der Ortsumgehung von Neu-Anspach, der „Heisterbachstraße", wurden 1997 Siedlungsplätze aus den Zeiträumen 1600-1300 vor Christus und 600-500 vor Christus entdeckt.

• In den Jahren 1992 bis 1998 wurde in mehreren kleineren archäologischen Untersuchungen der Bau der Nordumgehung von Oberursel archäologisch begleitet. Die Trasse führt durch das Vorfeld des keltischen „Heideränk-Oppidum", das erste großstädtische Machtzentrum des Rhein-Main-Gebietes im 2./1. Jahrhundert vor Christus. Es wurde durch den quer durch das Heidetränktal ziehenden Heidegraben be-

tete anschließend, der Räuber habe ihr gegenüber geäußert, unheilbar an Krebs erkrankt zu sein. Mit dem Geld wollte er sich „noch ein paar schöne Wochen machen".

Partnerschaft mit Gilboa besiegelt

Taunus. Eine Brücke der Freundschaft und der Verständigung wurde am 11. März von Oberursel aus nach Gilboa gebaut. In der Oberurseler Stadthalle unterzeichneten Landrat Dr. Klaus-Peter Jürgens und Kreistagsvorsitzender Ekkehard Gries sowie die beiden israelischen Gesandten Abraham Yariv und Nathan Höxter den Partnerschaftsvertrag zwischen dem Hochtaunuskreis und dem Bezirk Gilboa.

St.-Josef-Krankenhaus vor dem Aus bewahrt

Königstein. Das St.-Josef-Krankenhaus vom Orden der Armen Dienstmägde Jesu Christi in Dernbach stand kurz vor dem Aus. Die Kostenträger und das Land Hessen hatten die Schließung der kleinsten Akutklinik eigentlich schon beschlossen, da entbrannten 1990 Proteste Königsteiner Bürger. 6000 Unterschriften wurden in Windeseile gesammelt, die Stadt schaltete sich ein – mit Erfolg. Nach zähen Verhandlungen ging St. Josef zum 1. Januar 1991 in den Besitz einer eigens gegründeten städtischen Betreibergesellschaft über.

Ausstellung lockt 21 000 Besucher an

Taunus. Mehr als 21 000 Besucher, darunter 15 000 Kinder, pilgerten in die 24 Räume der historischen Ausstellung „2000 Jahre Taunus", die vom 5. August bis zum 4. November in Bad Homburg geöffnet waren.

Die Idee zu dieser Ausstellung ging auf eine Angabe des römischen Geschichtsschreibers Tacitus zurück, der in den Jahren zwischen 11 und 9 vor Christus, also vor etwa 2000 Jahren, den Begriff „Taunus“ (in monte tauno) zum ersten Mal verwendete. Realisiert wurde die Ausstellung von Terra Incognita, Institut für kulturgeschichtliche Medien, unter der Leitung des Archäologen Christoph Schlott. Veranstalter war der Hochtaunuskreis.

grenzt, dessen Konstruktion untersucht werden konnte. Weitere Funde lassen vermuten, dass neben der bereits nachgewiesenen Besiedlung innerhalb des Oppidums eine noch größere Unterstadt existierte. Bei einer Sondierungsgrabung innerhalb des Oppidums, an der „Goldgrube“, wurden auf einem der terrassierten Wohnpodien am Hang Bernsteinabfälle gefunden, die auf die Existenz einer Werkstatt zur Herstellung von Bernsteinschmuck schließen lassen.

• Die Erforschung der frühindustriellen Glasproduktion im 17./18. Jahrhundert um Glashütten stellt einen Forschungsschwerpunkt einer Arbeitsgruppe des Kulturkreises Glashütten zur Geschichte der Neuzeit im Taunusbereich dar.

Die Kulturlandschaft im Hochtaunuskreis ist auf Grund intensiver Eingriffe der Menschen einem stetigen Wandel ausgesetzt. Bei jedem Eingriff sollte man sich bewusst sein, dass er einen Teil unseres Bodenarchivs und damit die Zeugnisse unserer eigenen langen Geschichte unwiederbringlich zerstört.

Beeindruckender Fund: In Wehrheim haben Archäologen in der Danziger Straße Ausgrabungen vorgenommen und sind dabei auf mehrere Urnengräber gestoßen. X

„Es war wie im Märchen"

Die Korruptionsaffäre im Taunus/Matthias Kliem

Hochtaunus. Der 21. November 1991 hat sich wie ein Schandmal in die Geschichte des Hochtaunuskreises eingebrannt. In den frühen Morgenstunden jenes Tages vollzog sich der Höhepunkt eines Schmierenstücks, das die Beschaulichkeit am Fuße des Feldbergs als trügerische Fassade enttarnte und die Region bundesweit in die Schlagzeilen katapultierte. Drei Staatsanwälte und 24 Beamte des Landeskriminalamtes waren nach monatelangen Ermittlungen ausgeschwärmt und nahmen in einer konzertierten Aktion sechs hochrangige Taunus-Politiker fest.

Der damalige CDU-Kreisvorsitzende und ehemalige Vizelandrat wanderte wegen Korruptionsverdachts ebenso in Untersuchungshaft wie der ehemalige Kreisgeschäftsführer der CDU, die amtierenden Bürgermeister von Neu-Anspach und Usingen, der Schmittener Alt-Bürgermeister und Usingens Erster Stadtrat – in den Augen der schockierten Öffentlichkeit hatte der Hochtaunus über Nacht seine Unschuld verloren und zeigte sich als Selbstbedienungsladen für eine Clique skrupelloser Firmenbosse und Parteifunktionäre.

Was in den folgenden Wochen aus dem Korruptionssumpf an die Oberfläche gespült wurde, stellte alles bis dahin Bekannte in den Schatten. Auf Parkplätzen und Herren-Toiletten – so ermittelte die Staatsanwaltschaft – hatten Briefumschläge mit mehreren tausend Mark die Besitzer gewechselt. Politiker und städtische Mitarbeiter waren über Jahrzehnte hinweg mit Krügerrand-Münzen, Elektrogeräten und Gutscheinen für den Bau-Markt bestochen worden, hatten die Tankstelle einer Baufirma benutzen dürfen oder so nebenbei die obligatorischen 2000 Mark mit der Weihnachtskarte erhalten. Und wenn gerade mal eine Bohrmaschine oder etwas Dünger fehlten, dann wurden die Sachen selbstrebend sofort frei Haus geliefert.

Richter Klaus Großmann prägte in diesem Zusammenhang später den Begriff des „aggressiven Bettelns". Auf eine einfache Formel des Abkassierens verständigten sich auch der ehemalige Vize-Landrat und der ehemalige CDU-Kreisgeschäftsführer mit zwei Baufirmen aus Usingen und Grävenwiesbach: Für jeden Kubikmeter Erde, der auf der Mülldeponie Brandholz nahe Neu-Anspach aufgeschüttet wurde, war eine Mark für die Poitiker fällig.

„Es war wie im Märchen", beschrieb eine Staatsanwältin die Kungelei auf Kosten des Steuerzahlers, denn die Zeche wurde keineswegs von den Unternehmern gezahlt. Das Geld, mit dem sich Politiker jahrelang die Taschen vollstopften, wurde von den Firmen in Aufträge der öffentlichen Hand eingerechnet – und oft sogar noch ein bisschen mehr. Den Nährboden für das ausgeklügelte System des ungenierten Gebens und Nehmens hatte in vielen Fällen die beschränkte Ausschreibung bereitet. Diese From der Auftragsvergabe erlaubte es der verschworenen Polit-Clique, einem Kartell aus heimischen Bauunternehmen

Taunus-Sparkasse öffnet Filialen

Taunus. Die Taunus-Sparkasse ging an den Start: Die 1990 beschlossene Fusion der Kreissparkassen des Hochtaunus- und des Main-Taunus-Kreises trat mit Wirkung zum 1. Januar in Kraft. Drei Hauptverwaltungen und insgesamt 72 Sparkassen-Filialen firmierten unter dem Namen „Taunus-Sparkasse" zur größten kommunalen Sparkasse Hessens.

Anschlag auf den Heckenexpress

Köppern. Nur knapp entgingen die Zugpassagiere auf der Bahnstrecke zwischen Friedrichsdorf-Köppern und Wehrheim am Morgen des 11. Januar einem Unglück. Unbekannte Täter hatten ein Gleisstück aus dem Schienenstrang gesprengt. Der 6-Uhr-Zug, der mit etwa 100 Passagieren besetzt war, blieb nur in der Spur, weil die Schiene einseitig unterbrochen war. Die Täter wollten von der Deutschen Bahn einen dreistelligen Millionenbetrag erpressen. Im Mai 1991 gingen die Gangster den Fahndern ins Netz.

Karnevals-Zug wegen Golf-Krieg abgesagt

Oberursel. Wegen des Golf-Krieges sagten die Oberurseler Karnevalvereine am 20. Januar ihre geplanten Veranstaltungen ab. Auch der traditionelle Taunus-Umzug fiel damit ins Wasser. Das hatte es in der Orscheler Fastnachtschronik bislang erst einmal gegeben, 1956. Damals wurde der Zug wegen klirrender Kälte abgeblasen.

Neues Bürgerhaus wird eröffnet

Brombach. Nach einer turbulenten Bürgerversammlung konnte das neugebaute Bürgerhaus im Schmittener Ortsteil am 27. September eröffnet werden. Über 100 Brombacher kamen zur „Feuertaufe".

Jürgen Banzer wird neuer Landrat

Taunus. Bei einer feierlichen Zeremonie vor 300 geladenen Gästen in der Oberurseler Stadthalle trat Jürgen Banzer (CDU) am 4. Februar sein Amt als neuer Landrat des Hochtaunuskreises an. Banzers Vorgänger, Dr. Klaus-Peter Jürgens (CDU), der das Amt 1985 übernommen hatte, wurde gleichzeitig verabschiedet. Der Amtseinführung wohnten unter anderem der Landesinnenminister Hartmut Nassauer und Regierungspräsident Walter Link bei. Kreistagsvorsitzender Ekkehard Gries nannte den scheidenden Jürgens einen „Finanzjongleur und knochenharten Macher".

Bürgermeister reden per Bildtelefon

Taunus. Mit einem Bildtelefongespräch eröffneten Bad Homburgs Oberbürgermeister Wolfgang Assmann und sein Usinger Amtskollege Rolf Eggebrecht am 8. Juni den ersten ISDN-Anschluss im Hochtaunuskreis. Assmann begab sich dazu in den Telekomladen auf der Bad Homburger Louisenstraße, Eggebrecht telefonierte von seinem Büro aus.

31 Wanderungen durch den Taunus

Taunus. Am 20. April starteten zum ersten Mal die „Taunus-Wanderwochen", in denen Kreis, Taunusklub und der Naturpark Hochtaunus 31 Wanderungen anboten. Besondere Attraktion: die neunstündige, 25 Kilometer lange Wanderung durch den kompletten Taunus. Alle Start- und Zielorte waren mit öffentlichen Verkehrsmitteln zu erreichen, so dass die Teilnehmer ihre Autos zu Hause lassen konnten. Die Wanderwochen endeten am 22. Juni.

lukrative Aufträge zuzuschanzen. Doch auch bei öffentlichen Ausschreibungen wurde von der Taunus-Connection hemmungslos manipuliert. Die Fäden liefen dabei in einem Bad Homburger Ingenieurbüro zusammen, hier war die „Schaltzentrale der Korruption".

Hinweise auf den Millionen-Schacher hatte es schon 1989 im Bad Homburger Rathaus gegeben. Dem Rechnungsprüfer Jörg Bartsch – inzwischen bundesweit anerkannter Experte für die Aufklärung von Korrutionsdelikten – war aufgefallen, dass Angebote bestimmter Firmen stets die günstigsten waren und dabei minimal unter den zweitbesten lagen. Bis handfeste Beweise vorlagen, sollte es allerdings noch einige Zeit dauern. Doch im April 1991 war es so weit: Zwei Mitarbeiter des städtischen Tiefbauamtes wurden im Rathaus festgenommen – die Lawine, die insgesamt 168 Beschuldigte erfassen sollte, war ins Rollen geraten, wurde durch Erkenntnisse aus dem damaligen Frankfurter Korruptionsprozess weiter beschleunigt und hinterließ in der politischen Landschaft des Hochtaunuskreises eine Spur der Verwüstung.

Wie hoch der materielle Schaden war, das konnte bis heute niemand genau sagen. Seriöse Schätzungen gingen von bis zu 20 Millionen Mark aus. Die Stadt Bad Homburg, die noch 1993 mit einem Boden-Radar weiteren Betrug bei Kanalarbeiten durch die Korruptionsfirmen aufdeckte, kam bei eigenen Berechnungen allein auf 6,45 Millionen Mark. Etwa die gleiche Summe wurde von Korruptionssündern als Schadenersatz an den „Pool" gezahlt, zu dem sich alle geschädigten Kommunen mit dem Landkreis zusammengeschlossen hatten.

Die Prozesse gegen die Köpfe der Taunus-Mafia ließen lange auf sich warten. Im Juli 1994 wurde der ehemalige Vize-Landrat vom Landgericht Frankfurt zu drei Jahren und zehn Monaten Gefängnis verurteilt. Es folgten zahlreiche weitere Urteile gegen Taunus-Politiker. Das Strafmaß lag jeweils unter dem des ersten Richterspruchs. Mehrere Unternehmer mussten ebenfalls vor den Kadi und erhielten Gefängnisstrafen von bis zu drei Jahren.

Zufriedenheit konnte ob der vergleichsweise milden Urteile, die alle zusätzlich eine Geldstrafe enthielten, selbst beim verantwortlichen Richter nicht aufkommen. „Der Strafrahmen ist völlig unzureichend", monierte Klaus Großmann nach dem Prozess-Finale und verwies auf das Maximum von fünf Jahren Haft bei Korruptionsdelikten. Zudem waren sämtliche Vergehen, die mehr als fünf Jahre vor der Verhaftung lagen, verjährt. Der Bundesgerichtshof hatte kurz vor Beginn der spektakulären Prozesse seine Rechtsprechung geändert. Schwacher Trost: Einige jener Sünder, denen der Hochtaunus den wenig ruhmreichen Titel des Kreises mit der höchsten Korruptionsdichte Deutschlands verdankt, mussten ihre Bestechungsgelder nachträglich noch versteuern.

„Frau Wirtin“ engagiert sich für alte und kranke Menschen

Oberursel feiert Lia Wöhr/Karl Heinz Arbogast

Oberursel/Weißkirchen. „Ach ja, unser' Lia“, schwärmen auch heute noch vor allem ältere Semester aus Weißkirchen, wenn die Sprache auf die Schauspielerin Lia Wöhr kommt. 1991 hatte sie am 26. Juli ihren 80. Geburtstag gefeiert, und stolz war sie auf die nach ihr benannte Straße im Weißkirchener Ortskern. Damit – und der Verleihung des Oberurseler Ehrenbürgerrechte – hatten die Stadtväter allerdings nicht die Volksschauspielerin und Wirtin vom „Blauen Bock“ bei Heinz Schenks Fernseh-Spektakel ehren wollen. Der Dank galt vielmehr einer prominenten Frau, die sich jahrzehntelang uneigennützig in den Dienst ihrer Weißkirchener Mitbürger gestellt hatte. Jahr für Jahr sorgte die Schauspielerin bei den traditionellen Altennachmittagen in der Turnhalle für Stimmung. „Na is doch klar, sinn doch eischentlich all mei liewe Nachbarn“, babbelte sie vor dem Publikum, wenn Dankesworte fielen, und forderte auf: „Un weil mer jetzt so gemütlich beienanner sitze, werd jetzt noch geschunkelt!“

Zum 80. Geburtstag machte die Stadt Oberursel mit Bürgermeister Thomas Schadow an der Spitze Lia Wöhr ein besonderes Geschenk: Ein Weg wurde 1991 nach der beliebten Schauspielerin benannt.

„Unser Lia“ hatte schon 1956, als sie noch keiner als hessisch babbelnde Putzfrau Siebenhals aus der TV-Serie der „Familie Hesselbach“ kannte, im Weißkirchener Ortskern ein Haus gekauft, das idyllisch am Urselbach lag. Das Refugium bot viel Gelegenheit für die Künstlerin, auszuspannen und neue Kräfte für den strapaziösen Beruf zu sammeln. Denn die „Wirtin vom Blauen Bock“ bildete nur eine Facette ihres umfangreichen künstlerischen Schaffens. Die am 28. Juli 1911 in Frankfurt als Tochter eines Bäckermeisters geborene Lia Wöhr arbeitete auch als Regisseurin und Produzentin, feierte in den dreißiger Jahren sowohl in klassischen Rollen am Frankfurter Schauspiel als auch tanzend als Soubrette in Revuen Erfolge.

Nach dem Krieg wirkte die Schauspielerin als Opernregisseurin mit Inszenierungen der Münchner Oper in Madrid, Rom und London. Ihr „hessisch Gebabbel“ machte Lia Wöhr zwar beliebt, aber sie beherrschte weltgewandt auch Italienisch, Spanisch, Französisch, Englisch und Portugiesisch. Intendant Eberhard Beckmann holte die Regisseurin zum Radio Frankfurt. Dort kreierte sie das „Hessenmädchen“, spielte in der Hörfassung von Wolf Schmidts „Familie Hesselbach“ die Mutter und produzierte – 1956 beim Hessischen Rundfunk als erste Frau Programmproduzentin fürs Fernsehen geworden – die erfolgreiche TV-Serie der „Hesselbachs“. Verantwortlich war sie auch für Unterhaltungssendungen wie die „Montagsmaler“,

„Acht nach acht" und „Karussell". Sie spielte nicht nur die Wirtin vom Blauen Bock, sie war auch die Produzentin dieser Sendung, der sie auch nach ihrer Pensionierung 1976 noch bis Ende 1987 die Treue hielt.

„Kommese, hörnse uff", würde Lia Wöhr jetzt die Aufzählung ihres Schaffens bremsen, die man noch über hundert Zeilen fortsetzen könnte. Als sie im Alter von 83 Jahren am 15. November 1994 in Frankfurt starb, trauerten nicht nur viele Kollegen und eine Millionengemeinde von Fernseh-Zuschauern, sie hatte sich auch ein unsichtbares Denkmal in ihrer großen Unterstützung von Oberurseler Behinderten-Einrichtungen gesetzt. Bei ihren groß von den Weißkirchenern gefeierten Geburtstagen sorgte sie für fünfstellige Beträge, die beispielsweise einem Kindergarten für Behinderte und Gesunde und dem Alfred-Delp-Haus für behinderte Menschen zugute kamen. Zwar „flicht die Nachwelt dem Mimen keine Kränze", doch ist es im Zeitalter des Videobandes leicht, sie am Bildschirm zu treffen und mit ihr zu lachen.

Oberursel, Mammolshain und Wernborn feiern Geburtstag

Taunus. Oberursel, Mammolshain und Wernborn blickten in diesem Jahr auf die Anfänge ihres Gemeinwesens zurück. Oberursels 1200-Jahr-Feiern begannen am 23. Mai. Mit einem Festakt in der Stadthalle gedachten die Oberurseler der erstmaligen Erwähnung von „Ursella" im Jahr 791. Im Vortaunusmuseum war die Jubiläumsschau „1200 Jahre Oberursel" mit zahlreichen historischen Dokumenten und Gegenständen zu sehen. Im gleichen Jahr erschien die Chronik „Oberursel am Taunus. Eine Stadtgeschichte" von Dr. Angelika Baeumerth. Höhepunkte der Jubiläumsfeierlichkeiten waren das Mittelalterliche Sportspektakel und die Historische Rittertafel zu Gunsten der Aktion Sorgenkind am 30. Mai und 1. Juni. Die Feierlichkeiten endeten am 2. Dezember mit dem Weihnachtsmarkt.

Seinen 800. Geburtstag feierte das heute zu Königstein gehörende Mammolshain. Schon am 30. Mai eröffnete Bürgermeister Bertram Huke eine Ausstellung zur jüngeren Ortsgeschichte. Die eigentlichen Feierlichkeiten begannen am folgenden Tag mit einem Festkommers auf dem Bolzplatz. Tags darauf organisierten die Mammolshainer einen Historischen Markt und einen „Abend der Vereine". Am 2. Juni formierten sich 40 Festwagen zum Umzug, ehe die Feierlichkeiten am nächsten Tag mit einem Fackelzug zur Katholischen Kirche mit anschließendem Zapfenstreich ausklangen.

Am 21. Juni starteten die Jubiläumsfeiern in Wernborn mit einem Open-Air-Konzert der Bernd-Schütz-Band auf dem Dorfplatz. 800 Jahre zuvor war die Gemeinde als „Berenbrunen" erstmals urkundlich erwähnt worden. Höhepunkte der einwöchigen Festivitäten waren eine Ausstellung, ein Historischer Markt mit Totengedenken und Ökumenischem Gottesdienst sowie ein Historischer Festumzug. Aus Anlass der 800-Jahr-Feier erschien die von Dr. Joachim Bierwirth verfasste Chronik „Das Wernborner Buch".

Mit selbstgenähten historischen Trachten zogen die Mammolshainer durch ihre Gemeinde und feierten deren 800. Geburtstag.

Weichen in die Zukunft gestellt

Taunusbahn geht auf die Strecke/Jürgen Conradi

Taunus. Noch wenige Monate vor jenem Sonntag, 27. September 1992, an dem die modernen Taunusbahn-Triebwagen erstmals fuhren, war die Eisenbahnstrecke zwischen Friedrichsdorf und Grävenwiesbach einfach nur ein knapp 30 Kilometer langer Schienenstrang, in den die damalige Deutsche Bundesbahn keinen Pfennig mehr investieren wollte. Hinter dem Grävenwiesbacher Tunnel waren die Schienen sogar schon herausgerissen worden. Der Schienenbus, im Volksmund „Heckenexpress" genannt, transportierte im Schnitt gerade einmal knapp 1500 Fahrgäste am Tag.

Der zunehmende Rückzug des Bundes aus dem regionalen Verkehrswesen Ende der 80er Jahre erforderte unkonventionelle Lösungen. Die Antwort auf das Problem war im Hochtaunuskreis schon 1988 die Gründung des Verkehrsverbands Hochtaunus, der die „Taunusbahn" zwischen Grävenwiesbach und Friedrichsdorf in eigener Verantwortung und Zuständigkeit betreibt. Mitglieder des Verkehrsverbandes sind die 13 Städte und Gemeinden des Hochtaunuskreises und der Landkreis selbst. Vorsitzender des Verkehrsverbandes ist Landrat Jürgen Banzer. Die Kommunen zahlen derzeit einen Beitrag von sieben Mark je Einwohner und Jahr.

Dieser eigens für die Bewältigung des Jahrhundert-Projekts gegründete Verkehrsverband investierte mit Hilfe des Bundes und des Landes Hessen etwa 100 Millionen Mark in Fahrzeuge und Streckenbau. Allein die „Erstausstattung" mit elf diesel-elektrischen Zügen hat über 40 Millionen Mark gekostet. Heute sind 15 Züge auf der Strecke im Einsatz.

Das erste Kapitel für die Erfolgsstory „Taunusbahn" wurde am 27. September 1992 geschrieben, an diesem Tag gingen die neuen Triebwagen auf die Strecke.

Avis und NUR ziehen ins Gewerbegebiet

Oberursel. Das Gewerbegebiet am Zimmersmühlenweg bekam im Mai gleich zwei Mal Zuwachs. Deutschlands zweitgrößter Reiseveranstalter NUR zog zum 17. Mai mit 1000 Angestellten in den Zimmersmühlenweg. Das Touristikunternehmen hatte dort für 57,3 Millionen Mark ein neues Domizil für seine Zentrale hochgezogen. Wenig später folgte der Autovermieter Avis und verlegte am 23. Mai ebenfalls seine Hauptverwaltung nach Oberursel.

Landrat verleiht erstmals Saalburgpreis

Taunus. Die Liebe zur Heimat und ein detektivischer Spürsinn für die kleinen und großen Geheimnisse der Vergangenheit zahlten sich aus: Landrat Jürgen Banzer verlieh am 9. August, kurz nach dem 20. Geburtstag des Hochtaunuskreises, zum ersten Mal den „Saalburgpreis für Geschichts- und Heimatpflege". Seitdem werden jedes Jahr herausragende Heimatforscher ausgezeichnet. Die Preisträger der ersten Stunde waren Martha Kaethner, Leiterin des Heimatmuseums in Usingen, Reinhard Michel, Gründer und Leiter der Arbeitsstelle für Namen- und Kartenforschung, sowie die Geschichts-AG der Bad Homburger Humboldtschule.

Beate I. erhält „Orden vom lachenden Feldberg"

Taunus. Zum ersten Mal wurde am 28. Februar der Orden vom lachenden Feldberg verliehen. Bei einer Zeremonie in der Oberurseler Stadthalle überreichte Landrat Jürgen Banzer den Orden an die Tollitäten Prinzessin Beate I. und die Prinzen Dieter II. und Friedrich Wilhelm I. Banzer ließ es sich nicht nehmen, aus der Bütt ein paar launige Worte an die Festgäste zu richten. Neben den närrischen Herrschern wurden auch Horst Tschischka, Leiter der Oberurseler Werkstätten, sowie Mitglieder des Kreisausschusses mit dem Orden geehrt.

Erster Markt auf dem Carombер Platz

Schloßborn. Eine gelungene Premiere: Im November eröffnete Bürgermeister Helmut Diehl auf dem Caromber Platz den ersten Wochenmarkt. Gleich zum Auftakt kamen mehrere hundert Besucher. Der Andrang schien verständlich, mussten die Schloßborner bis dahin doch mit dem Auto nach Glashütten zum Einkaufen fahren.

Bildungszentrum in ökologischer Bauweise

Steinbach. Die Industriegewerkschaft Bau-Steine-Erden eröffnete am 5. Dezember ihr neues Bildungszentrum in Steinbach. Der 30 Millionen Mark teure Bau wurde nach ökologischen Grundsätzen mit natürlichen Baustoffen errichtet – eine Ehrensache für die Männer vom Fach. Das Gebäude, das Weiterbildungszwecken dienen soll, beherbergt 80 Gästezimmer, drei Seminar- und zwölf Gruppenräume.

Orte im Kreis feiern Jubiläen

Taunus. Der 14. August wurde zum Festtag im Kreis. Während Oberursels Stadtteil Bommersheim seinen 1200. Geburtstag beging, gedachten die Kirdorfer der Ersterwähnung ihrer Gemeinde im Jahre 892.

Die Kerb- und Festwochen Bommersheim begannen mit einer Vereinsolympiade, an der acht Teams teilnahmen. Zwei Tage später wurde der Archäologische Garten Burg Bommersheim eröffnet. Am 21. August weihten die Bommersheimer den alten Dorfbrunnen ein. Den letzten Festtag dominierte ein 1,5 Kilometer lan-

Der Hochtaunuskreis war Anfang der 90er Jahre der erste Landkreis in der Bundesrepublik Deutschland, der eine von der Bahn aufgegebene Trasse kaufte und den Bahnbetrieb – nach einjähriger Probephase – im September 1993 übernahm. In der Folge wurde das gesamte Netz des öffentlichen Personennahverkehrs im Hochtaunuskreis neu geordnet. Die Omnibuslinien führen seitdem auf die Eisenbahn zu. Parallelverkehre gibt es nicht mehr. Auch die Schülerbeförderung wurde weitgehend integriert.

In einer Bauzeit von lediglich 18 Monaten – was anfänglich selbst Bahnexperten unvorstellbar erschien – wurden die Voraussetzungen für das zeitgemäße Angebot der Taunusbahn geschaffen. Die wichtigsten dieser Voraussetzungen für eine Steigerung des Fahrgastaufkommens waren und sind: die Attraktivität des Angebots hinsichtlich Reisezeit und -komfort, die Direktverbindungen in die Zentren und eine übersichtliche Tarifgestaltung. Um dem Vandalismus entgegenzusteuern, gibt es (satellitengesteuerte) Fahrkartenautomaten in der Regel nur noch in den Zügen – lediglich auf großen Bahnhöfen auch am Bahnsteig.

Die Taunusbahn ist an das S-Bahnnetz angebunden. Vor Beginn der Kooperation mit dem damaligen Frankfurter Verkehrsverbund, später mit dem Rhein-Main-Verkehrsverbund (RMV), mussten beim Umsteigen von Bussen auf S- und U-Bahnen neue Fahrscheine gelöst werden. Inzwischen gelten einheitliche Tarife, und es muss nur noch ein Ticket für alle Ziele innerhalb des Verbundgebietes gelöst werden.

Der Verkehrsverband Hochtaunus entwickelte außerdem ein Verkehrskonzept, das einerseits werktags einen 30- bis 60-Minuten-Takt und eine Fahrzeit von rund 60 Minuten für die 53 Kilometer von der Endhaltestelle in Grävenwiesbach zum Frankfurter Hauptbahnhof garantierte, andererseits Personal- und Betriebskosten reduzierte. Inzwischen gibt es an Werktagen zusätzlich 16 Direktverbindungen ohne Umsteigen nach und von Frankfurt.

Der in Zahlen messbare Erfolg hat das Konzept bestätigt: Seit der Betriebsaufnahme der Taunusbahn hat sich das Fahrgastaufkommen von ehemals 1500 am Tag auf über 7500 Passagiere verfünffacht. Aus einer bequemen und schnellen Bahnverbindung als Rückgrat des Verkehrs, einem völlig neu gestalteten Busnetz und attraktiven Tarifen ist ein Nahverkehrsangebot entstanden, das sich bei den Kunden steigender Beliebtheit erfreut.

Der Hochtaunuskreis ist in den Organen des Rhein-Main-Verkehrsverbundes seit Beginn an als ordentliches Mitglied vertreten. Der Verkehrsverband Hochtaunus brachte die Taunusbahn, die regionalisiert wurde, als „Morgengabe" ein, blieb aber Eigentümer der Bahnstrecke. Einen reibungslosen betrieblichen Ablauf garantiert die Frankfurt-Königsteiner Eisenbahn, eine Tochter der Hessischen Landesbahn.

Um den Bogen zum Anfang zurückzuschlagen: Sieben Jahre nach dem Start der Taunusbahn gehen auch hinter dem Grävenwiesbacher Tunnel die Schienen wieder weiter. Denn die Erfolgsstory erhält eine Fortsetzung. Die mit dem Datum „17. Dezember 1998" beschriftete erste Schwelle, die die beiden Landräte Dr. Karl Ihmels (Landkreis Lahn-Dill) und Jürgen Banzer (Hochtaunuskreis) zusammen mit RMV-Geschäftsführer Volker Sparmann bei Grävenwiesbach in den Schotter legten, symbolisierte den Baubeginn für die acht Kilometer lange Verlängerung der Taunusbahn bis nach Waldsolms-Brandoberndorf.

Stadthalle für 16 Millionen Mark umgebaut

Kronberg. Für insgesamt 16 Millionen Mark wurde in dreieinhalb Jahren die Kronberger Stadthalle umgebaut und mit einem Neubau erweitert. Die Vollendung des Prunkstückes wurde am 17. Januar ausgiebig gefeiert, obwohl der Bau für heftige Auseinandersetzungen zwischen den Parteien gesorgt hatte. Elf Vereine und viel lokale Prominenz gaben sich bei der Einweihung die Ehre. Kosten in Höhe von 3,9 Millionen Mark hatten allein die Kronleuchter und die Küche verschlungen. Bei der Stadthalle handelte es sich ursprünglich um den Speisesaal der Lungenheilanstalt von Dr. Peter Dettweiler in Falkenstein. Nach Schließlung der Klinik kaufte die Stadt Kronberg den Saal, trug ihn ab und erichtete ihn am Berliner Platz neu. Seitdem wurde das Gebäude als städtische Turnhalle und Festsaal genutzt.

Schmuckstück am Berliner Platz: die Kronberger Stadthalle, deren Fertigstellung am 17. Januar 1992 groß gefeiert wurde. X

ger Historischer Festzug, an dem 61 Wagen teilnahmen.

Rund um den Dorfbrunnen feierten Tausende Kirdorfer mit ihren Gästen den 1100. Geburtstag ihrer Gemeinde. Durch Betreten des Brunnens erhielten Landrat Jürgen Banzer, Oberbürgermeister Wolfgang R. Assmann und Polizeihauptkommissar Klaus Meyer die Bachrechte, Kirdorfs höchste Weihen, zugesprochen. Begonnen hatten die Feierlichkeiten mit einem historischen Fackelzug durch den alten Ortskern. Für das Programm zeichnete der Vereinsring verantwortlich, der auch Führungen durch Ort und Taunusdom, wie die St. Johannes-Kirche im Volksmund genannt wird, organisierte.

Bereits am 31. März hatte Oberstedten seinen 1175. Geburtstag gefeiert. Das Jubiläum nahmen einige Oberstedter um Ortsvorsteher Roland Bohn zum Anlass, am 5. Mai 1992 den Geschichts- und Kulturkreis Oberursel-Oberstedten zu gründen.

VHS-Leiter Otto Rüb stirbt mit 68 Jahren

Oberursel. Am 2. August verstarb Otto Rüb im Alter von 68 Jahren an Herzversagen. Von 1966 bis 1991 hatte Rüb die Volkshochschule in Oberursel geleitet und war als Geschäftsführer des Bundes für Volksbildung tätig. Am 25. März 1992 war ihm für seinen großen persönlichen Einsatz die Ehrenplakette der Stadt Oberursel verliehen worden. Rübs besonderes Augenmerk galt der Einrichtung einer Musikabteilung für Kinder, Jugendliche und Erwachsene.

Freundschaft mit Porto Recanati besiegelt

Kronberg. Zwischen dem Taunus und der Adria-Region besteht seit dem 15. Januar ein Band der Freundschaft. In Porto Recanati wurde die Partnerschaft zwischen dem Adria-Städtchen und Kronberg besiegelt. Bürgermeister Wilhelm Kreß und sein italienischer Amtskollege Giuseppe Giampaoli unterzeichneten in „Bella Italia" den Partnerschaftsvertrag. Die italienische Presse sowie einige Fernsehstationen berichteten über das Ereignis. Lange Gesichter gab es allerdings daheim in Kronberg. Die „Motoren" der Partnerschaft, die Mitglieder des „Freundeskreises Porto Recanati – Kronberg", mussten auf Grund eines Missverständnisses zu Hause bleiben.

Adenauer-Medaille für Herbert Alsheimer

Bad Homburg. Professor Herbert Alsheimer bekam am 10. März vom Chef der hessischen CDU, Manfred Kanther, die Konrad-Adenauer-Medaille verliehen. Der unbeugsame Christdemokrat hatte sich im Februar 1991 der Wiederwahl des damaligen ersten Kreisbeigeordneten widersetzt, der in den Korruptionsskandal verwickelt war, wie sich kurz darauf zeigte.

Wochenmärkte locken Käufer an

Mammolshain/Neu-Anspach. Obst, Gemüse, Milch, Backwaren oder frische Schnittblumen: Im Taunus machten die Wochenmärkte mobil. Am 1. April schlugen die Händler zum ersten Mal in Mammolshain ihre Stände auf. Einen Monat später, am 8. Mai, zogen die Neu-Anspacher nach.

US-Streitkräfte werden verabschiedet

Oberursel. Nach mehr als 48 Jahren hieß es „good bye". Die seit dem Zweiten Weltkrieg im Camp

Mekka der weltbesten Cellisten

Das Cello-Festival in Kronberg/Janine Metz

Kronberg. Es gibt Menschen, die träumen von Liebe, Karriere, Erfolg - ein Leben lang. Und es gibt Menschen, die träumen und lassen ihre Fantasien Wirklichkeit werden. Zu ihnen gehört der Kronberger Raimund Trenkler. Sätze wie „Das geht nicht" und „Das schaffen wir nie" wird man aus seinem Mund nicht hören. Was er sich vornimmt, scheint zu gelingen. So war es mit dem Start seiner Karriere als Musiker, mit seiner Festanstellung als erster Cellist in Seoul, mit der Gründung des „Frankfurter Cellissimo Ensembles" im Jahr 1992 und mit einem vierten großen Traum: dem Cello-Festival in Kronberg.

Vom 22. bis 24. Oktober 1993 blickte die Musik-Welt das erste Mal auf das Städtchen im Taunus, Raimund Trenkler hatte erreicht, was er wollte, hatte sich gegen alle Zweifler, Besserwisser und Pessimisten durchgesetzt und Recht behalten: Das Cello-Festival der Internationalen Kammermusik-Akademie (IKA) Kronberg geriet zu einem fulminanten internationalen Erfolg.

Bis dahin allerdings war es ein langer Weg. Mit dem Ziel vor Augen und einer gewissen Portion Hartnäckigkeit und Sturheit begab sich Trenkler Anfang der Neunziger auf die Suche nach Fürsprechern und Sponsoren. Nur sehr langsam ließen sich die Kronberger von den ehrgeizigen Plänen des 32-jährigen Musikers überzeugen. Zu groß, zu hochgegriffen erschienen die Ziele Trenklers den Burgstädtern. Doch der Cellist gab nicht auf und hatte schließlich Erfolg. Die Stadtväter zeigten sich interessiert, erste Geld-

Cellist Raimund Trenkler ist der Vater des 1993 ins Leben gerufenen Cello-Festivals in Kronberg. Sogar Kanzler Kohl kam zu dem Großereignis einst in die Taunusstadt.

geber fanden sich. Je mehr wohlwollende Kronberger Trenkler hinter sich versammeln konnte, desto größer waren die Fortschritte.

Im Februar 1993 war die erste Etappe auf dem Weg zum Festival erreicht. Im Schlosshotel konstituierte sich die Internationale Kammermusik-Akademie. An der Spitze des Gründungskomitees: Seine Königliche Hoheit Moritz Landgraf von Hessen. Zu den Gründungsmitgliedern gehörten unter anderem Stadtverordnetenvorsteher Edmund Knapp und Bürgermeister Wilhelm Kreß, sowie die Musiker Gert von Bülow, Seong-Won Han, Wolfgang Lehner und Claudia Schellenberger. Die künstlerische Leitung übernahm Raimund Trenkler. Erklärtes Ziel der Akademie, die im Januar 1994 ihr Hauptquartier im Hembus-Haus in der Königsteiner Straße 5 bezog, war es, alle zwei Jahre durch ein internationales Festival Kronberg zum Nabel der Cello-Welt werden zu lassen. Doch nicht nur bereits gefeierte Solisten und bekannte Musikwissenschaftler, sondern auch Studenten an Musikschulen, Hochschulen und Konservatorien sowie Pädagogen und Kammermusikliebhaber sollte die Veranstaltung in den Taunus locken.

Und wirklich: Die Creme de la Creme der Cellisten reiste im Oktober für drei Tage nach Kronberg. Weltbekannte Musiker wie Zara Nelsova, Natalia Gutman, Gert von Bülow, der Schweizer Thomas Demenga und Raphael Wallfisch hatten ihre Zusage nach Kronberg gesandt. Doch damit nicht genug. Raimund Trenkler gelang es, als Schirmherrin für das dem berühmten Cellisten Pablo Casals gewidmete Festival seine Witwe Marta Casals-Istomin und den Cellisten Mstislaw Rostropowitsch zu gewinnen. Als Sponsoren sagten internationale Banken und regionale Sparkassen zu. Zahlreiche Privatleute, der Autohersteller Jaguar und das Kronberger Schlosshotel unterstützten das Spektakel. Mehr als 100 junge Musiker aus 20 Ländern meldeten sich für die Meisterkurse an, über 300 Besucher erbaten Dauerkarten, in zehn ausverkauften Konzerten – gespielt wurde in der Stadthalle, in der Kirche St. Peter-und-Paul, in der Johanniskirche sowie im Hellhof – feierten 3500 Besucher die Solisten. Als „Ereignis ersten Ranges“ und als „Cello-Festival der Superlative“ wurde Trenklers Kammermusik-Happening in der Presse gefeiert.

Und so erfolgreich wie es 1993 begann, ging es weiter. 1995, erneut Ende Oktober, wurde abermals ein Cello-Festival von den Schirmherren Marta Casals-Istomin und Mstislaw Rostropowitsch in Kronberg eröffnet. Diesmal empfing das bis heute aktuelle Signet der Kammermusik-Akademie die Gäste, die wieder zu Tausenden nach Kronberg kamen. Etwa 300 Studenten, Kongressteilnehmer, Lehrer, Musikbegeisterte und Stars der Cello-Szene, darunter Mischa Maisky, reisten aus aller Welt in den Taunus. Kronberger Privatleute sprangen ein und boten Übernachtungsmöglichkeiten an, als klar wurde, dass die Hotelzimmer in der Stadt nicht ausreichen. Über 8000 Karten für 13 Konzerte und die begleitenden Veranstaltungen wurden verkauft, für einige Konzerte waren schon Wochen vorher keine Karten mehr zu

King stationierten US-Streitkräfte wurden am 30. Juli feierlich auf dem Marktplatz verabschiedet. Nach der deutschen Wiedervereinigung und dem Ende des Kalten Krieges wurde das Quartier der Army an der Hohemarkstraße geschlossen. Beide Seiten – Deutsche und Amerikaner – sahen den Abschied mit Wehmut und feierten vielleicht umso ausgelassener ein Fest der Freundschaft.

Sportplatz-Sanierung kostet zwei Millionen

Schloßborn. Am 10. November begann die Sanierung des mit Dioxin verseuchten Schloßborner Sportplatzes. 1700 Tonnen giftige Kieselroterde mussten ausgehoben und entsorgt werden. Für die Gemeinde Glashütten war dies die größte Investition seit Jahren. Kostenpunkt: zwei Millionen Mark. Erst im Frühjahr 1994 konnte der FC Schloßborn auf der Anlage wieder spielen.

Trotz Protesten: Aus für das Schwimmbad

Steinbach. PCB-Funde und ein leeres Stadtsäckel führten 1993 dazu, dass die SPD/FDP-Koalition das Steinbacher Waldschwimmbad schloss. Proteste erzürnter Bürger halfen nichts.

Rudolf Arzt hat Spuren hinterlassen

Taunus. Kein Künstler fühlte sich der Taunusregion so verbunden, keiner hinterließ so viele Bleistift- und Federzeichnungen, Gemälde und Aquarelle mit Motiven des Hochtaunuskreises wie der am 14. Mai in Usingen verstorbene Rudolf Arzt. 1915 in Bad Kreuznach geboren, doch in Bad Homburg aufgewachsen, studierte er an der Städelschen Kunsthochschule in Frankfurt freie Malerei und Werbegrafik. Sein erster Auftrag führte ihn im Jahr 1936 nach Berlin, wo er im Olympischen Dorf den Tagesraum des Hauses „Bad

Nauheim" mit Wandmalereien schmückte. Fast 30 Jahre lang arbeitete er freiberuflich für Banken, Behörden, die Wirtschaft und Industrie. Bei der Kreisverwaltung in Bad Homburg war er von 1974 bis 1981 angestellt und hier unter anderem für das Wandbild im Usinger Hallenbad, die Entwürfe zur Ehrenplakette des Hochtaunuskreises und des Hessenparktalers sowie die Bilder zur Schriftenreihe des Hessenparks verantwortlich.

In Bad Homburg gehörte er zu den Gründungsmitgliedern des „Künstlerbundes Taunus", später übernahm er mit seiner ebenfalls als Malerin tätigen Frau Eva Arzt die Aufgaben eines künstlerischen Beirates im „Kulturkreis Usinger Land".

Zum 700. Geburtstag gibt es ein Buch

Merzhausen. Am 21. Februar startete das 900 Einwohner zählende Merzhausen seine 700-Jahr-Feiern. Den Auftakt bildete ein Festakt im Bürgerhaus, bei dem Dr. Joachim Bierwirth, Lehrer an der Christian-Wirth-Schule in Usingen, das Buch „Merzhausen im Taunus 1293-1993" vorstellte. Bierwirth hatte das Buch in dreimonatiger Arbeit fertig gestellt. Zum Festakt erschienen nicht nur Landrat Jürgen Banzer und der Usinger Bürgermeister Detlef Ortmann, sondern auch die Bürgermeister zweier weiterer Gemeinden mit Namen Merzhausen.

Gertrud Sentke und die Liebe zur Natur

Bad Homburg. Am 12. Januar starb die 1902 in Karlsruhe geborene und zuletzt in Bad Homburg wohnhafte Malerin Gertrud Sentke. Nach ihrer Ausbildung an der Kunstakademie ihrer Heimatstadt zog sie 1931 nach Frankfurt am Main, wo sie als freischaffende Künstlerin lebte; in Kronberg war sie von 1942 bis 1954 als Kunst-

bekommen. Um alle Zuhörer unterbringen zu können, musste die Stadthalle sogar neu bestuhlt werden. Das Cello-Festival in Kronberg hatte sich bereits einen festen Platz in der internationalen Musikwelt erobert.

„Kronberg ist die Welthauptstadt des Cellos", stellte auch Mstislaw Rostropowitsch fest, der im Mittelpunkt des Festivals im Oktober 1997 stand. Ein ganz besonderer Gast hatte sich in diesem Jahr zur Eröffnung des Musik-Ereignisses angesagt: Bundeskanzler Helmut Kohl. In seiner Auftaktrede stellte er die neugegründete Rostropowitsch-Stiftung vor, durch die junge Künstler auf ihrem Weg nach oben gefördert werden sollen.

Das diesjährige vierte Cello-Festival stand ganz im Zeichen der großen ungarischen Musiktradition, aus der auch der bedeutende Cellist Janos Starker hervorgegangen ist. Anlässlich seines 75. Geburtstages war ihm das Cello-Fest in Kronberg gewidmet. Seit Oktober nennt sich die IKA übrigens Kronberg Academy, um auch mit dem Namen internationalen Sprach-Standards zu genügen.

Unter den Solisten fanden sich Mischa Maisky, Boris Pergamenschikow und Julius Berger. Starker selbst wirkte bei zwei der insgesamt zwölf Konzerten mit und spielte selten zu hörende Werke der ungarischen Komponisten Ernst von Dohnany, Zoltan Kodály und Béla Bartók.

Alleskönner „Hiero"

Der Maler, Bildhauer und Grafiker Georg Hieronymi / Angelika Baeumerth

Oberursel. „Oberursel war stets der Mittelpunkt seines Lebens und der Arbeit von Georg Hieronymi. Hier wurde er geboren, hier verbrachte er seine Jugend, hier schuf er sein Lebenswerk, hier starb er am 8. Dezember 1993, drei Tage nach seinem 79. Geburtstag." Mit diesen Eckdaten umriss Jürgen Streicher das Leben des Bildhauers, Malers und Grafikers Georg Hieronymi, der seine Heimatstadt über Jahrzehnte hinweg geprägt und in ihr als künstlerische Instanz gegolten hat. Die Wertschätzung seiner Person und seines Werkes drückt sich nicht zuletzt darin aus, dass ein rasches Nachleben folgte: Bereits ein Jahr nach seinem Tod erschien 1994 die Monografie, aus der eingangs zitiert wurde, und 1997 erhielt ein neuer Ausstellungsraum im Rathaus seinen Namen.

Bereits zu Lebzeiten begegnete man Georg Hieronymi in Oberursel auf Schritt und Tritt, hat er doch an vielen Orten seine künstlerischen Spuren hinterlassen. Für den Hochaltar der St. Ursulakirche schuf er 1959 eine Holzplastik der Kir-

Kannte in Oberursel jeden Winkel: Georg Hieronymi. Er starb im Dezember 1993.

chenpatronin, die er überzeugend in die barocke Umgebung einpasste. Es folgten mehrere Holzfiguren für sakrale Räume und die private Andacht, aber auch profane Bildnisbüsten und allegorische Reliefs. Der Faszination, die Holz auf ihn ausübte, war auch seine „Spezialität" zu verdanken: Wurzelholzfiguren, bei denen sich der Bildhauer von der Beschaffenheit des Materials inspirieren ließ.

Obwohl er am liebsten mit dem Werkstoff Holz arbeitete, versuchte sich Georg Hieronymi auch mit Erfolg an anderen Materialien. An Oberurseler Häusern findet sich manches Sgraffito, manches Mosaik und manche Glasarbeit von seiner Hand. Beeindruckend ist sein in Bronze gegossenes Flüchtlingsdenkmal am Hauptfriedhof in Oberursel. Großer Popularität erfreuen sich die Brunnenfigur der „Orscheler Wäschfraa" und der Bärenbrunnen. Vor allem für die Stadt Oberursel gestaltete Hieronymi zahlreiche Gedenktafeln, Reliefs und Plaketten. Eher für Privat- und Geschäftsleute entwarf er dagegen Türgriffe, etwa in Form eines Zahns für einen Zahnarzt, Leuchter und Schalen.

„Hiero", wie der Alleskönner von seinen Freunden genannt wurde, verschloss sich der Gebrauchskunst nicht. Er gestaltete Messestände und Motive für „Orscheler Bembel", auch Weihnachtskarten mit Oberurseler Wintermotiven. Als humorvoller und zugleich kritischer Beobachter erwies er sich bei seinen Karikaturen, die 22 Jahre lang in der Oberurseler Heimatzeitung erschienen. Dass er die Geschehnisse so treffend zeichnerisch glossieren konnte, hatte seinen Grund: „Georg Hieronymi kannte wie kein anderer in seiner Heimat praktisch jeden Winkel, jedes Haus, jeden, den man kennen musste..."

Sanierung der Hugenottenkirche in Usingen

Frank-Michael Saltenberger

Usingen. Fast 300 Jahre ist es her, als der Baumeister Benedikt Burtscher mit seinen Gesellen Tausende der flachen barocken Backsteine Schicht für Schicht aufmauerte und damit einen der bedeutendsten Kirchenbauten des Usinger Landes errichtete. Drei Jahre dauerte im 20. Jahrhundert die Sanierung des eindrucksvollen Bauwerkes, 1993 waren die Arbeiten beendet.

Die so genannte Hugenottenkirche wurde einst im Rahmen der Neustadtgründung unter Fürst Walrad konzipiert und orientierte sich an den französischen Hugenottentempeln. Jede Nutzungsänderung machte kleinere oder größere Eingriffe in die alte Bausubstanz notwendig. Besonders die Umwidmung zur Schule veränderte das Innere und Äußere erheblich. Der Einbau einer Geschossdecke und die Einrichtung von Klassenzimmern mit den rechteckigen Fenstern machten aus dem sakralen Bau in den Jahren 1822 und 1823 ein profanes Gebäude.

Wie mit einem solchen historischen Gebäude umzugehen ist, war die Frage bei der Renovierung und Sanierung 1990 bis 1993. Zunächst

erzieherin am Gymnasium tätig. Anschließend hielt sie sich bis 1961 in Kairo auf und erteilte am dortigen Deutschen Kulturinstitut Unterricht. Nach Deutschland zurückgekehrt, ließ sie sich in Bad Homburg nieder. Gertrud Sentke engagierte sich 30 Jahre lang für die Arbeiterwohlfahrt und gab einen Kunstkalender heraus, dessen Verkaufserlös der Organisation für soziale Zwecke zur Verfügung stand. 1975 konnte sie das Bundesverdienstkreuz Erster Klasse entgegennehmen. In ihren Kronberger und Homburger Ausstellungen zeigte sich ihre Liebe zur Natur in den hier vorherrschenden Landschaftsbildern.

Neues Münzkabinett im Gotischen Haus

Bad Homburg. Nach bald 25-jähriger Planungszeit öffnete am 7. Februar das Münzkabinett im Blauen Gewölbe des Gotischen Hauses in Bad Homburg erstmals seine Pforten. Zur Eröffnung überreichte Oberbürgermeister Wolfgang R. Assmann 35 Karnevalsorden aus dem Besitz der Stadt. Insgesamt umfasst die Dauerausstellung 200 Exponate, darunter einen 12 000 Mark teuren, 1692 im Auftrag des Landgrafen Friedrich II. von Hessen-Homburg geprägten Golddukaten. Präsentiert werden die Münzen in senkrecht angeordneten Vitrinen. Die Besucher können die Exponate deshalb in Augenhöhe bewundern und müssen sich nicht bücken.

Erster Kulturpreis geht an die Laienspielschar

Kronberg. Mit dem erstmals verliehenen Kulturpreis der Stadt Kronberg wurde am 31. März die Erste Kronberger Laienspielschar geehrt. Gegründet 1961, hatte es sich die Laienspielschar zur Aufgabe gemacht, den Kronberger Dialekt zu erhalten. Dazu führten die Darsteller zwei Mal pro Jahr Gedichte und Sketche in Mundart im Kronberger Hellhof auf. Federführend bei diesem Engagement war die Vorsitzende Hanna Feldmann.

Postleitzahlen werden ab 1. Juli fünfstellig

Taunus. Am 1. Juli wurden die Postleitzahlen in Deutschland um eine Ziffer verlängert. So mussten Briefe künftig nicht mehr nach 6380 Bad Homburg sondern zum Beispiel nach 61348, 61350 oder 61352 Bad Homburg geschickt werden. Usingens Postleitzahl änderte sich von 6390 in 61250, Oberursels von 6370 in 61440. Notwendig geworden war die Änderung durch die Wiedervereinigung und die damit verbundene Erweiterung der Bundesrepublik um fünf neue Bundesländer.

Sohn des Kantors stirbt in Israel

Bad Homburg. Der Sohn des letzten Kantors der im 3. Reich ausgelöschten jüdischen Gemeinde Bad Homburgs, Sophoni Herz, verstarb am 11. August im israelische Rechovoth. Herz war im Juli 1938 nach Belfast geflohen und über Australien 1970 schließlich nach Israel gelangt. Seine Eltern, Moses und Sofie Herz, sowie seine Schwester Bessy waren am 2. September 1942 nach Theresienstadt deportiert worden, von wo sie am 29. September vermutlich nach Auschwitz gebracht wurden. Sie überlebten den Holocaust nicht.

1978 hatte Sophoni Herz am Jahrestag der Reichsprogromnacht noch einmal Bad Homburg besucht. Vier Jahre später veröffentlichte er sein Buch „Meine Erinnerungen an Bad Homburg und seine 600-jährige jüdische Gemeinde (1335-1942)".

wurde eine lange Diskussion darüber geführt, ob an der Rückseite ein neues Treppenhaus zur Erschließung des geplanten Bürgersaales angebaut werden könnte, darauf wurde aber schließlich verzichtet.

Ein erstes Nutzungskonzept, das neben der Stadtbücherei den Wiedereinzug des Kindergartens vorsah, wurde durch die Kombination von Bibliothek und Bürgersaal ersetzt. Der Saal hat sich als Veranstaltungsort für Versammlungen, Empfänge, Ausstellungen und Konzerte bestens bewährt. Die Stadtbücherei hat sich mit ihrem neuen Domizil sehr rasch identifiziert und die Besucherzahl in den letzten Jahren stetig steigern können. Daneben werden heute die Dachgeschossräume von Vereinen und der Kellerraum als Magazin des Usinger Museums im Kavaliershaus genutzt.

Bei der technischen Sanierung des Bauwerkes erforderte vor allem die Instandsetzung des stark angegriffenen Dachwerkes größeren Aufwand. Die Balken mussten teilweise ausgetauscht, das Dachwerk neu gerichtet werden. Auch die Feuchtigkeit des Mauerwerks stellte die Planer vor große Probleme. Das Bild des über viele Monate mit abgeschlagenem Putz dastehenden Gebäudes wird vielen Usingern noch in Erinnerung sein. Das Mauerwerk musste austrocknen, bevor der Außenputz wieder aufgetragen werden konnte. Die Planung der Sanierung setzte im Sommer 1990 ein und lag in den Händen des renommierten Darmstädter Büros Rittmannsperger und Partner. Die örtliche Bauleitung der im Mai des Folgejahres beginnenden Baumaßnahme übernahm der Usinger Architekt Lothar Jost. Architekten und Handwerker verbauten insgesamt 3,4 Millionen Mark, was weit über der anfänglich veranschlagten Summe lag. Im Juli 1993 wurde die Hugenottenkirche durch Bürgermeisterin Eva-Maria Tempelhahn ihrer Nutzung als Bürger- und Kulturzentrum übergeben.

1993 wurde die Usinger Hugenottenkirche nach drei Jahren Sanierung ihrer neuen Bestimmung übergeben.

Aufstieg und Fall eines Königsteiner Bauunternehmers

Der Aufsehen erregende Zusammenbruch des Schneider-Imperiums/ Thomas Wanhoff

Königstein. Er war in der Schule nicht der Schlechteste, aber auch nicht der Fleißigste. Mitschüler beschrieben Jahre später „den Jürgen" als einen, der lieber den bequemen Weg ging. Damals, in den Kriegsjahren, ahnte noch keiner, dass der Mitschüler einmal einen solchen Bekanntheitsgrad erlangen sollte. Sein Berufswunsch war Bauingenieur, und diesen Wunsch erfüllte sich Dr. Utz Jürgen Schneider, Jahrgang 1934, auch.

Er studierte, trat in die Höchster Firma Kunz und Söhne ein, die seinem Vater gehörte. Dort galt er als wenig begabt. Schon bald allerdings musste Schneider seinen Arbeitsplatz wechseln, denn im 125. Jahr seines Bestehens musste das Unternehmen Konkurs anmelden. Senator Richard Schneider soll seinen Sohn oft als Taugenichts bezeichnet haben, schon vor der Flucht des waren die Bande zum Vater zerrissen.

Jürgen Schneider blieb der Baubranche treu. Vor allem alte Gebäude hatten es ihm angetan, er sanierte sie mit Millionenaufwand. Ob Baden-Baden, München oder Leipzig – die beste Lage musste es für Schneider sein, das Material nur vom Feinsten. „Wenn man eine Sache gut macht, zahlt sich das auch aus – nach Jahren", sagte er 1988 im Taunus Zeitung-Interview. Damals hatte der Baulöwe gerade die Villa Andreae erworben und für geschätzte 30 Millionen Mark saniert.

Am 12. April 1994 kam der jähe Absturz. Dr. Jürgen Schneider flüchtete mit seiner Frau vor seinen Schuldnern. In der Villa herrschte Aufregung. Eine Mitarbeiterin, einst zuständig für die Wirtschaftsförderung in Frankfurt und seit wenigen Monaten in Schneiders Diensten, war ratlos: „Herr Schneider weilt im Ausland", betete sie noch herunter, als sich schon Staatsanwälte auf den Weg nach Königstein machten.

Handwerker hatten es Monate vorher bereits angekündigt. Schneider soll perfekte Leistung verlangt, aber nicht bezahlt haben. Immer wieder zogen Betriebe vor Gericht, aber der Bauunternehmer konterte mit angeblichen Mängeln in der Ausführung. Auch die Banken erstatteten Anzeige: Schneider sollte die Bücher gefälscht und die Banken getäuscht haben. Auf Kreditbetrug und betrügerischen Bankrott lautete letztendlich die Anklage gegen ihn.

Schließlich der Zusammenbruch: In einer Nacht- und Nebelaktion

1994 kam der Absturz: Schneider flüchtete vor seinen Schuldnern. Gemeinsam mit seiner Frau wurde der Königsteiner im Jahr darauf in Miami festgenommen.

Treffen der führenden Industrienationen

Kronberg. Die Blicke der Welt ruhten auf Kronberg. Die Finanzminister der sieben führenden Industrienationen sowie deren Notenbankgouverneure und Staatssekretäre trafen sich am 26. Februar zum G-7-Gipfel im Schlosshotel Kronberg. Vertreter der internationalen Presse strömten in das Taunusstädtchen, um über das Ereignis zu berichten.

Stärkstes Bier der Welt angezapft

Oberursel. Ein Fall für das Guinness-Buch der Rekorde: Das mit 33 Prozent Alkohol stärkste Bier der Welt, es kam aus dem Herzen Oberursels. In der Gaststätte „Deutsches Haus" wurde am 7. Mai die Parole „O'zapft is" ausgegeben. Das „Alt Oberurseler Brauhaus" öffnete erstmals seine Bierschleusen und servierte seinen Gästen den reichlich alkoholhaltigen Gerstensaft – selbstgebraut.

Restaurierung der Zehntscheune beendet

Kronberg. Die historische Zehntscheune wurde nach aufwendiger Restaurierung am 17. Juni feierlich eröffnet. Ein Jahr hatten die Renovierungsarbeiten an dem rund 450 Jahre alten Gebäude in der Tanzhausstraße gedauert und dabei 1,5 Millionen Mark verschlungen. Mit neuem Putz dient die Scheune den Kronbergern bis heute als Kulturzentrum.

Erster Spatenstich im Areal „Oberste Gärten"

Bad Homburg. Der Startschuss für eines der größten Wohnbauprojekte der vergangenen zehn Jahre fiel am 14. Juli. Auf einem 10 000 Quadratmeter großen Areal zwischen Gluckensteinweg, Stedter Weg und Hofheimer Straße wurde im Auftrag der Gemeinnützigen Wohnungsbaugesellschaft Hessen ein ganzer Wohnpark aus

dem Boden gestampft. In drei Bauabschnitten wurden in dem „Oberste Gärten" getauften Gebiet 284 Wohnungen, Tiefgaragenplätze sowie ein Kinderhort errichtet.

19-Jähriger stürzt von der Burgmauer

Königstein. Das traditionell feuchtfröhliche Treiben beim Königsteiner Burgfest wurde 1994 von einem tragischen Unglücksfall überschattet. Am 28. August stürzte ein 19-Jähriger von der Burgmauer und verunglückte dabei tödlich. Bereits einen Tag zuvor war an der gleichen Stelle ein anderer Jugendlicher abgestürzt. Er konnte aber mit einem doppelten Lendenwirbelbruch und Verdacht auf Querschnittslähmung lebend geborgen werden.

Brennersmühle wird abgerissen

Oberursel. Alles Protestieren half nichts – die Brennersmühle wurde am 27. Oktober von Baggern in einen Schuttberg verwandelt. Kurz zuvor hatten die letzten acht jugendlichen Hausbesetzer das Haus verlassen. Mit der Besetzung der Brennersmühle wollten die jungen Leute gegen Umweltzerstörung und Wohnungsmangel protestieren. Ferner hatten sie ein selbstverwaltetes Jugendzentrum gefordert. Die Grünen-Fraktionschefin Ellen Stephan-Gleich konnte schließlich die Hausbesetzer zum Aufgeben überreden. Das Land Hessen hatte vorher zugesichert, den von ihm gestellten Strafantrag wegen Hausfriedensbruchs zurückzuziehen.

Windrad-Gegner setzen sich durch

Taunus. Kein Windrad auf dem Feldberg: Dies war das Ergebnis einer langen und hitzig in der Öffentlichkeit geführten Diskussion. Der Kreistag erteilte bei seiner Sitzung am 12. Dezember dem Vor-

floh er mit seiner Frau Claudia. Das Ehepaar hatte die Zügel der Firma in der Hand, die meisten Projekte wurden von einer Gesellschaft bürgerlichen Rechts abgewickelt. Während weltweit nach Schneider gesucht wurde, machten die Schuldner Kassensturz. Im Juli 1994 waren beim Amtsgericht sieben Milliarden Mark Forderungen gegen Jürgen Schneider, seine Frau und die Schneider AG eingetragen.

In die Pleite geriet auch die Königsteiner Volksbank. Ein Zusammenschluss mit der Frankfurter Volksbank hatte sich schon lange angebahnt, der Fall des Baulöwen Dr. Jürgen Schneider beschleunigte den Vorgang. Konkursverwalter Bernhard Hembach – er vertrat die Schneider AG – reichte gegen die Königsteiner Volksbank Klage ein. Er forderte 16,7 Millionen Mark. Ein Zivilprozess beim Frankfurter Landgericht war ebenfalls anhängig. Der Königsteiner Volksbank wurde vorgeworfen, das Guthaben der Schneider AG mit den Schulden der Schneider Gesellschaft bürgerlichen Rechts (GbR) einfach verrechnet zu haben. Beim dem flüchtigen Bauunternehmer sei dies früher so üblich gewesen. Für seine GbR hatte er aber keine Bücher, geschweige denn Bilanzen geführt. Die Transaktion der Königsteiner Volksbank erfolgte nach Konkurseröffnung. Das notwendige Einverständnis des Konkursverwalters hatte nicht vorgelegen. Das war das Ende der Königsteiner Volksbank.

Als Schneiders Villa Andreae unter den Hammer kam, rückte Königstein einmal mehr ins Interesse der Öffentlichkeit. Übertragungswagen, Satellitenschüsseln – ein Großaufgebot an Medien versammelte sich ums Amtsgericht im Luxemburger Schloss. Der Königsteiner Reiseveranstalter Horst Kitzki (Ikarus-Tours) nutzte den Medienrummel: Er wolle

Für 30 Millionen Mark hatte der Königsteiner Baulöwe Dr. Jürgen Schneider die Villa Andreae noch 1988 sanieren lassen.

die Villa kaufen, sagte Kitzki in die Mikrofone. Ob ernsthafte Kaufabsicht oder PR-Gag – auf jeden Fall bot er zu wenig.

Schneiders Flucht war zwei Jahre später zu Ende: Im Mai 1995 wurde er mit seiner Frau in einer Appartement-Anlage in Miami gefasst, ein Jahr später nach Deutschland ausgeliefert.

Heute sitzt die Firma SMM im noblen Anwesen an der Johann-Heinrich-Wichern-Straße, ein Unternehmen, das sich um Geldanlagen kümmert. Der Königsteiner Jürgen Schneider ist jetzt Kronberger. In der Nachbarstadt ist er offiziell gemeldet, auch wenn er die Nächte noch im Gefängnis absitzen muss. Die Villa im Johanniswald ist versteigert worden. Seine Frau Claudia hat eine Wohnung in Schönberg – nur wenige Meter von der Villa entfernt, in der bis vor kurzem Hilmar Kopper wohnte. Der Ex-Deutsche-Bank-Chef hatte damals die Schneider-Pleite als „Peanuts" für das Geldinstitut bezeichnet.

Bankier, Staatsmann, Aufsichtsrat

Der Kronberger Hermann Josef Abs/Herbert Alsheimer

Kronberg. Der am 5. Februar 1994 in seinem 92. Lebensjahr verstorbene Kronberger Bürger Hermann Josef Abs war unzweifelhaft einer der mächtigsten Wirtschaftsführer der deutschen Nachkriegsgeschichte. Abs hatte sich nach dem Abitur im Jahr 1919 und der Kaufmannslehre, die er in einem kleinen jüdischen Privatbankhaus seiner Heimatstadt Bonn absolvierte, in knapp zwei Jahrzehnten zum Mitglied des Vorstandes der Deutschen Bank AG empor gearbeitet. Als er am 1. Januar 1938 diese Aufgabe übernahm, war er das jüngste Vorstandsmitglied des damals in Berlin residierenden Finanzhauses.

Die deutsche Niederlage führte zur vorübergehenden Zerschlagung der Großbanken in den westdeutschen Besatzungszonen Deutschlands. Als Abs 1953 in den Vorstand der Süddeutschen Bank AG in Frankfurt am Main, einem „Nachfolgeinstitut der Deutschen Bank AG in Frankfurt am Main" berufen wurde, zog er nach Kronberg in die Königsteiner Straße. Im Jahre 1957 fielen die letzten Schranken für den räumlichen Niederlassungsbereich deutscher Großbanken. Hermann Josef Abs wurde zum Sprecher des Vorstandes der Deutschen Bank AG gewählt. Zehn Jahre lang bekleidete er dieses Amt; danach war er Aufsichtsratsvorsitzender und von 1976 bis zu seinem Tod Ehrenvorsitzender des Aufsichtsrates dieses zunehmend weltweit wirkenden Kreditinstituts.

Mit Konrad Adenauer verband den Frankfurter Bankier eine enge Freundschaft. Abs war ein Ratgeber des Kanzlers, der ihn wiederum – als Bevollmächtigten der Bundesrepublik – mit heiklen internationalen Missionen betraute. Als Leiter der deutschen Delegation hat Abs eine tragbare Regelung für den Zinsendienst und die Rückzahlung der deutschen Auslandsschulden der Vor- und Nachkriegszeit herbei geführt. Nach zähen Verhandlungen

haben, zwecks Energiegewinnung ein Windrad auf den höchsten Taunus-Gipfel zu bauen, eine klare Absage. „Wirtschaftlich unrentabel und ökologisch wenig sinnvoll", lautete die Begründung der Windrad-Gegner, zu denen neben der CDU auch einige SPD-Abgeordnete gehörten. Der Regierungspräsident bestätigte später die Entscheidung der Politiker. Im Juni 1999 lehnte es der Kreistag des weiteren ab, in Hasselbach einen Windpark zu errichten. Die Politiker machten vor allem vogelschutzrechtliche, aber auch touristische Einwände geltend.

Paulskirchenmedaille für Ekkehard Gries

Taunus. Aus den Händen von FDP-Landesparteichef Wolfgang Gerhardt erhielt Kreistagsvorsitzender Ekkehard Gries am 6. Mai im Oberurseler Hotel Waldlust die Paulskirchenmedaille, die höchste von der FDP vergebene Ehrung. In seiner Dankesrede fand Gries unter den Augen des Bonner Fraktionsvorsitzenden Hermann Otto Solms ungewohnt kritische Töne. Er beklagte, dass Karriere und Prestige viel höher im Kurs stünden als die liberale Idee.

Zwiebackfabrik stellt Öfen endgültig ab

Friedrichsdorf. Die Friedrichsdorfer Zwiebackfirma Pauly & Co stellte am 30. Juni, im 100. Jahr ihres Bestehens, für immer ihre Öfen ab. 1894 hatte Henri Frédéric Pauli die Firma in der Wilhelmstraße gegründet. Seit 1971 hatte der Großkonzern Brandt als Mehrheitsaktionär die Kontrolle ausgeübt. Schon 1985 hatte der Konzern versucht, die Produktion komplett nach Wenkbach zu verlagern, wo seit 1964 ein Zweigwerk das Mürbegebäck produzierte. Waren die Pläne damals nach Protesten der Bevölkerung aufgegeben worden, blieb der Belegschaft in der „Stadt des Zwieback" das Schicksal diesmal nicht erspart.

Höchster Ozonwert aller Mess-Stationen

Königstein. Am 3. Juli wurde in Königstein um 15 Uhr mit 267 Mikrogramm Ozon pro Kubikmeter Luft der höchste Stunden-Mittelwert aller 36 hessischen Mess-Stationen ermittelt. Schon bei einem Wert von 180 Mikrogramm pro Kubikmeter wird aus gesundheitlichen Gründen der Verzicht auf unnötige körperliche Betätigung empfohlen.

Ein Denkmal für das Brunnenmädchen

Bad Homburg. Am 5. November wurde im Kurpark die vom Bildhauer Professor Richard Hess geschaffene Bronzeskulptur „Homburger Brunnenmädchen" aufgestellt. An der kleinen Einweihungsfeier nahmen 200 Bürger teil. Im vergangenen Jahrhundert hatten die Brunnenmädchen den Kurgästen Bad Homburgs das frische Quellwasser gebracht. Initiiert hatte das Projekt der Galerist Michael Blaszcyk. An seiner Verwirklichung beteiligten sich zahlreiche Bürger. Zur stimmungsvollen Einweihungsfeier trugen auch zwei Mitarbeiterinnen des städtischen Kulturamtes bei, die sich als Brunnenmädchen verkleidet hatten.

mit 40 Delegationen aus 65 Gläubigerstaaten unterzeichnete er 1953 das Londoner Schuldenabkommen. Deutschland war wieder kreditwürdig. Die Kapitalmärkte der Welt wurden für die D-Mark geöffnet: eine historische Leistung.

Zu Beginn der 60er Jahre saß Abs in 25 Aufsichtsräten großer deutscher Unternehmen, in 20 davon hatte er gar den Vorsitz inne. Abs bestimmte – das war kein Geheimnis – die personelle Besetzung der Leitungsorgane dieser Unternehmen wesentlich mit. Er war das lebende Beispiel für das Wort von der „Bankenmacht durch Aufsichtsräte", und als 1965 der Deutsche Bundestag die Zahl der von einer Person wahrzunehmenden Aufsichtsratsmandate auf zehn begrenzte, sprach alle Welt von der Lex Abs.

Den tiefen Glauben seines rheinischen Elternhauses hat sich Abs zeit seines Lebens bewahrt. Er war Mitglied des Ritterordens vom Heiligen Grab zu Jerusalem. Papst Johannes Paul II. hob in einem Telegramm den vielfachen klugen Rat hervor, den die Weltkirche und der Vatikan ihm verdanke. Die Papstworte wurden am 12. Februar 1994 anlässlich eines Requiems für Abs in Kronberg verlesen. Seine sterbliche Hülle wurde an der Seite seiner Frau Inez in Oedingen/Rheinland beigesetzt.

Einer der mächtigsten Wirtschaftsführer der deutschen Nachkriegsgeschichte: Hermann Josef Abs. Der in Kronberg lebende Bankier starb 1994.

Wie es Abs im Himmel ergehen würde, gehörte schon lange vor seinem Tod zum gesicherten Insiderwissen der Deutschen Bank: Er traf marode Verhältnisse an. Die Finanzen waren zerrüttet und schon an der Himmelspforte fragte ihn Petrus, ob er einen Sanierungsplan ausarbeiten wolle. Abs sagte zu. Er forderte ein großes Büro mit Ausblick auf die Milchstraße und kluge Engel als Sekretäre. Schon nach wenigen Tagen legte er seine Vorschläge vor. Der Erzengel Michael unterbreitete sie an höchster Stelle. Dort wurden sie abgelehnt. Abs hatte – so endet die Anekdote – für den lieben Gott nur den stellvertretenden Vorsitz in der Himmels-AG vorgesehen.

Der Kampf um die Burg

Reifenberger retten ihr Wahrzeichen/Anja Petter

Reifenberg. Vor zwölf Jahren suchte Professor Gerd Kliems eine neue Bleibe. Schmitten bot damals für ihn als naturverbundenem Menschen „die idealen Voraussetzungen". Als er sich dann für ein Haus entschied, das direkt am Fuße der Burg Reifenberg lag, war er von dem Wahrzeichen des Ortes „sofort fasziniert". Auch zu den Menschen hatte Kliems gleich sehr gute Kontakte, und so ist es kein Wunder, dass die Nieder- und Oberreifenberger mit ihrem Anliegen bei ihm auf offene Ohren stießen. Die Burg, deren Alter sich nicht bestimmen lässt, war ihr Sorgenkind: stark gefährdet durch große Risse, der Wohnturm schon viele Jahre gesperrt und die Gefahr, dass sich der Kopf verformte, war groß. Den Mitgliedern einer Bürgerinitiative, die sich für die Sanierung des Bauwerks einsetzten, war klar: Es muss so bald wie möglich etwas passieren. „Und ich wollte die Sache in Angriff nehmen, von der alle sagten, sie sei aussichtslos", erzählt Gerd Kliems heute. Und mit ihm zahllose Bürger, die sich am 21. Januar 1995 versammelten, um für den Erhalt der Burg Reifenberg zu demonstrieren.

Ein großer Zug von Menschen hatte sich an dem kalten und schneereichen Wintertag auf den Weg gemacht. „Wir wollen wieder Burgfrolleins", „Bürokraten – wir wecken Euch" und „Früher hausten hier die Ritter – aber heut sind es die Schmitter. Was die Burg macht schwach und krank, hat der Hahl auf seiner Bank" war auf den Protestschildern zu lesen. Manche hatten sich mit einem Kettengewand als Ritter verkleidet, trugen ein Schwert an der Seite, einen Helm

Die Burg Reifenberg: Das Alter kennt keiner, den schlechten Zustand jeder. Bürger starteten eine beispiellose Aktion zu ihrer Rettung.

Unruhestifter beim Rallye-Start

Bad Homburg. Wiederholt löste der Start der Rallye Monte Carlo in Bad Homburg Proteste bei Umweltschützern aus. So auch bei der 63. Rallye am 21. Januar. Doch diesmal waren nicht nur friedliche Demonstranten am Start. Etwa 20 Jugendliche lieferten sich eine Auseinandersetzung mit der Polizei, in deren Verlauf drei Beamte verletzt wurden. Die Anführer der Unruhestifter wurden verhaftet und dem Staatsanwalt vorgeführt.

Marienkirche wird abgerissen

Seulberg. Die katholische Marienkirche wurde am 23. Januar dem Erdboden gleichgemacht. Das nach dem Zweiten Weltkrieg in den Dorngärten erbaute Gotteshaus musste abgerissen werden, weil das Areal an eine Bad Homburger Immobilienfirma verkauft wurde. Diese wollte dort ein Mehrfamilienhaus mit Eigentumswohnungen bauen. Das Geld aus dem Verkauf – etwa eine halbe Million Mark – nutzte die Kirchengemeinde für die Finanzierung ihres neuen Gemeindezentrums St. Bonifatius.

Heimatzeitungen erscheinen nicht mehr

Taunus. Die drei Heimatzeitungen Taunus-Kurier, Oberurseler Kurier und Kronberger Zeitung stellen zum 1. Oktober ihr Erscheinen ein.

Explosion in der Kläranlage

Kransberg. Bei einer Explosion in der Kläranlage im Usatal wurden am 15. Februar drei Angestellte schwer verletzt. Durch Bauarbeiten an einer Rohrleitung hatten sich austretendes Methangas und Kohlendioxid zu einem gefährlichen Gas-Luftgemisch verbunden. Beim Anspringen einer elektrischen Pumpe entzündete sich das Gas. Die drei Männer mussten mit schweren Brandverletzungen ins Krankenhaus gebracht werden. Am Gebäude entstand ein Schaden von 100 000 Mark.

Aus für die Synagoge in der Wiegerstraße

Schmitten. Ein Stück jüdischer Geschichte ging am 8. Juli 1995 zu Ende. Die 1844 eingeweihte Synagoge der ehemaligen israelitischen Kultusgemeinde in der Wiegerstraße 1 wurde abgerissen. Das Haus wurde nach mehreren Umbauten zuletzt als Garage und Abstellkammer genutzt und wies gravierende Bauschäden auf. An seiner Stelle errichtete die Gemeinde eine Gedenktafel.

Südumgehung mobilisiert Bürger

Oberursel/Steinbach. Ein Bild der Eintracht boten Oberurseler und Steinbacher am 28. März. Seite an Seite demonstrierten etwa 200 aufgebrachte Bürger für den Bau der Südumgehung. Auch die Politiker ließen an diesem 28. März Parteibuch Parteibuch sein und skandierten kräftig mit. Die Steinbacher Kommune legte zudem rechtliche Schritte gegen das Wiesbadener Staatsministerium ein, das die Südumgehung aus dem Raumordnungsplan gestrichen hatte.

Taunusbahn direkt nach Bad Homburg

Taunus. Europas größter Verkehrsverbund ging am 28. Mai an den Start. Von Rüdesheim im Rheingau bis Tann in der Rhön und von Wetter im Marburger Land bis Beerfelden im Odenwald schlossen sich die regionalen Verkehrsbetriebe zum Rhein-Main-Verkehrsverbund (RMV) zusammen. Für den Hochtaunuskreis bedeutete der Zusammenschluss, dass Züge der Taunusbahn fortan auch ohne Zwischenstopp in Friedrichsdorf direkt von Grävenwiesbach nach Bad Homburg fuhren.

auf dem Kopf und waren auch in ihrem Inneren kämpferisch eingestellt.

Von diesem Zeitpunkt an überschlugen sich die Ereignisse. Nur acht Tage später wurde der Burgverein gegründet, „Rettet das kulturhistorische Monument Burg Reifenberg" lautete das Motto der Versammlung, und bei der Entscheidung Gerd Kliems, Mitglied zu werden und das Anliegen der Menschen zu unterstützen, blieb es nicht. „Ich wurde gleich zum Präsidenten gewählt."

Zu einem Präsidenten, der sich von dann an mit zahlreichen ungewöhnlichen Aktionen für sein Ziel einsetzte. Ebenfalls in den Anfängen immer mit dabei: Dieter Stamm, Gero Schomberg, Stefan Berbott und Beatrice Träger. Am 31. Januar nutzten die Vereinsmitglieder die Anwesenheit von Ministerpräsident Hans Eichel auf einer Wahlkundgebung in Neu-Anspach für einen „Überfall", wie das Ereignis noch heute genannt wird. Tatsächlich wurde dem Landeschef eine Petition übergeben, woraufhin dieser versprach, die Burg auf seiner Sommerreise durch Hessen zu besuchen, dies dann Anfang Juli 1995 tatsächlich tat und zum Ritter „Hans I. zu Reifenberg" geschlagen wurde. „Schließlich sollte Eichel zu seinem Eigentum stehen", erläutert Kliems den Hintergrund des ersten Appells, dem eineinhalb Jahre später ein zweiter folgen sollte. „Durch diplomatisches Geschick und viel List sowie Klugheit der Reifenberger Ritter" wurde – begleitet von einer Polizeieskorte – der Landtag in Wiesbaden besetzt und eine zweite Petition übergeben. PR-mäßig sei die Aktion ein großer Erfolg gewesen, sogar unter den Abgeordneten im Plenarsaal wurde über die Burg Reifenberg diskutiert, erinnert sich der Professor.

Im Laufe des Jahres 1995 malten 122 Schüler im Rahmen eines Wettbewerbs ihre Traumburg, besuchte der Präsident der deutschen Burgenvereinigung, Seine Durchlaucht Alexander Fürst von und zu Sayn-

In Ritterrüstungen demonstrierten die Reifenberger für den Erhalt ihrer Burg.

Wittgenstein-Sayn, das erste öffentliche Hearing zur Rettung der Burg, wurden Hunderte von Postkarten an die Staatskanzlei geschickt und 1000 Aufkleber „Burg Reifenberg im Taunus – Rettet mich!" gedruckt. Außerdem fand am 11. September ein hochrangiges Expertentreffen statt. Fazit: Die Burg-Sanierung kann nicht aufgeschoben werden.

Ziel in all den Jahren seit der Vereinsgründung sei es zum einen gewesen, mit großen Burgfesten und den Benefiz-Jazz-Konzerten die Bevölkerung zu mobilisieren, zum anderen aber potente Geldgeber aufzutreiben. „Dabei habe ich auch meine persönlichen Kontakte ausgenutzt", berichtet Kliems. Mit Erfolg: Rund 400 000 Mark habe der Burgverein an Spenden, Eigenmitteln und staatlicher Förderung eingenommen.

Und die Burg? Am dritten Advent 1997 wurde der Wohnturm wieder der Öffentlichkeit freigegeben. Wobei der Vereinspräsident noch heute stolz darauf ist, sowohl einen Architekten als auch einen Statiker organisiert zu haben, die beide ohne Honorar „ganz außerordentliche Arbeit" geleistet hätten. Für ein wenig Aufregung sorgte dabei das Dach, das so manchem Zeitgenossen zu modern erschien. „Auch ich hätte es mir ein wenig anders vorgestellt", bekennt Kliems heute. Doch die Zeit habe gedrängt, einen weiteren Winter hätte der unsanierte Turm wohl nicht überstanden.

„Jetzt wollen wir uns dem Runden Turm zuwenden", formuliert der Burgenvereinschef das nächste große Ziel. Auch die Pulverkammer solle ausgebaut und irgendwann einmal die ganze Burg begehbar werden, damit daraus ein „kultureller Ort" mit einer großen Bedeutung im Hochtaunus, aber auch für die Frankfurter wird. Vielleicht könne hier sogar eine Freilichtbühne entstehen. „Doch dafür braucht es allerdings noch viele Mitstreiter und Geld."

Der beliebte Narr und sein plötzlicher Tod

Heinz Ohl stirbt mit 65 Jahren / Karl Heinz Arbogast

Oberursel. Wie ein Lauffeuer ging die Nachricht am 14. Dezember 1995 durch die Stadt und löste große Betroffenheit aus: „Heinz Ohl ist tot". Der im Alter von 65 Jahren durch einen plötzlichen aber sanften Tod mitten aus den Vorbereitungen für die neue Karnevalsaison und das nächste Brunnenfest gerissene populäre Bürger prägte über 40 Jahre lang das Vereinsleben der Taunusstadt.

Die Gestalter von närrischen Ereignissen und Volksfesten hörten es gerne, wenn mit leisem Neid befreundete Festmanager aus Nachbarorten beim Lösen von Problemen meinten: „Ihr habt es gut, Ihr habt ja auch den Heinz Ohl."

Niemand sei unersetzbar und Vereinsruhm verblasse rasch, tröstet man sich gerne über den Weggang bedeutender Persönlichkeiten hinweg, allerdings ist die Lücke, die der Tod von Heinz Ohl riss, noch längst nicht geschlossen. Glücklicherweise hatte der Oberurseler Notar Bernhard Kempermann – einer Anregung der Taunus-Zeitung folgend – den Wanderpreis

Der S-Bahn bescherte der RMV den 15-Minuten-Takt. Bei vielen Fahrgästen stiftete das neue Tarifsystem aber erst einmal Verwirrung.

Ehrung für Marcel Reich-Ranicki

Bad Homburg. Sein Urteil ist bei den Literaturschaffenden in diesem Land gleichermaßen ersehnt wie gefürchtet - Marcel Reich-Ranicki. Der „Literaturpapst" bekam am 4. Juli für seine Verdienste um den Hölderlin-Preis die Ehrenplakette der Stadt Bad Homburg verliehen. Elf Jahre lang saß der gewichtige Kritiker in der Jury, die jedes Jahr zum Todestag Hölderlins (7. Juni) einen Autor und ein Nachwuchstalent mit dem begehrten Literaturpreis auszeichnet.

65 000 Mark aus Bad-Tresor gestohlen

Bad Homburg. In der Nacht zum 11. Juli wurde der Tresor des Seedammbades ausgeraubt. Beute: 65 000 Mark. Erst Tage später erfuhr die Öffentlichkeit von dem Fall, da die Stadtverwaltung versucht hatte, den Diebstahl geheim zu halten. Die Polizei ermittelte unter den Angestellten. Nur ein ganz enger Kreis hatte Kenntnis von der Zahlenkombination des Safe.

Neuer Direktor im Saalburg-Museum

Bad Homburg. Am 1. Februar trat der 53-jährige Archäologe und Historiker Dr. Egon Schallmayer sein Amt als neuer Direktor des Saalburg-Museums an. Vor seiner Ernennung hatte Schallmayer als Gebietsreferent beim Landesdenkmalamt Baden-Württemberg gewirkt.

Nutricia-Konzern übernimmt Milupa AG

Friedrichsdorf. Der niederländische Nutricia-Konzern übernahm für 820 Millionen Mark zum

1. Oktober die Milupa AG. Zuvor waren Gerüchte laut geworden, nach denen die Altana AG, die 100 Prozent der Milupa-Anteile hielt, den Heinz-Konzern oder den US-Kollegen Bristol-Meyers als Käufer ausgedeutet hatte. Am 25. Oktober stimmten auch die Aktionäre auf der Hauptversammlung dem Millionen-Deal zu. Der Verkauf sei eine Reaktion auf die veränderten Rahmenbedingungen des Marktes für Kindernahrung, hieß es.

Maskierte Räuber überfallen Spielbank

Bad Homburg. Eine schlimme Bescherung erlebte die Spielbank am 23. Dezember. Drei maskierte Gangster raubten eine Million Mark und nahmen einen Angestellten als Geisel. Der Überfall spielte sich in wenigen Minuten ab, so dass die meisten der etwa tausend Besucher gar nichts mitbekamen. Verletzt wurde niemand. Bei dem Gangster-Trio handelte es sich um Serien-Täter, die noch weitere Casinos ins Visier nahmen. Die Räuber konnten gefasst werden.

1. Orgelfestival lockt 6000 Besucher an

Bad Homburg. Vom 24. bis zum 28. Mai stand die Kurstadt ganz im Zeichen der Musik. Das Orgelfestival Fugato wurde erstmals veranstaltet. 6000 Zuhörer besuchten die Konzerte und Meisterklassen in Bad Homburgs Kirchen. Musikalischer Höhepunkt war der Auftritt des britischen Meistervirtuosen Simon Preston. Im Sinclair-Haus fand begleitend eine Ausstellung zum Thema „Faszination Orgel" statt. Fugato gehört mittlerweile zum festen Bestandteil der Bad Homburger Kulturszene. 1999 fand es zum dritten Mal statt.

Mit 65 Jahren starb der beliebte Karnevalist und Vereinsmensch Heinz Ohl.

„Ohlen-Spiegel" gestiftet, mit dem alljährlich eine Zugnummer beim Karnevalszug ausgezeichnet wird, die ein politisches Thema aus der Taunusstadt am besten „in humorvoller, geistreicher Weise darstellt".

Der Oberurseler Bildhauer Hendrick Docken hat in seinem „Hendoc-Atelier" Heinz Ohl aus Kirschholz geschnitzt, der Nachwelt erhalten und zeigt ihn durch einen Spiegel blickend, auf der einen Seite ernst, auf der anderen mit strahlendem Lachen.

Heute wissen wir, dass beide Seiten im Wesen von Heinz Ohl auf diese Weise der Nachwelt erhalten bleiben. Das große Orscheler Original war keineswegs nur der „närrische Jubler" der Fassenacht im Verein Frohsinn, dem er von 1951 angehörte und dessen Schlüsselfigur er als bedeutender Büttenredner, Frohsinnsänger und Possenschreiber wurde. Neben dem „Ohl vom Frohsinn" gab es den für das Vereinsleben der Stadt weitaus wichtigeren Gründer des Vereinsrings im Jahr 1961, der dieses Gremium auch zwölf Jahre leitete. Heinz Ohl traf man sechs Jahre als Vorsitzenden des Stadtjugendringes, begegnete ihm in vielen Vorstandsfunktionen – vier Jahre auch als Vorsitzender – des 1. Fußballclubs 04, und vor allem war er Mitbegründer und einer der bedeutendsten Macher des Oberurseler Brunnenfests.

Seine „Orscheler" lernte Heinz Ohl schon in jungen Jahren mit Kelle und Maurerhammer auf Baustellen kennen und blieb ihnen auch auf seinem beruflichen Lebensweg in der Versicherungsbranche treu, wo er es zum Generalagenten des Deutschen Herold brachte. Die Taunus-Zeitung schrieb nach Ohls Tod: „Er war ein Mensch mit Kanten, der immer vor Ideen sprühte".

Und er setzte diese Ideen auch um als begnadeter Schreiber zahlloser närrischer Szenen, Büttenreden und Zeitungsglossen als „Orscheler Pitschedapper" und Autor von humorvollen Babbeleien der lokalen Typen „Lang und Kurz".

Wenn wir jetzt noch anfangen wollten, alle städtischen und karnevalistischen Auszeichnungen aufzuzählen, würden wir Heinz Ohl keinen Gefallen tun. Der Autor, der ihn viele Jahrzehnte begleiten durfte, sieht, wie ein breites Grinsen über das Gesicht mit der großen Nase gehen würde: „Mensch, stell mich doch net uff so en hohe Sockel, da obbe werd ich ja schwindelisch!"

Vom Amt zur Agentur

Die Folgen der Post-Privatisierung / Sabine Börchers

Taunus. Postkunden aus Oberems haben am 31. Januar 1996 zum letzten Mal ihre Briefmarken in der Filiale in der Hauptstraße gekauft. Am folgenden Tag war die Poststelle im Ortsteil von Glashütten geschlossen. Die Aufgaben der Schalterbeamten übernahmen Monika und Uwe Frankenbach, Betreiber des Quelle-Shops in der Frankfurter Straße 3, mit ihrer neuen Postagentur.

Als „zukunftsorientiertes Filialkonzept" bezeichnete die Deutsche Post AG die Umwandlung von fast der Hälfte ihrer bundesweit rund 14 000 Filialen in Postagenturen, die als Folge der im Januar 1995 vorgenommenen Privatisierung der Staatsbehörde umgesetzt wurde. Im Hochtaunuskreis waren 1996 acht Filialen davon betroffen, bis heute wurden insgesamt 24 Postfilialen geschlossen oder durch Postagenturen in Lebensmittelgeschäften, Schreibwarenläden oder Tankstellen ersetzt.

In Oberems übernahm die Versandhandel-Agentur Frankenbach alle Dienstleistungen der Post, abgesehen von handvermittelten Telefongesprächen und der Bedienung von Kunden mit Freistempler-Maschinen. In dem Geschäft, in dem die Kunden sonst vor allem Kleidung bestellten, stand seit Februar 1996 neben dem Ladentisch eine Postschalter-Theke mit elektronischer Waage. Trotz strenger Sparpolitik der Post gab es zur Eröffnung der Agentur sogar Lachshäppchen. Dagegen fehlten für den Geschäftsbetrieb noch ein Stempelkissen und Briefmarken.

In der Agentur konnten die Postkunden täglich außer mittwochs von 9 bis 11 Uhr und samstags von 8 bis 12 Uhr Pakete aufgeben und Telefonbücher kaufen. Ein Plus für die Glashüttener, denn die alte Postfiliale war nur 13 Stunden in der Woche geöffnet gewesen. Die Postbeamtin Julia Heckenmüller, die dort die Kunden bedient hatte, arbeitete Monika Frankenbach zehn Tage lang ein und wechselte dann in die Poststelle nach Glashütten.

Doch nicht in allen Orten des Kreises fanden sich Agenturnehmer, so dass etwa in Schmitten-Seelenberg oder im Neu-Anspacher Stadtteil Rod am Berg die Poststellen ersatzlos geschlossen wurden. Der Protest im gesamten Kreis war groß, es wurden sogar Unterschriften gegen die Schließung der Filiale in Oberreifenberg gesammelt. Gemeinde- und Stadtparlamente fürchteten um die Infrastruktur ihrer Orte und sahen längere Anfahrtswege für ihre Bürger voraus. „Schon immer gab es hier in der Vorstadt eine Poststelle, sogar im Krieg", äußerte eine 75-jährige Bürgerin aus Oberreifenberg ihr Unverständnis. Politiker verwiesen darauf, dass der Gesetzgeber die Post auch nach der Privatisierung dazu verpflichte, ihren Kunden in der Regel nicht weiter als 2000 Meter von deren Wohnsitz entfernt ihre Dienstleistung anzubieten. In dem Schmittener Ortsteil eröffnete schließlich im April 1996 im Geschenke- und Papierwarenladen von Edeltraud Burkard, Neugasse 3, eine Postagentur.

Die Einrichtung der Agenturen wurde von den Gemeinden ebenfalls mit Skepsis betrachtet und oft-

Drei Menschen bei Schießerei verletzt

Bad Homburg. Eine blutige Tragödie überschatteten das Jahr 1996. Am 31. Januar griff ein 51-jähriger Kroate in dem Bad Homburger Mehrfamilienhaus Am Heuchelbach 1 zur Waffe und eröffnete das Feuer auf seine Nachbarin (45) und deren beiden erwachsenen Kinder (21 und 25). Alle drei wurden schwer und zum Teil lebensgefährlich verletzt. Der Täter stellte sich zwei Stunden nach der Tat der Polizei. Der offenbar geistig verwirrte Mann fühlte sich von dem Sohn seiner Nachbarin verfolgt.

Sozialarbeiterin erstochen

Steinbach. Ein aus Algerien stammender Asylbewerber (40) tötete am 20. Mai eine 44-jährige Sozialarbeiterin im Besprechungszimmer der Gemeinschaftsunterkunft in der Bahnstraße. Er stach mit einem Küchenmesser auf die Frau ein. Der Täter wurde festgenommen.

Sturm verhindert Karnevalsumzug

Oberursel. Der 18. Februar war ein schwarzer Tag für die Orscheler Narren. Dauerregen und Sturmböen machten ihnen einen Strich durch die Rechnung: Der traditionelle Karnevalsumzug wurde abgesagt. Nur eine Hand voll Unbeirrter trotzte Petrus und startete einen Umzug in Mini-Format.

Neues Domizil für Künstlerbund Taunus

Bad Homburg. 48 Jahre nach seiner Gründung konnte der Künstlerbund Taunus am 21. Juni seine Werke erstmals in eigenen Ausstellungsräumen präsentieren. 2500 Arbeitsstunden in weniger als drei Monaten investierten die Künstler und ihr Vorsitzender Hans Helmut Rupp in die Renovierung einer alten Kartonagenfabrik in Dornholzhausen. Notwendig war das Engagement durch den Umzug der Stadtverwaltung geworden. Im alten Stadthaus hatten die Künstler bis dato ihre Exponate präsentieren können. Die erste Ausstellung in der neuen Galerie „Artlantis" war dem Gastkünstler Jörg Stein vorbehalten.

Klinik schließt nach 33 Jahren

Falkenstein. Nach 33 Jahren kam das „Aus" für die Taunusklinik. Die Spezialklinik für Multiple-Sklerose-Kranke schloss am 1. März ihre Pforten. In dem ehemaligen Klinik-Gebäude des Landeswohlfahrtverbandes Hessen entstehen später Wohnungen für Senioren sowie ein Kurhotel und vor dem Gebäude ein Reha-Zentrum für Neuro-Patienten.

Raubüberfall auf Taunus-Therme

Bad Homburg. Drei maskierte Räuber überfielen am 9. April die Taunus-Therme und erbeuteten dabei mehr als 200 000 Mark. Die Männer drangen nach Badeschluss in die Büroräume des Erholungsbades ein und bedrohten den Kassierer. Ein Jahr später gingen die Räuber den Fahndern ins Netz, ebenso eine ehemalige Angestellte des Bades, die den Coup aus Rache geplant hatte. Sie war wenige Monate vor der Tat fristlos entlassen worden. Am 12. Februar 1999 sprach das Landgericht Frankfurt Haftstrafen bis zu sechs Jahren für das Räuber-Trio und eine Bewährungsstrafe für die Ex-Angestellte aus.

Neue Läden auf 2500 Quadratmetern

Usingen. Nach nur siebenmonatiger Bauzeit wurden am 9. Mai im Usinger Gewerbegebiet die „Läden am Riedborn" eröffnet. Auf 2500 Quadratmetern Fläche konnten fortan neun Unterneh-

mals als Anfang vom Ende gesehen. Die Post argumentierte dagegen nicht nur mit längeren Öffnungszeiten für die Kunden. Agenturnehmer überzeugte sie mit der Aussicht auf erhöhte Kundennachfrage, höhere Umsätze und die feste Vergütung der Post zuzüglich Provision. Das Unternehmen selbst profitierte von der Reduktion der Kosten, die bei der Agentur nach Post-Angaben bis zu 60 Prozent geringer sei als bei einer Filiale. Betriebsbedingte Kündigungen habe es dabei nicht gegeben, betonte Post-Pressesprecher Ottmar Eberz.

Nicht alle Agenturen konnten den Kunden den Service der Post auf Dauer bieten. In Oberems währte die Freude der Bürger über längere Öffnungszeiten nur kurz. Aus familiären Gründen mussten die Frankenbachs ihre Quelle-Agentur zum Jahresende 1996 schließen. Von 1997 an übernahm der Mobile Postservice die Arbeit. Dabei kommt der Briefzusteller – inzwischen rund 17 000 in Deutschland – auf Bestellung per Postkarte direkt an die Haustür. Er hat eine fast komplette Postfiliale im Gepäck, verkauft Briefmarken und Telefonkarten, nimmt Pakete in Empfang, zahlt Schecks oder Geld vom Postsparbuch aus. Auch die Bewohner der Usinger Ortsteile Eschbach und Merzhausen sind inzwischen auf diesen Service angewiesen.

Die Gemeinden des Usinger Landes waren vom neuen Filialkonzept besonders stark betroffen. Nachdem bereits im Februar 1995 die Filiale im Grävenwiesbacher Ortsteil Mönstadt als erste Poststelle des Kreises in eine Agentur umgewandelt wurde – die Bewohner konnten seitdem bei dem Lebensmittelhändler Werner Löw ihre Briefmarken kaufen –, waren 1996 neben der bereits genannten Agentur in Oberreifenberg noch drei weitere Filialen von der Umwandlung betroffen: In Hundstadt

Zahlreiche Postfilialen wurden geschlossen und durch Agenturen ersetzt. So auch im Königsteiner Stadtteil Schneidhain. Im Schreibwarenladen von Claudia Heere wurde am 26. Mai 1998 eine Postagentur eröffnet.

übernahm der Lebensmittelladen von Gisela Zimmermann am 1. Februar die Aufgaben der Post. Im Wehrheimer Ortsteil Pfaffenwiesbach schloss im August die Filiale und wurde durch eine Agentur im Spar-Supermarkt ersetzt. In Wernborn eröffnete die Postagentur im November 1996 im Edeka-Markt.

Bereits am 28. März desselben Jahres schloss die Postfiliale in der Dornholzhausener Lindenallee. Ihre Aufgaben übernahm die Schreibwarenhandlung von Jürgen Stuller. Im September trat im Oberurseler Wohngebiet Rosengärtchen an die Stelle der Postfiliale die Agentur in der Schreibwarenhandlung Hans-Jürgen Heisig. Und am 1. Oktober 1996 übernahm das Schreibwarengeschäft Gerlowski in Schloßborn die Aufgaben der dortigen Poststelle.

Auch in Zukunft plant die Deutsche Post AG eine weitere Umstrukturierung des Filialnetzes. Nach politischen Vorgaben muss es bundesweit bis zum kommenden Jahr noch mindestens 12 000 Filialen und Agenturen geben, von denen das Unternehmen nur 6000 selbst betreiben will.

Heimatforscher Wilhelm Jung gestorben

Kronberg. Am 13. April verstarb im Alter von 95 Jahren der Kronberger Heimatforscher Wilhelm Jung. Jung war über mehrere Jahre immer wieder als Autor von Büchern mit lokalen und historischen Tehmen hervorgetreten. An erster Stelle ist hier die Erstausgabe seines Büchleins „Kronberg von A bis Z“ zu nennen. Auch hatte er diverse Theaterstücke in Kronberger Mundart, unter anderem über den Pomologen und Pfarrer Johann Ludwig Christ und die Kronbrger Malerkolonie, verfasst. Der gelernte Kaufmann war lange Jahre als Journalist tätig. Im Kronberger Karneval trat Wilhelm Jung lange Jahre als Dr. Bunzo auf. Unter diesem Namen veröffentlichte er auch eine Reihe humorvoller Glossen im Kronberger Anzeiger. Seine historischen Abhandlungen in dieser Zeitung sind für den Lokalhistoriker unersetzliche Quellen. Sein hohes Ansehen in der Stadt erwarb er sich unter anderem mit dem Engagement zur Verhinderung der Sprengung des Kaiser-Friedrich-Denkmals im Jahre 1946.

Die Stadt Kronberg hatte ihrem berühmten Bürger zu seinem 84. Geburtstag mit der Ehrenmedaille geehrt.

Für seine Verdienste wurde Wilhelm Jung mit der Ehrenmedaille der Stadt ausgezeichnet.

men, darunter ein Woolworth-Kaufhaus und ein Lidl-Supermarkt, ihre Waren und Dienstleistungen anbieten. Damit das Gebäude auch aus der Luft einen guten Eindruck machte, waren 1000 Quadratmeter Dachfläche begrünt worden. Besonders Mutige konnten an der Eröffnungsfeier zum Preis von 99 Mark Bungee-Jumping wagen.

Bußgeld wegen spielender Kinder

Neu-Anspach. Gegen eine „kinderfeindliche Politik“ gingen am 20. September rund 100 Menschen auf die Straße. Sie protestierten lautstark gegen mehrere Bußgeldbescheide, die Bürgermeister Gerd Hillen an die Eltern spielender Kinder verschickt hatte. Der Fall erregte bundesweit Aufsehen.

Dokumente in dem Kirchturmknopf

Oberursel. Für die Generationen der Zukunft wurden nach der Renovierung von St. Ursula am 23. Oktober Dokumente in den Kirchturmknopf eingeschweißt. Dieser historische Akt hatte bereits Tradition. Schon bei früheren Renovierungsarbeiten 1771 und 1897 wurden Münzen, Urkunden und Schriftstücke hinterlegt. 1996 war auch eine Taunus-Zeitung dabei.

Ballonfahrer landen auf der Stromleitung

Usingen. Mit einem beherzten Sprung endete am Pfingstsonntag, 26. Mai, für vier wagemutige Passagiere eine Ballonfahrt. Beim Anflug auf das Landefeld am Ortseingang des Usinger Stadtteils Eschbach hatte der Pilot eine Starkstromleitung übersehen. Der Heißluftballon blieb daraufhin in fünf Metern Höhe an der Leitung hängen. Während sich 42 Brandschützer und zwei Rettungswagen auf den Weg zur Landestelle machten, sprangen die Passagiere aus dem Ballon. Wie durch ein Wunder zogen sie sich keine ernsthafteren Verletzungen zu.

Männerleiche im Wald gefunden

Taunus. Auf einem Waldstück nahe dem Weilroder Ortsteil Cratzenbach wurde am 19. November die Leiche eines 32-Jährigen aufgefunden. Der in Bad Homburg wohnhafte Mann war durch mehrere Schüsse getötet worden. Angeblich soll der Mord im Zusammenhang mit der organisierten Kriminalität gestanden haben.

Albertus-Magnus-Kolleg ist am Ende

Königstein. Das Albertus-Magnus-Kolleg wurde am 31. Dezember geschlossen. Das Kolleg war nach dem Zweiten Weltkrieg gegründet worden, um die aus dem Osten kommenden Priester zu unterstützen. In den zurückliegenden Jahren wurden die Aktivitäten des Kollegs auf Grund der veränderten Verhältnisse immer weiter eingeschränkt.

Schüler setzen Lehrer ein Denkmal

Königstein. Am 11. Mai, fast 30 Jahre nach seinem Tod, wurde in Königstein eine Bronzestatue Ernst Majer-Leonhards enthüllt. Der 1889 geborene Pädagoge hatte 1946 das Gymnasium am Klärchenweg eröffnet und stand dem Städtischen Realgymnasium mehr als elf Jahre lang als Direktor vor. Ehemalige Schüler hatten für die Statue Geld gesammelt, Bildhauerin Eike Stielow – auch sie war von dem Lehrer unterrichtet worden – schuf sie. Die Stadt Königstein gestaltete die Fläche rund um das Denkmal als Platz.

Wandmalereien im Gemündener Backhaus entdeckt

Gemünden. Die ältesten Wandmalereien im Hintertaunus wurden Anfang März in in Gemünden entdeckt. Bei Renovierungsarbeiten in dem als Backhaus und Heimatmuseum genutzten Gebäude stießen die Arbeiter auf Darstellungen Christi, des ungläubigen Thomas, diverser Marienfiguren, mehrerer Engel, zweier Hirten sowie Adams und Evas Sündenfall. Die Renovierungsarbeiten wurden umgehend eingestellt, als die sofort herbeigeeilte Bezirkskonservation Dr. Gisela Kniffler die Ausmalung in Augenschein genommen und ihre Bedeutung erkannt hatte. Die aus stilistischen Gründen wohl in das ausgehende 15. Jahrhundert zu datierenden Malereien wurden für 50000 Mark durch ein Fachrestaurator restauriert.

Die sakralen Motive des Wandbildfundes an diesem ungewöhnlichen Ort finden ihre Erklärung darin, dass es sich bei dem Gebäude ursprünglich um eine Kapelle handelte. Sie stand in dem zwei Herren zugehörenden Dorf auf der Stockheimer Seite und wurde vom Pfarrer in Merzhausen betreut. 1609 bemerkte dieser, die Kapelle werde nur genutzt, um „Eheleute inzusegnen und Leich predigt zu tun."

Von den Wandbildern der Kapelle ist in den von 1603 ab vorliegenden Kirchenrechnungen nie die Rede. Vermutlich hat man in dem inzwischen evangelischen Dorf überstrichen und damit vergessen. 1733 wurde die Kapelle eienr Reparatur unterzogen. 1778 war sie dennoch in sehr schlechtem baulichen Zustand, das Dachwerk vermodert und teilweise eingebrochen, so dass Regen eindrang und wohl auch in den oberen Zonen des Wandputzes Schaden anrichtete. Als Kapelle wurde das Gebäude bis 1840 genutzt.

Heilige im Backhaus: die Ausmalung stammt aus einer Zeit, als das Gebäude in Gemünden noch eine Kapelle war.

Das Militärgeheimnis

Bundeswehr übernimmt Munitionslager Wehrheim/Melanie Stangl

Wehrheim. Was es genau war, das in den Wäldern östlich von Wehrheim lagerte, das weiß bis heute niemand in der Taunusgemeinde. Militärgeheimnis. Fest steht nur: In den mehr als 300 Bunkern, die hinter Stacheldraht im Lichtkegel der Scheinwerfer liegen, wird seit einem halben Jahrhundert Munition gelagert. Von 1949 bis 1997 war dort das US-Militär stationiert. Man sagt, in Zeiten des Kalten Krieges seien es Abschussvorrichtungen und Flugkörper des US-Waffensystems Patriot gewesen, die von den Amerikanern für den Einsatz bereitgehalten wurden. In den 80er Jahren kursierte bei den Wehrheimern der Verdacht, es seien Nuklear-Waffen vor ihrer Haustür gelagert. Ein Verdacht, der weder bestätigt noch entkräftet wurde – Militärgeheimnis.

Den Wendepunkt in der Geschichte des Munitionsdepots setzte das Jahr 1997, als die US-Armee nach ihrem Abzug das Areal an die Bundeswehr übergab. Eine „Blitzaktion", wie Wehrheims Bürgermeister Helmut Michel sich erinnert. Dabei sah es kurz zuvor noch so aus, als würde die Gemeinde ihr 154 Hektar großes Wald- und Wiesengelände zurückbekommen. „Wir hatten großes Interesse daran, das Terrain mit Hochwald, Wiesen und Quellen wieder zu nutzen", betont Michel. Schließlich ist das Gebiet auch historisch von Bedeutung. Michel: „Der Limes geht mitten durchs Lager durch." Die Gemeinde machte sich bereits Gedanken über Altlastenbeseitigung und Aufforstung, und auch ein Holzgroßhändler sowie ein Champignon-Zuchtunternehmen sollen Interesse am Militärgelände bekundet haben.

Am 10. April 1997 wurden Fakten geschaffen, als die Bundeswehr Einzug ins Munitions-Depot hielt. „Die Gemeinde wurde nicht gefragt", erzählt Michel und fügt hinzu: „Aber dass wir nichts zu sagen haben, ist nichts Neues in der Geschichte des Muni-Depots. Es ist wie bei David und Goliath." Zunächst die US-Armee und jetzt der Bund – „da verliert eine kleine Gemeinde jedes Tauziehen".

Schon im Jahr 1949 ging alles sehr schnell: Am 13. April beschlagnahmte die US-Armee 251 Hektar Taunuswald, wenige Tage später war das Gelände komplett umzäunt. 154 Hektar gehörten zur Wehrheimer Gemarkung, 96 Hektar besaß die Stadt Rosbach. Das gilt auch heute noch: Die Eigentumsverhältnisse werden über einen Gestattungsvertrag geregelt, in dem die Gemeinde das Militär berechtigt, gegen Bezahlung das Gelände zu nutzen. Derzeit sind es knapp 20 000 Mark, die jährlich in den Forsthaushalt der Gemeindekasse fließen.

Am 1. April 1953 hieß es offiziell: „Auf dem Gebiet der beschlagnahmten Waldfläche wird ein Munitionslager eingerichtet." Die Nachricht sorgte für Unruhe in der damals knapp 4000-Seelen-Gemeinde: Von den 60er Jahren bis weit in die 80er hinein wurden Resolutionen verfasst, Demonstrationen und Sternmärsche organisiert, Bürgerinitiativen gebildet, Mahnwachen abgehalten sowie Tausende von Unterschriften gesammelt. Michel: „Die Bevölke-

Feuer in Krankenhaus und Stuhlfabrik

Taunus. Gleich vier schwere Brände wüteten 1997 im Hochtaunuskreis. Am 17. Januar ging in Bad Homburg das Hotel Metropol in der Ferdinandstraße in Flammen auf. Das Feuer war über Nacht im Dachstuhl ausgebrochen. Die elf zur Brandzeit im Hotel weilenden Gäste konnten unverletzt gerettet werden. Der Dachstuhl und der zweite Stock des Gebäudes wurden zerstört. Der Schaden belief sich auf über zwei Millionen Mark. Nur wenige Wochen später, am 4. Februar, zerstörte ein Brand die Villa Flothmann in Mönstadt. Der Besitzer des um die Jahrhundertwende erbauten Gebäudes, Egbert Flothmann, kam dabei ums Leben.

Flammen und dichte Rauchwolken schlugen den Feuerwehrleuten auch am 18. Juli entgegen. Im Bettenlager des Kreiskrankenhauses in Bad Homburg brannte es. Die Patienten hatten Glück im Unglück: Die Brandschutztüren verhinderten ein weiteres Ausbreiten des Feuers. Nur auf der Intensivstation mussten sechs Patienten umquartiert werden. Das Landeskriminalamt ermittelte Brandstiftung als Ursache des Feuers. Der Täter konnte gefasst werden.

Mit dem größten Feuer in Königstein seit Jahrzehnten hatten die Feuerwehren am 22. Oktober zu kämpfen. Die Stuhlfabrik stand in Flammen. Aus bislang ungeklärter Ursache war im ersten Stock des rund 70 Meter langen, zweigeschossigen Gebäudes Feuer ausgebrochen. Insgesamt 119 Feuerwehrleute waren die ganze Nacht im Einsatz. Etwa die Hälfte der Fabrik wurde zerstört.

Landgraf Moritz verlässt Kronberg

Kronberg. Landgraf Moritz von Hessen, der Nachfahre der beiden hessischen Fürstenhäuser, verlegte seinen Sitz von Kronberg nach Langen. Diese Nachricht ereilte die Kronberger am 18. April. Der Sohn des früheren Landgrafen Philipp von Hessen will auf Schloss Wolfsgarten die Stiftung seiner verstorbenen Adoptivmutter, Prinzessin Margaret von Hessen und bei Rhein, fortführen. Die Stiftung verwaltet Wirtschaftsbetriebe und Kulturgüter der beiden hessischen Fürstenlinien.

Razzia im Kuschelhäuschen

Riedelbach. Es hatte sich vorübergehend ausgekuschelt in „Conny's Kuschelhäuschen". Bei einer Razzia am 26. Juli nahmen Beamte in dem als Bar deklarierten Bordell, das früher ein Pfarrhaus war, sechs Frauen sowie einen Mann fest. Es bestand der dringende Verdacht, dass die aus Tschechien, Deutschland und Ghana stammenden Frauen gegen ihren Willen festgehalten wurden.

Radio Megahertz auf Sendung

Bad Homburg. Inzwischen kennt die Frequenz fast jedes Kind. 107,5 MHz, das ist die Welle von Radio Megahertz – zumindest in den Tagen vor und während des Laternenfestes. Am 23. August war der freche Sender zum ersten Mal live auf Sendung gegangen. Vom Maritim-Kurhaushotel aus schickte eine Gruppe stresserprobter Radio-Freaks mit Unterstützung der Taunus-Zeitung fast rund um die Uhr Musik, Interviews, Tipps und News rund um das Laternenfest über den Äther.

Kronberg trauert um Carl Neubronner

Kronberg. Eine Stadt trauerte um Carl Neubronner. Der Ehrenbürger von Kronberg, Träger des Bundesverdienstkreuzes, Erfinder und Unternehmer starb am 19. November im stolzen Alter von 101 Jahren. Der Sohn des Hofapothekers Dr. Julius Neubronner

rung war sehr aufgewühlt, schließlich wusste niemand genau, was vor unserer Haustür gelagert wurde."

Die Existenz des Munitionsdepots hat den Wehrheimern aber auch einige Vorteile gebracht: 1956 baute eine Pioniereinheit der US-Armee Wegematerial für ihr Depot am heutigen Schwimmbadgelände ab. Als Gegenleistung wurde die Grube zum Schwimmbecken umfunktioniert. „So kamen wir zu unserem Ludwig-Bender-Bad", erinnert sich Michel. Und als 1980 zur Erweiterung des Lagers eine Reihe von Bäumen gefällt werden musste, wurde die Ausgleichszahlung in Höhe von einer Million Mark für den Bau der Wehrheimer Sporthalle verwendet.

Insgesamt wurden etwa 300 Bunker im Laufe der Jahre errichtet. Alle sind mit Erde besetzt und bepflanzt. Wehrheims Hauptamtsleiter Gerhard Hiller sagt: „Die Bunkeranlagen sind so groß, dass Lastwagen mitsamt Anhängern problemlos hineinfahren können." Harald Stenger, der als Diplom-Ingenieur beim Staatsbauamt Friedberg schon Zugang zum Areal hatte, weiß: „Die Amerikaner lagerten dort überwiegend Artilleriemunition. Haubitzen und Panzerabwehrgranaten sollten entrostet und lackiert werden." Und auch künftig will die Bundeswehr das Munitionsdepot nutzen. „In den Bunkern wird heute überwiegend Munition des Heeres eingelagert", erklärt Kerstin Piltz, Sprecherin der zuständigen Wehrbereichsverwaltung IV in Wiesbaden. Der neueste Stand: 1998 kündigte der Bund an, innerhalb von zwei Jahren insgesamt 4200 Lkw-Ladungen Munition ins Wehrheimer Depot zu schaffen.

Lange Zeit herrschte Unklarheit über den Brandschutz auf dem Militärgelände. Eine Übung mit den zuständigen Wehren aus Rosbach und Wehrheim wurde immer wie-

Auch nach dem Einzug der Bundeswehr 1997 ist das Gelände noch Sperrgebiet. Im Depot lagert das Heer seine Munition in über 300 Bunkern, die mit Lastwagen befahren werden können.

der angemahnt. Anfang Oktober 1999 war es dann so weit: Ein imaginärer Flächenbrand zwischen Bunkern und Munition wurde von den umliegenden Wehren schnell gelöscht. Und seitdem ist Wehrheims Wehrführer Markus Lezius sicher: „Wir sind keineswegs überfordert, wenn wir hier einrücken müssen." Darüber hinaus drehte sich im Jahr 1999 die Diskussion um ein 32 Hektar großes Waldstück unterhalb der Kapersburg, das die Gemeinde zurückfordert. „Das Areal wird vom Bund nicht mehr genutzt, dort sind die meisten Bunker zerfallen", weiß Stenger. Ob es zu einer Rückgabe kommt, entscheidet das Bundesministerium der Verteidigung. „Die Argumente werden derzeit abgewogen", sagt Piltz, „aber es ist noch keine Entscheidung gefallen." Für die Zukunft weiß Bürgermeister Michel nur eines: „Es ist eine Illusion, das Lager ganz wegzubekommen. Das haben wir längst aufgegeben."

Oberursel kauft Camp-King-Häuser

Oberursel. Der Startschuss für die Übernahme des Camp King fiel am 4. Februar. Nach langen Verhandlungen mit dem Bund konnten die Stadtväter die Kaufverträge für die ersten sechs Wohnblocks auf dem 20 000 Quadratmeter großen Areal unterzeichnen. Bis 1998 sollte es allerdings noch dauern, bis das komplette Gelände für insgesamt 23,7 Millionen Mark in den Besitz der Stadt überging. Der Um- und Ausbau zu Wohnungen für Familien mit Kindern konnte beginnen.

Im Februar 1999 beschloss der Magistrat die Vergabe von Straßennamen auf dem Gelände des ehemaligen Camp King. Die Heinrich-Kappus-Straße wurde nach dem ersten Nachkriegsbürgermeister Oberursels benannt. Der Namengeber der künftigen Abraham-Feinberg-Straße war der letzte Orstvorsteher und Kantor der jüdischen Gemeinde in Oberursel. Der Edith-Stein-Weg soll an die bekannte Jüdin erinnern. Mit dem Robert-Kempner-Ring wird des Widerstandskämpfers und Anklägers im Internationalen Militärartribunal in Nürnberg gedacht, der 1945 im Camp King einstige Nazigrößen vernahm. An die „vielen unbekannten Soldaten, die im Camp King gedient haben" soll der Elvis-Presley-Weg erinnern.

Vorgesehen ist weiterhin ein George C. Marshall-Ring zu Ehren des amerikanischen Generals und Politikers, der die nach ihm „Marshall-Plan" benannte amerikanische Wirtschaftshilfe für die westeuropäischen Staaten initiierte. Im Bereich des ehemaligen Reichssiedlungslehrhofes wird es eine Alte Siedlerstraße geben. Das Gelände selbst soll weiterhin den Namen des US-Colonel Charles B. King tragen, nach dem das Camp King benannt war.

baute 1912 das erste raketenbetriebene Flugzeug der Welt. 1922 trat er in die väterliche Firma ein, die er zum führenden Produzenten von Verpackungsklebestreifen aufbaute. Daneben wirkte Neubronner auch als Mäzen. Seine Sportstiftung fördert den Kronberger Nachwuchs.

Im Taunus bebt zwei Mal die Erde

Taunus. Der 29. November war der Tag, an dem der Taunus bebte. Gleich zwei Mal registrierte die Mess-Station auf dem Kleinen Feldberg eine Erschütterung, die zwischen Wiesbaden und Bad Homburg zu spüren war. Um 11.54 Uhr zeigten die Instrumente ein Beben der Stärke 3,3 an, um 21.06 Uhr wurde ein erneutes Beben (4,0 auf der Richterskala) festgestellt.

Erlenbach-Halle wird eingeweiht

Ober-Erlenbach. Mit der Einweihung der Erlenbach-Halle ging am 14. Februar ein lang gehegter Wunsch der Erlenbacher in Erfüllung. Ortsvorsteher Martin Demandt erhielt von Ingenieur Christoph Stolz die Schlüssel zur Halle überreicht, die fortan als Vereins- und Bürgerheim dienen sollte.

Neuer Verwaltungsbau für Redland-Braas

Oberursel. Am 28. April wurde das neue Verwaltungsgebäude der Redland-Braas Building Group „Im Setzling" in Oberursel eingeweiht. Der Neubau bot auf 6123 Quadratmetern Platz für Büros sowie Gemeinschafts-, Besprechungs-, Konferenz- und Trainingsräume. Die Baukosten betrugen 32 Millionen Mark.

100 Jahre Wiederaufbau der Saalburg

Bad Homburg. 100 Jahre war es her, dass der Grundstein für den Wiederaufbau der Saalburg gelegt wurde. Mit einem Festakt wurde dieses Jubiläum am 17. Oktober gefeiert. Anschließend eröffnete die Hessische Ministerin für Wissenschaft und Kunst, Dr. Christine Hohmann-Dennhardt, in der Exerzierhalle die Jubiläumsausstellung „Vom Grenzposten Roms zum Europäischen Museum".

Oettinger stirbt mit 76 Jahren

Friedrichsdorf. Er galt als „Tuning-Zauberer" und machte selbst aus PS-armen Vehikeln noch schnelle Boliden: Gerhard Oettinger. Der Maschinenbau-Ingenieur und Firmengründer verstarb am 17. Februar im Alter von 76 Jahren. Oettinger hatte es in der Kraftfahrzeugtechnik durch das Frisieren von Motoren zu Ansehen und Erfolg gebracht. Letzterer ließ gegen Ende seiner unternehmerischen Laufbahn nach. 1992 musste seine Firma „Okrasa" Konkurs anmelden.

Ortswaage wird geschlossen

Eschbach. Mit der Schließung der öffentlichen Waage in Eschbach am 20. Februar ging auch ein Stück Ortsgeschichte zu Ende. Großvieh wurde hier ebenso gewogen wie Dünger, Briketts oder Kohlen. Zwischen 200 Kilogramm und zehn Tonnen betrug die Rangierweite der Eschbacher Waage.

Fast jede Taunusgemeinde besaß eine solche Waage. Sie verschwanden aber zumeist im Zuge von Umbaumaßnahmen aus dem Dorfbild. Das pittoreske Wiegehäuschen, das im Zuge der Dorferneuerung ein schmuckes Äußeres erhielt, ist hingegen immer noch eine Zierde des Usinger Stadtteils.

Dienstältester Küster Deutschlands

Hans Kraft 78 Jahre im Beruf/Katja Sperling

Kronberg. Für Hans Kraft war das Jahr 1997 ein ganz besonderes: Nach 78 Berufsjahren wurde der 91-Jährige im Oktober in den Ruhestand verabschiedet. Damit geht der Kronberger als dienstältester Küster Deutschlands in unsere Jahrhundertchronik ein.

Nach 78 Berufsjahren ging Hans Kraft als dienstältester Küster Deutschlands im Oktober 1997 in den Ruhestand.

Dass er, berufsbedingt, selten ausschlafen konnte, störte Hans Kraft nie. Früh musste er aus den Federn, schließlich war er der Herr über das Kirchenportal, das er mit einem großen verschnörkelten Schlüssel pünktlich um 7 Uhr morgens unzählige Male aufschloss und abends um 20 Uhr wieder zusperren musste.

Muskelkraft war bei einer ebenfalls täglichen Arbeit getragt: Die Glocken mussten früher gleich mehrmals täglich per Hand geläutet werden, heute übernimmt längst eine Läutmaschine diese Arbeit. Als er vom damaligen Pfarrer Schaller zum Küsterdienst berufen wurde, war Kraft noch ein Schulbub – ganze 13 Lenze alt. Damals konnte er noch nicht ahnen, dass dieses Amt zur Lebensaufgabe wurde.

Schon als Junge bewies der gebürtige Kronberger, der sein Leben lang in der Straße An der Stadtmauer gelebt hat, seine Zuverlässigkeit. Unterstützt wurde Hans Kraft anfangs von seinen Eltern, später von Frau und Tochter. Auch seine Enkel haben immer mitgeholfen. Der Küsterdienst wurde so schon zu einer Art Familientradition.

Neben dem Küsterberuf erlernte Kraft das Schuhmacherhandwerk und machte sich selbstständig. War er nicht in der Kirche anzutreffen, fand man ihn in seiner Werkstatt.

Insgesamt vier Pfarrer konnten sich auf Küster Kraft verlassen – der letzte, Pfarrer Paul-Albert Simon, wurde gemeinsam mit ihm nach 35 Jahren Zusammenarbeit in den Ruhestand verabschiedet. „Hans Krafts Herz hing an seiner Kirche und seiner Gemeinde", sagte Pfarrer Paul-Albert Simon über seinen treuesten Mitarbeiter.

Selten kann jemand auf ein Berufsleben zurückblicken, das so konstant verlaufen ist. Anlässlich seines 75-jährigen Küsterjubiläums zeichnete seine Heimatstadt Kronberg Hans Kraft mit der Ehrenmedaille der Stadt aus. Von seinem Ruhestand hatte der besonnene, allseits beliebte Kronberger leider nicht mehr viel: Im Februar 1998 verstarb er, kurz vor seinem 92. Geburtstag. Mit ihm, so sind sich viele Kronberger einig, ging ein Stück altes Kronberg verloren.

Ein Weltkonzern kehrt heim

Fresenius zieht nach Bad Homburg/Wolfgang E. Sommer

Bad Homburg. Für den frisch gebackenen Oberbürgermeister Reinhard Wolters war es die erste große Amtshandlung. Aber auch viele andere Bad Homburger feierten das Ereignis: Ein Weltkonzern kehrte zurück zu seinen Wurzeln. Fresenius, seit den dreißiger Jahren in Bad Homburg zu Hause, aber 1978 nach allerlei Querelen an den Oberurseler Borkenberg emigriert, bezog am 3. Juli 1998 seine neue Verwaltungszentrale.

90 Millionen Mark hatte das eindrucksvolle Gebäude gekostet. Der Oberbürgermeister schwärmte von der „ersten Perle am Stadteingang", Vorstandschef Dr. Gerd Krick lobte den futuristischen Bau dafür, dass er den neuesten Stand der Technik im Umweltschutz darstellt. 850 Beschäftigte, bis dahin auf sieben Standorte verteilt, freuten sich über hochmoderne Büros, hunderte von Gästen aus nah und fern feierten das Ereignis.

Nur wenige mochten sich da erinnern, mit welcher Bitterkeit die Fresenius-Verantwortlichen der Kurstadt seinerzeit den Rücken gekehrt hatten; ihr Versuch, Ritters Parkhotel an der Kaiser-Friedrich-Promenade zur Zentrale des unaufhörlich wachsenden Unternehmens zu machen, war in den Siebzigern mit Pauken und Trompeten gescheitert. Und auch die Entstehungsgeschichte des Weltkonzerns war an jenem Tag wohl nur den wenigsten präsent.

Angefangen hatte alles in der Hirsch-Apotheke zu Frankfurt. Seit dem 18. Jahrhundert gehörte sie der Familie Fresenius. 1912 erweiterte Dr. Eduard Fresenius das Apothe-

„Die erste Perle am Stadteingang" – besonders beeindruckend sieht die Fresenius-Konzernzentrale in Bad Homburg aus der Luft aus.

Prinz Otto ruht auf der Burg

Kronberg. In aller Stille wurde am 9. Januar Otto Prinz von Hessen auf der Kronberger Burg beigesetzt. In der Burgkapelle fand der Prinz neben seinen Eltern, Landgraf Philipp von Hessen und Mafalda von Savoyen, seine letzte Ruhestätte. Er war nur 60 Jahre alt geworden.

Bahnstrecke wird wiederbelebt

Grävenwiesbach. Zehn Jahre nach der Stilllegung der Bahnstrecke zwischen Grävenwiesbach und Brandoberndorf kam die Wende: Vor dem gesperrten Tunnel unterzeichneten am 25. Juni die Landräte beider Kreise, Dr. Karl Ihmels und Jürgen Banzer, sowie der damalige hessische Verkehrsminister Lothar Klemm den Vertrag zur Wiederaufnahme der Strecke. 1,1 Millionen Mark bewilligte das Land Hessen für das Projekt. Am 17. Dezember wurde die erste Schwelle gelegt. Der erste Zug fuhr im November 1999 auf der wieder eröffneten Strecke.

Strom für das Usinger Land

Neu-Anspach. Aus Müll wurde Strom. Am 4. Februar nahm auf der Deponie Brandholz eine Gasverstromungsanlage die Arbeit auf. Drei Generatoren produzierten fortan 6 Millionen Kilowattstunden Strom. Der Umlandverband Frankfurt hatte drei Jahre zuvor für 3,2 Millionen Mark das bis dahin kleine und unrentable Stromwerk zu Füßen des Müllberges gekauft und für rund 10,4 Millionen Mark aufgerüstet. Die bei der Verrottung des Mülls entstehenden Gase wurden so in Energie umgewandelt. Am 6. Juli sprach sich der Kreistag dafür aus, die Müllentsorgung vom Umlandverband wieder in die Verantwortung der Kreise zu überführen.

Haderheck-Quelle unter dem Hammer

Königstein. Nach jahrelangen Erbstreitigkeiten und einer gescheiterten Zwangsversteigerung kam die Haderheck-Quelle am 3. März für 610 000 Mark unter den Hammer. Die neuen Eigentümer, die Unternehmer Dieter Wierz und Uwe Bremer, ersteigerten jedoch nicht nur das Quellwasser, sondern auch die Schuld in Höhe von einer Million Mark, mit der das Grundstück belastet ist.

1,7 Kilometer Straße kosten 14 Millionen

Oberursel. Am 9. Dezember, nach 30-jähriger Planungs- und fast zehnjähriger Bauzeit, wurde die Ortsumgehung Weingärten eröffnet. 14 Millionen Mark hatte sich das Land Hessen die rund 1,7 Kilometer lange Straße kosten lassen. Die Klagen anliegender Bürger beim Hessischen Verwaltungsgericht hatten zu einer Verzögerung des Projekts und schließlich zur Änderung des ursprünglichen Bebauungsplans geführt.

Sichtkontakt mit den Sternen

Glashütten. Den Blick hinauf zu den Sternen können die Astronomen seit dem 1. Juli wagen. Auf dem Kleinen Feldberg wurde in 835 Meter Höhe die neue Sternwarte des Physikalischen Vereins Frankfurt eröffnet. 1993 war das rund 400 000 Mark teure Projekt in Angriff genommen worden. Mit Hilfe der unter zwei drehbaren Kuppeln verborgenen Spiegelteleskope können die Planeten studiert werden.

Bürgermeister wehren sich

Taunus. Die Bürgermeister des Hochtaunuskreises boten dem Umlandverband Frankfurt (UVF) die Stirn. Zwölf der insgesamt 13 Rathauschefs gaben am 2. September in Oberursel eine gemein-

ken-Laboratorium zu einer kleinen Fabrik. Zu deren Spezialitäten gehörte die Bormelin-Nasensalbe. 1933 verlegte er die Produktion nach Bad Homburg. Die Belegschaft wuchs auf 400 Mitarbeiter. Und dann schien mit dem Krieg auch für das Unternehmen alles zu Ende. Die Belegschaft sank auf 30 Beschäftigte, 1946 starb der Firmenchef.

Doch es kam ganz anders. Else Fernau, spätere Frau Kröner, im Hause von Dr. Fresenius aufgewachsen, übernahm nach Beendigung ihres Pharmaziestudiums 1951 die Firma. Und das, obwohl viele gut Meinende ihr angesichts der horrenden Überschuldung dringend davon abgeraten hatten. Trotz aller Widrigkeiten gelang es der jungen Frau, gestützt auf eine begeisterungsfähige Mannschaft, mit neuen Produkten den Grundstein zu legen für den späteren, geradezu atemberaubenden Siegeszug des Unternehmens.

Zuerst waren es Infusionslösungen, die eine solide Grundlage für die weitere Entwicklung schufen; Fresenius konnte dabei auf eigene Vorarbeiten zurückgreifen. Allmählich wuchs die Produktpalette; Urologie, Desinfektion und Diagnostik hießen die neuen Tätigkeitsfelder. Besonders erfolgreich: die Klinische Diät. Ausgangspunkt: die für Weltraumflüge entwickelte Astronautenkost.

1966 übernahm Fresenius den Vertrieb von Dialysegeräten verschiedener ausländischer Firmen. Und wieder stand in der immer noch kleinen Firma eine folgenreiche Entscheidung an: Soll das Unternehmen mit einem eigenen Apparatebau beginnen? Die positive Beantwortung dieser Frage führte letztendlich zur führenden Position auf den internationalen Märkten.

Heute ist Fresenius einer der weltweit bedeutendsten Gesundheitskonzerne; Produkte und Dienstleistungen für die Dialyse, das Krankenhaus und die ambulante medizinische Versorgung von Patienten gehören zur Angebotspalette. Die vier eigenständigen Gesellschaften Fresenius Medical Care AG (die 1999 in den Deutschen Aktien-Index Dax aufgenommen wurde), Fresenius Kabi AG, Fresenius HemoCare und Fresenius ProServe beschäftigen weltweit 40 000 Menschen, der Umsatz belief sich 1998 auf 8444 Millionen Mark. Fast 77 000 Patienten werden in weltweit 1040 Dialysekliniken behandelt.

Ganz klar, dass sich Bad Homburg heute gerne mit dem Namen Fresenius schmückt. Zumal das Unternehmen vielfältig und auf äußerst noble Art in der Kurstadt aktiv ist. Die längst zur Institution gewordene Gesundheitswoche sei genannt, der Spaß-Triathlon oder das Engagement für die Aktion „Schnelle Hilfe in Not".

Als Else Kröner 1988 starb, hat ihr Mann Hans Kröner, mit dem sie seit 1964 in kinderloser Ehe verheiratet war, auf das Erbe verzichtet. Es bestand unter anderem aus 95 Prozent des damaligen stimmberechtigten Firmenkapitals und wurde auf die gemeinnützige Else-Kröner-Stiftung übertragen. Sie verfolgt drei Ziele: Neben der wissenschaftlichen Forschung im Bereich der Medizin fördert sie die Aus- und Fortbildung von Ärzten und anderen in der Krankenpflege tätigen Personen, sie unterstützt außerdem Menschen, die wegen ihres geistigen, körperlichen oder seelischen Zustandes auf Hilfe angewiesen sind. Fast als Selbstverständlichkeit erscheint es da, dass eine Straße an die Frau erinnert, die mehr als vier Jahrzehnte die Verantwortung für die Firma Fresenius getragen hat. Selbstverständlich auch, dass die neue Fresenius-Zentrale an eben dieser Straße liegt. Der Else-Kröner-Straße nämlich...

Streit um den Namen der Station ist beigelegt

Steinbach/Weißkirchen. Endlich, nach gut 130 Jahren, bekamen auch die Steinbacher ihr Namens-Recht an der S-Bahn-Station. Am 23. Mai wurde die Haltestelle, die teils auf Oberurseler und teils auf Steinbacher Gemarkung liegt, kurzerhand in „Oberursel-Weißkirchen/Steinbach" umbenannt. 1860, bei der Einweihung der Bahn-Linie, hatte der Streit um die Station begonnen. Damals wurde er noch zwischen dem Großherzogtum Hessen-Darmstadt (Steinbach) und dem Herzogtum Nassau (Weißkirchen) ausgetragen.

Mit der Gebietsreform 1972 flammte der alte Zwist wieder auf. Da Weißkirchen nun keine eigenständige Gemeinde mehr war, beanspruchte der Steinbacher Bürgermeister den Bahnhof für seine Stadt. Wütende Proteste waren die Folge. Die Deutsche Bahn hatte zunächst – zum Leidwesen der Steinbacher – zu Gunsten der Weißkirchener entschieden.

Im Jahr der Namensänderung, am 1. Dezember 1998, bekamen zudem auch die Stierstädter eine weitere S-Bahn-Station.

Die offizielle Umbenennung der Haltestelle nahmen Ruth Rahmel, Vorsitzende des Geschichtsvereins, Bürgermeister Edgar Parnet und Hellmuth Voll, ehemaliger Fahrdienstleiter an der Haltestelle (re.), vor.

same Erklärung ab, in der sie sich gegen das Ansinnen des UVF aussprachen, die im Umlandverband zusammengeschlossenen Kommunen an der Finanzierung der Frankfurter Multifunktionsarena, dem so genannten „Main-Dome", zu beteiligen.

Maharaja besucht Pferde in der Wintermühle

Neu-Anspach. Besuch aus Tausendundeiner Nacht hatte Neu-Anspach am 20. und 21. Juni. Im Rahmen seiner mehrwöchigen Deutschlandreise besuchte der indische Maharaja Narendra Singh die Wintermühle. Der Sohn einer 1500 Jahre zurückreichenden Herrscherfamilie aus dem indischen Bundesstaat Rajasthan nutzte die Reise in das Gebiet mit der höchsten Pferdedichte Deutschlands, um für die vom Aussterben bedrohte Pferderasse der Marwaris zu werben.

Neuer Standort für die Rettungswache

Hunoldstal. Im Gewerbegebiet zwischen Hunoldstal und Brombach bezog die DRK-Rettungswache am 27. Mai ihr neues Quartier. Mit dem Standortwechsel von Usingen nach Hunoldstal sollte die im Hilfeleistungsgesetz geforderte 10-Minuten-Frist – zehn Minuten nach Eingang des Notrufs soll ein Einsatzwagen an Ort und Stelle sein – kreisweit eingehalten werden. Landrat Jürgen Banzer betonte in seiner Einweihungsrede, dass der Hochtaunuskreis der erste hessische Landkreis sei, dem die Umsetzung dieses Gesetzes gelang.

Streit um zu engen Fußweg bei Neubau

Neu-Anspach. Als „das dunkelste Kapitel der Neu-Anspacher Baupolitik" bezeichnete ihn der dortige CDU-Vorsitzende, Andreas Moses. Durch den Neubau einer Filiale der Nassauischen Sparkasse entstand ein um 60 Zentimeter zu schmaler Bürgersteig. Nach Wochen gegenseitiger Schuldzuweisungen versuchten Gemeindevertreter und Naspa-Beauftragte seit August, eine Lösung zu finden. So wurde erwogen, den Neubau mit einem Arkaden-Durchgang zu versehen. Die Naspa hätte durch Umbau und verlorene Mieteinnahmen einen Schaden von 1,3 Millionen Mark einzukalkulieren.

Firmengelände für eine Mark verkauft

Grävenwiesbach. Die unendliche Geschichte ums Areal der Saarwerke ging ihrem Ende entgegen. Investor Klaus Bertl übernahm vom Umlandverband Frankfurt das Gelände für eine Mark. Im Februar beschloss das Gemeindeparlament: Bertl darf seine Hackschnitzelverarbeitung, Papierrecyclinganlage und Kompostierung betreiben.

Neue Kaufhausfilialen für die Einkaufsstraße

Bad Homburg. Auf Bad Homburgs traditionsreicher Einkaufsstraße, der Louisenstraße, öffnete am 24. Februar ein neues Kaufhaus seine Pforten. Die vier Verkaufsetagen wurden aufgeteilt zwischen dem Bekleidungshaus Peek & Cloppenburg und dem Oberurseler Sporthaus Taunus. Schon am 16. Oktober 1998 hatte Hugendubel eine Filiale an der Louisenstraße eingerichtet. Das Bücherkaufhaus startete mit 1500 Quadratmetern Verkaufsfläche und einem Angebot von 100 000 Titeln. Anvisiert wurde ein Jahresumsatz von 6 bis 7 Millionen

Freie Fahrt zum Feldberg

Zubringer nach fast 40 Jahren fertig/Andrea Langpape

Oberursel. Unsere Serie über bedeutende Begebenheiten, die sich im Taunus in diesem Jahrhundert zugetragen haben, endet mit einem Ereignis, das eigentlich in die 70er, spätestens in die 80er Jahre hätte fallen sollen: die Eröffnung der Oberurseler Nordumgehung. Im Jahr 1960 wurde mit der Planung begonnen. Doch das Projekt verzögerte sich durch Proteste und gerichtliches Vorgehen der Straßenbaugegner – die letzte Klage wurde 1995 nach 24 Jahren mit einem Vergleich beendet – sowie zahlreiche Änderungen und Ergänzungen in der Bauphase. Am 26. Mai 1999 war es dann soweit: Nach fast 40jähriger Planungs- und Bauzeit rollten die ersten Autos über die neue Straße. Die Befürworter hatten sich durchgesetzt.

Kein anderes Straßenbauprojekt hat in Oberursel die Bürger so gespalten. Der Preis für die Nordumgehung beinhaltete nicht nur die 56,9 Millionen Mark, die zuletzt für das Gesamtbauwerk genannt wurden, sondern auch den Verlust eines Stücks Natur und vieler Nerven der Beteiligten. Die Gegner büßten ein Stück Glauben an eine „natur- und menschenfreundliche Verkehrspolitik" ein, wie sie es nannten, die Entscheidungsträger teilweise ihre Gesundheit.

Der erste Protest hatte sich 1971 formiert, als das Hessische Innenministerium mit dem Planfeststellungsbeschluss die rechtlichen Voraussetzungen für den Bau der Straße schuf und zwei Gegner daraufhin Klage einreichten. Das Projekt war auf Eis gelegt, bis die Klage 1989 in letzter

Drei Männer, drei Scheren und ein stiller Protest: Bürgermeister Gerd Krämer, Ministerialdirigent Dr. Hans-Jürgen Huber, Abteilungsleiter der Straßenverwaltung im Bundesverkehrsministerium, und Dr. Herbert Hirschler, Staatssekretär im Wiesbadener Verkehrsministerium (von links), eröffnen die neue Straße.

Instanz durch die Entscheidung des Bundesverwaltungsgerichts abgewiesen wurde und der Planfeststellungsbeschluss damit – 18 Jahre später – unanfechtbare Rechtskraft erhielt. Unmittelbar danach begannen die Bauarbeiten und die heiße Phase, in der sich Straßenbaugegner und -befürworter gleichermaßen warm anziehen mussten.

Im Dezember 1989 kam es zu einer denkwürdigen Stadtverordnetenversammlung: Nach der Vereidigung des neuen Bürgermeisters Thomas Schadow musste das Parlament die rechtliche Voraussetzung für den Einschlag in den Stadtwald schaffen und der „vorläufigen Besitzüberweisung" der städtischen Grundstücke an den Bund zustimmen. Die Straßengegner taten ihr Äußerstes, um dies zu verhindern: Lauthals und aggressiv drangen einige in den Sitzungssaal ein und riefen ihre Parolen, während draußen Hunderte andere rhythmisch gegen die Fensterscheiben klopften. Der Beschluss wurde mit den Stimmen der CDU, der OBG und der Mehrheit der SPD dennoch gefaßt. Stadtrat Helmut Reutter erlitt am folgenden Tag einen Herzanfall.

Der Protest setzte sich weiter fort, mit Mahnwachen vor den Wohnungen der Fraktionschefs Jürgen Banzer, Karl Böhle und Theo Borngräber, Demonstrationszügen zu deren Häusern bis hin zum Psycho- und Telefonterror gegen Angehörige.

Im Januar 1990 organisierte sich der Widerstand als Aktionsbündnis „Rettet den Stadtwald/Stoppt die B 455neu", beteiligt waren daran 21 Verbände und 300 Bürger. Der Protest nahm damit friedlichere Züge an. Am 15. Januar demonstrierten 1700 Menschen am Franzoseneck, zwei Wochen später begannen zehn Baumfälltrupps in aller Frühe und Heimlichkeit mit der Trassenrodung. Die Nachricht verbreitete sich wie ein Lauffeuer in der Stadt, und bald

Einige Gegner nutzten auch noch den Tag der Eröffnung, um ein letztes Mal gegen den ungeliebten Feldbergzubringer zu protestieren.

Mark. Insgesamt hatten Bau und Einrichtung des Bücherkaufhauses 7,2 Millionen Mark gekostet.

Bürger protestieren gegen Zuchtbetrieb

Wehrheim. Die Pläne von Junglandwirt Werner Etzel, einen Zuchtbetrieb für bis zu 500 Schweine und 50 Kühe in Wehrheim zu errichten, sorgten im Januar für Wirbel. Als Standort wurde das Gebiet „Am Kreutzstein" im Nordosten der Taunusgemeinde heiß diskutiert. Anwohner fürchteten die Geruchsbelästigung, gründeten eine Bürgerinitiative und liefen mit Unterschriftenlisten Sturm gegen die Pläne des Biobauern. Auch Gewerbetreibende und die Gemeinde äußerten ihre Skepsis gegen eine Schweinezucht.

Erster Spatenstich für Rathausprojekt

Usingen. Der Startschuss des lang umstrittenen Rathausprojektes fiel im Juni: Mit einem Bürgerbegehren wurde ein Neubau abgelehnt, nun begann für rund vier Millionen Mark die Sanierung des teils aus dem 17. Jahrhundert stammenden Fachwerkbaus. Beginn der Arbeiten war am 1. Juni.

Stadt bittet Hausbesitzer zur Kasse

Oberursel. Der Beschluss des Stadtparlaments lag 25 Jahre zurück, die Auswirkungen bekommen 140 Grundstückseigentümer in der Oberurseler Altstadt erst jetzt zu spüren. Die Stadtverordneten hatten 1974 festgelegt, dass die Grundstückseigentümer einen Teil der Kosten der Altstadtsanierung tragen müssen, weil mit der Sanierung eine Wertsteigerung ihrer Grundstücke verbunden war. Als der Magistrat die Eigentümer in einer Bürgerversammlung im Januar mit den ins Haus stehenden Zahlungen konfrontierte, sorgte dies für Aufregung. Seit Jahresmitte begannen daraufhin unabhängige ehrenamtliche Gutachter des Regierungspräsidiums zu prüfen, ob die Grundstücke durch die Sanierung an Wert gewonnen hatten. Gegen den dann folgenden Bescheid können die Eigentümer Einspruch einlegen.

Bürger lehnen Umbau des Dorotheenviertels ab

Bad Homburg. Mit einer Niederlage für Oberbürgermeister Reinhard Wolters und die regierende CDU/FDP/FHW-Koalition endete am 22. August der erste Bürgerentscheid in der Geschichte Bad Homburgs. 10403 Stimmberechtigte – 378 mehr als erforderlich – lehnten die Pläne zur Umgestaltung des Dorotheenquartieres ab. Eine der Folgen: Das dortige Parkhaus muss bis 2002 stehen bleiben. In dem Votum kam auch eine allgemeine Unzufriedenheit mit der Baupolitik in Bad Homburg zum Ausdruck. Den Entscheid angestrengt hatte eine Bürgerinitiative, die von Einzelhändlern, Anliegern, SPD, Grünen und CDU-internen Kritikern unterstützt wurde.

Marktplatz wird umgestaltet

Oberursel. Nach umfangreicher Planung, vielen Gesprächen mit den Anwohnern und Bürgerversammlungen beschloss das Stadtparlament am 11. Mai, den historischen Marktplatz im Herzen der Altstadt umzugestalten. Die Parkplätze sollten verbannt, der gesamte Platz bepflastert und Ersatzstellplätze in der Nachbarschaft des Marktplatzes geschaffen werden. Am 7. Juni rollten die Bagger an, der Markt verwandelte sich in eine Großbaustelle. Wenn die 1,5 Millionen Mark teuren Arbeiten spätestens im Frühjahr 2000 abgeschlossen sind, wird auch der Wochenmarkt vom Epinayplatz wieder zum Marktplatz zurückkehren.

standen sich im Stadtwald zwischen den Arbeitern 120 Polizisten und 200 Waldschützer gegenüber. Tags darauf war die Hälfte der Bäume gefällt.

Den Umweltschützern half nur noch Beten. Für den 4. Februar 1990 luden sie zu einem ersten ökumenischen Gottesdienst ans Franzoseneck ein. Doch als die Andacht um 12.30 Uhr beginnen sollte, war von der Oberurseler Geistlichkeit weit und breit nichts zu sehen. Die katholische Kirche berief sich auf „dispositionelle“ Probleme, während die evangelische offen zugab, der Pfarrer dürfe nicht auftreten, weil die Kirche nicht aktiv in den Streit eingreifen und dadurch Gefahr laufen wolle, die Gemeinde zu spalten. Um den Gottesdienst zu retten, sprang die Theologin und Grüne Annemarie Welke spontan ein und machte aus dem ökumenischen einen ökologischen Gottesdienst. Der evangelische Pfarrer distanzierte sich im nachhinein von seinen Oberen.

Am 18. Februar riefen die Umweltschützer zu einer großen Kundgebung auf den Waldfriedhof. Annemarie Welke forderte ihre Mitstreiter dabei zu regelmäßigen wöchentlichen Gottesdiensten im Wald auf, und damit war die Waldgemeinde geboren. Im Lauf der Zeit bekam sie immer mehr Unterstützung, auch seitens der Kirche. Die evangelische Gemeinde lud zu einer Podiumsdiskussion ins Gemeindezentrum ein, bei der Stadtverordnete und Vertreter der Schutzgemeinschaft Deutscher Wald leidenschaftlich die Frage „Wieviel Belastung bringt die Entlastungsstraße?“ diskutierten.

Die Waldgemeinde sammelte 4500 Stimmen für ein Bürgerbegehren und weitere 6500 Unterschriften in den Nachbarstädten. Ein „Hoffnungsbaum“ wurde auf die Trasse gepflanzt, Protestbriefe an die Landesregierung geschrieben und am Franzoseneck ein „Bedenkstein“ gesetzt mit den Namen der fünf hauptverantwortlichen Landes-und Kommunalpolitiker und der Aufschrift „Ihr Fortschritt heißt Asphalt“. Ostern feierte die Gemeinde einen Gottesdienst auf der Trasse unter dem Motto „Auferstehen, wieder stehen, widerstehen“.

Während dessen wuchs die Straße weiter, Stück für Stück. Hoffnung schöpften die Straßengegner im Frühjahr 1991, als Rot-Grün in Wiesbaden an die Macht kam und versuchte, das Projekt zu kippen. Dabei kam es zu der kuriosen Situation, dass Ernst Welteke, der neue Wirtschafts- und Verkehrsminister, der zuvor als Fraktionsvorsitzender der SPD im Oberurseler Stadtparlament stets für den Bau eingetreten war, nun in seiner neuen Aufgabe einen Baustopp zu verfügen hatte.

Die Oberurseler reagierten prompt: Eine dreiköpfige Delegation setzte sich in Richtung Bonn in Bewegung und erreichte dort, dass Bundesverkehrsminister Günther Krause die bis dahin erste Weisung an das Land Hessen erließ mit der Maßgabe, die Straße weiterzubauen. Das Land musste sich fügen, der Baustopp wurde aufgehoben.

Ein letzter großer Meilenstein auf dem Weg zur Vollendung der Nordumgehung war die Initiative der „Interessengemeinschaft Eichwäldchen“, die gegenüber der Stadt die Idee durchsetzte, statt der vorgesehenen Lärmschutzwände einen Tunnel zu errichten. Der Bund scheute zunächst die Kosten für dieses

Bauwerk, gab sich schließlich aber geschlagen. Überhaupt gelang es der Stadt, Maßnahmen zur Einhaltung der strengeren Lärmschutzbestimmungen nach dem Immissionsschutzgesetz von 1990 durchzusetzen, obgleich darauf kein Anspruch bestand, weil die Planung bereits 1989 rechtskräftig geworden war.

Der Hang zu Schlagzeilen ist der Nordumgehung auch nach ihrer feierlichen Eröffnung am 26. Mai 1999 erhalten geblieben. Nahtlos fügte sich noch am Tag der Freigabe die nächste Episode an: Die Mitarbeiter des Amtes für Straßen- und Verkehrswesen in Wiesbaden mussten feststellen, dass die Ampel an der Kreuzung mit der Königsteiner Straße nicht funktionierte. Sie hatte keinen Stromanschluss. Die Arbeiter hatten vergessen, das Kabel zu legen.

Assmann – Erfinder des Diktiergeräts

Kai Sicks

Bad Homburg. Er war ein Erfinder und Tüftler, ein fortschrittlicher Unternehmer und findiger Geschäftsmann: Wolfgang Assmann, Pionier in der Entwicklung von Diktier- und Flugsicherungsgeräten, ist tot. Der Bad Homburger Industrielle starb am 12. August im Alter von 85 Jahren. Aber die Prophezeiung sei gewagt: Seine Persönlichkeit und seine Leistungen werden so schnell nicht in Vergessenheit geraten.

Wolfgang Assmann, der im Februar 1914 – kurz vor Ausbruch des Ersten Weltkrieges – geboren wurde, interessierte sich schon früh für Funktechnik: 1950 gründete er in der Kurstadt den Deutschen Amateur-Radio-Club, dem heute beinahe 80 Prozent aller Funkamateure Deutschlands angeschlossen sind. Vier Jahre zuvor hatte der Erfinder der automatischen Ansagedienste (der Slogan „Kein Anschluss unter dieser Nummer" geht auf sein Konto) bereits die „Wolfgang Assmann GmbH" gegründet, die über dreieinhalb Jahrzehnte in der Industriestraße ihren Sitz hatte. In den ersten Jahren beschäftigte Assmann gerade einmal sechs Mitarbeiter, die sich auf die Fertigung von Rundfunkverstärkeranlagen spezialisiert hatten. 1948 präsentierte der bis zu seinem Tode unbestritten älteste Hobbyfunker der Kurstadt das erste deutsche Diktiergerät auf der Frankfurter Herbstmesse.

Von diesem Zeitpunkt an begann der große Aufstieg des Bad Homburger Unternehmens. Schon in den 60ern wurde in über 20 Ländern der Welt mit Wolfgang Assmanns Geräten diktiert, über 450 Mitarbeiter

Er war zeitlebens ein begeisterter Funkamateur: Wolfgang Assmann.

Skulptur aus Edelstahl ehrt Telefon-Erfinder

Friedrichsdorf. Mit einer Skulptur ehrte die Stadt Friedrichsdorf am 16. April den Erfinder des Telefons, Philipp Reis. Das von Helmut Rupp geschaffene Kunstwerk wurde am Landgrafenplatz vor dem Eingang der Filiale der Taunus-Sparkasse eingeweiht.

Golfclub feiert 100-jähriges Bestehen

Bad Homburg. Der älteste Golfclub Kontinentaleuropas, der Homburger Golf Club 1899, feierte vom 21. bis zum 24. Mai sein 100-jähriges Bestehen. Von 1889 bis 1891 war der Golfkurs von den britischen Offizieren Generalmajor Duff und Oberst Gordon unter den Augen des damaligen Prinzen von Wales und späteren Königs Edward angelegt worden. Inklusive des ersten Präsidenten, Ihrer Königlichen Hoheit, des Herzogs von Cambridge, zählte der Club bei seiner Eröffnung im Jahre 1899 genau 300 Mitglieder.

Gemeinde ernennt Schilderbeauftragten

Oberursel. Um die überflüssigen Schilder erkennen und ausrangieren zu können, ernannte die Stadt Oberursel am 3. Mai einen ehrenamtlichen Schilderbeauftragten. Hermann Schulz-Du Bois hatte die Stadt in den vorangegangenen Jahren schon mehrfach auf den wuchernden Schilderwald hingewiesen.

Taunus-Zeitung aus Usingen

Usingen. Zum Jahresbeginn startete die neue Außenredaktion der Taunus-Zeitung in Usingen. Drei Redakteure versorgen täglich das Usinger Land mit drei Seiten – und das direkt vom Ort des Geschehens in der Kreuzgasse. Zur Einweihung traf sich die Prominenz aus Usingen und den benachbarten Gemeinden.

Deutsche Limes-Straße wird verlängert

Bad Homburg. Mit der Anbringung von neun Hinweisschildern in Bad Homburg eröffneten Kurdirektor Peter Bruckmaier und Saalburg-Direktor Professor Egon Schallmayer am 27. April den durch den Hochtaunuskreis führenden Abschnitt der Deutschen Limes-Straße. Die Touristik-Route war im September 1996 auf dem Teilstück zwischen Miltenberg am Rhein und Regensburg an der Donau eröffnet worden. Durch die Verlängerung bis Rheinbrol erhielt die Route mit der Saalburg einen neuen Höhepunkt.

Komponist erhält den Golden Globe

Bad Homburg. Am 25. Januar erhielt der Bad Homburger Komponist Burkhard von Dallwitz für seine Filmmusik des Films „Truman Show" den Golden Globe, neben dem Oscar der begehrteste Preis, den Hollywood zu vergeben hat. Mit acht Jahren hatte Dallwitz, der über das absolute Gehör verfügt, erstmalig Klavierunterricht erhalten.

Der letzte Turm ist gefallen

Friedrichsdorf. Einst bildeten sie die Silhouette der Hugenottenstadt, nun fiel der letzte: Am 3. Oktober riss ein Bauunternehmen den 35 Meter hohen Schornstein der ehemaligen Zwiebackfabrik Stemler, später Achard/Rousselet in der Wilhelmstraße ein. Damit ist der letzte von einst 17 Fabrikschornsteinen in Friedrichsdorf gefallen.

Eine Moschee am Schaberweg

Bad Homburg. Auf dem Gelände des Kulturzentrums der Türkisch-Islamischen Union am Schaberweg öffnete am 29. Mai die Große Moschee. Zu den Ehrengästen gehörten der türkische Minis-

hatte der Firmengründer zu dieser Zeit angestellt.

Fortschrittlich war Assmann auch auf dem Gebiet der Betriebsführung: Für die Lehrlinge hatte er eine eigene Werkstatt und ein Schulungszentrum eingerichtet; schon früh gab es in der „Wolfgang Assmann GmbH" eine Kantine mit Mittagstisch und einen Firmenkindergarten. Schließlich gehörten regelmäßige Betriebsausflüge und ein Fahrkartenzuschuss für Bahnfahrer unter seinen Arbeitern wie selbstverständlich zu seinem ganz speziellen Umgang mit den Angestellten.

Mit Wolfgang Assmann, dessen Firma zu Beginn der 80er Jahre in die Nachfolgeunternehmen „Assmann Informatik 2000" und „Atis Uher" einging, verlor die Kurstadt einen ihren originellsten und kreativsten Köpfe, aber auch einen großzügigen und lebensfreudigen Menschen.

Schafhofgründerin verstirbt 71-jährig

Kronberg. Drei Wochen vor ihrem 72. Geburtstag verstarb am 5. August die Kronbergerin Lieselott Linsenhoff, spätere Rheinberger, im südfranzösischen Antibes. Die Dressurreiterin hatte bei den Olympischen Spielen 1968 in Mexico-City und 1972 in München die Goldmedaille gewonnen. Den Grundstein für den Sieg in München hatte sie beim Training auf dem 1971 in Kronberg von ihr gegründeten Reitgut Schafhof gelegt. Zwischen 1977 und 1982 war sie Mitglied des Nationalen Olympischen Komitees gewesen. Das Land Hessen hatte sie 1990 mit dem Hessischen Verdienstorden ausgezeichnet. Ihre Tochter Ann-Kathrin trat in ihre Fußstapfen und gewann ebenfalls eine olympische Goldmedaille im Dressurreiten.

Olympia-Auftritt in München 1972 mit Piaff.

Kreisverwaltung bezieht Bürozentrum

Bad Homburg. Am 25. März begann der generalstabsmäßig geplante Umzug der Kreisverwaltung in das neue Landratsamt in der Ludwig-Erhard-Anlage 1–4. Er dauerte insgesamt vier Tage – am 29. März konnte der Geschäftsbetrieb in den neuen Räumen im Bad Homburger Industriegebiet wieder aufgenommen werden. Waren die Behörden der Kreisverwaltung zuvor auf 13 Standorte verteilt, so konnten sie jetzt in drei der sechs Zylinder des neuen Kreishauses vereint werden. Insgesamt hatte der Landrat dort gut 22 000 Quadratmeter Bürofläche und 477 Stellplätze angemietet. Rund 10 000 Kartons wurden für den von einer Frankfurter Firma organisierten Umzug gebraucht. Bei den 519 Mitarbeitern der Verwaltung war beachtliches Engagement gefragt, denn sie mussten den Umzug neben dem normalen Betrieb bewältigen. Auch die Rettungsleitstelle und das Kreisarchiv zogen in das moderne Bürozentrum um. Einen weiteren Zylinder des Gebäudekomplexes konnte der Kreis an das Arbeitsamt und das Katasteramt vermieten, das mit seinen 35 Mitarbeitern 1177 Quadratmeter Fläche zur Verfügung hat. Die zwei übrigen Gebäudeteile mit rund 9000 Quadratmetern Bürofläche bezog das Technologiezentrum der Taunus-Sparkasse mit rund 300 Beschäftigten.

Die Zukunft des alten Landratsamts in der Bad Homburger Louisenstraße war noch Monate nach dem Umzug ungewiss. Die Stadt Bad Homburg machte sich für eine weitgehende Nutzung durch den Einzelhandel und eine Verschönerung der Fassade stark.

Das neue Landratsamt: Vom 25. bis 29. März zog die Kreisverwaltung in das neue Gebäude in der Ludwig-Erhard-Anlage.

ter für religiöse Angelegenheiten sowie Vertreter der Botschaft, des Homburger Magistrats und der christlichen Kirchen.

Stadtteil wird 300 Jahre alt

Dornholzhausen. Mit einem prächtigen und farbenfrohen Umzug wurde am 6. Juni der runde Geburtstag gefeiert: Vor 300 Jahren kamen die ersten Waldenser nach Dornholzhausen, wo Landgraf Friedrich II. ihnen Land zum Siedeln zugewiesen hatte.

Collegium der Commerzbank im Taunus

Oberems. Am 13. Oktober wurde ein großzügiger Neubautrakt am „Collegium Glashütten" seiner Bestimmung übergeben. Das seit 1975 in Oberems ansässige Fortbildungszentrum des Commerzbank-Konzerns hat damit sein Angebot an Seminarräumen von 10 auf 23 und an Zimmern von 80 auf 125 erhöht.

Feldberghof empfängt die ersten Gäste

Niederreifenberg. „Es ist geschafft!" war am 15. April der Tenor der Reden zur offiziellen Eröffnung des Feldberghofs auf dem höchsten Taunusgipfel. Nach zwölfjähriger Vorbereitungsphase und einjähriger Bauzeit hatte in 881 Meter Höhe zwischen Aussichtsturm und Sendeantennen der Telekom das Gasthaus bereits am 30. März seine Tore für Ausflügler geöffnet und über Ostern die „Feuertaufe" bei den Gästen bestanden. Während sich im Restaurantteil „Montana Diner" Wanderer am Kaminofen wärmten, gab Landrat Jürgen Banzer in der „Jausenstube" vor den Gästen der Eröffnungsfeier seiner Hoffnung Ausdruck, dass der neue Feldberghof dabei helfen werde, den Taunus zur bevorzugten Fremdenverkehrsregion Hessens zu machen.

Personenregister

(Autoren/Autorinnen dieses Buches in Kursivschrift)

Ortsregister

Bildnachweis

Archiv Frankfurter Societätsdruckerei: 60 u. li., 72, 112 re., 157, 224, 258, 259, 294 o. li., 320
Archiv Taunus Zeitung: 72 li., 241, 242, 257, 273, 280, 311, 312, 327, 339
Kreisarchiv des Hochtaunuskreises (HTK): 19 u., 29, 39, 40, 45, 51, 60 o. re., 71 u., 72 o. re., 83, 91, 92, 109, 115, 171, 176, 198, 210, 211, 217, 248, 303, 309, 314
Stadtarchiv Bad Homburg: 44, 47, 56, 68 o., 71 u., 85, 86,120, 130, 148 u., 151, 155, 168, 172, 179, 181, 208, 268, 276, 283 u. li.
Stadtarchiv Friedrichsdorf: 73, 126, 128, 281
Stadtarchiv Königstein: 61, 70, 71 o., 167, 195, 264
Stadtarchiv Kronberg: 79, 80, 81, 218, 226, 227
Stadtarchiv Oberursel: 125, 253 u.li., 283 u. re.
Museum Usingen: 36
Museumsgesellschaft Kronberg: 27, 28
Sammlung Bernd Ochs: 9, 11, 12, 14, 15, 17, 18, 19o., 21, 22, 23, 24, 32, 34, 38, 41, 42, 46, 48, 50, 54, 55, 58, 59, 63, 66, 68u., 87, 89, 90, 94, 95, 96, 97, 100, 102, 103, 104, 106, 108, 114, 116, 119, 122, 129, 153, 159
Sammlung Wilhelm Berger: 215
Sammlung Joachim Bierwirth: 147, 148 o.
Sammlung Hanna Feldmann: 64, 88, 99, 123, 124
Sammlung Freiwillige Feuerwehr Kronberg: 220
Sammlung Reinhold Hammer/Repro Kreisarchiv: 150
Sammlung Werner Lienow: 144
Sammlung Günter Moses/Repro Kreisarchiv HTK: 35
Sammlung Angelika Rieber: 142
Sammlung Gudrun Schirrmann: 202
Sammlung Post/Repro Peter Zender: 178
Sammlung Ski-Club Reifenberg/Repro Strohmann: 107
Sammlung Bernd Vorlaeufer-Germer: 136
Archiv Fresenius: 333
Lutherische Theologische Hochschule: 250, 251
Oberurseler Werkstätten für Behinderte/Repro Jochen Reichwein: 233
Opel-Zoo: 185, 186
Pressestelle Degussa: 75
Firma Seeger/Repro Wanhoff: 169
Spielbank Bad Homburg: 164
Ullstein Bilderdienst: 140
Foto Karl Heinz Arbogast: 118, 230, 240, 267
Foto Cilly Arbogast-Schultheis/Kreisarchiv des Hochtaunuskreises: 200
Foto Karl-Heinz Arbogast/Kreisarchiv des Hochtaunuskreises: 279
Foto Angelika Baeumerth: 221
Foto Bender: 269, 298, 318
Foto R. Bovet/Repro Sammlung Rudolf Krönke: 174, 175
Foto Hubert Brinkhoff/Kreisarchiv des Hochtaunuskreises: 234
Foto Nikolaus Burkard/Repro Sammlung Dr. Christoph Müllerleile: 26
Foto Erich Diebel/Repro Kreisarchiv: 189
Foto Döringer/Aus: Ursella I, Frankfurt 1978: 101
Foto dpa: 260, 299, 317
Foto Eugen Ernst: 193, 271, 295
Foto Fritz Fiebig/Sammlung Bernd Ochs: 30
Foto Erich Gunkel/Stadtarchiv Bad Homburg: 229
Foto Bernd und Gertrud Hartmann: 308
Foto Rudolf Krönke, Taunus-Foto Bildverlag: 199
Foto Eckhard Laufer: 304
Foto Liere: 286
Foto Horst Nauk: 52
Foto Freilichtmuseum Hessenpark: 247
Foto Keystone/Sammlung Gerta Walsh: 190, 191
Foto Jürgen Leindecker/Heimat Hochtaunus 1988: 228
Foto Hans F. Martin-Verlag Nr. 16043/Sammlung Michael Bauer: 223
Foto Müller: 262
Foto Müller-Kästner: 324
Original und Foto Münzkabinett Bad Homburg: 278
Foto Pfannenschmidt: 183
Foto Jens Priedemuth: 253 u. re., 336, 337
Foto Privat: 322
Foto Jochen Reichwein: 274, 276, 284, 291, 307
Foto Rhode: 288,
Foto Karl-Friedrich Rittershofer: 301, 302
Foto Rosen-Bild-Verlag/Sammlung Bernd Ochs: 203
Foto Schäfer/Kreisarchiv HTK: 290
Foto Schirner: 340
Foto Verlag Schöning & Co.+ Gebr. Schmidt/Kreisarchiv HTK: 213, 236, 316
Foto Schwaiger: 254
Foto Simon: 244
Foto Katja Sperling: 332
Foto Gerhard Strohmann: 212
Foto Wanhoff: 326
Foto Sven Weidlich/Kreisarchiv HTK: 335
Foto August Weininger/Kreisarchiv HTK: 76, 77, 78,
Foto Wilfried Woscidlo/Kreisarchiv: 84, 188, 205, 206, 219, 245, 246
Foto Peter Zender: 197, 232, 293, 294 Mi., 321, 328, 330
FNP-Layout: 238
Repro Gerta Walsh: 67,
Repro Kreisarchiv: 33, 160
Christian-Wirth-Schule: 133
Kirche in Not/Ostpriesterhilfe: 163
Aus: Heinrich Strack, Der Taunus in Liedern, Usingen 1910: 62
Aus: Julius Neubronner, 55 Jahre Liebhaberphotograph, o. O. 1920: 112 li.
Aus: 1200 Jahre Bad Homburg, 1982: 121
Aus: Raymond Toliver, The Interrogator, 1978: 138, 139
Aus: Der Landkreis Obertaunus. Mühlheim 1964: 297